D1750072

Dr. Hans F. Busch

Material Management in Theorie und Praxis

Mit computerunterstützten Materialwirtschaftskonzepten zu steigendem Unternehmenserfolg

EDITION HABERBECK

Alle Rechte vorbehalten
© Copyright by EDITION HABERBECK
Dr. H. und Dr. H.-R. Haberbeck Verlagsgesellschaft mbH,
4937 Lage/Lippe 1984

ISBN 3-921879-13-2

KAPITEL A

MATERIALMANAGEMENT. ENTWICKLUNGSCHANCEN EINER NOCH JUNGEN UNTERNEHMERISCHEN FUNKTION

A.1 Situationsanalyse der deutschen Industrieunternehmen im internationalen Wettbewerb

A.2 Materialwirtschaft im Blickwinkel zukunftsorientierter Unternehmensführung

A.3 Funktionsanalyse der Materialwirtschaft – Herausfordernde Aufgabenstellung für die Unternehmensleitung

A.4 Zwänge zur Zentralisierung der Materialwirtschaftsverantwortung

GLIEDERUNG

KAPITEL B

EINFÜHRUNG IN DIE MATERIALMANAGEMENT-THEORIE

B.1 Materialwirtschaft im Rahmen der systemorientierten Betriebswirtschaftslehre

B.2 Selbstverständnis des Materialmanagements

B.3 Theoretische Rechtfertigung des Materialmanagements

    3.1 Materialmanagement aus der Sicht der Unternehmenszielsetzung

    3.1.1 Möglichkeiten zur Verbesserung der Wettbewerbsposition

    3.1.2 Möglichkeiten zur Kostensenkung und -vermeidung

    3.1.3 Weitere Möglichkeiten zur Ergebnisverbesserung

    3.2 Materialmanagement aus der Sicht der Organisationstheorie

    3.2.1 Notwendigkeit zur Aneignung umfassender Informationen zur besseren Entscheidungsfindung

    3.2.2 Vermeidung von Bereichsegoismen und Lösung der oft entgegengerichteten Materialwirtschaftspolitik

    3.2.3 Schaffung einer eindeutigen Zuordnungsmöglichkeit der Materialverantwortlichkeit und -kompetenz

KAPITEL B

3.3	Materialmanagement aus der Sicht der Informations- und Entscheidungstheorie
3.3.1	Strategische Entscheidungen
3.3.2	Taktische Entscheidungen
3.3.3	Operative Entscheidungen
3.4	Materialmanagement aus der Sicht der Informationstechnologie
3.5	Materialmanagement aus der Sicht der Systemtheorie
3.5.1	Strategisches Materialmanagementsystem
3.5.2	Taktisches Materialmanagementsystem
3.5.3	Operatives Materialmanagementsystem
3.5.4	Materialflußsystem
3.5.5	Einordnung der Systeme in die Ablauforganisation
3.5.6	Materialwirtschaft und ihre Abwicklungssysteme
3.5.6.1	Produktionsplanung
3.5.6.2	Prognose verbrauchsgesteuerter Produkte
3.5.6.3	Materialbedarfsplanung
3.5.6.4	Kapazitätsplanung
3.5.6.5	Kundenauftragsverwaltung

KAPITEL B

3.5.6.6 Produktionsauftragsverwaltung

3.5.6.7 Einkaufsbestellverwaltung

3.5.6.8 Lagerbestandsverwaltung

3.5.6.9 Zusammenfassung

3.6 Materialmanagement aus der Sicht der Strukturorganisation

3.7 Horizontales Management

3.7.1 Zusammenarbeit mit der Entwicklung

3.7.2 Zusammenarbeit mit dem Vertrieb/Marketing

3.7.3 Zusammenarbeit mit der Produktion

3.7.4 Zusammenarbeit mit dem Qualitätswesen

3.7.5 Zusammenarbeit mit den Finanzen

3.7.6 Zusammenarbeit mit der Organisation und EDV

3.7.7 Zusammenarbeit mit dem Personalwesen

3.7.8 Zusammenfassung

3.8 Erfahrungen aus der Materialwirtschaftspraxis

3.8.1 Trennung zwischen strukturbestimmenden und administrativen Aufgaben

3.8.2 Festlegen der Beschaffungspolitik

KAPITEL B

3.8.3	Richtiges Konzept bei der Bedarfsermittlung
3.8.4	Schwerpunktverlagerung bei der Entwicklung von Logistik – Steuerungssystemen
3.8.5	Das gefährliche Spiel mit den Kapazitätsobergrenzen
3.8.6	Gegenseitige Beeinflussung von Planung und Planerfüllung
3.8.7	Unterschiedliche Handhabung von sensiblen und nichtsensiblen Daten
3.8.8	Grunddatenverwaltung innerhalb der Materialwirtschaft
3.8.9	Notwendigkeit zur permanenten Schulung
3.9	Materialwirtschaft als Netzplanversorgung
3.9.1	Netzplanversorgung für den Verkauf (Kunden)
3.9.2	Netzplanversorgung für die Produktion
4	Berufsbild des Materialmanagers
5	Materialwirtschaft – Begriffsabgrenzung zu Einkauf, Beschaffung und Logistik
6	Materialwirtschaft – Volkswirtschaftliche Bedeutung

KAPITEL C

MATERIALMANAGEMENT UND COMPUTER. ERFOLGREICHE MENSCH-MASCHINE-KOOPERATION

C.1 Einführung in das Wesen und die Bedeutung computerunterstützter Informationssysteme

    1.1 Definition eines Informationssystems

    1.2 Notwendigkeit für den Einsatz computerunterstützter Informationssysteme

    1.3 Die Rolle des Computers in Informationssystemen

    1.4 Einsatzmöglichkeiten computerunterstützter Informationssysteme in der Unternehmung

    1.5 Der Systemansatz bei der Konzeption computerunterstützter Informationssysteme

    1.5.1 Vorteile integrierter Informationssysteme

    1.5.2 Nachteile integrierter Informationssysteme

    1.5.3 Vorteile verteilter Informationssysteme

    1.5.4 Nachteile verteilter Informationssysteme

… GLIEDERUNG

KAPITEL C

1.6	Gedanken zur Wirtschaftlichkeit computerunterstützter Informationssysteme
1.6.1	Kontrolltechniken
1.6.1.1	Projektkontrollmethode
1.6.1.2	Externe Kontrolle der EDV
1.7	Der Einfluß der Informationsautomatisierung auf die Führungskräfte
1.7.1	Einfluß der Informationsautomatisierung auf die Art und den Umfang der Führungsfunktion
1.7.2	Einfluß der Informationsautomatisierung auf die Entscheidungsbefugnisse der Führungskräfte
1.7.3	Einfluß der Informationsautomatisierung auf den Status der Führungskräfte
1.8	On-line-Informationssysteme für das Materialmanagement
1.8.1	Hauptfaktoren für die Entwicklung von On-line-Systemen für das Materialmanagement
1.8.1.1	Dynamische Umwelt
1.8.1.2	Management-Philosophie
1.8.1.3	Kostenbetrachtungen
1.8.1.4	Benutzung eigener Computer

KAPITEL C

1.8.1.5 Systementwicklung

1.8.2 Analyse zu diversen Nutzenfaktoren von On-line-Systemen

1.8.2.1 Verbesserter Informations- und Materialfluß in und durch den Betrieb

1.8.2.2 Verbesserte Möglichkeiten zur schnellen Reaktion auf Problemsituationen

1.8.2.3 Generelle Vorteile im Verwaltungs- und Personalbereich

1.8.2.4 Analytische Fähigkeiten

1.8.3 Beschreibung der hauptsächlichen Veränderungen durch den Einsatz von On-line-Systemen im Bereich des Materialmanagements

1.8.3.1 Datenbank-Entwicklung

1.8.3.2 Software-Entwicklung

1.8.3.3 System- und Verfahrensentwicklung

1.8.3.4 Organisation und Personal

1.8.3.5 Zuverlässigkeit der Systeme

1.8.4 Zukünftige EDV-Applikationen auf dem Gebiet des Materialmanagements

1.9 Merksätze für den Einsatz computerunterstützter Informationssysteme

KAPITEL C

2	Computerunterstützte Materialwirtschaftssubsysteme mit Schwerpunkt Absatzplanung und Fertigprodukte-Disposition
2.1	Absatzplanung aus der Sicht der Materialwirtschaft
2.2	Kritik an den konventionellen Absatzplanungsverfahren
2.3	Computerunterstütztes Absatzplanungssystem
2.3.1	Voraussetzung für eine computerunterstützte Absatzplanung
2.3.2	Transparenz über die Prognosesituation
2.3.3	Kriterien für die Modellentwicklung
2.3.4	Prognoseverwaltungsprogramm
2.3.5	Prognoseprogramm
2.3.5.1	Beschreibung der Prognoseverfahren
2.3.5.1.1	Kurzfristige Prognose
2.3.5.1.2	Mittelfristige Prognose
2.3.5.2	Berücksichtigung von extremen Umsatzschwankungen bei der Prognoseberechnung
2.3.5.3	Parametersteuerung
2.3.5.4	Auswertungen des Absatzplanungssystems

KAPITEL C

2.3.6	Vorteile des computerunterstützten Absatzplanungssystems
2.4	Computerunterstütztes Lagerplanungs- und Kontrollsystem für Verkaufsartikel
2.4.1	Voraussetzungen für den Einsatz eines computerunterstützten Lagerplanungs- und Kontrollsystems
2.4.2	Programmbausteine für das prognosegesteuerte Lagerplanungssystem
2.4.2.1	Prognoseverwaltungsprogramm
2.4.2.2	Integrationsprogramm I
2.4.2.3	Integrationsprogramm II
2.4.2.3.1	Losgrößenrechnung
2.4.2.3.2	ABC-Analyse
2.4.2.3.3	Wiederbeschaffungszeitberechnung
2.4.2.3.4	Dispositionsartenermittlung
2.4.2.3.5	Parametersteuerung des Integrationsprogramms II
2.4.3	Lagerplanungsprogramm
2.4.3.1	Programmbeschreibung
2.4.3.1.1	Absatzprognose

KAPITEL C

2.4.3.1.2	Dispositions- und Lagerkennziffernberechnung
2.4.3.1.3	Lagereindeckungsrechnung
2.4.3.1.4	Berechnung des Materialmanagement-Kontrollblatts
2.4.3.1.5	Parameter-Protokoll
2.4.3.2	Parametersteuerung des Lagerplanungsprogramms
2.4.4	Verbrauchsgesteuertes Lagerkontrollprogramm
2.4.5	Lagernachkalkulationsprogramm
2.5	Zusammenfassung
3	Computerunterstützte Einkaufssysteme
3.1	Bedeutungswandel der Einkaufsfunktion
3.2	Notwendigkeit zur Automatisierung von Einkaufstätigkeiten
3.3	Voraussetzungen zur Automatisierung des Einkaufs
3.4	Realisierung computerunterstützter Einkaufssysteme

KAPITEL C

3.4.1　Computerprogramme für das operative Einkaufsmanagement

3.4.2　Computerprogramme für das taktische Einkaufsmanagement

3.5　Zusammenfassung

4　Vorteile der steigenden Informationsautomatisierung im Materialwirtschaftsbereich

GLIEDERUNG

KAPITEL D

ERFOLGREICHE MATERIALWIRTSCHAFTS-CHECKLISTE

KAPITEL E

SCHLUSSBEMERKUNG

KAPITEL A
MATERIALMANAGEMENT. ENTWICKLUNGSCHANCEN EINER NOCH JUNGEN UNTERNEHMERISCHEN FUNKTION

Während der Computerentwicklung in den letzten Jahrzehnten wurde immer wieder einmal die Aussage von Wissenschaftlern diskutiert, daß noch eine enorme „geistige" Weiterentwicklung dieser Maschinen zu erwarten sei und sie in vielen Eigenschaften die menschlichen Fähigkeiten übertreffen könnten. Mag dies auch bei verschiedenen Rechen- und Denkprozessen der Fall sein, so lassen sich aber zwei für die wirtschaftliche Weiterentwicklung entscheidende Fähigkeiten des Menschen niemals ersetzen:

1. der Wille zum Fortschritt als Herausforderung, durch fortwährende Innovationen unser Leben lebenswerter und sinnvoller zu gestalten, und
2. den ständig auf uns zukommenden Zwängen mit kreativen Problemlösungen zu begegnen.

Ich habe diese einleitenden Worte gewählt, um eine Begründung dafür zu finden, daß die innovativen Gedanken zu einem modernen „Materialmanagement" noch nicht sehr lange Eingang in die betriebswirtschaftliche Literatur in Deutschland gefunden haben und auch in der unternehmerischen Praxis erst in den letzten zehn Jahren der Durchbruch zur Materialmanagementorganisation in vielen deutschen Unternehmen gelungen ist.

A

Aus dem Zwang heraus, daß sich die Unternehmen zur internationalen Zusammenarbeit bekennen und den härter werdenden Wettbewerbsbedingungen am Weltmarkt begegnen müssen, ergibt sich automatisch die wachsende Bedeutung materialwirtschaftlicher Probleme und führt in der heutigen Organisationsentwicklung zu einem integrierten Materialwirtschaftsmanagement, verbunden mit der Erarbeitung neuer Informations- und Planungstechniken unter Einsatz des Computers zur kostenoptimalen Materialflußsteuerung durch die ganze Versorgungskette vom Lieferanten über die Wertschöpfungsstufen der Produktion hinweg bis zum Kunden. Der neue, seit Anfang der 70er Jahre feststellbare, steigende Trend zum Materialmanagement resultiert allerdings nicht aus einer späten Erkenntnis, sondern unter anderem aus einer Neubeurteilung der Planungs-, Steuerungs- und Kontrollmöglichkeiten des Materialflusses, die durch den revolutionierenden Einsatz der Mikroprozessortechnik innerhalb der betrieblichen Organisation plötzlich neue Perspektiven ermöglichten. In großen Unternehmen war es vor der Einführung computerunterstützter Informationssysteme sehr schwierig, wenn nicht unmöglich, den Bewirtschaftungszyklus von der Angebotseinholung bis zum Versand zentral zu steuern und zu kontrollieren. Deshalb mußte früher die Materialverantwortlichkeit den Teilbereichen Einkauf, Produktion und Marketing delegiert werden, die aufgrund entsprechend gestalteter Ablauforganisationen noch den notwendigen Überblick und die Kontrollmöglichkeiten über den Materialfluß hatten.

Heute ist die EDV in der Lage, alle benötigten Materialinformationen zentral zu speichern, miteinander zu verarbeiten und bei Bedarf gewünschte Materialberichte auszudrucken oder am Bildschirm anzuzeigen. Außerdem wird der Computer als „Kontrolleur" eingesetzt, der jede Abweichung von der Materialplanung überwacht und im Sinne eines Management by Exception auf Wunsch ausweist. Dadurch sind technologische Voraussetzungen gegeben, die eine Zentralisierung der Materialverantwortlichkeit in einem neugeschaffenen Unternehmensbereich und die damit verbundenen wirtschaftlichen Steuerungsmöglichkeiten des Materialflusses durch den Betrieb herausfordern.

Solche aufgrund von Fortschrittswillen oder wirtschaftlichen Zwängen herbeigeführten organisatorischen Innovationen lassen sich meist frühzeitig an der Nachfrageentwicklung des Arbeitsmarktes ablesen. Aus der Analyse von Stellenanzeigen in den letzten Jahren läßt sich dabei erkennen, daß die Suche nach Positionen wie „Leiter der Materialwirtschaft", „Materialmanager", „Logistikmanager" oder gar „Vorstand Einkauf und Logistik" immer häufiger wird, wobei diese Positionen teilweise als neugeschaffene Führungsbereiche deklariert werden.

„When America sneezes, Europe catches a cold!" Dieser oft zitierte Satz scheint auch bei der Verbreitung des Materialmanagementkonzeptes in Europa wieder einmal Pate zu stehen. Im gewissen Sinne gleicht diese Entwicklung einer Lawine, wie sie durch die Einführung des Marketing-Konzeptes und die Schaffung von Marketing-Managern vor etlichen Jahren über uns hinweggerollt ist. Damals ging es darum, die dezentral gesteuerten und oft verschiedenen Verantwortungsbereichen unterstellten kundenorientierten Funktionen unter der einheitlichen Führung des Marketing-Managers zu vereinen. Die damit geschaffenen besseren Koordinationsmöglichkeiten wirkten sich positiv auf die wirtschaftliche Führung der neu unterstellten Funktionen aus und sorgten für bessere Reaktionsmöglichkeiten gegenüber dem Absatzmarkt.

Das Marketing-Konzept trat dabei in einer Zeit in den Vordergrund, als sich in Teilen der Wirtschaft der Wandel vom produktions- zum marktorientierten Denken vollzog und sich der bisherige Verkäufermarkt in einigen Branchen zu einem Käufermarkt entwickelte. Das Marketing übernahm dabei die Funktion, stärker als bisher den tatsächlichen Bedarf der Kunden zu analysieren und nur diejenigen Produkte anzubieten, die der effektiven Nachfrage entsprachen. Eine extreme Marktorientierung birgt allerdings die Gefahr in sich, daß durch ein übertriebenes Eingehen auf Sonderwünsche der Kunden die Entwicklungs-, Lager-, Auftragsbearbeitungs- und Transportkosten Dimensionen annehmen, die die Ertragsentwicklung der Unternehmungen unnötig stark belasten. Viele deutsche Unternehmen, in denen die Marketing-/Vertriebsfunktion übermächtig im Vergleich zu den übrigen Unternehmensfunktionen war und sich diese rein kundenhörige Politik wenig um Ziele wie Liquidität, Rentabilität und Sortimentsstraffung gekümmert hat, sind heute aus der Wirtschaft ausgeschieden. Um in gesättigten Märkten überleben zu können, muß die Strategie der Umsatzmaximierung eingeschränkt und durch eine ertragsorientierte, innovative Produktgestaltung, eine flexible Preisfindung und einen guten Liefer- und Kundenservice flankierend ergänzt werden. Die neue Unternehmensstrategie heißt: Vom quantitativen zum qualitativen Wachstum! Mit diesem wirtschaftlichen Entwicklungstrend wird seit den letzten Jahren die Aufmerksamkeit der Unternehmensführung in hohem Maße auf die internen Kostenstrukturen der Unternehmen gelenkt, wodurch dem großen Kostensparpotential des Materialmanagements (des Einkaufs und der Logistik) automatisch eine besondere Bedeutung zukommt. Dieser Zwang zur betriebswirtschaftlichen Umorientierung in Richtung einer Kostenminimierung des Produktwertschöpfungsprozesses bildet die eigentliche Triebkraft zur vermehrten Einführung und organisatorischen Ausgestaltung des Materialmanagement-Konzeptes in unseren Unternehmen. Eines steht jedoch heute schon fest: Statt zu „aktivieren" im Sinne des Erreichens eines Wettbewerbsvorsprunges am Weltmarkt, können wir auf dem Gebiet der Materialwirtschaftsoptimierung nur noch „reagieren". Die europäischen Universitäten, die Fachverbände und speziell die Unternehmen haben – bis auf wenige Ausnahmen – die schon früher denkbaren Organisationsentwicklungen im Bereich des Einkaufs und der Logistik regelrecht verschlafen und schauen heute gebannt und voller Erstaunen auf die Materialwirtschaftserfolge der japanischen Industrie. Der Vorsprung der Japaner sieht so aus, daß die Material- und Warenbestände dort nach einer Analyse der Unternehmensberatung Booz, Allen & Hamilton zum Beispiel in der Automobilindustrie um mehr als zweimal schneller umgeschlagen werden als bei ihren europäischen Konkurrenten (Abb. 1).

VORSPRUNG DER JAPANER
IN DER MATERIALWIRTSCHAFT

Umschlaghäufigkeit der Material- und Warenbestände in vier wichtigen Industriezweigen von 1970 bis 1978

Branche	Region	Durchschnitt 1970 bis 1978	Veränderung (%) von 1970 bis 1978
Autozulieferer	Japan	11,3	+78
	USA	3,9	+22
	Europa	3,8	0
Automobilindustrie	Japan	11,9	+29
(Pkw und Lkw)	USA	5,6	+30
	Europa	5,7	+ 9
Haushaltsgeräte	Japan	6,5	+47
	USA	3,7	+ 8
	Europa	3,6	+ 9
Elektronik	Japan	6,0	+30
	USA	3,2	−12
	Europa	4,0	0

Abb. 1

Diese Zahlen sollten uns wachrütteln und deutlich werden lassen, daß der japanische Wettbewerbsvorsprung nicht, wie es oft oberflächlich zitiert wird, eine reine Frage des Lohnniveaus und der höheren Arbeitsproduktivität ist. Hier wird vielmehr deutlich, daß die japanische Industrie gleichzeitig mit einem wesentlich höheren Kapitalumschlag (KU=Umsatz/Betriebsnotw. Kapital) arbeitet, was in Zeiten hoher Kapitalmarktzinsen ein bedeutender Kostenvorteil und damit Wettbewerbsvorsprung ist.

Worauf, so sollten sich die Unternehmensleitungen fragen, ist dieses enttäuschende Leistungsdefizit in der Materialwirtschaft der europäischen Unternehmen zurückzuführen? Sind es erklärbar strukturelle Kriterien auf der Basis verschiedener Marketing-, Produktions- und Beschaffungsstrategien oder muß man sich eingestehen, daß man den Übergang vom quantitativen zum qualitativen Wachstum und die dafür notwendige Organisationsentwicklung zur Planung, Steuerung und Kontrolle des Produktionsfaktors Material nicht erkannt hat?

Fest steht auf jeden Fall, daß sich die Umschlagshäufigkeit in den betrachteten 8 Jahren (vgl. Abb. 1) im Vergleich zu Japan in Europa nur unwesentlich verbessert hat und das, obwohl mit dem gestiegenen Einsatz von computerunterstützten Produktions-, Planungs- und Steuerungssystemen (PPS) sehr viel Geld zur Verbesserung, letztendlich auch der Bestände, aufgewendet wurde. Bestätigt wird diese Feststellung durch Analysen, wonach sich zum Beispiel der Anteil des Vorratsvermögens an der Bilanz im deutschen Maschinenbau seit vielen Jahren bei einem Wert um ca. 34 % mehr oder weniger konstant gehalten hat. Innerhalb der Branche orientiert man sich an dieser Zahl und vergleicht damit „Schlendrian mit Schlendrian". Heute aber ist dieser Zustand der permanent hohen Kapitalbindung bereits unverantwortlich, da durch den Rückgang der Nettorendite auch in dieser Branche die Eigenkapitalbasis in den letzten Jahren ständig kleiner und das Überlebensrisiko damit immer größer geworden ist. Trotzdem ist zu meinem Erstaunen der unternehmenspolitische Druck zur Sanierung der überhöhten Bestände nicht maßgeblich gestiegen. Lassen Sie mich im folgenden einmal aus meiner Sicht das materialwirtschaftliche Krankheitsbild unserer Unternehmen mit einigen Thesen diagnostizieren:

THESE 1: Es existiert in vielen Unternehmen kein einheitliches Organisationskonzept für die Bereitstellungsverantwortung des Produktionsfaktors „Material". Seltsamerweise hat es in der Zuordnung der Produktionsfaktoren

Kapital ⟶ Finanzbereich
Maschinen ⟶ Produktionsbereich
Informationen ⟶ EDV und Organisationsbereich
Menschen ⟶ Personalbereich

nie organisatorische Eingliederungsprobleme in der Unternehmerspitze gegeben. Lediglich für den Produktionsfaktor Material gab und gibt es heute noch in vielen Unternehmen keinen eindeutig festgelegten Bereich, der auf hoher Managementebene für diesen häufig größten Kostenerzeuger zuständig ist. Hier fühlt sich jeder und doch keiner für eine optimale Materialversorgung letztendlich verantwortlich.

MEIN REZEPT FÜR DIE UNTERNEHMENSLEITUNG: Ordnen Sie die einzelnen Materialwirtschaftsfunktionen in Teilfunktionen und sorgen Sie für eine klare Kompetenz- und Verantwortungsregelung für die gesamte Versorgungskette (Materialpipeline) vom Lieferanten bis zum Kunden.

THESE 2: Konventionell organisierte Unternehmen ohne Materialmanagementfunktion haben keinen ausreichenden ertragsoptimierenden Einfluß auf den Beschaffungsmarkt. Die häufig beklagte Schwäche gegenüber den sogenannten „termin- und qualitätsuntreuen" Lieferanten ist ein hausgemachtes Problem. In welcher Firma wird denn der Einkaufsleiter in seiner Bedeutung gesehen, die ihm aufgrund seiner unternehmenspolitischen und speziellen Kostenverantwortung zusteht? Das Dilemma beginnt in der Regel bei der hierarchischen Unterstellung unter den Produktionschef, den Vertriebschef oder die allgemeine kaufmännische Leitung und wird fortgeführt in der häufig ungerechten Gehaltsfindung im Vergleich zu ähnlich verantwortlichen Positionen. Wie ist es zum Beispiel zu erklären, daß ein Verkaufsgebietsleiter mit 30 Mio. DM Umsatz mehr Gehalt zugestanden bekommt als der Gesamteinkaufsleiter derselben Firma, der ein Einkaufsvolumen von 50 Mio. DM zu verantworten hat? Der Irrtum der Vergangenheit liegt in vielen Firmen bei der unzulänglichen Bedeutungseinschätzung von Verkaufs- und Einkaufsaktivitäten, die sich auch in der qualitativen Besetzung dieser Funktionen fälschlich ausgewirkt haben. Mit der häufig qualitativen Unterbesetzung der Einkaufsseite und der damit verbundenen schlechten Bezahlung wurde ein Teufelskreis ausgelöst. Die Universitäten interessieren sich nur wenig für die Einkaufsfunktion und führten auch keinen qualitativ starken Nachwuchs heran. Durch interne Mobilität in den Unternehmen waren qualifizierte Ingenieure und Betriebswirte auch kaum interessiert, im Bereich des Einkaufs Karriere zu machen. Die Folge davon: Die Entwicklung vom Bestellbüro zu einer eigenständigen Managementfunktion mit hoher Materialversorgungsverantwortung steckt in vielen deutschen Unternehmen bis heute noch in den Kinderschuhen. Aufgrund zu niedriger hierarchischer Einstufung und Qualifikation fehlt es den Einkaufsverantwortlichen zum Teil an Qualifikation, Selbstbewußtsein, Durchsetzungsvermögen und Beschaffungsmarktbeherrschung. Das aber ist eine grundsätzliche Voraussetzung, um gegenüber den Lieferanten eine Beschaffungsoptimierung nach japanischem Vorbild betreiben zu können. Weltweiter Einkauf zu optimalen Konditionen, dynamische Festlegung von Lieferantenstrukturen und Lieferpolitiken (z.B. KANBAN), Durchsetzung von Beschaffungsmarketingaktivitäten, Unterstützung des Vertriebs durch Gegengeschäfte, Aufbau langfristiger Kooperationen mit Lieferanten u.a.m. sind Themen, die nicht von einer der Arbeitsvorbereitung unterstellten Einkaufsfunktion befriedigend bearbeitet werden können.

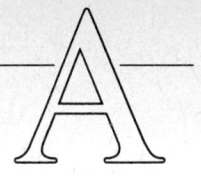

Die Feststellungen: „Mehr als 50 % der Herstellkosten werden vom Einkauf beeinflußt oder im Einkauf liegt der Gewinn!" werden meines Erachtens fehlinterpretiert, wenn man sieht, daß viele Unternehmen in ihrer Einstellung zum Einkauf immer noch keine Maßnahmen ergreifen, das durch Kostensenkungsmöglichkeiten auf der Straße liegende Geld aufzuheben und mit Gewinn wieder zu investieren.

MEIN REZEPT FÜR DIE UNTERNEHMENSLEITUNG: Sorgen Sie für eine qualitativ gute Personalausstattung Ihrer Einkaufsfunktion und berücksichtigen Sie die Gewinnbedeutung dieser Aufgabe durch eine entsprechend hohe Integration im Rahmen Ihrer Unternehmensorganisation.

THESE 3: Die Bestände sind in den Unternehmen zu hoch, weil die Zielvorgabe in der Bestandspolitik nicht klar geregelt ist.

Über die Entwicklung des Anlagevermögens existieren in den meisten Unternehmen klare Entscheidungswege, indem in der Regel die Unternehmensleitung die Investitionsanträge für Ersatz- und Erweiterungsinvestitionen genehmigt. Die Entwicklung der Vorratsbestände wird im Rahmen der Jahresplanung einmal mit einem Wert festgeschrieben und unterliegt einer periodischen Entwicklungskontrolle. Wer aber untersucht, ob der in der Jahresplanung eingestellte Vorratswert für das jeweilige Unternehmen ein sinnvoller Wert ist? Wer bestimmt überhaupt den notwendigen Kapitaleinsatz in Vorräten?
- Die Unternehmensleitung?
- Der Verkauf?
- Die Fertigung?
- Der Einkauf?
- Die Finanzen?
- Der Disponent?

A

Wenn es in Ihrem Unternehmen der einzelne Disponent ist, dann sind die Bestände zu hoch. Ein Disponent ist nämlich dann ein guter Disponent, wenn er keine Bandstillstände und keine Auslieferrückstände bei Verkaufsprodukten erzeugt. Für welche Lagerpolitik würden Sie sich als Disponent entscheiden?

Tatsache in der industriellen Praxis ist, daß zu wenig Zielvorgaben top-down erfolgen und sich die Bestandsentwicklung innerhalb der gesamten Versorgungskette häufig in zu hohen Toleranzräumen bewegt. Damit werden auch zu wenig Zwänge auf das strukturelle Umfeld (z.B. Produktvielfalt, Durchlaufzeiten, rüstaufwendige Produktionsverfahren, lange und lagerintensive Distributionswege, flexible Dispositionssysteme mit EDV usw.) ausgeübt, um überhaupt wesentlich niedrigere Bestände, bei Aufrechterhaltung der geforderten Lieferbereitschaft, zu ermöglichen.

MEIN REZEPT FÜR DIE UNTERNEHMENSLEITUNG:
Geben Sie Ihrem Materialmanager einen mittelfristigen Bestandsentwicklungsplan in Prozent zur Bilanzsumme vor und statten Sie ihn mit den personellen und finanziellen Mitteln aus, damit er durch organisatorische Maßnahmen und Verfahrensentwicklungen (z.B. durch computerunterstützte Planungs- und Steuerungssysteme) diese Bestandsziele über die ganze Versorgungskette hinweg erreichen kann.
Neben der Unterstützung durch kompetente Mitarbeiter und eine ausgefeilte Informationstechnik liegt das Geheimnis einer optimalen Bestandsführung aber in einem straff geführten Top-Down-Management.

THESE 4: Viele der heute realisierten EDV-Systeme im Bereich der Materialwirtschaft sind fehlinvestiert bzw. sanierungsbedürftig.

Die batch- und später on-line-orientierten Materialwirtschafts-Informationssysteme haben die Unternehmen in einer Zeit überrollt, in der das Managementpotential in der Unternehmensspitze für solche neue Verfahren und Methoden noch gar nicht aufnahmefähig genug war. Von der Computerindustrie vorwärtsgetrieben und von den EDV-Spezialisten der Unternehmen mit preußischem Ingenieureifer unterstützt, wurden EDV-Projekte in sinnlosen Millioneninvestitionen am realen Praxisbedarf vorbeientwickelt und stellen für viele heute noch eine große Belastung dar. Die ursprünglich geplanten Rationalisierungen im Personal- und Materialbereich sind in den Bearbeitungszwängen der ausgedruckten Papierberge und dem Bearbeitungszwang für untergeordnete Probleme aufgegangen und haben zu der Erkenntnis geführt, daß die Zielvorgabe des EDV-Einsatzes vielfach neu und auf einer realistischen Basis durchdacht werden muß. In dieser Ernüchterungsphase wurde dann auch kräftig aufgeräumt mit allen realitätsfernen Operations-Research-, Simulations- oder Optimierungsmodellen, die in der Frühphase der Materialwirtschaftssystementwicklung, teilweise sogar mit Bundesgeldern, in der deutschen Computerindustrie erfolglos entwickelt wurden. Heute werden von vielen Software-Häusern wirtschaftlich sinnvolle Konzepte angeboten, die zum Teil vor allem durch ihre einfache, integrierte und effiziente Machart bestechen.

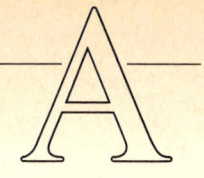

MEIN REZEPT FÜR DIE UNTERNEHMENSLEITUNG: Sorgen Sie dafür, daß Ihr Materialmanager ein systemorientierter Denker ist und etwas von der Mikroelektronik und von EDV-Anwendungen versteht, da die Produktivitätsfortschritte im Bereich der Materialwirtschaft im hohen Maße von der Weiterentwicklung und dem Engineering wirtschaftlich arbeitender Informations- und Materialfluß-Systeme innerhalb der Logistik geprägt werden. Neben der kostengünstigen und schnellen Informationsverarbeitung wird dabei der Entwicklung von Systemen und Verfahren, die auf eine echte Integration und nicht auf eine bloß formale Aneinanderkettung der einzelnen Elemente in der Materialversorgungskette vom Lieferanten über die Produktion bis zum Kunden abzielen, eine besondere Aufmerksamkeit gewidmet werden. Die Zielvorgabe für diese Systeme wird nicht mehr von der EDV, sondern von dem Materialmanager kommen müssen. Und dieser wird heute nicht mehr um jeden Preis automatisieren, sondern nur dann, wenn sich dies betriebswirtschaftlich rechtfertigen läßt.

Anhand meiner aufgeführten Rezepte können Sie entnehmen, daß ich als praxisorientierter Materialmanager natürlich in meiner Einstellung zum Sinn und Zweck einer materialmanagementorientierten Strukturorganisation voreingenommen bin und in dieser Unternehmensform, mit dem Engagement von professionellen und qualitativ hochstehenden Einkaufs- und Logistikverantwortlichen, ein Allheilmittel gegen die ertragsschwächenden Materialwirtschaftsmißstände vieler deutscher Unternehmen sehe, die zudem in weitere strukturelle Probleme verwickelt sind, wie sie in der folgenden Situationsanalyse dargestellt werden.

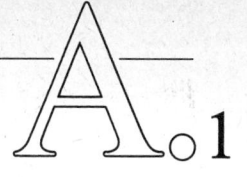

A.1
SITUATIONSANALYSE DER DEUTSCHEN INDUSTRIE-UNTERNEHMEN IM INTERNATIONALEN WETTBEWERB

„Mit Produktivität und Kreativität den Schwierigkeiten und der Herausforderung am Weltmarkt begegnen!" Dies sollte die Leitlinie sein, mit der erfolgreiche Manager ihre Firmen wieder aus der Wachstumsstagnation herausführen können. Die Wirtschaftssituation der 80er Jahre macht deutlich, daß die Zeiten selbstverständlichen Wachstums und überschaubarer Entwicklungen vorbei sind. Die nächsten Jahre werden an viele Manager die höchsten Anforderungen stellen, denen sie sich bisher nach dem Krieg ausgesetzt sahen. Dies betrifft vor allem die Suche nach neuen Mitteln und Wegen, die Ertragskraft ihrer Unternehmen für die Zukunft sicherzustellen und nach Möglichkeit auszubauen. Ziel wird dabei sein, die möglichen Risiken systematisch zu analysieren und die bisher ausgenutzten Chancen zur Verbesserung des Unternehmenserfolges zu erkennen und mit gewinnverbessernden Aktivitäten auszuwerten. Diese Aktivitäten können sich auf die Suche neuer Produkte und Märkte, auf neue Formen der Unternehmensorganisation oder z.B. auf eine neue Art der Mitarbeiterführung beziehen.

Lassen Sie mich im folgenden einige unternehmensexterne und -interne Problemfelder aufzeigen, die mehr und mehr die Entscheidungsprozesse der verantwortlichen Topmanager unserer Unternehmen beeinflussen, gleichzeitig aber auch für die Materialverantwortlichen eine enorme Bewährungsprobe und Chance zur weiteren Profilierung darstellen.

A.1

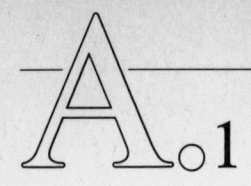

UNTERNEHMENSEXTERNE PROBLEMFELDER:

1. Wirtschaftlicher Strukturwandel in der BRD

primär hervorgerufen durch die Tatsache, daß ein Teil unserer klassischen Exportprodukte im internationalen Wettbewerb meist aus preislichen Gründen nicht mehr verkauft werden können. Durch die internationale Arbeitsteilung ist gleichzeitig auch der Binnenmarkt gefährdet, nachdem die Wettbewerber aus den Schwellenländern trotz der zusätzlich zu verkraftenden Transportkosten den deutschen Anbietern in vielen Produktsegmenten im Verkaufspreis überlegen sind. Aufgabe von Fertigungen und teure Umstellungen auf Alternativsortimente sind die zwangsläufige Folge. Dazu kommen die Umstrukturierungen, die sich aus der vorübergehenden Energiekostenexplosion ergeben haben. Die Zielvorgabe „Weg vom Öl!" stellt für die deutsche Wirtschaft die größte Herausforderung seit der Wiederaufbauphase nach dem Krieg dar. Die vorliegenden Strukturprobleme tragen zu der im internationalen Vergleich eher bescheidenen Entwicklung des realen Bruttosozialproduktes der deutschen Wirtschaft bei (s. Abb.2).

JAPAN WEITER VORN

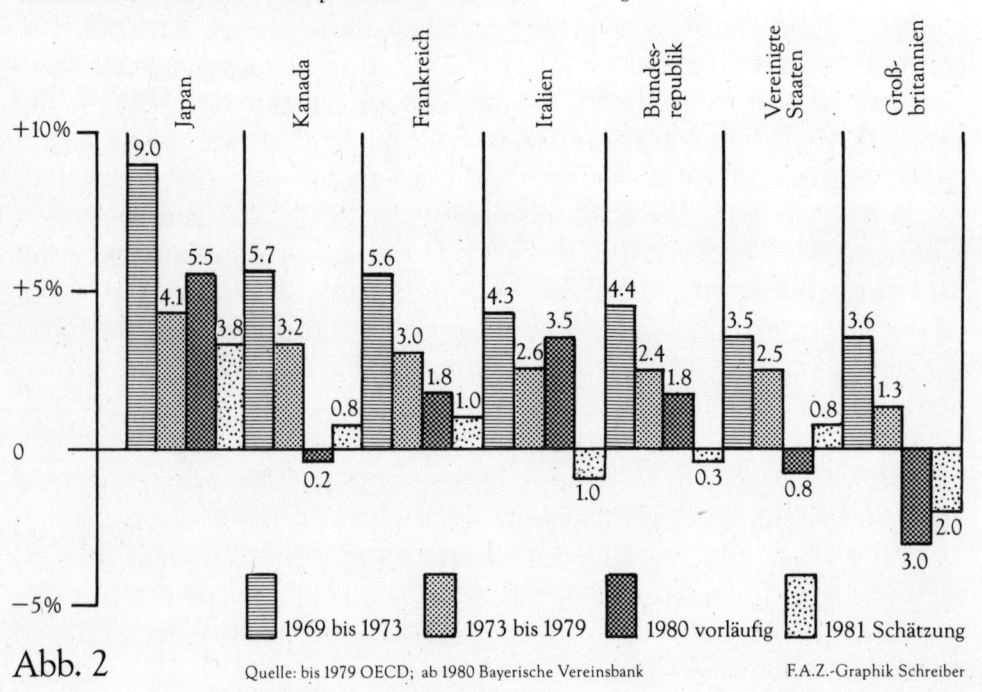

Wachstum des realen Bruttosozialproduktes im internationalen Vergleich

Abb. 2

Quelle: bis 1979 OECD; ab 1980 Bayerische Vereinsbank   F.A.Z.-Graphik Schreiber

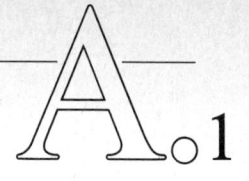

2. Sättigungstendenzen der Märkte

Viele deutsche Unternehmen erfahren in der letzten Zeit, daß der Absatz mancher Produkte weniger Käufer findet und vorwiegend zu Ersatzanschaffungen dient. Sicherlich ist der Weltmarktbedarf an diesen Produkten vor allem in unterentwickelten Ländern noch sehr hoch, nur kann dieser in der Regel aus Gründen der dort vorhandenen Zahlungsunfähigkeit nicht gedeckt werden. Besondere Probleme treten für einzelne Branchen dann auf, wenn bei Erreichung der Sättigungsgrenzen eine weltweite Produktionsüberkapazität vorhanden ist, die meistens einen ungewünschten Preiswettkampf der Anbieter mit entsprechendem Gewinnrückgang, zum Teil auch durch Regierungssubventionen in einzelnen Ländern möglich gemacht, auslöst.

3. Rascher technischer Fortschritt

Um die traditionellen Märkte halten und neue zukunftsreiche Märkte aufbauen zu können, müssen sich die deutschen Unternehmen an die kürzer werdende Lebensdauer der Produkte und die steigenden Innovationsanforderungen der weltweiten Kunden schnellstmöglich anpassen. Jede Verzögerung dieser technischen Entwicklung schadet der Exportindustrie und stoppt die weitere Verbesserung des Lebensstandards im Inland.

4. Verschlechterung der weltweiten Kaufkraft

Die Verarmung der Länder der dritten Welt hat durch die zweimalige Ölverteuerung eine neue Größenordnung angenommen. Die Handelsbilanzen vieler dieser Länder werden über Jahre hinaus negativ bleiben, wobei die Schuldenlast mittlerweile beängstigende Größenordnungen angenommen hat. Dies betrifft auch viele unserer Handelspartner im Ostblock, die nur noch auf der Basis hoher Kompensation mit Deutschland Handel treiben können.

Gemäß der Aussage der Prognos AG, Basel, werden die Wohlstandsunterschiede zwischen den industrialisierten Staaten und den Entwicklungsländern durch das dortige übermäßige Bevölkerungswachstum und die organisatorische, strukturelle und politische Labilität weiter zunehmen.

A.1

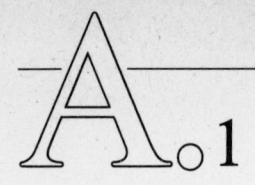

5. Unberechenbare Marktdynamik

Mehr als in der Vergangenheit sind die weltweiten Märkte für die Manager politisch unberechenbar geworden. Dies ist eine Effekt der zunehmenden politischen Instabilität zwischen Ost und West, zwischen Industriestaaten und der dritten Welt. Politische Spekulationen müssen teilweise vernünftiges wirtschaftliches Denken verdrängen.

6. Zwang zum Technologietransfer

Die unterentwickelten Länder sehen im beschleunigten Aufbau eigener industrieller Kapazitäten die größte Möglichkeit, ihre Beschäftigungssituation zu verbessern und den Lebensstandard zu erhöhen. Bei diesem Aufbauprozeß ihrer Industrie sind sie auf einen kontinuierlichen Zufluß von Know-how aus den Industriestaaten angewiesen. Damit ist zu rechnen, daß auch für deutsche Unternehmen der Transfer von Technologie zu einer noch wichtigeren Komponente der internationalen Unternehmensstrategie wird. Dies betrifft vorwiegend auch Direktinvestitionen in Ländern mit wachsendem Marktpotential, die notwendig sind zur Erhaltung und Gewinnung ausländischer Märkte und somit der internationalen Wettbewerbsfähigkeit in der Zukunft.

7. Höhere Finanzierungsprobleme

Die deutschen Unternehmen treffen am Kapitalmarkt auf eine steigende Konkurrenz des Staates. Für das laufende Jahrzehnt muß ein besonderes Augenmerk auf die Entwicklung der Staatsverschuldung, die im Durchschnitt der letzten 5 Jahre einer jährlichen Neuverschuldung von ca. 40 Milliarden DM entspricht, und die daraus absehbaren Zwänge für die Zinspolitik der deutschen Bundesbank gelegt werden.

8. Entwicklung der Weltrohstoffpreise

Die Weltrohstoffpreise sind in den vergangenen Jahren in bisher nicht gewohnten Steigerungsraten angestiegen und haben in vielen deutschen Unternehmen einen Strukturwandel eingeleitet. Spätestens nach einer nachhaltigen Wiederbelebung der Weltkonjunktur wird sich die Preissteigerung fortsetzen und u. U. für deutsche Unternehmen zu einer besonderen Verteuerung führen, wenn nämlich die D-Mark gegenüber dem Dollar mittelfristig zur Schwäche neigt.

Nach dieser Aufzählung von eher unbeeinflußbaren weltweiten Problemgrößen möchte ich im weiteren auf die mehr selbsterzeugten Problemfelder für die deutschen Unternehmen eingehen.

UNTERNEHMENSINTERNE PROBLEMFELDER:

1. Sinkende Eigenkapitalquote

Die Marktsättigungstendenzen in vielen Produktsparten und die Finanzierung des technischen Strukturwandels (inkl. Erfüllung von Regierungsauflagen) konnten nicht allein mit dem angefallenen Gewinn finanziert werden, so daß die meisten Unternehmen – hier am Beispiel der Metallindustrie demonstriert – mit zusätzlichem teuren Fremdkapital arbeiten mußten (s. Abb. 3).

GEFÄHRLICHE ABNAHME DER EIGENKAPITALQUOTE

Eigenkapital in % der Bilanzsumme am Beispiel der Metallindustrie

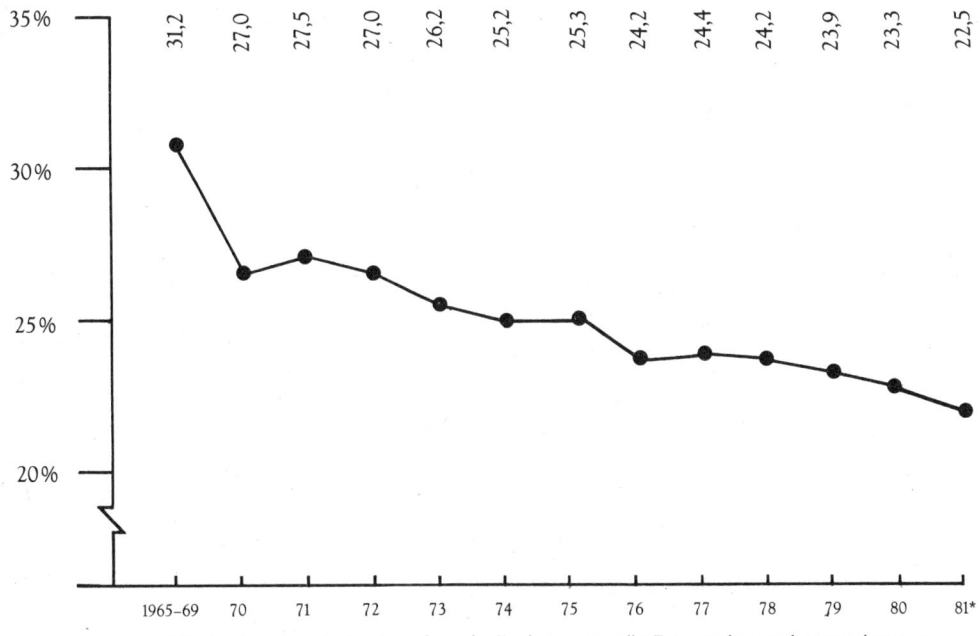

Jahr	1965–69	70	71	72	73	74	75	76	77	78	79	80	81*
%	31,2	27,0	27,5	27,0	26,2	25,2	25,3	24,2	24,4	24,2	23,9	23,3	22,5

*) Hochrechnung aus den bereits vorliegenden Ergebnissen spezieller Ertragsanalysen und -vorausschätzungen für Aktiengesellschaften und mittelständische Firmen (Statistisches Bundesamt, DEGAB. Industriekreditbank). Quelle: Deutsche Bundesbank.

Abb. 3

A.1

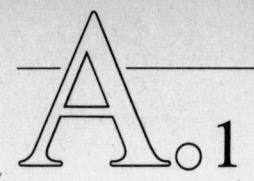

2. Überalterungsprozeß der Anlagen

Als Folge der Investitionsschwäche der letzten Jahre ist eine zunehmende Überalterung des industriellen Anlagevermögens festzustellen. Heute gehört nur noch ein Viertel des Maschinenparks zur modernen Anlagengeneration der letzten fünf Jahre, in den 60er Jahren war noch rund die Hälfte höchstens fünf Jahre alt. Zweifellos werden wir an internationaler Wettbewerbsfähigkeit verlieren, wenn nicht durch baldige Neuinvestitionen diesem Veralterungsprozeß Einhalt geboten wird. Zu wenig Neuinvestitionen heißt: zu wenig für die Zukunft der Unternehmen tun!

3. Hohes Lohnkostenniveau

Betrachtet man die in Abb. 4 aufgeführten Lohnkosten der verschiedenen Länder, so stellt man fest, daß unsere hauptsächlichen Konkurrenten am Weltmarkt wie USA, Japan, Frankreich, Italien und England mit z.T. wesentlich geringeren Lohnkosten in den Kampf um die Weltmarktanteile eintreten. Es sind allerdings nicht die direkt gezahlten Löhne, die die BRD mit den Lohnkosten in die Spitzengruppe bringen, sondern es handelt sich hierbei um das sehr hohe Niveau der Personalzusatzkosten. Länder mit hoher Produktivität können sich allerdings hohe Lohnkosten eher leisten als andere, sonst wäre die BRD im Weltmarkt schon lange nicht mehr so erfolgreich.

KONKURRENZ DER LOHNKOSTEN

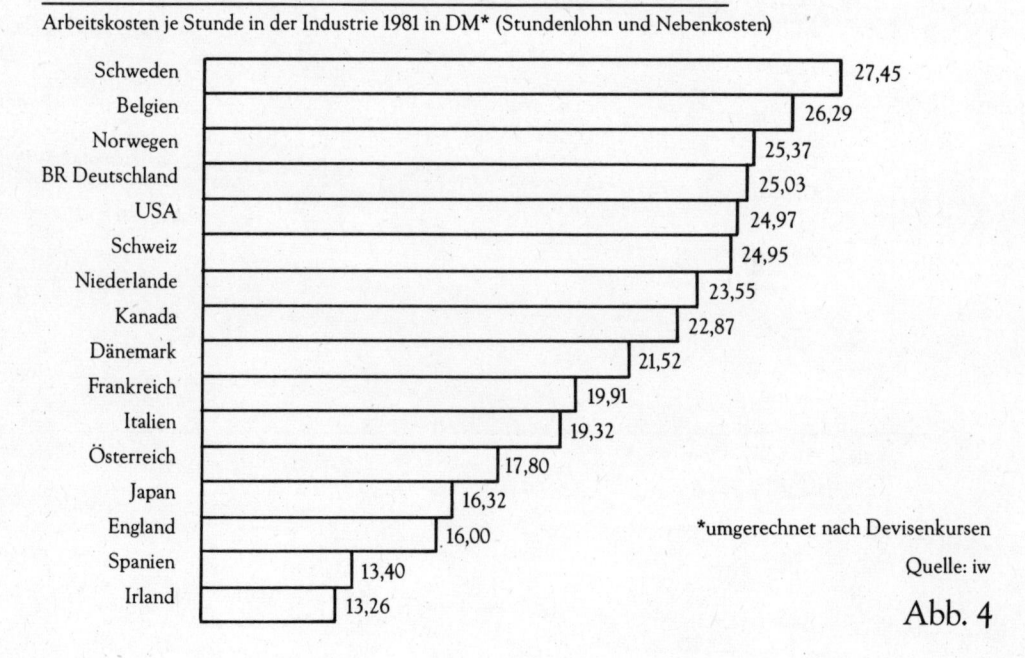

Arbeitskosten je Stunde in der Industrie 1981 in DM* (Stundenlohn und Nebenkosten)

Schweden	27,45
Belgien	26,29
Norwegen	25,37
BR Deutschland	25,03
USA	24,97
Schweiz	24,95
Niederlande	23,55
Kanada	22,87
Dänemark	21,52
Frankreich	19,91
Italien	19,32
Österreich	17,80
Japan	16,32
England	16,00
Spanien	13,40
Irland	13,26

*umgerechnet nach Devisenkursen

Quelle: iw

Abb. 4

4. Kürzere Produktlebenszyklen und steigende Entwicklungskosten

Höhere Entwicklungskosten resultieren einmal aus der größeren Dichte von Entwicklungsprozessen und zum anderen aus dem größeren Anspruch, den neue Technologien und umweltschutzorientierte Kunden an die Entwickler stellen. Teilweise hat auch die deutsche Industrie zu lange auf ihren technologischen Vorsprung gebaut, um nicht zu sagen, darauf ausgeruht. Jetzt ist ein gewaltiger Investitionsschub in diesem Bereich notwendig, damit eine technologische Spitzenposition auf höherem Niveau wieder erreicht wird.

5. Gefährdete Produktivität

Neben der bereits erwähnten Überalterungsstruktur der maschinellen Anlagen gibt es andere Problembereiche, mit denen sich der Manager mehr und mehr auseinandersetzen muß, wie z.B.:

o Steigende Gemeinkosten

Die Gemeinkosten betragen in vielen Industriezweigen bereits mehr als die Hälfte der Gesamtkosten und sind laufend noch im Steigen begriffen. Dies muß nicht unbedingt ein ungewünschter Prozeß sein, wenn sich hinter den Gemeinkosten wichtige schöpferische Leistungen verbergen, die zukunftsbezogene neue Technologien und Produkte erbringen, um damit neue Märkte zu erschließen. Dies kann aber durchaus auch der Effekt sein, daß das operative Verwaltungsgeschäft eines Unternehmens nicht produktiv geführt wird. Beispiele dafür lassen sich aus einer Analyse der A. T. Kearney GmbH ablesen, wie sie in Abb. 5 dargestellt wird. Jedes Unternehmen muß sich die Frage stellen, ob die Gemeinkostenleistungen für die zu erbringende Arbeit gerechtfertigt sind oder nicht. Diese Art Gemeinkosten läßt sich mit erprobten Techniken, etwa der Strukturanalyse, der Systemanalyse oder auch der Gemeinkosten-Wertanalyse, verringern.

A.1

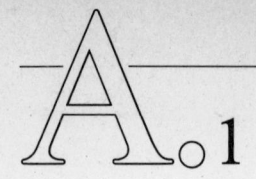

URSACHEN ÜBERHÖHTER GEMEINKOSTEN
Aus der Sicht deutscher Manager, geordnet nach Wichtigkeit (in Punkten)

Punkte		Punkte	
163	unrationelle Verfahren, Arbeitsabläufe	63	hohe Abwesenheit vom Arbeitsplatz
143	Doppelarbeiten	58	zu hohe Perfektion
128	geringe Motivation	53	geringe Büro-Automatisierung
121	fehlende oder unzureichende Ziele	50	fehlende oder ungeeignete Beurteilungs- oder Gehaltsfindungssysteme
114	unzureichendes Controlling	44	häufiger Mitarbeiterwechsel
108	zu geringe Kommunikation	42	öffentl. Auflagen, Gesetze, Verordnungen
105	problematische Strukturorganisation	37	hohe Abschreibungen oder Zinsen
103	Unterbeschäftigung	19	Ersatz von Arbeit durch Kapital
89	fehlende Standards	18	hohe EDV-Kosten
82	überhöhte Bestände	12	soziale Randbedingungen
74	unzureichende Aus- und Fortbildung	1	Arbeitnehmervertretung

Quelle: Kearney Gemeinkosten-Untersuchung 1981

Abb. 5

o Unzureichende Informationslogistik

Eine wesentliche Ursache für steigende Gemeinkosten liegt in der Art und Organisation des Informationsflusses in den Unternehmen. Es wird zu wenig beachtet, daß ständig nach besseren, schnelleren und billigeren Informationen gesucht werden muß, um den Verwaltungsapparat produktiv zu gestalten. Dazu gehört auch die Lösung des Problems, daß Informationen zeitgerecht beim Empfänger ankommen müssen, damit dieser keine unproduktiven Wartezeiten in Kauf nehmen muß. Man kann bei dieser Betrachtung die Informationen in Analogie zum Material betrachten, welches zur Vermeidung eines Bandstillstandes in der Montage zeitgerecht angeliefert werden muß, um eine hohe Produktivität sicherzustellen. Die Wichtigkeit des Zeitbewußtseins der Informationsträger läßt sich auch am Beispiel von Arbeitssitzungen leicht ablesen. Jeder von uns weiß, wieviel Produktivität verlorengeht, wenn in den Unternehmen nicht auf pünktlichen Beginn der Sitzungen hoher Wert gelegt wird und die Sitzungsteilnehmer wegen der Verspätung einiger Kollegen unproduktive Wartezeiten in Kauf nehmen müssen. In der Verbesserung der Informationslogistik liegt eines der größten Rationalisierungspotentiale unserer Unternehmen!

A.1

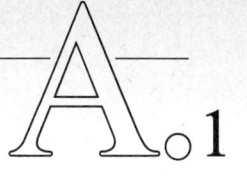

o Probleme des Mitarbeiterverhaltens und der Mitarbeiterführung

Wenn heute oftmals Japan als Vorbild zitiert wird, so kristallisieren sich dort neben der fortschrittlichen Produktionstechnologie das Mitarbeiterverhalten und die Mitarbeiterführung als zwei der wesentlichsten Faktoren der Wettbewerbsfähigkeit heraus. Ein Umdenken in den deutschen Unternehmen muß uns deshalb aus den häufig zitierten Problemen herausführen, wie z.B.:

o o zu geringe Facharbeiterausbildung
(Japan hat ein deutlich höheres Niveau)

o o fehlendes Loyalitätsgefühl der Mitarbeiter zum Unternehmen (z.B. durch den Ausländeranteil, der nicht für immer in Deutschland bleiben will)

o o hohe mitarbeiterbedingte „Ausschußquoten im weitesten Sinne" durch eine ungenügende „Qualität der Arbeit"

o o hohe Fehlzeiten im internationalen Vergleich
(in der BRD 1979: 7,3%, in Japan 1,2%, in den USA 2,3%)

o o mangelnde interne Mobilität (Restriktionen durch das BetrVG)

o o fehlende Bereitschaft zu temporären Mehrleistungen in qualitativer und quantitativer Hinsicht.

Es gehört zu einer der großen Herausforderungen an das deutsche Management, diesen Problemen auf den Grund zu gehen und Wege der Mitarbeiterführung zu finden, um eine deutliche Trendwende in den 80er Jahren herzustellen.

o Zu geringe Leistungsflexibilität

Die Zukunftserwartungen sind aus den bereits weiter vorne zitierten Gründen unsicherer geworden, womit automatisch die Prognosefähigkeit des Marketings/Vertriebs stärker eingeschränkt wird. Mit diesem Wissen müssen die Unternehmen ihre Strategie vermehrt als Anpassungsstrategie an unerwartete Absatzsituationen auslegen. Hier ergibt sich eine auseinanderklaffende Entwicklung zwischen der Auslegung der Ferti-

A.1

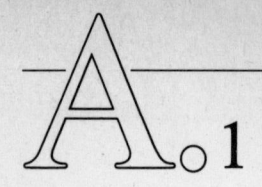

gungstechnologie und den Möglichkeiten der Mitarbeitermobilität zu den steigenden Flexibilitätsanforderungen.

Durch den hohen Druck zu weiterer Automatisierung wurden Werkstattfertigungen zu Block- oder Fließfertigungen mit z.T. viel höheren Umrüstzeiten umgestellt. Die Folge davon ist, daß, wenn mehrere Produkttypen über diese „Straßen" gefahren werden müssen, die Flexibilität aufgrund des hohen Rüstaufwandes und der notwendigen Produktfolge wesentlich eingeschränkt wird. Hier zeigt sich der philosophische Unterschied zwischen deutschen und japanischen Produktionen. Japan hat neben der Stückzeitminimierung der Fertigungsprozesse schon frühzeitig mit den technischen und organisatorischen Voraussetzungen zur Minimierung der Rüstzeiten begonnen, was sie bei gleichem Automationsstand bedeutend leistungsflexibler macht. Allgemein bekannt ist zusätzlich die Einsatzbereitschaft des japanischen Arbeiters, sich mit hoher Flexibilität an geforderte Mehrleistungen anzupassen.

In Anlehnung an eine Schrift des Instituts der deutschen Wirtschaft (iwd) werden in der Abb. 6 die Determinanten und Auswirkungen der Produktionsgestaltung im Gesamtzusammenhang dargestellt:

DETERMINANTEN MIT AUSWIRKUNGEN AUF DIE PRODUKTIONSGESTALTUNG

```
┌─────────────────────────────────────────────────────────┐
│                    Beeinflussungsgrößen                 │
└─────────────────────────────────────────────────────────┘
     │              │              │              │
     ▼              ▼              ▼              ▼
┌──────────┐  ┌──────────┐  ┌──────────┐  ┌──────────┐
│Unternehmen│  │Arbeitnehmer│ │  Markt   │  │  Technik │
└──────────┘  └──────────┘  └──────────┘  └──────────┘
```

Unternehmen
- kürzerer Produktzyklus
- Verschärfung des internationalen Wettbewerbs
- hohe Lohnkosten

Arbeitnehmer
- Wunsch nach menschengerechter Arbeit
- Wunsch nach sicherem Arbeitsplatz
- hohe Löhne

Markt
- steigende Qualitätsansprüche
- Typenvielfalt

Technik
- neue Techniken wie Mikroelektronik
- neue Werkstoffe

Prozeß der Produktionsgestaltung

Ziel: Modernisierung der Produktionstechnik
d.h. zum Beispiel: ● Einsatz der Mikroelektronik ● Einsatz von Industrierobotern
● flexible Fertigung ● 3. Schicht ● zentrale Fertigungssteuerung

Auswirkungen auf

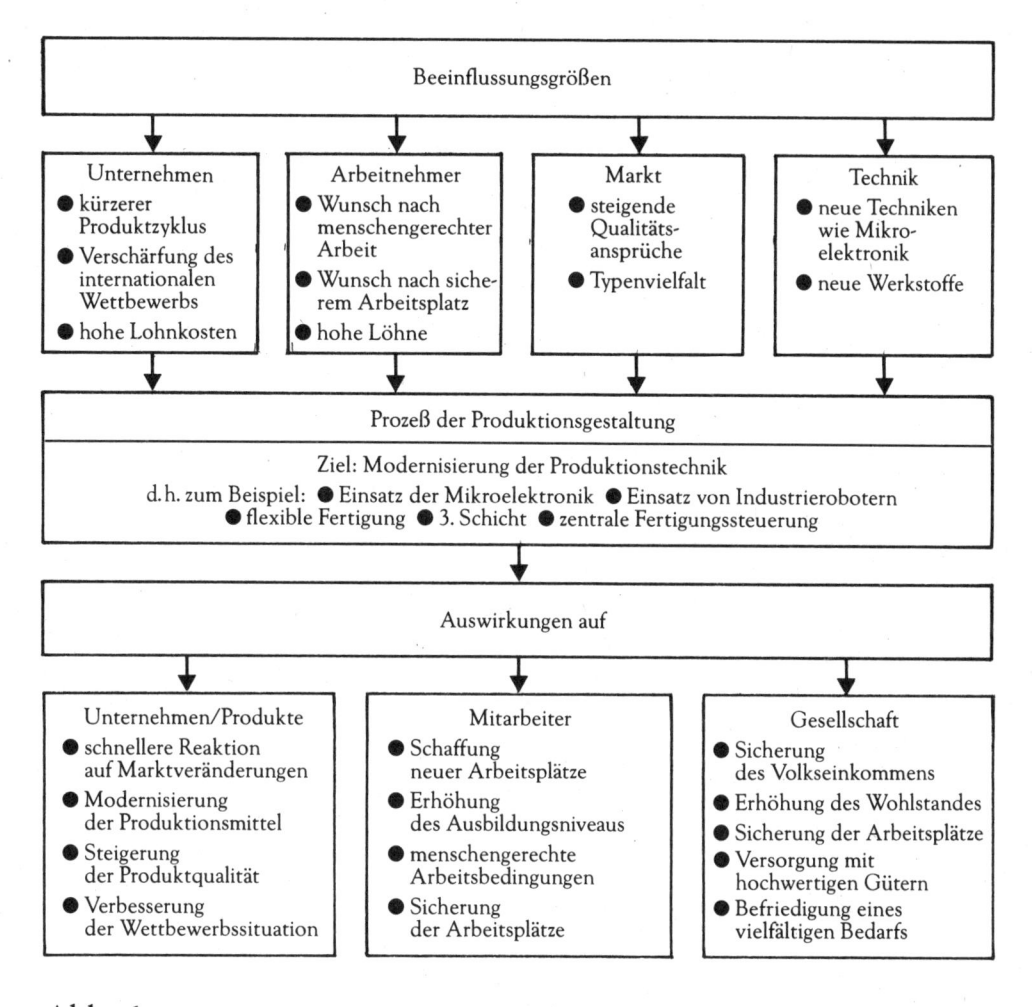

Unternehmen/Produkte
- schnellere Reaktion auf Marktveränderungen
- Modernisierung der Produktionsmittel
- Steigerung der Produktqualität
- Verbesserung der Wettbewerbssituation

Mitarbeiter
- Schaffung neuer Arbeitsplätze
- Erhöhung des Ausbildungsniveaus
- menschengerechte Arbeitsbedingungen
- Sicherung der Arbeitsplätze

Gesellschaft
- Sicherung des Volkseinkommens
- Erhöhung des Wohlstandes
- Sicherung der Arbeitsplätze
- Versorgung mit hochwertigen Gütern
- Befriedigung eines vielfältigen Bedarfs

Abb. 6

○ Übertriebene Vertikalisierung

In Deutschland hat sich nach meiner Ansicht die Philosophie des „Make or Buy" oder der produktionstechnischen Arbeitsteilung noch zu wenig stark durchgesetzt. Diese Meinung wird auch gestärkt durch die Ergebnisse einer Vergleichsanalyse des Maschinenbaus zwischen Deutschland und Japan: Während deutsche Maschinenbau-Unternehmen einen Zukaufanteil von durchschnittlich 40 % an den Gesamtkosten haben, liegen japanische Firmen – selbst in lohnintensiven Zweigen – über 55 %.

A.1

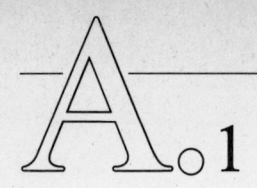

Gerade in konjunkturschwachen Zeiten ist die Ertragsschwäche bei denjenigen Firmen am größten, die durch ihre starke Vertikalisierung einen breiten Maschinenpark nicht mehr genügend auslasten können und in hohem Maße „unnötige Abschreibungen" finanzieren müssen. Dazu kommen hohe Kapitalkosten aus der Vorratsfinanzierung, da in der Regel bei Absatzplanunterschreitungen ein ungeplanter Lageraufbau kaum zu vermeiden ist.

In Japan sorgt das Dualprinzip für eine sehr starke Delegation der Fertigung auf leistungsstarke Zulieferanten, die mit wenig Overheadkosten und einem hohen Fertigungs-Know-how kostengünstige Produkte anbieten können. Bei Konjunktureinbrüchen sind diese Zulieferbetriebe nicht so schwer getroffen wie vertikal orientierte Unternehmen, weil die Aufträge sich auf mehrere Kunden verteilen, die sich z.T. in anderen Branchen befinden und sich zeitlich kompensieren können, und weil die kleineren Zulieferbetriebe flexibler mit Schichtleistungen und mit variabler Zuschaltung von Heimarbeitern arbeiten können, ohne an Rentabilität wesentlich einzubüßen. Die Philosophie müßte sich dahingehend entwickeln, lediglich strategisch wichtige Teile (sogen. Kompetenzteile, die die Geheimhaltung und den Wettbewerbsvorsprung sichern) selbst zu fertigen, während Teile mit geringer Auslastungskontinuität und -sicherheit von wettbewerbsstarken Lieferanten weltweit zugekauft werden sollten. Mit dieser Strategie läßt sich auch die internationale Wettbewerbsfähigkeit bei den in letzter Zeit wettbewerbserschwerenden Währungsschwankungen am besten aufrechterhalten. Zudem wird durch eine geringere Produktionstiefe die Bindung zusätzlicher Finanzmittel vermieden, die die unternehmerische Flexibilität unnötig einschränkt.

Nach Aussagen der deutschen Automobilindustrie sind die Preisvorteile japanischer Autohersteller in entscheidendem Maße auf den kostengünstigen, qualitäts- und termintreuen Materialeinsatz der Firmen zurückzuführen, was folgende Gründe hat:

○ ○ niedrige Lohn- und Gehaltskosten der Zulieferer

○ ○ flexible Anpassung der Fertigungssteuerungs- und Auftragsabwicklungssysteme der Zulieferer an die Bedarfssituation, wodurch die Kapitalbindung auf beiden Seiten minimiert werden kann,

○ ○ kooperative Zusammenarbeit bei der Optimierung der unternehmensübergreifenden logistischen Schnittstelle bzgl. Mengenanlieferung, Transport und Verpackung.

Die Autohersteller in Deutschland unternehmen zur Zeit große Anstrengungen bei der Entwicklung neuer Materialwirtschaftskonzepte, da in diesem Bereich – bisher zu wenig ausgeschöpfte – hohe Ertragspotentiale liegen. Dabei müssen sich unternehmensintern die mit der Materialwirtschaft verzahnten Ressorts wie Vertrieb und Produktion mehr als bisher mit den Materialmanagern abstimmen, um optimale Lösungen im Interesse des Gesamtunternehmens zu finden.

○ Zu hohe Vorräte

Viele deutsche Unternehmen haben ihre Vorräte nicht im Griff und verschwenden Kapital und Kosten für einen unproduktiven Zweck. Gerade in diesem Punkt ist das Materialmanagement schwerpunktmäßig angesprochen, bessere Verhältnisse zu schaffen und das in Vorräten unnötig gebundene Kapital für zukunftsträchtige Investitionen in die Entwicklung, die Produktion oder den Markt freizumachen. Nutzen Sie die Flexibilität des Lagerabbaus zur Kostenentlastung, wo immer dies möglich und sinnvoll ist.

STRATEGIE ZUR WETTBEWERBSSICHERUNG

Bei einer Bestandsaufnahme der momentanen Wirtschaftssituation war es nicht zu vermeiden, gewisse Störfaktoren und negative Trends aufzuzählen, die unsere fast zu strahlende Wachstumsentwicklung in den drei vergangenen Jahrzehnten plötzlich verdunkelt haben. Die Wachstumseuphorie vieler Unternehmen mußte einmal gestoppt werden, und dies ist eine ganz natürliche Entwicklung. Nach der Phase des Erschreckens kommt heute gezieltes Nachdenken und der Aufbau einer neuen Konzeption. Dies wird uns gegenüber unseren Handelspartnern, die uns zwischenzeitlich Weltmarktanteile weggenommen haben, wieder stark machen und das verlorene Terrain aufholen lassen. Voraussetzung aber ist jene von positivem Denken getragene Gegenstrategie, die alte Mißstände beseitigt und kreative Produktivitätsfortschritte erzeugt.

A.1

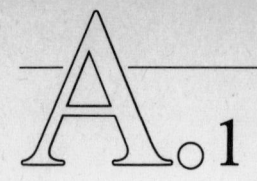

Im folgenden wird versucht, einige Anregungen für neue Denkansätze zu geben, in denen auch das Materialmanagement eine wesentliche Rolle spielen muß.

1. Wir müssen uns unserer Stärken bewußt werden und als selbstbewußte Partner am Weltmarkt auftreten. Dieses Selbstbewußtsein muß von innen, d. h. letztlich von den Mitarbeitern der Unternehmen getragen werden. Durch positives Denken muß dieses Selbstbewußtsein überall dort erzeugt werden, wo es bis heute noch nicht vorhanden ist. Dies ist gleichzeitig eng verbunden mit der Motivation und der Harmonie innerhalb der Mitarbeiter, die leistungssteigernd (geringere Fehlzeiten, höhere Ausbringung usw.) wirken müssen.

   Eine für die deutsche Industrie wichtige Voraussetzung zu einer weiteren positiven Entwicklung ist, daß sie Vertrauen in die zukünftige Entwicklung hat. Die Unternehmer müssen davon ausgehen, daß die jeweils amtierende Regierung politische Daten setzt, die die unternehmerische Entfaltung nicht behindern oder gar gefährden, sondern aktiv fördern.

   Daß es neben der Risikobereitschaft der Unternehmer vor allem die Kreativität und Schaffenskraft der Mitarbeiter ist, die den Wettbewerb um Wachstumschancen und das Fortbestehen unserer Unternehmen im internationalen Vergleich entscheiden wird, darauf hat kürzlich Prof. Ziebart vom Vorstand der Zahnradfabrik Friedrichshafen eindrücklich hingewiesen. Und er fügte hinzu: „Ein Unternehmen kann langfristig nur Erfolg haben, wenn es im Konsensus lebt, wenn es eine Harmonie gibt im Innern und nach außen. Das Schöpferische kann nur im Ausgleich, in der Harmonie wachsen". Möglicherweise ist also Harmonie das Schlüsselwort zu Kreativität und Innovation, und es überrascht nicht, daß gerade dieser Begriff im Zentrum japanischer Auffassung steht, von wo er Wirtschaft und Gesellschaft geprägt und zum Erfolg geführt hat.

   Die Personalführung und -entwicklung wird in der Zukunft eine immer bedeutendere Schlüsselfunktion in unseren Unternehmen einnehmen!

2. Da Exportprodukte weltmarktfähig sein müssen, sollten sie technisch und qualitätsmäßig auf dem neuesten Stand sein. Für einfache oder mittlere Technologien sind unsere Produktionskosten in der BRD in der Regel zu hoch. Hier böte sich unter Umständen

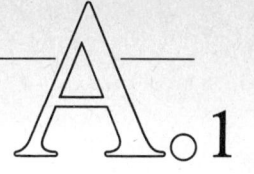

eine Fertigung im oder eine Lizenzvergabe ins Ausland an. Eine Portfolio-Analyse sollte die Ist-Situation transparent machen und neue Entwicklungsrichtungen für Spitzenprodukte ausweisen.

3. Dezentralisieren, wo immer es zentralistisch und bürokratisch zugeht wie in staatlichen Behörden, damit möglichst viel Spielraum entsteht für freies unternehmerisches Entscheiden auf möglichst vielen Ebenen, verbunden mit einem hohen Gewinnanreiz auch für die verantwortlichen Führungskräfte.

4. Definition der Unternehmenspolitik für einen mittelfristigen Zeitraum durch eine rollierende strategische Planung mit den Bestandteilen:

    o Unternehmensphilosophie
    o Unternehmensstrategie
    o Unternehmensziele

    Damit formt sich das Bild der erwarteten Zukunft, und alle Manager des Unternehmens haben ein abgestimmtes Pflichtenheft für die gemeinsamen Aufgaben der nächsten Zeit. Dabei wird heute in vermehrtem Maß die Unternehmensphilosophie vertreten:

WECHSEL VON DER QUANTITÄT DES WACHSTUMS ZUR QUALITÄT DES WACHSTUMS! SCHAFFUNG EINER GESUNDEN EIGENKAPITALBASIS ZUR STABILISIERUNG DER UNTERNEHMENSENTWICKLUNG

5. Die Unternehmensproduktivität muß durch eine Vielzahl von Maßnahmen gesteigert werden, wie z.B.

    o Erhöhung der Werksflächenproduktivität durch ein hohes Automationsniveau und möglichst zwischenlagerfreie Materialsteuerung (Holprinzip – ≙ KANBAN – in den Werkstätten einführen!).

    o Erhöhung der Maschinenleistung durch

A.1

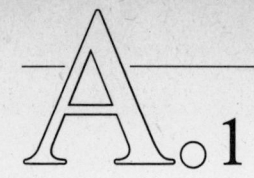

- ○ ○ Behebung von kleinen Maschinenstörungen durch Eigenreparatur der besser ausgebildeten Mitarbeiter (Stichwort aus Japan: Vielseitigkeitsausbildung!), d.h. größere Delegation von Verantwortung.

- ○ ○ Vermeiden von Ausstoß durch „Null-Fehler-Programme". Motivation und Schulung der Mitarbeiter zur besseren „Qualität der Arbeit".

- ○ ○ Duchführung der Werkzeugwechsel in Stillstandszeiten (unter Umständen ein oder zwei Stunden Zwischenschichtzeit zur Behebung von Störungen im ganzen Betrieb einführen, soweit nur in zwei Schichten gearbeitet wird).

- ○ ○ Trennung von Rüstvorbereitungsarbeiten und effektivem Werkzeugwechsel, um schnelle Rüstzeiten zu ermöglichen.

- ○ ○ Verstärkte Anwendung des Baukastenprinzips und damit verbunden eine Erhöhung der Losgrößen, d.h. zum Beispiel, Vorzugslisten mit hohem Realisierungszwang in der Entwicklung einführen.

- ○ Erreichung möglichst kurzer Herstellzeiten (kleine Kapitalbindung).

- ○ Die Zielsetzung für die Investitionsplanung der Produktionsanlagen darf es nicht allein sein, die Hauptzeiten zu minimieren, sondern sie muß darin bestehen, zu geringsten „Stückkosten" unter Berücksichtigung aller Kostenblöcke zu fertigen. Solche Kostenblöcke sind z.B.:

  - ○ ○ Kapitalkosten
  - ○ ○ Administrationskosten
  - ○ ○ Kosten der Lagerhaltung
  - ○ ○ Kosten für Ausschuß/Nacharbeit
  - ○ ○ Raumkosten
  - ○ ○ Kosten für Materialhandhabung und Transport
  - ○ ○ Kosten für Fertigungssteuerung und -kontrolle
  - ○ ○ Kosten für Qualitätskontrolle

- ○ Abbau unproduktiver Operationen in der Fertigung und Übergabe der Teile an kostengünstigere Subcontracting-Partner oder Lieferanten.

A.1

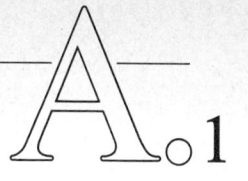

- Verbesserung der Einkaufsleistung, d.h. Senkung des Einstandspreisniveaus durch Ausschöpfung des internationalen Beschaffungsmarktes.

- Senkung der Kosten für den gesamten Gemeinkostenbereich.

- Schaffung einer klaren Organisationsregelung und Kompetenzordnung für die Analyse und Entscheidung „Make or Buy".

- Richtige Wahl der Fertigungsart:

  - Lagerergänzungsfertigung → bei Standardsortimenten
  - auftragsorientierte Fertigung → bei Variantensortimenten
  - Auftragsfertigung → bei Exotensortimenten

- Beseitigung von unnötigen Krisen und Konflikten durch ständige Verbesserung der Kommunikationsfähigkeit der aufeinander angewiesenen Führungskräfte. Die beste Basis für eine steigende Produktivität ist gegeben, wenn es uns gelingt,

  - die Selbstverständlichkeit unserer eigenen Position im Unternehmen in Frage zu stellen,

  - Krisensymptome frühzeitig und richtig zu erkennen und

  - grundsätzliche Regelungen zur Kommunikationsentstörung zu entwickeln und Methoden zu finden, die betrieblichen Systeme und Regelkreise mit hoher Ausgeglichenheit zu steuern.

- Frühzeitige und konsequente Nutzung neuzeitlicher Kommunikationstechniken, sofern sie Kostenvorteile bringen. Das Ziel liegt in der schnellen Überwindung von Raum und Zeit bei der Informationsübermittlung. Der heutige Stand der Datentechnik bietet geeignete Verfahren zur Realisierung flächendeckender Informationsnetze.

- Möglichst nahe Anpassung des Produktionsprogrammes an das tatsächliche Absatzgeschehen, d.h. schnelle Rückkoppelung zwischen Plan und Planabweichung, speziell beim Anlauf neuer Produkte.

- Möglichst bedarfsgerechte Steuerung des Materialflusses auf allen Stücklistenstufen, sowohl für Haus- als auch für Kaufteile,

A.1

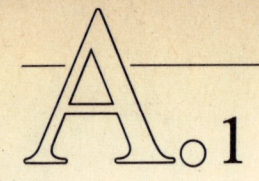

d. h. Minimierung der Vorräte nach dem Motto: Keine Funktionsoptimierung, sondern Materialflußoptimierung! Dies beinhaltet vor allem auch eine klare Kompetenz- und Verantwortungsregelung für die Bestandspolitik im Unternehmen!

„Um den Wohlstand und die Wettbewerbsfähigkeit der BRD wieder zu sichern", so führte Hans Peter Stihl auf der Bundesdeutschen Industrial Engineering Fachtagung 1982 aus, „muß der Produktivitätsfortschritt in den nächsten Jahren wieder beschleunigt werden. Dabei fehlt es nicht an Ideen, technologischem Potential und ausbildungsbereiten jungen Menschen, sondern an dem wachstumsorientierten Einsatz von Risikokapital."

Woher aber soll in gewinnarmen oder gar Verlustzeiten das Geld genommen werden, wie z.B.

o Geld zur Modernisierung der industriellen Anlagen zur schnelleren Umsetzung des technischen Fortschritts in die Praxis,
o Geld zur Schaffung computerunterstützter Planungs- und Steuerungssysteme und sonstiger Rationalisierungsmittel,
o Geld für zusätzliche Mitarbeiterausbildung,
o Geld für Investitionen in die Produkte und für die Erschließung neuer Absatzmärkte,

um die durch den internationalen Wettbewerb erzwungenen Produktivitätsfortschritte zu erreichen, ohne die Fremdfinanzierung weiterhin zu strapazieren?

Kann die Materialwirtschaft hierbei einen potentiellen Beitrag liefern, um der Unternehmensleitung diese gewünschte Investitionsflexibilität zu ermöglichen?

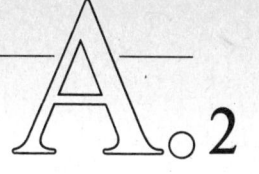

A.2
MATERIALWIRTSCHAFT IM BLICKWINKEL ZUKUNFTSORIENTIERTER UNTERNEHMENS-FÜHRUNG

Eine Marketing-Situationsanalyse des Unternehmens muß erst einmal die Frage beantworten, in welchem Reifegrad des (Welt-)Marktes es sich befindet (Abb. 7).

REIFEGRAD DES MARKTES
Realistisch ausschöpfbares Marktpotential

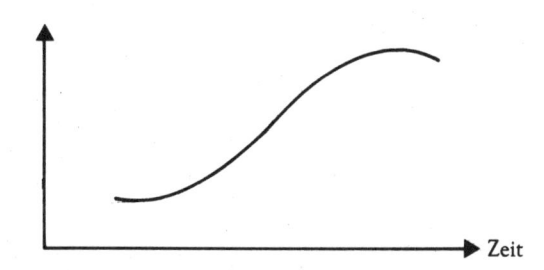

Abb. 7

Unternehmen mit noch hohem Wachstumspotential haben natürlich bessere Finanzierungsmöglichkeiten aufgrund des zu erwartenden Gewinns als Unternehmen, die sich in einem gesättigten Markt einer hohen Konkurrenz mit eventuellen Kapazitätsüberhängen gegenübersehen.

A. 2

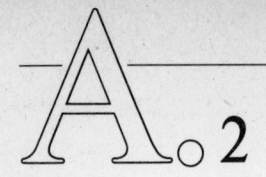

Eine zweite Graphik sollte Auskunft geben über die vergangene, gegenwärtige und zu erwartende Konjunktursituation (Abb. 8).

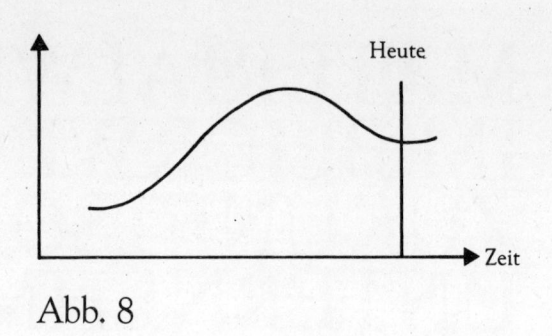

KONJUNKTUR-ANALYSE
Branchenwachstum

Abb. 8

Auch diese Analyse erlaubt eine grobe Einschätzung der Gewinnentwicklung und damit der für Investitionen frei werdenden Mittel.

In einer ungünstigen Finanzierungssituation befinden sich heute diejenigen Unternehmen, die sich bereits in gesättigten Märkten bewegen müssen – und dies bei einem tiefen Konjunkturniveau. Hier bleibt für die Unternehmensleitung in der Regel nur ein vernünftiges Konzept: Bilanzentschlackung bzw. Redimensionierung der Bilanz.

Die Bilanzentschlackung hat sich seit dem Ende der 70er Jahre für viele Unternehmen zu einer Überlebensfrage entwickelt. Niedrige Erträge oder gar permanente Verluste haben die Eigenkapitalbasis dieser Unternehmen auf ein solch niedriges Niveau heruntergeschraubt, daß die Investitionstätigkeit sich teilweise nicht mehr über den Abschreibungen bewegen konnte, wodurch dringend benötigte Rationalisierungsprozesse nicht eingeleitet wurden und in der vergangenen, zinshohen Zeit der Zinskostenaufwand für das zusätzlich benötigte Fremdkapital gleichzeitig die Deckungsbeiträge immer stärker schrumpfen ließ.

Wie können die Unternehmen in dieser Notsituation eine Bilanzentschlackung durchführen?

Die Aktiva der Bilanz beinhalten die beeinflußbaren Positionen:

1. Sachanlagen
2. Finanzanlagen
3. Vorräte
4. Forderungen

Die Sanierung der Sachanlagen ist für viele Unternehmen ein erster wesentlicher Schritt. Dazu gehört die Beantwortung der Frage, ob das in Sachanlagen investierte Geld an der richtigen Stelle investiert wurde. Existieren überflüssige Gebäude für Produktion, Lager oder Verwaltung oder gibt es veraltete Werkstätten, die den Produktivitätsansprüchen der heutigen Zeit nicht mehr gerecht werden? Müssen große renovierungsbedürftige Produktionsflächen mit alten Maschinen und hohem Reparaturaufwand nicht durch kleine Flächen mit hochautomatisierten Maschinen ersetzt werden? Oder bei Konzernen die Frage, ob ganze Produktionswerke zur Bilanzsanierung verkauft werden müssen.

Eine für uns Materialmanager entscheidende Frage besteht darin, ob der durch die Vorräte mitbestimmte Kapitalumschlag (=Umsatz/Kapitaleinsatz) den Anforderungen der Unternehmensleitung entspricht. Ein erster Ansatz zur Beantwortung dieser Frage ist ein Betriebsvergleich mit Unternehmen der gleichen Branche und einer ähnlichen Vertriebs-, Produktions- und Einkaufspolitik. Die primären Beeinflussungsfaktoren für die Höhe der Bestände, die bei einem Betriebsvergleich betrachtet werden müssen, sind in folgenden Größen gegeben:

1. Höhe des geforderten Lieferservicegrades zum Markt in Abhängigkeit von dem „Fremdgeheffekt" von Kunden bei momentaner Nichtverfügbarkeit des angebotenen Produkts.

2. Höhe des geforderten Lieferservicegrades zur Produktion in Abhängigkeit von dem Niveau der Stillstandskosten bei hoher Automation der Fertigung.

3. Breite des Produktsortiments auf allen Stücklistenstufen.

4. Vertikalisierung der Produktionsstruktur; je höher der Grad der Eigenfertigung ist, um so höher ist in der Regel die Vorratshaltung im Rohstoff- und Halbfertigfabrikatebereich.

5. Schnelligkeit des Produktionsdurchlaufs.

6. Lebenszyklus der Produkte.

7. Intensität von ungeplanten technischen Änderungen.

8. Verwendung von Engpaßmaterialien und Spezialrohstoffen.

A.2

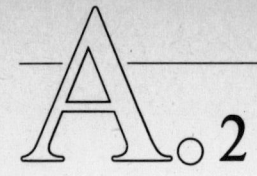

9. Güte der Absatzplanung als Input für die Beschaffungsplanung.

Diese Aufzählung macht deutlich, daß es in der Praxis nicht einfach ist, die Verschiedenheit der Beeinflussungsfaktoren innerhalb der Unternehmen in ihrem Wirkungsgrad zu quantifizieren und im Rahmen eines Betriebsvergleichs zu einer vernünftigen Aussage über eine „ideale Höhe" von Vorräten zu gelangen.

Dem Materialmanager bleibt eine zweite Möglichkeit, ein „Gefühl" für das richtige Vorratsniveau seines Unternehmens zu entwickeln: Das ist die Analyse der historischen Entwicklung der Bilanz. Aus der Bilanz lassen sich nämlich drei wichtige Kennzahlen entwickeln, wie sie im folgenden am Beispiel eines Unternehmens dargestellt werden:

1. Verhältnis Vorräte zum Umsatz (Abb. 9)

ENTWICKLUNG VORRÄTE/UMSATZ

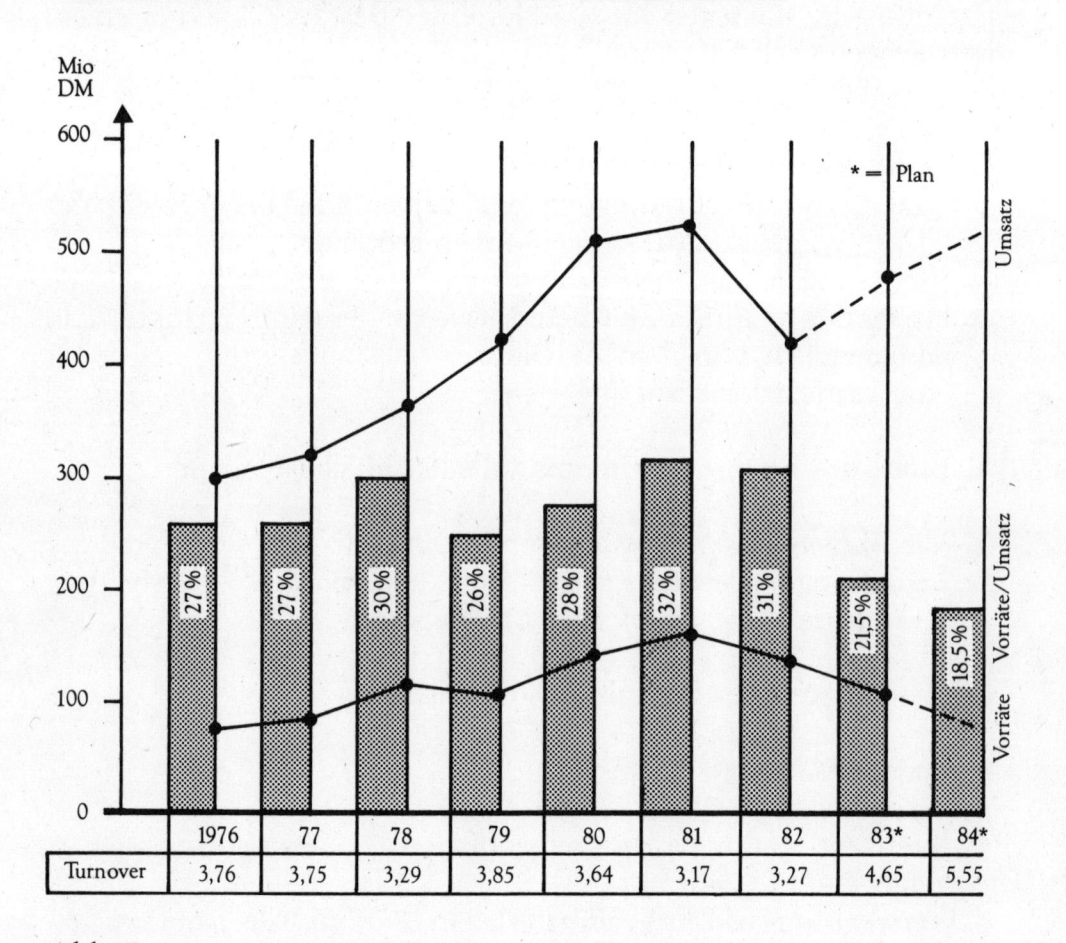

	1976	77	78	79	80	81	82	83*	84*
Turnover	3,76	3,75	3,29	3,85	3,64	3,17	3,27	4,65	5,55

Abb. 9

Ergebnis: Jede Mio. Umsatz bindet durchschnittlich 360.000 DM im Lager und belastet den Deckungsbeitrag mit 72.000 DM (bei einem industrieüblichen Lagerkostenfaktor von 20%), was einem Kostenanteil von 7,2 % vom Umsatzerlös entspricht.

2. Verhältnis Vorräte zur Bilanzsumme (Abb. 10)

Ergebnis: 38,7 % der Bilanzsumme war in den letzten 7 Jahren durchschnittlich in Vorräten investiert.

ENTWICKLUNG VORRÄTE/BILANZSUMME

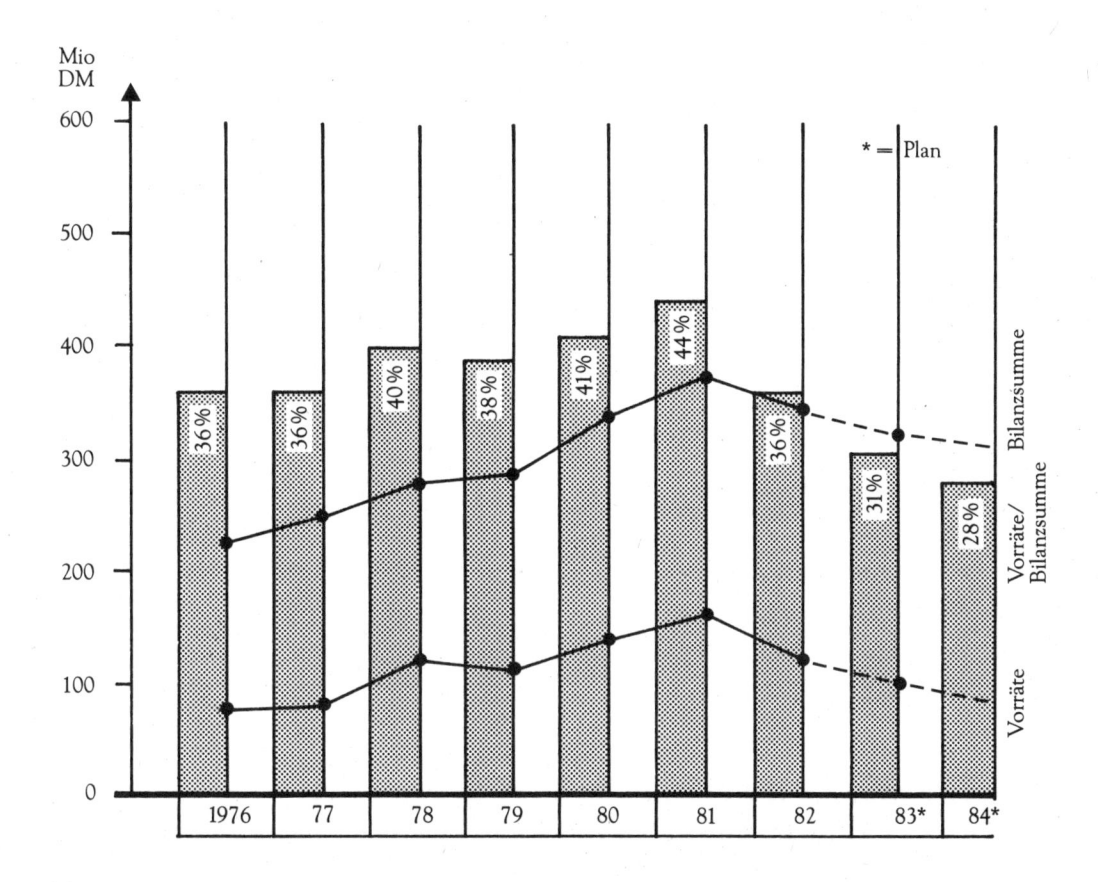

Abb. 10

3. Verhältnis Umsatz zur Bilanzsumme (Abb. 11)

Ergebnis: In dem vorliegenden Beispiel ist der Umsatz bis 1981 stärker gestiegen als die Bilanzsumme. Erst der Einbruch in 1982 führte zu dem Ergebnis, daß sich das durchschnittliche Verhältnis

A.2

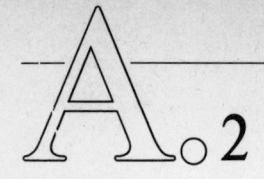

Umsatz/Bilanz über 7 Jahre hinweg wieder auf 136 % zurückentwickelt hat. Die Planung der beiden Folgejahre deutet allerdings eine schnelle Erholung auf ein durchschnittliches Verhältnis von 139,8 % Ende 1984 an.

ENTWICKLUNG UMSATZ/BILANZSUMME

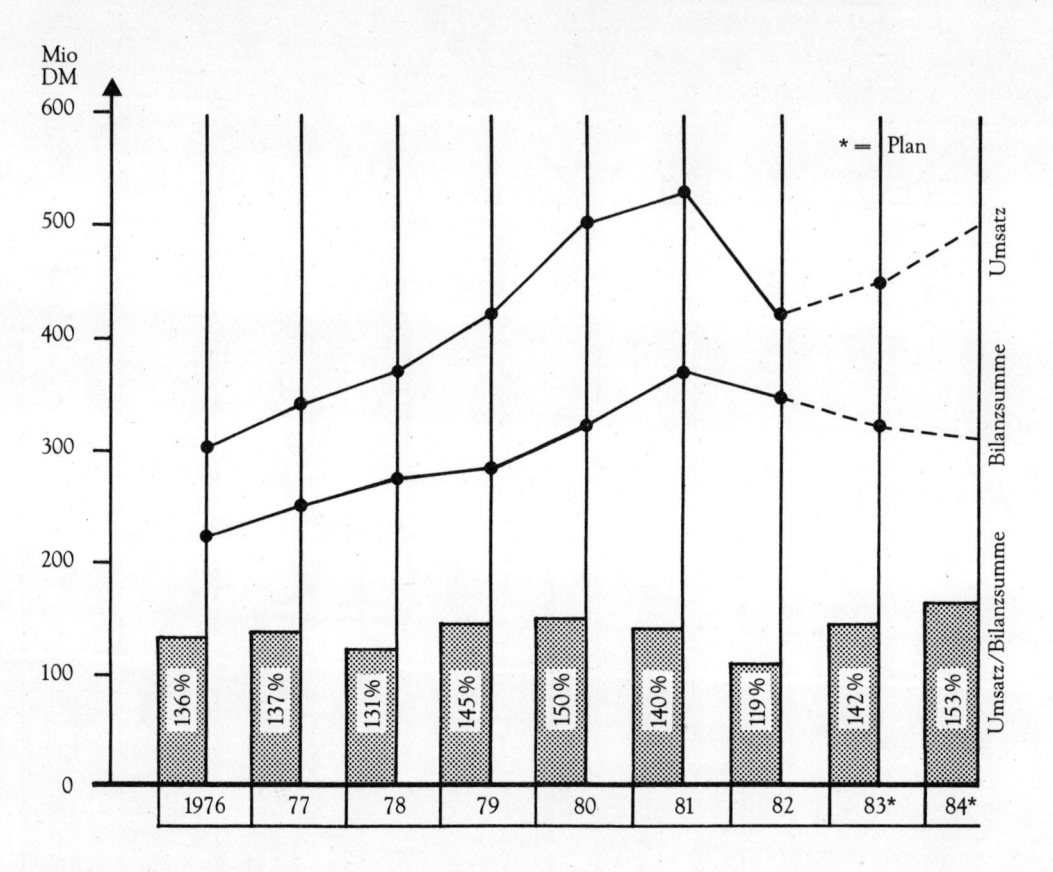

Abb. 11

Geht man in der Unternehmenszielsetzung davon aus, daß die Bilanzsumme maximal 70 % des Umsatzes betragen soll (im Beispiel beträgt das Verhältnis 73 %), so muß der Zielsetzung der Sanierung von Sachanlagen, Vorräten und Forderungen eine entsprechende Priorität eingeräumt werden.

Aber lassen Sie mich in der folgenden Abbildung 12 noch einmal auf die Kostensensibilität des Lagers zurückkommen.

AUSWIRKUNG DER UMSCHLAGS-HÄUFIGKEIT DER VORRÄTE AUF DEN LAGERKOSTENANTEIL AM UMSATZ

Bei 20% Lagerkosten auf das gebundene Kapital

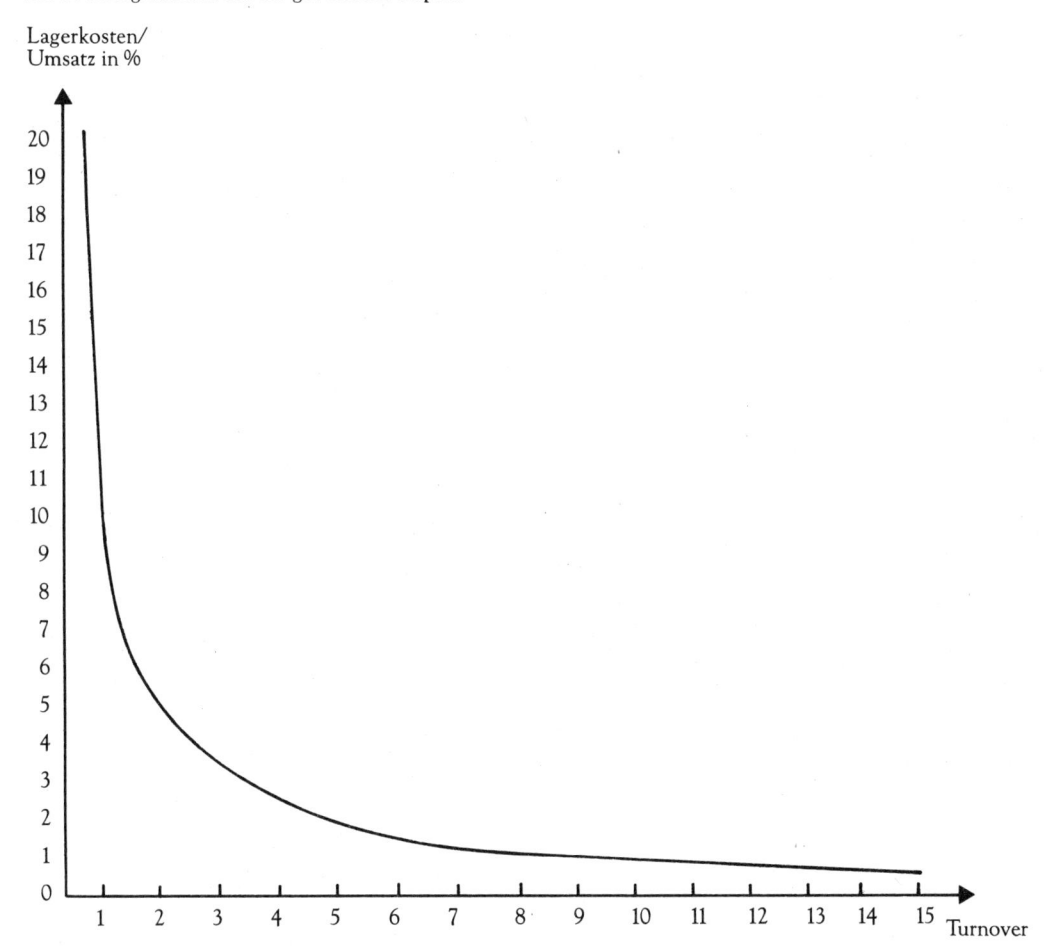

Abb. 12

Aus dieser Auswertung läßt sich die gefährliche Höhe der Kostenbelastung eines Unternehmens durch zu hohe Vorräte ablesen. Sobald die Umschlagshäufigkeit unter 3 fällt, nimmt die Kostensensibilität extrem zu und belastet den Umsatzerlös mit einem hohen Prozentsatz. Andererseits ist zu erkennen, daß eine Steigerung der Umschlagshäufigkeit von 2 auf 4 einen wesentlich höheren Kostenspareffekt bewirkt als eine Steigerung von 4 auf 6.

A₀ 2

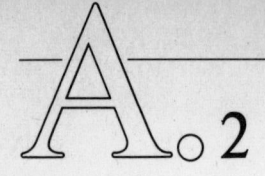

Aufgrund einer solchen Kurve lassen sich von den Unternehmen Bandbreiten für Soll-Umschlagshäufigkeiten festlegen, die weder nach oben noch nach unten überschritten werden sollten. Zum Beispiel wäre es keinem Produktionsunternehmen mit großer Fertigungstiefe anzuraten, mit hohem Ehrgeiz die Umschlagshäufigkeit von 4 auf 8 zu steigern, wenn der daraus resultierende Lagerkostenspareffekt durch erhöhte Stillstandskosten einer hochautomatisierten Fertigung oder Opportunitätskosten am Markt durch fehlende Lieferbereitschaft überkompensiert werden und gleichzeitig die Marktstellung des Unternehmens entscheidend geschwächt wird.

Lagerbestände sind zwar unerwünschte Kostenerzeuger in unseren Industriebetrieben, sie haben andererseits aber viele nutzenerzeugende und leistungsfördernde Funktionen zu erfüllen (Abb. 13).

FUNKTIONEN VON LAGERBESTÄNDEN

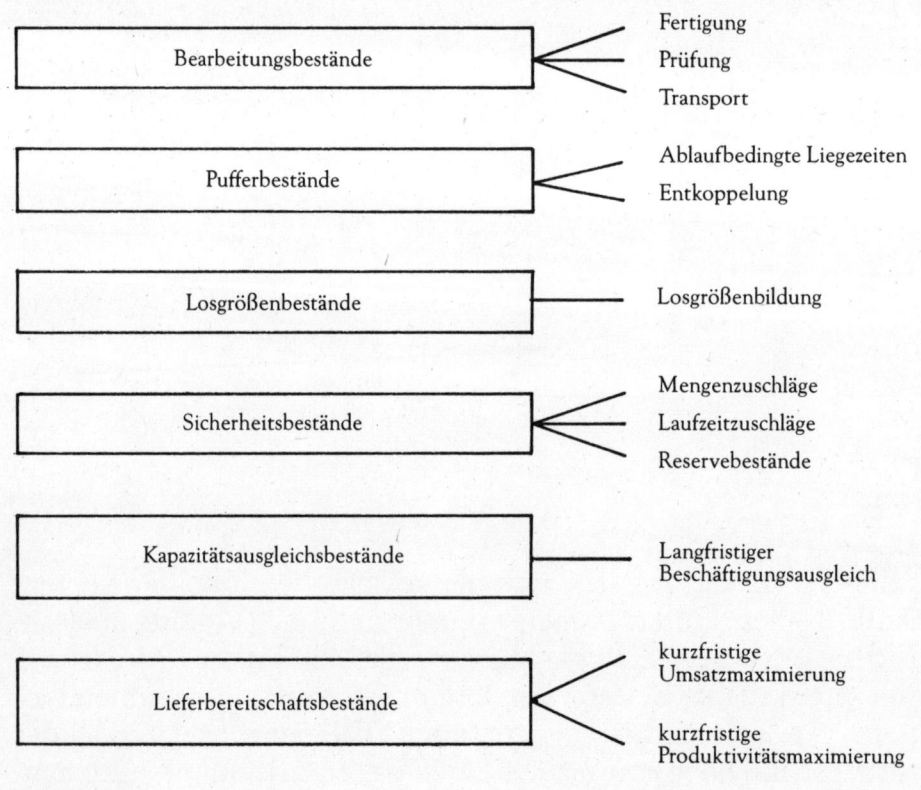

Bearbeitungsbestände	Fertigung / Prüfung / Transport
Pufferbestände	Ablaufbedingte Liegezeiten / Entkoppelung
Losgrößenbestände	Losgrößenbildung
Sicherheitsbestände	Mengenzuschläge / Laufzeitzuschläge / Reservebestände
Kapazitätsausgleichsbestände	Langfristiger Beschäftigungsausgleich
Lieferbereitschaftsbestände	kurzfristige Umsatzmaximierung / kurzfristige Produktivitätsmaximierung

Abb. 13

Der Abbau dieser Bestände wird bei einer rückläufigen Konjunkturentwicklung immer wieder zu einem Hauptthema von Geschäftsführungssitzungen.

Aus der folgenden Abbildung 14 läßt sich ablesen, daß diese Gespräche und die damit verbundene Aufmerksamkeit für die Bestandssituation eine ganz natürliche Folge der Konjunktursituation sind.

EINFLUSS DES KONJUNKTURZYKLUS AUF DIE MATERIALMANAGEMENT-AKTIVITÄT

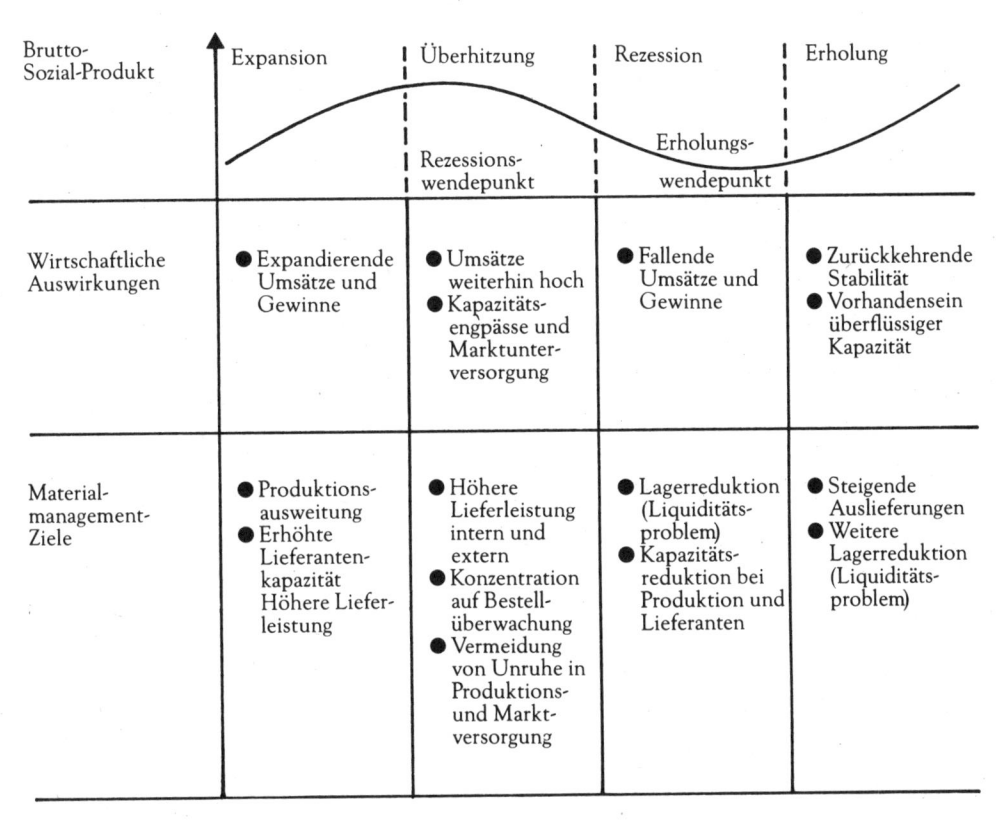

Brutto-Sozial-Produkt	Expansion	Überhitzung / Rezessionswendepunkt	Rezession / Erholungswendepunkt	Erholung
Wirtschaftliche Auswirkungen	• Expandierende Umsätze und Gewinne	• Umsätze weiterhin hoch • Kapazitätsengpässe und Marktunterversorgung	• Fallende Umsätze und Gewinne	• Zurückkehrende Stabilität • Vorhandensein überflüssiger Kapazität
Materialmanagement-Ziele	• Produktionsausweitung • Erhöhte Lieferantenkapazität Höhere Lieferleistung	• Höhere Lieferleistung intern und extern • Konzentration auf Bestellüberwachung • Vermeidung von Unruhe in Produktions- und Marktversorgung	• Lagerreduktion (Liquiditätsproblem) • Kapazitätsreduktion bei Produktion und Lieferanten	• Steigende Auslieferungen • Weitere Lagerreduktion (Liquiditätsproblem)

Abb. 14

Das Materialmanagement sieht sich in den verschiedenen Phasen im Konjunkturzyklus mit verschiedenen Aufgaben konfrontiert. Speziell in einer rezessiven Phase sind seine Fähigkeiten besonders gefragt, nämlich die Liquiditätsprobleme des Unternehmens durch möglichst schnelle Reduzierung der Kapitalbindung in den Beständen, verbunden mit einem entsprechenden Abbremsen der Materialzuflüsse (= Ausgabenreduzierung) aus dem Beschaffungsmarkt, weitgehend zu entlasten (Abb. 15).

A.2

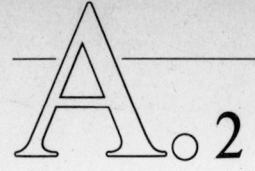

ENTWICKLUNG DES BESTELLOBLIGOS

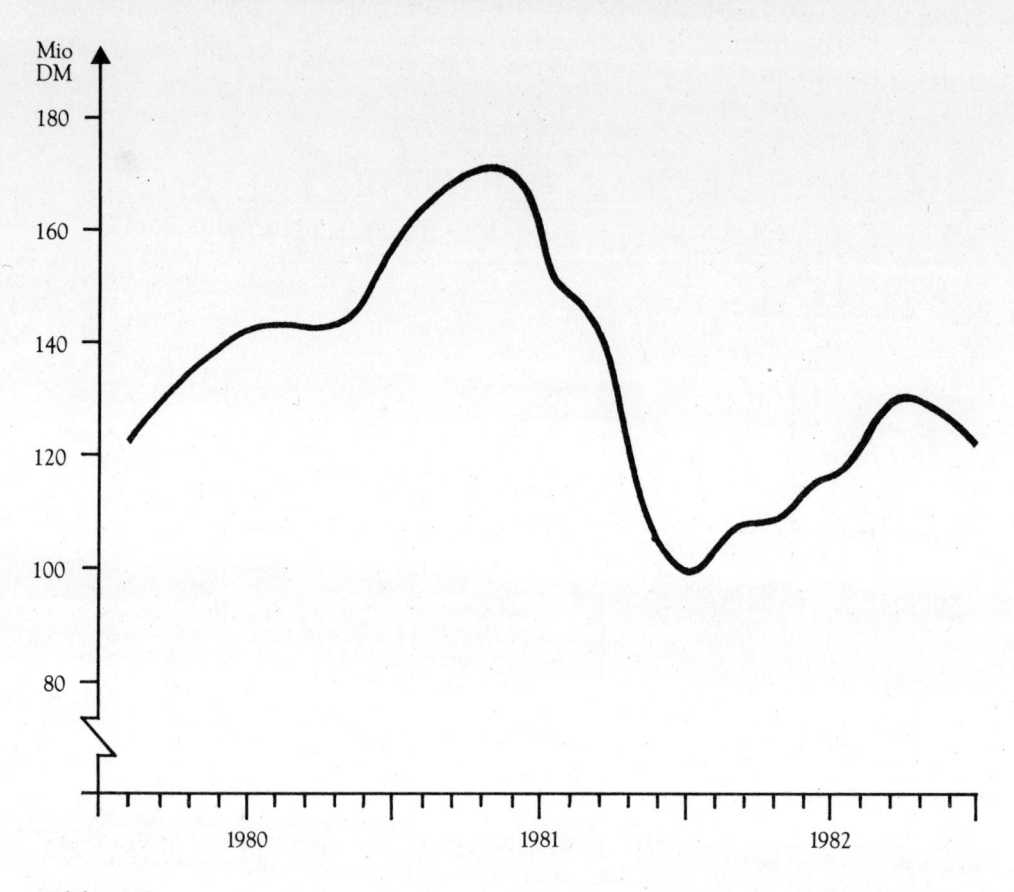

Abb. 15

Diese Bestellreduzierung ist besonders schwierig, wenn die Kapazitäten der Produktion nur zögernd den geänderten Situationen angepaßt wurden oder die Aufrechterhaltung guter Lieferantenbeziehungen bzw. die Wahrnehmung langfristiger Lieferabkommen ein brutales Zurücknehmen des Bestellvorlaufes verbieten. An dieser Stelle ist das Materialmanagement gefordert, mit geeigneten Vorschlägen in enger Zusammenarbeit mit der Unternehmensleitung, dem Produktionsmanagement und dem Betriebsrat einen optimalen Weg zur internen Kapazitätsanpassung für das Unternehmen zu erarbeiten. Intensive und offene Gespräche mit den Lieferanten müssen andererseits zur Anpassung der extern bereitgestellten Kapazitäten führen.

Lagerabbau und damit Liquiditätssicherung ist ein klares Ziel in einer Rezessionsphase. Hierbei sind allerdings nur kurzfristige Sanierungsmaßnahmen möglich, die in der Regel zu einer schnellen Reduzierung von A-Teil-Beständen führen und in der Folge eine nichtbedarfsgerechte Lagerstruktur erzeugen, die die Lieferbereitschaft gegenüber der Produktion und dem Markt gefährdet.

Das Thema „Lagerabbau" sollte in den 80er Jahren für jedes Unternehmen, unabhängig von einer Konjunktursituation, zu einem zentralen Anliegen und Ziel gemacht werden (und nicht nur als momentane Reaktion auf das Beispiel Japan!). Jede Geschäftsführung, die die betriebswirtschaftliche Bedeutung und die Kostensensibilität zu hoher Bestände analysiert hat, weiß den positiven Einfluß des Lagerabbaus auf die Gewinnentwicklung zu schätzen und wird für die nächsten Jahre entsprechende Prioritäten in das Bestandsmanagement des Unternehmens setzen.
„Wo" und „wie" am besten eine dauerhafte Lagerreduzierung erreicht werden kann, darüber hat sich der Verfasser in der folgenden Checkliste Gedanken gemacht:

MASSNAHMEN ZUR SENKUNG DES VORRATSVERMÖGENS

MASSNAHME	MIT DEM EFFEKT
1 Reduzierung der Typen- und Variantenvielfalt des Verkaufssortiments aufgrund von Mengen- und Deckungsbeitragsgesichtspunkten und eine Ausweitung der Normierung im Teilesortiment.	Abbau der normalerweise zu hohen Lagerbestände für „Slow Mover" und damit wesentliche Verbesserung der Lagerumschlagshäufigkeit.
2 Verbesserung der Planungsfähigkeit von Marketing/Vertrieb durch verstärkte Marktanalysen, durch computerunterstützte Soll-/Ist-Vergleiche und durch ein gezieltes Pipeline-Management.	Abbau von unstrukturierten Beständen im Fertig- und Eratzteilproduktebereich unter gleichzeitig besserer Anpassung der zukünftigen Lagerstruktur an die zu erfüllenden Marktanforderungen.
3 Aufsplittung des Verkaussortiments in einen Verkauf ab Lager (hohe Lieferbereitschaft für A-, B-Produkte) und einen Verkauf nach Sonderanfertigung (C-Produkte mit einer festgelegten Auftragsvorlaufzeit = Kundenauftragsfertigung mit bedarfsgerechter Materialanlieferung).	Konzentration der Kapitalbindung auf umsatzträchtige Produkte und Vermeidung unnötiger und teurer Lagerhaltung für die in der Regel statistisch schlecht planbaren Randsortimente.
4 Einführung und intensive Handhabung von systematischen Make-or-Buy-Analysen bzw. Subcontracting-Analysen zur Reduktion des Kapazitätsauslastungsrisikos und zur Vermeidung einer renditeschmälernden Produktionstiefe.	Reduktion des für die Eigenproduktion notwendigen Vorlaufmaterials, welches häufig in nicht bedarfsgerechten „optimalen Losgrößen" beschafft und zwischengelagert werden muß.

A.2

MASSNAHME	MIT DEM EFFEKT
5 Reduktion des vielleicht zu hohen Lieferbereitschaftsgrades gegenüber dem Markt und der Produktion aufgrund von objektiven Wirtschaftlichkeitsrechnungen. Nur hohe Fehlmengenkosten (Umsatzentgang bzw. Produktionsstillstandskosten) rechtfertigen einen hohen Lieferbereitschaftsgrad.	Überproportionale Lagerabbaumöglichkeit der sonst notwendigen Sicherheitsbestände.
6 Übergang von der verbrauchsgesteuerten Disposition auf eine bedarfsgesteuerte (deterministische) Disposition, wo immer es nur möglich ist.	Reduktion der Planungsunsicherheit und -fehler und damit Vermeidung von unnötiger Lagerhaltung.
7 Stärkung der Marktposition und eine damit verbundene bessere Beschaffungsmöglichkeit	Senkung der Sicherheitsbestände, da eine Stockout-Situation durch die höhere Beschaffungsflexibilität schneller bereinigt werden kann.
8 Vermeidung von kurzfristigen Produktionsprogrammverschiebungen durch stärkere Einflußnahme auf eine vorlaufzeitgerechte Auftragsvergabe durch die Kundschaft.	Vermeidung von nicht mehr zu verschiebenden Materiallieferungen seitens der Eigenfertigung oder der Lieferanten ans Lager, von wo der Abfluß nun erst später als geplant erfolgen kann.
9 Straffe Organisation des „Technischen Änderungsdienstes" zur gezielten Einsatzplanung geänderter Teile.	Vermeidung der Verwendung neu disponierter Teile vor dem Aufbrauchen der Lagerbestände bzw. der noch zu erwartenden Wareneingänge der alten Teileversion, die sonst u.U. bis zur Verschrottung noch lange Zeit gelagert werden.
10 Aktive Ansprache des Vertriebs, aufgrund von Reichweitenanalysen von Verkaufsprodukten Verkaufssonderaktionen (zusätzliche Werbung, Preisnachlässe, Sonderrabatte usw.) durchzuführen.	Bereinigung der Lagerstruktur für Enderzeugnisse aufgrund geänderter Marktsituationen bzw. zur Bereinigung vorangegangener Planungsfehler.
11 Reduzierung der Sollbestandsvorgaben der gruppeneigenen Konsignations-, Außenlager und Lager der Vertriebs- und Produktionsgesellschaften.	Reduzierung der Pipeline-Bestände zur Verbesserung des Gruppen-Lagerumschlags.
12 Ausrichtung der computergestützten Dispositionssysteme an nach A-, B-, C-Gesichtspunkten (Kriterien: Wert- und Teileumfang) orientierten Häufigkeiten der Materialanlieferung	Vermeidung von zu hohen Eindeckungsreichweiten bei A-Teilen
13 Reduzierung der Lagerorte pro Materialposition (speziell auch Vertriebsaußenlager).	Verkleinerung der notwendigen Sicherheitsbestände zur Aufrechterhaltung einer vom Markt geforderten Lieferbereitschaft.
14 Verbesserung der Liefertreue bzgl. Termin, Menge und Qualität durch die eigene Produktion oder durch Lieferanten.	Steuerung der Bestelldisposition ohne Berücksichtigung von sonst notwendigen Sicherheitszeiten bzw. -mengen.
15 Reduzierung der Wiederbeschaffungszeiten von Kaufteilen.	Kurzfristige Programmänderungen führen weniger zu ungewünschten Frühanlieferungen von Material, das erst später verarbeitet wird, kurzfristig aber nicht mehr storniert werden kann.
16 Reduzierung der Durchlaufzeiten bei Hausteilen durch Kürzen der Fertigungszeiten, Kürzen der Zwischenzeiten, Splittung, Überlappung, Reduktion der benötigten Arbeitsgänge mit Hilfe konstruktiver Änderungen, Reduktion der Einrichtezeiten durch Anwendung flexibler Fertigungssysteme und durch konsequente Optimierung der Auftragsreihenfolge.	Verkleinerung der Werkstattbestände.

MASSNAHME	MIT DEM EFFEKT
17 Erhöhung der Reaktionsflexibilität der Programmplanungs- und Dispositionsverfahren durch den Einsatz geeigneter online-gesteuerter EDV-Systeme.	Dynamische Anpassung der Hausteil- und Kaufteilbestellungen an reduzierte Bedarfssituationen (rollierend aktualisierte Liefereinteilungen).
18 Beschleunigung der Bestellweitergabe an die Lieferanten durch den Einsatz moderner Informationsübertragungsverfahren (wie z.B. Datenfernübertragung und Fernkopierer).	Schaffung von besseren Möglichkeiten zum Verschieben oder zur Stornierung laufender Bestellungen, die zu frühzeitig geliefert würden.
19 Optimierung der Stücklistenstruktur mit dem Ziel, die Anzahl der Lagerstufen zu reduzieren.	Beschleunigung der Fertigungsdurchlaufzeit und damit Reduzierung der Bestände durch Vermeidung unnötiger Wartezeiten, bedingt durch die Papierbearbeitung und das Ein- und Auslagern des sonst fließenden Materials.
20 Materialbeschleunigung im Wareneingang von Kaufteilen durch Auswärtsverlagerung von Kontroll- und Qualitätssicherungsaktivitäten und durch strenge Vorgabe von Verpackungsrichtlinien.	Reduzierung des durchschnittlichen Wareneingangsbestandes durch kürzere Bearbeitungszeiten in der Qualitäts- und Mengenkontrolle.
21 Materialbeschleunigung im Lager durch warteschlangenarmes Zu- und Abgangsbuchen von angeforderten Positionen.	Niedrige Bestände durch schnellen Lagerumschlag.
22 Materialbeschleunigung in der Ersatzteilverpackung durch eine kapazitätsorientierte Steuerung des Vorlaufmaterials und Vermeidung unnötig hoher Auftragswarteschlangen.	Niedrige Bestände durch schnellen Lagerumschlag.
23 Materialbeschleunigung im Ersatzteillager durch Realisierung von Teillieferungen (Teilakkreditiven) bei Nichtverfügbarkeit einzelner Auftragspositionen, durch Abbau einer handlungsfähigen Organisation zur gezielten Rückstandsbearbeitung und durch eine variable Personaleinsatzplanung zur Abarbeitung von Spitzen im Auftragseingang.	Niedrige Bestände im Ersatzteillager durch schnellen Lagerumschlag.
24 Materialbeschleunigung im Vertriebslagerbereich durch eine kurzzeitige Abfolge von Lagerentnahme, Kommissionierung, Verpackung, Versandbereitstellung, Auftragsabwicklung im Vertrieb, Transportmittelbereitstellung und Versand.	Niedrige Bestände durch schnellen Lagerumschlag.
25 Reduzierung von nicht technologisch bedingten Marktretouren auf ein verkaufspolitisch gerade noch akzeptables Maß.	Vermeidung von ungeplanten Lagerzugängen, die zu unstrukturierten Beständen über eine längere Zeit und damit zu einer Verschlechterung des Lagerumschlags führen.
26 Systematische Durchführung von Verschrottungsaktionen, sobald eine Wahrscheinlichkeitsbetrachtung ergibt, daß das untersuchte Material aus technologischen und bedarfsbedingten Gründen in absehbarer Zeit nicht mehr benötigt wird.	Reduzierung der Vorratshaltung und der damit verbundenen und nicht zu rechtfertigenden Lagerhaltungskosten.
27 Entfeinerung der technologischen Anforderungen an die entwickelten Produkte, so daß die Produktion oder die Lieferanten bei leichten statistischen Qualitätsabweichungen doch noch durch die Kontrolle akzeptierte Waren abliefern können.	Reduktion der Sicherheitsbestände durch die Disponenten aufgrund der vermehrt vorkommenden Nullfehler-Wareneingänge.

A.2

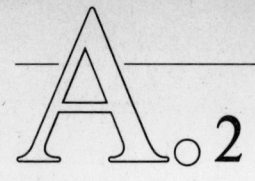

MASSNAHME	MIT DEM EFFEKT
28 Vermeidung von ungewollter Lagerfertigung aus Beschäftigungsgründen der Produktion, weil eine zu späte Kapazitätsanpassung an eine rückläufige Bedarfsnachfrage nach Eigenprodukten erfolgte.	Kein Lagerbestandsaufbau bei Produkten, die erst zu einem späteren Zeitpunkt wieder vom Lager abfließen.
29 Aufforderung an den Einkauf, durch entsprechende Verhandlungen mit alternativen Lieferanten Mindestabnahmezwänge von Materialpositionen prinzipiell zu vermeiden, soweit dies preislich gerechtfertigt werden kann.	Vermeidung von nicht bedarfsgerechten Materialzugängen zum Lager, die z.T. über sehr lange Zeit finanziert oder u.U. sogar wieder verschrottet werden müssen, weil kein weiterer Bedarf auftritt.
30 Organisation einer korrekten Aktualisierung der wichtigsten Dispositionsdaten in der Datenbank oder in den Karteien bzgl. Stücklisten, offene Fertigungsaufträge, offene Einkaufsbestellungen, aktueller Lagerbestand, Reservierungen und offene Kundenaufträge.	Das Vertrauen in die Datenrichtigkeit veranlaßt den Disponenten, keine zusätzliche Sicherheit in seine Dispositionsrechnung einzukalkulieren und damit unnötige Bestände aufzubauen.
31 Möglichst genaue Pflege der statistischen Dispositionsdaten wie: Wiederbeschaffungszeiten, Losgrößen (intern + extern), Vorhersagedaten, Sicherheitsbestände, Ausschußfaktoren u.a.m.	Diese Daten bestimmen die Leistungsfähigkeit des Dispositionssystems mit dem Ziel der Gewährleistung einer geforderten Lieferbereitschaft mit einer möglichst niedrigen Lagerhaltung.
32 Verbesserung der Kommunikation zwischen den Disponenten als Materialanforderer und der Produktion bzw. den Lieferanten als Materiallieferer. Diese Kommunikation darf nicht nur telefonisch erfolgen, sondern sie muß auch durch persönliche Begegnungen gefestigt werden.	Durch bessere Kommunikation wird Vertrauen auf beiden Seiten geschaffen, was beim Disponenten zu einer Bereitschaft führen kann, zukünftig weniger Sicherheiten in seine Bestellplanung einzubeziehen.
33 Stärkeres Engagement der Unternehmensleitung in der Vorgabe und der Kontrolle der Bestandspolitik und -entwicklung.	Aufwertung der Dispositionstätigkeit und Motivation für die mit dieser wichtigen und renditeträchtigen Aufgabe betrauten Mitarbeiter, ihre Funktion im Unternehmen noch besser zu erfüllen.

Zur grundsätzlichen Lagerbestandspolitik eines Unternehmens gehört die Festlegung der gewünschten Vorratsstruktur, wie sie sich auch in der Bilanz widerspiegeln soll. Dabei unterscheiden sich je nach Unternehmensstrategie die folgenden Grundstrukturen (Abb. 16).

BEISPIELE FÜR VORRATSSTRUKTUREN IN DER BILANZ

Abb. 16

Fertigfabrikate
Halbfabrikate
Rohstoffe

Mit Hilfe der Materialwirtschaftspolitik muß eine einmal für das Unternehmen geeignete Grundstruktur erhalten werden, auch wenn Wachstums- oder Konjunktureinflüsse dieses Ziel gefährden.

Die weiter vorne aufgeführten Maßnahmen zur Senkung des Vorratsvermögens werden in der betriebswirtschaftlichen Praxis mit einer höheren Wahrscheinlichkeit erfolgreich durchgeführt werden können, wenn die Struktur- und Ablauforganisation auf ein zentrales Bestandsmanagement ausgerichtet sind, welches einen hohen Einfluß auf die übrigen bestandsbeeinflussenden Betriebsfunktionen ausüben kann. Eine von Lancioni 1974 in 59 großen Industriebetrieben in den USA durchgeführte Befragung brachte bzgl. der Effizienzsteigerung nach einer organisatorischen Zusammenfassung logistischer Aufgaben das folgende Ergebnis:

Bereiche für Verbesserungen	keine Verb.	einige Verb.	große Verb.	keine Antwort
Lagerfehlbestände	5,0%	33,0%	42,0%	20,0%
Auftragsrückstände	6,0%	32,0%	37,0%	25,0%
verbesserte Kooperation zwischen beteiligten Tätigkeiten	3,0%	44,0%	36,0%	17,0%
Auftragsabwicklungszeit	12,0%	25,0%	47,0%	15,0%
Transportplanung	3,0%	41,0%	39,0%	17,0%
Außenlagerbestände	2,0%	34,0%	44,0%	20,0%
Lagerhausstandort	10,0%	39,0%	27,0%	23,0%

McKinsey hat mit seinem neuen Verfahren der Vorratsvermögens-Analyse (VVA) eine Möglichkeit zur nachhaltigen Senkung des Vorratsvermögens und der Effizienzsteigerung im logistischen Bereich geschaffen, was in zwei beispielhaft aufgeführten Branchen zu folgenden Kosteneffekten geführt hat (Abb. 17).

Da permanente Verbesserungen für das Überleben unserer Unternehmen und die Sicherung vieler Arbeitsplätze notwendig sind, sollten von den Unternehmensleitungen die enormen Chancen zur Produktivitätsverbesserung durch die Materialwirtschaft erkannt werden. Es darf allerdings nicht übersehen werden, daß für diese angestrebten Verbesserungen relativ lange Vorlaufzeiten erforderlich sind. Die Zeitspanne von den ersten Maßnahmen in dieser Richtung bis zu einem meßbaren Erfolg ist um so länger, je tiefgreifender die struktur- und ablauforganisatorischen Änderungen des geplanten neuen Materialwirtschaftssystems sind.

Nur wenn alle für die Realisierung der Unternehmenspolitik Verantwortlichen den ertragssteigernden Wirkungen einer Materialmanagement-Organisation Beachtung schenken, wird ihre Optimierung zum Nutzen des Unternehmens erreicht werden können. Idealerweise muß der Änderungswille aus den Reihen der Betroffenen kommen, um die Akzeptanz der neuen Arbeitsteilung ohne personelle Reibungsverluste zu gewährleisten.

A.2

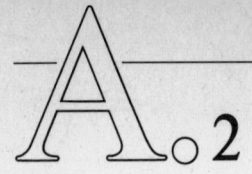

SENKUNGSPOTENTIAL VON LOGISTIKKOSTEN
(Beispiele nach McKinsey)

CHEMISCHE INDUSTRIE

Umsatz 100%

Logistikkosten 17%

	Logistikkosten	Verbesserungsansatz	Einsparungspotential	
100%	10%	100%		
30%	18%	54%	Bestandszinsen
54%	5%	26%	Handling
16%	13%	20%	Systeme

INVESTITIONSGÜTER

Umsatz 100%

Logistikkosten 24%

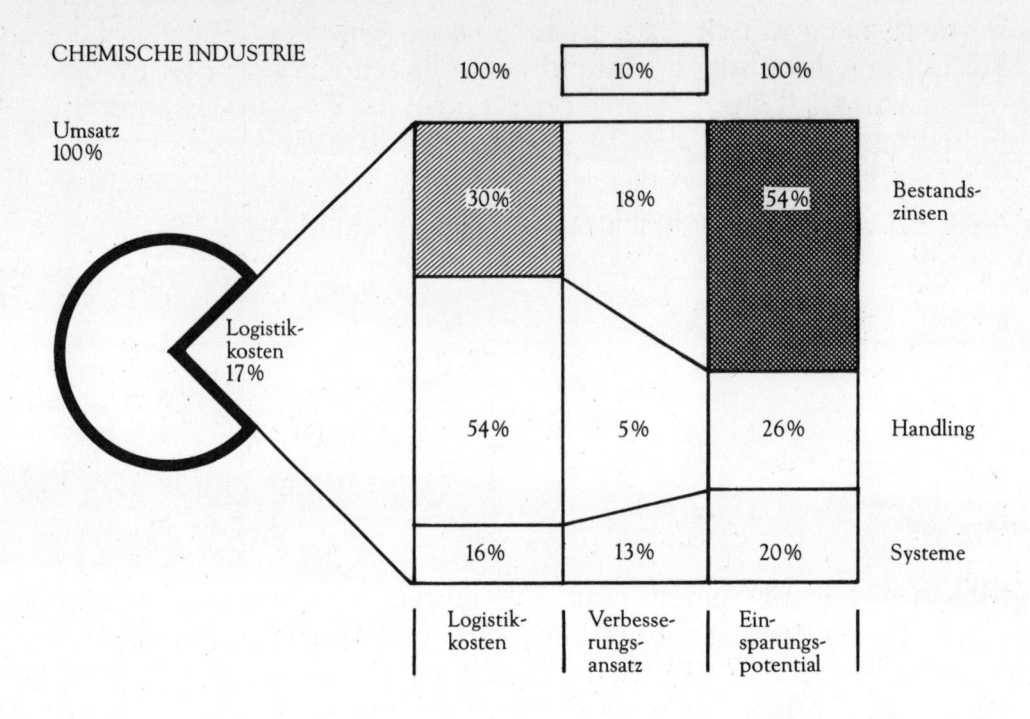

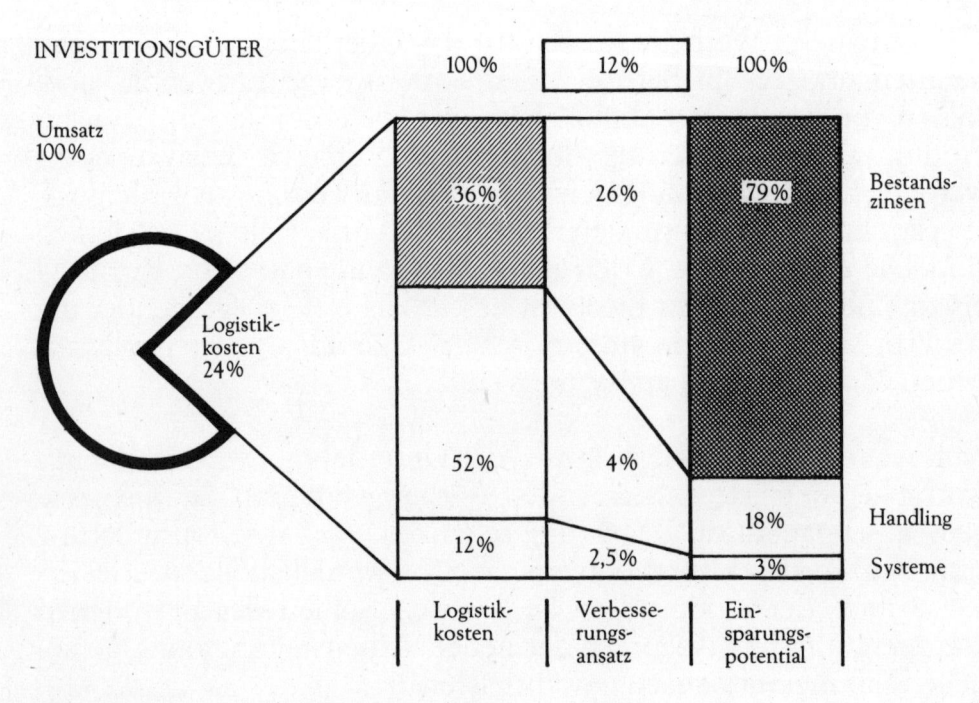

	Logistikkosten	Verbesserungsansatz	Einsparungspotential	
100%	12%	100%		
36%	26%	79%	Bestandszinsen
52%	4%	18%	Handling
12%	2,5%	3%	Systeme

Abb. 17

A.3 FUNKTIONSANALYSE DER MATERIALWIRTSCHAFT

HERAUSFORDERNDE AUFGABENSTELLUNG FÜR DIE UNTERNEHMENSLEITUNG

Ohne aktives Engagement der Unternehmensleitung, sich mit dem Thema einer optimalen Materialwirtschaft aus Liquiditäts- und Kostengründen zu befassen, werden die Produktivitätsmöglichkeiten dieser Unternehmensfunktion nicht ausgeschöpft werden können. Deshalb scheint es mir wichtig zu sein, Checklisten oder ähnliche Arbeitshilfsmittel zu erarbeiten, um der Unternehmensleitung den Anstoß zu einem neuen materialflußgerechten Organisationsdenken zu geben und um ein entsprechendes Klima der positiven Resonanz zu schaffen. Denkbar wäre z.B. der folgende Fragenkatalog für die Unternehmensleitung:

1. Müssen Sie häufig im Bereich der Materialwirtschaftsfunktionen Probleme lösen, obwohl Sie die Zeit für solche Aufgaben nicht haben? Probleme, wie sie hier beispielhaft erwähnt sind:

   o Die Vorräte sind in allen Lagerstufen des Unternehmens im Branchenvergleich viel zu hoch

   o die Vorräte sind unstrukturiert (z.B. hoher Anteil an Ladenhütern)

   o abgegebene Liefertermine für Kunden werden nur selten eingehalten

A 3

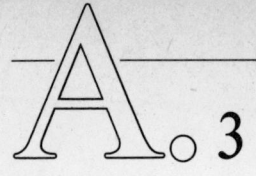

- der Servicegrad für spezielle Verkaufssortimente oder für das Ersatzteilgeschäft entspricht nicht den Zielvorgaben, wodurch die Kunden verärgert und zusätzliche Umsatzmöglichkeiten nicht wahrgenommen werden

- fehlendes Material sorgt für häufige Bandstillstände in der Produktion und für eine Unterbelastung des Lager- und Versandpersonals

- der Produktionsplan ist unausgewogen und zu wenig auf die vorhandenen Kapazitäten abgestimmt

- im Rahmen der Sortimentsbereinigung leistet die Materialwirtschaft keinen Beitrag zur Sanierung der Kosten-/Nutzen-Situation

- die Leistungsflexibilität bei Sonderentwicklungen am Markt ist sehr gering und führt zu Umsatzentgang

- wegen Terminschwierigkeiten existiert meist eine große Hektik in der Auftragsabwicklung

- die Disposition befindet sich in einer unkontrollierten Terminjägerei, wodurch die Planungsaktivitäten zu kurz kommen

- die Wiederbeschaffungszeiten für Einkaufsteile sind zu lang

- Stücklisten und Arbeitspläne werden zu wenig schnell aktualisiert und führen zu Fehlplanungen

- durch die Dateninstabilität ist auf die Planungs- und Kontrollsysteme kein Verlaß mehr

- die meisten Statistikdaten für das Management sind interpretationsbedürftig

- das Unternehmen arbeitet permanent mit einem hohen Kundenrückstand

- die Einkaufstätigkeit wird nicht genug geplant und artet in Hauruckaktionen mit schlechten Preisen aus

- es existieren zu wenig Alternativlieferanten

o die Störungen im Informationsfluß der Materialwirtschaftsfunktionen führen zu Doppelarbeiten (z.T. sogar zwischen EDV und manuellen Tätigkeiten) und exzessivem Papieranfall

o die Kommunikation zwischen den Bereichen ist unbefriedigend und teilweise aggressiv

o insgesamt ist die Planung der gesamten Aktivitäten in der Materialwirtschaft ungenügend

o die Mitarbeiter in der Materialwirtschaft sind unzureichend ausgebildet und entsprechen in ihrer Qualifikation nicht dem Anforderungsprofil

o es wird von modernen Verfahren der Informationstechnologie und speziell der EDV-Anwendungen zu wenig Gebrauch gemacht

o die Arbeitsweise im Einkauf garantiert keine befriedigende Verhandlungs- und Einkaufsleistung

o die Erwartungen der Entwicklungsingenieure und Konstrukteure, über kostengünstige Lieferanten oder Materialsubstitutionsmöglichkeiten beraten zu werden, werden nicht erfüllt

o es werden keine geeigneten Einkaufspreisplanungen durchgeführt, um die Finanzbedarfsrechnung aktiv zu unterstützen

o bei anstehenden Entscheidungen bzgl. Eigen-, Fremd- oder Lohnfertigung leistet die Materialwirtschaft keinen positiven Beitrag zur Problemlösung

o im ganzen Unternehmen existiert ein unrationeller und kostenaufwendiger Materialfluß, beginnend bei der Art der Lagerung bis hin zur Verteilung in der Produktion und zum Kunden

o der Automationsstand der Lagerhaltung inkl. Transportgeräte ist nicht mehr zeitgemäß

o die Wahl der Transportverfahren – evtl. mit eigenem Fuhrpark – entspricht nicht der kostengünstigsten Möglichkeit o bei konzerninternen Materiallieferungen treten laufend Terminschwierigkeiten auf, was zu häufigen Konflikten zwischen den Unternehmensteilen führt.

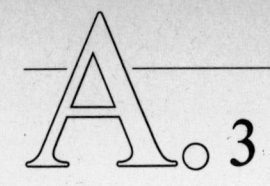

Diese und noch weitere kostenerzeugende und nutzenreduzierende Materialwirtschaftsprobleme sollten Anlaß zu einer Schwachstellenanalyse mit entsprechenden strukturellen, ablauforganisatorischen und personellen Organisationsänderungen sein.

Folgende weitere Punkte sollten betrachtet werden, um die Bedeutung der Materialwirtschaft zu erarbeiten:

o Investitionsbudget der Materialwirtschaft im Vergleich zu anderen Funktionen

o Kostenbudget der Materialwirtschaft im Vergleich zu anderen Funktionen

o Höhe des Einkaufsvolumens/Umsatz

Art des Vermögens	Haupteinfluß durch
Sachanlagen	Fertigung Materialwirtschaft Entwicklung
Vorräte	Materialwirtschaft (Marketing, Vertrieb)
Forderungen	Finanzen (Marketing, Vertrieb)

o Einfluß auf das zu verwaltende Vermögen

o Höhe des Rationalisierungspotentials in der Materialwirtschaft

Frage: Wurde der kostenoptimale Mix zwischen Personeneinsatz und Investitionen (Automation von Lager, Materialfluß und Informationsverarbeitung) bereits gefunden?

o Managementpotential des Leiters MW

○ Kapitalbeschaffungsmöglichkeit einer Unternehmung

○ Abhängigkeit des Unternehmens von evtl. kritischen Materialversorgungssituationen

2. Welche Bedeutung kommt der Materialwirtschaftsfunktion im Vergleich zu anderen Unternehmensfunktionen zu?

Die Beantwortung dieser Frage sollte die Unternehmensleitung dazu veranlassen, den Beitrag der Materialwirtschaft

○ zur Versorgungssicherheit
○ zum Kostensenkungspotential
○ zur Liquidität und Rentabilität
○ zur Erhöhung der Leistungsflexibilität
○ zur Sicherung und Verbesserung der Qualität von Produkten und Informationen
○ zur Verbesserung der Beschaffungsmarkttransparenz
○ zur Unterstützung der übrigen Unternehmensfunktionen

quantitativ bzw., wo das nicht möglich ist, qualitativ zu bewerten. In denjenigen Unternehmen, in denen das integrierte Materialwirtschaftskonzept weitgehend realisiert ist, läßt sich diese Art der Kosten- und Nutzenanalyse aus vorhandenen Statistiken weitgehend ablesen und kontrollierbar machen.

Ein kleiner Beitrag zur Klärung der Ist-Situation kann durch Abb. 18 gewährleistet werden, in der die Kostenentwicklung der Materialwirtschaft im Vergleich zu anderen wichtigen Kostenverursachern über mehrere Jahre dargestellt ist.

Die Bedeutung der Materialwirtschaft hängt natürlich auch von dem Zeitpunkt der Analyse ab. In Zeiten steigender Rohstoffpreise und hohen Wettbewerbsdruckes liegt die Aufmerksamkeit der Unternehmensleitung automatisch stärker bei der Materialwirtschaft als in Zeiten hohen Marktwachstums, wo lediglich eine fehlende Lieferbereitschaft eine negative Resonanz in der höchsten Etage auslöst.

A.3

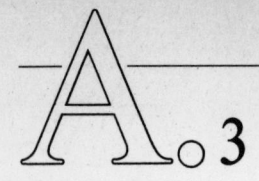

MATERIALWIRTSCHAFT/EINKAUF IM RAHMEN DER BETRIEBLICHEN GEWINNSTRATEGIE

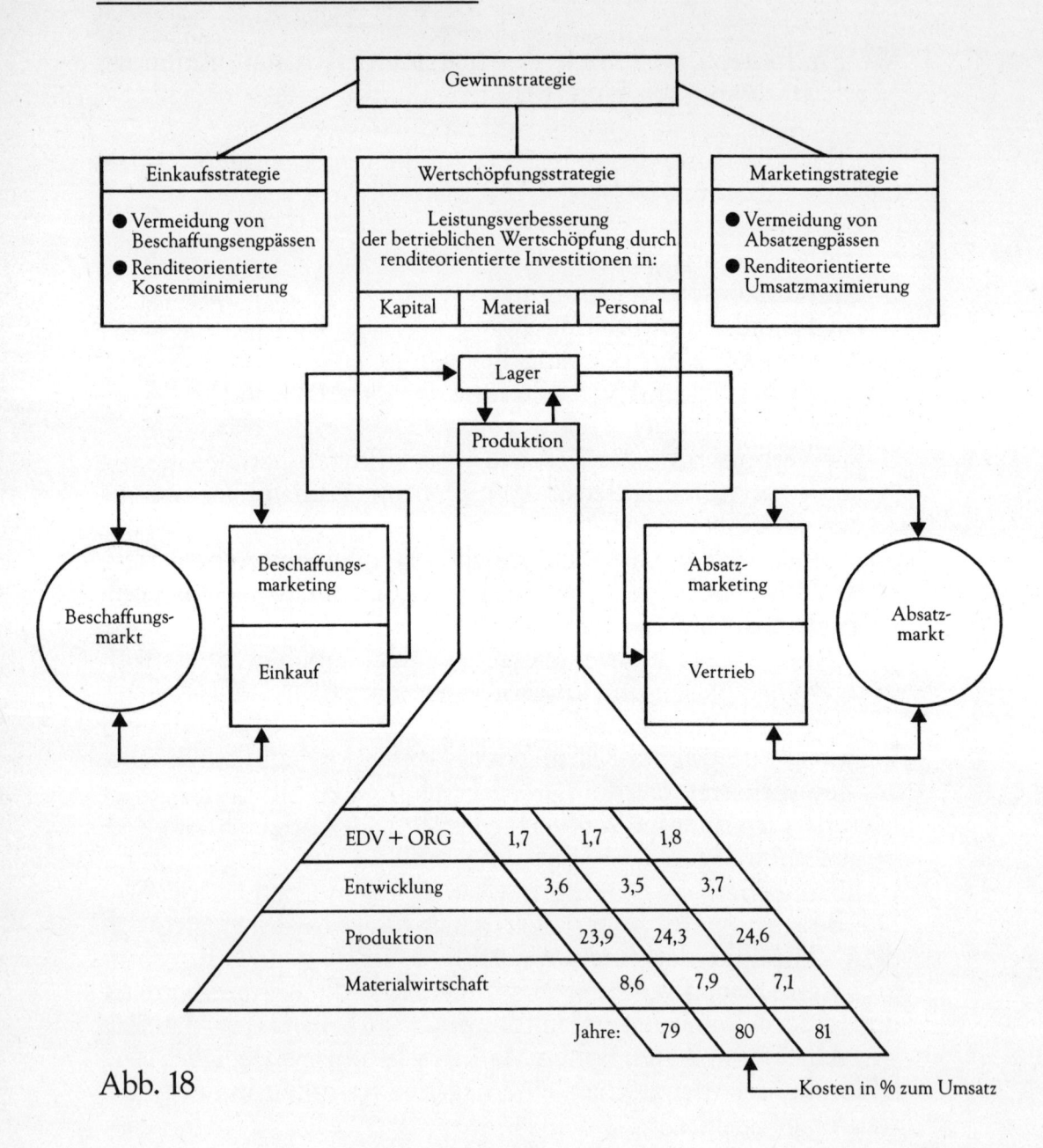

```
                        Gewinnstrategie
          ┌──────────────────┼──────────────────┐
   Einkaufsstrategie   Wertschöpfungsstrategie   Marketingstrategie
```

Einkaufsstrategie
- Vermeidung von Beschaffungsengpässen
- Renditeorientierte Kostenminimierung

Wertschöpfungsstrategie
Leistungsverbesserung der betrieblichen Wertschöpfung durch renditeorientierte Investitionen in:

| Kapital | Material | Personal |

Marketingstrategie
- Vermeidung von Absatzengpässen
- Renditeorientierte Umsatzmaximierung

Lager ↔ Produktion

Beschaffungsmarkt — Beschaffungsmarketing / Einkauf

Absatzmarketing / Vertrieb — Absatzmarkt

EDV + ORG	1,7	1,7	1,8
Entwicklung	3,6	3,5	3,7
Produktion	23,9	24,3	24,6
Materialwirtschaft	8,6	7,9	7,1
Jahre:	79	80	81

Abb. 18 — Kosten in % zum Umsatz

3. In welchem fachlichen und personellen Problemfeld bewegt sich das Materialmanagement?

Mögliche fachliche Probleme:
- mangelnde Planungsstabilität des Vertriebs/Marketings aufgrund heterogener Märkte oder fehlender Planungssystematik,
- ein neuer geographischer Markt erfordert eine neuartige logistische Erschließung,
- Saisonalität der Absatzverläufe,
- ein Verkäufermarkt wandelt sich durch Nachfrageeinbruch zum Käufermarkt,
- Wachstum schlägt in Stagnation um; der Umsatz schrumpft,
- ausufernde Sortimente durch vernachlässigte Sortimentssteuerung; das Sortiment wird in Art und Artikelzahl wesentlich verändert,
- Komplizierung der Material- und Fertigungssteuerung durch den jährlichen Sommer-Betriebsurlaub,
- fehlendes Geld für dringend notwendige Investitionen im MW-Bereich,
- durch permanent überzogen harte Preisverhandlungen herbeigeführte schlechte Lieferantenbeziehungen,
- unzureichende Computerunterstützung und Hilfe bei der Einführung neuer Info-Technologien,
- innerhalb der Branche zeichnen sich betriebliche Konzentrationen ab,
- tiefe Distributions-Pipeline, die zu hohen Schwankungen im gesamtlogistischen System führt.

Mögliche personelle Probleme:
- permanente Arbeitsüberlastung der MW-Mitarbeiter,

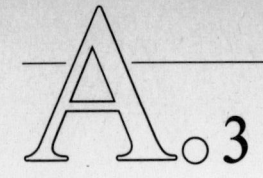

○ mangelnde Harmonie und Kooperationsbereitschaft zwischen den Unternehmensfunktionen, fehlende Konfliktsteuerung durch die Unternehmensleitung,

○ ungenügende Qualifikation des Materialmanagers oder seiner Mitarbeiter,

○ ungenügende Kommunikation und schlechtes Betriebsklima.

Um innerhalb der Funktionsanalyse zu einem Soll-Konzept für eine integrierte Materialwirtschaftsfunktion zu kommen, müssen von der Unternehmensleitung folgende weitere Fragen beantwortet werden:

4. Welche betrieblichen Subfunktionen sollen von einem Materialmanager geführt und verantwortet werden?

5. Welche Zielsetzungen sollen von den einzelnen Subfunktionen erreicht werden? Zum Beispiel:

   ○ vom Einkauf
   ○ von der Disposition
   ○ von der Lagerung
   ○ von der Verteilung
   ○ von den MW-Stabsfunktionen

6. Welche Organisationsstruktur bzw. -entwicklung ist innerhalb dieser Teilfunktionen für die Zielerreichung zu bilden?

7. Welche Organisationsmittel, Planungssysteme, Investitionen und welcher Personaleinsatz sind für die Zielerreichung notwendig?

8. Welche Sonderprojekte müssen zur Zielerreichung geplant und realisiert werden?

9. Welche Personalpolitik ist der Materialwirtschaft zugrunde zu legen?

10. Wie soll die Materialwirtschaftsfunktion durch das MW-Berichtswesen gegenüber den anderen Funktionen und der Unternehmensleitung berichten?

Dies sind Fragen, die bei einem analytischen Vorgehen erarbeitet und beantwortet werden müssen. Wenn diese Arbeit nicht geleistet wird, hat es selbst ein engagierter Materialmanager in einem Unternehmen schwer, sich ohne hohe interne Reibungsverluste und die damit z.T. verbundenen großen Kosten in seiner Funktion und in der von ihm erwarteten positiven Arbeit durchzusetzen.

Der kostengünstigste Weg zur Einführung einer materialmanagementorientierten Struktur ist dann gegeben, wenn die Unternehmensleitung ein klares Konzept besitzt und mit der ganzen Persönlichkeit hinter der Einführung dieses Konzeptes im Unternehmen steht.

„That's the way to do it!"

Lassen Sie mich in diesem Zusammenhang noch einmal auf die Zwänge eingehen, die die Unternehmensleitung bei ihren Aktivitäten zur Zentralisierung der Materialwirtschaftsfunktion bestärken.

A.4
ZWÄNGE ZUR ZENTRALISIERUNG DER MATERIALWIRTSCHAFTSVERANTWORTUNG

HABEN SIE SCHON EINMAL ÜBER DIE FOLGENDEN ENTWICKLUNGEN NACHGEDACHT?

1. Trend zur funktionalen und systemorientierten Organisationsentwicklung in der Industrie (systems approach).

2. Trend zur vermehrten Computerunterstützung zur Lösung betrieblicher Materialwirtschaftsaufgaben mit Hilfe von integrierten EDV-Systemen, die neben der Mitarbeit von Software-Spezialisten aus dem EDV-Bereich von einer zentralen Linienposition aus geplant, gesteuert und überwacht werden müssen. In Analogie zum Industrial-Engineering zur Optimierung der Produktion kann man hierbei von einem Informations-Engineering zur Optimierung der Logistiksysteme sprechen, das von einem professionellen Manager mit sinnvollen Zielvorgaben gesteuert sein will.

3. Die knappe Eigenkapitalbasis deutscher Unternehmungen verlangt immer stärker nach einer zentralen Stelle im Unternehmen, die unter dem betrieblichen Gesamtkostenaspekt die Daten für eine optimale Make-or-Buy-Entscheidung systematisch aufbereitet. Damit schafft sich die Unternehmensleitung eine Kontrollfunktion, die darüber wacht, daß trotz des Trends zu kleineren

A.4

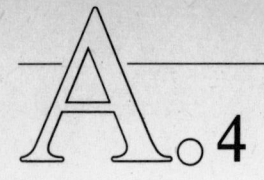

Stückzahlen und schnellerem Modellwechsel die Abschreibungsrisiken nicht unkontrolliert anwachsen, ohne daß jemand manchmal den Finger hebt und vor weiterer Vertikalisierung warnt.

4. Die Unternehmensleitungen fühlen sich zeitlich überfordert, wenn sie die Optimierungsaufgaben der Materialwirtschaft teilweise auf der Ebene der operationalen und taktischen Entscheidungen wahrnehmen müssen, zumal diese bei dezentraler Materialverantwortung (Einkauf, Fertigung, Vertrieb) ohne entsprechendes Konfliktmanagement in der Regel nicht zu lösen sind. Aus Zeitgründen werden auch notwendige Hilfsmittel für die Mitarbeiter, wie generelle Entscheidungsregeln, Verfahren, Materialwirtschaftsziele, Pläne, Festlegung von Kompetenzen nicht genügend erarbeitet, so daß die einzelnen Aufgaben nicht optimal wahrgenommen werden.

5. Mit dem Zwang zu vermehrten Kompensationsgeschäften verlangt der Vertrieb einen kompetenten Partner auf der Beschaffungsseite, der über alle Beschaffungsaktivitäten incl. Beschaffungsabwicklungen über dritte Partner sachkundig die Daten aufbereiten und entscheiden kann.

6. Aus der Beschäftigung mit kybernetischen Prozessen und ihren rationellen Effekten kommt die Industrie immer mehr zu der Erkenntnis, daß die bisher isoliert und bereichsbezogene Transportabwicklung in den Betrieben einer zentral gesteuerten und überwachten Materialflußorganisation unter Einbeziehung der Lagerhaltung weichen muß. Die Erkenntnis, daß der Materialfluß ein wesentlicher Teil des kybernetischen Prozesses im Unternehmen ist, bedeutet, daß die erforderlichen Transport- und Lagervorgänge bei einer Fertigung keine lästigen Nebenerscheinungen, sondern notwendige Voraussetzungen für einen wirtschaftlichen Wertschöpfungsprozeß sind.

7. In diesem Zusammenhang kommt ein größerer Zwang zur Zentralisierung der Lagerverantwortung auf, indem nämlich die Kompatibilität der Transporteinheiten (Container, Paletten usw.) mit dem Ziel verketteter Materialflußvorgänge zwischen den Einzellägern stärker gewährleistet sein muß als in der Vergangenheit. Fördertechniker und Materialflußingenieure fordern außerdem, daß das innerbetriebliche Lager-, Verpackungs- und Transportwesen der außerbetrieblichen Verkehrstechnik angepaßt werden muß, wodurch weitere zentral wahrzunehmende Managementaufgaben anfallen.

8. Durch den Bau von Hochregallagern kommt auf die Unternehmen automatisch der Zwang zu, die bisher dezentralen Fachbereichen zugeordneten Teilläger zentral zusammenzufassen und einer Führungskraft und damit einem Bereich, nämlich der Materialwirtschaft, zu unterstellen.

Nachdem das Rationalisierungspotential in der Produktion in deutschen Firmen heute weniger hoch eingeschätzt wird als die Rationalisierungsmöglichkeiten auf dem Gebiet der Lagerung und des Materialflusses, bevorzugen die Unternehmensleitungen diese organisatorische Lösung zur fachgerechten Zuordnung einer für den Unternehmenserfolg sehr bedeutenden Managementaufgabe.

9. Die Erkenntnisse aus der „Pipeline-Theorie" weisen eindeutig aus, daß eine Gesamtoptimierung des betrieblichen Material- (= Kapital-)Umschlags am besten mit einer zentralen Materialplanung und -steuerung erfolgen kann.

Dies bedeutet, daß die Unternehmensleitungen gut beraten sind, wenn sie einem fachkundigen Materialmanager die bisherigen dezentralen Materialwirtschaftsfunktionen zuordnen und ihm die Einkaufsfunktion und die Gesamtkostenoptimierung des Materialflusses vom Lieferanten über verschiedene Lagerstufen bis zur Auslieferung der Fertigprodukte an den Kunden übertragen.

Übrigens folgt die Unternehmensleitung damit nicht einem völlig neuen Organisationsmodell, da die anderen Querschnittsfunktionen wie Finanzen und Personal schon seit langer Zeit in dieser Organisationsform im Unternehmen installiert sind und sich bestens in dieser Delegationsform bewährt haben.

Lassen Sie mich im folgenden Abschnitt deshalb einmal näher auf die einzelnen Aspekte eingehen, weshalb das momentan schnelle Anwachsen der materialmanagementorientierten Strukturen auch aus theoretischer Sicht sinnvoll und zu fördern ist.

KAPITEL B
EINFÜHRUNG IN DIE MATERIALMANAGEMENT-THEORIE

B

B.1 MATERIALWIRTSCHAFT IM RAHMEN DER SYSTEMORIENTIERTEN BETRIEBSWIRTSCHAFTS- LEHRE

Bei einer Einführung in ein Sachgebiet ist es vorteilhaft, wenn der Leser sich bereits zu Beginn über die systematische Zuordnung des neuen Lehrobjektes zu seiner Umwelt informiert. Durch eine solche systemorientierte Betrachtungsweise fällt es in der Regel leicht, komplexe Zusammenhänge auf einfache Weise darzustellen und den Inhalt leicht zu verstehen. Aus diesem Grund wird bei der vorliegenden Schrift das „Denken in Systemen" immer wieder angesprochen werden. Die Grundthese der Systemtheorie, wonach Zustand und Verhalten eines Systems nicht von der Struktur seiner Elemente allein, sondern vielmehr von den Beziehungen der Elemente untereinander und zur Umwelt bestimmt werden, verlagert den Schwerpunkt des Interesses von der Untersuchung statischer Gegebenheiten auf das Studium dynamischer Prozesse. Diese aber sind gerade in der Materialwirtschaft durch die ständig sich verändernden Zeit-, Mengen-, Struktur- und Kostendaten von höchstem Interesse.

Doch beginnen wir zuerst einmal mit einer ganz einfachen Zuordnung der Materialwirtschaft zu ihrer Umwelt, wie sie in Abb. 19 dargestellt ist.

B.1

MATERIALWIRTSCHAFT UND IHRE UMWELT

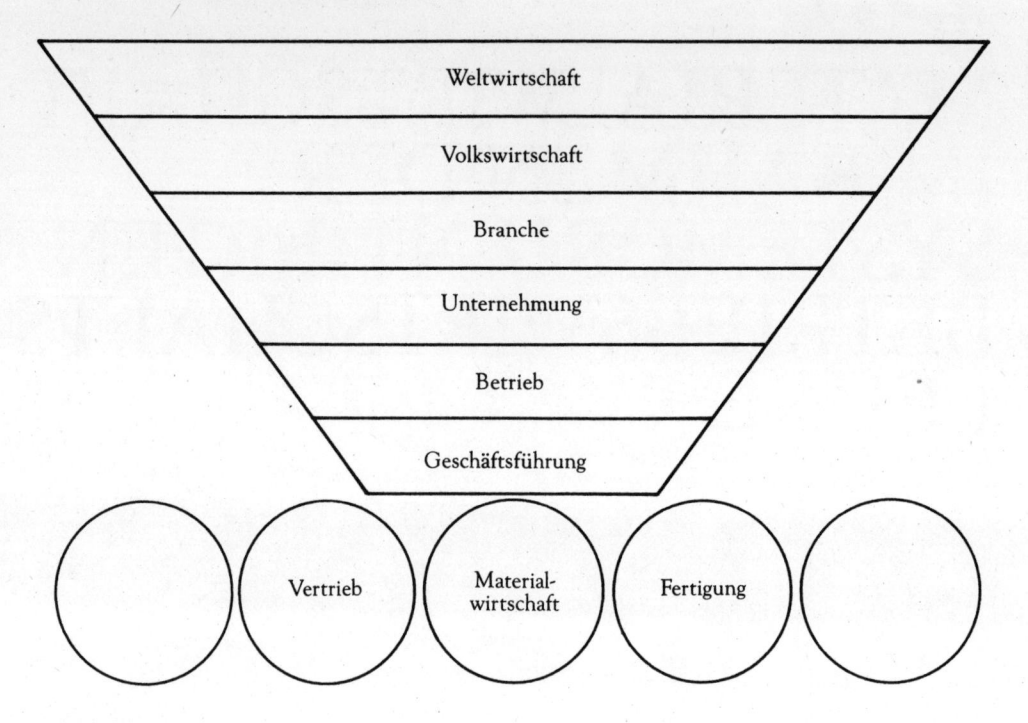

Abb. 19

Innerhalb der Weltwirtschaft existieren eine Vielzahl von Volkswirtschaften, in diesen Volkswirtschaften eine Vielzahl von Branchen, innerhalb der einzelnen Branchen eine Vielzahl von Unternehmungen, innerhalb dieser unter Umständen eine Vielzahl verschiedener Betriebe und damit verschiedener Geschäftsführungen, die unter sich neben anderen Funktionen auch die Materialwirtschaftsfunktion in irgendeiner Form realisiert haben. Aufgrund dieses Systemdenkens läßt sich erkennen, daß die Materialwirtschaft in einem unterentwickelten Land anders gestaltet sein wird als in einem modernen Industriestaat. Desgleichen wird es nicht möglich sein, die Materialwirtschaft in einem Chemieunternehmen mit der eines Textilbetriebes zu vergleichen. Grundsätzlich anders muß auch der Ansatz zwischen einem Handelsunternehmen und einem produzierenden Unternehmen sein. Wichtig ist allein, daß man im konkreten Untersuchungsfall die Umwelt der Materialwirtschaft systematisch erfaßt und daraus ein entsprechendes Funktionsprofil ableitet.

B.1

Im Hintergrund solcher Überlegungen steht die Kybernetik mit ihrer Wissenschaft von Regelkreisen, die von Wissenschaftlern wie Wieder, Shannon und Schmidt von der Elektrotechnik auf alle Gebiete des Lebens übertragen wurde. Auch die Organisationstheorie hat sich an den Hochschulen bald dieses neuen kybernetischen Ansatzes bedient und die Unternehmung als ein komplexes, hierarchisches System vernetzter Regelkreise interpretiert. Diese betriebswirtschaftliche Innovation basiert auf der Erkenntnis, daß die eingesetzten Optimierungsmodelle und -verfahren in einer Unternehmensfunktion nicht zu einem Optimum führen können, wenn die Auswirkungen in die Nachbarbereiche hinein keine Beachtung finden.

BEISPIEL: Werbeaktion

Das betriebliche Optimum wird erreicht, wenn die Werbeabteilung im Bereich Marketing eine erfolgreiche Werbekampagne zur Ankurbelung des Umsatzes einleitet und die Bereiche Materialwirtschaft/ Produktion parallel dazu für eine gewünschte Lieferbereitschaft sorgen. Wird diese Vernetzung im Planungsprozeß aufgrund einer ungeeigneten Organisation übersehen, so wird die Nachfrage der Kunden zwar größer, aber das Unternehmen ist in der entscheidenden Zeit nicht lieferfähig. Damit wird die Produktivität der Werbeaktion wesentlich geschmälert.

BEISPIEL: Öffentliche Verwaltung

Haben Sie schon einmal miterlebt, daß eine Verwaltungsabteilung eine Straße wieder aufreißen läßt, die wenige Tage vorher von einer anderen Stelle geschlossen und asphaltiert wurde? Auch hier wird durch mangelnde Vernetzung der anweisenden Abteilungen Produktivität verschenkt.

Frederic Vester schreibt in seinem Buch „Neuland des Denkens": „Gemessen an unserem hohen Durchsatz an Energie und Material ist selbst in der Wirtschaft die Vernetzung noch um Zehnerpotenzen zu gering."

Diese Aussage möchte ich auch voll auf unsere Unternehmen übertragen, wo viel zu viel in isolierten Funktionen gedacht und optimiert wird, ohne über die Bereiche hinauszuschauen und für eine Gesamtoptimierung des Unternehmensprozesses zu sorgen. Hier aber ist

B.1

genau der Ansatzpunkt unserer modernen Betriebswirtschaft, die mit ihrem neuen, stärker integrierten Denkansatz die produktive Zusammenarbeit zwischen den Funktionen und innerhalb der Funktion fördern will.

Dies aber fordert von uns Managern eine Erweiterung unseres systematischen Denkens in Form von Modellen und Regelkreisen. An dieser Stelle wird beispielhaft einmal ein organisatorischer Regelkreis dargestellt (Abb. 20), der in weiteren Abschnitten dieses Buches als Grundlage für ein kooperatives und rationales Management der Materialwirtschaftsprozesse betrachtet wird.

ORGANISATORISCHER REGELKREIS

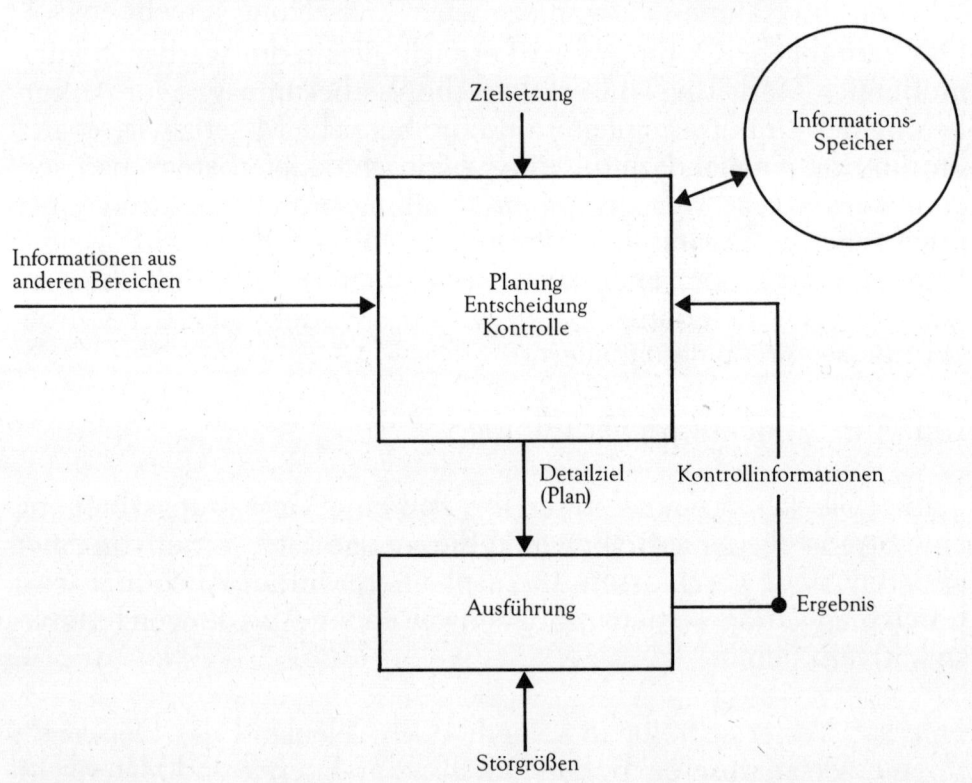

Abb. 20

Den Aufgaben des Reglers entsprechen in dieser Abbildung die Funktionen Planung, Entscheidung und Kontrolle, wobei die letztgenannte entscheidend ist, um das ganze System zu einem Regelkreis zu verbinden. Es zeigt sich, daß im organisatorischen Regelkreis Führungsgröße und Stellgröße gleichen Charakter haben, sie unterscheiden sich lediglich bezüglich Menge, Detaillierungs- und Konkretisierungsgrad. Aufgabe der Planung ist, globale Zielsetzungen mit Hilfe bereits vorhandener oder noch zu beschaffender weiterer Informationen in detailliertere Anweisungen für untergeordnete Instanzen umzuwandeln. Der Informationsfluß von oben nach unten wird verbreitet und aufgefächert. Diese Verbreitung des Informationsstromes wird gespeist aus dem Informationsspeicher, den Informationen aus anderen Bereichen und den beim Planungsprozeß sich abspielenden Denkvorgängen, d. h., bei der Planung selbst werden neue Informationen geschaffen.

Das Funktionieren eines organisatorischen Regelkreises ist nur mit Hilfe der von außen vorgegebenen und im Kreis selbst zirkulierenden Informationen möglich. Die Qualität dieser Informationen ist neben den Qualifikationen der beteiligten Personen entscheidend für das Ergebnis. Im Rahmen der vorgegebenen Zielsetzung genießt ein solcher organisatorischer Regelkreis zweckmäßigerweise eine möglichst weitgehende Autonomie (→ Prinzip des Management by Delegation).

Im Regler und in der Regelstrecke sind Menschen die aktiven Elemente. Dies führt zu den grundsätzlichen Unterschieden zum Wirken eines techn. Regelkreises. In diesem sind Störgrößen beim korrekten Funktionieren der Geräte systemexterner Natur, während beim organisatorischen Regelkreis das Verhalten der beteiligten Menschen, vom Standpunkt des übergeordneten Reglers aus betrachtet, ebenfalls zu Störungen führen kann.

In Abb. 21 ist ein etwas konkreter gefaßtes Beispiel eines solchen organisatorischen Regelkreises dargestellt, nämlich ein System der Terminplanung und -steuerung. Dabei ist leicht zu erkennen, daß Kontrollinformationen im allgemeinen verdichtet, Meldungen über wichtige Ausnahmesituationen für die übergeordneten Instanzen aus der Masse der Daten dagegen herausfiltriert (Management by Exception) werden.

Es sei noch auf einen Unterschied in der Wirkungsweise technischer und organisatorischer Regelsysteme hingewiesen. Die erstgenannten überwachen einen Prozeß kontinuierlich oder doch in sehr kurzen Zeitabständen; die dadurch ermöglichte rasche Reaktion auf Störungen begründet ihre Überlegenheit gegenüber manuellen Überwachungen technischer Systeme. In organisatorischen Systemen ist eine kontinuierliche Beobachtung meist nicht nötig, auch in der untersten Systemebene der Arbeitsverteilung und Fortschrittskontrolle genügt ein Kontrollintervall von mehreren Stunden vollauf. Auf höheren Systemebenen sind Planungs- und Überwachungsinter-

B.1

valle in der Größenordnung einer Woche oder mehr üblich. Organisatorische Regler arbeiten deshalb intermittierend. Dies hängt damit zusammen, daß auf allen Ebenen, auch auf der untersten Ausgangsstufe, Menschen beteiligt sind, denen man sinnvollerweise eine gewisse Dispositionsfreiheit einräumt. Nur wenn der zugestandene Handlungsspielraum überschritten wird, greift der übergeordnete Regler ein. Kontrollprozesse in organisatorischen Systemen haben dabei nicht nur die Funktion, die Übereinstimmung der Ausführung mit der Planung zu sichern, sondern sie sollen auch Aufschluß geben über eventuell notwendige Systemänderungen.

SYSTEM-TERMINPLANUNG UND -STEUERUNG

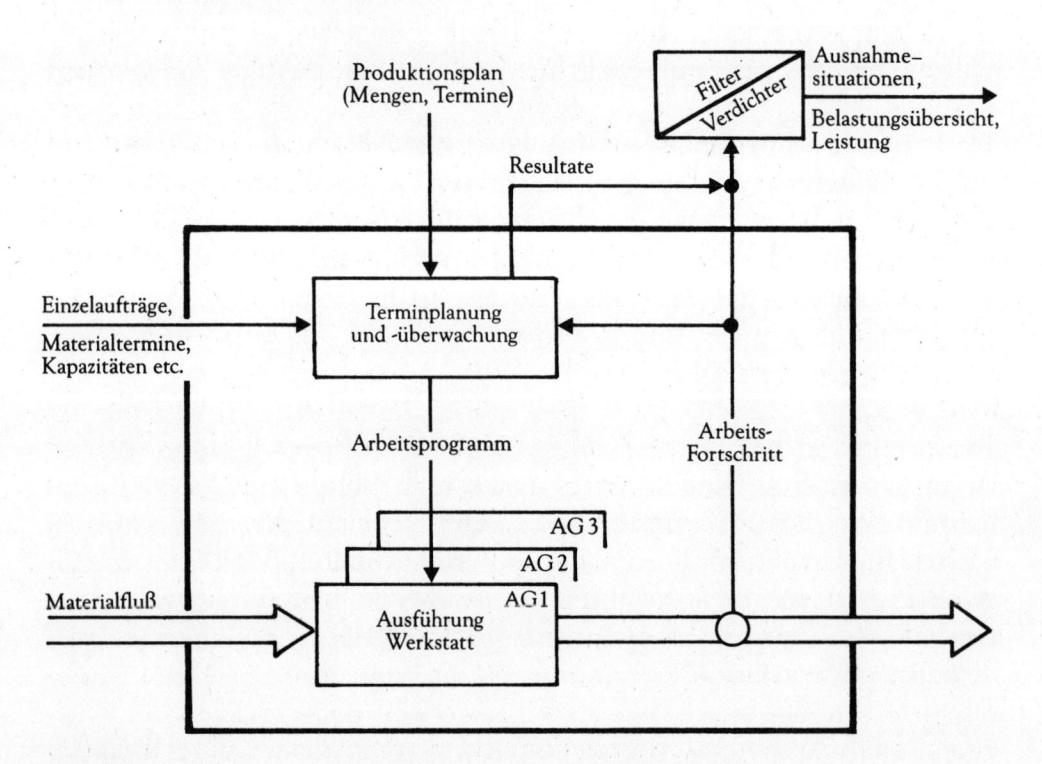

Abb. 21

Dieses ständige Nachdenken über Systemverbesserungen sollte eine der Hauptfunktionen unserer Führungskräfte sein. Denn eines wird von erfolgreichen Unternehmen immer wieder demonstriert: Je mehr es gelingt, die Systemstörungen zu beherrschen und durch schnelle Rückkopplung die Systeme wieder ins Gleichgewicht zu bringen, um so reibungsloser und kostenärmer kann eine Organisation geführt werden!

B.1

Die Industriebetriebe leiden heute ab einer bestimmten Größenordnung unter der ständig weitergetriebenen Arbeitsteilung. Wie oft hört man seine Mitarbeiter klagen, daß früher alle Probleme schneller und z. T. besser gelöst wurden, weil letztendlich die Kommunikation an den Schnittstellen viel intensiver war. Die ständig weitergetriebene Arbeitsteilung schafft heute Kommunikationsarmut, mangelndes Verstehen untereinander und Frustration bei der umständlichen Art der täglichen Problemlösung.

Denselben negativen Effekt erleiden wir in der Praxis, wenn in einem Unternehmensbereich ein „Superprojekt" realisiert wird, was zwar eine gute Lösung für diesen Bereich, nicht aber für die anschließend geschädigten Nachbarbereiche darstellt. Hier fehlt es bis heute weitgehend an Systemdenkern in Managementpositionen, die die Tragweite solcher Projekte über die Bereichsgrenzen hinaustragen und vor der Realisierung mit den betroffenen Bereichen die notwendige Gesamtbetrachtung vornehmen. Erst langsam wachsen aus den EDV-Abteilungen oder in Richtung Informatik/Wirtschaftsingenieurwesen ausgebildete Manager in Linienpositionen hinein, um diesen Prozeß des kybernetischen Denkens im Management weiter auszubauen. Ich bin der Meinung, daß sich diese bereichsübergreifenden Systemdenker zukünftig zu den Schlüsselfiguren der industriellen Unternehmen entwickeln werden und deshalb auch von den Hochschulen stärker in Richtung Kybernetik, Systemanalyse und Systemengineering ausgebildet werden sollten. Das stärkere Denken in vernetzten Systemen hat auch die organisatorische Entwicklung der Materialmanagementfunktion maßgeblich beeinflußt, die in den letzten zwanzig Jahren einen enormen Bedeutungswandel durchlaufen hat. Nachdem die einzelnen Materialwirtschaftssubfunktionen in früheren Jahren von den Unternehmensbereichen Einkauf, Fertigung, Finanzen und Vertrieb als Nebenaufgabe und relativ unkoordiniert geplant, gesteuert und kontrolliert wurden, hat sich doch seit den 60er Jahren mit steigender Tendenz eine systemgerechte Materialwirtschaftsorganisation in der Praxis herausgebildet, die von einem Materialmanager geleitet wird und eine zentrale Steuerung des Material- und Informationsflusses als Subsystem der Unternehmung ermöglicht. Hinter dieser Entwicklung steht die Erkenntnis, daß der gesamte Prozeß der wirtschaftlichen Materialversorgung in einer größeren Unternehmung so komplex und kostenintensiv ist, daß es einer viel integrierteren Steuerung und Überwachung als früher bedarf, um eine höchstmögliche Produktivität des Einkaufs, der Materiallagerung und des -flusses als Beitrag zum Unternehmenserfolg zu gewährleisten.

B.1

Die für die Materialversorgung notwendigen Lieferkapazitäten lassen sich in zwei Quellen aufteilen:

1. Beschaffung im eigenen Haus (interne Kapazität)
2. Beschaffung bei Lieferanten (externe Kapazität)

Bei näherer Betrachtung ist aber die Produktion im eigenen Haus wiederum von der Beschaffung bei Lieferanten abhängig, nämlich aufgrund der Vormaterialsituation. Aus dieser Aufgabenstellung heraus ergibt sich, daß durch diese Systemvernetzung zukünftig die Bedeutung der Materialwirtschaft im kybernetischen Prozeß der Unternehmung noch enger mit der Produktionsentwicklung verbunden werden muß. Um den Anforderungen des Vertriebes nach höherer Liefer- und Leistungsflexibilität und der Produktion nach angemessener Kapazitätsauslastung zu entsprechen, bedarf es eines leistungsstarken Materialmanagements, das sich schon in einem frühen Planungsstadium im Rahmen der strategischen oder Jahresplanung engagiert, um die Beschaffungsmarktsituation und die zu erwartenden Kapazitäts-, Kosten- und Versorgungsinformationen mit in die Unternehmensziele einzuarbeiten. Lassen Sie mich im weiteren einmal darstellen, welches Selbstverständnis sich mittlerweile in Theorie und Praxis bezüglich des Materialmanagements, d.h. des Einkaufs und der Logistik, herausgebildet hat.

B.2
SELBSTVERSTÄNDNIS DES MATERIALMANAGEMENTS

Es ist eigentlich erstaunlich, wie lange die Diskussion zwischen Wissenschaft und Praxis in Deutschland andauerte, bis man zu einer gemeinsamen Terminologie der Materialwirtschaftsfunktion fand. Die USA überstanden diese Geburtswehen bereits zu Beginn der 60er Jahre, als schon viele Firmen das Konzept des „materials management" in der Praxis eingeführt hatten. Sie verstanden darunter die Integration der Materialsteuerung von den Lieferanten über die Produktion bis hin zum Kunden, und zwar unter einer gemeinsamen organisatorischen Leitung. Selbst die von den USA frühzeitig erkannten Vorteile und Erfolge dieser neuen Organisationskonzeption der Materialwirtschaft, wie

1. zielorientierter Computereinsatz
2. Verbesserung der Planungsprozesse
3. geglätteter Materialfluß
4. nachfrageorientierte Lagerstrukturen
5. bessere Kostenkontrolle im Materialwirtschaftsbereich
6. weniger Produktionsausfälle
7. bessere Lieferbereitschaft bei gleicher Kapitalbindung
8. systematische Make-or-Buy-Analyse
9. stärkerer Industrial Engineering-Einsatz zur Rationalisierung der Lager- und Materialfluß-Aktivitäten

vermochte die Organisationsentwicklung in Deutschland nicht wesentlich zu beschleunigen. Lediglich die amerikanischen Konzerntöchter und die Automobilindustrie begannen schon frühzeitiger, sich mit dem Konzept der integrierten Materialwirtschaft und der damit verbundenen Kostenreduzierungsmöglichkeiten auseinanderzusetzen.

B.2

Seit Beginn der 70er Jahre steht die deutsche Industrie vermehrt unter dem Zwang, durch eine merkliche Verbesserung der betrieblichen Kostenstrukturen dem härter werdenden Wettbewerb auf den Weltmärkten zu begegnen. Unter diesem Druck wurde dann auch die „Organisationslücke" bezüglich der materialmanagement-orientierten Struktur- und Ablauforganisation zwischen den USA und den deutschen Betrieben geschlossen, worauf sich der Verbreiterungsgrad der zentral gesteuerten Materialwirtschaftsfunktion bis heute in der Praxis mit einem exponentiellen Wachstum vergrößert hat.

Wahrscheinlich existiert heute eine fast so große Anzahl von Definitionen für den Begriff Materialmanagement, als es Verfasser, Berufsverbände oder Manager gibt, die sich mit diesem neuen Konzept auseinandersetzen. Hier seien nur einige als Beispiel aufgeführt:

L. J. DE ROSE 1962: „Das Materialmanagement versucht ständig, die gegensätzlichen Interessen innerhalb der Firmen in bezug auf Qualität, Quantität, Lieferung und Kosten des Materials mit dem Ziel der Erlangung einer optimalen Rendite auf das investierte Kapital auszugleichen!"

B. CONANT 1962: „Unter Materialmanagement versteht man eine separate organisatorische Einheit, die sich primär mit der Verfügbarkeit, den Kosten, der Umschlagshäufigkeit und der Bewegung des Materials beschäftigt."

R. W. CHRISTIAN 1966: „Materialmanagement bedeutet in einem breitesten Sinn: Materialplanung und Koordination aller damit verbundenen Funktionen."

J. H. JORDAN 1966: „Unter Materialmanagement verstehe ich ein Konzept, das abhängige Materialfunktionen organisatorisch unter einer Leitung vereinigt, um Überlappungen zu vermeiden."

D. ERICSSON 1971: „Materials Administration (MA) – This concept includes along with the physical materials system also the administration activities which are performed in connection with the moving, storing and handling of the materials from the raw materials supplier to the ultimate user. The concept thus includes purchasing, warehousing, internal and external transportation, materials handling, order handling, and delivery planning and also the customer service connected to that.

Materials Administration can be defined as the approach and the principles according to which one strives to plan, organize, coordinate, direct and control the materials flow from the raw materials supplier to the ultimate user."

AMERICAN MANAGEMENT ASSOCIATION
1969: „Materialmanagement ist derjenige Aspekt eines industriellen Managements, der sich mit allen Aktivitäten befaßt, die im Hinblick auf die Produktion des Fertigfabrikates in Form von Materialbeschaffung und -gebrauch anfallen. Diese Aktivitäten können folgende Teilfunktionen beinhalten: Lagerüberwachung, Fertigungssteuerung, Einkauf, Terminüberwachung, Verkehr, Materialfluß, Wareneingang und Versand."

NATIONAL ASSOCIATION OF PURCHASING
MANAGEMENT 1969: „Unter Materialmanagement verstehen wir das Konzept einer Tätigkeit, das systematisch die in horizontaler Beziehung stehenden Materialfunktionen integriert, beginnend mit der Bestimmung des Materialbedarfs bis zur Auslieferung des Endprodukts. Es konsolidiert die Verantwortlichkeit für die Funktionen des Einkaufs, der Fertigungssteuerung, der Lagerüberwachung und der physischen Distribution mit dem Ziel einer Optimierung des Unternehmensgewinns durch Inkaufnahme möglichst geringer Materialgesamtkosten."

E. Klatte 1975: „Integrierte, unternehmerische Materialbewirtschaftung (Materialmanagement) ist: Planen, Einkaufen, Lagern, Steuern, Bewegen und Kontrollieren jeglichen Materials."

Auf dem 1. Internationalen Einkäuferkongreß in Venedig (April 1977) wurde in einem Work-shop der Versuch unternommen, eine für die International Federation of Purchasing and Materials Management (IFPMM) gültige Definition für den Begriff des Materialmanagements festzulegen und damit eine klare Verantwortungsabgrenzung gegenüber den anderen betrieblichen Funktionen zu erreichen:

IFPMM 1977: „Materials management is a concept and organizational structure unifying in a simple responsibility the systematic control of materials and services from need to identification through customer delivery. Included within this concept are the functions of planning, scheduling, buying, storing, moving and distributing. These are most frequently represented by the disciplines of Production and

B.2

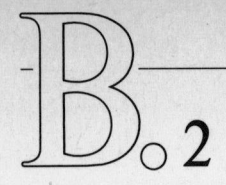

Inventory Control, Purchasing and Physical Distribution. The objective is to contribute to increased profitability by achieving least total material cost through optimizing of capital investment, capacity and personnel immediately in customer needs."

E. Falz (RKW-Handbuch Logistik 1981): Gegenstand der betriebswirtschaftlichen Logistik sind die in den Betrieb hinein- und aus diesem herausfließenden Güter, also das Material der Beschaffung, die Zwischenprodukte der Fertigung, die Erzeugnisse/Waren für den Absatz. Zweck ist deren zeitlich beste, kostengünstigste Bewegung/Lagerung in einem integrierten, kontrollierten Fluß-System. Entscheidend ist dabei, daß alle Bewegungs-, Lagerungs- und Umschlagsvorgänge aller Materialien und Waren vom Lieferanten durch den Betrieb bis zum Kunden erfaßt und in einem zusammenhängenden System quer durch alle betrieblichen Funktionen gesteuert und koordiniert werden. Ziel ist der integrierte Material- und Warenfluß (IMWF).

In Deutschland ist Prof. Dr. Dr. h.c. mult. Erwin Grochla als der geistige Vater des integrierten Materialwirtschaftskonzeptes anzusehen, nachdem er bereits Ende der 50er Jahre die Bedeutung der Materialwirtschaft als Unternehmensfunktion in seinen Veröffentlichungen betonte und die Lehre an der Universität Köln in dieser Richtung systematisch ausbaute. Die heute von Prof. Grochla vertretenen Thesen zum Materialmanagement lauten wie folgt:

THESE 1: Zwischen den Möglichkeiten und Notwendigkeiten der Materialwirtschaft als Teilaufgabe der Unternehmung und ihrer realen Situation in der Praxis vieler Unternehmungen besteht noch immer eine deutliche Diskrepanz. Im Vergleich zu anderen Unternehmensbereichen weist die Materialwirtschaft noch ein erhebliches Managementdefizit auf.

THESE 2: Die zum Teil rasant steigenden Preise für Rohstoffe und Energien, natürliche und künstliche Verknappungen des Angebots in vielen Beschaffungsmärkten und die zunehmenden Probleme der Kapitalbindung durch überhöhte Vorräte und zu langsamen Materialfluß zwingen immer mehr zu einer integrierten Lösung der Versorgungsaufgabe.

THESE 3: Das Konzept „Integrierte Materialwirtschaft" ist nur realisierbar, wenn entsprechende organisatorische Konsequenzen in der Unternehmung gezogen werden. Es bedarf hierzu der Bildung eines geschlossen organisatorisch abgegrenzten Funktionsbereichs Materialwirtschaft, der mit allen Kompetenzen für Einkauf, Vorratswirtschaft und Transport ausgestattet ist und die Verantwortung für die wirtschaftlich optimale Versorgung der Unternehmung trägt.

THESE 4: Das Konzept „Integrierte Materialwirtschaft" kann nur dann voll zur Entfaltung kommen, wenn die Materialwirtschaft in der Unternehmung ein gleichberechtigter Partner der anderen Bereiche ist.

THESE 5: Integrierte Materialwirtschaft verlangt eine Organisationsform, die es möglich macht, die Gesamtversorgung zentral zu steuern, dezentral durchzuführen und den Erfolg zu kontrollieren.

THESE 6: Eine aus der Sicht der Gesamtstrategie der Unternehmung optimale Erfüllung der Versorgungsaufgabe verlangt die Einordnung des hierfür verantwortlichen Bereiches auf Vorstands- bzw. Geschäftsführungsebene bzw. zumindest in deren Nähe.

THESE 7: Mit einem verstärkten kombinierten Einsatz von automatisierter Datenverarbeitung, Textverarbeitung und Kommunikationstechnik ist es heute möglich, die für eine wirksame Steuerung der Gesamtversorgung erforderlichen Informationen zu zentralisieren und die materialwirtschaftlichen Teilfunktionen untereinander wie auch die Materialwirtschaft und speziell die Produktion eng miteinander abzustimmen.

THESE 8: Für eine wirksame Steuerung der Materialwirtschaft ist die Anwendung von modernen Managementinstrumenten zwingend erforderlich. So bedarf es insbesondere eines Managements durch Zielvereinbarung (Management by Objectives) und der Kontrolle der Zielerreichung mit Hilfe geeigneter Kennzahlen.

THESE 9: Eine wesentliche Voraussetzung für eine integrierte Materialwirtschaft besteht darin, diesen Funktionsbereich mit dem der Qualität der Aufgaben entsprechenden Personal zu besetzen.

THESE 10: Die Realisierung des Konzepts der „Integrierten Materialwirtschaft" verlangt einen Einstellungswandel bei der Unternehmensführung, der gefördert werden kann durch verstärktes „Public Relations" der Materialwirtschaftler in der Unternehmung, um den eigenen wesentlichen Beitrag zum Unternehmungsergebnis deutlich zu machen.

B.2

Von seiten der Unternehmensberatungen wurde die Managementlücke in der Materialwirtschaft/Logistik ebenfalls frühzeitig erkannt, was z. B. aus den Schriften von P. Köckmann und H. Strache in Deutschland sowie H. R. Haldimann in der Schweiz zu ersehen ist. Heute ist die Beratungsnachfrage aus der Praxis heraus so groß, daß die großen Beratungsfirmen, wie Kienbaum, McKinsey, A. T. Kearney, Roland Berger u.a., eigene Materialwirtschafts- oder Logistik-Bereiche geformt und sich eine Vielzahl von kleinen Beratungsfirmen auf diesen Fachbereich Materialwirtschaft inkl. Computerunterstützung spezialisiert haben. Die Haupterklärung für diesen Trend ist darin zu finden, daß von den Hochschulen bis auf wenige Ausnahmen die Nachfrage der Unternehmen nach qualifizierten Beschaffungsspezialisten zu spät erkannt und damit für die betriebliche Praxis eine unbefriedigende Qualifikationslücke geschaffen wurde.

Ein Berufsverband hat sich in nun über 25 Jahren um die berufliche Weiterentwicklung von Materialwirtschaftsverantwortlichen besonders verdient gemacht. Dies ist der Berufsverband für Materialwirtschaft und Einkauf e. V. (BME) mit Sitz in Frankfurt (Main). Der BME hatte 1982 ca. 3.500 Mitglieder, davon rund 900 Firmenmitglieder. Vom gesamten industriellen Beschaffungsvolumen der BRD von rund 600 Milliarden DM vertreten die Mitglieder des BME rund 70%, d. h. rund 420 Milliarden DM.

Unter der Leitung von Direktor H. Schwab (IBM) bildete der BME 1976 einen Arbeitskreis, der sich mit der Definition der Materialwirtschaft als Basis für die Verbandsphilosophie befaßte und folgendes Ergebnis erbrachte (Literaturhinweis: Schwab, H.):

DEFINITION DER MATERIALWIRTSCHAFT

- Die Materialwirtschaft ist das Versorgungssystem der Unternehmung vom Lieferanten bis zum Kunden über alle Wertsteigerungsstufen der Unternehmung!

- Die Materialwirtschaft umfaßt alle Tätigkeiten der

    - Planung, Disposition, Durchführung, Kontrolle

    - für das
      Einkaufen, Bevorraten, Verteilen, Entsorgen

  aller zum Erreichen des Unternehmenszwecks notwendigen Güter, Leistungen und Energien.

o Dies gilt unabhängig von der Organisationsform, der Größe und Branche der Unternehmung. Dies gilt auch dann, wenn diese Tätigkeiten verschiedenen Funktionsbereichen der Unternehmung organisatorisch zugeordnet sind!

DIE EINZELNEN FUNKTIONEN

1. Die Funktion Einkaufen

Die Funktion Einkaufen umfaßt alle Tätigkeiten, die darauf gerichtet sind, dem Unternehmen alle zur Erfüllung seiner Aufgaben benötigten, aber nicht selbst erzeugten Güter, Energien und Leistungen vom Markt zu den wirtschaftlichsten Bedingungen zu beschaffen.

Unabhängig davon,

o ob es sich um Roh- oder Betriebsmaterial, Halb- oder Fertigfabrikate, Investitionsgüter oder immaterielle Leistungen aller Art wie elektrische Energie, Mieten, Reinigung und Bewachung, Wartungsarbeiten oder Transportleistungen handelt,

o ob der Bedarf in der Entwicklung, Produktion, Vertrieb oder Verwaltung entsteht, so ist dies ohne Einfluß auf die Aufgabe und Verantwortung des Einkaufs; dies ist nur eine Frage der unternehmensinternen Stellengliederung.
Kurz gesagt: Alles, wofür eine Rechnung eingeht, ist als „Einkaufen" zu bezeichnen.

Der Einkauf von

o Finanzmitteln
o Arbeitskräften
o Rechten (Lizenzen, Patente, etc.)

ist in der Praxis nicht der Funktion „Einkaufen" zugeordnet.

Der Funktion „Einkaufen" ist damit die Aufgabe und Verantwortung zugeordnet für:

o Die Erforschung, Beobachtung und Analyse des Einkaufsmarktes.

B.2

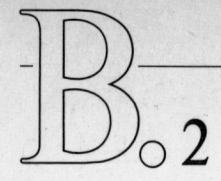

- Das methodische Umsetzen von Marktchancen durch Sachwissen, Know-how und Innovationen in beiden Richtungen zwischen der Unternehmung und dem Einkaufsmarkt mit seinen potentiellen und bestehenden Lieferantenbeziehungen.

- Das Anbahnen und die Pflege von Lieferantenbeziehungen.

- Die Auswahl und Beurteilung der Lieferanten.

- Das Eingehen von rechtlichen und finanziellen Verpflichtungen der Unternehmung gegenüber den Lieferanten nach den Kriterien:
  Menge, Kosten, Zeitraum, Zeitpunkt, Qualität und Lieferbedingungen.

- Die Koordination aller direkten Kontakte mit Lieferanten durch die Nicht-Einkaufsfunktionen (z.B. Bedarfsträger, Fachfunktionen wie Konstruktion, Qualitätssicherung u.a.).

- Die Vertragserfüllung durch beide Vertragspartner.

- Die Initiative für das Ausarbeiten und das Einbringen von „Kauf"-Alternativen in den Entscheidungsprozeß der Unternehmung.

Die Entscheidung, ob „Kaufen" oder „Selbermachen", kann der Einkauf in der Regel nicht alleine, sondern nur gemeinsam mit den Entscheidungsbefugten anderer Funktionen treffen. Je stärker die „Kauf"-Alternativen die Gesamtkosten, die personellen und sachlichen Kapazitäten oder gar die Unternehmensstruktur beeinflussen, desto früher müssen diese vorbereitet und desto höher in der Entscheidungshierarchie der Unternehmung entschieden werden.

2. Die Funktion „Bevorraten"

Die Funktion Bevorraten faßt alle Tätigkeiten der Vorratshaltung für alle Güter (Roh-, Halb- und Fertigfabrikate) zusammen, die der Sicherung einer wirtschaftlich optimalen Liefer- und Produktionsbereitschaft der Unternehmung dienen.

Dazu gehören:
- Ermitteln der Bedarfsmengen und -termine unter Berücksichtigung des Lager- und Bestellbestandes und des vorgegebenen Verkaufs-, Produktions-, Investitions- und Finanzplanes der Unternehmung. Dies kann verbrauchsgesteuert (stochastisch) oder plan/bedarfsgesteuert (deterministisch) erfolgen.

- Entscheiden über Ergänzung des Lagerbestandes nach Menge, Deckungszeitraum und Bedarfszeitpunkt.

- Entscheiden über Zukauf oder Eigenfertigung im vorgegebenen Rahmen des kurzfristigen und flexiblen Kapazitätsausgleiches in Abstimmung mit der Produktionsplanung.

- Durchführen aller körperlichen und administrativen Lagerbewegungen.

- Fortschreiben der Lagerbestände.

- Übernehmen, Prüfen und Einlagern der Warenlieferungen von Lieferanten.

- Werterhaltung der eingelagerten Güter (Pflege, Konservierung).

- Transportieren aller Güter innerhalb des Unternehmens, hauptsächlich zwischen Vorrats- und Fertigungsstellen.

3. Die Funktion „Verteilen"

Die Funktion Verteilen umfaßt die Umschlags- und Transporttätigkeiten

- von und zu den Lieferanten,

- zwischen den räumlich auseinanderliegenden Betriebsstätten der Unternehmung,

- von der Unternehmung zum Absatzmarkt, direkt zum Kunden oder bis zur Übernahme durch die Absatzorganisation.

Dies hat zu optimalen Gesamtkosten zu geschehen, unabhängig davon, ob diese von der eigenen Unternehmung, dem Lieferanten oder dem Abnehmer getragen werden.

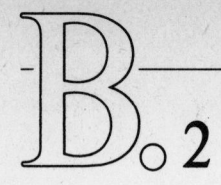

Dazu gehören:

- Wählen zwischen den Alternativen für: Straßen-, Schienen-, Wasser-, Lufttransport.

  - Entscheidungskriterien sind:
    Kosten, Geschwindigkeit, Zuverlässigkeit, Standort, vorhandene Umschlagseinrichtung, Verpackungsart.

  - Bei der Ermittlung der Gesamtkosten sind die Kosten für den Transport selbst, die Kosten für gebundenes Kapital während des Transportes wie auch die Kosten für Verpackung zu berücksichtigen.

Faustregel:
Niedrige Transportkosten → lange Transportzeit → hohe Kapitalbindung (z. B. Seefracht).
Hohe Transportkosten → kurze Transportzeit → geringe Kapitalbindung (z. B. Luftfracht).

- Mitwirken bei Entscheidungen „Make" (Werkverkehr) oder „Buy" (Speditionen).

- Betreiben der Umschlagseinrichtungen einschließlich Verpakken.

- Durchführen der Verkehrsabwicklung mit den Verkehrsträgern und Behörden einschließlich Verzollung, Import/Export.

Der Begriff „Verteilen" ist gleichbedeutend mit dem Begriff „Physical Distribution".

4. Die Funktion „Entsorgen"

Die Funktion Entsorgen umfaßt Tätigkeiten zur Verwertung oder Beseitigung von Abfall- und Überschußmaterial, Schadstoffen und nicht mehr benötigten Anlagegütern.

Dazu gehören:

- Erfassen
- Sammeln
- Umformen
- Aufbereiten

- Regenerieren (Recycling)
- Vernichten
- Verwerten
- Verkaufen

dieser Materialien.

Nicht alle diese Tätigkeiten liegen in der Verantwortung der Materialwirtschaft. Durch gesetzliche Auflagen und technische Gegebenheiten bedingt, ist eine klare Abgrenzung der Teilverantwortung zwischen den Funktionen Materialwirtschaft und Produktion notwendig.

Die Gefährlichkeit mancher Abfallstoffe, erhöhtes Umweltbewußtsein und verschärfte Gesetzgebung, aber auch besser erkannte Erlösmöglichkeiten lassen diese heutige Nebenaufgabe der Materialwirtschaft in Zukunft wichtiger werden.

Diese Definition des BME zur neuzeitlichen Materialwirtschaft hat in der Praxis großen Anklang gefunden und gilt in vielen Unternehmen als Leitlinie zur Strukturierung ihrer Materialwirtschaftsorganisation.

Die große wirtschaftliche Bedeutung der Materialwirtschaft geht daraus hervor, daß in manchen Unternehmen der von diesem Bereich zu beeinflussende Kostenblock häufig mehr als 70 % des Verkaufsumsatzes ausmacht, dabei entfallen mehr als 50 % auf den Materialeinsatz (Einkaufsvolumen) und mehr als 20 % auf die Materialwirtschaftskosten (in Einkauf, der Disposition, der Lagerung und Verteilung).

Aus den vorgenannten Definitionen des Materialmanagement lassen sich folgende wesentliche Charakteristiken ableiten:

1. Die ganzheitliche Betrachtungsweise aller Funktionen der Materialwirtschaft.

    Bei dem großen Umfang des Bereiches Materialwirtschaft und der in ihr vernetzten Funktionsstrukturen können die großen Fortschritte auf den Gebieten der Informationsautomatisierung und der modernen Transport-, Verpackungs- und Lagertechnik am besten in einem Gesamtsystem optimal genutzt werden.

2. Das Gesamtkostendenken hängt eng mit der ganzheitlichen Betrachtungsweise zusammen. Die vernetzten Funktionsstrukturen führen zu wechselseitigen Kostenbeeinflussungen, so daß es

durchaus vorkommen kann, daß eine Kostensenkung bei einer Funktion (z.B. Einkauf) bei anderen Funktionen (z.B. Disposition und der Lagerung) zu einer Kostenerhöhung des Materialwirtschaftsbereiches führt. Erst eine Gesamtkostenbetrachtung schafft die Basis für die Wirtschaftlichkeit von geplanten Kostensenkungsmaßnahmen.

3. Das notwendige Umdenken vom konventionellen Organisationsdenken zum entscheidungs- und systemorientierten Organisationsdenken.

Dies bedeutet auch den Übergang von der Funktionsoptimierung zur Materialflußoptimierung (Abb. 22).

MATERIALFLUSS- STATT FUNKTIONSOPTIMIERUNG

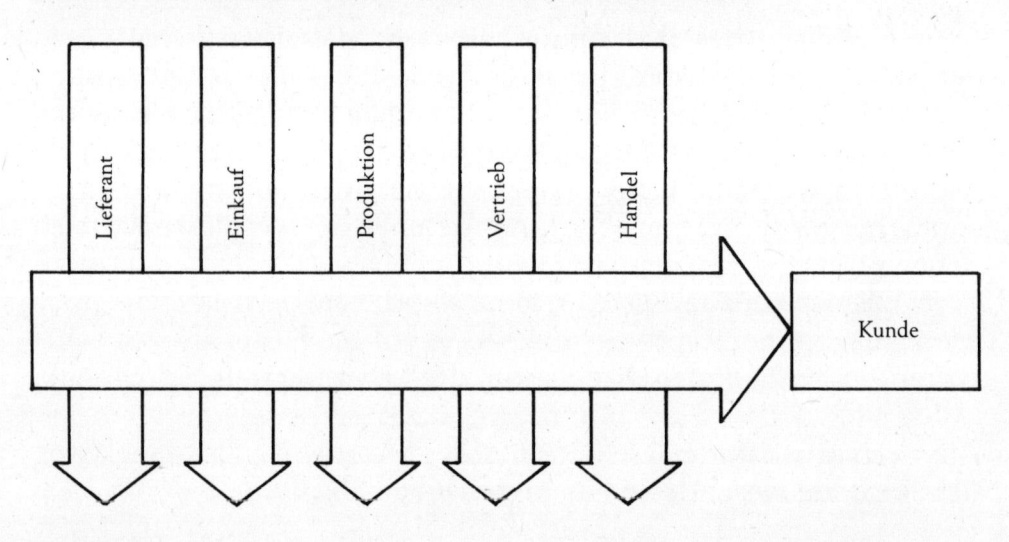

Abb. 22

Neben dem BME gibt es noch weitere Verbände, die sich mit dem Objekt Materialwirtschaft / Einkauf und Logistik befassen, so zum Beispiel:

1. die Deutsche Gesellschaft für Logistik (DGfL) e.V.
2. der Verein Deutscher Ingenieure e.V. (VDI)
3. die Gesellschaft für Fertigungssteuerung und Materialwirtschaft (GF + M) e.V.
4. der Verband für Arbeitsstudien und Betriebsorganisation e.V. (REFA)

5. die Bundesvereinigung Logistik e.V. (BVL)
6. der Ausschuß für wirtschaftliche Fertigung e.V. (AWF)
7. das Rationalisierungskuratorium der Deutschen Wirtschaft e.V. (RKW)
8. der Schweizerische Verband für Materialwirtschaft und Einkauf (SVME)
9. das Österreichische Produktivitäts- und Wirtschaftlichkeits-Zentrum (ÖPWZ).

Alle diese Verbände leisten heute eine für die Praxis wesentliche Ausbildungsförderung und innovative Weiterentwicklung der Methoden und Verfahren der Materialwirtschaft, sei es im Schrifttum, in Seminaren, Messen oder Kongressen. Die Verbände haben verschiedene Schwerpunkte und sicher auch Organisationsphilosophien. Eines erscheint mir aber dabei wichtig zu sein, daß man die Materialwirtschaft als eigenständige Funktion neben Produktion und Vertrieb definiert und auch bereit ist, die Verantwortlichkeiten im Rahmen der Strukturorganisation der Unternehmen entsprechend zuzuordnen.

Eines der großen Probleme der vergangenen Jahre war es nämlich, in der betrieblichen Hierarchie einen hochangesiedelten verantwortlichen Manager für die Entwicklung computerunterstützter Materialwirtschafts-, Produktionsplanungs- und -steuerungssysteme zu finden, der für eine schnelle Umsetzung dieser Automatisierungsmaßnahmen in der Linie sorgte.

Viele Unternehmen haben mit diesen EDV-Projekten deshalb Schwierigkeiten bekommen, weil die Unterstützung durch die Linienverantwortlichen in Vertrieb, Produktion und Einkauf nur halbherzig war und sich im Grunde nur der Projektleiter (meist aus der EDV oder einer niedrigeren Position heraus) um einen hohen Realisierungsdruck der neuen Methoden und Verfahren der Materialsteuerung kümmerte. Viele bereichsübergreifende Rationalisierungsprojekte sind in der Praxis vom Mangel an hierarchischer Verantwortungszuordnung, speziell aus psychologischen Gründen, gescheitert. Damit sollte endlich Schluß sein!

Es gibt aber noch viel wichtigere Argumentationen und theoretische Rechtfertigungen für die Bildung einer Materialmanagement-Organisation, was die folgenden Seiten zeigen werden.

B.3
THEORETISCHE RECHTFERTIGUNG DES MATERIALMANAGEMENTS

In diesem Abschnitt wird versucht, das Materialmanagement-Konzept aus verschiedenen Ansätzen heraus zu beurteilen und nachzuweisen, daß es sich hierbei um eine wirtschaftlich notwendige, organisatorische Innovation für erfolgreich geführte Unternehmen handelt.

B.3.1
MATERIALMANAGEMENT AUS DER SICHT DER UNTERNEHMENSZIELSETZUNG

Die Hauptzielsetzung eines Unternehmens liegt in der Regel darin, Gewinn zu machen und eine attraktive Rendite auf das investierte Kapital zu erwirtschaften. Dieser „Return on Investment" (ROI) läßt sich vereinfacht in folgender Formel darstellen:

$$ROI = \frac{Gewinn}{Kapital}$$

Fragt man sich, wie der Gewinn zustande kommt und woraus sich das Kapital zusammensetzt, so läßt sich die Formel folgendermaßen erweitern:

$$ROI = \frac{U - K}{AV + UV}$$

U = Umsatz
K = Kosten
AV = Anlagevermögen
UV = Umlaufvermögen

B 3.1

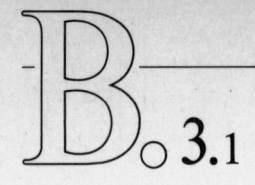

Wenn eine Unternehmung ihre Rendite verbessern will, eröffnen sich ihr gemäß der ROI-Formel z. B. folgende Möglichkeiten:

1. Der Umsatz wird erhöht bei proportionalen Kosten und möglichst gleichbleibendem Anlage- und Umlaufvermögen.

2. Die Kosten werden gesenkt bei gleichbleibendem Umsatz und möglichst gleichbleibendem Anlage- und Umlaufvermögen.

3. Das Umlaufvermögen wird gesenkt (ceteris paribus), was durch Reduktion der Lagerbestände und der ausstehenden Einnahmen erreicht wird.

4. Das Anlagevermögen wird gesenkt (ceteris paribus), was den Abbau von Maschinen und Anlagen erfordert.

Betrachtet man diese vier Möglichkeiten der Renditeverbesserung, so läßt sich der Punkt 4 vernachlässigen, weil hier die Erfolgschancen durch das relativ unflexible, meist schlecht verkäufliche Anlagevermögen am geringsten sind.

Der Punkt 1 läßt sich in einer rezessiven Wirtschaftssituation kaum zur ROI-Steigerung heranziehen. Einmal ist eine Umsatzsteigerung in einer solchen Zeit nur schwer zu realisieren, und wenn, dann nur durch Preiszugeständnisse, die wiederum die Gewinnspanne entsprechend reduzieren. An dem folgenden Beispiel soll der Gewinneffekt einer Umsatzsteigerung um 10 % bei proportionalen Kosten (Punkt 1) einer Materialkostenreduktion um 10 % (Punkt 3) gegenübergestellt werden:

	Basisjahr in TDM	Umsatzsteigerung (+ 10 %)	Materialkostenreduktion (− 10 %)	(− 3 %)	(− 2,25 %)
Umsatz	90 000	99 000	90 000	90 000	90 000
Material	40 000	44 000	36 000	38 800	39 100
Lohn	20 000	22 000	20 000	20 000	20 000
Sonstige Kosten	21 000	23 100	21 000	21 000	21 000
Kosten	81 000	89 100	77 000	79 800	80 100
Gewinn	+9 000	+9 900	+13 000	+10 200	+9 900
Gewinnveränderung:		+ 10 %	+ 44 %	+ 13 %	+ 10 %

In diesem Beispiel führt der Anstieg des Umsatzes um 10 % zu einer Gewinnsteigerung von ebenfalls 10 %, wenn man eine gleichbleibende Kostenstruktur unterstellt. Gelingt es dem Betrieb dagegen, bei einem gleichbleibenden Umsatz von 90.000 TDM die Materialkosten um 10 % zu senken, so erhöht sich der Gewinn um 4.000 TDM oder um 44 %.

Sicherlich ist eine Reduktion der Materialkosten um 10 % nur schwer zu erreichen, aber auch eine Reduktion von 3 % bedeutet im obigen Beispiel bereits eine Gewinnsteigerung von 13 %. Schließlich zeigt die Tabelle, daß eine Gewinnsteigerung von 10 % bei gleichen Deckungsbeträgen oder mit einer Materialkostenreduzierung von – 2,25 % zu erreichen ist.

Um den Effekt einer Materialkostenreduzierung im Vergleich zur sonst notwendigen Umsatzsteigerung deutlich zu machen, sollten Sie für Ihr Unternehmen die folgende Formel zur Berechnung Ihrer speziellen Verhältnisse zugrunde legen:

Formel

$$BzG = \frac{MKA \times MKR}{GA} = U_{notw.}$$

BzG = Beitrag der Materialwirtschaft zum Gewinn (in Form der sonst notwendigen Umsatzsteigerung)

MKA = Materialkostenanteil in Prozent vom Umsatz

MKR = Materialkostenreduzierung (-steigerung) in % der Materialkosten

GA = Kalkulatorischer Gewinn des Unternehmens in % (vor Steuern)

$U_{notw.}$ = Notwendige Umsatzsteigerung, um dem Effekt einer Materialkostenreduzierung gleichzukommen.

In der Abbildung 23 sind zwei Beispiele von Unternehmen mit einem Gewinnanteil vor Steuern von 10 % und 5 % und einem verschieden hohen Materialkostenanteil am Umsatz dargestellt.

Anhand der beiden Beispiele wird deutlich, daß der Gewinnbeitrag der Materialwirtschaft den höchsten Effekt in schlecht verdienenden Unternehmen mit einem hohen Materialkostenanteil am Umsatz erreicht. So läßt sich im rechten Teil der Abbildung 23 ablesen, daß in

B. 3.1

GEWINNBEITRAG DER MATERIALWIRTSCHAFT

Materialkostensenkung – Umsatzsteigerung

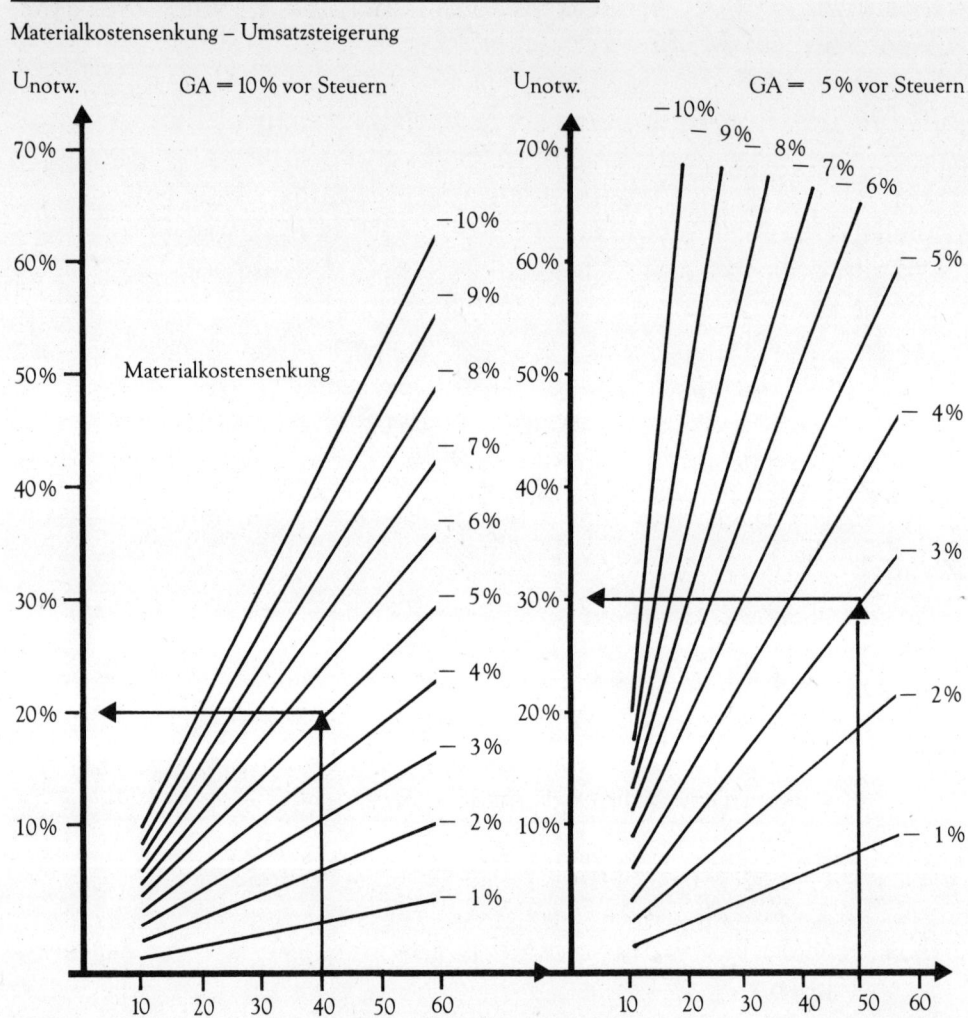

Abb. 23

einem Unternehmen mit einem kalkulatorischen Gewinn von 5 % und einem Materialkostenanteil von 50 % am Umsatz eine Materialkostenreduktion von – 3% sich gleich auswirkt wie eine Umsatzsteigerung von + 30%.

Was aber, so sollte sich jede Unternehmensleitung fragen, ist durch ein gezieltes qualifiziertes Management in der heutigen Zeit gesättigter Absatzmärkte realistischer bzw. mit weniger Risiko zu erreichen, um einen zusätzlichen Gewinneffekt zu erzielen. Heißt dies letztendlich nicht auch, die Bedeutung der Materialwirtschaft und speziell des Einkaufs im Unternehmen mit anderen Augen zu sehen?

Aber lassen Sie mich noch einmal auf das vorangegangene Tabellen-Beispiel mit der Materialkostenreduzierung von 10 % zurückkommen und daraus den Effekt auf die Gesamtkapitalrentabilität in der folgenden Abbildung 24 darstellen:

SENSIBILITÄT DES ROI BEI EINER 10%IGEN MATERIALKOSTEN-REDUZIERUNG

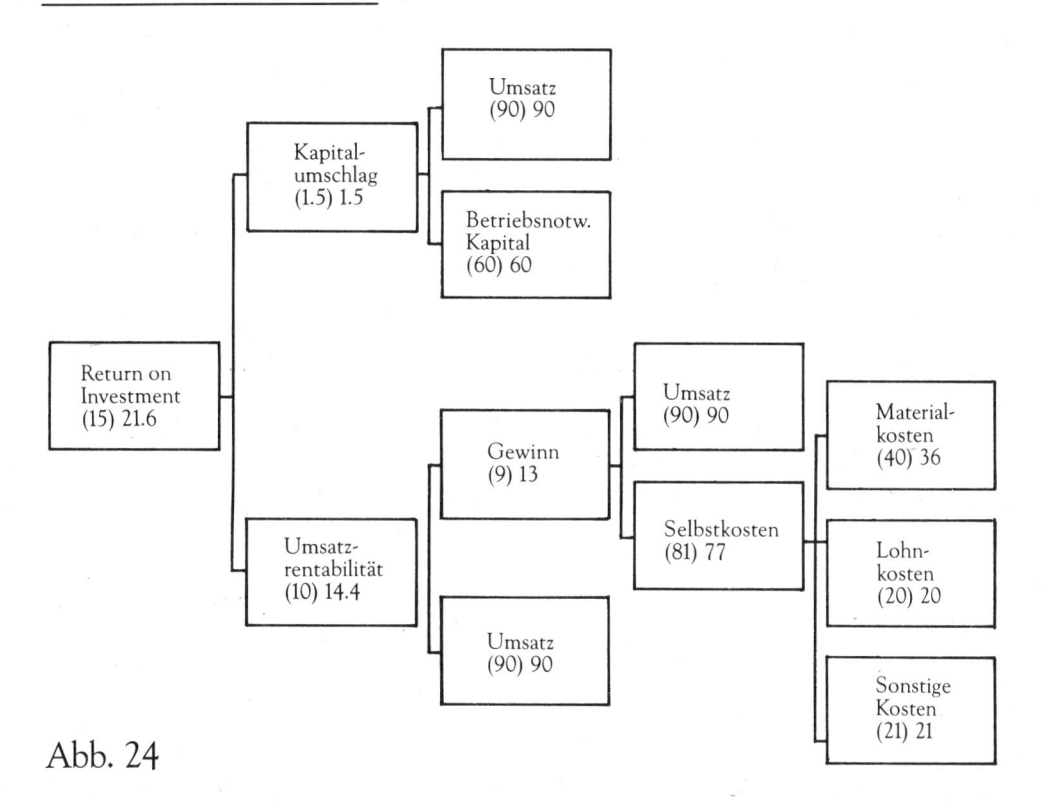

```
Return on Investment (15) 21.6
├── Kapitalumschlag (1.5) 1.5
│   ├── Umsatz (90) 90
│   └── Betriebsnotw. Kapital (60) 60
└── Umsatzrentabilität (10) 14.4
    ├── Gewinn (9) 13
    │   ├── Umsatz (90) 90
    │   └── Selbstkosten (81) 77
    │       ├── Materialkosten (40) 36
    │       ├── Lohnkosten (20) 20
    │       └── Sonstige Kosten (21) 21
    └── Umsatz (90) 90
```

Abb. 24

Würde man dieses Beispiel exakt durchrechnen wollen, so müßte man noch die Auswirkung der Materialkostenreduktion auf die sonstigen Kosten herausrechnen. So ergibt sich z.B. folgender Kostenspareffekt:

Gehen wir einmal davon aus, daß ein Drittel des Bilanzvermögens von 60 Mio. DM durchschnittlich in Vorräten gebunden ist, das heißt Vorräte = 20 Mio. DM. Nehmen wir weiter an, daß der Materialkostenanteil an den Vorräten etwa 30 % entspricht. Damit ist eine Bezugsbasis für die Materialkostenreduktion von 30 % von 20 Mio. DM = 6 Mio. DM gegeben, die pro Jahr innerhalb der Vorräte zu verzinsen sind. Reduziert man nun wie in unserem Beispiel die Materialkosten um 10 %, so sind also 600.000 DM pro Jahr weniger zu verzin-

B₀ 3.1

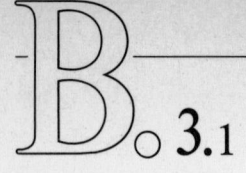

sen. Das bedeutet bei einem Kapitalmarktzins von 8 % eine Kostenersparnis von 48.000 DM, die als Nebeneffekt zur Materialkostenreduktion anfallen.

In dem vorliegenden Beispiel wurde die Materialkostenreduktion lediglich als Einstandspreisreduzierung durch eine verbesserte Einkaufsleistung verstanden. Es ist natürlich noch mit erheblich höheren Kostenspareffekten in den sonstigen Kosten zu rechnen, wenn sich eine Materialkostenreduktion in Form von niedrigerem Materialverbrauch und niedrigeren Materialhandlungskosten auswirkt.

Die Rationalisierungsmöglichkeiten durch das Materialmanagement sind branchenmäßig verschieden und abhängig von der notwendigen Kapitalbindung in Vorräten und dem durchschnittlichen Materialkostenanteil am später realisierten Umsatz.

In den beiden folgenden Abbildungen 25 und 26 sind als Beispiel die Verhältnisse im deutschen Maschinenbau nach dem VDMA-Kennzahlen-Kompaß (Ausgabe 1976) dargestellt.

VORRÄTEANTEIL AM GESAMTVERMÖGEN IM MASCHINENBAU

Nach VDMA

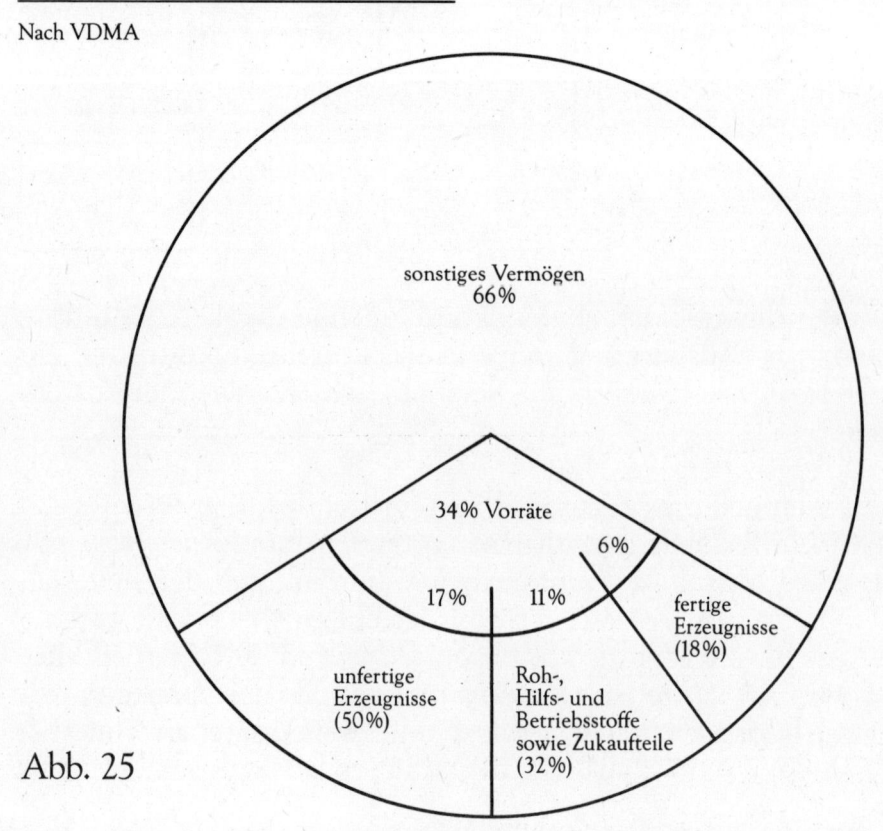

Abb. 25

GESAMTKOSTEN NACH ARTEN IM MASCHINENBAU
Nach VDMA

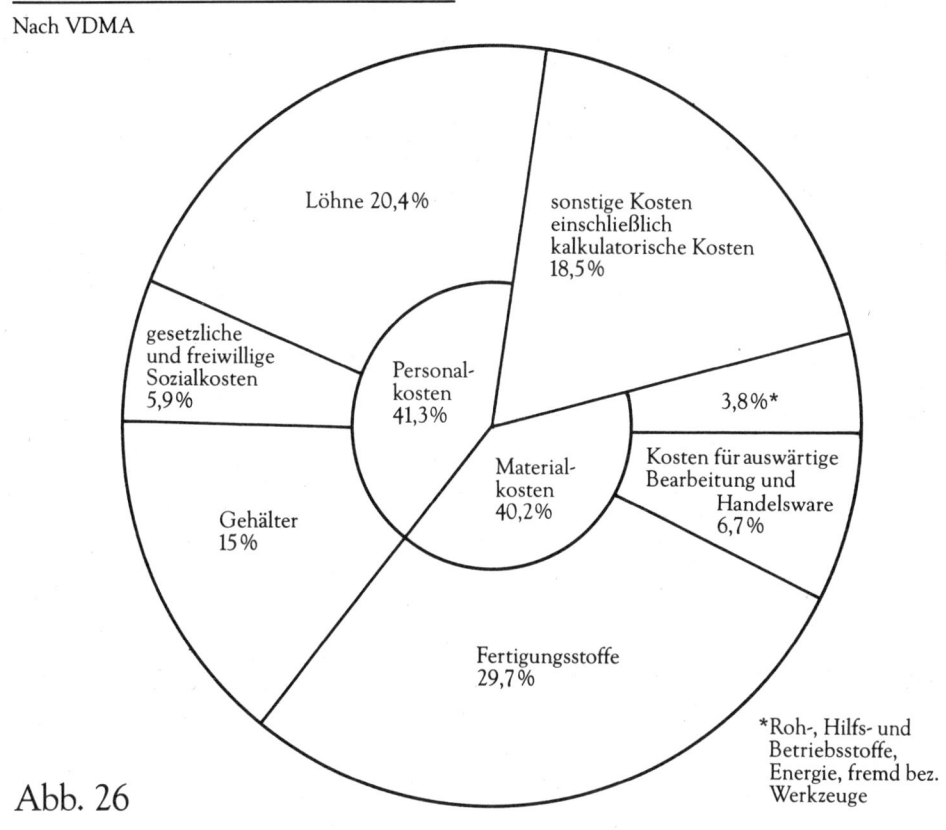

Löhne 20,4%
sonstige Kosten einschließlich kalkulatorische Kosten 18,5%
gesetzliche und freiwillige Sozialkosten 5,9%
Personalkosten 41,3%
3,8%*
Gehälter 15%
Materialkosten 40,2%
Kosten für auswärtige Bearbeitung und Handelsware 6,7%
Fertigungsstoffe 29,7%

*Roh-, Hilfs- und Betriebsstoffe, Energie, fremd bez. Werkzeuge

Abb. 26

Der Materialkostenanteil verschiedener Branchen wurde in einer Analyse in den USA wie folgt ermittelt:

Pharmazeutische Industrie	26%
Zementindustrie	40%
Chemie	50-53%
Maschinenindustrie	40-55%
Unterhaltungs-Elektronik	60-63%
Stahlindustrie	65%
Ölraffinerien	84%

Die Mehrheit der verschiedenen Branchen gibt zwischen 40% und 60% ihres Umsatzes für Material aus. Hieraus wird deutlich, wie groß die Angriffsfläche zur Kostenreduktion für das Materialmanagement ist.

Ein weiteres Maß für die Bedeutung der Materialmanagement-Aktivitäten läßt sich aus einer anderen amerikanischen Untersuchung ablesen, die in den 100 größten Industriebetrieben der USA

B. 3.1

durchgeführt wurde und eine prozentuale Analyse der Kostenanteile eines Umsatzdollars ausweist (Abb. 27).

PROZENTUALE AUFTEILUNG DES UMSATZ-DOLLARS*

*U.S. Department of Commerce, Bureau of the Census:
General Statistics for Industry Groups and Industries, in: Annual Survey of Manufacturers, S. 4

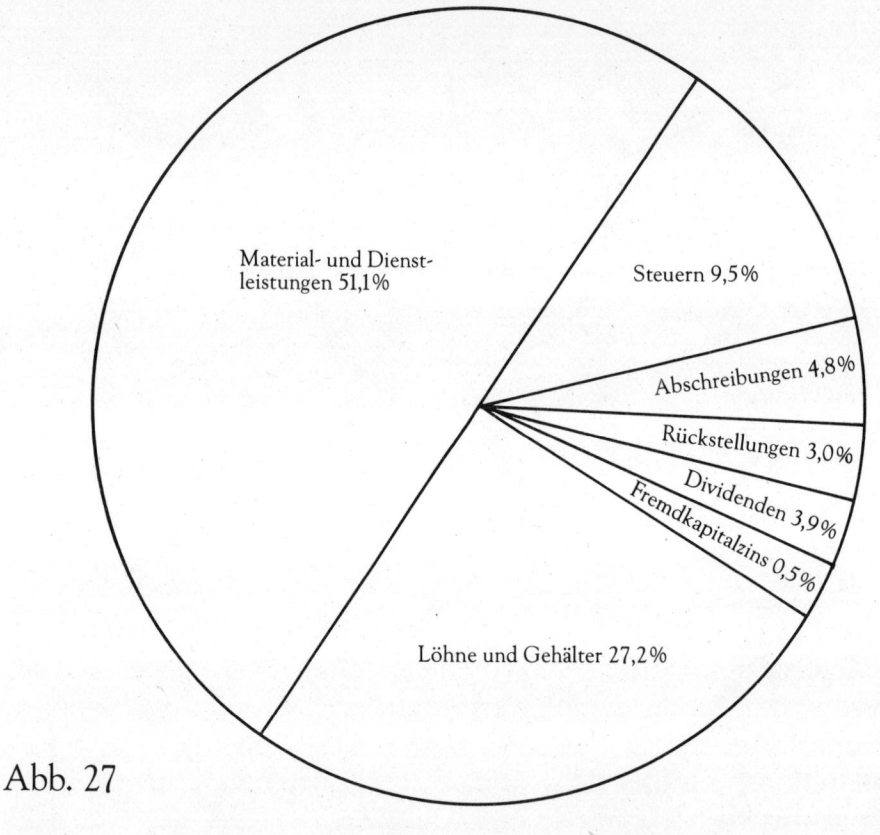

Material- und Dienstleistungen 51,1 %
Steuern 9,5 %
Abschreibungen 4,8 %
Rückstellungen 3,0 %
Dividenden 3,9 %
Fremdkapitalzins 0,5 %
Löhne und Gehälter 27,2 %

Abb. 27

Aus der Aufteilung in Abb. 27 ist ersichtlich, daß eine relativ kleine prozentuale Einsparung von Materialkosten den Gewinn bedeutend positiver zu beeinflussen vermag als jede andere prozentuale Kostenreduktion. Bei den Lohnkosten hat das Industrial Engineering mit seinen wissenschaftlichen Methoden der Arbeitsoptimierung bereits dafür gesorgt, daß in diesem Bereich beim heutigen Stand der Wirtschaft nur noch sehr geringe Rationalisierungsreserven liegen. Allerdings kann man zur Erhaltung der Wirtschaftlichkeit eines Unternehmens gerade in Rezessionszeiten durch den schnellen Abbau von Lohnkosten kurzfristig sehr große Effekte erreichen. Der Abbau von Logistikkosten kann bei gleichzeitiger Aufrechterhaltung der vorgegebenen Lieferbereitschaft nur in seltenen Fällen kurzfristig erfolgen. In der Regel handelt es sich mehr um ein mittelfristiges Vorhaben, da zur Realisierung eines sinnvollen Logistikkostenabbaus organisatorische Veränderungen, verbunden mit einer Verbesserung des Material- und Informationsflusses, notwendig sind.

Das Kostensparpotential bzgl. Logistikkosten ist je nach Branche sehr verschieden. Eine grundsätzliche Quantifizierung ist aus einer Analyse zu entnehmen, die bezogen auf die Verhältnisse in den USA folgende prozentuale Logistikkosten am Umsatz ausweist (Abb. 28).

LOGISTIKKOSTEN IN % VOM UMSATZ

nach Snyder 1969

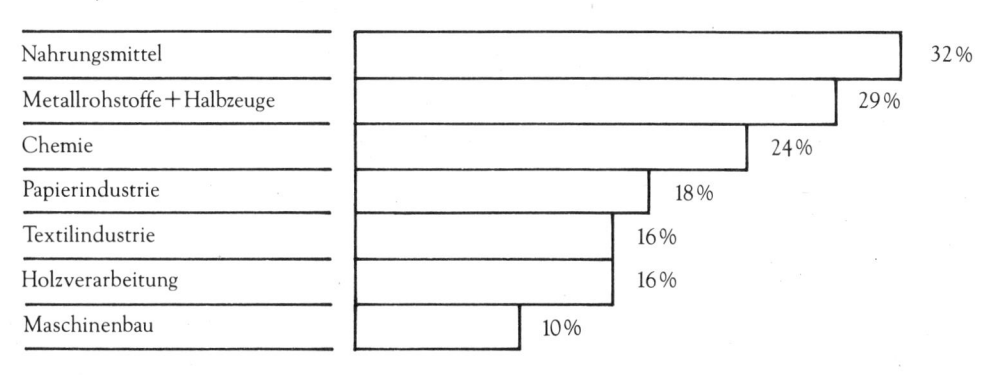

Branche	%
Nahrungsmittel	32 %
Metallrohstoffe + Halbzeuge	29 %
Chemie	24 %
Papierindustrie	18 %
Textilindustrie	16 %
Holzverarbeitung	16 %
Maschinenbau	10 %

Abb. 28

Nach einer Studie von A. T. Kearney über die prozentuale Kostenverursachung innerhalb der Gesamtlogistikkosten ergibt sich folgende Aufgliederung:

Eingangstransporte	8,8 %
Ausgangs- und innerbetrieblicher Transport	16,2 %
Lagerung (ohne Verpackung)	19,8 %
Bestandsfinanzierung	15,7 %
Verpackung	10,3 %
Informatik (Auftragsabwicklung etc.)	17,8 %
Steuerung und Kontrolle	11,4 %
Total	100 %

B 3.1

Die Verteilung dieser Werte macht es nicht leicht, Prioritäten bei der Sanierung der Logistikkostensituation zu setzen. Bei der Kostenanalyse Ihres Unternehmens ist es allerdings möglich, daß sich aufgrund einer extremeren Verteilung der Logistikkosten Schwerpunkte für Rationalisierungsaktivitäten anbieten.

Nach der Zentralisierung der Materialwirtschaftsaufgaben im Materialmanagement ist ein umfangreiches Arbeitsfeld gegeben, um die Leistungs- und Kostenstruktur eines Unternehmens positiv zu beeinflussen. In der Abbildung 29 sind die Zielerreichungsmöglichkeiten in Abhängigkeit vom materialwirtschaftlichen Umfeld dargestellt.

ZIELERREICHUNG IN ABHÄNGIGKEIT VON STRUKTUR UND VERFAHREN

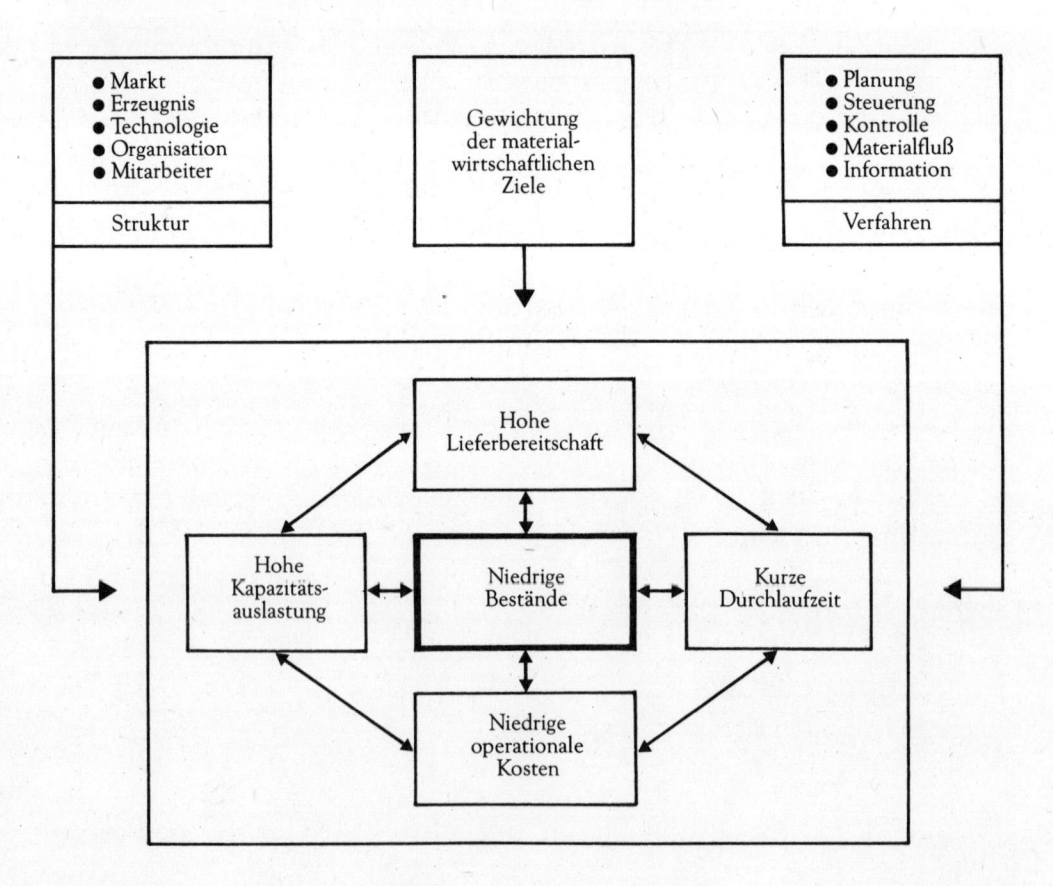

Abb. 29

Die betriebswirtschaftliche Bedeutung der Materialwirtschaft liegt darin, mit dem vorhandenen Planungs-, Steuerungs- und Kontroll-Instrumentarium für ein ausgewogenes Ausbalancieren dieser Teilziele unter Beachtung des gesamtbetrieblichen Kostenoptimums zu sorgen. Dieser „Tanz auf dem Seil" ist alles andere als einfach und hat schon bei manchem Materialmanager zum Absturz geführt. Man hat in der betrieblichen Praxis erkannt, daß gerade in diesem kostensensiblen Bereich des Unternehmens berufliche Versager sehr teuer zu stehen kommen. Natürlich besteht auch Verständnis dafür, daß man nie einen optimalen Zustand erreichen wird, wenn man sich allein einmal die Konfliktsituation bei den wichtigsten Teilzielen anschaut:

1. Durch hohe Sicherheitsbestände kann (bei richtiger Lagerstruktur) die Lieferbereitschaft verbessert werden,

2. Große Lose bringen eine bessere Wirtschaftlichkeit in der Fertigung durch niedrige Rüstkosten, erhöhen aber die Bestände und damit die Kapitalkosten.

3. Durch eine hohe Auslastung werden Warteschlangen gebildet, die sich in hohen Werkstattbeständen niederschlagen.

4. Eine gute Lieferbereitschaft bei niedrigen Beständen kann durch einen hohen Terminverfolgungsaufwand (hohe EDV- bzw. Personalkosten) erreicht werden.

Merke: Prinzipiell kann eine ausreichende oder gute Lieferbereitschaft entweder mit Reserven in Form von Beständen und Kapazität oder mit entsprechenden Kosten, z.B. in Form von Aufwendungen für eine computerunterstützte Fertigungssteuerung, erreicht werden. In der folgenden einfachen Graphik ist dargestellt, wie ein Unternehmen auf plötzliche, ungeplante Zusatzaufträge seiner Kunden reagieren kann (Abb. 30).

REAKTIONSMÖGLICHKEITEN DES UNTERNEHMENS AUF UNGEPLANTE ZUSATZAUFTRÄGE

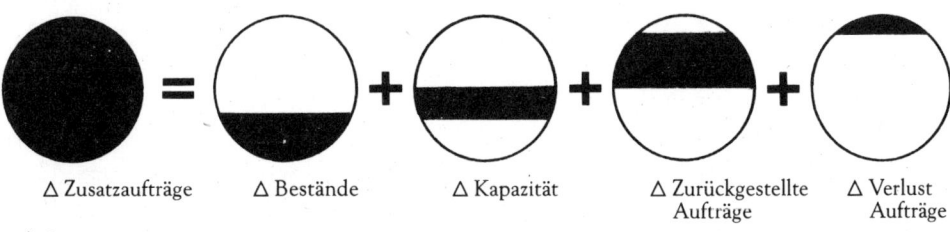

Δ Zusatzaufträge = Δ Bestände + Δ Kapazität + Δ Zurückgestellte Aufträge + Δ Verlust Aufträge

Abb. 30

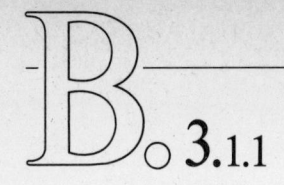

3.1.1 MÖGLICHKEITEN ZUR VERBESSERUNG DER WETTBEWERBSSITUATION

Für die in der Materialwirtschaft tätigen Mitarbeiter ist es einleuchtend, daß durch die härter werdende Wettbewerbssituation neben dem Preis vor allem die Lieferfähigkeit für den Kunden zu einem immer bedeutenderen Kaufargument wird. So fordert der Verkauf von der Materialwirtschaft

1. möglichst kürzere Lieferzeiten für die hergestellten Produkte,

2. die Einhaltung der zugesagten Liefertermine (Termintreue),

3. das Eingehen auf besondere Kundenwünsche, z.B. kurzfristige Änderungen der Varianten, die in einer Vielzahl angeboten werden,

4. eine ausreichende Flexibilität hinsichtlich der Marktänderungen und

5. eine flexible Bewältigung der Innovation.

Zur Erfüllung dieser Wünsche hat die Materialwirtschaft Voraussetzungen zu schaffen, wie sie in der folgenden Tabelle aufgeführt sind:

Ziel	Teilziele	zu schaffende Voraussetzungen
Erhöhung der Lieferfähigkeit	kurze Lieferzeiten	o kurze Durchlaufzeiten o Fertigung nach Prognose o Sicherheitsbestände o Konzept der Arbeitsschichten
	Termintreue	o exakte Terminierung o Transparenz über Auftragsbestand o Pünktlichkeit
	Anpassung an Kundenwünsche	o schnelle Auftragsanpassung o schnelle Abwicklung
	viele Ausführungsvarianten	o Losgrößenbildung o Steuerungsaufwand o Unterschiedliche Abläufe
	Schnelle Innovation	o Flexible Verfahren o Improvisationsmöglichkeiten

Zu diesen Anforderungen gehört häufig der Wunsch nach einer hohen Lieferbereitschaft ab Lager. Die richtige Zielvorgabe für den Lagerservicegrad wird ein ewig strittiger Punkt zwischen dem Verkauf und der Materialwirtschaft bleiben, solange in der Praxis noch keine geeigneten Verfahren eingesetzt werden, die hinreichend genau den entgangenen Umsatz bzw. Deckungsbeitrag bei einer schlechten Lieferbereitschaftssituation quantifizieren können. Bis dahin wird man stets den Schwarzen Peter der Materialwirtschaft mit dem Vorwurf zuschieben: „Wir könnten enorm viel mehr Umsatz machen, wenn...." In der Regel ist es ratsam, daß die Geschäftsführung als neutrale Stelle über die Höhe des Servicegrades als Zielvorgabe entscheidet.

Die Steuerung und Kontrolle der Servicegradentwicklung fällt in der Regel in den Aufgabenbereich der Materialwirtschaft, die sich dazu ein entsprechendes manuelles oder computerunterstütztes Auswertungssystem entwickeln muß. In der Praxis wird dabei meistens nicht nur der wertmäßige, sondern auch der Positions- und Stückzahl-Servicegrad des täglichen Auftragseingangs ermittelt. Nachdem diese Werte über jeden Monat kumuliert fortgeschrieben werden, lassen sich die Monatsergebnisse in einer Graphik kontrollieren, wie sie in Abb. 31 beispielhaft für eine Sortimentsgruppe dargestellt ist.

SERVICEGRAD – CONTROLLING

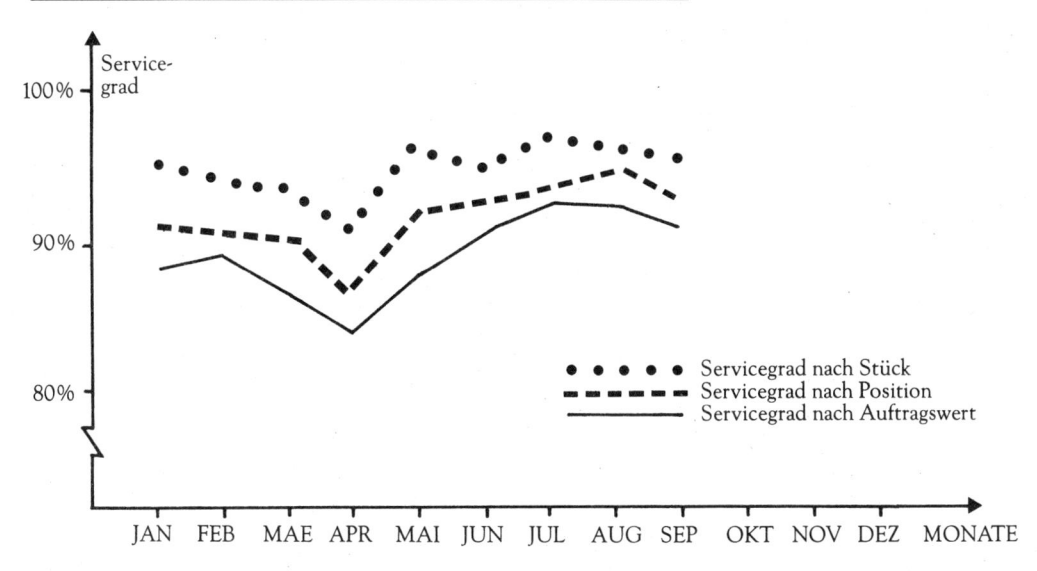

Abb. 31

Zur besseren Kontrolle der Servicegradentwicklung bietet es sich bei computerunterstützten Auftragsabwicklungssystemen an, daß der jeweilige Auftragseingang nach A-, B-, C-Teilen einer Verfügbarkeitskontrolle unterzogen wird, so daß man den A-Teil-Servicegrad einer speziellen und genauen Kontrolle unterziehen kann. Größere Lieferschwierigkeiten bahnen sich besonders dann an, wenn die häufig nachgefragten und meist wertvollen A-Teile unterbevorratet sind.

Zur Stabilisierung der Lieferbereitschaft ist jedem Materialmanager zu raten, den Vertrieb bezüglich der Absatzplaneinhaltung und der Realisierung einer vorgegebenen Absatzplanstruktur ins Obligo zu nehmen. Ergeben sich in der Praxis erhebliche unangekündigte Planabweichungen, so kann der Materialmanager nur noch möglichst flexibel auf die geänderten Lieferwünsche reagieren. Eine Aufrechterhaltung des Servicegrads ist in dieser Situation aber nicht mehr gegeben. Dem Vertrieb muß deshalb deutlich gemacht werden, daß er mit seiner Planungsrichtigkeit die Lieferbereitschaft in einem wesentlichen Maße selbst beeinflußt.

B. 3.1.2
MÖGLICHKEITEN ZUR KOSTENSENKUNG BZW. -VERMEIDUNG

Der Druck auf die Materialwirtschaft, besondere Anstrengungen zur Kostensenkung zu unternehmen, ist speziell in denjenigen Betrieben gegeben, deren Ertragssituation sich immer stärker verschlechtert. Dabei können bereits folgende Symptome vorliegen:

1. steigende oder bereits zu hohe Bestände,
2. Liquiditätsklemme,
3. eine Vielzahl von Ladenhütern,
4. große Hektik in der Auftragsabwicklung,
5. Lieferrückstände,
6. Fehlteile, Wartezeiten,
7. permanente kostenaufwenige Sonderaktionen in der Disposition und im Einkauf,
8. zu hohe Materialkosten.

Diese und andere Symptome sind der Anstoß, die vorhandenen Probleme systematisch zu erfassen, Hypothesen für ihre möglichen Ursachen aufzustellen und Aktionen zu ihrer Beseitigung einzuleiten, wie es in Abb. 32 beispielhaft für das Vorhandensein zu hoher Materialkosten dargestellt ist.

Bei den Kostensenkungsprogrammen liegt der Schwerpunkt nicht unbedingt im Abbau von Personal, sondern vielmehr in der Optimierung der Rentabilität des eingesetzten Materials und der Kapazität. Ein schwer quantifizierbarer Faktor ist der Abbau der in der Auftragsabwicklung oftmals vorhandenen Hektik, sei sie nun durch die Überforderung der Fertigungs- oder der Lieferantenleistung oder aber durch eine Kumulation von Liefer- und Bereitstellungsstörungen von dringend benötigtem Material erzeugt. Hier geht es auf längere Sicht darum, Sondereinsätze in Form von Terminjägern und Fehlteilbereinigungen in der Fertigung durch höher qualifizierte Planungstätigkeiten und vorweggenommene Störungsbekämpfung zu vermeiden und damit die Kosten der Auftragsabwicklung und der Kapazitätsbereitstellung zu senken.

SYSTEMATISCHE ANALYSE ZUR KOSTENSENKUNG

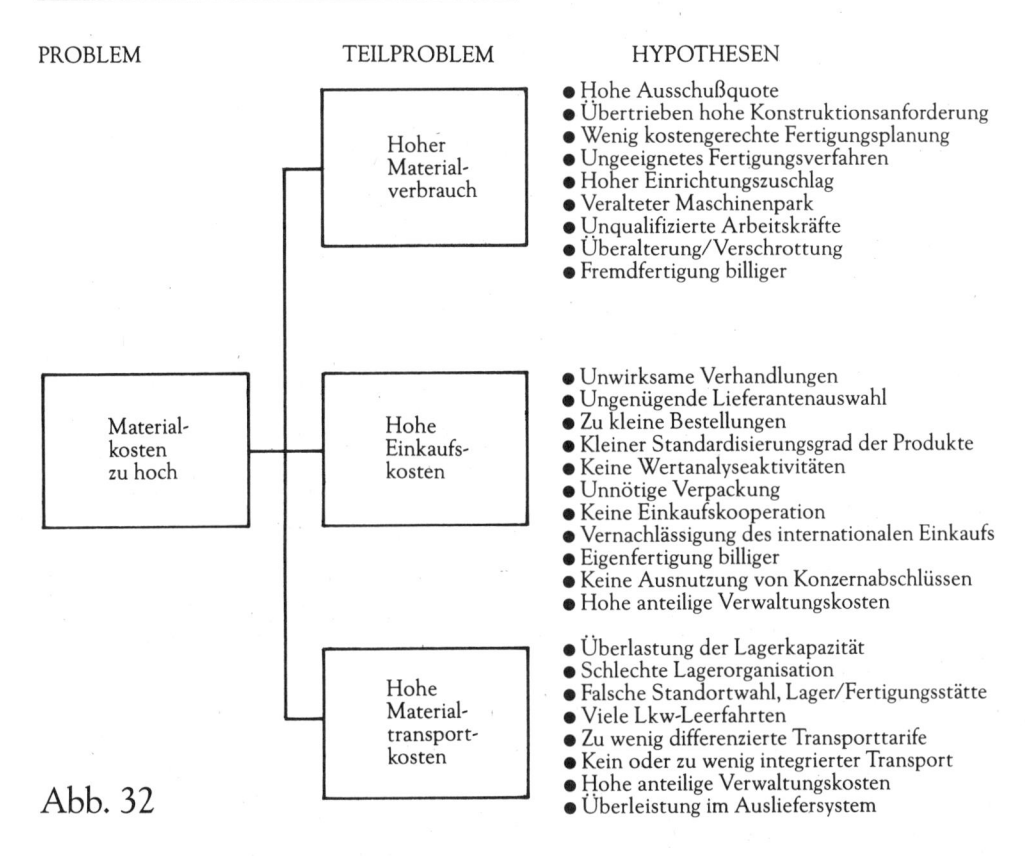

PROBLEM	TEILPROBLEM	HYPOTHESEN
Materialkosten zu hoch	Hoher Materialverbrauch	• Hohe Ausschußquote • Übertrieben hohe Konstruktionsanforderung • Wenig kostengerechte Fertigungsplanung • Ungeeignetes Fertigungsverfahren • Hoher Einrichtungszuschlag • Veralteter Maschinenpark • Unqualifizierte Arbeitskräfte • Überalterung/Verschrottung • Fremdfertigung billiger
	Hohe Einkaufskosten	• Unwirksame Verhandlungen • Ungenügende Lieferantenauswahl • Zu kleine Bestellungen • Kleiner Standardisierungsgrad der Produkte • Keine Wertanalyseaktivitäten • Unnötige Verpackung • Keine Einkaufskooperation • Vernachlässigung des internationalen Einkaufs • Eigenfertigung billiger • Keine Ausnutzung von Konzernabschlüssen • Hohe anteilige Verwaltungskosten
	Hohe Materialtransportkosten	• Überlastung der Lagerkapazität • Schlechte Lagerorganisation • Falsche Standortwahl, Lager/Fertigungsstätte • Viele Lkw-Leerfahrten • Zu wenig differenzierte Transporttarife • Kein oder zu wenig integrierter Transport • Hohe anteilige Verwaltungskosten • Überleistung im Ausliefersystem

Abb. 32

Die Materialwirtschaft hat neben der Kostensenkung auch die Aufgabe einer Kostenvermeidung zu erfüllen. Hierbei wird als Beispiel für eine Vielzahl von Möglichkeiten der vermehrte Einsatz von Make or/and Buy-Analysen angesprochen, der sehr häufig in der Praxis zu der Erkenntnis führt, daß man aus Gewöhnungsgründen zu lange an unrentablen Fertigungen festhält und im Moment der Analyse der Einstandspreise der befragten Lieferanten schon weit unter den eigenen proportionalen Kosten (ohne Hinzurechnung der anteiligen Gemeinkosten für Raum, Energie, Versicherung usw.) liegt. Jede Materialwirtschaft ist gut beraten, wenn sie sich im Betrieb im Rahmen ihrer Koordinationszuständigkeit (Abb. 33) diesem Rationalisierungsinstrument verstärkt widmet.

B 3.1.2

MAKE/BUY-ENTSCHEIDUNGSTEAM

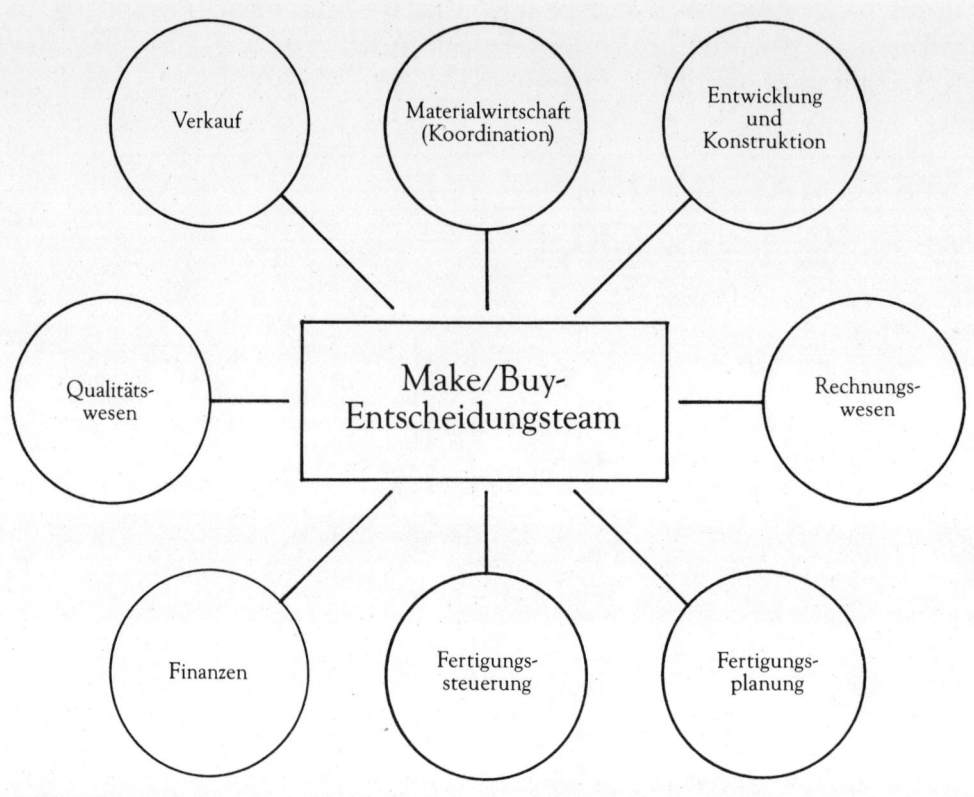

```
        Verkauf      Materialwirtschaft      Entwicklung
                      (Koordination)         und
                                             Konstruktion

  Qualitäts-          Make/Buy-              Rechnungs-
   wesen           Entscheidungsteam           wesen

   Finanzen        Fertigungs-             Fertigungs-
                   steuerung                planung
```

Abb. 33

Wenn der Materialwirtschaft die Aufgabe einer Materialbeschaffung zu optimalen Kosten von der Unternehmensleitung delegiert wurde, so ist es als eine zwingende Aufgabe anzusehen, wenn das Materialmanagement im Rahmen der strategischen Planung oder Jahresplanung ein gewichtiges Wort in die Diskussion einbringt, von welchen Lieferquellen (Fremd- oder Eigenfertigung) das vom Vertrieb im Rahmen der Verkaufsplanung gewünschte Material bezogen werden soll. (Abb. 34).

Deshalb ist anzuraten, daß die Materialwirtschaftsleitung mit den übrigen tangierten Bereichen einen Richtlinienentwurf zur Methode und Durchführungsmodalität von Make-or-Buy-Analysen verabschiedet, die im Vorspann zunächst einmal die Anlässe zu diesen gezielten Untersuchungen und Rechenoperationen aufführen muß, wie sie im folgenden beispielhaft dargestellt sind:

MAKE/BUY-ENTSCHEIDUNGEN IM RAHMEN DER JAHRESPLANUNG

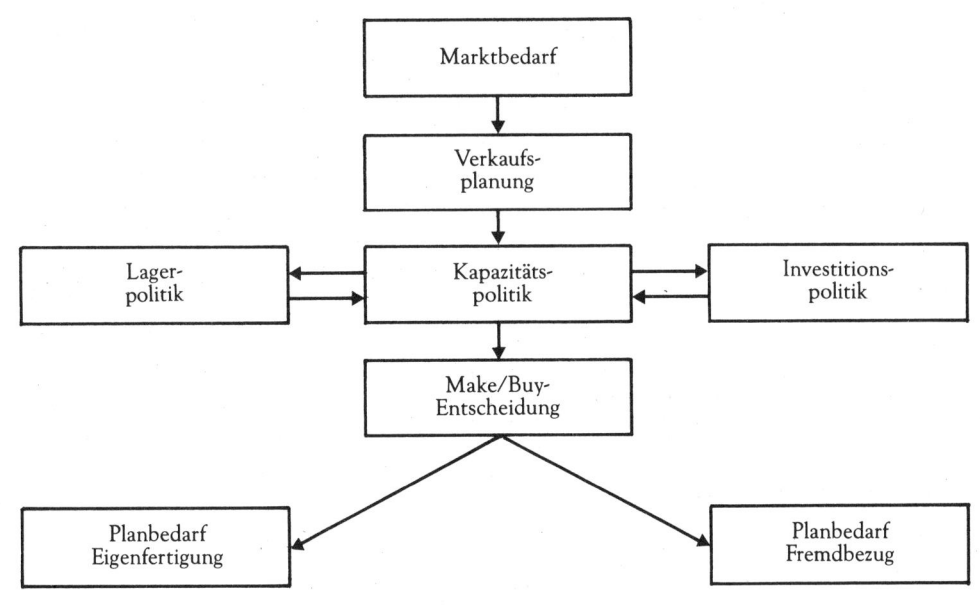

```
                    ┌─────────────┐
                    │ Marktbedarf │
                    └──────┬──────┘
                           ↓
                    ┌─────────────┐
                    │  Verkaufs-  │
                    │   planung   │
                    └──────┬──────┘
                           ↓
  ┌─────────┐       ┌─────────────┐       ┌──────────────┐
  │  Lager- │←─────→│ Kapazitäts- │←─────→│ Investitions-│
  │ politik │       │   politik   │       │   politik    │
  └─────────┘       └──────┬──────┘       └──────────────┘
                           ↓
                    ┌─────────────┐
                    │  Make/Buy-  │
                    │Entscheidung │
                    └──────┬──────┘
                     ↙          ↘
  ┌─────────────┐              ┌─────────────┐
  │ Planbedarf  │              │ Planbedarf  │
  │Eigenfertigung│             │ Fremdbezug  │
  └─────────────┘              └─────────────┘
```

Abb. 34

ANLÄSSE ZU MAKE/BUY-ANALYSEN

1. Bei der Betriebsgründung (Breite und Tiefe)

2. Bei der Hereinnahme zusätzlicher Aufträge

3. Bei der Aufnahme neuer Produkte in das Erzeugnisprogramm

4. Bei der Angliederung zusätzlicher Betriebsteile

5. Bei Umorganisation der Fertigung und sonstiger Betriebsfunktionen

6. Bei der Entscheidung über die Erneuerung vorhandener alter Betriebsmittel

7. Bei Überlegungen, die bzgl. einer Verlängerung von Miet-, Anstellungs- oder ähnlichen Verträgen angestellt werden

8. Bei Veränderungen der Bedarfsstruktur an bereitzustellenden Gütern oder Dienstleistungen

9. Bei Veränderung der Kostenstruktur in der Eigenfertigung

B 3.1.2

BEISPIEL
EINER MAKE/BUY-ORGANISATION

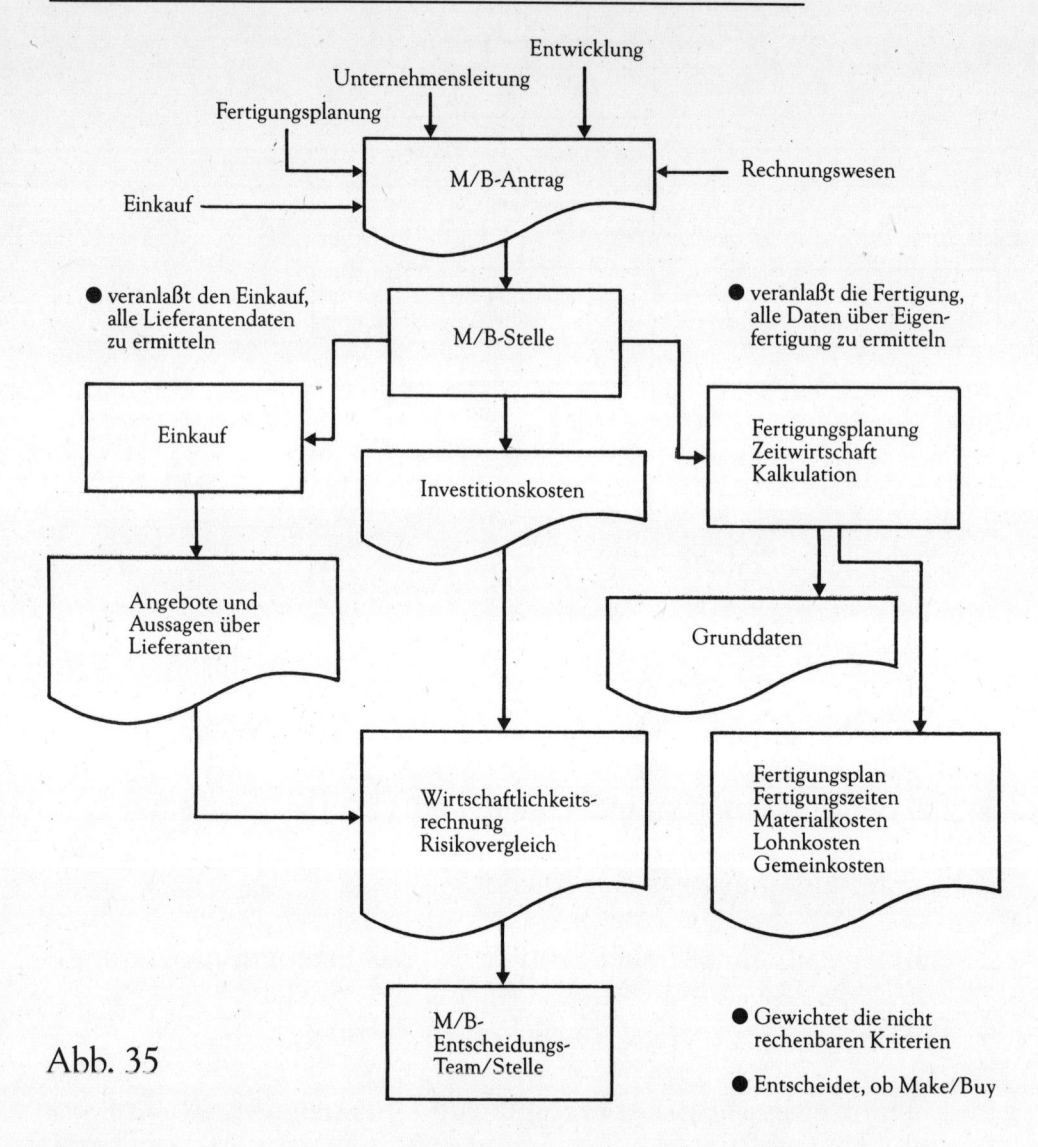

```
                        Entwicklung
              Unternehmensleitung
  Fertigungsplanung
                    ┌──────────────┐
                    │  M/B-Antrag  │ ◄── Rechnungswesen
  Einkauf ────────► └──────┬───────┘
                           │
                           ▼
● veranlaßt den Einkauf,   M/B-Stelle    ● veranlaßt die Fertigung,
  alle Lieferantendaten                    alle Daten über Eigen-
  zu ermitteln                             fertigung zu ermitteln

     Einkauf          Investitionskosten    Fertigungsplanung
                                            Zeitwirtschaft
                                            Kalkulation

     Angebote und                           Grunddaten
     Aussagen über
     Lieferanten

                    Wirtschaftlichkeits-    Fertigungsplan
                    rechnung                Fertigungszeiten
                    Risikovergleich         Materialkosten
                                            Lohnkosten
                                            Gemeinkosten

                    M/B-                   ● Gewichtet die nicht
                    Entscheidungs-           rechenbaren Kriterien
                    Team/Stelle
                                           ● Entscheidet, ob Make/Buy
```

Abb. 35

10. Bei Veränderung der Preisstruktur auf Seiten der Zulieferer

11. Bei Kapazitätsengpässen im eigenen Betrieb

12. Bei vermehrtem Auftreten von qualitätsbedingten Kundenreklamationen

13. Bei vermehrtem Auftreten von terminbedingten Kundenreklamationen

14. Bei Veränderung der Preisstruktur am Absatzmarkt

15. Bei Rückgang der Beschäftigung im eigenen Unternehmen

16. Bei der routinemäßigen Überprüfung der einmal getroffenen Entscheidung

Um die Aktivitäten mit dem Ziel von Make-or-Buy-Analysen überhaupt in Gang zu bringen, muß sich jedes Unternehmen sehr bald über die Aufgaben, die Kompetenzen und die MOB-Organisation einig werden, da sonst außer einer möglichen einmaligen Sonderaktion kein systematisches Kostensenkungspotential ausgeschöpft wird. In der Abb. 35 wird eine denkbare MOB-Organisation beispielhaft dargestellt.

Vor allem bei neu zu produzierenden und entwickelten Teilen oder der Kontrolle der bisherigen Beschaffungssituation sollten die Gründe für Eigenfertigung oder Fremdbezug sehr sorgfältig analysiert werden, wie sie im folgenden beispielhaft genannt werden:

GRÜNDE FÜR DIE EIGENFERTIGUNG

1. Kostenanalysen bestätigen, daß Eigenfertigung günstiger ist als Fremdbezug.

2. Eigenfertigung stärkt

    o das Produkt-Know-how
    o die maschinelle Ausstattung und
    o die Tradition des Hauses.

3. Die Kapazitäten werden besser ausgelastet und finanzieren damit die Overhead-Kosten.

4. Die Anforderungen an das Produkt sind ungewöhnlich oder komplex; die notwendige Ausführungsgenauigkeit kann nur durch eine verstärkte Kontrolle im eigenen Haus gewährleistet werden.

5. Eigenfertigung erleichtert die Kontrolle bei

    o Produktänderungen
    o der Lagerhaltung und
    o Beschaffungsaktivitäten.

6. Das Produkt läßt sich nur schwer oder zu unverhältnismäßig hohen Kosten transportieren.

7. Das Produktdesign oder das Herstellungsverfahren sind geheim.

8. Die Abhängigkeit von einer auswärtigen Beschaffungsquelle wird nicht gewünscht.

GRÜNDE FÜR DEN FREMDBEZUG

1. Kostenanalysen bestätigen, daß Fremdbezug günstiger ist als Eigenfertigung.

2. Es sind weder

    - Raum
    - maschinelle Anlagen
    - Zeit und
    - potentielles Personal

    vorhanden, um die notwendigen Produktionsverfahren für die Eigenfertigung einzuführen.

3. Aufgrund der niedrigen Stückzahlen oder aufgrund eines benötigten Kapitalbedarfs an anderer Stelle erscheint die Investition in die Eigenfertigung nicht attraktiv.

4. Die zugrunde liegenden saisonalen, zyklischen oder unsicheren Marktnachfragen sollen die Kapazitätsauslastung der Eigenfertigung nicht gefährden.

5. Der Bedarf an speziellen Technologien oder Produktionsausstattungen läßt den Fremdbezug als vorteilhaft erscheinen.

6. Die Unternehmensführung vertritt die Meinung, daß sich die eigenen Kräfte auf Innovationen in den Schwerpunkttätigkeitsbereichen des Betriebes konzentrieren sollen.

7. Der Fremdbezug bei Konkurrenten erlaubt eine Überprüfung der eigenen Leistungsfähigkeit.

8. Das Vorhandensein von Patenten oder Gegengeschäftsbeziehungen favorisieren den Fremdbezug.

MERKE: Belasten Sie Ihre Finanzkraft nicht mit unnötigen Investitionen und Folgekosten, solange Sie durch eine gute Zusammenarbeit mit Lieferanten die benötigten Waren qualitätsgerecht und kostengünstiger bereitstellen können.

In die zum Teil kontrovers geführte Diskussion zwischen Fertigung und Einkauf, die, von Bereichsegoismen geleitet, häufig das gesamtunternehmerische Optimum gefährdet, sind zur Frage Make or Buy zusätzlich noch Gesichtspunkte des Marketing zu beachten, wie sie in der folgenden Tabelle dargestellt werden:

AUSWIRKUNG DER MAKE/BUY-ENTSCHEIDUNG AUF DEN ABSATZMARKT

	Qualitative Unterschiede	Zeitliche Unterschiede	Elastizitäts-Überlegungen	Marktstrategische Gesichtspunkte
Make	Verkaufsfördernde Wirkung durch die eigene Beeinflußbarkeit der vom Markt geforderten Qualität	Hoher Freiheitsgrad in der Warenbereitstellung durch eine gezielte Disposition der Vorprodukte; Absicherung durch Kapital-Erweiterung	Änderungen des Produktionsprogramms sind nur schwerfällig durchzuführen	Betriebsgeheimnisse sind leichter zu wahren; von wichtiger Bedeutung für „Pionierbetriebe"
Buy	Den qualitativen Anforderungen kann nur durch die richtige Lieferantenwahl entsprochen werden.	Die Lieferzeiten werden vom Beschaffungsmarkt mehr oder weniger diktiert; Absicherung durch Lagerhaltung.	Änderungen des Produktionsprogramms sind durch Lieferantenwechsel leichter möglich.	Gefahr des Großziehens von Konkurrenzbetrieben; Schaffung günstiger Bezugsquellen für bereits vorhandene Konkurrenten.

Schließlich wird Ihnen in der folgenden Check-Tabelle ein „grobes Instrument" zur Unterstützung Ihrer Make-or-Buy-Entscheidung zur Verfügung gestellt.

Kriterien	spricht für Eigenfertigung, wenn	spricht für Fremdbezug, wenn
Investitionsbereitschaft	vorhanden	nicht vorhanden
Liquidität – kurzfristig/langfristig	ausreichend vorhanden	nicht ausreichend vorhanden
Personal	vorhanden	nicht vorhanden und kurzfristig nicht beschaffbar
Fertigungseinrichtungen (freie Kapazitäten)	vorhanden	nicht vorhanden und kurzfristig nicht einrichtbar
Fertigungsfläche	vorhanden, lang- bzw. mittelfristig nicht verplant	nicht vorhanden, lang- bzw. mittelfristig verplant
Know-how	Eigenes Know-how vorhanden, Know-how nur in der eigenen Firma vorhanden. Know-how soll aufgebaut werden. Eigenes Know-how soll nicht aus der Hand gegeben werden.	beim Lieferanten vorhanden, nur beim Lieferanten vorhanden und durch Patente/Lizenzen geschützt.
Qualität	Lieferant kann geforderte Qualität nicht sicherstellen	eigene Fertigung kann geforderte Qualität nicht sicherstellen
Unabhängigkeit	durch Fremdbezug gefährdet	durch Fremdbezug nicht gefährdet

B 3.1.2

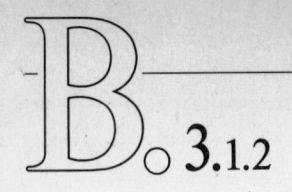

Kriterien	spricht für Eigenfertigung, wenn	spricht für Fremdbezug, wenn
Zuverlässigkeit des Lieferanten	nicht gewährleistet	gewährleistet
Firmengeheimnisse (technische und betriebswirtschaftliche)	durch Vergabe gefährdet	durch Vergabe nicht gefährdet
Gegengeschäfte	nicht angestrebt nicht möglich	angestrebt
Termin	eigene Fertigung kann Terminwünsche realisieren – Lieferant nicht	Lieferant kann Terminwünsche realisieren – eigene Fertigung nicht
Gestalten, technische Änderungen	schnelle Reaktion auf Beanstandungen notwendig, starker Einfluß gewünscht	problemloses Teil, Änderungen nicht notwendig
Absatzmengen (Beständerisiko, Kapazitätsrisiko)	konstant	schwankend, schnelle Anpassung nötig
Fertigungstechnologie	Entwicklung eigener Technologie	schnelle Anpassung an neueste Fertigungstechnologien, Nutzung der Kosten- und Funktionsvorteile
Beschaffungsmarkt	keine/wenige geeignete Lieferanten	Vielzahl geeigneter Lieferanten mit Kapazitätsüberschuß

Ein „grobes Instrument" zu einer generellen Vorentscheidung leistet die voranstehende Tabelle deshalb, weil zur endgültigen Entscheidung eine detaillierte Kostenvergleichsrechnung angestellt werden muß, wobei speziell in einer Situation der Unterbeschäftigung in die Kalkulation der Selbstanfertigungskosten lediglich die zusätzlichen variablen Kosten einbezogen werden dürfen. Die fixen Bereitschaftskosten sind zu vernachlässigen, da sie ohnehin anfallen. Zu diesen fixen Kosten gehören vor allem die Raumkosten, die Abschreibungen für Maschinen und Anlagen, desgleichen die allein vom natürlichen Verschleiß verursachten Anlagenerhaltungskosten. Auch die Fertigungslöhne erweisen sich auf kurze Sicht als eindeutig fix. Die vorhandenen Arbeitskräfte können schon aus arbeitsrechtlichen Gründen nicht unverzüglich entlassen werden.

Vergleichsrechnungen auf Vollkostenbasis können vor allem dann zu Fehlentscheidungen führen, wenn im Rahmen der Kalkulation der Eigenfertigungskosten die fixen Aufwendungen auf Basis der jeweiligen Ist-Beschäftigung der entsprechenden Stellen verordnet werden, so daß sich mit abnehmender Beschäftigung immer höhere Fixkosten je Leistungseinheit ergeben. Hierdurch entsteht nämlich die gefährliche Tendenz, daß schlecht ausgelastete Kostenstellen mit dem Zukauf immer weniger konkurrieren können, so daß man der Tendenz nach immer mehr zum Fremdbezug neigt und die ohnehin unterbeschäftigen Betriebsbereiche noch weniger mit Aufträgen eindeckt.

Die Ergebnisse der Kostenvergleichsrechnung können mit Hilfe der in den Abb. 36 und 37 aufgeführten Grenzen zu einer für das Unternehmen von der Kostenseite her optimalen Entscheidung Make or Buy führen.

ENTSCHEIDUNGSGRENZE MAKE/BUY

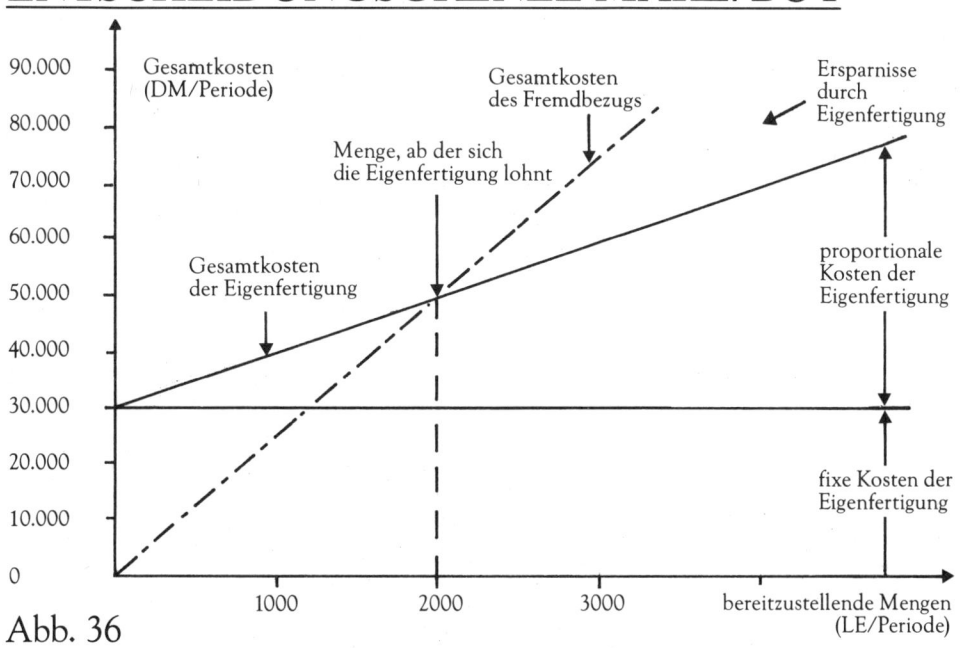

Abb. 36

GRAPHISCHE DARSTELLUNG DER ENTSCHEIDUNGSGRENZEN MAKE/BUY

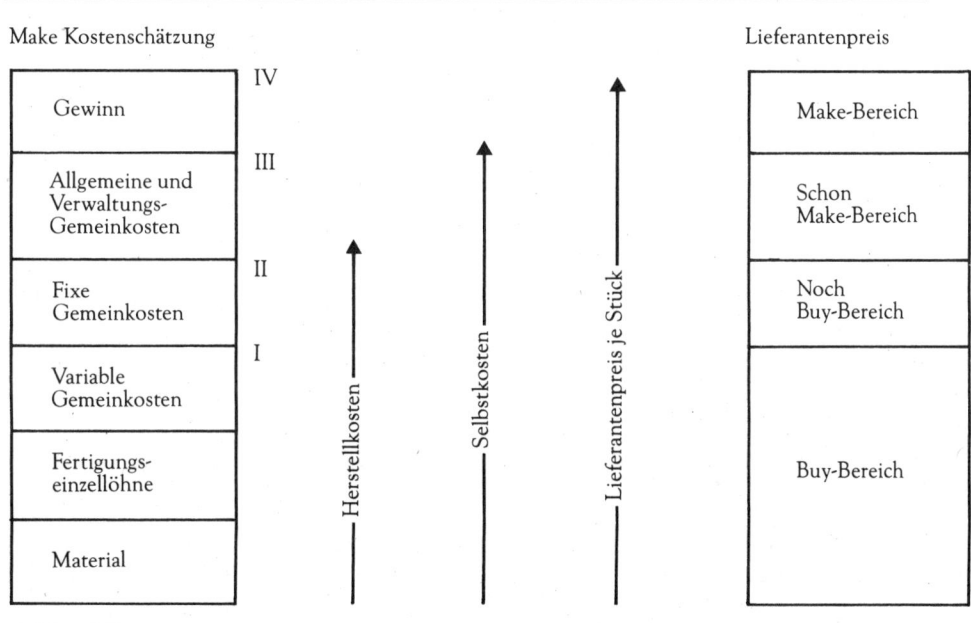

Abb. 37

B. 3.1.2

In Anlehnung an die Problematik von Make or Buy sollte sich jeder Materialmanager im Hinblick auf eine Kostenvermeidungspolitik auch mit der Frage des Subcontracting im Rahmen der Unternehmenspolitik auseinandersetzen. Dabei sind die vier folgenden Subcontracting-Arten in Betracht zu ziehen:

1. Workload-Buffer (Abb. 38) Kapazitätsflexibilität.

    o häufigste Form des Subcontracting
    o hohes Risiko des Unternehmens
    o interne Arbeitsplatzsicherung

SUBCONTRACTING BEI WORKLOAD BUFFER

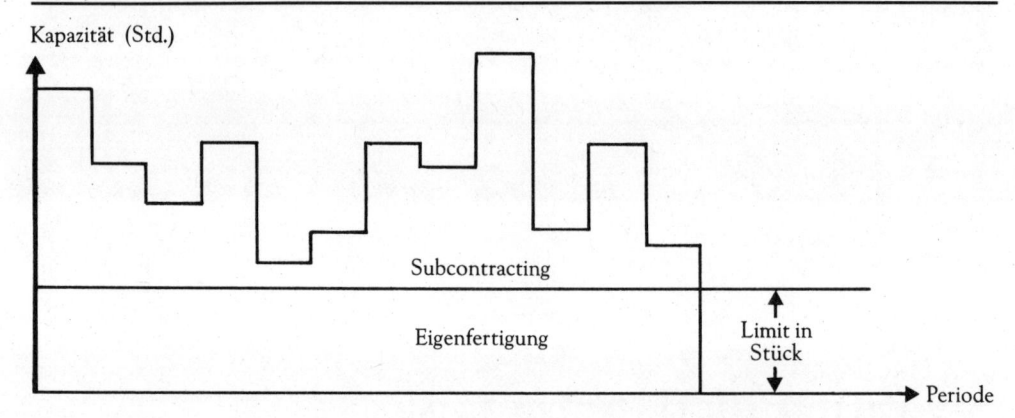

Abb. 38

SUBCONTRACTING BEI AUSLAGERUNG

- Serie zu klein; Fertigung unrentabel
- Ersatzteilbedarfssicherung
- Rücknahme unwahrscheinlich

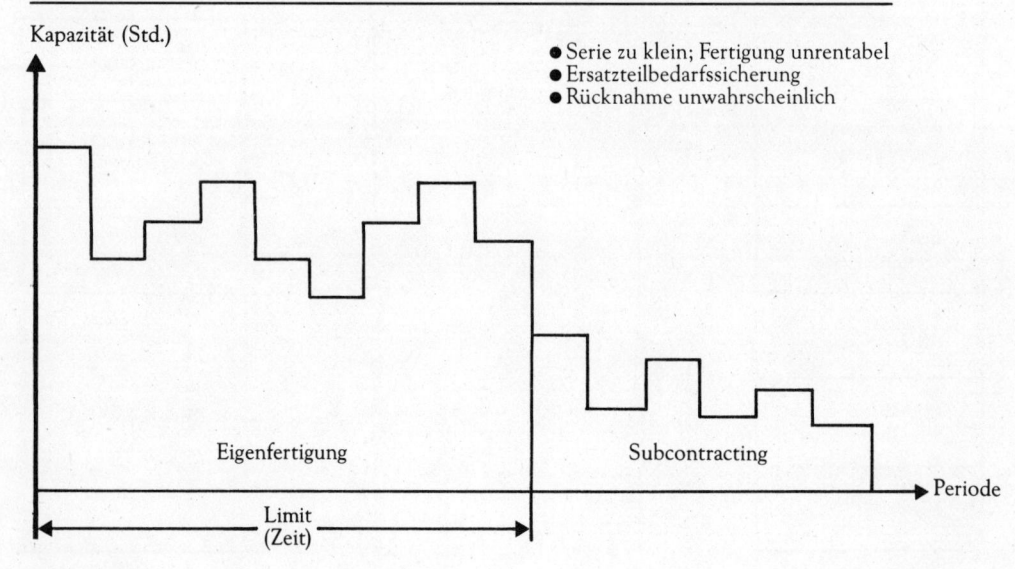

Abb. 39

2. Auslagerung auslaufender Produkte (Abb. 39)

- Serie zu klein, Fertigung unrentabel
- Ersatzteilbedarfssicherung
- Rücknahme unwahrscheinlich

SUBCONTRACTING BEI ERSATZ VON WACHSTUMS-KAPAZITÄT

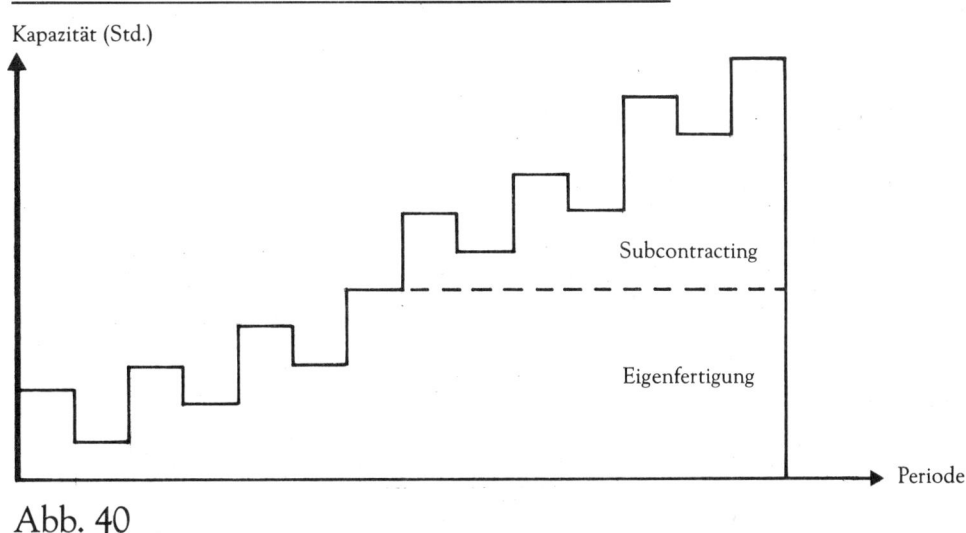

Abb. 40

SUBCONTRACTING BEI ERSATZ VON KAPAZITÄTEN MIT HOHEM TECHNOLOGISCHEM WANDEL

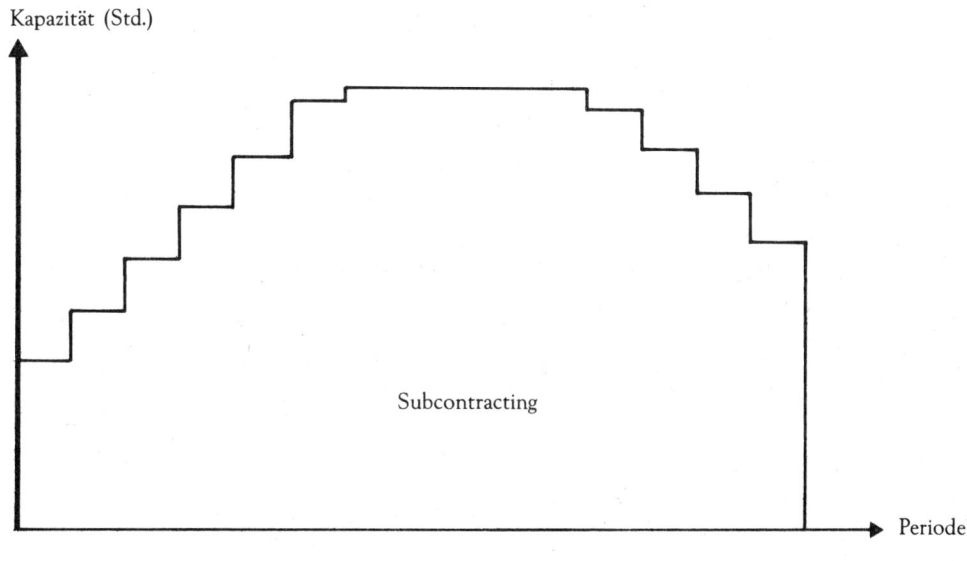

Abb. 41

3. Ersatz von Wachstumskapazität (Abb. 40)

   o Unternehmensentscheidung unumgänglich
   o Betriebsergebnisverbesserung
   o Risikoverlagerung
   o Wissen um Lebenszyklus eines Produktes erforderlich

4. Ersatz von Kapazitäten mit hohem technologischem Wandel (Abb. 41)

   o kurze Laufzeit eines Produktes erschwert die Amortisation der investierten Maschinen und Anlagen (Beispiel: Radioröhre, Transistor, int. Schaltkreise)

B.3.1.3 WEITERE MÖGLICHKEITEN ZUR ERGEBNISVERBESSERUNG

Die im folgenden aufgezählten Punkte geben Ihnen Hinweise über weitere Ansatzpunkte zur Ergebnisverbesserung im Unternehmen, soweit sie vom Materialwirtschaftsmanagement beeinflußt werden können:

1. Es existiert ein renditeschädigendes Mißverhältnis zwischen den Prioritäten von Investitionen in die Fertigungstechnologie und die Lager- und Materialflußtechnologie.

2. Schlechtes Pipeline-Management (= Materialflußsteuerung in der Handels- bzw. Fertigungskette) führt zu unwirtschaftlichen Kapazitätsschwankungen im Konjunkturverlauf und zu hohen Lagerkosten.

3. Betriebliche Sondersituationen (Betriebsurlaub, Fehlzeitentwicklung) werden in der Maerialflußsteuerung zu wenig professionell verplant.

4. Das Berichtswesen der Materialwirtschaft ist im Vergleich zu den anderen betrieblichen Funktionen unterentwickelt.

5. In der organisatorischen Verknüpfung zwischen der Materialflußtechnik und den Produktions- und Handelsprozessen liegen noch
enorme Rationalisierungsmöglichkeiten (Normung der Ladehilfs-
mittel und Verpackungseinheiten, integrierte Gütertransport-
systeme, Aufbau von Transportketten, Einsatz automatisierter
Lager- und Kommissioniertechniken).

6. Die renditefördernde Auswirkung von systematischen Lager-
bestandsreduzierungen ist vielen Unternehmensleitungen nicht
genügend bewußt.

7. Die organisatorische Zusammenlegung der Materialwirtschaftsfunktionen führt zu bisher nicht konsequent genutzten Personal-
abbaumöglichkeiten.

8. Durch eine ganzheitliche Betrachtung des Material- und Auftrags-
flusses und der dazugehörigen Informationssysteme wird erst eine
höhere Flexibilität in der Auftragserfüllung ohne eine Inkaufnahme von Zusatzkosten ermöglicht.

9. Ein modernes Materialwirtschaftskonzept schafft eine höhere
Kostentransparenz und damit zugleich eine bessere Beeinflußbar-
keit der logistischen Kosten. Gleichzeitig wird den Unternehmensleitungen eine bessere Entscheidungsbasis für zukunftswei-
sende Investitionen bzgl. der Lager- und Materialflußtechnik
geliefert.

B.3.2
MATERIALMANAGEMENT AUS DER SICHT DER ORGANISATIONSTHEORIE

Betrachtet man die Geschichte der Organisationstheorie, so lassen sich folgende generellen Entwicklungsstadien angeben:

1. Classical Scientific Management
2. Classical Administrative Management
3. Human Relations Movement
4. Inter-disciplinary Approach

Der interdisziplinäre Ansatz entwickelte sich in den 50er Jahren. Er zeichnet sich dadurch aus, daß vor allem verhaltenswissenschaftliches Gedankengut in die klassischen Organisationsgesichtspunkte wie

B 3.2

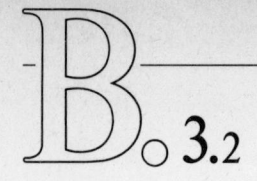

Kontrollspanne, Dienstweg, Linie und Stab, Delegation usw. integriert wurde.

Das Materialmanagement ist eine Auswirkung dieser letzten Phase der Organisationstheorie und läßt sich demnach zeitlich auch erst der zweiten Hälfte der 50er Jahre zuordnen. Die Frage nach der Einordnung des Materialmanagements in die Unternehmung kann von keiner Organisationstheorie eindeutig gelöst werden, vielmehr handelt es sich hierbei um ein branchen- und situationsabhängiges Problem.

Es bietet sich jedoch an, bei der Optimierung der Unternehmensorganisation folgende Gesichtspunkte zu berücksichtigen:

1. Unternehmensorganisation soll sich am Unternehmensziel orientieren, in dem sowohl die wirtschaftlichen als auch die sozialen Teilziele definiert sein müssen.

2. Unternehmensorganisation soll so dynamisch und flexibel sein, daß man sie kurzfristig den geänderten Zielsetzungen oder den geänderten Marktbedingungen anpassen kann.

3. Unternehmensorganisation soll aber auch Kontinuität und Stabilität des Unternehmens sichern, indem sie die bewährten Grundsätze der Unternehmenspolitik konsequent zur Geltung bringt.

4. Unternehmensorganisation soll transparent sein und jedermann deutlich machen, wer für was zuständig ist und wo was geschieht.

5. Unternehmensorganisation soll wirtschaftlich sein, ihr Aufwand muß durch ihren Nutzen gerechtfertigt werden können.

6. Unternehmensorganisation soll dazu beitragen, durch bessere Aufgabenverteilung die Unternehmensleitung zu entlasten, ohne andere Stellen zu überfordern.

7. Unternehmensorganisation soll sich am Delegationsprinzip orientieren und die Selbständigkeit, das Verantwortungsbewußtsein und die Eigeninitiative der Mitarbeiter stärken.

8. Unternehmensorganisation soll dazu beitragen, bei Ausfall von Schlüsselkräften oder bei anderen überraschenden Ereignissen das Risiko zu mindern und die Kontinuität in der Unternehmensentwicklung zu sichern.

9. Unternehmensorganisation soll Führungsvorgänge unterstützen, insbesondere muß sie kontroll- und informationsfreundlich sein.

10. Unternehmensorganisation soll menschlich sein und von den Menschen im Unternehmen mitgetragen werden.

Analog zum Produktionsbereich, wo mit Hilfe von gut ausgebildeten Ingenieuren eine immer rationellere Produktionstechnologie entwickelt wird, muß sich auch jede Unternehmensorganisation einer permanenten Innovation und damit verbundenen organisatorischen Gestaltungsmaßnahmen unterziehen, um die geforderte Arbeitsleistung möglichst kostenoptimal zu erfüllen. Dabei steht die Frage der Kosteneffekte an den Informationsschnittstellen zwischen den Bereichen sehr stark im Vordergrund, und es muß durch entsprechende Organisationsformen sichergestellt werden, daß die Quantität der bereichsübergreifenden Informationsbeziehungen möglichst reduziert wird. Als Vorstufe zur Einführung einer materialmanagementorientierten Strukturorganisation ist es deshalb ratsam, eine Analyse der Intensität der notwendigen Informationsbeziehungen und ihrer Kostenwirksamkeit zu erstellen, die von Unternehmen zu Unternehmen sehr verschieden sein kann.

Viele der heute noch nach veralteten Organisationsprinzipien strukturierten Betriebe arbeiten im Materialwirtschaftsbereich ineffizient, weil sie die folgenden Probleme, die sie in Zukunft meistern müssen, noch nicht erkannt haben:

1. Notwendigkeit zur Aneignung umfassender und bereichsüberschreitender Informationen zur besseren Entscheidungsfindung im Materialwirtschaftsbereich,

2. Vermeidung von Bereichsegoismen und Lösung der oft entgegengerichteten Materialpolitiken,

3. Schaffung einer eindeutigen Zuordnungsmöglichkeit der Materialverantwortlichkeit und Kompetenz.

B.3.2.1
NOTWENDIGKEIT ZUR ANEIGNUNG UMFASSENDER INFORMATIONEN ZUR BESSEREN ENTSCHEIDUNGSFINDUNG

Zur optimalen Beschaffung und Steuerung des Materials durch die Unternehmung ist für die materialverantwortlichen Einkäufer und Disponenten ein ständig aktualisiertes Wissen z.B. über folgende Faktoren unbedingt Voraussetzung:

1. die laufenden und zukünftigen Materialbedarfe der ganzen Unternehmung,

2. Lieferantenkonditionen, bezogen auf Lieferfähigkeit, Preise, Transportkosten usw.,

3. Beschaffungsmarkt,

4. Bestell- bzw. Rüstkosten,

5. Kosten der Lagerhaltung,

6. Wiederbeschaffungszeit bei eigener Fertigung bzw. externer Beschaffung,

7. gewünschte Lieferbereitschaft der Artikel,

8. Kenntnis über die Lagerungsmöglichkeiten und Lagerorte,

9. mögliche Losgrößen- und Bestellmengenänderungen (Verpackungseinheiten),

10. Standardisierungs- und Substitutionsmöglichkeiten,

11. Qualitätsstandards,

12. A-, B-, C-Verteilung des gesamten Teilspektrums,

13. Vorhersagegenauigkeit (x-, y-, z-Analyse) u.a.m.

Die hier aufgezählten Informationen werden von Personen im Transportwesen, Fertigfabrikate-, Halbfabrikate- und Rohmateriallager, im Verkauf, in der Fertigungssteuerung und im Einkauf erarbeitet. Das Problem der allgemeinen Materialtransparenz tritt in konventionellen Organisationen deshalb auf, weil die hier genannten Stellen verschiedenen Managementbereichen zugeordnet sind (Abb. 42).

INFORMATIONS- UND MATERIALFLUSS BEI DEZENTRALER MATERIALWIRTSCHAFT

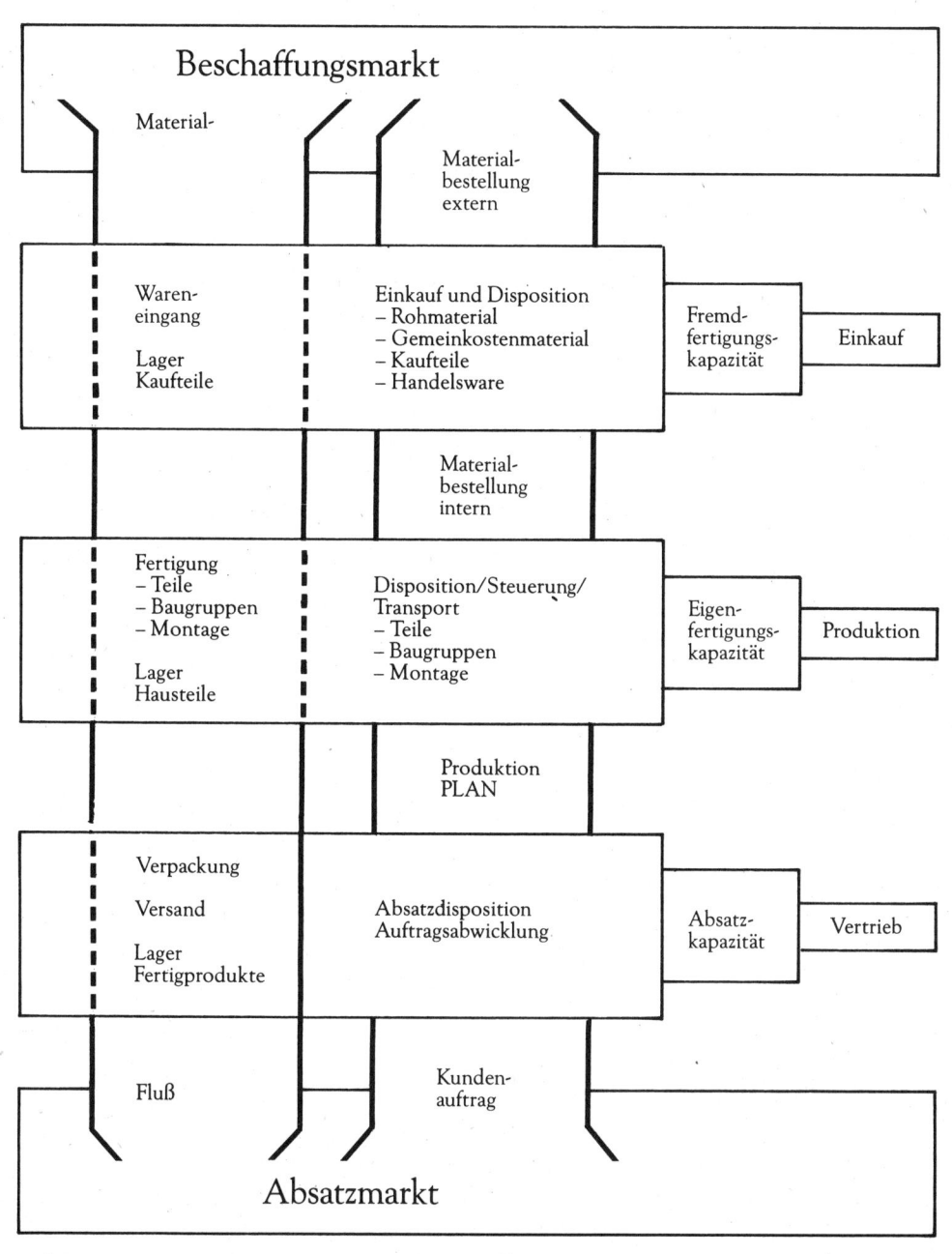

```
Beschaffungsmarkt
    Material-
                    Material-
                    bestellung
                    extern

    Waren-          Einkauf und Disposition      Fremd-
    eingang         – Rohmaterial                fertigungs-    Einkauf
                    – Gemeinkostenmaterial       kapazität
    Lager           – Kaufteile
    Kaufteile       – Handelsware

                    Material-
                    bestellung
                    intern

    Fertigung
    – Teile         Disposition/Steuerung/
    – Baugruppen    Transport                    Eigen-
    – Montage       – Teile                      fertigungs-    Produktion
                    – Baugruppen                 kapazität
    Lager           – Montage
    Hausteile

                    Produktion
                    PLAN

    Verpackung
    Versand         Absatzdisposition            Absatz-
                    Auftragsabwicklung           kapazität      Vertrieb
    Lager
    Fertigprodukte

    Fluß            Kunden-
                    auftrag

            Absatzmarkt
```

Abb. 42

Der Informationsfluß nach oben ist in diesem Fall zwar gewährleistet, der Informationsfluß in die Breite läßt sich dagegen in der Praxis oft nur durch Sitzungssysteme oder informelle Kommunikationsbahnen abwickeln. Selbst gut organisierte Abläufe mit klaren horizontalen Informationszwängen können in der Praxis häufig nicht verhindern, daß durch personelle oder arbeitstechnische Konflikte unweigerlich Informationsmängel in den Nachbarbereichen auftreten. Diese Informationsmängel führen neben einer Verunsicherung der Organisation auch zu unwirtschaftlichen Suboptimierungen, da innerhalb der einzelnen Bereiche die primären Ziele der Materialwirtschaft (vgl. Abb. 43) zu wenig aufeinander abgestimmt werden können.

DENKBARE KONFLIKTE DURCH DIE BEREICHSSPEZIFISCHEN MATERIALWIRTSCHAFTSZIELE

Primäre Ziele	Verwandte Ziele, die negativ beeinflußt werden
Minimale Preise für Material	Hoher Lagerumschlag; hohe Lieferbereitschaft; Sicherung der Qualität; niedrige Lohnkosten; gute Beziehungen zu den Lieferanten
Hoher Lagerumschlag	Günstige Einkaufspreise; niedrige Bestell- und Rüstkosten; hohe Lieferbereitschaft; niedrige Lohnkosten
Niedrige Bestell- und Rüstkosten	Hohe Lieferbereitschaft; Sicherung der Qualität; fehlerfreie Materialkontrolle
Hohe Lieferbereitschaft	Günstige Einkaufspreise bzw. Herstellkosten; hoher Lagerumschlag; gute Beziehungen zu den Lieferanten; Sicherung der Qualität
Sicherung der Qualität	Günstige Einkaufspreise; hoher Lagerumschlag; gute Beziehungen zu den Lieferanten; niedrige Lohnkosten; niedrige Bestell- bzw. Rüstkosten
Niedrige Lohnkosten	Bei der Einsparung von Lohnkosten werden fast alle genannten Ziele negativ beeinflußt, falls nicht gleichzeitig durch ein Automatisierungsvorhaben die Informationsgüte verbessert wird
Gute Beziehungen zu den Lieferanten	Niedrige Lohnkosten; günstige Einkaufspreise; hoher Lagerumschlag
Personalschulung	Niedrige Lohnkosten

Abb. 43

Ein Problem ist außerdem darin zu sehen, daß unser konventionelles Rechnungswesen nur wenig Transparenz bezüglich der nicht notwendigen Material- oder Materialflußkosten gewährt. So fehlen z.B. Informationen über unnötige Wartezeiten, schlechte Planung, Fehlinformationen, Überperfektion, Ausschußursachen, Über- oder Unterqualifikationen des Personals, überflüssige Kontrollen, Reklamationsaufwand, Doppelarbeiten usw. Erst eine system- oder funktionsorientierte Kostenartenrechnung bietet eine bessere Möglichkeit zur permanenten Wirtschaftlichkeitsüberwachung im Materialwirtschaftsbereich.

B.3.2.2
VERMEIDUNG VON BEREICHSEGOISMEN UND LÖSUNG DER OFT ENTGEGENGERICHTETEN MATERIALWIRTSCHAFTSPOLITIK

„Jedermann ist sich selbst der Nächste". Diese Weisheit gilt in betrieblichen Bereichen, die sich mit Lagerhaltung befassen, vor allem in Zeiten der Hochkonjunktur und der Rezession, d.h. in Zeiten, in denen die Lager entgegen der natürlichen Entwicklung sehr hoch bzw. sehr tief gesteuert werden müssen. So tritt z.B. in einer Rezessionsphase die Tatsache auf, daß trotz freier Kapazitäten ein Betrieb laufend Schwierigkeiten mit der Lieferbereitschaft hat. Die Erklärung liegt häufig in dem egoistischen Abbau der Lager in den einzelnen Verantwortungsbereichen. Wenn die Geschäftsleitung in einer rezessiven Phase eine schnelle Reduktion der Kapitalbindung verlangt, so sind die Lager nur bei den Teilen schnell zu reduzieren, die einen großen Verbrauch haben (A- und B-Teile). Die Kapitalbindung für andere Teile (C-Teile) ist aufgrund der seltenen Entnahmehäufigkeit nur wenig reduzierbar, was in Fertigfabrikate-, Halbfabrikate- und Rohstofflagern zwangsläufig zu immer unstrukturierteren Beständen führt. Zur Erreichung des geforderten Lagersollwertes werden nämlich die A- und B-Teile auf allen Lagerstufen so tief gehalten und vorsichtig disponiert, daß es laufend zu stock outs kommen muß, die oft auch durch teure Eilbeschaffungen bzw. Eilfertigungen nicht zu kompensieren sind und dadurch zu entgangenen Umsatzgewinnen führen. Eine integrierte Lagerpolitik, wie wir sie innerhalb des Materialmanagements finden, würde in einer solchen Rezessionsphase einen hohen Abbau im Fertigfabrikatelager fordern, der einen nur mäßigen Abbau der Rohstoff- und Halbfabrikatelager zumindest bei A- und B-Teilen gegenübersteht. Die mangelnde Lieferbereitschaft bei den Fertigfabrikaten wird damit durch kurze Wiederbeschaffungsfristen kompensiert, wobei über alle Lager hinweg insgesamt ein klarer Lagerabbaueffekt erzielt wird.

An dieser Stelle wollen wir die Zielkonflikte diskutieren, die bei der heutigen konventionellen Verteilung der Materialverantwortlichkeiten zwischen den einzelnen Bereichen durch mangelnde Koordinationen entstehen können:

B. 3.2.2

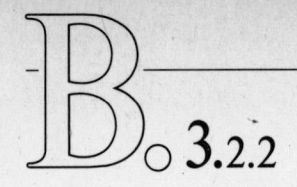

**DER VERANTWORTLICHE
DER FINANZEN:** Sein Bestreben ist gerichtet auf einen möglichst niedrigen Finanzbedarf im Rohstoff-, Halbfabrikate- und Fertigfabrikatelager. Ihn interessiert dabei weniger, ob die Lager richtig strukturiert sind und ob die von der Produktion oder dem Verkauf gewünschte Lieferbereitschaft gewährleistet ist. Folgen der Materialpolitik: Senkung der Kapitalbindung in allen Lagern.

**DER VERANTWORTLICHE
DES EINKAUFS:** Sein Bestreben ist darauf ausgerichtet, die richtige Qualität zu einem möglichst niedrigen Preis einzukaufen. Um dieses Ziel zu erreichen, muß er möglichst große Mengen, bei denen er in der Regel Sonderpreise oder hohe Rabatte aushandeln kann, einkaufen. Damit gerät er aber in Konflikt mit dem Finanzverantwortlichen. Folgen der Materialpolitik: Erhöhung der durchschnittlichen Kapitalbindung im Rohstofflager.

**DER VERANTWORTLICHE
DER PRODUKTION:**
Seine Zielsetzung läuft darauf hinaus, die vorhandenen Produktionskapazitäten möglichst gut und gleichmäßig auszulasten. Möglichst gut lassen sich Kapazitäten auslasten, wenn große Lose produziert werden. Möglichst gleichmäßig lassen sich die Kapazitäten auslasten, wenn lange Warteschlangen aufgebaut werden, d.h. der Werkstattbestand sehr hoch ist. Folgen der Materialpolitik: Erhöhung der durchschnittlichen Kapitalbindung im Halbfabrikatelager und Erhöhung der Ware in der Fabrikation.

**DER VERANTWORTLICHE
DES VERKAUFS:** Sein Bestreben ist auf eine möglichst hohe Lieferbereitschaft gerichtet. Eine gute Lieferbereitschaft läßt sich erreichen, wenn man die Produktion zu einer schnelleren Belieferung auffordert, als diese es mit ihren oben genannten Zielen vereinbaren kann. Hier entsteht ein Konflikt, weil diese Forderung meist zu ungeplanten Eilaufträgen und kleinen unwirtschaftlichen Losen führt und eine große und damit „teure" Unruhe in die Fertigungssteuerung und die Produktion bringt. Ist die Dispositionsverantwortlichkeit im Verkauf auf mehrere Produktgruppen verteilt, so treten diese, oft bedingt durch den Verkaufsdruck, untereinander in Konkurrenz und versuchen, jeder für sich, gegenüber der Produktion möglichst günstige Lieferzeiten auszuhandeln. In diesem Fall entscheiden oft persönliche und nicht wirtschaftliche Prioritäten über die Schnelligkeit der internen Belieferung des Verkaufs.

Eine gute Lieferbereitschaft läßt sich aber auch erreichen, indem die Disponenten ihr Lager sehr großzügig, sowohl was die Anzahl der lagerhaltigen Artikel als auch die Menge betrifft, disponieren, ohne auf wirtschaftliche Umschlagshäufigkeiten und Kostenbetrachtungen einen besonderen Wert zu legen. Dies ist in der Praxis häufig dann der Fall, wenn die Verkäufer „nur so nebenbei" für die Lagerhaltung und ansonsten für eine Umsatzmaximierung verantwortlich sind und die vorgesetzte Stelle zu wenig Informationen über die Dispositionshandhabung besitzt, um ihren Kontrollaufgaben nachkommen zu können.
Folgen der Materialpolitik: Erhöhung der durchschnittlichen Kapitalbindung im Fertigfabrikatelager.

DER VERANTWORTLICHE DER GESCHÄFTSLEITUNG:
Sein Bestreben ist darauf gerichtet, eine der Unternehmenspolitik entsprechende optimale Rendite auf das investierte Kapital zu erwirtschaften. In der konventionellen Organisation ist die Geschäftsleitung der Koordinator der Materialpolitik und übernimmt als solche die Planung, Steuerung und Kontrolle der gesamten Materialwirtschaft. Konflikte entstehen in dem Moment, wo die Fachbereichsleiter über die materialwirtschaftlichen Probleme der unteren Hierarchiestufen nicht ausreichend informiert sind. So ist es in der Praxis häufig der Fall, daß die Geschäftsleitung mit Hilfe von Lagersitzungen die Hierarchie umgehen muß, um sich die notwendigen Informationen für ihre weitere Materialpoitik von derjenigen Hierarchiestufe zu beschaffen, wo die Probleme und Konflikte entstehen. Eine Lager- und Dispositionskontrolle, die ebenfalls zu dieser Führungsfunktion gehört, kann sich oft aus Zeitgründen lediglich auf die vom Rechnungswesen ausgewiesenen Pauschalzahlen der Lagerbestandsentwicklung abstützen. Diese Zahlen liefern aber nur ungefähre Hinweise auf das Dispositionsverhalten der einzelnen Disponenten. So wird vor allem in einer Rezessionsphase mancher Top-Manager von der Tatsache überrascht, daß trotz hoher Lagerbestände die Lieferbereitschaft des Verkaufs bzw. der Produktion nicht mehr den notwendigen Anforderungen entspricht, weil in der Vergangenheit falsche Artikel und falsche Mengen gelagert wurden und damit der Abbau der Kapitalbindung durch Ladenhüter und schlecht verkaufbare Teile blockiert wird. Was wird unternommen?
Schweren Herzens trennt man sich von einem Teil des unbrauchbar gewordenen Vermögens, um zu einer normalen Dispositionsbasis zurückzufinden, in der die vorgegebenen Lagersollwerte wieder sinnvoll anwendbar sind. Die Disponenten im Verkauf werden angewiesen, bei der Vergabe von Lagerergänzungsaufträgen in Zukunft vor-

sichtiger zu disponieren. Und nach zwei oder drei Jahren, spätestens bei der nächsten Rezession, wird dasselbe Spiel wieder gespielt. Eine Abschwächung dieses Problems läßt sich lediglich durch einen sehr hohen Grad an Abstimmungstätigkeiten zwischen den einzelnen Bereichen und durch eine straffe Koordination von seiten der Geschäftsführung erreichen.

B.3.2.3
SCHAFFUNG EINER EINDEUTIGEN ZUORDNUNGSMÖGLICHKEIT DER MATERIALVERANTWORTLICHKEIT UND KOMPETENZ

Die moderne Organisationstheorie vertritt die Ansicht, daß zur besseren Zuordnungsmöglichkeit der Verantwortlichkeiten und Kompetenzen die Organisationsstruktur so gewählt werden muß, daß Aktivitäten mit starken Interdependenzen in einem strukturellen Subsystem zusammengefaßt werden. Dieses Vorgehen hat zum Ziel, die Interdependenzen zwischen den strukturellen Subsystemen zu minimieren und damit die Kosten der Koordination der interdependenten Systemeinheiten zu verringern. Dazu gehört auch, daß die vorhandenen Informationsquellen optimal genutzt werden können. Wie die einzelnen Interdependenzbeziehungen und die benötigten Informationsquellen im Materialwirtschaftsbereich aussehen, ist sowohl branchen- als auch unternehmensspezifisch sehr verschieden. In der Regel kann man aber davon ausgehen, daß in den meisten Betrieben die Interdependenzen zwischen den verschiedenen materialwirtschaftlichen Aktivitätsbereichen größer sind als die Beziehungen zu anderen Bereichen. So bietet es sich an, den Informations- und Materialfluß und die damit verbundene Materialverantwortlichkeit in dem Bereich „Materialmanagement" zu integrieren (Abb. 44).

B. 3.2.3

INFORMATIONS- UND MATERIALFLUSS BEI INTEGRIERTEM MATERIALMANAGEMENT

Integriertes Materialmanagement

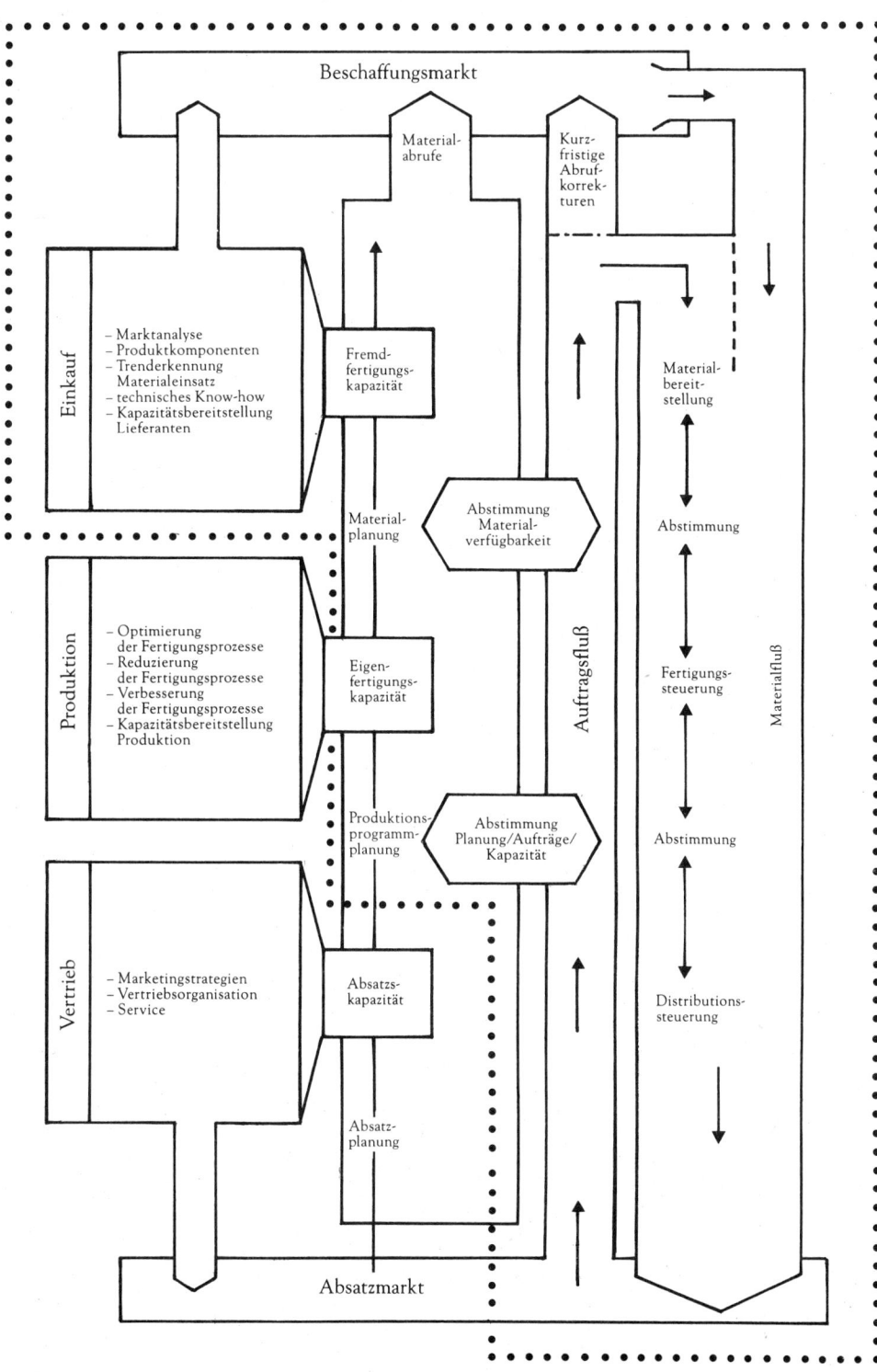

Abb. 44

B.3.3
MATERIALMANAGEMENT AUS DER SICHT DER INFORMATIONS- UND ENTSCHEIDUNGSTHEORIE

Betrachten wir die dem Materialmanagement zugeordnete Organisationsstruktur als ein betriebliches Subsystem, so lassen sich in diesem System ständig Prozesse der Informationsgewinnung, -übertragung, -verarbeitung und -speicherung feststellen. Diese Informationsverarbeitung bildet die Grundlage für Entscheidungsprozesse, die den physischen Materialfluß vom Lieferanten bis zum Kunden steuern (Abb. 45).

REGELUNG UND STEUERUNG LOGISTISCHER OBJEKTPROZESSE

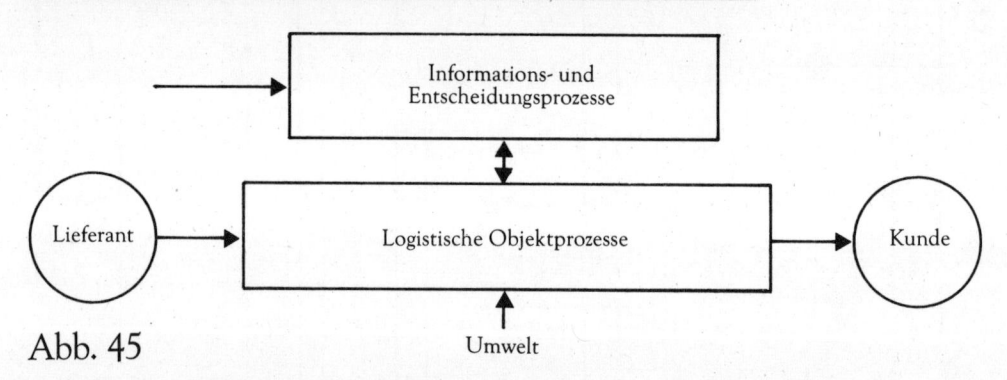

Abb. 45

An dieser Stelle werden nun die drei alternativen Entscheidungsarten diskutiert, die bei der Konzeption eines Informations- und Entscheidungssystems für die Materialwirtschaft auftreten:

1. Strategische Entscheidungen
2. Taktische Entscheidungen
3. Operative Entscheidungen.

B.3.3.1
STRATEGISCHE ENTSCHEIDUNGEN

Innerhalb des Materialmanagementkonzeptes werden strategische Entscheidungen von einem Abstimmungsteam getroffen, welches sich aus den in Abb. 46 aufgezeigten Verantwortlichen zusammensetzt. In Einzelfällen gehört dazu auch noch der Chef der Entwicklung, der vor allem bei neuen Produkten sehr stark mit Problemen der Materialwirtschaft konfrontiert wird.

SYSTEMORIENTIERTES MATERIALMANAGEMENT

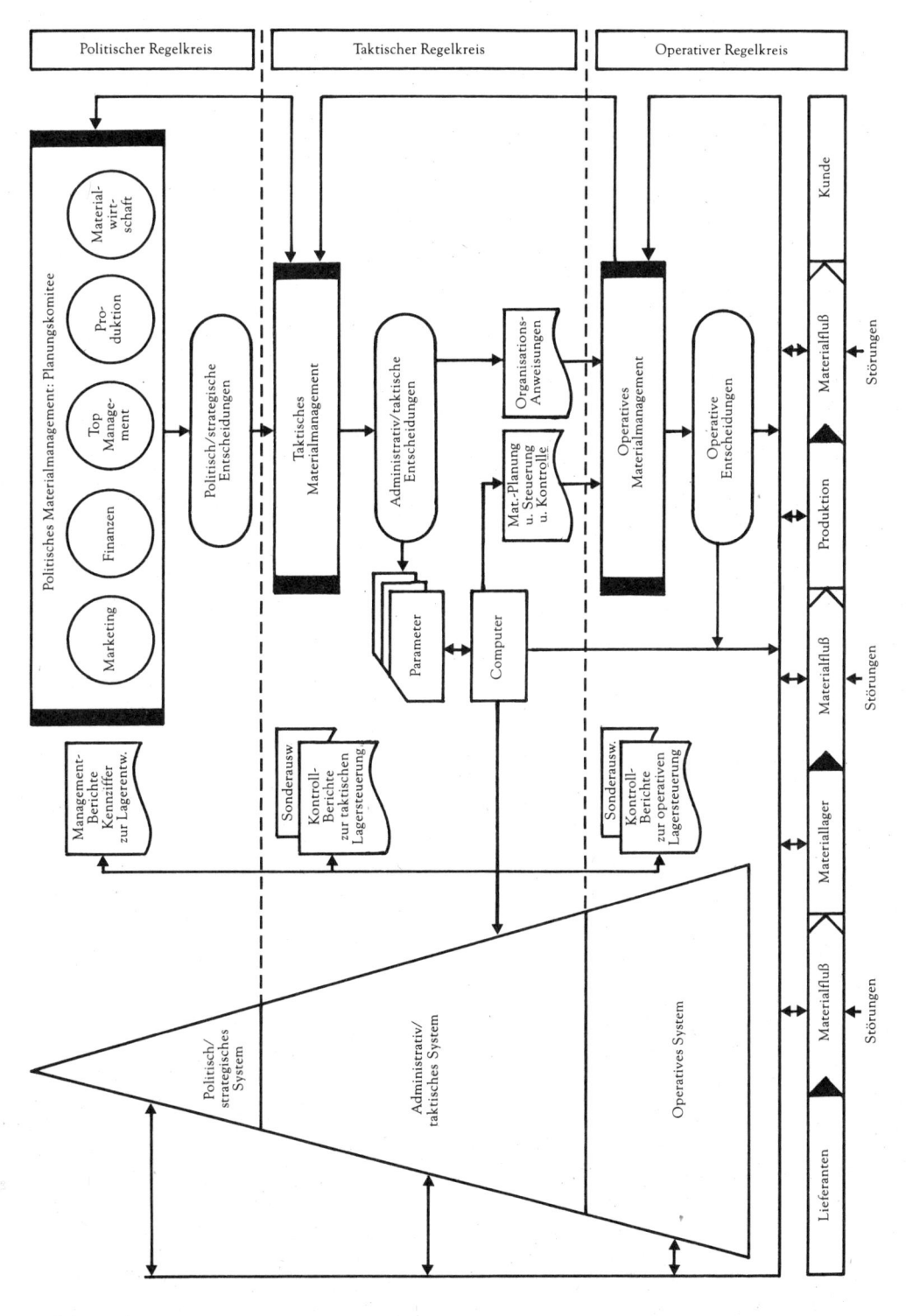

Abb. 46

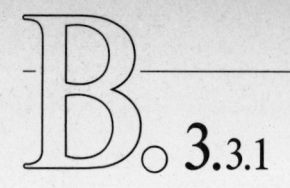

Dieses Team hat die Aufgabe, einen Zielkompromiß zwischen den Anforderungen der funktionalen Bereiche

Verkauf	⟶ Umsatz erhöhen,
Materialwirtschaft	⟶ Materialkosten optimieren,
Produktion	⟶ Produktionseffizienz steigern,
Finanzen	⟶ Liquidität sichern

herbeizuführen.

Die Geschäftsführung übernimmt die Leitung der Teamsitzung und sorgt für den Ausgleich der Einzelinteressen im Hinblick auf die Unternehmenszielsetzungen. Der Materialmanager ist ebenfalls Mitglied dieses Abstimmungsteams und hat u.a. die Aufgabe, die Operationalisierbarkeit der strategischen Entscheidungen zu beurteilen und, wenn nötig, die Schaffung zusätzlicher Steuerungsinstrumente oder zusätzliches Personal zur Realisierung der gewünschten Materialwirtschaftspolitik im taktischen und operativen Bereich zu beantragen. Die Hauptaufgabe des Materialmanagers aber besteht darin, die aus dem operativen und taktischen Bereich gewonnenen Informationen wie Beschaffungsmarkttendenzen, Lagerkennziffern, Probleme der Materialdisposition, -lagerung und des -flusses als Basis für die strategischen Entscheidungen in einer Koordinationsfunktion aufzubereiten.

Für den Materialmanager selbst ist die vom Abstimmungsteam vorgenommene Entscheidungsfixierung eine große Hilfe und politische Absicherung, weil hier die Bereinigung der funktionalen Suboptimierung auf einer hohen Hierarchiestufe erfolgt und die getroffenen strategischen Entscheidungen in der später folgenden Realisierungsphase von allen beteiligten Unternehmensbereichen anerkannt werden müssen, auch wenn sie den eigenen Teilzielen nicht ganz entsprechen. Innerhalb des Abstimmungsteams werden u.a. folgende Entscheidungen getroffen:

1. Entscheidungen über die Struktur- und Ablauforganisation innerhalb der Materialwirtschaft:

    o Entscheidungen über die Art und Weise der Materialbewirtschaftung, der Lagerung und des Materialflusses,

    o Entscheidungen über die Computerunterstützung und Verwendung sonstiger Hilfsmittel,

- Entscheidungen über die Verantwortungs- und Kompetenzregelung, Abbau von evtl. Interessenskonflikten,

- Entscheidungen über geplante Rationalisierungsprojekte,

- Entscheidungen zur Auslastungspolitik der Produktionsstätten,

- Entscheidungen über die Make-or-Buy-Politik,

- Entscheidungen über die Gegengeschäftspolitik,

- Entscheidungen über Konzernrichtlinien bzgl. Einkauf und Logistik,

- Entscheidungen über den Lieferbereitschaftsgrad für die Produktions- und Marktversorgung,

- Entscheidungen zur Beschaffungspolitik (Anteil des internationalen Einkaufs, Breite der Lieferantenstruktur, Preisverhandlungsgrenzen usw.)

2. Sonstige Entscheidungen zur Leistungsverbesserung im Materialwirtschaftsbereich:

- Bessere Koordination aller Teilsysteme,
- raschere Anpassung an Veränderungen des Marktes,
- exakte Einhaltung der Liefertermine,
- besseres Kosten/Nutzen-Verhältnis.

B.3.3.2
TAKTISCHE ENTSCHEIDUNGEN

Die Realisierung der mit den strategischen Entscheidungen verbundenen Zielsetzungen wird an den Materialmanager delegiert, der nun die Aufgabe hat, hieraus die notwendigen taktischen Entscheidungen für seinen Bereich auszulösen. Dabei handelt es sich im einzelnen um

1. Entscheidungen zur Entwicklung neuer organisatorischer Abläufe innerhalb der Materialwirtschaft.

2. Entscheidungen zur Entwicklung neuer Computerprogramme.

B 3.3.2

3. Entscheidungen über neue Richtlinien im Bereich der Planung und Steuerung des Materials.

4. Spezifische Entscheidungen als Zielvorgabe für die Materialplanung und -steuerung der operativen Ebene. Bei computerunterstützten Materialplanungs- und Kontrollsystemen wird an dieser Stelle die Parameterfestlegung durch den Materialmanager vorgenommen.

   Dazu gehört u.a. die Berücksichtigung der vom Abstimmungsteam gewünschten

   o Lieferbereitschaft gegenüber den Kunden,
   o Lagersollwerte für A-, B- und C-Teile,
   o Mindestumschlagshäufigkeiten,
   o Kriterien für die Lagerhaltung eines Artikels,
   o Lagerlimits für die diversen Lager,
   o Lagerkostenansätze,
   o Lageraufbau bzw. Lagerabbaupolitik,
   o Festlegung der Beschaffungsmarketing- und Einkaufspolitik,
   o Festlegung der Distributionsmethoden und -verfahren,
   o Festlegung der Industrial Engineering-Aktivitäten zur Rationalisierung des Materialflusses (z. B. Verpackungs- und Transportoptimierung)
   o Anstoß zu Make-or-Buy-Analysen oder Wertanalysen-Aktivitäten.

   Bei nicht automatisierten Materialbewirtschaftungssystemen müssen die taktischen Entscheidungen in Form von Einkaufs-, Dispositions- und Lageranweisungen detailliert ausgearbeitet werden, damit die operative Ebene mit ausreichenden Informationen zur Zielerreichung versorgt werden kann.

5. Entscheidungen, die aus den kurzfristigen Verhandlungsbeziehungen mit der relevanten Umwelt des Materialwirtschaftssystems resultieren.

Wie wir später bei der Darstellung computerunterstützter Materialwirtschaftssysteme sehen werden, kann ein großer Teil der taktischen Entscheidungen mit Hilfe von Parametern dem automatisierten Planungs- und Kontrollsystem mitgeteilt werden, so daß die erzielten Ergebnisse weitgehend

1. von der geschickten Wahl dieser Parameter unter Berücksichtigung der Sensitivität der einzelnen Größen
und
2. von den Entscheidungen der operativen Ebene, die die ausgedruckten Computerauswertungen richtig bearbeiten müssen,

abhängig sind.

B.3.3.3
OPERATIVE ENTSCHEIDUNGEN

Innerhalb des Materialwirtschaftssystems sind operative Entscheidungen notwendig, um den Materialfluß durch die Unternehmung unmittelbar zu steuern und zu regeln. Zur Hauptaufgabe gehört dabei die Beantwortung der Frage, was, in welcher Menge und wann produziert oder vom Beschaffungsmarkt bereitgestellt werden muß. Als Basis für die operativen Entscheidungen muß ein ständiger Informationsfluß gewährleistet sein, der den Material- und Produktfluß exakt abbildet. Je besser die Qualität und die Aktualität dieses Informationsflusses ist, um so vorteilhafter werden die operativen Entscheidungen die Wirtschaftlichkeit der Unternehmung beeinflussen, indem die richtigen Mengen in der richtigen Zeit und in der richtigen Qualität bestellt und angeliefert werden.

Im weiteren soll nun in einem allgemeinen Ansatz diskutiert werden, inwieweit Teile des Materialinformationssystems für eine Automatisierung geeignet erscheinen.

B.3.4
MATERIALMANAGEMENT AUS DER SICHT DER INFORMATIONSTECHNOLOGIE

Grundsätzlich lassen sich alle Managementaktivitäten und die ihnen zugrunde liegenden Funktionen in drei Kategorien einteilen:

1. strukturierte Funktionen,
2. halbstrukturierte Funktionen,
3. unstrukturierte Funktionen.

Das Vorkommen dieser drei Funktionen kann anhand eines Materialwirtschaftssystems leicht nachgewiesen werden, welches etwa folgende Aktivitäten beinhaltet:

B 3.4

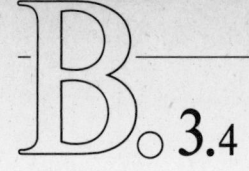

1. Lagerhaltung: Buchmäßiges Führen der Teile im Lager.

2. Bestimmung des Bewirtschaftungs-Mixes: z.B. Festlegung der gewünschten Lieferbereitschaft.

3. Modellauswahl: Wählen eines Modells für die Bedarfsvorhersage und eines Modells zur Bestimmung der besten Bestellpolitik. Bestimmung der Modellparameter und des Wertes für die Variablen, die die Bestellpolitik charakterisieren.

4. Bestimmung des Verbrauchs: Was wird wann und in welcher Menge vom Lager entnommen?

5. Bestellwesen: Entscheidung, was, wann und wieviel zur Lageraufffüllung benötigt wird.

6. Einkauf: Ausführung des Beschaffungsvorganges.

Alle diese Aktivitäten lassen sich dem Bereich des Materialmanagements zuordnen, sind aber in der Strukturierung und damit auch in der Automatisierungsmöglichkeit sehr verschieden.

So gehören die Aktivitäten 1., 4., 5. und 6. zu den strukturierten Funktionen, die durch festlegbare Gesetzmäßigkeiten und häufige Wiederholungen gekennzeichnet sind. Im Grunde handelt es sich hierbei um Subsysteme der operativen Ebene, die zum großen Teil automatisierbar sind.

Die Aktivität 3: Modellauswahl gehört zu den halbstrukturierten Funktionen. In den letzten Jahren dringt die Automatisierung bereits stark in diesen Bereich ein, indem Systeme programmiert werden, die aufgrund dynamischer Berechnungen jeweils eine optimale Modellauswahl treffen und damit teilweise die bisherigen statischen Entscheidungen ablösen, die über Dateninhalte oder Parameterangaben den Systemen mitgeteilt werden müssen. Im Abschnitt C dieses Buches wird ein solch dynamisches Modellauswahlverfahren beschrieben.

Die Aktivität 2: Bestimmung des Bewirtschaftungs-Mixes gehört schließlich zu den unstrukturierten Informationen. Obwohl innerhalb der Diskussion von Management-Informationssystemen bereits gewisse Ansätze geschaffen wurden, ist dem Computereinsatz in diesem Bereich noch kein entscheidender Durchbruch gelungen.

In Abb. 47 werden die abgesprochenen Funktionen eines Materialwirtschaftssystems noch einmal in ihrem Beziehungszusammenhang dargestellt:

MODELL EINES COMPUTERUNTERSTÜTZTEN MATERIALWIRTSCHAFTS-SYSTEMS

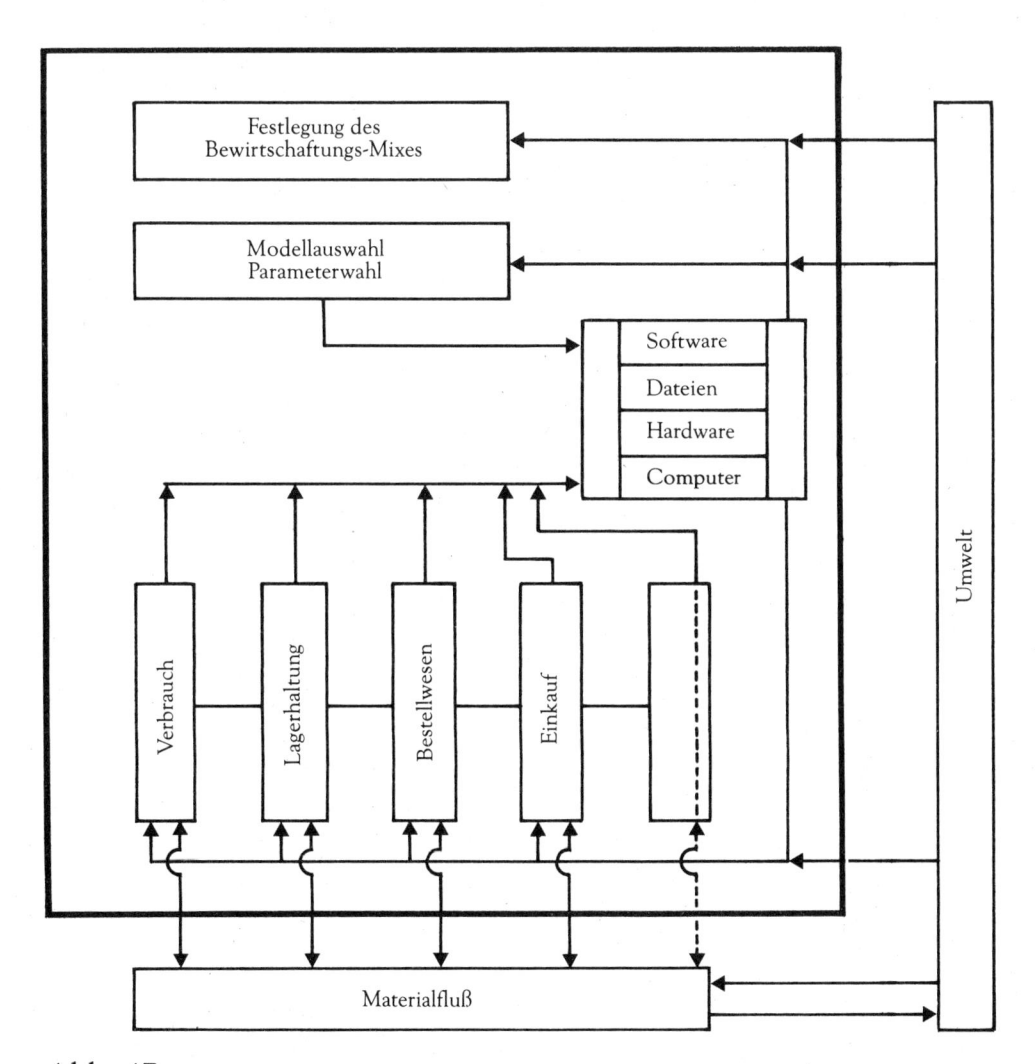

Abb. 47

Das Materialmanagement steht heute mehr als früher unter dem Zwang, zumindest einen Teil der strukturierten Funktionen auf den Computer zu übernehmen. Im Vordergrund dieser Entwicklung stehen wirtschaftliche Gründe (Senkung der Material-, Personal-, Bestellkosten usw.), die noch durch arbeitsorientierte Gründe (Verarbeitung einer Vielzahl von Informationen, Datengenauigkeit, Zwang zu schnellem Änderungsdienst und zur Verkürzung der

B 3.4

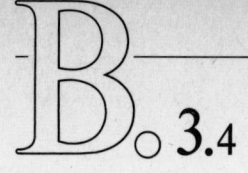

Verarbeitungszyklen) und dispositive Gründe (Schaffung von Simulationsmöglichkeiten und besserer Steuerungsmöglichkeiten für das Materialmanagement) ergänzt werden.

In der folgenden Abbildung 48 wird beispielhaft dargestellt, mit welcher umfangreichen Datenbank und darauf aufbauender Informationstechnologie gearbeitet werden muß, um ein relativ integriertes Materialwirtschafts-Informations-System auf On-line-Basis zu realisieren.

So wie eine hochautomatisierte Fertigungsanlage den Automationsstand einer personalarmen Produktion bestimmt, so ist das Niveau einer personalarmen Informationsverarbeitung vom Automationsstand der Hard- und Software abhängig. Die Festlegung des Automationsgrades ist dabei sehr schwierig, da sowohl die Hardware als auch die Informationsproduktion einer ständigen Änderung im Zeitablauf unterliegen und die Mengen- und die Strukturdaten der Materialwirtschaft nur in der kurzfristigen Planung als relativ stabil angesehen werden können. Eine richtige Entscheidung zur Methode der Informationstechnologie in der Materialwirtschaft ist deshalb mit hohen Unsicherheiten behaftet.

BEISPIEL EINER ON-LINE-ORIENTIERTEN MATERIALWIRTSCHAFT
(nach Fuchs)

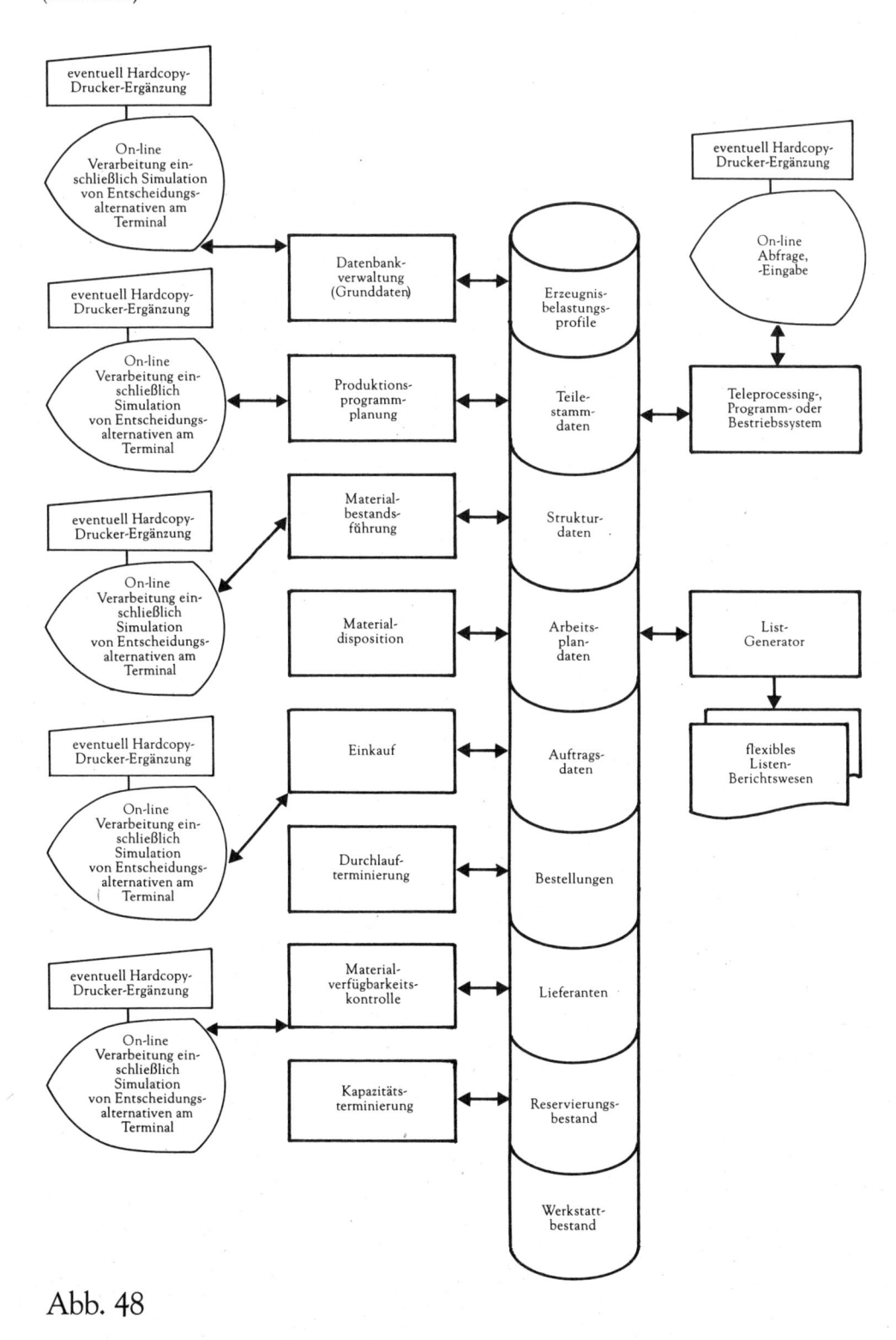

Abb. 48

B.3.5
MATERIALMANAGEMENT AUS DER SICHT DER SYSTEMTHEORIE

Der systemtheoretische Ansatz hat Eingang in die industrielle Praxis gefunden und wird von den Unternehmen als Möglichkeit empfunden, die häufig komplexen Systeme innerhalb der Betriebe in überschaubare Subsysteme aufzulösen und dadurch die Zusammenhänge und Wirkungsfaktoren transparenter zu machen. Das Denken in Systemen fördert dabei vor allem die integrative Betrachtungsweise komplexer Problemsituationen, die beim Streben nach betrieblichen Gesamtoptimierungen eine bedeutende Rolle einnimmt. Daher läßt sich auch erklären, daß die Systemtheorie mit ihrem Ideengut in immer stärkerem Maße die moderne Organisationstheorie positiv beeinflußt.

Die Aufsplittung der Unternehmensorganisation in getrennte funktionale Subsysteme wie Produktion, Marketing, Finanz- und Rechnungswesen, Personalwesen, Materialwirtschaft usw. ist als organisatorischer Eingriff zur Beherrschung der wachsenden Unternehmenskomplexität zu sehen. Neue wissenschaftliche Managementmethoden, Möglichkeiten von Computersimulationen und neue Informations- und Entscheidungssysteme liefern die Werkzeuge, um die gesamte Unternehmung in diese funktionalen Subsysteme aufteilen und entsprechend planen, steuern und kontrollieren zu können. Im weiteren soll nun betrachtet werden, wie sich das Materialwirtschaftssystem als Subsystem der Unternehmung darstellen läßt.

In Abhängigkeit von der Bedeutung, die eine Materialwirtschaftsfunktion innerhalb einer Unternehmung im Vergleich zu anderen Funktionen einnimmt, wird zumeist deren Organisationsform bestimmt (d.h. Zuordnung der Verantwortlichkeit zu einem eigenen System oder zu dezentralen Systemen). Die Bedeutung der Materialwirtschaftsfunktion und die von ihr zu lösenden Probleme werden vorwiegend geprägt von der Größe und Komplexität des Materialflusses und den Gegebenheiten auf dem Beschaffungs- und Absatzmarkt. Damit ist gesagt, daß die Materialwirtschaftsfunktion in jedem Betrieb spezielle Anforderungen erfüllen und deshalb individuell an die organisatorischen Gegebenheiten angepaßt sein muß.

An dieser Stelle soll deshalb nur ein genereller Ansatz gewählt werden, wie er im folgenden dargestellt ist (Abb. 49):

EINTEILUNG DES MATERIALWIRTSCHAFTS-SYSTEMS

Material-wirtschafts-system	Informations-system	Strategisches Materialmanagementsystem
		Taktisches Materialmanagementsystem
		Operatives Materialmanagementsystem
	Physisches System	Materialflußsystem

Abb. 49

Demnach unterscheiden wir innerhalb des Materialwirtschaftssystems ein physisches System, welches den eigentlichen Materialfluß beinhaltet, und ein Informationssystem, welches auf mehreren sich überlagernden Systemstufen für die integrierte Planung, Steuerung und Kontrolle dieses Materialflusses zuständig ist. Im folgenden werden die oben aufgeführten Subsysteme:

1. strategisches Materialmanagementsystem,
2. taktisches Materialmanagementsystem,
3. operatives Materialmanagementsystem und
4. Materialflußsystem

vor allem im Hinblick auf ihren In- und Output näher analysiert.

B.3.5.1. STRATEGISCHES MATERIALMANAGEMENTSYSTEM

Das strategische Materialmanagementsystem ist in Abb. 50 dargestellt. Auf der Inputseite befinden sich die Politiken und Zielsetzungen der einzelnen Fachbereiche. Das System selbst ist als „black box" zu verstehen, in dessen Inneren wir uns eine Konferenz vorstellen können, in der die Meinungen und Interessen der Bereichsleiter offen aufeinanderstoßen. Getragen von den machtpolitischen Verhältnissen dieses Gremiums, von der momentanen wirtschaftlichen Situation oder von den geschickten Verhandlungstechniken der einzelnen Verantwortlichen bildet sich schließlich ein Konsens, der in Form des sogenannten Bewirtschaftungs-Mixes den Output des Systems ergibt. Analog zum Marketing-Management gibt es auch im Bereich des Materialmanagements das Problem zu lösen, alle vorhandenen

B. 3.5.1

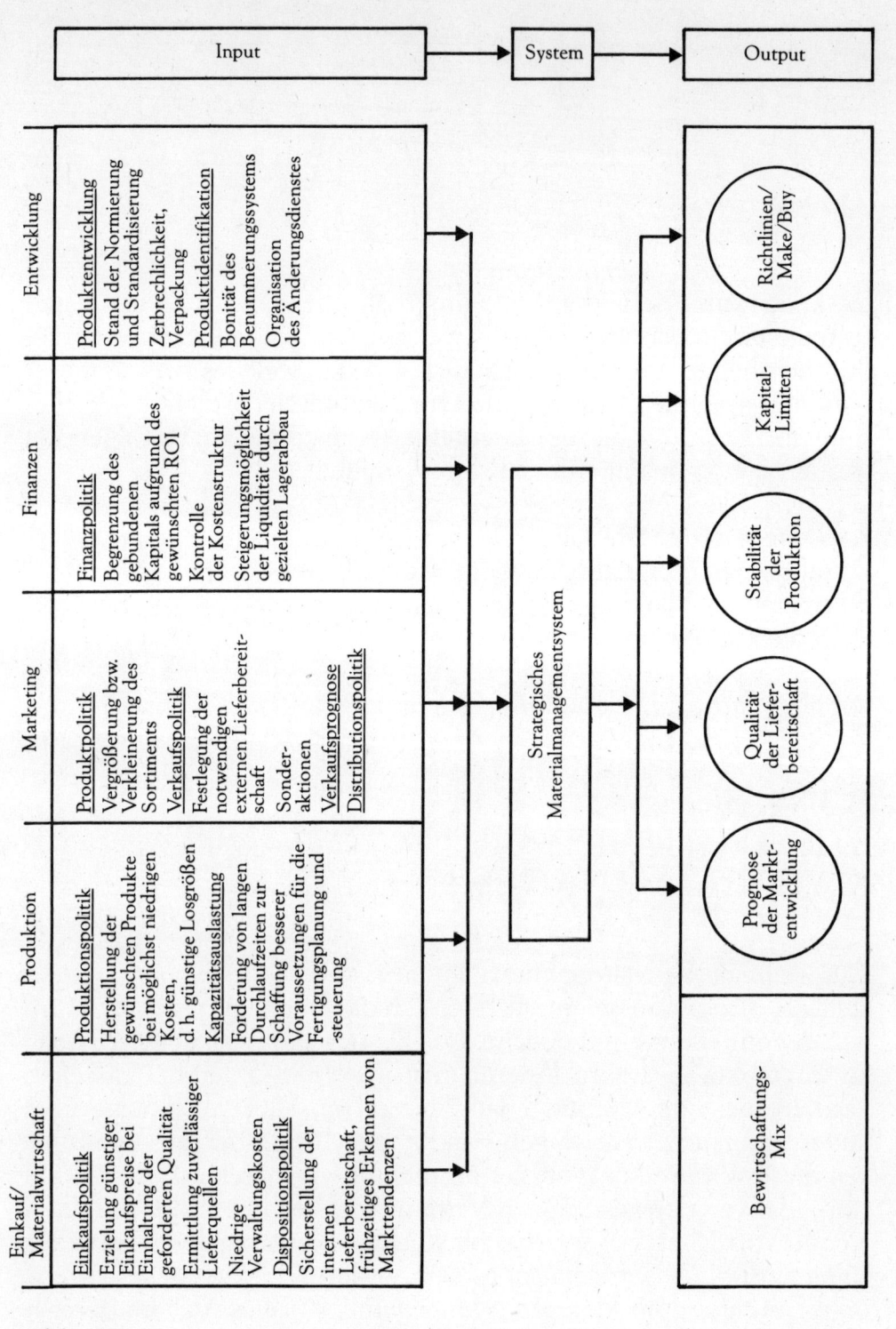

STRATEGISCHES MATERIALMANAGEMENTSYSTEM

	Input		System		Output	

Einkauf/Materialwirtschaft
Einkaufspolitik
Erzielung günstiger Einkaufspreise bei Einhaltung der geforderten Qualität
Ermittlung zuverlässiger Lieferquellen
Niedrige Verwaltungskosten
Dispositionspolitik
Sicherstellung der internen Lieferbereitschaft, frühzeitiges Erkennen von Markttendenzen

Produktion
Produktionspolitik
Herstellung der gewünschten Produkte bei möglichst niedrigen Kosten, d. h. günstige Losgrößen
Kapazitätsauslastung
Forderung von langen Durchlaufzeiten zur Schaffung besserer Voraussetzungen für die Fertigungsplanung und -steuerung

Marketing
Produktpolitik
Vergrößerung bzw. Verkleinerung des Sortiments
Verkaufspolitik
Festlegung der notwendigen externen Lieferbereitschaft
Sonderaktionen
Verkaufsprognose
Distributionspolitik

Finanzen
Finanzpolitik
Begrenzung des gebundenen Kapitals aufgrund des gewünschten ROI
Kontrolle der Kostenstruktur
Steigerungsmöglichkeit der Liquidität durch gezielten Lagerabbau

Entwicklung
Produktentwicklung
Stand der Normierung und Standardisierung
Zerbrechlichkeit, Verpackung
Produktidentifikation
Bonität des Benummerungssystems
Organisation des Änderungsdienstes

Strategisches Materialmanagementsystem

- Prognose der Marktentwicklung
- Qualität der Lieferbereitschaft
- Stabilität der Produktion
- Kapital-Limiten
- Richtlinien/Make/Buy

Bewirtschaftungs-Mix

Abb. 50

Instrumente (Menschen, Sachmittel, Organisationen usw.) in eine zieladäquate, harmonische Beziehung zueinander zu bringen. Die Bestimmung dieses Bewirtschaftungs-Mixes, wie er beispielhaft in Abb. 50 aufgeführt ist, und dessen Quantifizierung ist die eigentliche Aufgabe des strategischen Materialmanagementsystems.

Es ist sicher, daß zur Quantifizierung eines Bewirtschaftungs-Mixes in den meisten Unternehmen heute noch das benötigte Instrumentarium fehlt (das betrifft sowohl die Methoden und Verfahren als auch die notwendigen Informationen). Man darf sich auch nicht der Illusion hingeben, mit Hilfe der modernen Informationstechnik, mit mathematischen Optimierungen und Computersimulationen eine optimale Kombination für alle Materialwirtschafts-Aktivitäten finden zu können. Folgende Gründe sind dafür ausschlaggebend:

1. Die Zahl der Kombinationen von einzelnen Bewirtschaftungsmöglichkeiten wird durch die sich immer schneller entwickelnden Beschaffungs- und Absatzmärkte immer größer.

2. Die Interdependenzen zwischen den einzelnen Bewirtschaftungsmöglichkeiten lassen sich nur schwer ermitteln und sind schwierig zu quantifizieren.

3. Die Ergebnisse, die sich durch die Realisierung eines bestimmten Bewirtschaftungs-Mixes ergeben, lassen sich nur schwierig von der normalen Entwicklung isolieren und somit auch schlecht im Sinne einer Rückkopplung quantifizieren.

Der letzte Punkt wird noch dadurch erschwert, daß die Auswirkungen eines veränderten Bewirtschaftungs-Mixes nicht unmittelbar zu einer Veränderung der Materialwirtschaftssituation führen. Es bedarf immer einer gewissen Zeit, um die geänderte Politik wirksam werden zu lassen, was vor allem durch die wenig flexiblen Methoden beim Lageraufbau und -abbau bedingt ist. Für das strategische Materialmanagementsystem ist es, abgesehen von der kurzfristigen Veränderung des Bewirtschaftungs-Mixes, wichtig, in gewissen zeitlichen Abständen das Gesamtkonzept der Materialwirtschaft auf seine Wirtschaftlichkeit hin zu untersuchen und es an die jeweilige Unternehmensentwicklung anzupassen. Durch die Beschäftigung mit diesen grundsätzlichen materialwirtschaftlichen Strukturproblemen wird automatisch das Beurteilungsvermögen der Verantwortlichen für die strategische Materialwirtschaft im Sinne einer Lernkurve verbessert und damit gleichzeitig eine Gewähr gegeben, daß die Daten des Bewirtschaftungs-Mixes auf einer möglichst soliden Entscheidungsfindung beruhen. Die Arbeitsfähigkeit des strategischen Materialmanagements wird auch verbessert durch die systematische Analyse der einzelnen Faktoren des Bewirtschaftungs-Mixes. Neben dem Versuch, die Sensibilität der einzelnen Faktoren (ceteris paribus) gegenüber dem Materialwirtschaftssystem zu testen, sollte man auch Kombinationen von Faktoren auf evtl. Substituierbarkeit, aufhebende Wirkungen oder Wirkungsverdopplungen untersuchen.

Will man z.B. die Lieferbereitschaft einer Unternehmung verbessern, so kann man das beispielsweise erreichen durch eine Vergrößerung der Anzahl von Distributionszentren (Erhöhung der Kapitalbindung) oder lediglich durch ein Lager im Produktionsbetrieb mit einem steigenden Einsatz von Datenverarbeitung und mit Expreßversand. Wichtig ist dabei die Erkenntnis, daß eine unterschiedliche Kombination von Faktoren unterschiedliche Kosten verursacht. Die Fixierung des Bewirtschaftungs-Mixes muß daher auf einer Gesamtkostenanalyse aufbauen, die alle relevanten Kostenbereiche wie Kosten für Verarbeitungs- und Distributionszentren, Transport, Lagerhaltung, Materialhandhabung, Auftragsbearbeitung und Kommunikation beinhalten. Es sollten in der betrieblichen Praxis vermehrt statische, komparativ-statische, dynamische, graphische und mathematische Ansätze gewählt werden, um die Kombinationen der Bewirtschaftungsmöglichkeiten aus der Sicht der Gesamtkosten besser in den Griff zu bekommen.

B.3.5.2
TAKTISCHES MATERIALMANAGEMENTSYSTEM

Im Bereich des taktischen Materialmanagementsystems (vgl. Abb. 51) findet ein Transformationsprozeß statt, der den Bewirtschaftungs-Mix des strategischen Materialmanagementsystems mit Hilfe der bereits vorhandenen Materialplanungs- und Steuerungsinstrumentarien realisiert und evtl. die dazu notwendigen neuen Organisationsformen schafft. Der Bewirtschaftungs-Mix als Input in das taktische Materialmanagementsystem ist als Zielsetzung für die Abteilungen Einkauf, Materialdisposition, Fertigungssteuerung, Lagerung und Distribution zu verstehen, die unter anderem

1. eine funktionsgerechte Beschaffung,
2. eine rechtzeitige Belieferung nach innen und außen,
3. eine gewünschte Kapitalbindung in den einzelnen Lagern,
4. eine optimale Lagerorganisation und
5. einen optimalen Materialfluß

beinhalten kann. Das taktische Materialmanagementsystem hat die notwendigen Subsysteme (Organisations- und Informationssysteme) im Sinne des Bewirtschaftungs-Mixes zu planen, zu steuern und zu überwachen. In der heutigen Zeit kommt von der Seite des

TAKTISCHES MATERIALMANAGEMENTSYSTEM

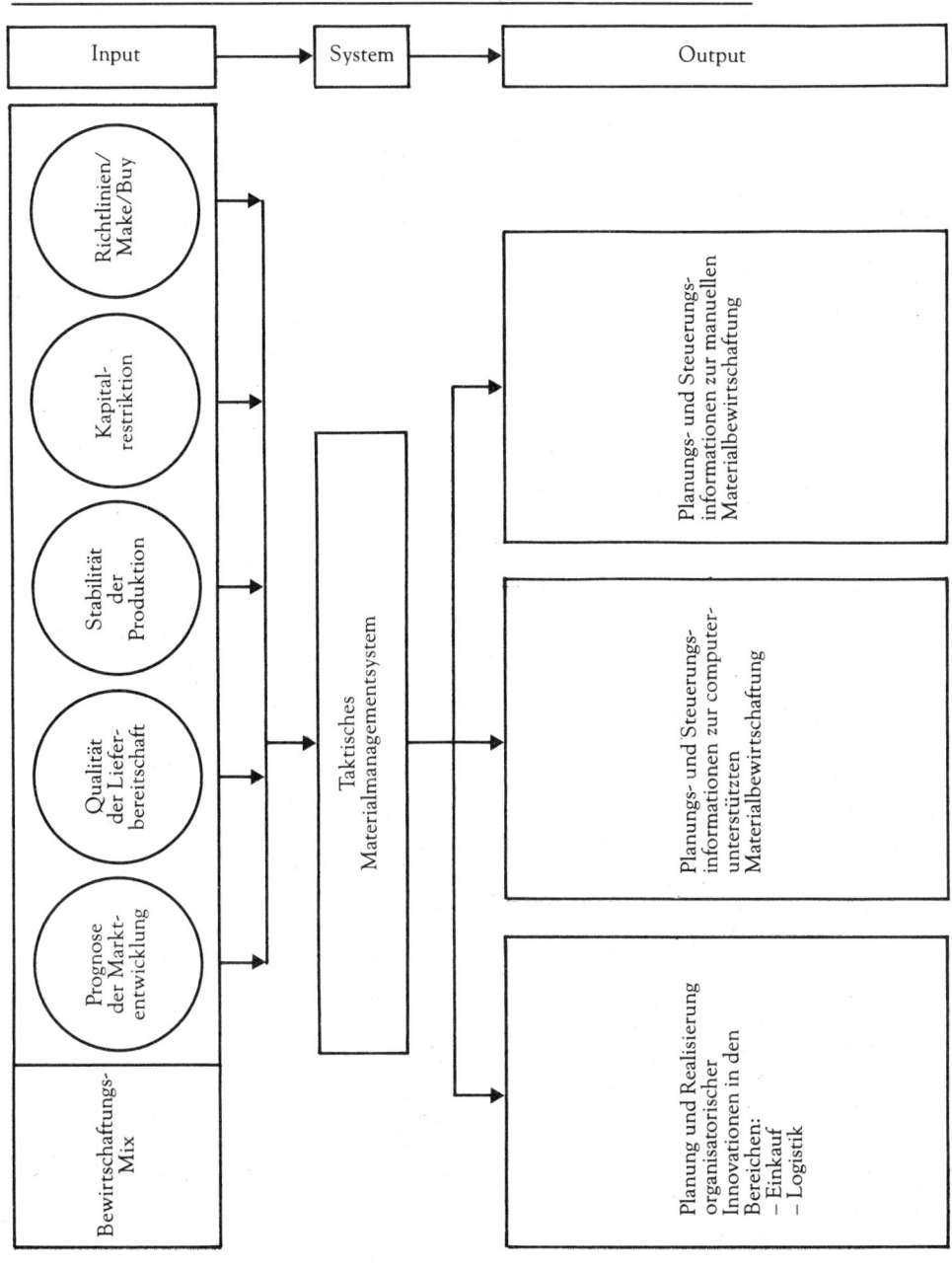

Abb. 51

taktischen Materialmanagements der Anstoß, aufgrund der neuen wissenschaftlichen Techniken innerhalb der Materialplanung und -steuerung vermehrt die personellen Subsysteme durch computergesteuerte Informationssysteme zu überlagern und damit die Entscheidungsfindung innerhalb des operationalen Materialwirtschaftssystems zu verbessern. Durch die damit herbeigeführte größere Zentralisierung des Materialinformationswesens ist es dem Materialmanager mehr als früher möglich, rechtzeitige und qualitativ hochstehende Informationen über das Verhalten der unter seiner Kontrolle befindlichen Subsysteme zu erhalten. Damit ist aber auch gleichzeitig eine Basis gegeben, um die Schwachstellen des Systems bzgl. Kosten und organisatorischer Unzulänglichkeiten besser erkennen und in Form des System-Outputs, d.h. mit der Planung und Realisierung neuer Projekte, mit einer gezielten Parametrisierung der computerunterstützten Materialwirtschaftsprogramme oder mit der Planung und Steuerung der manuellen Materialbewirtschaftung im Sinne einer Gesamtoptimierung genauer steuern zu können. Große Bedeutung kommt dabei der integrativen Betrachtungsweise innerhalb der einzelnen Subsysteme zu. Tatsächlich ist es so, daß bei einer Veränderung eines Subsystems auf der operationalen Basis automatisch das Gesamtsystem betroffen wird. So kann z.B. eine Störung beim Lieferanten, Kunden oder einer engagierten Transportgesellschaft die Operationen des gesamten Bewirtschaftungssystems beeinflussen. Ebenso haben Fehldispositionen in den verschiedenen Lagern automatische Konsequenzen für die Disposition in anderen Lagern. Solange viele Entscheidungen im Dispositionsbereich auf der Basis von Unsicherheiten getroffen werden müssen und Menschen mit all ihren Stärken und Schwächen in diesen Systemen engagiert sind, so lange wird die Integration innerhalb des Bewirtschaftungssystems und ein damit verbundener geglätteter Materialfluß vom Lieferanten zum Kunden für das taktische Materialmanagement eine dynamische und anspruchsvolle Aufgabe sein.

B.3.5.3
OPERATIVES MATERIALMANAGEMENTSYSTEM

Das operative Materialmanagementsystem (vgl. Abb. 52) besteht in Abhängigkeit von der vorliegenden Organisationsstruktur aus einer Vielzahl von Subsystemen, die ihren Input in Form von Computerauswertungen oder manuellen Anweisungen des taktischen Materialmanagements erhalten. Die Aufgaben dieser Subsysteme bestehen in der Planung und Steuerung des Materialflusses und der Aktualisierung aller Basisinformationen (Grunddatenverwaltung), die dazu notwendig sind. Natürlich gehören dazu auch die notwendigen Kontrollaufgaben, die aufgrund des Feedbacks vom Materialfluß-System sichergestellt werden. Der steigende Computereinsatz führt dazu, daß die operativen Materialsubsysteme durch Computerauswertungen unterstützt werden, die aufgrund von wissenschaftlichen Entscheidungsverfahren zustande kommen und das letztliche Ent-

OPERATIVES MATERIALMANAGEMENTSYSTEM

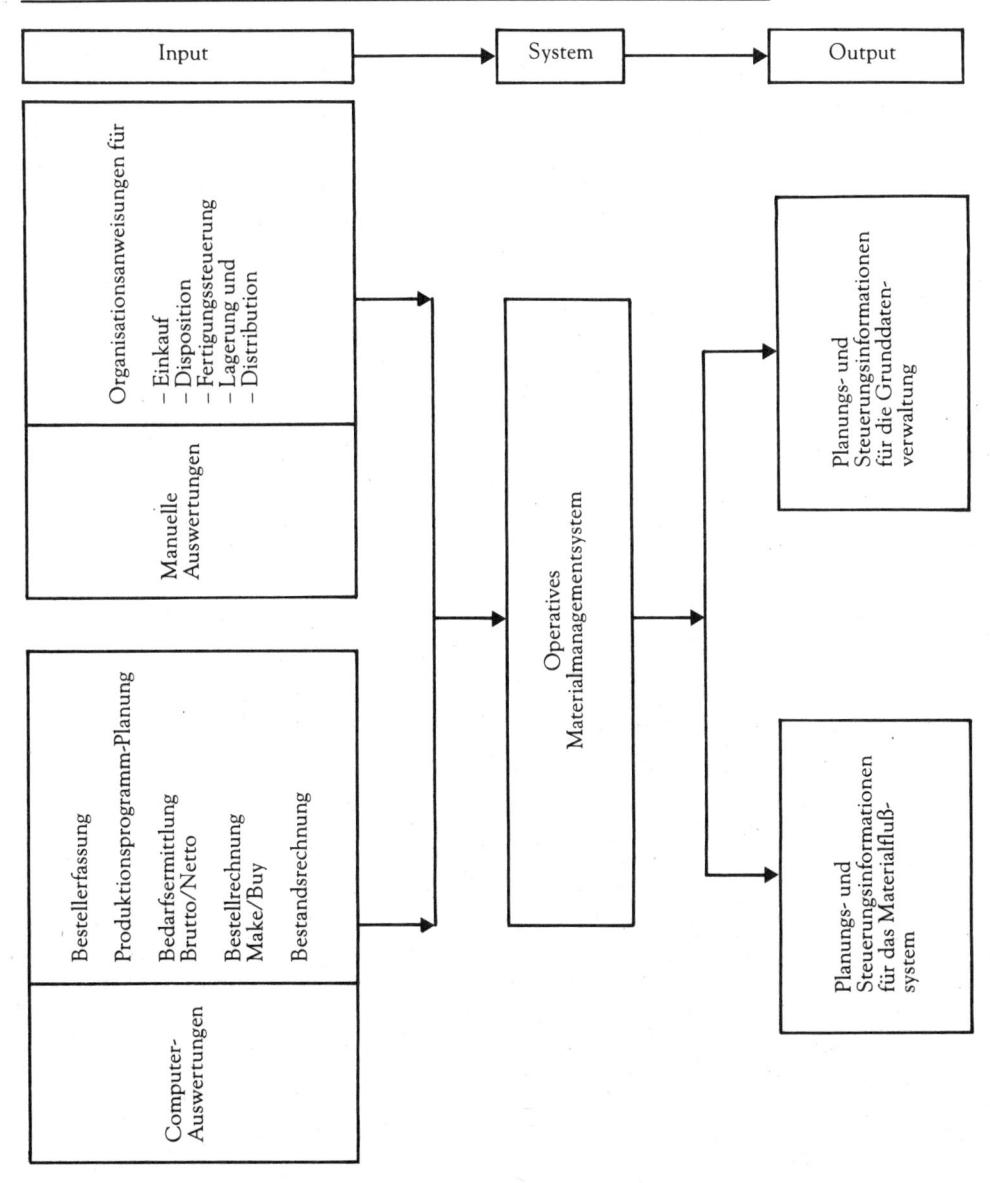

Abb. 52

B 3.5.3

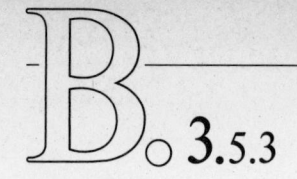

scheidungsverhalten der Disponenten in wertvoller Weise unterstützen. Als besonders wertvoll sind dabei Programme anzusehen, die Lerneffekte beinhalten und im Sinne eines Management by Exception nur dann die Subsysteme mit Informationen versorgen, wenn diese tatsächlich aktiv werden müssen, um Störungen im Materialfluß zu vermeiden.

Das operative Materialwirtschafts-Informationssystem hat dafür zu sorgen, daß sowohl die betriebsinternen als auch die externen Bedarfsträger richtig mit Material versorgt werden und daß die dazu benötigten Buchungsvorgänge in den Karteien oder EDV-Dateien des Einkaufs, der Disposition, des Lager- und Versandwesens laufend auf dem aktuellsten Stand gehalten werden.

Dies hat im einzelnen mit dem Wissen zu geschehen:

1. Was muß geliefert werden? ⟶ Qualität
2. Wieviel muß geliefert werden? ⟶ Menge
3. Wann muß geliefert werden? ⟶ Zeit
4. Wo muß geliefert werden? ⟶ Ort (Raum).

Jeder, der sich mit dieser Versorgungsaufgabe und dem damit verbundenen Informationsfluß schon beschäftigt hat, weiß, wie schwer es im einzelnen ist, allein einen einzigen Versorgungsfall exakt zu planen und später auch hundertprozentig so zu realisieren. In der betrieblichen Praxis leben wir aber von Tausenden und Zigtausenden solcher Prozesse, die durch ein operatives Materialwirtschafts-Informationssystem zu planen, zu steuern und zu kontrollieren sind. Die Komplexität dieser einzelnen Informationsschritte würde sich noch einigermaßen beherrschen lassen, wenn sie jeweils unabhängig voneinander ablaufen würden. Dies ist aber in der Regel nicht gegeben, sondern sie hängen in Form von vernetzten Strukturen voneinander ab (d.h., die zeitliche Materialversorgung baut auf Netzplänen auf!).

Beispiel:

Ein Lieferant kommt in Verzug mit der Zulieferung eines Zubehörteiles, welches in der Montage zur fristgerechten Fertigung eines Endprodukts dringend benötigt wird.

Allein diese kleine Störung bringt das operative Informationssystem in erhebliche Schwingungen, weil z.B. folgende Informationsimpulse ausgelöst werden müssen:

1. Rücksprache mit dem Einkauf zwecks erneuter Mahnung und Einleitung von Maßnahmen gegenüber dem Lieferanten,
2. Rückfrage im Lager, ob eventuell ein Alternativteil vorhanden ist,
3. wenn ja, Abstimmung zwischen Produktion und Technik, ob Verwendung möglich ist. Unter Umständen interne Nacharbeit vorbereiten und durchführen lassen,
4. wenn nein, Montageplan korrigieren und anderes Los auflegen bzw. vorziehen,
5. gleichzeitige Information des Verkaufs, daß Auslieferungsverzögerung eintreten wird,
6. Weitergabe dieser Informationen an den Kunden usw.

Dieses kleine Beispiel enthält nur die groben Infomationsschritte, die sich im betrieblichen Alltag noch sehr viel detaillierter aufgliedern und, das sollte damit gezeigt werden, eine Lawine von administrativen Vorgängen und entsprechende Mehrkosten auslösen. Die durch mangelnde Lieferbereitschaft entstehende Unruhe im Betrieb wird in all den Fällen noch schlimmer, wo kein gut organisiertes operatives Materialwirtschafts-Informationssystem existiert und die von Störungen in der Materialbereitstellung betroffenen Bedarfsträger (Produktions-, Lager- oder Verkaufsabteilungen) sich die Störmeldungen im nachhinein holen müssen, wenn „das Kind schon in den Brunnen gefallen ist". In diesen Fällen gehört es zum betrieblichen Alltag, wenn die Materialwirtschaftsabteilungen laufend im Konflikt mit den Nachbarabteilungen liegen und einen permanenten Rechtfertigungsdialog mit den „Anklägern" führen, statt im vorhinein an der Problemlösung bei Materialengpässen gemeinsam zu arbeiten.

Die heute in der Praxis eingeführten Materialwirtschaftsorganisationen können im allgemeinen auf erprobte personelle oder computergesteuerte Ablaufsysteme zurückgreifen, die bereits im hohen Maße den Ansprüchen an eine flexible Fortschreibung des Informationsvolumens im Einkauf, in der Disposition, im Lager und im Versand entsprechen. Speziell die computerunterstützten Abläufe gewährleisten neben den Routinearbeiten ein permanentes Aussteuern von Ausnahmeinformationen (im Sinne eines Management by Exception), die den jeweiligen Verantwortlichen zu einer Sondermaßnahme veranlassen, weil z.B.

1. ein Überbestand im Lager angelaufen ist,
2. ein Lieferant immer stärker in Lieferverzug gerät,
3. eine Schlüsselmaschine in der Fertigung ausgefallen ist,
4. die Qualitätskontrolle eine interne oder externe Warensendung verwirft,

5. ein ungeplant hoher Ausschuß produziert wurde,
6. eine Differenz zwischen dem buchmäßigen und dem körperlichen Lagerbestand (Fehlware) festgestellt wird.

Wenn man die Materialwirtschaft und das Finanz- und Rechnungswesen als betriebliche Dienstleistungserbringer für andere Abteilungen im Vergleich betrachtet, so schneidet die Materialwirtschaft schlecht ab. Zumindest, wenn man die Anforderungen an die „Lieferbereitschaft" des Kapitals und des Materials bzw. die finanzielle und materielle Liquidität einer Unternehmung miteinander vergleicht. Die Zahlungsbereitschaft gegenüber den betrieblichen Bedarfsträgern ist prinzipiell zu 100 % gegeben, soweit natürlich die Firma liquide ist. Die Lieferbereitschaft von Material dagegen ist fast nie zu 100 % gegeben, da solche Materialbereitstellungsmöglichkeiten zu umfangreiche Sicherheitsläger zur Voraussetzung haben, die in der Regel kostenmäßig nicht zu verantworten sind.

Statt dessen leben wir in der Materialwirtschaft permanent mit statistischen Versorgungsrisiken, die häufig zu Abweichungen zwischen Planung und Realität führen und die die einzelnen Mitarbeiter oft zu Sondermaßnahmen und zur Korrektur des operativen Materialwirtschafts-Informationssystems zwingen. Dies aber immer in dem Bewußtsein, daß jedes zusätzliche Sicherheitsdenken die Firma kostenmäßig stark belastet. Leider bringt uns der Computereinsatz an dieser Stelle auch nur eine beschränkte Hilfestellung. So werden z.B. bei der Bestellmengenrechnung in den Standardmodellen nur Lager- und Rüst- bzw. Bestellkosten berücksichtigt, während in der Realität noch ganz andere Faktoren eine Rolle spielen, die teilweise gar nicht programmierfähig sind.

Beispiel:

ASPEKTE ZUR BESTIMMUNG DER BESTELLMENGE
FÜR EINE HOHE BESTELLMENGE SPRICHT:

1. Vermeidung von Mindermengenzuschlägen oder Erzielung von Mengenrabatten,
2. Minderung der Bestellkosten,
3. Gefahr von Preisanhebungen durch den Lieferanten,
4. Minderung des Mängelrügerisikos infolge der Fertigungsroutine des Lieferanten,
5. geringere Verpackungskosten,
6. Kosteneinsparungen beim Auf- und Abladen, Stapeln und Einlagern von Gütern,

7. Senkung der Transportkosten,
8. Kostenminderung beim Wareneingang, bei der Qualitätskontrolle und Rechnungsprüfung,
9. ungestörte, stets rechtzeitige Materialbereitstellung.

FÜR EINE <u>NIEDRIGE</u> BESTELLMENGE SPRICHT:

1. Vermeidung einer langfristigen Bindung an einen Lieferanten und damit größere Flexibilität in der Lieferantenpolitik,
2. niedriges Bestellobligo,
3. geringere Bindung von Produktion und Absatz an bestimmte Bestellqualitäten,
4. verringerter Zwang zur Abnahme bei Produktionsumstellungen oder Produktänderungen,
5. bei Festpreisbindung vermindertes Verlustrisiko für den Fall der Senkung der Marktpreise,
6. geringere Kapitalbindung,
7. geringerer Lagerzins,
8. niedrigere Lagerverwaltungskosten, wie Miete, Pacht, Versicherung, Abschreibungen auf Gebäude und Einrichtungen, Heizung, Beleuchtung, Hilfslöhne, Wartungsmittel usw.

Aus diesem Beispiel kann man ableiten, daß der Mensch als Planer, Disponent und Administrator auch beim Einsatz komplexer Computerprogramme im operativen Materialwirtschaftssystem weiterhin eine dominierende Rolle spielt, um Kostenoptimierungen im Betrieb sicherzustellen.

An dieser Stelle wird nicht weiter auf eine Unterteilung des operativen Materialmanagementsystems eingegangen, da dieses, abhängig von der Art der Unternehmung und dem Stand der Informationstechnologie, die vielfältigsten Formen annehmen kann.

3.5.4
MATERIALFLUSS-SYSTEM

Dem systemtheoretischen Ansatz innerhalb des physischen Materialflusses vom Lieferanten über die Produktion und das Verteilsystem zum Kunden wird in der heutigen Praxis immer mehr Aufmerksamkeit gewidmet.
Die Hauptursache dazu liegt in der Erkenntnis, daß in vielen Betrieben 70-90 % der im Arbeitsprozeß aufgewendeten Zeit auf Transport und Lagerung und nur die restlichen 30-40 % auf die eigentliche Be- und Verarbeitung entfallen. Daher liegt es nahe, sich bei betrieblichen

B 3.5.4

Rationalisierungsanstrengungen verstärkt mit dem Zeitverschwender „Abtransport und Lagerung" auseinanderzusetzen. Der Systemansatz erweitert dabei das bisher vorhandene Denkmodell isolierter Transportbetrachtungen durch eine integrative Betrachtungsweise des funktionalen physischen Materialflusses vom Lieferanten zum Kunden. Einen entscheidenden Impuls erhält dieses integrierte Materialflußdenken durch die technologischen Fortschritte im Bereich der automatisierten Transportsubsysteme. Man sieht darin eine Möglichkeit, baukastenähnliche Systeme aufzubauen und so miteinander zu verknüpfen, daß die im gesamten Materialfluß-System vorhandenen Materialbewegungen besser koordiniert werden können. Hieraus ergibt sich im weiteren, daß die Durchlaufzeiten verkürzt, die Auslastung der Produktionsmittel erhöht und die Gesamtkosten gesenkt werden, wie es uns die japanische Industrie in den letzten Jahren beispielhaft vorgezeigt hat. Die Realisierung eines integrierten Materialflusses ist in der Praxis oft mit großen Schwierigkeiten verbunden, weil mit diesem Vorhaben vielfach die Veränderung der Transportmittel, der Kommunikationswege, der Normung und Typung, der Verpackungseinheiten, des Layouts u.a.m. verbunden ist. Der Erfolg einer Neuorientierung des Materialflusses, der vor allem auf eine bessere Handhabung der Warteschlangenprobleme und auf ein zeit- bzw. mengengerechte Materialbereitstellung zurückzuführen ist, läßt sich nur auf der Basis der jeweiligen Betriebsgegebenheiten quantifizieren. Allgemein lassen sich jedoch folgende neue Anforderungen nennen, die sich aus dem Systemdenken im Bereich des Materialflusses ergeben:

1. Kontinuierlicher Materialfluß,
2. Reduktion des Raumbedarfs,
3. geringere Überwachungsnotwendigkeit,
4. Reduktion von Lohngemeinkosten,
5. Reduktion der Werkstattbestände,
6. Reduktion des durch den Transport hervorgerufenen Ausschusses,
7. effiziente Koordination aller Transportaktivitäten zwischen Lieferanten, der Produktion, den Verteilorganisationen und den Kunden.

Nach Kuhn haben sich die Anforderungen an die Steuerung von Materialflüssen wie folgt entwickelt (Abb. 53).

Neben den verbesserten Möglichkeiten der Transport- und Lagertechnologie hat der Computer dem integrierten Materialflußdenken ebenfalls entscheidende Impulse verliehen. Ohne seine Fähigkeiten, die mit dem Materialfluß verbundenen großen Informationsmengen zentral zu speichern und die Veränderungen dynamisch zu erfassen, wären der integrierten Materialsteuerung heute enge Grenzen gesetzt.

ANFORDERUNGEN AN DIE STEUERUNG VON MATERIALFLÜSSEN

Vergangenheit	Gegenwart	Zukunft
o Automation einzelner Maschinen	o Automatisierung von Materialfluß- und Lagersystemen	o zentrale Steuerung aller Materialströme
o Maschinenauslastung hohe Losgrößen auf Vorrat produzieren	o Ansätze zur Kopplung von Fertigungssteuerung und Materialflußsteuerung	o „papierlose Kommunikation" o Automatisierung der „maschinennahen Transporte"
o Mechanische Transporthilfsmittel	o Rationalisierungseffekte in logistischen Systemen erkannt	o angepaßte Fertigungsstrukturen
	o Niedrige Bestände und Werkstückdurchlaufzeiten	o flexible, lagerlose Fertigung für auftragsbezogene Produktionen

Abb. 53

B.3.5.5
EINORDNUNG DER SYSTEME IN DIE ABLAUFORGANISATION

Ordnen wir die im systemtheoretischen Ansatz aufgeführten Materialmanagementsysteme in die Ablauforganisation ein, so ergeben sich die in der Abbildung 54 dargestellten Beziehungen und Abläufe.

Ausgehend von den langfristigen Materialwirtschaftszielen der Unternehmung werden vom strategischen Materialmanagement die Sollgrößen (Bewirtschaftungs-Mix) für die taktische Materialwirtschaftsplanung festgelegt. Darauf aufbauend legt das taktische Materialmanagement die Sollgrößen für die taktische Steuerung des Bewirtschaftungssystems fest. Diese beinhalten im einzelnen die Vorgabewerte für die

1. Materialplanungspolitik,
2. Beschaffungspolitik,
3. Lagerpolitik,
4. Datenverwaltungspolitik und die
5. Transportpolitik.

B. 3.5.5

MATERIALWIRTSCHAFT IM REGELKREIS

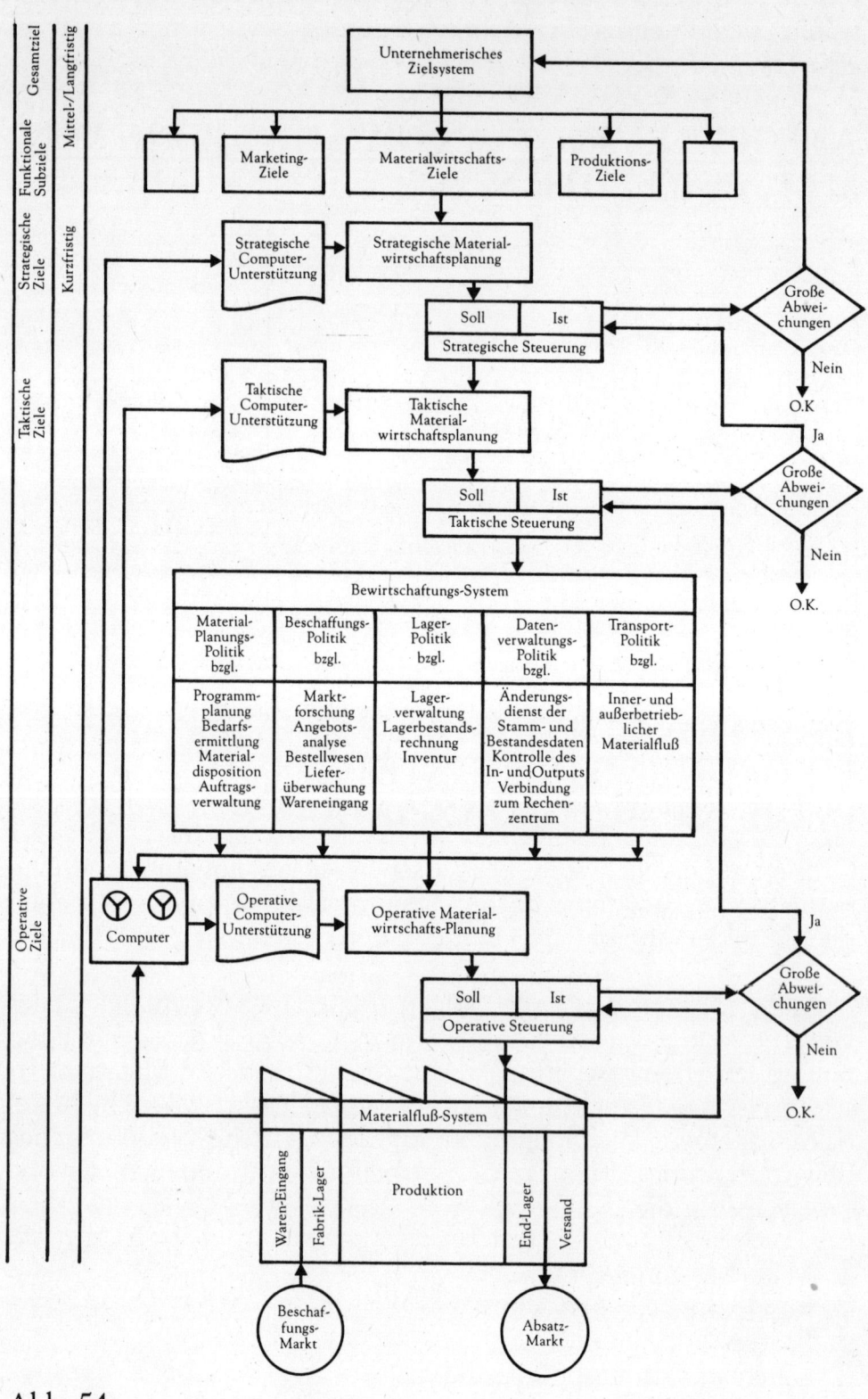

Abb. 54

B. 3.5.5

Die Ergebnisse dieser taktischen Steuerung, die sowohl in Form von Computerauswertungen als auch in Form von organisatorischen Anweisungen vorliegen können, dienen der operativen Ebene als Basisinformationen zu ihrer Materialwirtschaftsplanung. Die Ergebnisse ihrer Entscheidungen finden ihren Niederschlag in den Sollgrößen der operativen Steuerung, die z. B. bestimmen, welches Material zu welchem Zeitpunkt und in welcher Menge beschafft oder gefertigt werden muß. Bei Einkaufsmaterialien gehört dazu noch die Entscheidung, welcher Lieferant das gewünschte Material liefern soll. Alle diese Entscheidungen bilden die Sollgrößen für das Materialflußsystem.

Betrachten wir nun den Regelkreismechanismus der Ablauforganisation. Den Sollgrößen des Materialflußsystems werden die anfallenden Istgrößen gegenübergestellt. Bei auftretenden Soll/Ist-Abweichungen durch Störungen:

1. sachlicher Art (Lieferung falscher Materialien),

2. quantitativer Art (falsche Liefermenge, ungeplante Lagerabgänge),

3. qualitativer Art (nicht qualitätsgerechte Lieferung, Verderben gelagerter Materialien),

4. terminlicher Art (Lieferverzögerungen, zu frühe Ablieferung) und

5. räumlicher Art (falscher Lieferort, falsche Umlagerung)

erfolgt ein personeller Feedback zum operativen Materialmanagement. Bei computerunterstützten Materialwirtschaftssystemen wird dieser Feedback durch einen maschinellen Hinweis im Sinne eines Managements by Exception ersetzt oder überlagert. Je nach Art der Computerunterstützung ist eine sehr schnelle Rückkopplung von Störungen im Materialflußsystem gewährleistet, womit gleichzeitig auch eine schnelle Korrekturmöglichkeit gegeben ist. Die Gestaltung und Art dieser maschinellen Kontrolle für die verschiedenen Managementebenen werden später noch eingehend diskutiert. Hier soll nur noch betont werden, daß die Rückkopplung schnell erfolgen muß, damit das operative Materialmanagement die negativen Folgen von stock outs, Terminverzug usw. möglichst vermeiden oder zumindest verringern kann.

B 3.5.5

Treten die Störungen innerhalb des Materialflußsystems in verstärktem Maße auf, was zu permanenten Soll/Ist-Abweichungen im operativen Regelkreis führt, so muß zusätzlich zu den Korrekturmaßnahmen auch noch der taktische Regelkreis initialisiert, d.h. das taktische Materialmanagement entsprechend informiert werden.

Das taktische Materialmanagement erhält zudem laufend computererstellte Kontrollberichte zur Lagerüberwachung (z.B. Veränderungen der Lagerstruktur, des Beschaffungsmarktes, der Produktionsbedingungen, der Lieferbereitschaft usw.). Wenn z.B. der Lieferbereitschaftsgrad aufgrund plötzlich steigender Umsätze bei gewissen Sortimentsteilen kleiner als der vom Marketing gewünschte ist (gemäß Bewirtschaftungs-Mix), so muß der Materialmanager die Systemparameter so verändern, daß bei den jeweiligen Artikeln ein zusätzlicher Sicherheitsbestand berücksichtigt bzw. die Bestellauslösung entsprechend gesteuert wird. Bei den Abweichungen von den vorgegebenen Sollgrößen lassen sich drei Fälle und entsprechende Reaktionen ableiten:

1. Die Abweichung liegt in tolerierbaren Grenzen → keine Reaktion notwendig,

2. die Abweichung liegt außerhalb der tolerierbaren Grenzen, ist jedoch mehr einmaliger Natur → Auslösung einer zeitlich begrenzten taktischen Maßnahme zur Behebung des Fehlers,

3. die Abweichung liegt außerhalb der tolerierbaren Grenzen, und es ist weiterhin mit permanenten Störungen zu rechnen → Auslösung von taktischen Maßnahmen und Information der strategischen Entscheidungsebene.

Überschreiten die auf der strategischen Entscheidungsebene ankommenden Ist-Meldungen die für den Soll/Ist-Vergleich vorgegebenen Toleranzgrenzen, d.h., wird die in Form des Bewirtschaftungs-Mixes vorgegebene Zielsetzung permanent nicht erreicht, so müssen die Organisationsstruktur und die Ablauforganisation des gesamten Bewirtschaftungssystems neu überprüft und den zusätzlichen Anforderungen angepaßt werden. Wenn man auf diese Maßnahmen verzichtet, so müssen die vorgegebenen Materialwirtschaftsziele der betrieblichen Realität angepaßt werden.

Das Materialwirtschaftssystem besteht also aus einem System von hierarchischen Regelkreisen, die bei der Planung und Steuerung von oben nach unten und aufgrund der Abweichungskontrolle von unten nach oben initialisiert werden. Das Ausmaß der vorgegebenen Ziele oder der auftretenden Störungen entscheidet dabei, ob ein, zwei oder alle drei Regelkreise in Aktion treten müssen. Wer für die Behebung von auftretenden Störungen zuständig ist, ist eine Frage der innerhalb der Ablauforganisation festgelegten Kompetenzen der einzelnen Regelkreisstufen.

B.3.5.6
MATERIALWIRTSCHAFT UND IHRE ABWICKLUNGSSYSTEME

Die folgenden Ausführungen befassen sich mit den planenden, steuernden, verwaltenden und kontrollierenden Aktivitäten der Materialwirtschaftsfunktion. In Abb. 55 werden die dazu benötigten wichtigsten Abwicklungssysteme, wie sie in einem produzierenden Unternehmen in der Regel vorkommen, mit ihren wichtigsten Elementen und Informationsbeziehungen dargestellt.

Zum besseren Verständnis erfolgt im weiteren eine Kurzbeschreibung der wesentlichen Aufgabeninhalte dieser Systeme, die sowohl auf der Basis manueller als auch computerunterstützter Abläufe realisiert werden können.

B.3.5.6.1
PRODUKTIONSPLANUNG

Die Hauptaufgabe der Produktionsplanung liegt darin, die Wunschtermine der Vertriebsplanung in realistische Mengen- und Zeitziele zu übertragen, und zwar unter Berücksichtigung der vorhandenen Materialbereitstellungs- und Fertigungsmöglichkeiten. Dies ist deshalb notwendig, weil die Kundenbestellabwicklung bei der Abprüfung der Verfügbarkeit von Endprodukten nicht nur auf die Lagerbestände, sondern auf die zu erwartenden realistischen Zugänge (=Nettoproduktionsplan) zugreift und erst danach die Daten der Auftragsbestätigung sinnvoll fixiert und über den Vertrieb dem Kunden zugesendet werden können.

Der Produktionsplan wird aufgrund der periodischen Vertriebsplanung und der laufend eingehenden Bestellungen auf einem möglichst aktuellen, idealerweise tagesgenauen Stand gehalten. Die Ziele, die mit der laufenden Produktionsplanung erreicht werden sollen, lassen sich wie folgt zusammenfassen:

B. 3.5.6.1

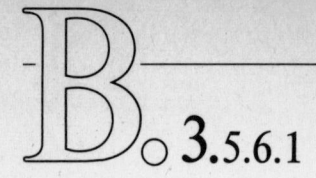

MATERIALWIRTSCHAFT UND IHRE ABWICKLUNGSSYSTEME

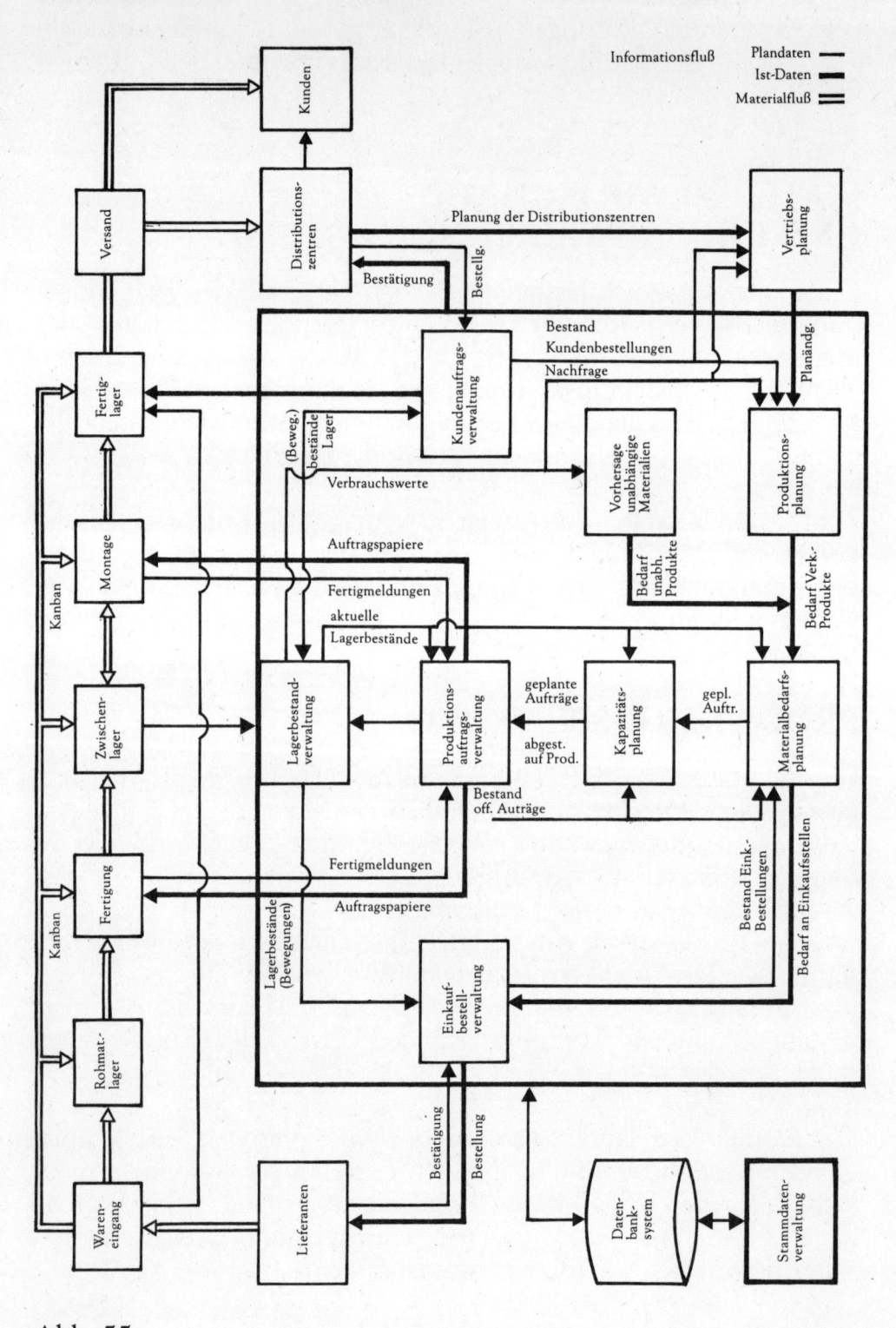

Abb. 55

1. Schnelle Reaktion auf Abweichungen in der Marktentwicklung durch kurze Überprüfungszyklen (rollierende 12–18 Monatsplanung).

2. Eindeutige Vergleichsbasis aufgrund der Soll-Ist-Analyse zwischen Vertriebsplan und Auftragseingang. Systematische Kontrolle der Signalgrößen-Entwicklung.

3. Verbindliche Planung durch eindeutige Verantwortungs- und Kompetenzregelung zwischen Verkauf und Materialwirtschaft bzgl. der Ablauforganisation und der Fertiglagerbestände.

4. Einwandfreie und abgestimmte Ausgangsbasis für die Materialbedarfsplanung.

B.3.5.6.2
PROGNOSE VERBRAUCHSGESTEUERTER PRODUKTE

Die Hauptaufgabe dieser Prognose ist die Bedarfsplanung für alle unabhängigen Produkte (das sind Materialien, die in keiner Stückliste verankert sind, wie z.B. Gemeinkostenmaterial, Hilfsmaterialien usw.). Diese unabhängigen Produkte werden verbrauchsgesteuert disponiert, indem der zukünftige Bedarf aus der Extrapolation (z.B. mit exponentieller Glättung) von Vergangenheitswerten gewonnen wird. Gleichzeitig wird eine Berechnung des Sicherheitsbestandes aufgrund eines mathematischen Verfahrens vorgenommen, welches hier nicht näher ausgeführt werden soll. Das Prognosesystem gibt dem Disponenten einen besonderen Hinweis, wenn im Vergleich zur letzten Prognose erhebliche Abweichungen vorkommen. Dem Disponenten muß es allgemein und speziell in diesen Fällen möglich sein, sowohl die Steuerdaten (z.B. die Berechnungsformel der Prognose) als auch die Prognosewerte selbst und den vorgeschlagenen Sicherheitsbestand zu verändern.

Da die Prognosewerte und Sicherheitsbestände in die nachfolgende Materialbedarfsplanung eingehen, sollen sie den für diese Materialgruppe wirklich benötigten Bedarf ausweisen.

Die Ziele dieser verbrauchsgesteuerten Prognoserechnung sind:

1. Möglichst hohe Automatisierung dieser aufwendigen Routinearbeit, die oft eine Vielzahl von relativ unbedeutenden Artikeln betrifft, die aber trotzdem disponiert und bestellt werden müssen.

2. Wahl von Prognosemethoden, die sich so gut und schnell an den wirklichen Bedarf anpassen, daß ein manueller Eingriff nur in seltenen Fällen notwendig ist.

3. Geringe Kapitalbindung bei hoher Lieferbereitschaft durch eine gute Vorhersage und die Verwendung einer wirtschaftlichen Sicherheitspolitik.

B.3.5.6.3
MATERIALBEDARFSPLANUNG

Die Materialbedarfsplanung (amerik.: MRP = materials requirements planning) ist das Kernstück jeglicher Materialwirtschaft und beinhaltet drei Hauptaufgaben, welche pro Materialposition folgendermaßen wahrgenommen werden:

1. Nettobedarfsrechnung aufgrund eines gegebenen Bruttobedarfs, unter Berücksichtigung von Lager-, Fertigungsauftrags- und Einkaufsbestellbestand und einem eventuellen Ausschußprozentsatz.

2. Losgrößenbildung mit Hilfe verschiedener Rechenverfahren auf der Basis des Nettobedarfs mit gleichzeitiger Fixierung von Mengen und Bereitstellungsterminen für die neuen Fertigungsaufträge oder Einkaufsbestellungen.

3. Bedarfsauflösung (dispositionsstufenweise) der neu berechneten Fertigungsaufträge mit Hilfe der Stücklistenauflösung für abhängige Produkte (Sekundärbedarfsermittlung) nach der gleichen Methode wie oben und Fixierung der Materialverfügbarkeit für die Kapazitätsplanung, d.h. Festlegung des zu verplanenden Auftragsbestandes für die Fertigung.

Dabei werden folgende Ziele angestrebt:

1. Entlastung der Disponenten von der aufwendigen und je nach Stücklistentiefe und Anzahl der Produkte manuell kaum mehr zu bewältigenden Stücklistenauflösung und der entsprechenden Materialdisposition auf jeder Stufe.

2. Geringe Bestell- und Lagerhaltungskosten bei hoher Lieferbereitschaft durch
   - genaue Nettorechnung und Bedarfsableitung aufgrund aktueller Daten,
   - Bildung von wirtschaftlichen Losgrößen,
   - kurze Überprüfungszyklen und damit kurze Reaktionszeiten bezüglich der Dispositionskorrekturen.

B.3.5.6.4 KAPAZITÄTSPLANUNG

Die Hauptaufgaben der Kapazitätsplanung sind:

1. Durchlaufterminierung sämtlicher freigegebener und geplanter Fertigungsaufträge mit Möglichkeiten wie Splittung, Überlappung usw.

2. Dispositionsstufenweise Zuordnung von Material und freigegebenen Fertigungsaufträgen unterer Stufen zu geplanten Aufträgen der übergeordneten Stufen und Ermittlung von frühestmöglichen Startterminen für geplante Aufträge.

3. Belegungsplatz- und periodenweise Kapazitätsbedarfsrechnung.

4. Kapazitätszuordnung der verfügbaren Kapazitäten zum Kapazitätsbedarf mittels verschieden konzipierter Zuordnungsmethoden und unter Berücksichtigung der Materialverfügbarkeit.

Die Ziele der Kapazitätsplanung sind:

1. Aufzeigen von Belastungsspitzen bzw. Unterlastungen pro Maschinengruppe als Anstoß für Korrekturmaßnahmen wie Maschinenbeschaffung (soweit kurzfristig möglich), Personalbeschaffung, Verlagerungen etc.

2. Abstimmung der Materialbedarfsplanung mit den Möglichkeiten der Produktion im kurzfristigen Bereich.

3. Anstreben von zum Teil entgegengerichteten Zielen mittels praxisnaher Methoden und Rechenverfahren:
   - geringe Kapitalbindung,
   - große Lieferbereitschaft,
   - kurze Durchlaufzeiten,

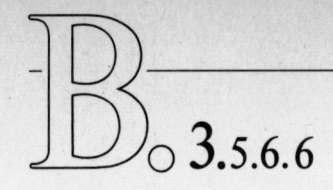

B.3.5.6.5
KUNDENAUFTRAGSVERWALTUNG

Die Hauptaufgaben der Kundenauftragsverwaltung sind:

1. Verwaltung des Kundenauftragsbestandes aufgrund von Neuzugängen, Änderungen und Löschungen ganzer Aufträge bzw. einzelner Auftragspositionen.

2. Entnahmeplanung durch Reservierung von Lagerbeständen oder Zuteilung der reservierten Waren unter gleichzeitiger Erstellung von Picklisten (= Entnahmepapiere) und Versandaufträgen.

3. Fortschreibung von Nachfragestatistiken, Servicegradauswertungen und Auslösung von Auftragsbestätigungen für den Kunden.

Die Ziele einer Kundenauftragsverwaltung sind:

1. Aktuelle Kundenauftragsbestandsdaten für
   o die Entnahmeplanung und die
   o Planüberwachung (Basis für Soll-Ist-Vergleich).

2. Möglichst genaue Entnahmeplanung für
   o die frühzeitige Bestätigung von Kundenaufträgen und
   o das rationelle Auslagern und Kommissionieren von Kundenaufträgen.

In der Praxis kommt es meistens in konsumorientierten Unternehmen vor, daß die Kundenauftragsverwaltung im Rahmen der Materialwirtschaft verantwortet wird. Bei mehr investitionsorientierten Unternehmungen gehört dieses Aufgabengebiet in den Verkauf, wo die Auftragserfassung und -verwaltung mit dem nötigen Marktwissen ergänzt werden muß.

B.3.5.6.6
PRODUKTIONSAUFTRAGSVERWALTUNG

Die Hauptaufgaben der Produktionsauftragsverwaltung liegen in folgenden Punkten:

1. Freigabe von Produktionsaufträgen unter Berücksichtigung der zuvor notwendigen Materialverfügbarkeit mit nachfolgender

Erstellung der Fertigungspapiere. Dies kann entweder aufgrund bestimmter Zeitvorläufe oder durch die Entscheidung des Disponenten (in vielen Firmen heute sogar täglich) gesteuert werden. In manchen Betrieben ist es üblich, ohne vorherige komplette Materialverfügbarkeit einen Fertigungsauftrag bereits mit dem Wissen zu starten, daß das für den Auftrag benötigte Material in nächster Zeit eintrifft. Diese Methode ist aber in der Regel nicht anzuraten, da sie sehr viel zusätzlichen Überwachungsaufwand erfordert und es vorkommen kann, daß der Produktionsprozeß wegen fehlenden Materials für längere Zeit mit all den damit verbundenen Nachteilen unterbrochen werden muß.

2. Verwaltung der Produktionsauftragsdaten aufgrund neuer Produktionsaufträge oder notwendiger Veränderungen.

Die Ziele der Produktionsauftragsverwaltung sind:

3. Reduktion von „Ware in Arbeit" und auftragsfixen Kosten durch spätestmögliche und mit der Materialverfügbarkeit abgestimmte Auftragsfreigabe,

4. aktuelle Produktionsauftragsdaten als Basis für übergeordnete Planungssysteme,

5. diverse Analysen.

B.3.5.6.7 EINKAUFSBESTELLVERWALTUNG

Die Hauptaufgaben der Einkaufsbestellverwaltung sind:

1. Aktualisierung der Einkaufsbestellungen durch Neuzugänge, Änderungen oder Löschungen (Löschungen werden in der Regel automatisch durch die Wareneingangsbuchung vorgenommen, die gleichzeitig auch zur Bestandsbuchung führt).

2. Auslösung der maschinellen Bestellschreibung für Fremdbezugsmaterialien.

3. Auswertung des Einkaufsbestellbestandes nach bestimmten Auswahlkriterien.

4. Basis für das maschinelle Mahnwesen.

Die Ziele der Einkaufsbestellverwaltung sind:

1. Aktuelle Einkaufsbestellbestandsdaten für
   - die Materialplanung und die
   - Auftragsfreigabe der Produktionsaufträge.

2. Auswertung dieser Daten für
   - die Sicherung der kurzfristigen Lieferbereitschaft (Terminüberwachung),
   - diverse Auswertungen des Bestellobligos.

3. Basis für die Weiterentwicklung der Einkaufsbestellabwicklung in Richtung einer integrierten Rechnungsprüfung und Zahlungsabwicklung (Kreditorenbuchhaltung).

B.3.5.6.8 LAGERBESTANDSVERWALTUNG

Die Hauptaufgabe der Lagerbestandsverwaltung liegt in der zentralen Aufbereitung sämtlicher Materialwirtschaftsbewegungsdaten (Transaktionen) für die

1. Kundenauftragsverwaltung,
2. Produktionsauftragsverwaltung,
3. Einkaufsbestellverwaltung und
4. Lagerbewegungen,

die in verschiedenen Zyklen ausgewertet werden.

Die Ziele der Lagerbestandsverwaltung sind:

1. Erfassung und Verwaltung aktueller und qualitativ guter Bewegungsdaten als Basis für die übergeordneten Planungssysteme wie Materialbedarfsplanung, Kapazitätsplanung usw.

2. Sicherung der kurzfristigen Lieferbereitschaft durch tägliche Meldung von Ausnahmesituationen,

3. Analyse der Bewegungsdaten für spezifische Problemstellungen,

4. Auswertung der statistischen Daten im Rahmen der Prognoserechnung und Materialdisposition.

B.3.5.6.9 ZUSAMMENFASSUNG

In dem vorliegenden Abschnitt wurde der Versuch unternommen, einen geschlossenen Materialwirtschaftszyklus mit seinen Verwaltungssystemen und den damit verbundenen Hauptaufgabeninhalten und mit ihrem Wirkungszusammenhang untereinander darzustellen. Idealerweise werden diese Programmkreise durch computerunterstützte Informationssysteme abgedeckt, wie sie im Kapitel C zuerst generell und später mit entsprechenden praxisbewährten Programmkreisen dargestellt werden.

PROGRAMMORIENTIERTE LOGISTIK-STEUERUNG (PLS)

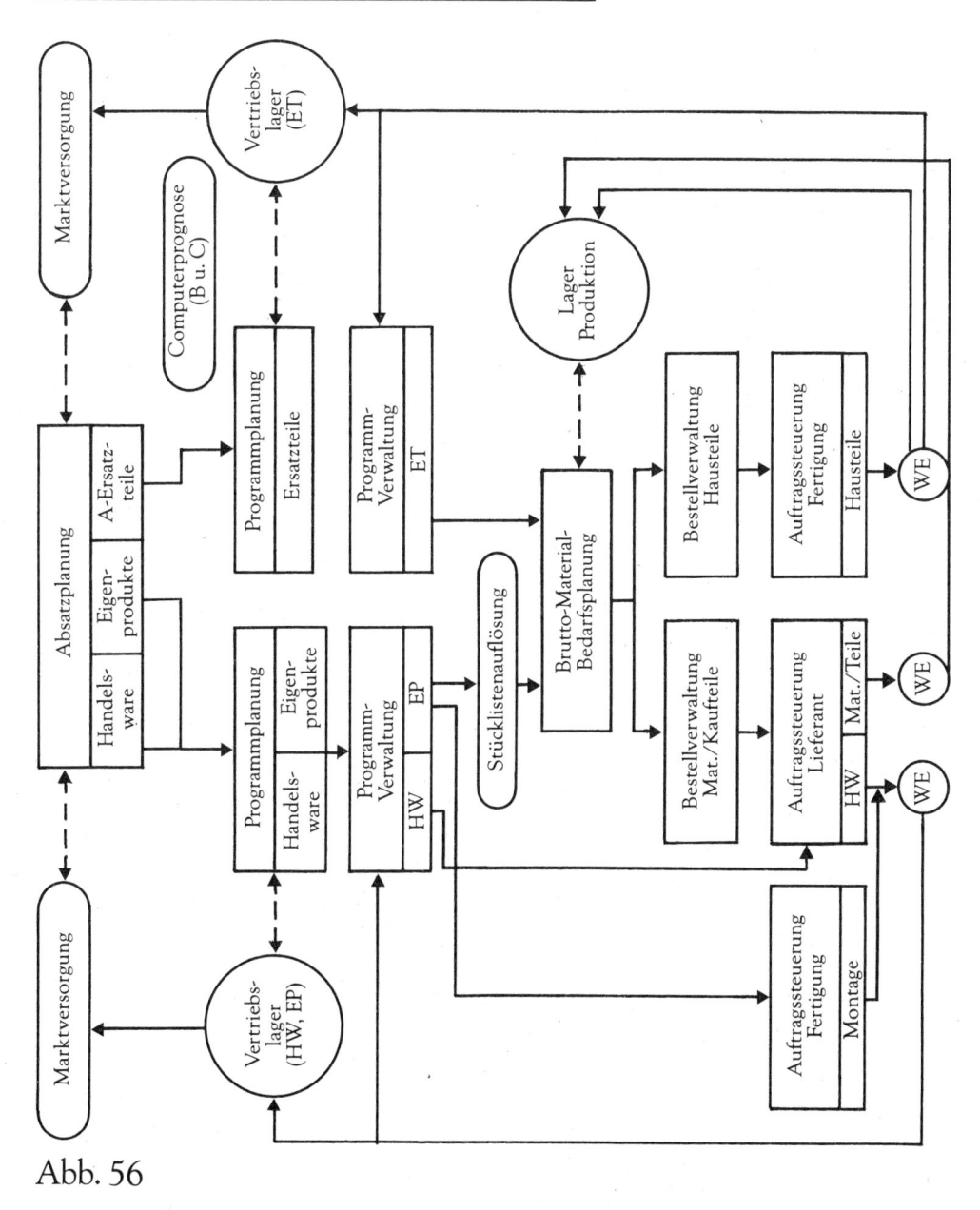

Abb. 56

B.3.6

Abschließend wird in der Abbildung 56 noch einmal anhand eines Praxisbeispiels aus der deutschen Maschinenbauindustrie ein integriertes Logistiksystem mit seinen einzelnen Systemabhängigkeiten dargestellt. Auf dieser Basis läßt sich eine programmorientierte Logistik-Steuerung mit dem Ziel einer lagerarmen Produktion aufbauen, soweit die zugrundeliegende Strukturorganisation des Unternehmens die koordinierende Steuerung des Materialflusses unterstützt.

B.3.6
MATERIALMANAGEMENT AUS DER SICHT DER STRUKTURORGANISATION

Regelkreismodelle, wie sie weiter vorne dargestellt wurden, sind für den funktionalen Bereich der Materialwirtschaft nur dann anwendbar, wenn neben der Regelstrecke (Materialwirtschaft) auch der Reg-

BEISPIEL EINER DEZENTRALEN MATERIALWIRTSCHAFT

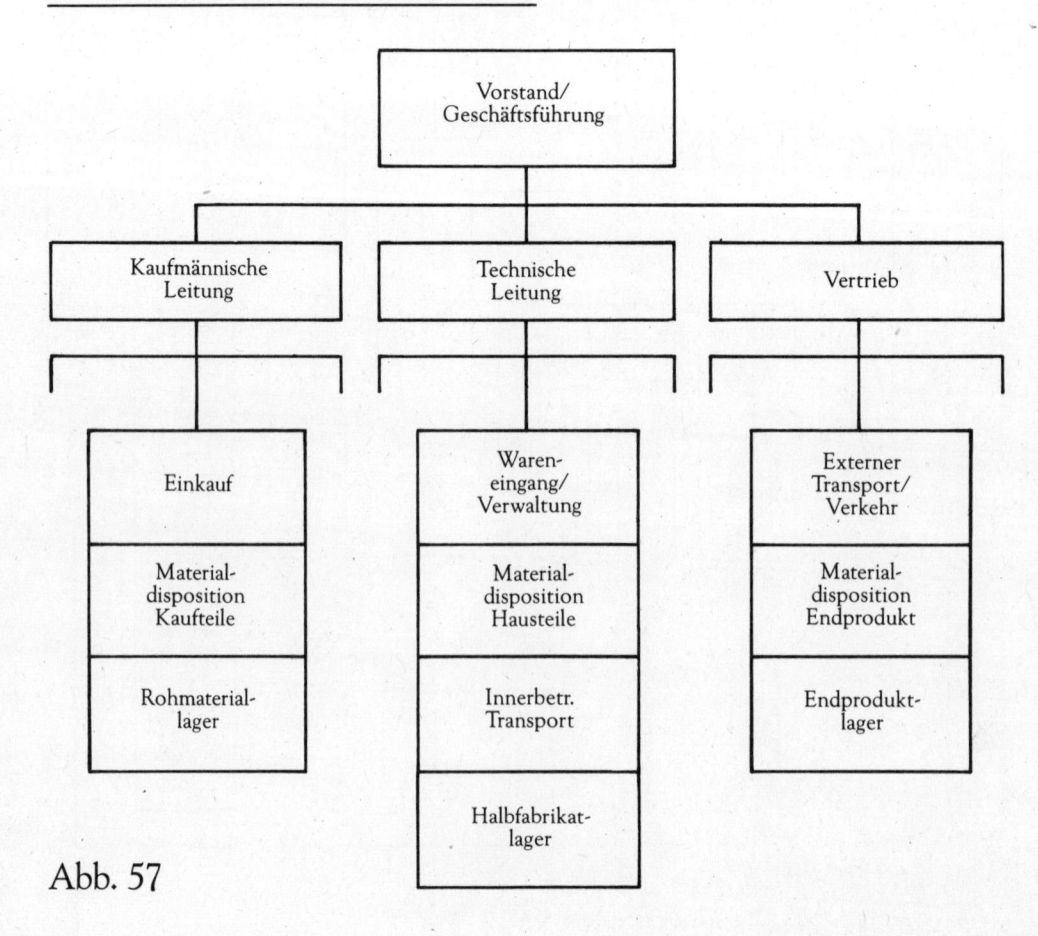

Abb. 57

ler (Materialverantwortlicher) eindeutig bestimmt ist. Wie jedoch bereits festgestellt wurde, ist bei dezentralen Strukturorganisationen (vgl. Abb. 57) u.a. die Materialplanung, -steuerung und -kontrolle auf die Bereiche Kaufmännische Leitung, Technische Leitung und Vertrieb aufgesplittert.

Neben den bei dieser Strukturorganisation bereits erwähnten Zielkonflikten (vgl. Abschnitt 3.2.2) ergeben sich noch weitere Nachteile, die einer optimalen Materialwirtschaft entgegenwirken. Dies betrifft vor allem die klassischen Organisationsprinzipien: Delegation und Rechenschaftspflicht. Solange es keinen Fachbereich Materialwirtschaft gibt, kann die Geschäftsführung die Materialverantwortlichkeit nur an die drei aufgeführten funktionalen Bereichsleiter delegieren und von ihnen Rechenschaft verlangen.

Allerdings interessiert es

1. den Verkaufsleiter nur am Rande, wenn interne oder externe Bestellungen laufend zu früh eingelagert werden und damit die Kapitalbindung belasten, solange dadurch die Lieferbereitschaft erhöht wird,

2. den Produktionsleiter nur wenig, wenn die Halbfabrikate- und Fabrikbestände einen ungenügenden Lagerumschlag aufweisen, solange dadurch Maschinenstillstandszeiten und Ausstoßverminderung vermieden werden und die Kapazität gut ausgelastet ist,

3. den Einkaufsleiter nicht primär, wenn die Kapitalbindung im Rohstoffbereich sehr hoch ist, solange aufgrund hoher Bestellose günstige Mengenrabatte am Beschaffungsmarkt ausgehandelt werden können.

Mit diesen Beispielen soll gezeigt werden, daß eine Materialwirtschaftspolitik aufgrund solch dezentraler Materialregelkreise (mit meistens zu großen Störungstoleranzen) dem eigentlichen Wirtschaftlichkeitsinteresse des Betriebes nur dann gerecht werden kann, wenn die Geschäftsführung sich als engagierter, übergeordneter Regler versteht und die dezentrale Materialwirtschaftspolitik der Bereiche aus der Sicht der Gesamtoptimierung laufend kontrolliert. In der Praxis ergibt sich jedoch häufig, daß vor allem aus zeitlichen Gründen diese Funktion nur selten vollumfänglich wahrgenommen wird und innerhalb der dezentralen Materialverantwortlichkeiten eine Tendenz zur Überhöhung der Lagerbestände auftritt, weil alle Verantwortlichen sich vor plötzlichen Risiken sichern wollen und sich deshalb mit entsprechenden Puffern versorgen.

B 3.6

Die Notwendigkeit zur Infragestellung dezentraler Materialverantwortlichkeiten und Suche nach besseren Organisationskonzepten sieht Schäfer aus der Sicht der Automobilindustrie in zwei fundamentalen Erkenntnissen, denen strategische Bedeutung zukommt:

1. Die Grundfunktionen in Industrieunternehmen (Einkauf, Produktion, Vertrieb) müssen von Verwaltungsaufgaben entlastet werden, um ihre strategisch wichtigen Aufgaben mit der notwendigen Kreativität und Innovation wahrnehmen zu können.

2. Nachdem die Rationalisierungsmöglichkeiten in der Produktion kleiner werden, wird es zunehmend wichtiger, die heute noch im Materialfluß verborgenen Rationalisierungsmöglichkeiten auszuschöpfen.

Der Forderung nach einer höheren Wirtschaftlichkeit von Beschaffungs- und Materialflußprozessen kann man nur durch eine Organisationsform gerecht werden, die u.a. auch die folgenden Zielsetzungen abdeckt:

1. schnellere und bessere Entscheidungsfindung,
2. bessere Koordination von Lagerung und Transport,
3. höhere Flexibilität der Materialversorgung von Produktion und Markt,
4. bessere Einkaufsergebnisse,
5. niedrigere Lagerbestände,
6. logistikgerechte Produktgestaltung,
7. gutes Raum- und Flächenmanagement,
8. höhere Standardisierung/Modularisierung,
9. keine Doppelarbeiten und Belastungen,
10. Einsatz von geeignetem Personal,
11. Ausnutzung aller Rationalisierungsmöglichkeiten,
12. konsequente Wahrnehmung von Synergie-Effekten,
13. sichere Kontrollen,
14. automatisierte Arbeitsabläufe,
15. Abstimmung mit den Nachbarfunktionen.

Aus diesen Erkenntnissen der Kostensenkungsmöglichkeiten kommt primär heute der Anstoß zur Reorganisation der bisherigen Strukturorganisation mit der Schaffung eines zentralen Bereiches für die Materialwirtschaft.

Diese Organisationsform ist speziell geeignet,

1. die Aufgaben und Tätigkeiten auf die abgestimmten Materialwirtschaftsziele auszurichten,

2. die organisatorischen und personellen Voraussetzungen durch sinnvolle Abgrenzungen zu schaffen,

3. die Zielstrebigkeit der Mitarbeiter durch entsprechende Motivationstechniken anzuregen,

4. die Kreativität zu fordern und zu fördern,

5. die Fähigkeiten der Mitarbeiter mit entsprechenden Aufgabenzuteilungen auszuschöpfen,

6. die Kenntnisse der Mitarbeiter durch gezielte Schulungsmaßnahmen zu erweitern,

7. die Arbeitsplätze richtig zu bewerten und schließlich

8. die zentrale Planung, Steuerung und Kontrolle des gesamten Bereichs zu ermöglichen.

Die strukturelle Zuordnung in die Unternehmensspitze ist primär abhängig vom Integrationsgrad der Materialwirtschaftsfunktion und Kriterien wie Größe, Diversifikationsgrad oder Branche des jeweiligen Unternehmens. Ideal und heute in größeren Firmen anzutreffen ist die Zweilinienorganisation, wo Querschnitts- und Linienfunktionen in einer Matrix miteinander verbunden sind (Abb. 58 und 59).

Finanzwirtschaft, Personalwesen und Materialwirtschaft befassen sich als Querschnittsfunktionen mit den Problemen in den üblichen betrieblichen Funktionen jeweils aus der Sicht der Produktionsfaktoren: Kapital, Menschen und Material. Aus den verschiedenen Zielinteressen heraus resultieren sachbezogene Konflikte, die einer Gesamtoptimierung im Unternehmen dienen.

Sinn einer Matrixorganisation ist es dabei, solche Konflikte im Rahmen einer Unternehmensorganisation zu institutionalisieren und alle beteiligten Entscheidungsträger zu zwingen, die Probleme aus den verschiedenen Blickwinkeln zu analysieren und unter Berücksichtigung der vorhandenen Interessen einer Lösung zuzuführen.

B 3.6

BEISPIEL EINER ZWEILINIENORGANISATION
Materialwirtschaft in der betrieblichen Strukturorganisation

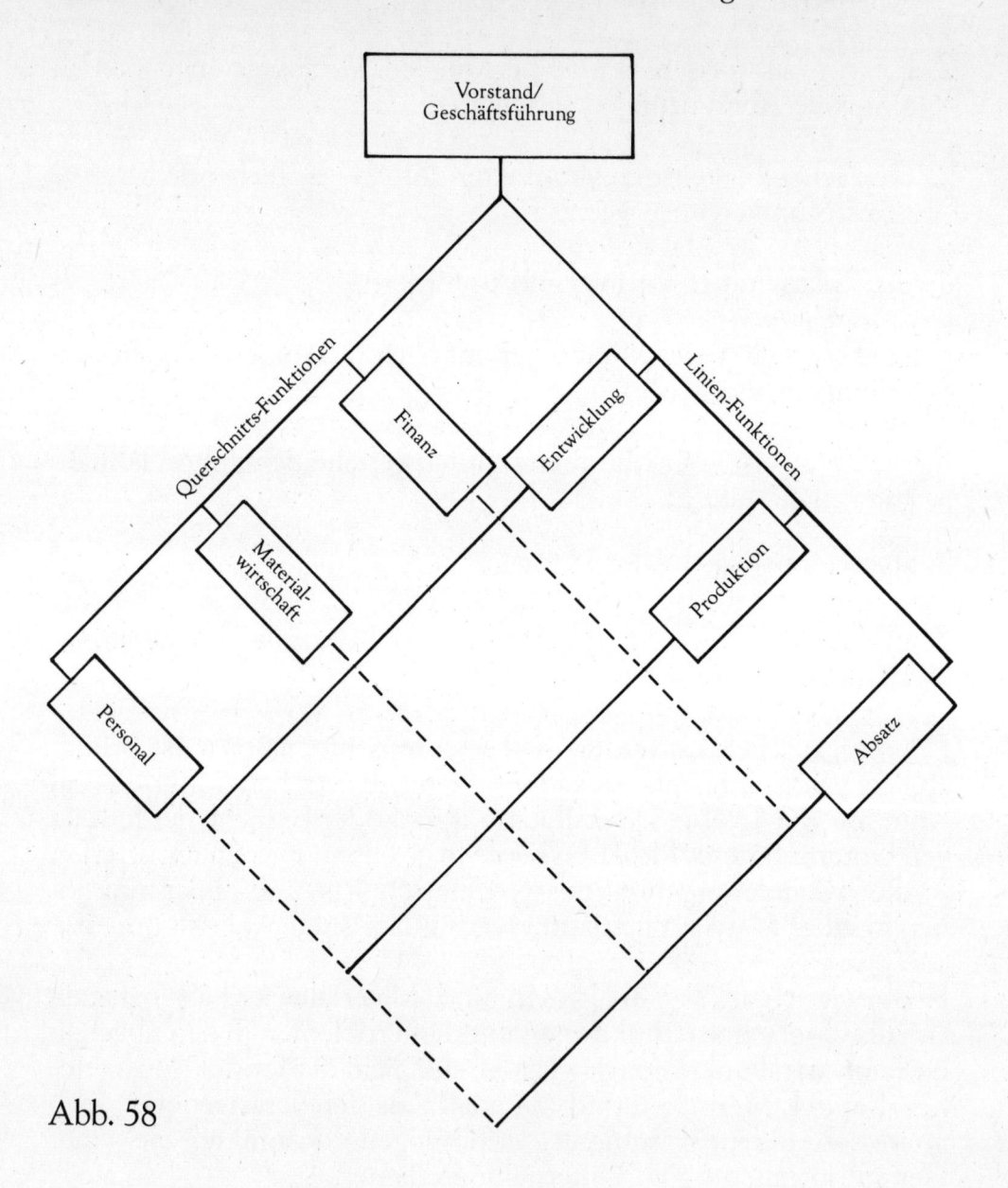

Abb. 58

Bei mittleren und kleineren Unternehmen stellt sich die Frage nach der Zuordnung zu einem Bereich, der die wichtigsten Entscheidungen innerhalb der materialwirtschaftlichen Aufgaben zu treffen hat. Der Grad der Komplexität der Produktion spielt dabei eine wichtige Rolle (vgl. Abb. 60).

GLEICHBERECHTIGTE EINSTUFUNG NEBEN DEN TRADITIONELLEN BEREICHEN – AMERIKANISCHES UNTERNEHMEN

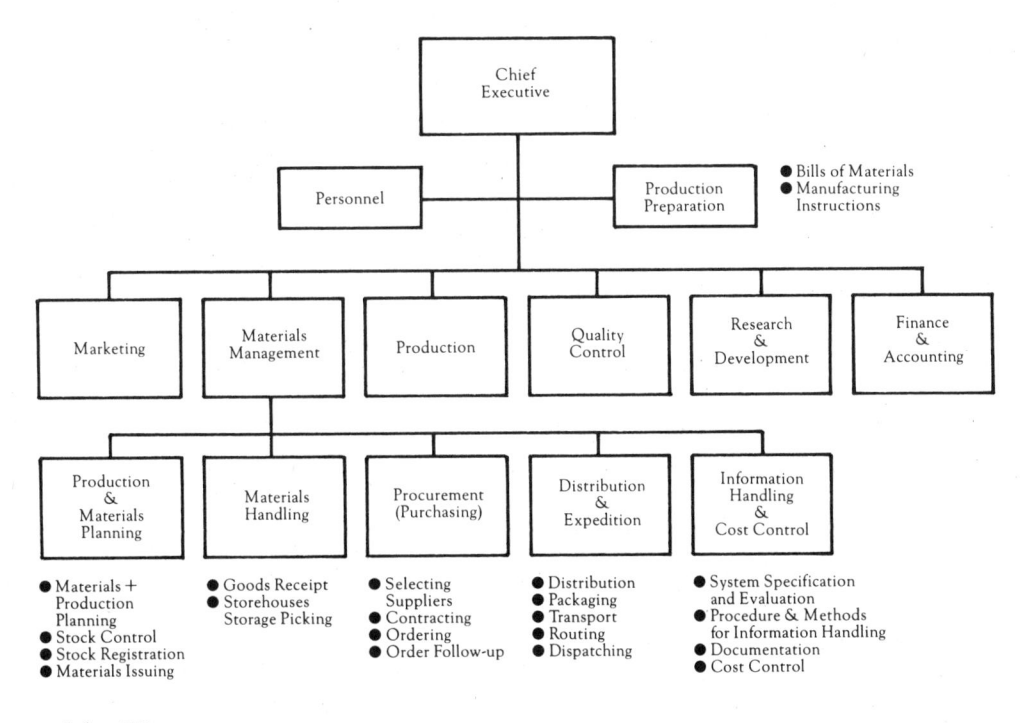

```
                              Chief
                             Executive

            Personnel                    Production        ● Bills of Materials
                                         Preparation      ● Manufacturing
                                                            Instructions

  Marketing   Materials    Production   Quality    Research      Finance
              Management               Control    &              &
                                                   Development    Accounting

  Production   Materials   Procurement   Distribution   Information
  &            Handling    (Purchasing)  &              Handling
  Materials                              Expedition     &
  Planning                                              Cost Control
```

● Materials +   ● Goods Receipt   ● Selecting   ● Distribution   ● System Specification
  Production   ● Storehouses   Suppliers   ● Packaging   and Evaluation
  Planning   Storage Picking   ● Contracting   ● Transport   ● Procedure & Methods
● Stock Control   ● Ordering   ● Routing   for Information Handling
● Stock Registration   ● Order Follow-up   ● Dispatching   ● Documentation
● Materials Issuing   ● Cost Control

Abb. 59

UNTERSTELLUNG UNTER DEN VON DER BEDEUTUNG JEWEILS DOMINIERENDEN BEREICH

In diesem Beispiel der Technik

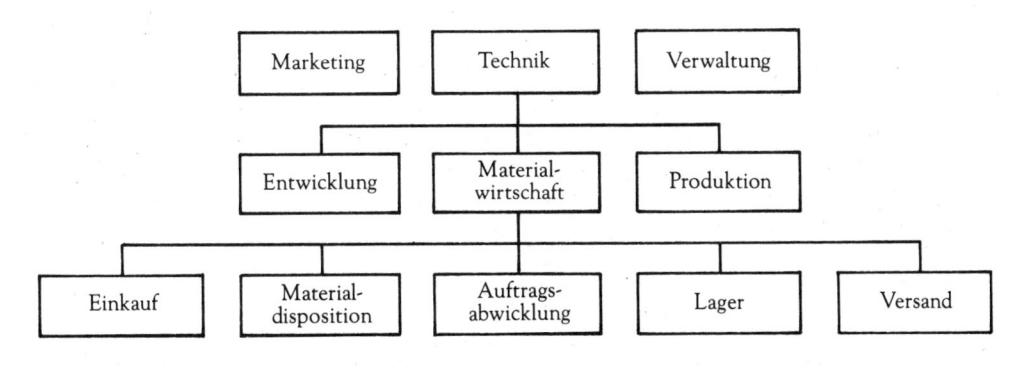

```
       Marketing        Technik         Verwaltung

                    Entwicklung   Material-       Produktion
                                  wirtschaft

         Einkauf    Material-    Auftrags-    Lager    Versand
                    disposition  abwicklung
```

Abb. 60

B. 3.6

Trotz der organisatorischen Zuordnung zu einem Schwerpunktbereich des Unternehmens sollte aber sichergestellt sein, daß die unterstellte Materialwirtschaftsfunktion mit ihren Planungs-, Steuerungs- und Kontrollkompetenzen ihre Optimierungsaufgabe unter Umständen auch über Bereichsgrenzen hinweg erfüllen kann.

Besondere Zuordnungsprobleme ergeben sich in großen Konzernen, wo die Unternehmensphilosophie bzgl. gewünschter Zentralisation oder Dezentralisation eine große Rolle spielt (vgl. Abb. 61).

STRUKTURORGANISATION BEI DEZENTRALEN PRODUKTIONSSTÄTTEN

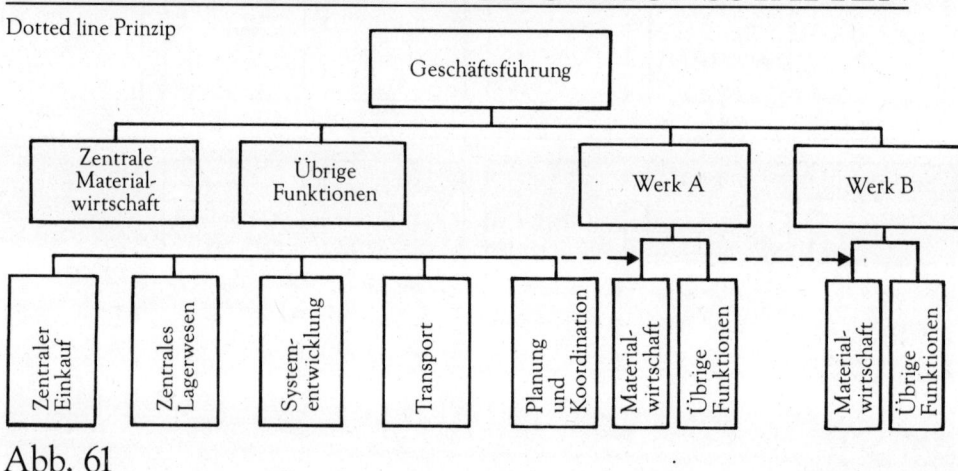

Dotted line Prinzip

Abb. 61

Nach R. Fieten richtet sich der Grad der Zentralisation oder Dezentralisation nach den Kriterien:

1. Sicherung der Priorität des Interesses der Gesamtunternehmung,

2. wirtschaftliche Beschaffung durch Bedarfszusammenfassung und Bedarfsvereinheitlichung,

3. einheitliche Beschaffungspolitik der gesamten Unternehmung,

4. wirtschaftliche und unbürokratische Planungs-, Entscheidungs-, Verwaltungs- und Handlingprozesse bei materialwirtschaftlichen Aufgaben,

5. wirtschaftlicher Personaleinsatz,

6. hohe Motivation der mit materialwirtschaftlichen Aufgaben befaßten Mitarbeiter,

7. Ermöglichung ausgewogener Entscheidungen durch optimale Nutzung des bei den verschiedenen mit materialwirtschaftlichen Aufgaben befaßten Abteilungen und Bedarfsträgern vorhandenen Sachwissens und

8. Sicherung einer hohen Anpassungsfähigkeit der Materialwirtschaftsorganisation.

Dieses Beispiel stellt eine Möglichkeit zur Kombination von Zentralisation und Dezentralisation von Materialwirtschaftsfunktionen dar, indem die mehr stabsstellenorientierten Aufgaben zentralisiert und die operativen Aufgaben der Steuerung und Durchführung mehr dezentralisiert sind.

Nach Pfohl lassen sich in der Praxis unterschiedliche Formen realisieren, die sich jeweils danach unterscheiden, wie die Kompetenzen im einzelnen zwischen dem Zentralbereich Logistik und den dezentralen Logistikabteilungen der Sparten aufgeteilt sind. Im wesentlichen ist das von der Frage abhängig, inwieweit die Zentralabteilung funktionale (fachliche) Weisungsbefugnis gegenüber den Logistikabteilungen in den Sparten erhält. Man kann hier zwei Extreme unterscheiden:

Eine Zentralabteilung mit „Sachkompetenz" ist zuständig für die Systemplanung (also Aufbau und Implementierung des funktionsfähigen Logistiksystems und die Erarbeitung der einzusetzenden Logistikmethoden und -instrumente) und die Fachplanung (Planen der Logistikziele, Logistikmaßnahmen und Logistikressourcen) sowie die Koordination und Kontrolle. Den dezentralen Logistikabteilungen werden nur die Aufgaben der Steuerung (z.B. wird der physische Güterstrom für eine Woche von der Zentrale geplant, aber die Steuerung innerhalb der Woche der dezentralen Logistik überlassen) sowie die Aufgaben der Durchführung übertragen.

Eine Zentralabteilung mit „Richtlinienkompetenz" kann dagegen lediglich durch eine grobe Planung den Rahmen festlegen, in dem sich die dezentralen Logistikabteilungen bewegen müssen. Ansonsten hat die Zentrale nur beratende Natur. Im Prinzip verbleiben hier also die wesentlichen Linienaufgaben der Logistik in den Sparten.

Die einer Materialwirtschaftsorganisation zuzuordnenden Subfunktionen sind abhängig vom Integrationsstand der Materialwirtschaft, die in Anlehnung an E. Grochla in folgende Stufen eingeordnet werden kann (Abb. 62).

B 3.6

INTEGRATIONSSTUFEN DER MATERIALWIRTSCHAFT

Integrationsstufen	Materialwirtschafts-Funktionen					
	Beschaffung Einkauf	Lager	Transport	Entsorgung	Fertigungs-Steuerung	Distribution
Bestell-Abwicklgs.-System	▶					
Klassische Materialwirtschaft	──────▶					
Integrierte Materialwirtschaft	──────────────▶					
Erweiterte Integration	──────────────────────▶					
Totale Integration	──────────────────────────────▶					

Abb. 62

Mit einer materialmanagement-orientierten Strukturorganisation werden die Schwierigkeiten der Koordination, Delegation und der Rechenschaftspflicht bzgl. aller Materialwirtschaftsaktivitäten weitgehend behoben. So schreibt z.B. Steinbrüchel: „Mit dieser Struktur läßt sich eine optimale Verknüpfung aller .... materialwirtschaftlichen Prozesse erreichen bzw. die Gefahr von Nahtstelleneffekten und Suboptimierungen von Materialteilflüssen vermeiden. Die Istwerterfasser, Regler und Entscheidungsinstanzen im materialwirtschaftlichen Regelsystem stehen in engen Beziehungen zueinander, zu den Bedarfsträgern und, wo notwendig, zu den Umweltelementen. Gerade die Tatsache, daß materialwirtschaftliche Probleme in den marktorientierten Funktionsbereichen eine relativ untergeordnete Rolle spielen, macht die Gestaltung eines Ausgleichsgewichtes notwendig. Sonst würde der Materialfluß unnötigerweise zerrissen und das darin gebundene Kapital zu wenig genutzt."

Die materialmanagement-orientierte Strukturorganisation ist so zu interpretieren, daß der Materialmanagementbereich funktional dem

Leitungskomitee, das über die Materialwirtschaftsstrategie des Unternehmens abstimmt, und personell der Geschäftsführung unterstellt ist. Vom ablauforganisatorischen Aspekt ergeben sich zwei Alternativen:

1. Bei mittel- und langfristigen Materialplanungs- und Steuerungsaktivitäten ist das Leitungskomitee für die Auftragsvergabe an den Materialmanagementbereich und die Realisationskontrolle zuständig. Der Materialmanager berichtet diesem Gremium periodisch über die Lagersituation, Projektfortschritte und evtl. Soll/Ist-Abweichungen.

2. Bei kurzfristig zu realisierenden Zielsetzungen im Bereich der Materialwirtschaft erfolgt die Auftragsvergabe an den Materialmanager durch die Geschäftsführung bzw. den direkten Vorgesetzten.

Die Verschiedenheit der Branchen und die gewachsenen Organisationsformen innerhalb dieser Branchen führen zu einer Vielzahl von möglichen Strukturorganisationen, von denen hier einige Beispiele aufgezeigt werden sollen (vgl. Abb. 63 bis 68).

ORGANISATORISCHE EINGLIEDERUNG DER MATERIALWIRTSCHAFT IN DIE GESAMTUNTERNEHMUNG

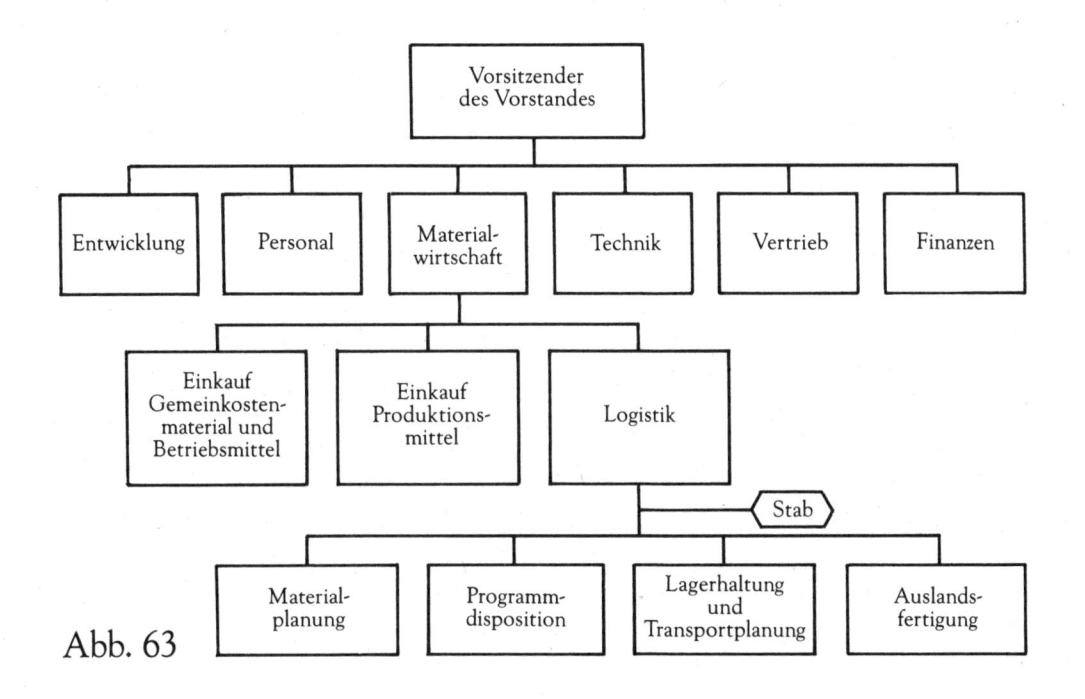

Abb. 63

B 3.6

ORGANISATORISCHE EINGLIEDERUNG DER MATERIALWIRTSCHAFT IN EINEM KONZERN

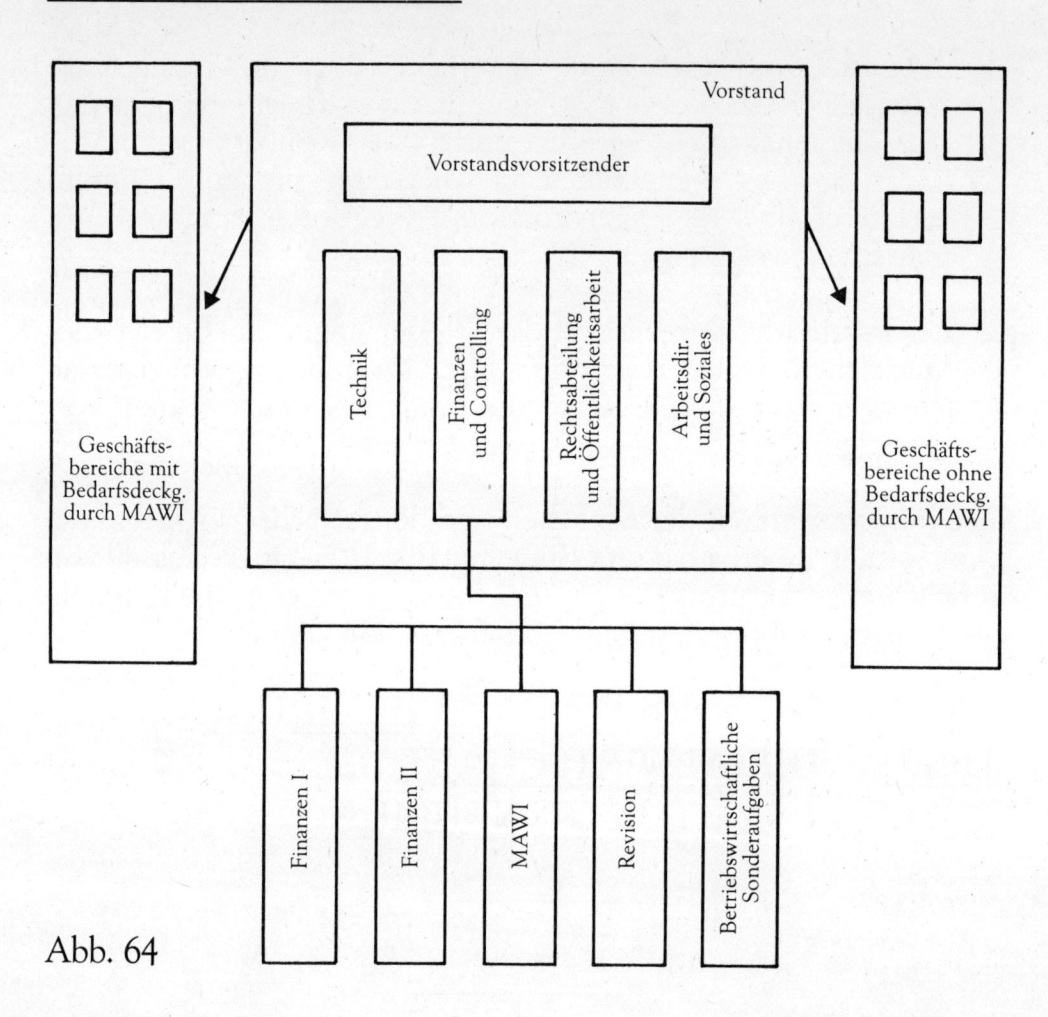

Abb. 64

B 3.6

ORGANISATORISCHER AUFBAU EINER UNTERNEHMUNG DER CHEMISCHEN INDUSTRIE

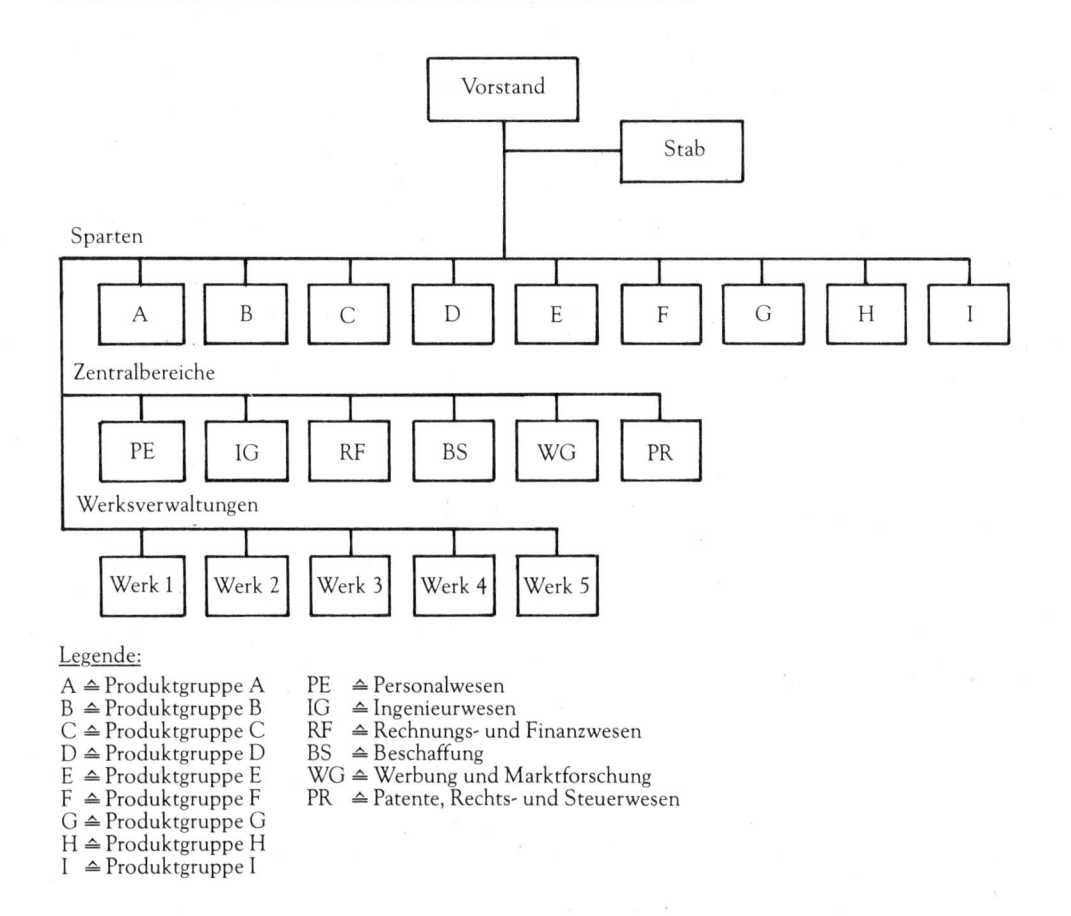

```
                    ┌───────────┐
                    │ Vorstand  │───┬───────┐
                    └─────┬─────┘   │ Stab  │
                          │         └───────┘
Sparten                   │
      ┌────┬────┬────┬────┼────┬────┬────┬────┐
     [A] [B] [C] [D] [E] [F] [G] [H] [I]

Zentralbereiche
      ┌────┬────┬────┼────┬────┐
     [PE][IG][RF][BS][WG][PR]

Werksverwaltungen
      ┌──────┬──────┼──────┬──────┐
   [Werk 1][Werk 2][Werk 3][Werk 4][Werk 5]
```

Legende:
A ≙ Produktgruppe A   PE ≙ Personalwesen
B ≙ Produktgruppe B   IG ≙ Ingenieurwesen
C ≙ Produktgruppe C   RF ≙ Rechnungs- und Finanzwesen
D ≙ Produktgruppe D   BS ≙ Beschaffung
E ≙ Produktgruppe E   WG ≙ Werbung und Marktforschung
F ≙ Produktgruppe F   PR ≙ Patente, Rechts- und Steuerwesen
G ≙ Produktgruppe G
H ≙ Produktgruppe H
I ≙ Produktgruppe I

Abb. 65

B.3.6

EINORDNUNG IN DIE DIVISIONALE ORGANISATION

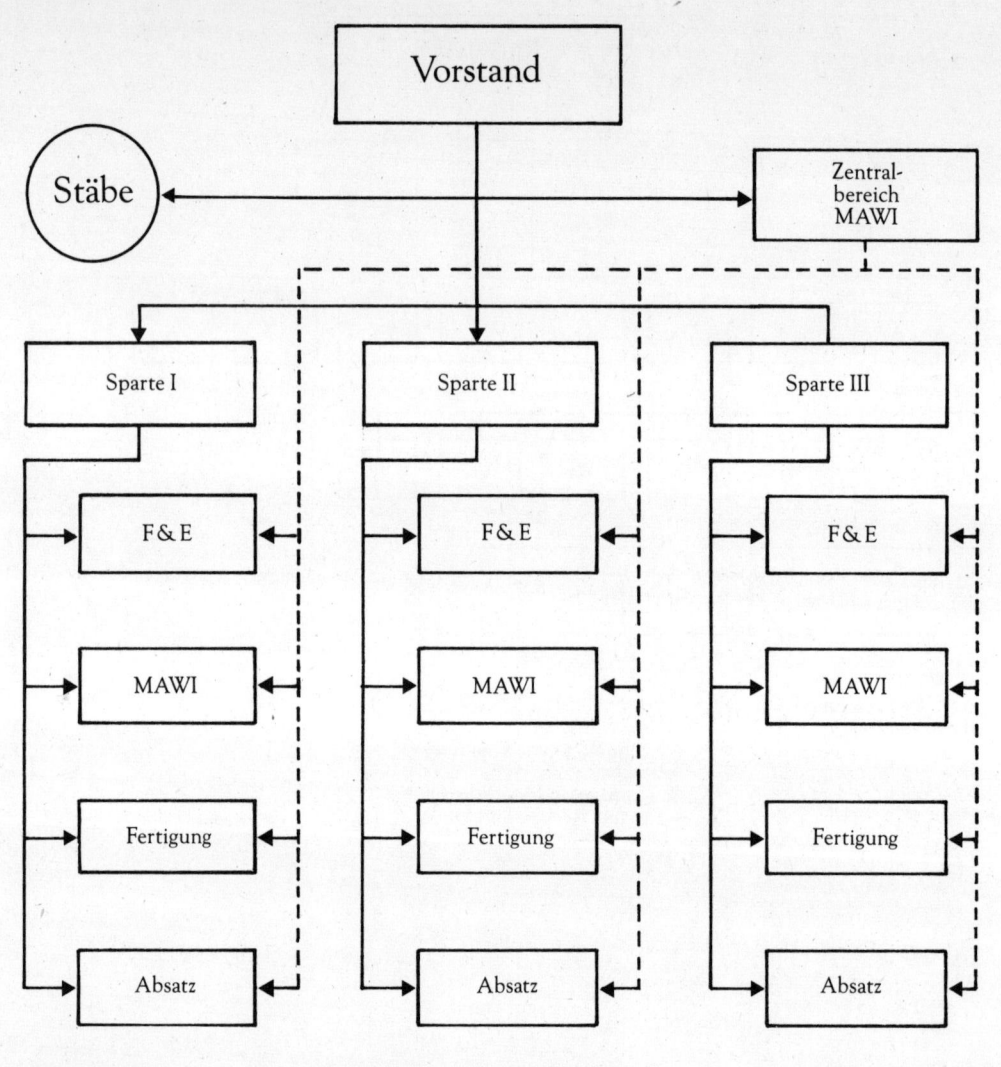

Abb. 66

ORGANISATION DER LOGISTIK IN EINER DEUTSCHEN UNTERNEHMUNG DER PHOTOCHEMIE

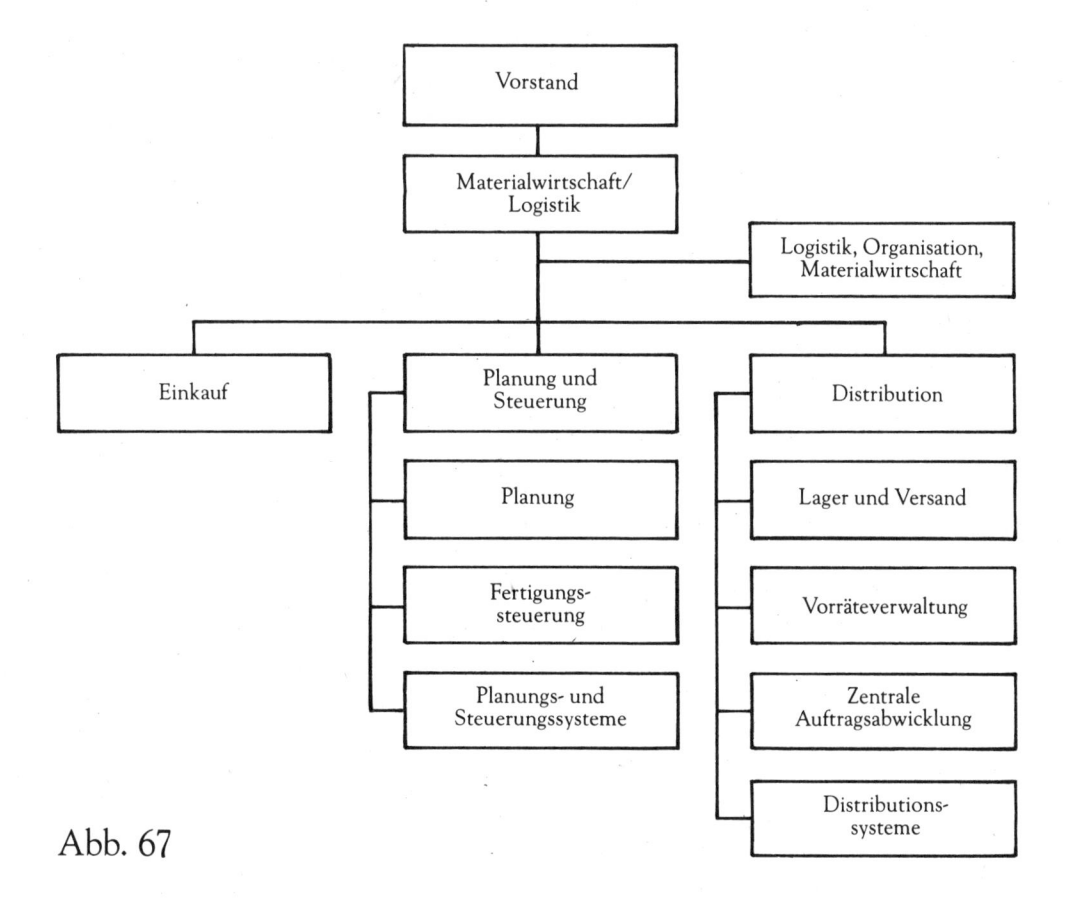

```
                    Vorstand
                       |
              Materialwirtschaft/
                   Logistik
                       |―――――――――― Logistik, Organisation,
                       |             Materialwirtschaft
       ┌───────────────┼───────────────┐
    Einkauf      Planung und        Distribution
                  Steuerung              |
                     |                Lager und Versand
                   Planung               |
                     |                Vorräteverwaltung
                  Fertigungs-            |
                  steuerung           Zentrale
                     |                Auftragsabwicklung
                 Planungs- und          |
                 Steuerungssysteme   Distributions-
                                     systeme
```

Abb. 67

B 3.6

ERWEITERTE INTEGRATION DER MATERIALWIRTSCHAFT IN EINEM DEUTSCHEN MASCHINENBAUUNTERNEHMEN

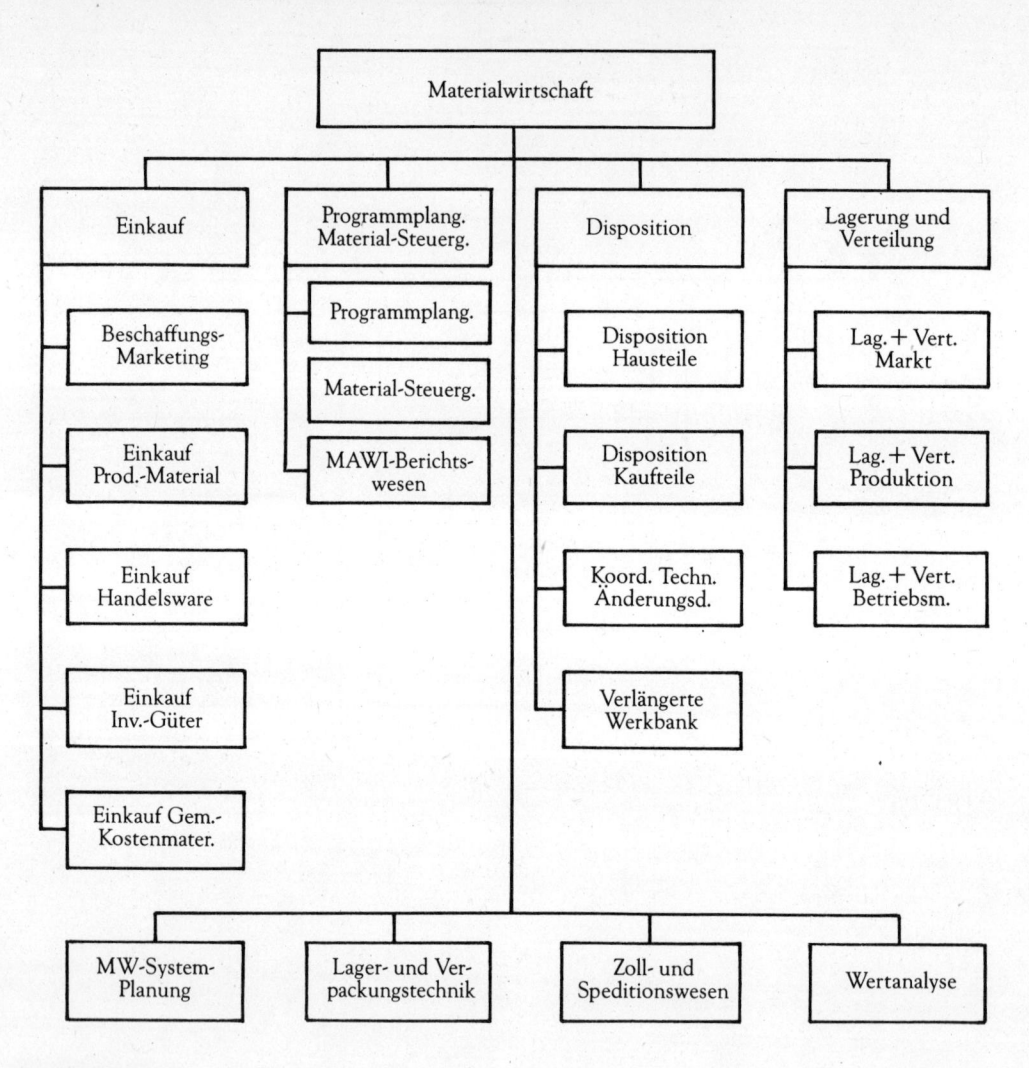

```
                          ┌─────────────────────┐
                          │  Materialwirtschaft │
                          └──────────┬──────────┘
        ┌────────────────┬───────────┼────────────┬────────────────┐
   ┌────┴─────┐  ┌───────┴───────┐ ┌─┴─────────┐ ┌┴────────────┐
   │ Einkauf  │  │Programmplang. │ │Disposition│ │ Lagerung und│
   │          │  │Material-Steuerg│ │           │ │ Verteilung  │
   └────┬─────┘  └───────┬───────┘ └─┬─────────┘ └┬────────────┘
```

- **Einkauf**
  - Beschaffungs-Marketing
  - Einkauf Prod.-Material
  - Einkauf Handelsware
  - Einkauf Inv.-Güter
  - Einkauf Gem.-Kostenmater.

- **Programmplang. Material-Steuerg.**
  - Programmplang.
  - Material-Steuerg.
  - MAWI-Berichtswesen

- **Disposition**
  - Disposition Hausteile
  - Disposition Kaufteile
  - Koord. Techn. Änderungsd.
  - Verlängerte Werkbank

- **Lagerung und Verteilung**
  - Lag. + Vert. Markt
  - Lag. + Vert. Produktion
  - Lag. + Vert. Betriebsm.

Unter Materialwirtschaft zusätzlich:
- MW-System-Planung
- Lager- und Verpackungstechnik
- Zoll- und Speditionswesen
- Wertanalyse

Abb. 68

Aus einer Studie über die Frage einer zentralen oder dezentralen Einordnung der Materialwirtschaftsfunktionen ergeben sich für die amerikanisch/kanadische Industrie folgende Ergebnisse (Abb. 69).

ZENTRALE UND DEZENTRALE EINORDNUNG DER LOGISTIK

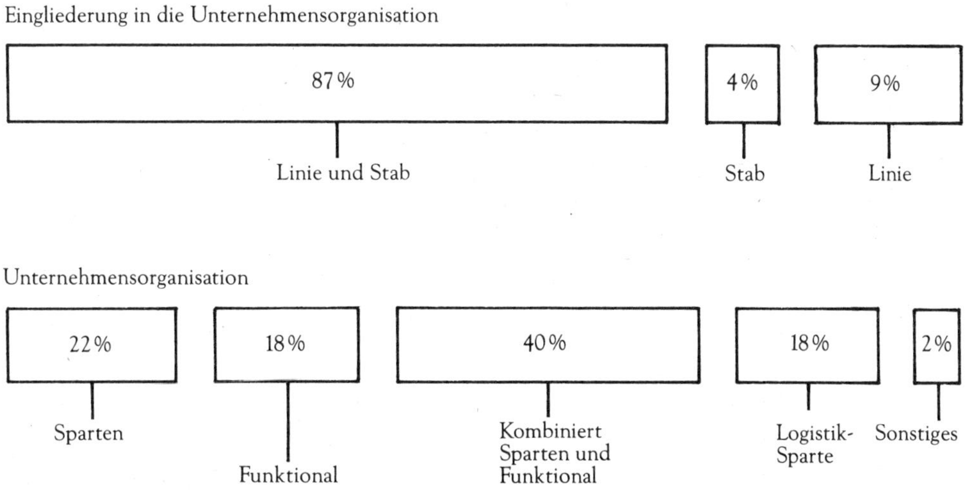

Eingliederung in die Unternehmensorganisation

| 87 % | 4 % | 9 % |

Linie und Stab — Stab — Linie

Unternehmensorganisation

| 22 % | 18 % | 40 % | 18 % | 2 % |

Sparten — Funktional — Kombiniert Sparten und Funktional — Logistik-Sparte — Sonstiges

Abb. 69   Quelle: La Londe, B. J. – Cronin, J. J., a. a. O., S. 70

Aus dieser Untersuchung geht weiterhin hervor, daß gegenüber früheren Umfragen die direkte Berichterstattung an die Unternehmensleitung prozentual stark zugenommen hat, was auf eine zunehmende hierarchische Aufwertung der Materialwirtschaftsfunktion schließen läßt.

Nach Pfohl ist die hierarchische Eingliederung des Materialwirtschaftsbereiches innerhalb der Unternehmensorganisation von folgenden Kriterien abhängig:

1. Art des Produktes. Nicht alle Produkte stellen dieselben Anforderungen an das Verpacken, Lagern, Umschlagen und Transportieren. Verlangt die Art eines Produktes große Sorgfalt und erhebliche logistische Kenntnisse bei diesen Vorgängen, so spricht das für eine straffere Organisationsform der zu erfüllenden Logistikaufgaben.

B 3.6

2. Art der Produktion und Nachfrage: Wird in einem Betrieb nur gemäß den Aufträgen der Kunden produziert, so sind die Probleme der Logistik gering. Wird dagegen für den anonymen Markt mit allen seinen Unsicherheiten produziert, so müssen sich daraus ergebende schwierige logistische Probleme bewältigt werden, was eine Zusammenfassung der Logistikaufgaben als plausibel erscheinen läßt.

3. Struktur des Auslieferungsnetzes: Hat ein Betrieb viele, weit verstreute Kunden, die über ein großes Netz von Auslieferungslagern beliefert werden, so werden große Anforderungen an die Koordination der Logistikaufgaben gestellt. Diesen Anforderungen kann am konsequentesten durch eine Zusammenfassung der Logistikaufgaben Folge geleistet werden.

4. Betriebsgröße: Vergleicht man Betriebe mit ähnlichen Produktprogrammen, so steigt die Komplexität der Logistikprobleme im allgemeinen mit der Betriebsgröße. Es ist in größeren Betrieben schwieriger, die notwendigen logistischen Entscheidungen zu koordinieren, und sie sind von größerer Tragweite. Die Vorteile einer organisatorischen Zusammenfassung von Logistikaufgaben sind dementsprechend bei großen Betrieben höher einzuschätzen als bei Klein- oder Mittelbetrieben.

Wichtig erscheint bei all diesen Strukturformen, daß die zu bildenden organisatorischen Substrukturen folgenden Ansprüchen entsprechen:

1. klare Definition der Materialverantwortlichkeiten auf allen Führungsstufen,

2. detaillierte und unzweideutige Methoden und Verfahren für alle Aufgaben,

3. Aufgabenbewertung im Hinblick auf ihre Bedeutung, Qualität, Automationsmöglichkeit,

4. Herausstellen bisher vernachlässigter, kritischer Aufgaben,

5. Vermeidung von Aufgaben- und Verantwortlichkeitsüberlappungen,

6. Verbessserung der Leistungsmeß- und Kontrollmöglichkeiten,

7. Einordnung der Arbeitsabläufe in die Strukturorganisation und Bestimmung der Reihenfolge und Prioritäten.

Vor allem beim Einsatz von EDV im Materialwirtschaftsbereich ist es wichtig, daß durch eine vorhergehende Konzeption einer gutdurchdachten Struktur- und Ablauforganisation erst die Voraussetzung für den gewünschten Rationalisierungseffekt geschaffen wird. Der Leitsatz muß hier heißen: erst organisieren, dann rationalisieren, dann automatisieren! Computerunterstützte Systeme sind nämlich kaum in der Lage, struktur- und ablauforganisatorische Unzulänglichkeiten und deren negative Auswirkungen zu beseitigen. Sie können aber als ein betriebspolitisches Mittel verwendet werden, um entsprechende Korrekturen herbeizuführen: „Diese Änderungen werden durchgeführt, weil der Computer es erfordert!" Auf diese Weise, indem eine Funktion neu durchdacht und entsprechend organisiert wird, lassen sich oft bereits drastische Leistungsverbesserungen erzielen, auch wenn nachher auf die eigentliche Automation verzichtet wird.

Die materialmanagement-orientierte Strukturorganisation wird in manchen Betrieben noch erweitert um die Funktion des Datenservice (Änderungsdienst der Stammdaten, Änderungsdienst der Bestandsdaten, Überwachung der Dateneingabe, Kontrolle der Datenausgabe, Verbindung zum Rechenzentrum), welche sich mit der Aktualisierung der Materialinformationen befaßt. Der Integration dieser Funktion in den Materialmanagementbereich kommt insofern größte Bedeutung zu, weil damit auch gleichzeitig die Kontrolle über die Aktualität und die Zuverlässigkeit der Informationsverarbeitung ermöglicht wird, die die Leistungsfähigkeit des gesamten Materialwirtschaftssystems entscheidend beeinflußt.

Als akzeptabel ist aber sicher auch eine organisatorische Zuordnung zur Entwicklung zu betrachten, die dann nicht nur die Änderungen anstößt, sondern nach Abstimmung mit allen von der Änderung betroffenen Fachbereiche die Datenaktualisierung von z.B. Teilestammsätzen und Stücklisten vornimmt.

Zusammenfassend bleibt festzustellen, daß man in den heute in der Praxis vorhandenen Organisationsstrukturen noch bei weitem keinen befriedigenden Endzustand erreicht hat und es noch vieler gestaltender Organisationsanpassungen bedarf, um den Beitrag der Materialwirtschaft zum Unternehmenserfolg von einer geeigneten Organisationsbasis aus zu optimieren.

B 3.6

Lassen Sie mich an dieser Stelle noch einige Argumente zugunsten einer zentralisierten Materialmanagement-Organisation anführen, die Sie in Vorbereitung einer Strukturänderung im Materialwirtschaftsbereich überdenken sollten:

1. Die Kosten des Materialflusses

   Der Materialfluß ist kostenaufwendig, und irgendwelche wirklichen Kostenreduktionen müssen in bezug auf die Gesamtkosten vorgenommen werden und nicht in einem Bereich zuungunsten eines anderen. Die Koordination und Überwachung des gesamten Materialflusses wird vereinfacht durch die Existenz einer zentralen Funktion mit einem Überblick über den gesamten Materialfluß.

2. Der Bedarf nach mehr Kenntnissen

   Die ständig anwachsende Komplexität der Überwachung des Materialflusses macht eine zentrale Steuerungs- und Kontrollfunktion notwendig, wo alle aktuellen Informationen gesammelt, studiert und durch professionelle Kenntnisse als Prozeß gesteuert werden.

3. Der Bedarf nach mehr Flexibilität

   In einer Umgebung, in der die Marktkonditionen einem ständigen Wechsel unterliegen und die Technologie und die Managementprozessse Inhalt einer kontinuierlichen Überprüfung und Entwicklung sind, müssen Organisationen flexibel genug sein, um mit dem ständigen Wechsel Schritt zu halten. Um den ständigen Änderungen gerecht zu werden, ist es auf jeden Fall einfacher, wenn das ganze Wissen von einem zentralen Bereich verfügbar gemacht wird.

4. Der Wunsch nach mehr Koordination

   Eine kostengünstigere und flexiblere Überwachung des Materialflusses bedarf einer Koordination vom Zeitpunkt des Einkaufens von Material bis zum Versand der Endprodukte zu den Kunden. Wenn die Verantwortung bei einer größeren Anzahl von Bereichen bleibt, ist lediglich eine Suboptimierung zu erreichen. Wenn dagegen die gesamte Überwachung zentralisiert ist, wirken sich die Bereichsgrenzen weniger stark aus, und die Kooperation und Koordination zwischen den Bereichen kann ein Gesamtoptimum ansteuern.

5. Die Vorteile der Automation

Computerunterstützte Informationssysteme unterstützen bereits heute einen ständig ansteigenden Teil von Aktivitäten innerhalb des Unternehmens. Speziell die Automation des Materialflusses läßt sich auf effiziente Weise durch den Computer rationalisieren, bedingt aber die gesamtheitliche Organisation von funktionalen Verantwortlichkeiten. Der Effekt der Computerunterstützung ist zweifellos größer, wenn eine Materialmanagementfunktion installiert wurde und das Ziel unterstützt, für den gesamten Problembereich der Steuerung des Materialflusses integrierte Lösungen zu entwickeln und einzuführen.

Eine zur bloßen Beschaffungsstelle denaturierte Materialwirtschaft kann keinen erwähnenswerten Beitrag zum Unternehmenserfolg erbringen! Deshalb sollte es das Ziel des Materialmanagers sein, die Materialwirtschaft von der bisherigen Servicefunktion zur Managerfunktion im Unternehmen weiterzuentwickeln.

B.3.7
HORIZONTALES MATERIALMANAGEMENT

Horizontales und vertikales Materialmanagement sind Begriffe, die in der bisherigen Materialwirtschaftsliteratur noch wenig Verwendung gefunden haben und deshalb zuerst einmal erklärt werden sollen. Auf dem ersten Weltkongreß der International Federation of Purchasing and Materials Management wurde 1977 in Venedig festgelegt, was weltweit unter der Funktion Materialmanagement zu verstehen ist, nämlich:

„Materials management is a concept and organizational structure unifying in a simple responsibility the systematic control of materials and services from need to identification through customer delivery. Included within this concept are the functions of planning, scheduling, buying, storing, moving and distributing. These are most frequently represented by the disciplines of Production and Inventory Control, Purchasing and Physical Distribution. The objection is to contribute to increased profitability by achiving least total material cost through optimizing of capital investment, capacity and personnel immediately in customer needs."

B 3.7

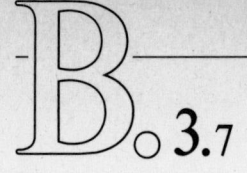

Diese Funktionsbeschreibung dient der Festlegung der Aufgabeninhalte und hierarchischen Regelkreise einer Materialwirtschaftsfunktion, die mit Hilfe eines vertikalen Materialmanagements zu optimalen Ergebnissen geführt werden soll. Vertikales Materialmanagement entspricht damit der Führungstätigkeit und -leistung innerhalb des eigenen Bereiches.

Unter horizontalem Materialmanagement versteht man dagegen die strategische und taktische Beeinflussung der betrieblichen Nachbarfunktionen und Umwelt durch den Materialmanager und seine Mitarbeiter, wie es in der folgenden Abbildung beispielhaft dargestellt ist (Abb. 70).

INFORMATIONSFLUSS ZWISCHEN MATERIALWIRTSCHAFT UND IHRER UMWELT

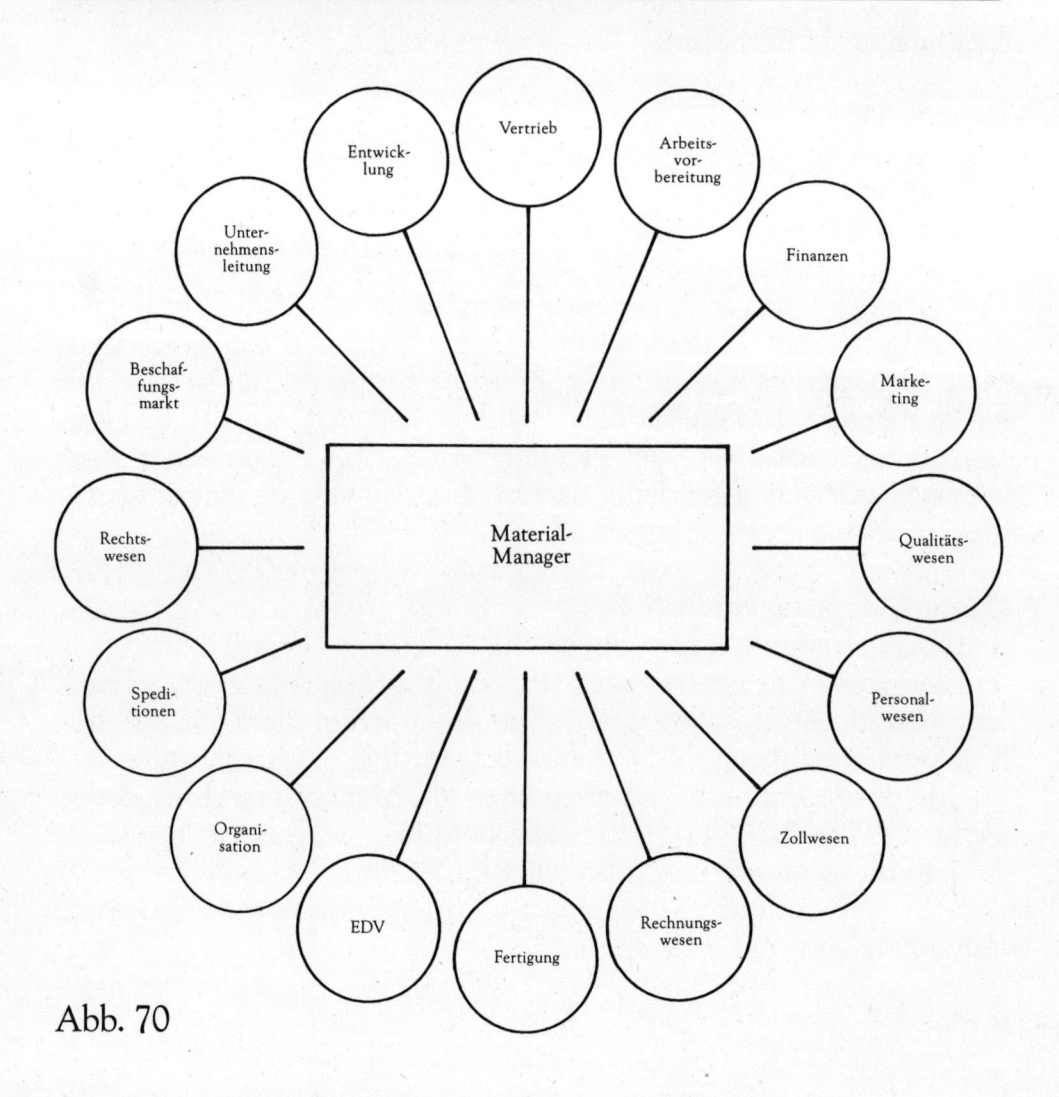

Abb. 70

Je mehr sich das Materialmanagement als zentrale Organisationseinheit zur Steuerung eines lagerarmen Materialflusses vom Lieferanten über die internen Wertschöpfungsstufen des Unternehmens hinweg bis zum Kunden versteht, um so wichtiger ist eine klare Aufgaben-, Kompetenz- und Verantwortungsabgrenzung dieser neugeschaffenen Koordinations- und Drehscheibenfunktion zwischen Vertrieb, Fertigung und all den Bereichen, wie sie in Abb. 71 dargestellt sind. Die Zielerreichung des Materialmanagements, den Kapitalumschlag und damit die Produktivität des Unternehmens zu erhöhen, hängt wesentlich von den Fähigkeiten zum horizontalen Materialmanagement ab, nämlich durch ein zielorientiertes Führungsverhalten für gute Kommunikationsbeziehungen und Problemlösungstechniken im Rahmen der Zusammenarbeit mit den Nachbarfunktionen zu sorgen. Spannungen in fachlichen Fragen sind dabei systemimmanent, solange sich die Materialwirtschaft als Konfliktlöser bezüglich der konkurrierenden Ziele, wie

1. hohe Lieferbereitschaft
2. gute Kapazitätsauslastung
3. minimale Dispositions- und Beschaffungskosten und
4. geringe Kapitalbindung

und anderen Nebenzielen versteht, wie sie in der folgenden Darstellung aufgeführt sind (Abb. 71):

Die Spannungen müssen richtig dosiert und gesteuert werden, was dem Materialmanager in der Regel nur gelingt, wenn er über ein hohes Maß an psychologischem Einfühlungs- und gleichzeitig Durchsetzungsvermögen verfügt. Des weiteren muß von ihm sichergestellt werden, daß die Schnittstellenbeziehungen und die Zusammenarbeitsformen mit den Kommunikationspartnern klar analysiert und in eine ablauforganisatorische Form gebracht werden, die von beiden Seiten akzeptiert wird.

Für den Materialmanager ist es von hoher Bedeutung, immer wieder einmal eine Situationsanalyse des psychologischen Arbeitsumfeldes zu erstellen und sich die Frage zu beantworten, wie insbesondere die Kollegen und Führungskräfte aus den Nachbarbereichen – mit denen man auf enge Zusammenarbeit angewiesen ist – zufriedengestellt bzw. motiviert werden können.

B 3.7

ZIELSYSTEM DER MATERIALWIRTSCHAFT

- Sicherung der Qualität
- Geringe Kapitalbindung
- Günstiger Materialeinkauf
- Geringe Personalkosten
- Kurze Lieferfrist
- Große Flexibilität bei Innovationen und Störungen
- Hoher Lagerumschlag
- Termintreue
- Mengentreue
- Geringe Fehlteilkosten
- Niedrige Anlageinvestitionen im Lager
- Gute Beziehungen zu den Lieferanten
- Schnelle Entscheidungshilfen
- Geringe Verwaltungskosten im MW-Bereich
- Gleichmäßig hohe Kapazitätsauslastung
- Absicherung der Materialversorgung
- Kurze Durchlaufzeiten
- Hohe Lieferbereitschaft und Liefertransparenz

→ COMPUTER
Material-Management
Optimale Bewirtschaftung

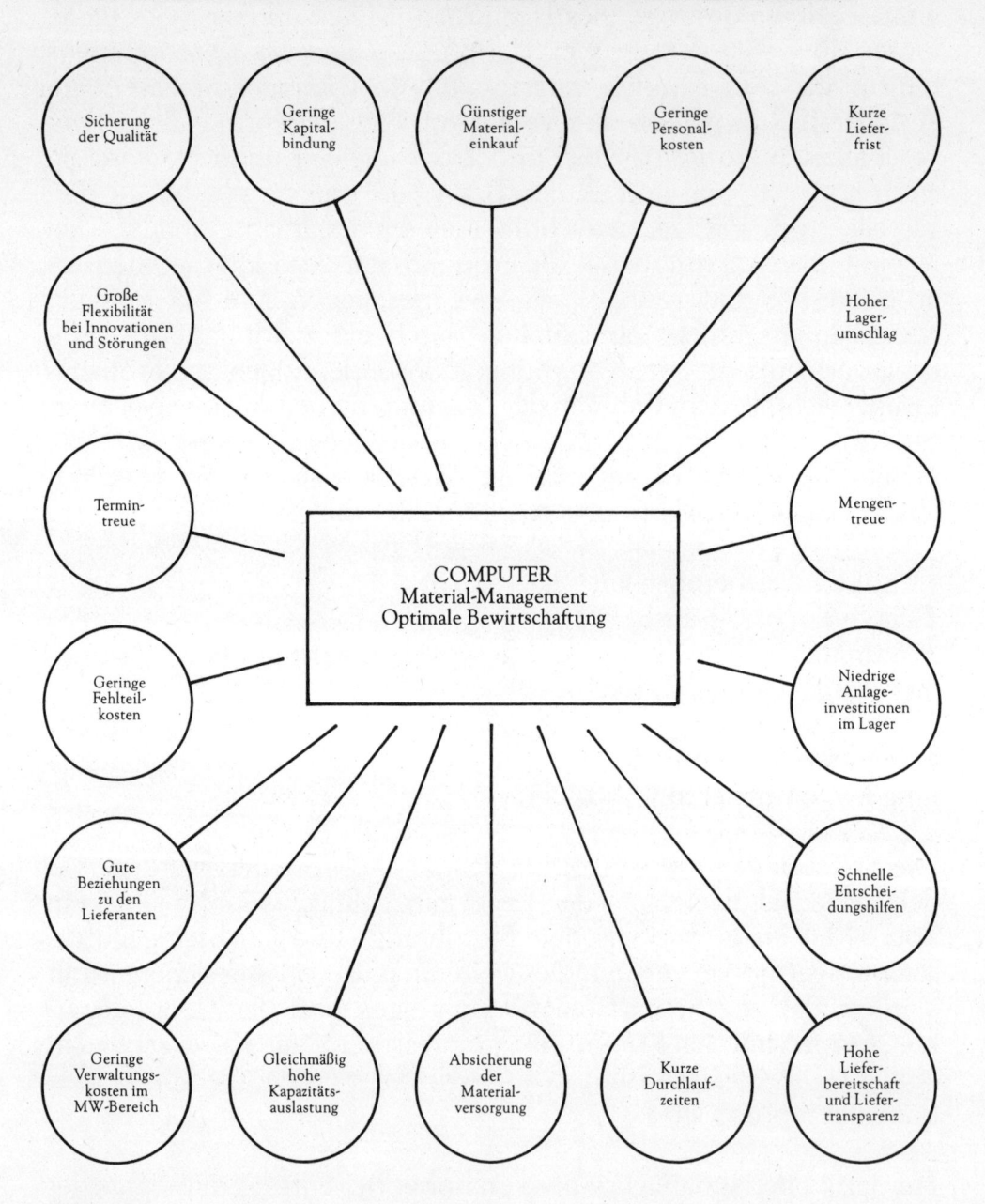

Abb. 71

Die folgenden Handlungen geben dabei Denkanstöße:

1. Vertrauensbasis schaffen,
2. um Verständnis werben,
3. den anderen als Menschen akzeptieren,
4. Anhören der Probleme,
5. Kooperation suchen,

6. Begeisterung für gemeinsame Ziele/Aufgaben wecken,
7. für umfangreiche Information sorgen,
8. Hilfestellung in schwierigen Situationen anbieten,
9. Anerkennung der Tätigkeit des Partners, Lob aussprechen, wenn es gerechtfertigt ist,
10. übernommene Arbeiten zuverlässig erfüllen,
11. keine „Schwarzen Peter" zuschieben,
12. verbindende Punkte finden und aufzeigen,
13. fremden Kompetenzbereich respektieren,
14. Kenntnis über eigene Aufgaben vertiefen,
15. keine Fehler nachtragen,
16. angenehme Umgangsformen aneignen,
17. positive Presse für den Partner erzeugen,
18. persönliche Interessen des Kollegen kennen,
19. bei Terminen pünktlich sein,
20. als Mensch natürlich bleiben,
21. Siege ohne Unterlegene anstreben, statt k.o. besser o.k.!!!

Hält der Materialmanager sich an diese Vorgaben, so wird er auf der persönlichen und fachlichen Ebene zu einer positiven Zusammenarbeit mit seinen Partnern gelangen.

Der folgende Beitrag liefert einige Anregungen, wie die Zusammenarbeit und Kommunikationsbeziehungen zu den wichtigsten betrieblichen Partnern im Rahmen des horizontalen Materialmanagements gestaltet werden können.

B.3.7.1
ZUSAMMENARBEIT MIT DER ENTWICKLUNG

Die Zusammenarbeit zwischen der Materialwirtschaft und der Entwicklung ist sehr vielseitig und erfolgt auf mehreren Ebenen:

1. Zusammenarbeit im Rahmen der Abstimmung bei der lang-, mittel- und kurzfristigen Entwicklungs- und Beschaffungsplanung,

2. Zusammenarbeit zwischen der Disposition und der Entwicklung im Rahmen des Produktänderungsdienstes,

3. Zusammenarbeit bei Make-Buy-Analysen,

4. Zusammenarbeit zwischen dem Einkauf und der Entwicklung, wenn es sich um den Zukauf neuer Produkte handelt,

B 3.7.1

5. Zusammenarbeit bei Wertanalyse-Aktivitäten,

6. Zusammenarbeit bei der Beurteilung von Qualitätsproblemen,

7. indirekte Zusammenarbeit, indem die Entwicklung für die Richtigkeit der Stücklisten zuständig ist und damit die Datenbasis für die Materialwirtschaftssysteme in starkem Maße beeinflußt.

Nicht selten kommt es in der betrieblichen Praxis zu Schwierigkeiten, weil die Kompetenzen zwischen den Bereichen nicht klar definiert sind und die Zusammenarbeit nicht so erfolgt, wie es sein sollte. Woran mag es wohl liegen, daß Einkäufer und Techniker sich angeblich in einer „Urfehde" befinden?

Ein Grund mag darin liegen, daß das „Backdoor-selling" (das Verkaufen durch die Hintertür) in der Vergangenheit viel häufiger vorkam, während sich der Einkäufer noch stärker in der Rolle des reinen Bestellabwicklers befand und die Entwicklung die Direktkontakte mit den Lieferanten als willkommene Ablenkung sehr schätzte. Mittlerweile kommt diese Art des Geschäftemachens unter Umgehung des Einkaufs seltener vor, nachdem sich der Einkauf stärker auf die schon immer so vorgesehene Arbeitsteilung beruft und die Außenkontakte federführend in die Hand genommen hat. Damit aber sind die Techniker auf Gedeih und Verderb auf die technische Qualifikation der Einkäufer angewiesen, die in der Praxis in vielen Fällen noch nicht ausreichend ist. Um sich mit den Technikern auf einer Ebene unterhalten zu können, muß der operative Einkäufer nämlich als „externer Arbeitsvorbereiter" ausgebildet sein, der nicht nur intime Produktkenntnisse aufweisen, sondern auch im umfangreichen Maße über die technologischen Fertigungsmöglichkeiten seiner Lieferanten informiert sein muß und damit gegenüber der Entwicklung als kompetenter Berater auftreten kann. Der Facheinkäufer erbringt diese Beratungsleistung, indem er dem Entwicklungsingenieur

1. Informationen über neue Stoffe und Produkte liefert,
2. Muster und Konkurrenzprodukte beschafft,
3. kostengünstigere Alternativen für eine Problemlösung vorschlägt,
4. Hinweise zur Verwendung von Normteilen gibt,
5. kritische Fragen zur Notwendigkeit von evtl. überzogenen Qualitäts- und Toleranzansprüchen stellt,
6. Beiträge der Lieferanten zur Problemlösung vermittelt.

B 3.7.1

Diese Aufgabenwahrnehmung erfordert einen qualifizierten Facheinkäufer, der

1. die Sprache des Ingenieurs versteht,
2. umfangreiche Marktkenntnisse hat und
3. neben dem technischen Interesse auch kaufmännisches Wissen besitzt.

Wenn diese Ausbildungsvoraussetzungen bei den Einkäufern gegeben sind, wird aus dem Gegeneinander von Entwicklung und Einkauf automatisch ein Miteinander in einer vernünftigen Arbeitsteilung.

Der Gemeinschaftsausschuß „Materialwirtschaft/Einkauf" des VDI und des BME hat in der Veröffentlichung in „Beschaffung aktuell", 8/82, die Wünsche der Materialwirtschaft an die Entwicklung wie folgt formuliert:

1. Sprechen Sie Ihren Vorentwurf mit uns durch

   Wenn Ihr Vorentwurf fertiggestellt ist, sind die teuren Teile – die A-Teile – bereits erkennbar. Legen Sie sich vor allem bei diesen Teilen noch nicht fest:
   Eine Schweißkonstruktion verursacht nun einmal andere Kosten als ein Gußteil oder ein Schmiedestück; der Werkstoff C 60 ist preiswerter zu beschaffen als 37 CrS 4, weil das Marktangebot größer ist und die Herstellkosten niedriger sind.
   Wir wollen gerne dafür sorgen, daß Sie von Fachleuten unserer Lieferfirmen exzellent beraten werden, falls Ihnen die Erfahrungen fehlen, eine Gußkonstruktion optimal auszulegen. Aber bitte dabei beachten: Auch Berater wollen die Erzeugnisse ihrer Unternehmen verkaufen. Darum:

2. Keine Vorwegfestlegungen auf bestimmte Lieferfirmen

   Für fast sämtliche Bauteile und Werkstoffe gibt es mehrere Anbieter und Alternativen. Eine Vorwegfestlegung läßt sich nicht geheimhalten: Die logische Konsequenz sind höhere Preise. Falls Berater Ihnen die Werksmarken für ihre Werkstoffe angeben, verlangen Sie die Normbezeichnung oder die Werkstoffnummer.
   Oder noch besser: Schreiben Sie der Materialwirtschaft die zu erfüllenden technologischen Eigenschaften der Werkstoffe vor. Wir beschaffen Ihnen gleich mehrere Alternativen, und wir können gemeinsam die preiswerteste auswählen.

B 3.7.1

3. Fragen Sie über uns Funktionen und keine ausgearbeiteten Problemlösungen an

Warum sollen Sie unbedingt die Lagerung der Hauptwelle selber auslegen? Hierfür gibt es Spezialisten.
Sagen Sie uns, was Sie benötigen, und geben Sie Gedankenfreiheit! Fragen Sie an: Wir brauchen eine Steuerung, die die folgenden Funktionen erfüllen muß. Oder: Wir suchen ein Getriebe mit folgenden Eigenschaften. Oder: Bitte bieten Sie uns eine Bearbeitungsmaschine an, die die auf den beigefügten Zeichnungen dargestellten Teile zu folgenden Kosten bearbeiten kann.

4. Lassen Sie neue Fertigungsverfahren zu

Es sind in den letzten Jahren Fertigungsverfahren entwickelt worden, die in manchen Bereichen einer Revolution gleichkommen. Viele Guß- und Schmiedestücke können ohne jegliche mechanische Bearbeitung eingesetzt werden. Behälter – selbst bei einem Durchmesser von 300 mm – werden innerhalb von drei Sekunden zusammengeschweißt. Fließpreßteile zeigen völlig neue Lösungswege auf.
Sie wissen doch: In dem Augenblick, in dem Sie GS-45 in die Stückliste eintragen, haben Sie zahlreiche alternative und vielleicht wesentlich preiswertere Fertigungsverfahren ausgeschaltet.

5. Keine zu engen Toleranzen

Gehen Sie mit den Toleranzen so sparsam um wie mit Ihrem Taschengeld. Fragen Sie – wenn Sie im Zweifel sind – Teile mit verschiedenen Toleranzen über uns an und entscheiden Sie sich erst, wenn Sie auch die kostenmäßigen Auswirkungen kennen. In vielen Fällen reichen die Freimaßtoleranzen nach DIN 7168.

6. Keine überhöhten Oberflächenvorschriften

Lassen Sie sich auch hier im Zweifelsfalle anbieten, wie sich die Veränderung der Rauhtiefe von 40 auf 10 kostenmäßig auswirkt.

7. Nicht die eigene Fertigung ist die Basis Ihrer Konstruktion, sondern der Beschaffungsmarkt

Wenn Sie bei Ihren Konstruktionen lediglich die Fertigungsmöglichkeiten Ihres Hauses zugrunde legen, wird Ihr Haus sicherlich eines Tages zugrunde gehen.

Die Konstrukteure eines großen Unternehmens mit einer eigenen Gießerei dachten bei der Festlegung ihrer Teile stets zuerst an Gußkonstruktionen. Alles, was gießbar war, wurde gegossen: Rahmen aus Guß, Hebel aus Guß, Halter aus Guß usw. Alternativen waren verpönt.
Es kann nicht Aufgabe der Konstruktion sein, die eigene – vielleicht unwirtschaftliche – Gießerei am Leben zu erhalten.
Lassen Sie uns die Möglichkeiten, die der Beschaffungsmarkt bietet, wirklich ausschöpfen. Aus diesem Grunde bitte keine auf den eigenen Betrieb zugeschnittene Werkstattzeichnungen, sondern Unterlagen, die nur die für die Funktion notwendigen Anforderungen enthalten.

8. Verwenden Sie DIN- oder Normteile

Schöpferisch tätig sein macht vielen Menschen Spaß, aber bitte erfinden Sie keine neuen Schrauben, Muttern, Unterlegscheiben, Bolzen, Profile, Getriebe und Kupplungen.
Lassen Sie uns das durch z.T. große Serien kostengünstige Angebot des Beschaffungsmarktes dort, wo es geht, ausnutzen.

9. Verwenden Sie Baugruppen

Baugruppen erleichtern nicht nur Ihnen die Arbeit. Sie bewirken auch – durch größere Losgrößen – günstigere Preise und niedrigere Beschaffungskosten. Und außerdem: Bei kompletten Baugruppen lohnt sich fast stets eine Wertanalyse, die weitere Kosteneinsparungen zur Folge hat.

10. Geben Sie uns mehr Zeit

Wir wissen natürlich, daß auch Sie unter Zeitdruck stehen. Der Kunde ist König und will nun einmal seine Maschine, seine Anlage in fünf Monaten bekommen. Aber bedenken Sie: Wir alle leben vom Nutzen. Und die erforderlichen Kostenreduzierungen sind nur zu realisieren, wenn genügend Zeit für wirksame Beschaffungsaktionen zur Verfügung steht.

Diese hier zitierten Anforderungen der Materialwirtschaft an die Entwicklung/Konstruktion machen deutlich, wie umfangreich die Optimierungsmöglichkeiten der Materialversorgung durch die vorgegebenen Produktstrukturen vorbestimmt werden. So existiert z.B. ein wirkungsvoller Ansatz zur Beständesenkung darin, die Wiederverwendung bewährter Teile, Baugruppen und Erzeugnisse (soge-

B 3.7.1

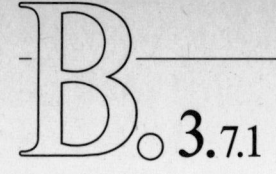

nannte Vorzugslisten) bei Neukonstruktionen zu fördern. Neben dem Einfluß auf den Gesamtlagerbestand wird dabei der Effekt gefördert, daß bereits vorhandene Anlagen, Maschinen und Fertigungsverfahren vermehrt genutzt werden, ohne Neuinvestitionen und damit verbundene Anlaufkosten in Kauf nehmen zu müssen. Ein weiterer Vorteil besteht in der Vermeidung des Risikos von Lagerhütern und kostengünstigeren Großlosen bei Bestellungen und Fertigungsaufträgen. Wichtig ist ferner die Vereinfachung der Lagerhaltung und der Ersatzteilbereitstellung in der gesamten Distributionskette.

Gemeinsames Ziel von Materialwirtschaft und Entwicklung sollte deshalb sein, ein aussagefähiges Teile-Dokumentationssystem einzuführen, welches dem Anwender in der Entwicklung ohne großen Sachaufwand ein schnelles und gezieltes Wiederauffinden der wiederzuverwendenden Teile ermöglicht.

In der Praxis existieren heute bereits bildschirmorientierte Systeme für eine entsprechende Sachmerkmaldaten-Verwaltung, wo allein aufgrund von Teilebenennungen oder Referenzsachbegriffen die gesuchten Teile in kürzester Zeit ermittelt und über einen Drucker ausgegeben werden können. Mit einem solchen System wird man beiden Funktionsbereichen gerecht.

Es gibt eine Reihe von Möglichkeiten, die Zusammenarbeit auch organisatorisch zu unterstützen. So hat es sich in einigen Firmen bewährt, daß der Einkauf eine dezentrale Stelle innerhalb der Entwicklung und damit ganz bewußt eine „Kontaktstelle" zur Kommunikationsverbesserung eingerichtet hat. Eine weitere Organisation der Zusammenarbeit ist in Form von monatlichen Informationssitzungen gegeben, in denen im Team die vorliegenden Aufgaben und Probleme zwischen Entwicklung und Materialwirtschaft angesprochen und abgestimmte, optimale Lösungsmöglichkeiten gesucht werden.

Merke: Eine organisatorische und funktionale Verzahnung zwischen Einkauf und Entwicklung bringt Kostenvorteile und steigert die Arbeitszufriedenheit in beiden Bereichen. In enger Zusammenarbeit sollte gemeinsam – im Sinne der Wertanalyse – eine aktive, funktionsorientierte Beschaffung betrieben werden. Ziel ist letztendlich der Unternehmenserfolg!

B.3.7.2 ZUSAMMENARBEIT MIT DEM VERTRIEB/MARKETING

Da sich die Materialwirtschaft unter anderem als Dienstleistungsfunktion für den Vertrieb oder das Marketing versteht, ergibt sich naturgemäß eine Vielzahl von Notwendigkeiten zur Zusammenarbeit. Dies beginnt bei der Abstimmung zwischen den lang-, mittel-, und kurzfristigen Absatz- und Beschaffungsplanungen, setzt sich bei der täglichen Zusammenarbeit bezüglich Auftragsabwicklung fort und geht bis hin zur Lager- und Versandabwicklung. In denjenigen Firmen, in denen sich das Materialmanagementkonzept durchgesetzt hat, findet man eine Arbeitsteilung und Schwerpunktbildung, wie sie in Abbildung 72 dargestellt ist. Demnach liegt der Schwerpunkt des Vertriebs/Marketings primär in der Optimierung der Auftragsgewinnung, während er beim Materialmanagement in der kostenoptimalen Auftragserfüllung liegt.

AUFGABENSCHWERPUNKTE IM MARKETING-, MATERIAL- UND PRODUKTIONSMANAGEMENT

Koordination im	Unterstellte Subfunktionen	Hauptziele
Marketing-Management	Marktforschung Verkauf (Auftragsverwaltung) Werbung Absatzförderung Produktgestaltung Freigestaltung (Fakturierung)	Gewinnmaximierung unter besonderer Berücksichtigung des Umsatzdenkens d.h. Optimierung der Auftragsgewinnung – Umfang – Struktur
Material-Management	Beschaffungsplanung (Auftragsverwaltung) Materialdisposition Einkauf (Fertigungssteuerung) Lagerwesen Versand (Fakturierung)	Gewinnmaximierung unter besonderer Berücksichtigung des Kostendenkens d.h. Optimierung der Auftragserfüllung
Produktions-Management	Fertigungsvorbereitung – Fertigungsplanung und Arbeits- und Zeitstudien – Konstruktion und Herstellung von Sonderbetriebsmitteln und Werkzeugen – (Fertigungssteuerung) Fertigung – Einzelteile – Baugruppen – Montage	Gewinnmaximierung unter besonderer Berücksichtigung des Qualitäts- und Kostendenkens d.h. Optimierung der Produktionsmethoden und -Verfahren
Abb. 72	Kontrolle	

B 3.7.2

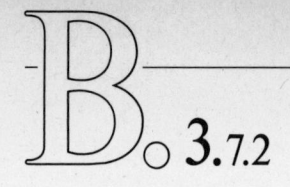

Kontrovers ist in der Praxis häufig die Zuordnung der Auftragsverwaltung und -abwicklung. Jedoch kristallisiert es sich mehr und mehr heraus, daß die Zusammenführung von Auftragserfassung mit der gleichzeitigen Auftragserfüllungskontrolle (Verfügbarkeitskontrolle des Materials oder terminliche Einplanungsmöglichkeit in der Fertigung) die ablauforganisatorisch beste Lösung ist und damit eine Zuordnung der Auftragsverwaltung zur Materialwirtschaft sehr empfohlen wird. Dies betrifft vor allem Firmen mit einem hohen Anteil an standardisierten Produkten, deren Auftragsabwicklung unproblematisch und mehr ein Routinegeschäft ist. Eine Zuordnung der Auftragsverwaltung und -abwicklung zur Materialwirtschaft ist dort abzulehnen, wo z.B. in Firmen mit einem hohen Einzelfertigungsanteil während der Auftragsabwicklungsphase häufige Abklärungen mit den Kunden getroffen werden müssen. In diesem Fall kommt der Vertriebsnähe als Zuordnungskriterium ein größeres Gewicht zu.

Die Erwartungshaltung des Vertriebs gegenüber der Materialwirtschaft äußert sich vor allem in den Anforderungen an eine flexible, qualitäts-, mengen- und zeitgerechte Kundenversorgung. Damit über dieses Anforderungsprofil Klarheit herrscht, ist jedem Materialmanager anzuraten, diese Zielvorgaben in einer schriftlichen Form abzustimmen, wie sie in Abbildung 73 beispielhaft aufgeführt ist.

LIEFERBEREITSCHAFTSANFORDERUNGEN DES VERKAUFS

Faktoren der Lieferbereitschaft	Zielsetzungen für die Materialwirtschaft
Schnelligkeit der Auftragserfüllung	Die Auslieferung muß innerhalb von x Tagen nach Auftragseingang erfolgen.
Flexibilität der Auftragserfüllung	Sonderwünschen der Kunden (z. B. Variantenwahl) soll kurzfristig entsprochen werden.
Zuverlässigkeit der Auftragserfüllung	Z. B. sollen 95 % aller bestätigten Anliefertermine eingehalten und nur wenige Ausnahmen als verspätete Lieferungen akzeptiert werden.
Bestände	Lagerbestände an Fertigprodukten müssen auf einem solchen Niveau gehalten werden, welches erlaubt, daß z. B. 97 % des Renner-Sortiments 85 % des Standard-Sortiments und 60 % des Exoten-Sortiments unmittelbar ausgeliefert werden können.
Genauigkeit der Auftragserfüllung	Die Auftragsabwicklung muß so organisiert sein, daß 99 % aller Aufträge mengen- und qualitätsmäßig fehlerlos abgewickelt werden.
Transportsicherheit	Die Verpackungs- und Transportmittel müssen so gewählt sein, daß die Produkte keine Beschädigung erhalten können.
Kommunikationsbereitschaft	Das Kommunikationssystem muß gewährleisten, daß bei Rückfragen der Kunden der zuständige Verkäufer kurzfristig die nötige Transparenz über den Abwicklungsstand der Aufträge erhält.

B.3.7.3
ZUSAMMENARBEIT MIT DER PRODUKTION

Aus der Darstellung der Aufgabenschwerpunkte im Produktmanagement (Abbildung 73) ist ersichtlich, daß der Schwerpunkt der Produktionsverantwortung auf der Konzeption optimaler Produktionsmethoden und -verfahren liegt, deren Ergebnisse sich in qualitäts- und kostengerechten Produkten widerspiegeln. Die Materialwirtschaft ist dabei mit mehreren Teilfunktionen aufgefordert, den Anforderungen der Fertigung entsprechende Dienstleistungen zu erbringen.

1. Anforderungen an den Einkauf

    Vom Einkauf wird erwartet, daß er die rechtzeitige Versorgung der Fertigung mit kostengünstigen Roh-, Hilfs- und Betriebsstoffen und den sonstigen Zukaufteilen sicherstellt, ohne daß eine zwangsweise Fertigungsunterbrechung erfolgen muß. Ob diese Versorgung ab Lager oder direkt ab Lieferanten erfolgt, ist für die Produktion nicht von Interesse, es sei denn, daß bei einer ungeplanten Ausschußfertigung die Chance der kurzfristigen Materialversorgung bei einer Lieferung ab Lager größer ist. Vom Verantwortlichen für den Einkauf von Maschinen und Anlagen erwartet die Produktion Informationen über neue Maschinen, neue Technologien, neue Lieferanten und auf Anfrage die Beschaffung der gewünschten Unterlagen von den in Fragen kommenden Lieferanten.

    Im Rahmen von Make or/and Buy-Analysen und Subcontracting-Maßnahmen wünscht die Produktion ein aktives und fachlich hochstehendes Engagement des Einkaufs, um möglichst flexibel auf Engpaßsituationen reagieren und/oder kostengünstigere Materialbereitstellungsmöglichkeiten nutzen zu können.

2. Anforderungen an die Disposition

    Von der Disposition wird erwartet, daß sie die Fertigungsprogrammplanung so wählt, daß weder starke Unterlastungs- noch starke Überlastungserscheinungen auftreten und die Produktivität der Fertigung gefährden. Dazu gehört gleichzeitig, daß sich die Disposition von vornherein um eine Optimierung der Losgrößen bemüht und sich an evtl. vorgegebene maximale oder minimale Losgrößenrestriktionen hält. Bei saisonalen Bedarfsentwicklungen wird von der Disposition eine weitblickende Auftragsglättung erwartet, die sonst zu kostenungünstigen Beschäftigungsschwankungen im Betrieb führen würde.

3. Anforderungen an die Fertigungssteuerung

Von der Fertigungssteuerung wird erwartet, daß sie die Fertigungsaufträge (d.h. Fertigungspapiere) möglichst spät in die Fertigung gibt, damit die Änderungsfrequenz der in der Fertigung befindlichen Produkte möglichst klein gehalten wird. Ferner wird gefordert, daß Maßnahmen wie Lossplittung, überlappte Fertigung und andere, die oft wegen hohen Termindrucks notwendig werden, sich in einem abgesprochenen Rahmen halten. Rückstandssituationen dürfen von der Fertigungssteuerung nur in einem gewissen Ausmaß zugelassen werden, da sonst die innerhalb der Warteschlange vorzuziehenden Bestellungen zu vermehrten Umrüstprozessen führen und damit die Produktivität der Fertigung ernsthaft gefährden. In Engpaßsituationen wird von der Fertigungssteuerung erwartet, daß sie in Zusammenarbeit mit dem Einkauf nach kurzfristigen oder generellen Verlagerungsmöglichkeiten sucht und entsprechende Subcontracting-Nehmer ausfindig macht. Ansonsten erwartet die Fertigung von der Fertigungssteuerung eine gleichmäßig hohe Auslastung der Maschinen, die eine Optimierung der Fertigungsleistung nach Menge und Kosten ermöglicht.

Während in amerikanischen Unternehmen die Fertigungssteuerung in der Regel der Materialwirtschaft zugeordnet wird, wird diese Lösung in Deutschland bisher eher nur von Unternehmen mit Massen- oder Großserienfertigung realisiert. Wenn man aber davon ausgeht, daß die Materialwirtschaft gegenüber dem Verkauf oder dem Kunden eine möglichst gute Lieferbereitschaft garantieren soll, dann muß man ihr zwangsläufig auch das Instrumentarium der Bevorratung und der terminlichen Steuerung der Aufträge mit der evtl. notwendigen Prioritätssetzung anvertrauen. Das heißt aber nichts anderes, als daß die termin- und mengenmäßige Fertigungsauftragssteuerung in den direkten Kompetenzbereich der Materialwirtschaft gehört, die als verlängerter Arm des Verkaufs die Warteschlangen in der Fertigung nach Marktnotwendigkeiten beeinflußt. Dies ist vor allem dort richtig, wo die Einplanung in die Fertigung sehr einfach ist, weil sowohl der Maschinenpark als auch die standardisierten Produkte weniger spezielles Fertigungs-Know-how als logistisches Optimierungsdenken erfordern. Eine hierfür geeignete Arbeitsteilung zwischen Produktion und Materialwirtschaft ist in Abbildung 74 dargestellt.

Dagegen sollte in allen Betrieben die Fertigungssteuerung der Produktion unterstellt bleiben, wo sehr schwierige und variable Einplanungen (Maschineneinsatz mit verschiedenen Automationsstufen, Verwendung von Alternativmaterialien, Ausstichverwertung, Einsatz von Vielfachwerkzeugen usw.) an der Tagesordnung sind. Hier ist wiederum die Produktionsnähe als ein bedeutendes Zuordnungskriterium für die Eingliederung der Fertigungssteuerung in die Produktion zu werten.

ARBEITSTEILUNG ZWISCHEN PRODUKTION UND MATERIALWIRTSCHAFT

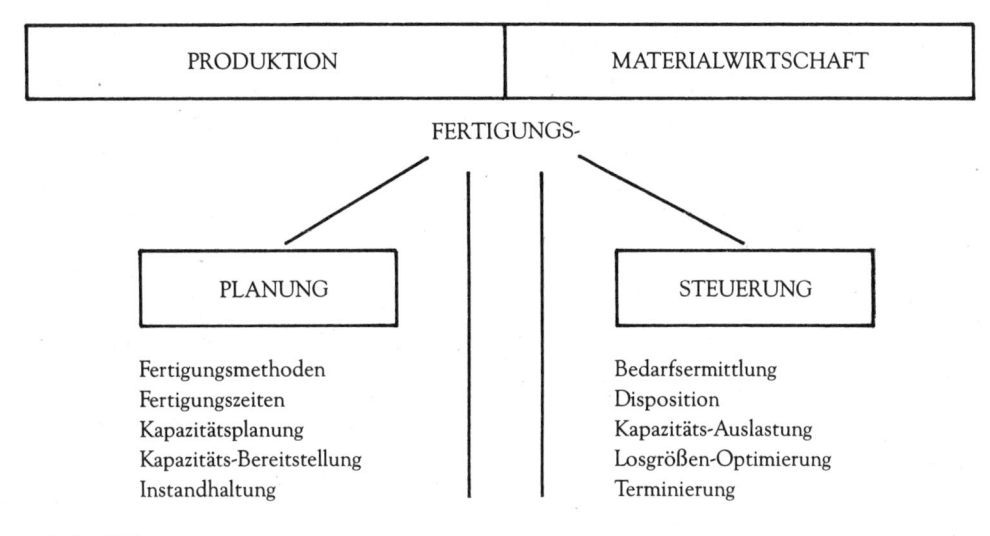

```
|       PRODUKTION       |    MATERIALWIRTSCHAFT    |
                    FERTIGUNGS-
        ┌───────────────────┐      ┌───────────────────┐
        |     PLANUNG       |      |    STEUERUNG      |
        └───────────────────┘      └───────────────────┘

  Fertigungsmethoden              Bedarfsermittlung
  Fertigungszeiten                Disposition
  Kapazitätsplanung               Kapazitäts-Auslastung
  Kapazitäts-Bereitstellung       Losgrößen-Optimierung
  Instandhaltung                  Terminierung
```

Abb. 74

B.3.7.4
ZUSAMMENARBEIT MIT DEM QUALITÄTSWESEN

Eine sorgfältige Abstimmung und gegenseitige Information muß zwischen Qualitätswesen und Materialwirtschaft z.B. bei folgenden Geschäftstätigkeiten gewährleistet sein:

1. bei der Lieferantenauswahl nach Qualitätsgesichtspunkten,

2. bei der laufenden qualitativen Lieferantenbeurteilung,

3. bei dem Transfer von technologischem Know-how, welches den Lieferanten bezüglich seiner Lieferqualität leistungsfähiger machen soll,

B 3.7.4

4. bei der Suche und dem Einschalten von Subcontracting-Partnern,

5. bei der Verlagerung der Qualitätsprüfung und der damit verbundenen Kosten zum Lieferanten,

6. bei der Wareneingangskontrolle, die sicherstellen muß, daß nur einwandfreie Ware eingelagert werden darf, und

7. bei der Bearbeitung von Reklamationsfällen aufgrund qualitativer Mängel.

Das Qualitätswesen stellt dabei die Anforderung, daß der Einkauf die Methoden und Verfahren der Qualitätskontrolle und -sicherung weitgehend beherrscht und auf dieser Kenntnisbasis Informationen an den Lieferanten weiterleiten und Probleme diskutieren kann. Speziell die neuen Zusammenarbeitsformen mit dem Lieferanten (KANBAN – oder Fortschrittszahlenverfahren) stellen erhöhte Anforderungen an die positive Zusammenarbeit zwischen Einkauf und Qualitätswesen, die auch vermehrt zu strukturellen Zusammenlegungen in der Organisation führen.

Als Fazit der Zusammenarbeit zwischen der Materialwirtschaft und den technischen Bereichen wird im folgenden eine Wunschliste aus dem Buch von J. Sell: „Erfolgschancen im Materialwirtschaftsbereich" zitiert:

Wünsche der Materialwirtschaft an die Technik

1. Unterrichten Sie bitte den Einkauf in allen Bedarfsfällen so früh wie möglich. Nur dann kann der Einkäufer preisgünstig und termingerecht kaufen.

2. Fordern Sie im Einkauf bitte nur die Mengen an, die Sie bestimmt brauchen. Vorsicht, Lagerhüter!

3. Fordern Sie nur das in größeren Mengen an, was bereits erprobt ist und sich bewährt hat. Bei neuen Dingen nicht gleich „in die vollen gehen".

4. Füllen Sie bitte diese Bedarfsmeldungen vollständig aus. Machen Sie klare technische Angaben.

5. Bei Neukonstruktionen sollten Sie den Einkauf von Anfang an einschalten. Fordern Sie nicht nur Muster an, die Sie erproben soll-

ten, sondern sagen Sie dem Einkäufer: „Wir brauchen etwas für den und den Zweck, das diese und jene Funktionen erfüllen soll. Wir denken uns die Sache so und so. Beschaffen Sie uns die und die Muster. Fragen Sie aber auch andere Lieferanten nach anderen Vorschlägen."

6. Legen Sie sich bei Ihren Konstruktionen nicht auf bestimmte Fabrikate fest. Wenn Sie dem Einkäufer bestimmte Fabrikate vorschreiben, können die Möglichkeiten des „großen Marktes" nicht ausgenutzt werden. Oft entstehen auch Beschaffungsschwierigkeiten.

7. Vermeiden Sie alle unnötigen Funktionsreserven. Stellen Sie keine überspitzten Qualitätsanforderungen.

8. Verwenden Sie möglichst Normteile oder handelsübliche Waren. Sonderwünsche kosten Zeit und Geld.

9. Unterrichten Sie den Einkäufer rechtzeitig über alle geplanten Programmänderungen und alle geplanten Konstruktionsänderungen.

10. Führen Sie keine Einkaufsgespräche, ohne daß die Einkäufer dabei sind (in Ausnahmefällen bitte den Leiter des Einkaufs sofort unterrichten).

11. Machen Sie den Lieferanten keine Zusagen.

12. Behandeln Sie alle Dinge vertraulich, die mit Preisen und Geschäftsverbindungen zu Lieferanten zusammenhängen.

13. Für den gesamten Schriftverkehr mit Lieferanten und mit Firmen, die uns vielleicht einmal beliefern werden, ist der Einkauf zuständig.

14. Besuchen Sie unsere Lieferanten und Firmen, die uns vielleicht einmal beliefern werden, nur nach vorheriger Rücksprache mit dem Leiter des Einkaufs.

15. Melden Sie der Materialwirtschaft alles (Material, Teile, Werkzeuge, Einrichtungen, Maschinen, Transportgeräte usw.), was Sie zur Zeit oder überhaupt nicht mehr brauchen.

Merke: Die Zusammenarbeit mit den technischen Bereichen wird automatisch besser, wenn Sie das Informationsdefizit beseitigen!

B.3.7.5
ZUSAMMENARBEIT MIT DEN FINANZEN

Die Zusammenarbeit zwischen Materialwirtschaft und dem Finanz- und Rechnungswesen bezieht sich auf folgende Aktivitäten:

1. Abstimmung der Kapitalbindungsgrenzen für die einzelnen Lagerstufen im Rahmen der Jahresbudgetierung,

2. permanente gemeinsame Kontrolle der Lagerbestandsentwicklung,

3. Abstimmung bei Verschrottungsaktionen,

4. Zusammenarbeit bei der Konzeption und Realisierung der dynamischen Beschaffungsplanung,

5. gemeinsame Aktionen mit dem Ziel der Sortimentsbereinigung,

6. Zusammenarbeit bei Kostenanalysen für Make/Buy- oder Subcontracting-Untersuchungen,

7. gemeinsame Bearbeitung und Bewertung von Wirtschaftlichkeitsrechnungen von Investitionsprojekten im Materialwirtschaftsbereich,

8. Zusammenarbeit bezüglich permanenter oder Stichtags-Inventur,

9. Abstimmung bezüglich der Auftragsabrechnung und der allgemeinen Ablauforganisation,

10. funktionale Abstimmung zwischen Wareneingangskontrolle, Rechnungsprüfung und Kreditorenbuchhaltung,

11. Zusammenarbeit bei allgemeinen Kostensenkungsprogrammen.

In diesem Abstimmungskreis treten in der Praxis wenig Schwierigkeiten auf, weil die Kompetenzen klar geregelt sind und keine Informationshektik gegeben ist.

B.3.7.6
ZUSAMMENARBEIT MIT DER ORGANISATION UND EDV

Die Zusammenarbeit zwischen Materialwirtschaft und Organisation und EDV ist in dem Maße wichtiger geworden, in dem der Computer die Informationsautomatisierung der Planungs-, Steuerungs- und Kontrollprozesse in der Materialwirtschaft übernommen hat. An dieser Stelle soll weniger die Zusammenarbeit zwischen der laufenden EDV-Produktion und den verschiedenen Materialwirtschaftsabteilungen angesprochen werden, zumal diese in der Regel reibungslos verläuft, sondern ein Schwerpunkt auf die Frage der Realisierung von EDV-Projekten in der Materialwirtschaft gesetzt werden.

Wenn man einen kurzen Rückblick in die Anfangszeit des Computereinsatzes in der Industrie hält, so befand sich damals der EDV-Chef in der Situation eines Verkäufers, der etwas Neues seinen Abnehmern anzubieten hatte. Die vorhandenen Software-Pakete wurden mehr oder weniger aufgrund der Initiative der EDV und der teilweise vorsichtigen Zustimmung der Geschäftsleitungen, die sich oft ihrer Entscheidungen nicht ganz sicher sein konnten, in die Linienstellen mit teilweise großem Widerstand „hineingedrückt". Die passive Einstellung, auch der Materialwirtschaftsverantwortlichen, hatte die Auswirkung, daß die EDV-Mitarbeiter lange Zeit einen enormen Wissensvorsprung bezüglich Systemanalyse, -denken, Anwendung moderner Verfahren der Unternehmensführung (Operations Research) und in allgemeiner Informatik hatten.

Die Reaktionen der Mitarbeiter in der Materialwirtschaft schwankten damals zwischen Staunen, Skepsis, Furcht und Spott über den „unheimlichen Roboter". Seit Mitte der 60er Jahre scheint sich jedoch die elementare Kenntnis durchgesetzt zu haben, daß der Computer einerseits doch kein „elektronisches Gehirn" im Sinne der Fähigkeit zu selbständigem Denken und des Vorhandenseins von Phantasie ist, daß er aber andererseits eine ganze Reihe von Aufgaben der Materialwirtschaft – beispielsweise komplizierte Rechnungen, logische Entscheide bei klaren Prämissen, das Speichern und Reproduzieren von Informationen sowie die Auswertung von gewünschten Daten nach gewissen Gesichtspunkten – besser, schneller und präziser auszuführen vermag. Die Folge davon war, daß sich sowohl die Führungskräfte als auch die innerhalb der Materialwirtschaft zu EDV-Koordinatoren bestimmten Mitarbeiter mehr und mehr über die neuen Verfahren ausbilden ließen.

B 3.7.6

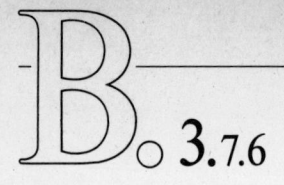

Die Zielsetzung lag dabei auf

1. der Information über Möglichkeiten, Methoden, Vorgehen und Probleme beim Einsatz von Computern,

2. der umfassenden Ausbildung für die problemorientierte Anwendung der EDV-Systeme und

3. der vertieften Ausbildung in Informatik.

Die Folge dieser Schulungsaktivitäten ist, daß sich das ursprüngliche Bild des „Verkaufens von Software-Lösungen" durch die EDV-Verantwortlichen gewandelt hat und wir einen Wechsel vom „Verkäufer- zum Käufermarkt" erleben. Tatsächlich ist es in vielen Firmen mittlerweile so, daß die Materialmanager oder ihre EDV-Koordinatoren sehr aktiv auf die EDV-Abteilungen zugehen und zusätzliche Software-Angebote für bisher manuell durchgeführte Abwicklungen verlangen.

Da dem EDV-Leiter in der Regel nur eine begrenzte Kapazität zur Verfügung steht, hat diese hohe Nachfrage nach zusätzlicher Informationsautomatisierung dazu geführt, daß in vielen Betrieben EDV-Ausschüsse installiert werden, wobei die anwesende Geschäftsführung über die Prioritäten in der Projektrealisierung in den einzelnen Fachbereichen aufgrund von Wirtschaftlichkeitsanalysen entscheiden muß. Durch das höhere EDV-Wissen der Führungskräfte ist auch insofern ein Wandel eingetreten, als daß bei EDV-Projekten innerhalb der Materialwirtschaft in der Regel der Materialmanager selbst die Projektleitung übernimmt oder zumindest mit im Projektausschuß sitzt, um hier seine Verantwortung wahrzunehmen. Schließlich bestimmt die Richtigkeit der ausgewählten Software im hohen Maße den Kostenanfall und die Leistungsfähigkeit der davon betroffenen Materialabwicklung.

Ein Beispiel für die Arbeitsteilung zwischen EDV- und Linienverantwortlichen bei der Realisierung eines EDV-Projektes ist in Abbildung 75 dargestellt.

Das größere Engagement der Führungskräfte bei der Informationsautomatisierung ihres Bereiches hat auch den Vorteil, daß der Umfang und die Realisierungsschnelligkeit der EDV-Anwendungen stärker an das psychologische Arbeitsumfeld angepaßt wird. Früher scheiterten nämlich viele EDV-Projekte, weil die EDV-Spezialisten jeweils den neuesten Stand der Theorie in ihren Systementwicklun-

B 3.7.6

ARBEITSTEILUNG BEI DER REALISIERUNG EINES EDV-PROJEKTES (BEISPIEL)

Sachaufgaben und Realisationsstufen	Verantwortliche Stellen						
	EDV-Ausschuß	Projekt-Ausschuß	Projekt-leitung	Linie	Organisation	EDV	Revision
1. Aufnahme des Ist-Zustandes				■	●	▲	
2. Generelles Projekt 2.1 Ausarbeitung 2.2 Genehmigung	↑ ▼	▼ +		▲	●	▲	▲
3. Detail-Konzeption 3.1 Ausarbeitung 3.2 Freigabe		▽ +	■ ▽ ▼	■	● △ ● □	▲ ○ ■ ○	▲
4. Verarbeitungsprojekt 4.1 Ausarbeitung 4.2 Freigabe	↑	▽ +	▼ ▼	▲	● □ ● □	■ ○ ■ ○	▲ ■
5. Programmierunterlage 5.1 Ausarbeitung PU 5.2 " Grobblock, Programmieranweisung 5.3 Freigabe			▼ ▼	▲ ▲ ■	● □ ● ○ ● □	■ ○ ■ ○ ● ○	
6. Programmerstellung			▼	▲	▲	●	
7. Tests/Parallelläufe 7.1 Programmier-Test 7.2 Integrierte Tests 7.3 Parallelläufe	↑	+	▼ ▼	■ ■	● □ ● □	● ○ ● ○	▲ ■
8. Einführung 8.1 Einführung Neuorganisation im Betrieb 8.2 " EDV-Abläufe	↑		▼ ▼	● ■	■ ▲	▲ ●	▲
9. Betrieb EDV				■		●	
10. Unterhalt				■	● □	■ ○	▲

Abb. 75

Legende:
Aufführung ● alternativ ○
Aktive Mitarbeit ■ alternativ □
Überwachung, Koord. ▼ alternativ ▽
Beratung ▲ alternativ △
Entscheidung +
Info Geschäftsleitung ↑

gen anwendeten und diese zum Teil viel zu komplizierten Programmsysteme voller Stolz den Linienstellen anboten, die mit diesen komplexen Anwendungen und der Schnelligkeit ihrer Einführung oft völlig überfordert waren und entsprechend negativ und passiv reagierten.

Der moderne Materialmanager weiß heute, daß der „KISS-Grundsatz" (keep it simple and stupid) und eine sorgfältige Vorbereitung und Schulung der Mitarbeiter der beste Weg zu einer Automatisierung der Abwicklungssysteme im Materialwirtschaftsbereich ist.

B. 3.7.7

Trotzdem werden die Anforderungen an die Mitarbeiter sehr hoch bleiben, was die Organisationsentwicklung und die Fortschritte in der Computeranwendung betrifft. Ein kleiner Hinweis dafür mag die Entwicklung der Datentechnik in den 80er Jahren besagen, die wie folgt erwartet wird:

1. Durchbruch der Multiprozessortechnik,

2. breiter Fächer an Hardware-Fortschritten,

3. Verlangsamung der Kostensenkungstendenz der Hardware,

4. Durchbruch der DNA (Distributed Network Architecture),

5. Verlagerung der Anforderungen von der Hardware/Betriebssoftware-Seite zu den Benutzeranwendungen,

6. Erweiterung des Angebots an Modularprogrammpaketen,

7. stärkere Integration der betrieblichen Informationssysteme zwischen den Unternehmungen u.a.m.

Die zwischenzeitlich aufgetretenen Störungen und Machtkämpfe zwischen den EDV- und den Materialwirtschafts-Verantwortlichen sind ausgestanden, nachdem sich die EDV-Leiter auf ihre Dienstleistungsfunktion besonnen haben und sich in Abstimmung mit der Materialwirtschaft dem Ziel eines möglichst wirtschaftlichen EDV-Einsatzes in diesem automationsbedürftigen Bereich widmen.

Merke: In der Informationsautomatisierung des Materialwirtschaftsbereichs liegt noch eine ungeahnte Rationalisierungsquelle!

B.3.7.7
ZUSAMMENARBEIT MIT DEM PERSONALWESEN

Die Zusammenarbeit zwischen der Materialwirtschaft und dem Personalwesen ist weitgehend konfliktfrei und hat primär das Problem zu bewältigen, ausreichend ausgebildete, erfahrene und leistungsfähige Mitarbeiter am Arbeitsmarkt ausfindig zu machen. Hier treten in vermehrtem Maße vier Personalengpässe auf, und zwar:

1. im Bereich der Führungskräfte der Materialwirtschaft, wo es heute sehr stark an einem theoretisch breiten Wissen mangelt,

2. im Bereich der EDV-bearbeitenden Funktionen, wo die bisherigen Karteibearbeitungskräfte z.T. noch nicht an das höhere qualitative Anforderungsprofil der komplexeren Abläufe angepaßt werden konnten,

3. im Bereich des Einkaufs, wo den gestiegenen Anforderungen an den Berufsstand noch immer ein theoretisches Ausbildungsdefizit gegenübersteht, und schließlich

4. im Bereich des Lagerwesens, wo wahrscheinlich nur in wenigen Betrieben die Mitarbeiter so ausgebildet sind, daß sie den gestiegenen Ansprüchen an die Bedienung der modernen Lagersysteme und der damit verbundenen Informationsverarbeitung voll entsprechen.

Diese Personalsituation in den Betrieben so gut wie möglich zu lösen stellt an die Personalbeschaffung hohe Anforderungen, zumal die Enge des Arbeitsmarktes für gute Materialwirtschaftskräfte die Lohn- und Gehaltsstruktur der anderen vergleichbaren Linienfunktionen im Unternehmen nicht gefährden soll.

Eine Zusammenarbeit zwischen Materialwirtschaft und Personalwesen wird sich in Zukunft auch bzgl. der Problematik der Bildschirm-Bearbeitung ergeben. Hier eröffnet sich noch ein weites Diskussionsgebiet zu einer besseren Humanisierung des Arbeitsfeldes, in dem sich neben dem Personalwesen auch der Betriebsrat vermehrt engagieren wird.

B.3.7.8
ZUSAMMENFASSUNG

In diesem Abschnitt wurde viel über die Zusammenarbeit zwischen der Materialwirtschaft und den angrenzenden Funktionen geschrieben. Was bringt eigentlich die gute Zusammenarbeit, die wir fordern? Lassen Sie mich dazu ein kleines Beispiel anführen:
Wenn sich in einem Boxring zwei Menschen gegenüberstehen und miteinander kämpfen, so wird der eine gewinnen und der andere verlieren. Setzt man diese beiden Personen in ein Ruderboot und sie fangen wieder an zu kämpfen, so wird das Boot bald kentern und sie werden feststellen, daß sie beide den Kampf verloren haben. Früher oder später werden sie aber herausfinden, daß es Ruder gibt und – wenn man sich aufeinander abstimmt und „zusammen rudert" – man sehr schnell und ohne große Anstrengungen an das gewünschte Ziel kommt.

Es wird höchste Zeit, daß wir uns auf diesen letzten Aspekt besinnen und in der betrieblichen Praxis mehr und mehr den Boxring verlassen und zur alle befriedigenden Teamarbeit finden.

Wir sollten betriebliche Frustrationen vermeiden, die ein junger, leitender Angestellter in einer großen Firma so ausdrückt: „Ich bin ein ausgebildeter Materialwirtschaftler. Als ich in die Firma eintrat, glaubte ich, es mit materialwirtschaftlichen Problemen zu tun zu haben. Ich habe mich geirrt. Es sind menschliche Probleme!"

Merke: Es gibt wenig Persönlichkeitskonflikte in den Unternehmen, aber sehr viele Konflikte infolge unklarer Zuständigkeiten!
Durch gegenseitige Achtung und eine höhere Bereitschaft zur Zusammenarbeit verbessern Sie Ihre Arbeitsleistung und die Freude an Ihrer Tätigkeit!
Nicht das, was Sie als positiv oder negativ empfinden, spielt eine Rolle, sondern das, war Ihr Partner so empfindet! Jeder lernt von jedem – hilft jedem!
Fragen Sie Ihren Partner nach seiner Meinung! Sich in Frage stellen, statt beharren! Lernen, um zu überleben!
Lernen Sie, Brücken zu schlagen!
Nur wer den Anforderungen der Zukunft genügt, kann sie bewältigen!
Mehr Menschlichkeit und mehr Kommunikation garantieren Ihren Erfolg!
Die Voraussetzungen zur Steigerung der Effektivität sind im Team bereits vorhanden – sie müssen nur umgesetzt werden!

B.3.8
ERFAHRUNGEN AUS DER MATERIALWIRTSCHAFTSPRAXIS

In den folgenden Abschnitten sollen einige Problemkreise angesprochen werden, mit denen jeder Materialmanager im Laufe seiner Tätigkeit konfrontiert wird und aus denen er einige Anregungen zur Gestaltung seines Funktionsbereichs ableiten kann.

B.3.8.1
TRENNUNG ZWISCHEN STRUKTURBESTIMMENDEN UND ADMINISTRATIVEN AUFGABEN

Sowohl in den Verkaufs- als auch in den Einkaufsabteilungen hat es sich noch nicht in der Breite durchgesetzt, daß eine organisatorische Trennung zwischen den strukturbestimmenden Marktbearbeitungen (im Verkauf: Absatzmarketing, Auftragsgewinnung; im Einkauf: Beschaffungsmarketing, Lieferantenauswahl, Lieferantenpflege usw.) und den administrativen Tätigkeiten (im Verkauf: Auftragsabwicklung; im Einkauf: Disposition und Bestellabwicklung) von größtem Nutzen ist. In vielen Betrieben läßt es sich scheinbar nicht durchsetzen, die bisherige konventionelle Aufgabenzuordnung zu trennen und damit eindeutige Tätigkeitsschwerpunkte festzulegen. So kommt es in der Einkaufspraxis immer wieder dazu, daß die heute so wichtige intensive Beschaffungsmarktbearbeitung zu kurz kommt, weil die Einkäufer sich zeitlich zu wenig von ihrem Routinegeschäft lösen können und sie damit immer wieder eine Ausrede finden, weshalb sie dringend notwendige Lieferantenbesuche bzw. -gespräche oder aktive Beschaffungsmarktanalysen laufend verschieben. Nachteilig ist dabei auch die Tatsache, daß die Konzentration der qualifizierten Mitarbeiter auf qualifizierte Arbeitsbereiche nur bedingt möglich ist, weil operative und administrative Einkaufstätigkeiten nicht konsequent getrennt werden.

Merke: Sobald es von der Größenordnung des Betriebes her möglich ist, sorgen Sie für die organisatorische Trennung zwischen dem strukturbestimmenden und administrativen Einkauf, damit das Beschaffungsmarketing gefördert wird.

B.3.8.2
FESTLEGEN DER BESCHAFFUNGSPOLITIK

„Beschaffungspolitik, was meinen Sie damit?" Diese hilflose Äußerung hört man heute in vielen Betrieben, in denen man die Verantwortlichen nach ihren Zielen bezüglich der Beschaffung befragt. Woran mag es wohl liegen, daß in den übrigen Funktionen eher systematische Überlegungen zur Unternehmensstrategie und -politik angestellt werden? Ein Grund liegt sicher in der Tatsache, daß die zentrale Beschaffungsverantwortung im Materialmanagement in den meisten Unternehmen noch keine so lange Vergangenheit hat, in der entsprechende Lernprozesse bezüglich einer Strategieentwicklung stattgefunden haben. Hält man einen historischen Rückblick, so lassen sich folgende Entwicklungsstufen feststellen:

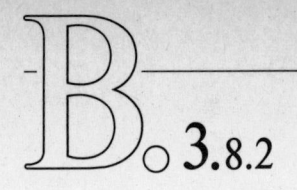

Stufe 1:
Die Materialwirtschaftsaktivitäten wurden nebenbei von den Linienverantwortlichen für Vertrieb, Produktion und Finanzen geführt, deren Primärziele mit den Materialwirtschaftszielen nicht oder wenig übereinstimmten und wenig Beachtung fanden.

Stufe 2:
Die größer werdende Kostensensibilität richtete die Aufmerksamkeit der Geschäftsführungen auf die hauptsächlichen Materialwirtschaftsaktivitäten wie Einkauf, Lagerdisposition und Warenverteilung, die nach wie vor dezentral organisiert blieben und nur durch die Koordinationsaktivitäten der Geschäftsführungen positive und kostensparende Integrationseffekte erfuhren. Da die Geschäftsführungen allerdings mit dieser zusätzlichen Koordinationsfunktion in der Regel zeitlich überfordert waren, blieben diese Aktivitäten eher eine Seltenheit.

Stufe 3:
Die mit dem Zukauf von Gütern oder Dienstleistungen beauftragten Mitarbeiter der verschiedenen Funktionsbereiche wurden unter einem einzigen Verantwortlichen zusammengezogen, dem als Linienaufgabe die Optimierung aller Einkaufskosten übertragen wurde.

Stufe 4:
Die Erkenntnis hat sich durchgesetzt, daß Einkauf, Lagerdisposition, Lagerwesen und Verteilung Funktionen sind, deren Einzelziele besser zu erreichen sind, wenn sie organisatorisch nah verbunden sind und nicht Bereichsgrenzen überschreiten müssen. Das bedeutet eine Neuorganisation der Materialwirtschaftsfunktion unter der zentralen Führung des Materialmanagers.

Viele Unternehmen sind noch dabei, die Stufe 4 in ihrer Organisation einzuführen. So ist es auch nicht verwunderlich, daß die Festlegung der Beschaffungspolitik, solange sie noch wie in den Stufen 1 bis 3 erfolgen muß, in diesen Betrieben noch etwas stiefmütterlich behandelt wird.

Unter dem Zwang der dynamischen Entwicklung sowohl der Absatz- als auch der Beschaffungsmärkte werden aber auch diese Betriebe dazu gezwungen, mehr und mehr in die Zukunft zu blicken und sich planerisch mit der

1. Rohstoffversorgung und ihren Risiken,

2. Entwicklung der Fertigungs- bzw. Lieferantenkapazitäten (Make/Buy und Subcontracting),

3. Entwicklung der Bestände
Servicegrad, Dispositionssysteme, Auftragsabwicklung und der

4. Veränderung der Transport- und Distributionssysteme

auseinanderzusetzen.

Die Beschaffungspolitik festzulegen heißt aber auch: den Subfunktionen der Materialwirtschaft klare Zielsetzungen vorzugeben und diese zu kontrollieren. Wie man diese Ziele fixieren und kontrollfähig machen kann, wird im folgenden an einem Zielschema für die Einkaufspolitik beispielhaft dargestellt (Abbildung 76).

Inhalt einer neuzeitlichen Beschaffungspolitik muß ein „Materialmanagement by objectives" sein, das durch die folgenden Arbeitsschritte gekennzeichnet ist:

1. Ziele setzen,

2. Entwicklung eines Plans zur Erreichung dieser Ziele,

3. Ausführung des Plans,

4. Messung und Kontrolle der geleisteten Arbeit,

5. eventuelle Plankorrektur auf der Basis der Ergebnisbeurteilung, die eine endgültige Zielerreichung ermöglicht.

Die Materialwirtschaft benötigt dieses Managementprinzip, welches dem einzelnen Mitarbeiter eine volle Entfaltungs- und Verantwortungsmöglichkeit im Rahmen seiner anspruchsvollen Tätigkeit zuordnet und gleichzeitig eine Basis ist, gemeinsame Projekte im Team zu bearbeiten, ohne daß die individuellen Zielsetzungen zu stark eingeengt werden. Führen durch Ziele ist heute nötiger denn je! Eine Mitbeteiligung an der Führungsverantwortung und eine damit verbundene stärkere Integration und Identifikation der Mitarbeiter läßt sich leicht erreichen, wenn in den Unternehmen das übertrie-

B 3.8.2

ZIELSCHEMA FÜR DIE EINKAUFSPOLITIK

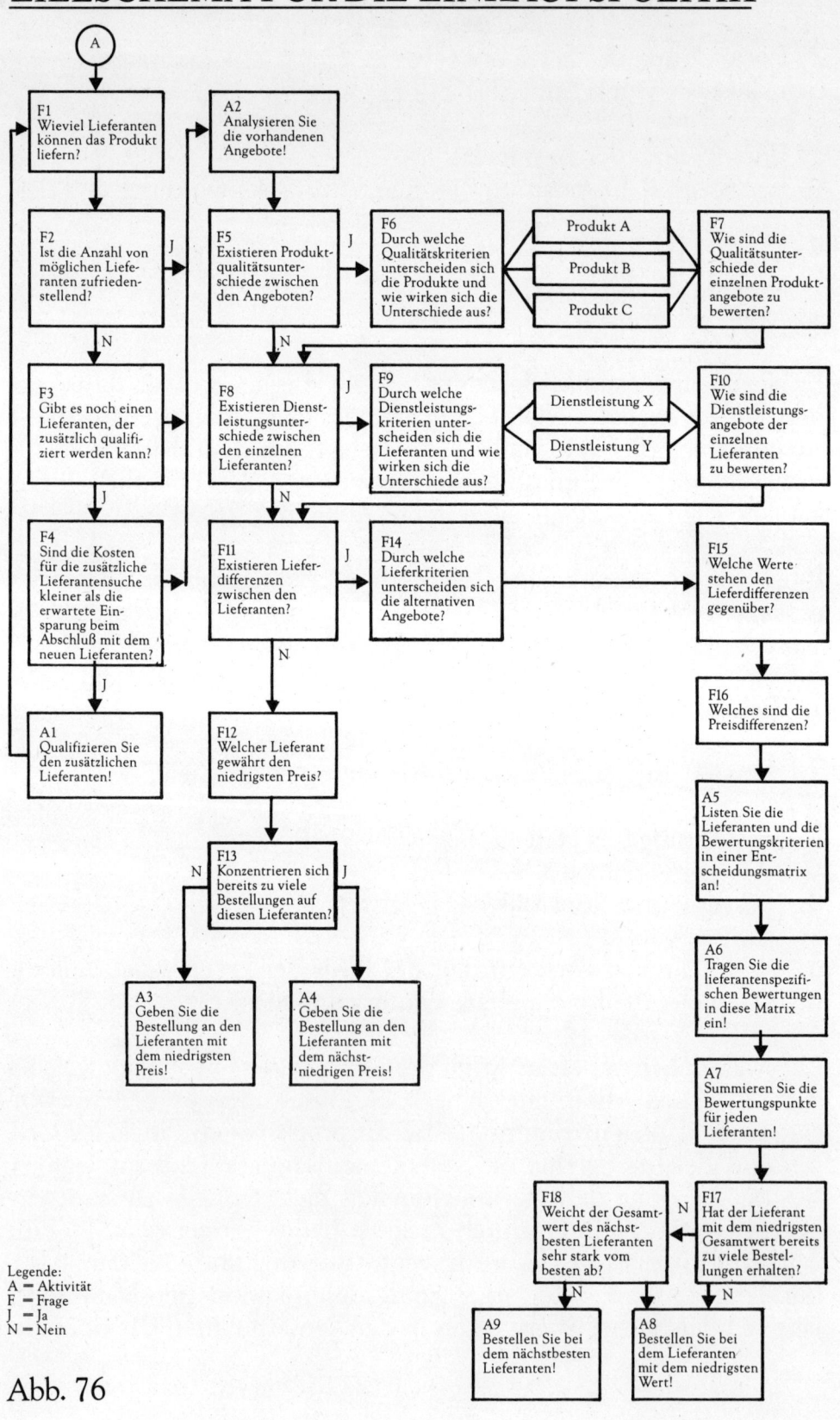

A

F1 Wieviel Lieferanten können das Produkt liefern?

F2 Ist die Anzahl von möglichen Lieferanten zufriedenstellend?

F3 Gibt es noch einen Lieferanten, der zusätzlich qualifiziert werden kann?

F4 Sind die Kosten für die zusätzliche Lieferantensuche kleiner als die erwartete Einsparung beim Abschluß mit dem neuen Lieferanten?

A1 Qualifizieren Sie den zusätzlichen Lieferanten!

A2 Analysieren Sie die vorhandenen Angebote!

F5 Existieren Produktqualitätsunterschiede zwischen den Angeboten?

F6 Durch welche Qualitätskriterien unterscheiden sich die Produkte und wie wirken sich die Unterschiede aus?

- Produkt A
- Produkt B
- Produkt C

F7 Wie sind die Qualitätsunterschiede der einzelnen Produktangebote zu bewerten?

F8 Existieren Dienstleistungsunterschiede zwischen den einzelnen Lieferanten?

F9 Durch welche Dienstleistungskriterien unterscheiden sich die Lieferanten und wie wirken sich die Unterschiede aus?

- Dienstleistung X
- Dienstleistung Y

F10 Wie sind die Dienstleistungsangebote der einzelnen Lieferanten zu bewerten?

F11 Existieren Lieferdifferenzen zwischen den Lieferanten?

F14 Durch welche Lieferkriterien unterscheiden sich die alternativen Angebote?

F15 Welche Werte stehen den Lieferdifferenzen gegenüber?

F16 Welches sind die Preisdifferenzen?

F12 Welcher Lieferant gewährt den niedrigsten Preis?

F13 Konzentrieren sich bereits zu viele Bestellungen auf diesen Lieferanten?

A3 Geben Sie die Bestellung an den Lieferanten mit dem niedrigsten Preis!

A4 Geben Sie die Bestellung an den Lieferanten mit dem nächstniedrigen Preis!

A5 Listen Sie die Lieferanten und die Bewertungskriterien in einer Entscheidungsmatrix an!

A6 Tragen Sie die lieferantenspezifischen Bewertungen in diese Matrix ein!

A7 Summieren Sie die Bewertungspunkte für jeden Lieferanten!

F17 Hat der Lieferant mit dem niedrigsten Gesamtwert bereits zu viele Bestellungen erhalten?

F18 Weicht der Gesamtwert des nächstbesten Lieferanten sehr stark vom besten ab?

A9 Bestellen Sie bei dem nächstbesten Lieferanten!

A8 Bestellen Sie bei dem Lieferanten mit dem niedrigsten Wert!

Legende:
A = Aktivität
F = Frage
J = Ja
N = Nein

Abb. 76

bene Denken in Organisationshierarchien endlich in den Hintergrund tritt und dem Denken in Zielhierarchien größere Bedeutung zugemessen wird.

Merke: Planen und Ziele setzen sind neben Motivation und Entscheidung die Schwerpunkte des erfolgreichen Managements! Wenn Ziele nicht genau meßbar und kontrollierbar sind, kann man sie auch gleich vergessen: es kann ohnehin niemand genau sagen, ob sie erreicht werden oder nicht. Wer sein Ziel nicht kennt, kann den Weg nicht finden!

Der Einkauf erhält in der letzten Zeit u.a. durch die Diskussion der KANBAN-Idee die Aufmerksamkeit deutscher Unternehmensleitungen. Mit dem Blick nach Japan wird dabei die Frage diskutiert, wie man zukünftig mit niedrigeren Beständen an Kaufteilen im eigenen Haus auskommen kann, ohne die Lieferbereitschaft wesentlich zu gefährden. Ziel ist es dabei, eine neue „KULI-Partnerschaft" (Kunde – Lieferant) aus der Wiege zu heben. Welche Verbesserungen bieten sich dabei an?

1. Die Zusammenarbeit zwischen Kunde und Lieferant muß auf eine vertrauensvollere Basis gestellt werden.

2. Es muß eine Beschaffungskonzentration auf weniger zahlreiche, qualitätsstarke Lieferanten stattfinden.

3. In der Folge davon muß gleichzeitg das Liefervolumen pro Artikel auf den Hauptlieferanten konzentriert werden, was eine Kostendegression zu beiderseitigem Nutzen zur Folge hat.

4. Aufgrund intensiver, längerfristiger Zusammenarbeit in organisatorischer (z.B. KANBAN-Belieferung) und technologischer Hinsicht wird eine hohe Liefer- und Qualitätssicherheit erreicht.

5. Gemeinsame wertanalytische Anstrengungen verbilligen das Zulieferteil, stärken die Wettbewerbsfähigkeit des Kunden und schaffen damit steigende Nachfragemengen und Gewinnmöglichkeiten für den Lieferanten selbst.

6. Es wird eine enge Verbindung zwischen den Produktionssteuerungssystemen von Zulieferant und Abnehmer erreicht, die eine Synchronisation der beiderseitigen Produktionstätigkeiten – unter Federführung des Kunden – ermöglicht und damit die häufig aufgrund von „Einkaufsmacht" erwartete Verschiebung der Lagerhaltung zu Lasten des Lieferanten vermeidet.

B. 3.8.4

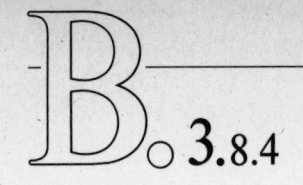

Der Einkauf spielt beim Aufbau dieser progressiven „KULI-Kooperationsform" gemeinsam mit der Entwicklung, dem Qualitätswesen und der Disposition eine zukunftsgestaltende Rolle mit positivem Effekt auf den Unternehmenserfolg beider Partner.

B.3.8.3
RICHTIGES KONZEPT BEI DER BEDARFSERMITTLUNG

Viele Firmen sind sich heute noch nicht bewußt über den Unterschied zwischen dem unabhängigen und dem abhängigen Bedarf und dessen verschiedener Steuerungsnotwendigkeit. Die Unterschiedlichkeit der Bedarfsarten läßt sich folgendermaßen ausdrücken:

1. unabhängiger Bedarf entspricht dem Bedarf an Fertigprodukten, Ersatzteilen und sonstigen Produkten, die direkt an den Kunden verkauft werden,

2. abhängiger Bedarf ist der Bedarf an Rohstoffen, Komponenten, Zubehörteilen und Baukästen für die jeweiligen Endprodukte, er ist davon abhängig, wie der jeweilige Produktionsplan für die Endprodukte gestaltet ist.

Die Basistheorie muß für die beiden Bedarfsrechnungen so lauten:

1. Die Errechnung des unabhängigen Bedarfs hat auf Prognoserechnungen oder Vertriebsplanungen zu beruhen, soweit der Auftragsbestand die Wiederbeschaffungszeit nicht voll abdeckt.

2. Dagegen muß der abhängige Bedarf auf der Basis einer Stücklistenauflösung errechnet und dabei nur die wirklich sinnvoll verbrauchsgesteuerten Teile ausgesteuert werden.

Man sollte annehmen, daß die Industrie nach diesem Prinzip lückenlos verfährt. Tatsache aber ist, daß noch immer viele Firmen für ihre gesamten Teile verbrauchsgesteuerte Modelle einsetzen. Das Ergebnis davon ist, daß sie meist das Problem der zu hohen Kapitalbindung im Lager nicht lösen können.

Merke: Der zukünftige Materialbedarf sollte nur dann prognostiziert werden, wenn keine bedarfsorientierte Berechnung möglich ist.

B.3.8.4
SCHWERPUNKTVERLAGERUNG BEI DER ENTWICKLUNG VON LOGISTIK-STEUERUNGSSYSTEMEN

Wenn man sich an die 60er und die frühen 70er Jahre erinnert, so ging es bei der damaligen Software-Entwicklung der Computerhersteller und der Unternehmungen primär um die fundamentalen Fragen:

1. Wieviel ist zu bestellen und

2. wann muß bestellt werden?

Heute stellt man fest, daß diese Art der Systemausrichtung viel zu eng ist und man vielmehr das betriebliche Umfeld in die Entscheidungssysteme integrieren muß. Es genügt bei weitem nicht mehr, lediglich Fertigungsaufträge an die Eigenfertigung oder Bestellungen an die Lieferanten auszulösen. Die Anforderung an ein neuzeitliches Dispositionssystem geht darüber hinaus und setzt sich mit den Schlüsselfragen auseinander:

1. Ist die Kapazität richtig ausgelastet?

2. Entspricht die terminliche Bearbeitung der Fertigungsaufträge und der Bestellung den tatsächlichen Marktanforderungen? (Frage der Prioritätssetzung innerhalb der Warteschlangen!).

3. Entsprechen die erwarteten Lagerzugänge der geplanten Lagerentwicklung? (Frage der Leistungsfähigkeit des Betriebes oder des Lieferanten!)

Die Kapazitätsauslastung erfolgt über einen mehr oder weniger langen Vorlaufzeitraum (in Abhängigkeit von der jeweiligen Wiederbeschaffungszeit) hinweg, wobei sich im Laufe der Zeit hohe Änderungsnotwendigkeiten bezüglich der Fertigungsprioritäten in den jeweiligen Produktstufen ergeben können (Abb. 77).

Um eine Auslastung der einzelnen Fertigungsbereiche auch hinsichtlich der Struktur zu sichern und sie in ein Gesamtsystem zu integrieren, ergibt sich die organisatorische Notwendigkeit einer zentralen Logistiksteuerung. Dazu sind in der Planung alle Bewertungskriterien, wie

INFORMATIONS- UND MATERIALFLUSS EINER ZENTRALEN LOGISTIKSTEUERUNG

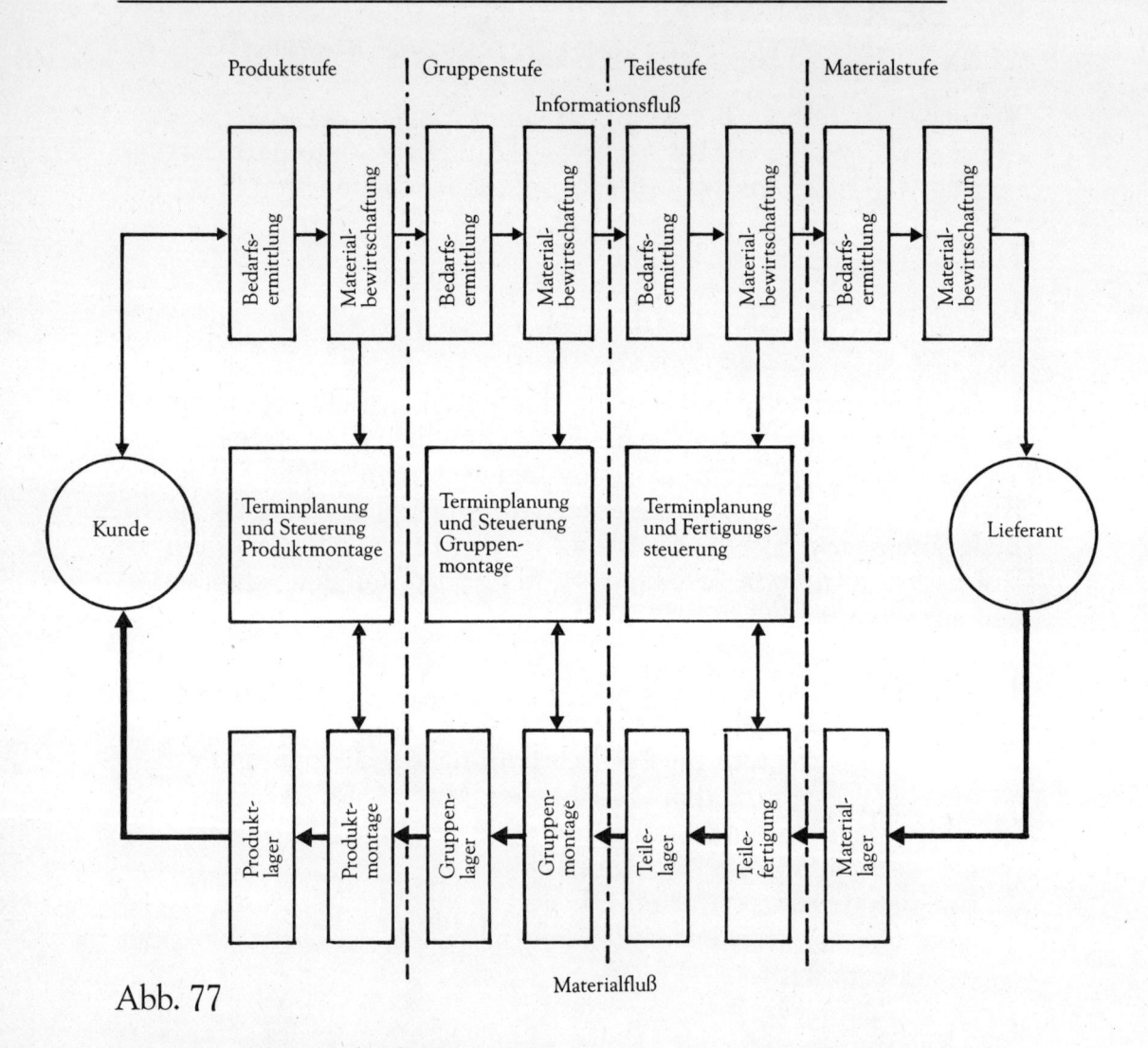

Abb. 77

1. Dringlichkeit des Auftrages,
2. Kapitalkosten der Werkstattbestände,
3. Auslastungsgrad der Maschinen- und Raumkapazitäten,
4. Vermeidung hoher Rüstkosten,

in die Steuerung der Fertigungsaufträge zu integrieren.

Falls vom Markt eine hohe Anpassungsnotwendigkeit diktiert wird, sind viele Firmen heute unter dem Zugzwang, sich mit komfortablen Steuerungssystemen (z.B. On-line-Fertigungssteuerung) die notwendige Flexibilität in der Fertigung zu ermöglichen. Häufig wird in der Praxis der Fehler gemacht, die Fertigungssysteme nach den Flexibilitätsansprüchen aufzuteilen in eine Normalfertigung und in eine für schnelle Aufträge mißbrauchte und deshalb größer dimensionierte Musterfertigung. Diese Aufteilung führt in der Regel zu einer hohen Maschinenredundanz (nicht ausgenützte Maschinen) und aufgrund der geteilten Steuerungssysteme zu erheblichen Mehrkosten, die durch eine schnelle Materialbereitstellungsmöglichkeit nur selten kompensiert werden. Die japanische KANBAN-Organisation ist erst dann empfehlenswert, wenn eine entsprechende kostenarme Fertigungs- und Lieferflexibilität geschaffen worden ist. Nach Prof. Wildemann ist es Ziel des KANBAN-Systems, auf allen Fertigungsstufen eine Produktion auf Abruf (just-in-time-production) zu erreichen, um damit den Materialbestand zu reduzieren und ein hohe Termineinhaltung zu gewährleisten. Die wichtigsten Elemente dieses Systems sind:

1. Schaffung vermaschter, selbststeuernder Regelkreise zwischen erzeugenden und verbrauchenden Bereichen.

2. Automatische Kontrolle bei der Herstellung der Teile.

3. Implementierung des Hol-Prinzips für die jeweils nachfolgende Verbrauchsstufe.

4. Genügend hohe Kapazitäten, auch für kurzfristige Kapazitätserhöhungen.

5. Ein flexibler Personal- und Betriebsmitteleinsatz.

6. Die Übertragung der kurzfristigen KANBAN(=Karte)-Steuerung an die ausführenden Mitarbeiter.

7. Fester Monatslohn.

8. Obligatorische Termineinhaltung in allen Fertigungsstufen.

9. Pausen zwischen Schichten zur Beseitigung von Rückständen und Störungen.

Maschinen-, Personal- und Steuerungsflexibilität bringen uns das Idealbild einer „geringen Kapitalbindung bei höchstmöglicher Lieferbereitschaft" einen großen Schritt näher.

Nach Türke lassen sich die folgenden wichtigen Fakten feststellen, die bei der Einführung des KANBAN-Systems beachtet werden müssen:

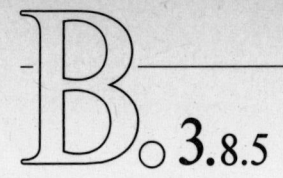

1. KANBAN baut auf dem Verständnis der Mitarbeiter auf, weil von denen ein Höchstmaß an Mitverantwortung und Aufmerksamkeit gefordert wird.

2. Kooperation ist sehr wichtig, weil alle Fertigungs-(Liefer-)Stufen miteinander harmonieren müssen.

3. Nur in enger Zusammenarbeit zwischen Management und Arbeiter kann das Verständnis für das KANBAN-System geweckt werden. Es bedarf also eines hohen Unterweisungsaufwandes.

4. KANBAN ist nicht nur Methode, sondern Wille zur Gruppenarbeit.

5. Nachfolgende Arbeitsplätze werden vom davor tätigen Ausführenden stets als Kunden betrachtet.

In den japanischen Firmen wird durch diese Organisationsform das breite Wissen der Mitarbeiter voll genutzt, wodurch gleichzeitig ein Motivationseffekt in Form von mehr Freude an der Arbeit und positiver Selbstbestätigung erzeugt wird.
Solange in deutschen Unternehmen die Einsatzvoraussetzungen einer KANBAN-Organisation noch nicht geschaffen worden sind, muß im Rahmen der Logistiksteuerung die Kapazitätsauslastung mit Fertigungsaufträgen bereits so abgeprüft sein, daß die Fertigungsunruhe bei sich ändernden Marktanforderungen in kontrollierbaren Grenzen bleibt. Dies trifft gleichermaßen auch auf die Anforderungen an die Lieferkapazität zu. Für die interne Fertigungssteuerung wurde von der Universität Hannover das Konzept der „belastungsorientierten Auftragssteuerung" entwickelt, welches sich in der Praxis neben KANBAN-Steuerung einer wachsenden Akzeptanz erfreut.

B.3.8.5
DAS GEFÄHRLICHE SPIEL MIT DER KAPAZITÄTSOBERGRENZE

„Wenn wir den Auftrag nicht auch noch hereinnehmen, geht uns im nächsten Jahr der Kunde ganz verloren!" So klingt oft die Argumentation aus dem Verkauf, wenn die Kapazitäten bereits auf einer realistischen Basis voll ausgelastet sind. Nimmt der Materialwirtschaftler diesen weiteren Auftrag auch noch an, so beginnt das höllische Spiel mit dem Realisierungsrisiko in der Nähe der Kapazitätsobergrenze. Was heißt das?

Wie Sie wissen, unterscheidet man bei der Kapazitätsfestlegung zwischen theoretischer und verfügbarer Kapazität (d.h., Mitarbeiter für eine Maschine sind nach den betrieblichen Gegebenheiten für eine realistische Zeit, z.B. für zwei Schichten und diese mit hohem Ausfallrisiko, verfügbar). Wenn man nun auf der Basis der „frei verfügbaren Kapazität" geplant hat (dies ist absolut richtig!) und dann beginnt, diese Kapazitäten durch Sondermaßnahmen immer stärker auszudehnen und entsprechend mit Aufträgen auszulasten, so erhöht sich einmal immer mehr das Realisierungsrisiko und zum anderen lassen sich tatsächlich vorkommende Störungen wie Werkzeugbruch, Maschinenausfall, ungeplante Fehlzeiten der Mitarbeiter u.a. über die Zeitachse nicht mehr aufholen, da zu den bisherigen Sondermaßnahmen kaum mehr zusätzliche Sondermaßnahmen eingeführt werden können, um entstandene Rückstandssituationen kurzfristig zu bereinigen. Es ist leicht verständlich, daß aufgrund der Netzplanstrukturen in der Gesamtversorgung des Betriebes enorm negative Effekte wie mangelnde Terminrealisierungen für Endprodukte und unnötige Lagerbestände für Halbfabrikate die Folge sein können, wenn eine extreme Engpaßsituation in nur einem Fertigungsbereich oder im Extremfall bei einer einzigen Schlüsselmaschine vorkommt. Deshalb ist es eine ganz legale Forderung der Materialwirtschaft, durch eine Verbesserung der Markttransparenz und der damit verbundenen verbesserten Planungsmöglichkeit des Vertriebs schon frühzeitig Marktentwicklungen erkennen zu können, die dem Kapazitätsmanagement eine Chance lassen, mit dem notwendigen Realisierungsvorlauf für eine optimale Bereitstellung von Anlagen-, Maschinen- und Personalkapazitäten zu sorgen. Natürlich darf man gleichzeitig die Produktion nicht aus ihrem Obligo entlassen, die aufgrund der verfügbaren Kapazität zugesagten Produktionsleistungen 100%ig pro Zeitperiode zu erfüllen.

Merke: Vom Gesichtspunkt des gesamtbetrieblichen Optimums aus kann es besser sein, Kundenaufträge abzulehnen oder entsprechend schlechte Realisierungstermine zu geben, statt die Fertigung mit hohem Risiko zu überlasten und damit die Planung der gesamten Auftragsnetze und ihre Realisierungsmöglichkeiten zu gefährden.

B.3.8.6
GEGENSEITIGE BEEINFLUSSUNG VON PLANUNG UND PLANERFÜLLUNG

Die Informations- und Entscheidungssysteme müssen so ausgerichtet sein, daß Planung und Planerfüllung einen Regelkreis bilden, der

B 3.8.6

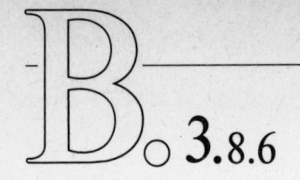

nur in einem definierten Rahmen durch ungeplante Ereignisse gestört werden darf.

Um dieses Ziel zu erreichen, sind folgende Gesichtspunkte zu beachten:

1. Die Planungsaktivitäten, seien sie computergesteuert oder personell durchgeführt, dürfen niemals in einem Vakuum oder „am grünen Tisch" entstehen. Vielmehr müssen sie in einem hohen Maße die vorhandenen Restriktionen der betrieblichen Realität (z. B. Lagerraum, Maschinenkapazität [Schlüsselmaschinen], Verfügbarkeit von kritischem Material, beschränkte Versandkapazität usw.) bereits im Planungsstadium berücksichtigen.

2. Wenn auf der Basis einer solch realistischen Planung die Zustimmung von den Erfüllungsbereichen, sei es nun die Eigenfertigung oder der Einkauf in Abstimmung mit der Lieferantenkapazität, erfolgt, liegt die Leistungserfüllung voll in der Verantwortung von Produktion und Einkauf.

3. Treten dann Störungen auf, die die Planerfüllung gefährden, so haben Produktion und Einkauf alle Möglichkeiten auszuschöpfen, um die Planabweichungen mengenmäßig und zeitlich zu kompensieren.

Ist das jedoch grundsätzlich nicht möglich oder sind die dadurch entstehenden Mehrkosten zu hoch, so ist die Planungsgruppe in der Materialwirtschaft rechtzeitig über die zu erwartenden Planabweichungen zu informieren. Es liegt dann in der Verantwortung der Planer, den ursprünglichen Plan in einer Weise zu korrigieren, daß

1. der neue Plan die beste Alternativstrategie beinhaltet, und

2. damit übereinstimmt, was in den Bereichen Produktion und Einkauf aufgrund der realistischen Möglichkeiten wirklich erreicht werden kann.

Wenn zwischen Planung und Planerfüllung zu häufig Störungen auftreten, so muß man die Planungsstrategie einer intensiveren Analyse unterziehen und evtl. zu dem Schluß kommen, die Planerfüllungsmöglichkeiten allgemein pessimistischer einzuschätzen und damit das Planungsrisiko entsprechend zu reduzieren.

KAPAZITÄTS-KONTROLLSYSTEM

Rückstandsstatistik
Fertigungsbereich X
Stand: Ende Juni

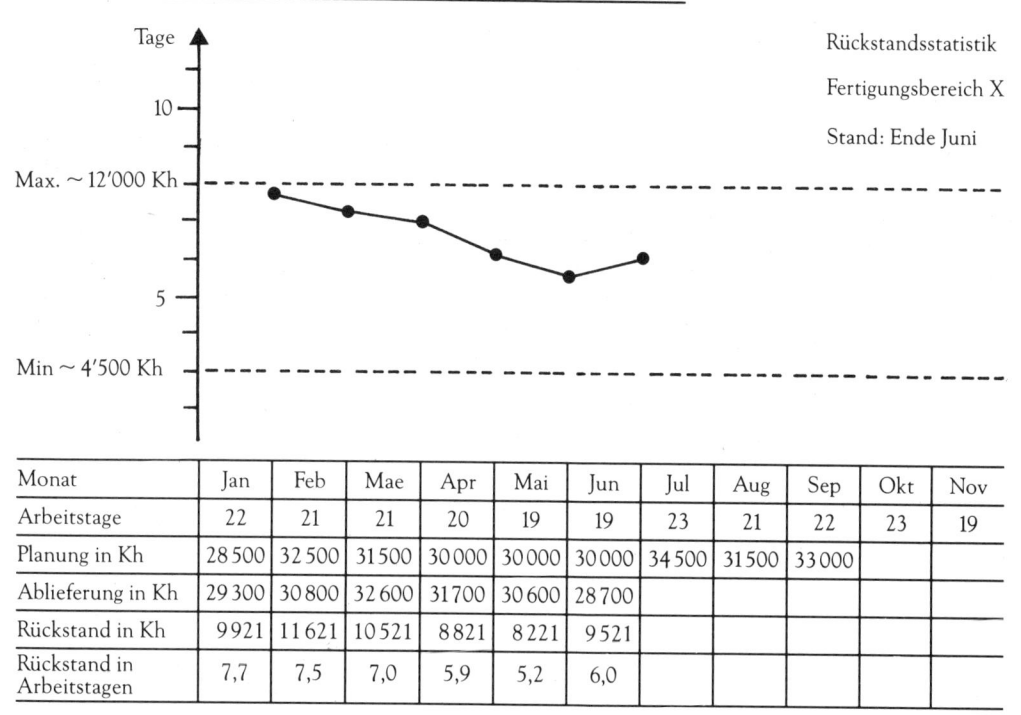

Monat	Jan	Feb	Mae	Apr	Mai	Jun	Jul	Aug	Sep	Okt	Nov
Arbeitstage	22	21	21	20	19	19	23	21	22	23	19
Planung in Kh	28 500	32 500	31 500	30 000	30 000	30 000	34 500	31 500	33 000		
Ablieferung in Kh	29 300	30 800	32 600	31 700	30 600	28 700					
Rückstand in Kh	9 921	11 621	10 521	8 821	8 221	9 521					
Rückstand in Arbeitstagen	7,7	7,5	7,0	5,9	5,2	6,0					

Abb. 78

Merke: Die bedarfsanfordernden Stellen, sei es der Kunde, das Lager oder die Produktion, sind eher zufriedenzustellen, wenn man ihnen zwar unbefriedigende, aber richtige Termine nennt, als daß sie unter Nennung besserer Termine laufend belogen werden. Ansonsten ist bei einer realistischen Planung alles in Bewegung zu setzen, um eine termin- und mengengerechte Planerfüllung zu ermöglichen.

Zur Kontrolle der Planungssensibilität (Abweichungen zwischen Planung und Planerfüllung) wird nachfolgend ein Kapazitätskontrollsystem (Rückstandsstatistik) eines Fertigungsbereiches beispielhaft aufgeführt (vgl. Abbildung 78).

Grundsätzlich ist es zuerst einmal notwendig, eine Kapazitätszahl zur Beurteilung der Auslastung und der Ablieferung zu entwickeln. Hierbei haben sich in der Praxis Werte wie Stückzahlangaben, produzierte DM-Werte oder Kapazitätsstunden je nach Branche und Fertigungsstruktur durchgesetzt. In dem vorliegenden Beispiel wird die Analyse aufgrund von Kapazitätsstunden durchgeführt, die errechnet werden, indem man periodisch die Rüst- und Stückzeiten pro Produkt aus dem Arbeitsplan errechnet und den so ermittelten Wert in der Datenbank oder in einer Kartei abspeichert. Wird nun eine Losgröße

B 3.8.6

bestellt, so kann man durch die Multiplikation der Menge mit dem Kapazitätswert sehr leicht die Stundenbelastung der Fertigung pauschal errechnen.

In der Praxis haben sich dabei Erfahrungswerte gebildet, wieviel operative Kräfte in einem Fertigungsbereich notwendig sind, um eine bestimmte Kapazitätsstundenanzahl in einer begrenzten Zeitperiode zu erbringen. Aufgrund dieser Möglichkeit findet nun in der Planungsphase die Absprache zwischen dem Materialmanagement und der Produktion statt, indem durch das Herunterbrechen des Produktionsplanes auf die notwendigen Maschinen und Kapazitätsstunden das Anforderungsniveau an die Produktion vom Materialmanager festgelegt und vom Produktionsmanager entweder aufgrund fehlender Anpassungmöglichkeiten modifiziert oder sonst bestätigt wird.

In dem vorliegenden Beispiel werden diesen bestätigten Planwerten (Planung in Kapazitätsstunden kh) die tatsächlichen Ablieferungen der jeweiligen Periode gegenübergestellt. Aus dem Vergleich dieser beiden Werte läßt sich die Schwankungsbreite der Planerfüllung leicht errechnen und ist Basis für eine gezielte Ursachenanalyse, deren Ergebnisse zur künftigen Plankorrektur dienen. In der Zeile darunter ist der jeweilige Leistungsrückstand in kh zum Monatsende aufgeführt. Dieser Wert wird in der letzten Zeile noch detailliert interpretiert, indem er aufgrund der Ablieferungsplanung in Form einer rückständigen Tagesleistung ausgedrückt wird. Die Errechnung dieser Zahl erfolgt nach folgender Formel:

$$\text{Rückstand in Arbeitstagen} = \text{Rückstand} : \frac{\text{Monatsplanung in kh}}{\text{Arbeitstage des Monats}}$$

Dieser Wert wird in das Koordinationssystem eingetragen und erlaubt nun eine dynamische Kontrolle der Rückstandsentwicklung dieses Fertigungsbereiches. Im Sinne eines „Management by exception" werden zudem Vertrauensgrenzen definiert, die nie überschritten werden sollten, weil dann entweder

1. die Fertigung zu stark überlastet und das Prioritätsgerangel zum Abbau des Rückstandes sehr kostspielig ist (einschließlich der Notwendigkeit, die zukünftigen Losgrößen unter das Optimum zu verkleinern), oder

2. die Fertigung zu stark unterlastet und eine optimale Kapazitätsauslastung nicht mehr möglich ist, was die Produktivität der Fertigung erheblich reduziert.

Solche Kontrollsysteme bieten dem Materialwirtschaftler ein geeignetes Hilfsmittel, um in der Zukunft ein besseres Maß an Übereinstimmung zwischen Planung und Planerfüllung zu gewährleisten.

Merke: Führen Sie für die einzelnen Regelkreise der Materialwirtschaft Kontrollsysteme ein, die Planabweichungen frühzeitig erkennen lassen und entsprechende Korrekturreaktionen ermöglichen.

B.3.8.7 UNTERSCHIEDLICHE HANDHABUNGEN VON SENSIBLEN UND NICHTSENSIBLEN DATEN

Zur Stabilisierung der Entscheidungs- und Informationssysteme muß dafür Sorge getragen werden, daß die zugrunde liegenden Daten exakt verarbeitet werden. Dabei kommt es vor allem darauf an, die Wichtigkeit und die eventuelle Negativwirkung bei den einzelnen Daten zu erkennen und richtige Schwerpunkte in der Verarbeitung zu setzen. Bei einer Unterscheidung zwischen „sensiblen und nichtsensiblen" Daten lassen sich folgende Kategorien nennen:

Sensible Daten:

1. Stücklisten,
2. Arbeitsplätze,
3. Maschinengruppen,
4. offene Fertigungsaufträge,
5. offene Einkaufsbestellungen,
6. aktueller Lagerbestand,
7. Reservierungen,
8. offene Kundenaufträge
   usw.

Nichtsensible Daten:

1. Wiederbeschaffungszeiten,
2. Losgrößen bzw. Bestellmengen,
3. Vorhersagedaten,
4. Sicherheitsbestände,
5. Ausschußfaktoren
   usw.

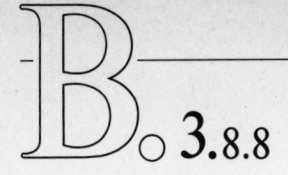

Die sensiblen Daten sind sehr kritisch und führen zu erheblichen Störungen von manuellen oder computerunterstützten Entscheidungs- und Informationssystemen. Diese Daten sollten nahezu 100% richtig sein und erfordern deshalb auch von der personellen Bearbeitung her die höchste Aufmerksamkeit. Sobald sich bei diesen Daten Fehler einschleichen, muß der jeweilige Materialwirtschaftsverantwortliche schnell eingreifen und mit einer hohen Priorität auf eine Fehlerbeseitigung hinarbeiten, wenn er nicht die Leistung eines sonst gut konzipierten Dispositionssystems zerstören will. Häufig muß in solchen Fällen auch eine Überprüfung von Mitarbeiterfähigkeiten vorgenommen werden und entsprechende Schulungsaktivitäten oder im Extremfall Personalumbesetzungen eingeleitet werden.

Bei den nichtsensiblen Daten, wie sie vorne beispielhaft genannt wurden, ist eine fehlende Genauigkeit nicht so störempfindlich, da sie teilweise auf statistischen Annahmen beruhen, die trotz des hohen personellen Bearbeitungsaufwands nicht immer richtiger sein müssen, als wenn sie nur grob geschätzt werden. In der Regel werden diese Daten auch immer wieder dynamisch neu errechnet, so daß momentane Fehler (wenn z.B. weniger als die optimale Losgröße bestellt wurde) in den Folgeperioden durch Korrekturdispositionen wieder ausgeglichen werden.

Merke: Für jede Stunde, die Sie sich mit nichtsensiblen Daten beschäftigen, sollten Sie eine Vielzahl von Stunden daran arbeiten, die Genauigkeit Ihrer sensiblen Daten zu erhöhen.

B.3.8.8
GRUNDDATENVERWALTUNG INNERHALB DER MATERIALWIRTSCHAFT

Nachdem die Bedeutung der sensiblen und nichtsensiblen Daten für die Leistungsfähigkeit der Materialwirtschaft dargestellt wurde, ist es sachlich konsequent, wenn eine organisatorische Zuordnung der Grunddatenverwaltung für Stücklisten, Arbeitspläne, Maschinengruppen usw. zum Materialwirtschaftsbereich erfolgt. Durch die betriebliche Entwicklung zur dezentralen Datenerfassung über Bildschirm sind viele Firmen auch gleichzeitig dazu übergegangen, z.B. die Stücklistenverwaltung der Entwicklung und die Arbeitsplan- und Maschinengruppenverwaltung der Arbeitsvorbereitung zuzuordnen. Diese Dezentralisierung der Grunddatenverwaltung birgt die Gefahr in sich, daß Änderungszustände eingeführt werden, ohne die Konsequenzen für die laufende Auftragsabwicklung und die gesamte Materialwirtschaft sorgfältig abgeprüft zu haben, die zu hohen Mehrkosten führen können. Es ist kar, daß die dezentrale Datenerfassungsmöglichkeit via Bildschirm ausgenutzt werden muß, statt wie bisher einen Änderungsbeleg durch verschiedene Abteilungen laufen zu lassen. Genauso klar muß aber sein, daß vor einem Update (= Realisierung der Änderung in der angesprochenen Datei) die Materialwirtschaft alle notwendigen Prüfungen durchgeführt haben muß wie:

1. Sind noch Lagerbestände für das zu ersetzende Material vorhanden?

2. Befinden sich Lose mit dem alten Material in der Fertigung?

3. Sind noch offene Bestellungen an Lieferanten ausstehend?

4. Können diese evtl. storniert werden?

5. Wie lange dauert es, bis das geänderte Teil frühestens beschafft werden kann?

Daneben muß von der Grunddatenverwaltung sichergestellt werden, daß die Dateninhalte (Muß- und Kann-Felder der Dateien) komplett vorhanden sind, bevor sie schließlich in der Datenbank aktualisiert werden. Ist dies nicht der Fall, so sind später alle Auswertungsprogramme in ihrer Richtigkeit gefährdet, die auf die zentrale Datenbank zugreifen. Und das Schlimme ist, daß man keine Stelle dafür letztendlich verantwortlich machen kann und daß das „Schwarze-Peter-Spiel" an der Tagesordnung ist. Um dem entgegenzuwirken, kann man folgendem Vorschlag folgen. Eine Änderung kann über einen dezentralen Bildschirm in einer Zwischendatei erfaßt und dem Datenbank-Verantwortlichen in der Materialwirtschaft (über Bildschirm durch einen Code abrufbar) bekanntgegeben werden.

Dieser leitet die vorgenannten Prüfungen innerhalb des Materialwirtschaftsbereiches ein und ergänzt die noch offenen Felder durch die Befragung der übrigen Bereiche wie Verkauf, Rechnungswesen usw. Erst nach Kontrolle der Komplettheit und Richtigkeit des Datensatzes erfolgt die Fortschreibung der neuen Daten in der Datenbank.

Merke: Komplette und richtige Datenbankinhalte sind die grundsätzliche Voraussetzung für eine fehlerfreie Materialwirtschaft. Sorgen Sie durch eine entsprechende organisatorische Zuordnung und Verantwortungsregelung dafür, daß diese Grundfunktion sorgfältig gemanagt wird.

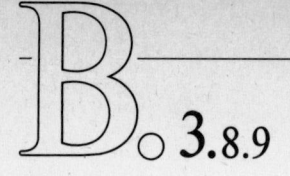

B.3.8.9
NOTWENDIGKEIT ZUR PERMANENTEN SCHULUNG

Die Informations- und Entscheidungssysteme im Materialwirtschaftsbereich reichen in ihren Auswirkungen in fast alle Unternehmensbereiche hinein. Deshalb ist es von höchster Bedeutung, daß diese Systeme für alle Firmenmitglieder transparent gemacht werden müssen. Immer wieder stößt man in der Praxis auf die Klage, daß zu wenig Schulungsaktivitäten durchgeführt werden. Häufig sind es sogar die direkt von den Systemen Betroffenen, die sich nach der Einführungsphase immer noch unsicher und unterinformiert fühlen. Unsicherheit bei der täglichen Arbeit und starke Demotivation sind die natürlichen Folgen.

Merke: Im betrieblichen Alltag wird im Bereich der Materialwirtschaft zu wenig Schulung betrieben! Machen Sie nicht den gleichen Fehler!
Selbst, wenn in der Einführungsphase neuer Informations- und Entscheidungssysteme genügend geschult worden ist, darf man sich aus den folgenden zwei Gründen heraus nicht selbstgefällig ausruhen:

1. Organisationen verändern sich dynamisch, sie unterliegen einem permanenten Wandel. Mitarbeiter werden befördert, kündigen oder werden pensioniert. Da neue Mitarbeiter in diese Positionen kommen, müssen sie ebenfalls gründlich geschult werden.

2. Der Schulungseffekt veraltet mit der Zeit. Bei der heutigen Schnelligkeit der Systemerneuerungen und -wechsel rechnet man damit, daß alle zwei Jahre Schulungen und fast jährlich Trainingsaktivitäten mit den Mitarbeitern im Materialwirtschaftsbereich durchgeführt werden, um den Wissensstand und damit die Arbeitsfähigkeit befriedigend aufrechtzuerhalten.

Die Schulungssituation läßt sich beispielhaft auf eine Fußballmannschaft übertragen, die aus 11 Spielern besteht, die weder über die Spielregeln noch die Verhaltensweisen auf dem Fußballplatz ausreichend informiert werden. Wie, glauben Sie, wird sich ein solches Team bei einer ernsthaften Spielsituation wohl bewähren? Sicher wird keiner von Ihnen der Anführer einer solchen Mannschaft sein wollen. Unsere Mitarbeiter wollen in der Regel von Anfang an bei dem gewinnenden Team mitspielen. Dazu brauchen sie natürlich die Werkzeuge, um ihre Partie gut zu spielen, d.h., sie brauchen vorwiegend zwei Dinge:

1. Systeme, die arbeiten, und

2. Schulung und Training, daß sie die Arbeitsweise und die Absicht des Systems kennenlernen und verstehen, wie sie ihre Kollegen und die Firma positiv beeinflussen, wenn sie ihre Tätigkeit im Rahmen des Systems zufriedenstellend ausführen.

Die Informations- und Entscheidungssysteme sind heute vorhanden und lassen noch eine erhebliche Steigerung der Produktivität unserer Unternehmen erwarten. Von größter Bedeutung aber ist, daß man den richtigen Weg findet, um sie zum Nutzen der Mitarbeiter und der Unternehmen einzusetzen.

Merke: Durch eine umfangreiche und qualifizierte Schulung muß es speziell bei der Einführung komplexer Bearbeitungssysteme möglich sein, das „Es-wird-niemals-gelingen-Syndrom" durch die Frage der Beteiligten: „Wann wird endlich das neue System eingeführt?" abzulösen.

B.3.9
MATERIALWIRTSCHAFT ALS NETZPLANVERSORGUNG

Der wohl wichtigste Teil der Materialwirtschaftsfunktion besteht in der Aufgabe, die aufgrund von Netzplänen vorgegebenen Versorgungsleistungen bezüglich der geforderten Qualität des Materials, des gewünschten Bereitstellungstermins, der richtigen Menge und des vorgegebenen Bereitstellungsortes sowohl für die Verkaufs-(Kunden-) als auch für die Fertigungsanforderungen zu erbringen.

B.3.9.1
NETZPLANVERSORGUNG FÜR DEN VERKAUF (KUNDEN)

In Abbildung 79 ist dargestellt, daß manche Unternehmen ihre Kunden zum Teil nur mit Sammelaufträgen beliefern, sei es nun aus Zahlungs- (Akkreditivabwicklung) oder Transportoptimierungsgründen. In diesen Fällen wird es also notwendig, einen Netzplan dergestalt zu realisieren, daß zu einem bestimmten Endtermin alle Auftragspositionen des Sammelauftrags zum Versand bereitgestellt werden. Dies setzt von seiten der Materialwirtschaft voraus, daß eine Materialverfügbarkeitskontrolle beim Auftragseingang durchgeführt

B. 3.9.1

MATERIALVERSORGUNG IM NETZPLAN

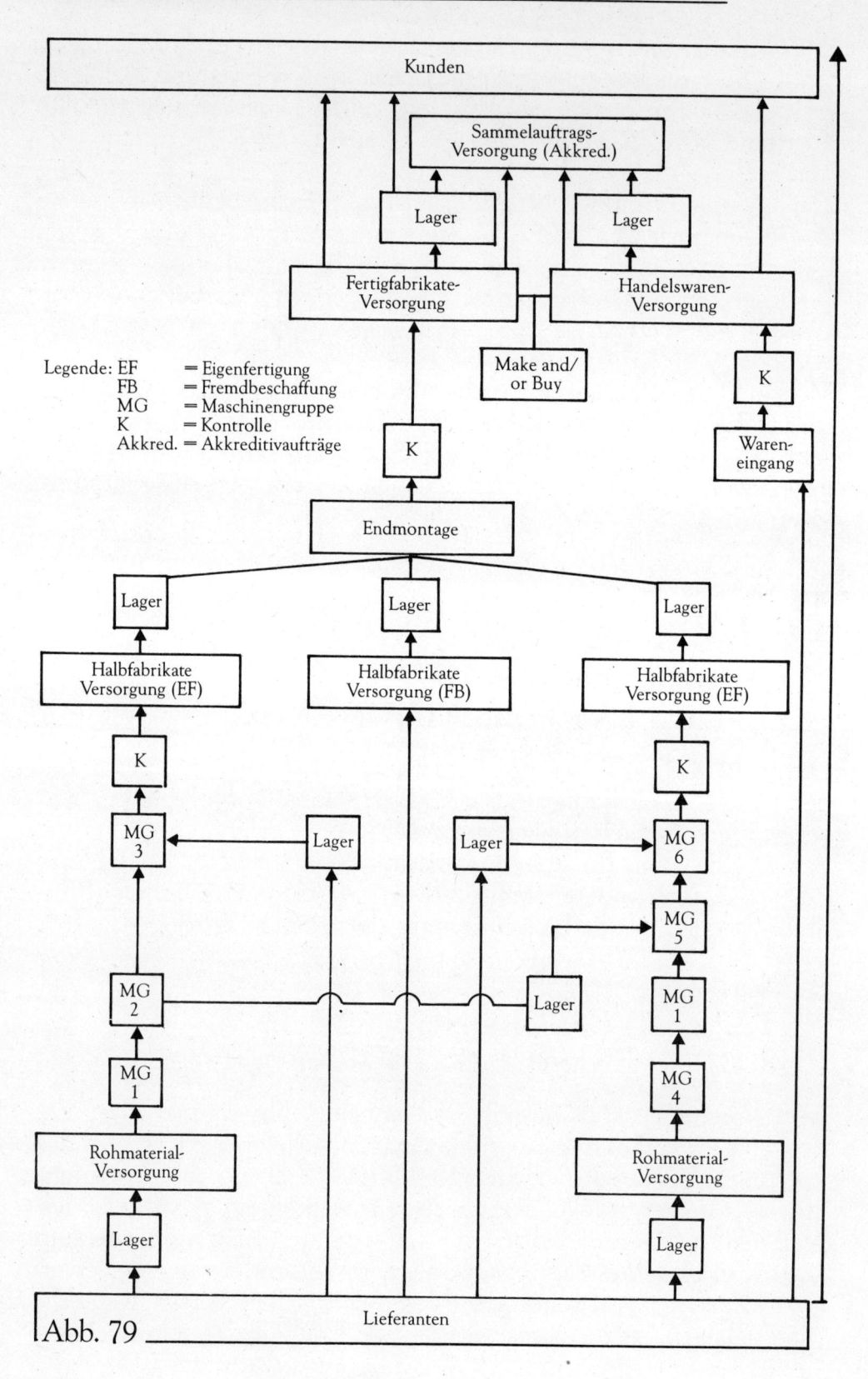

Legende: EF = Eigenfertigung
FB = Fremdbeschaffung
MG = Maschinengruppe
K = Kontrolle
Akkred. = Akkreditivaufträge

Abb. 79

werden muß, deren Ergebnis besagt, ob die gewünschten Positionen bereits am Lager verfügbar sind, sich in Fertigung befinden, beim Lieferanten bestellt wurden oder gar erst in der Fertigung gestartet bzw. beim Lieferanten bestellt werden müssen. Entsprechend dieser Verfügbarkeitskontrolle muß der Wunschtermin des Kunden für einen Sammelauftrag eventuell korrigiert und ggf. zu einem späteren realistischen Termin bestätigt werden. Diese dann fixierte zeitlich mengenmäßige Netzplanstruktur muß von der Materialwirtschaft so gesteuert und kontrolliert werden, daß in der Materialbereitstellung keine Unterlieferungen oder Zeitverzögerungen vorkommen dürfen und somit die Auslieferung des Sammelauftrags mengen- und zeitgerecht erfolgen kann. Dies ist leichter gesagt als getan! Es gehört das ganze Können und die Erfahrung des einzelnen Disponenten dazu, dieses Ziel unter Einplanung nur eines betriebswirtschaftlich sinnvollen Sicherheitsdenkens zu erreichen. Das Wort „nur" wird an dieser Stelle so betont, weil hier der Disponent zu einer betriebsbezogenen Managementleistung aufgefordert wird, die nicht unbedingt selbstverständlich ist, da er sich persönlich mit dieser Handlungsweise auf einer höheren Risikostufe bewegt, die ihn beim Fehlschlagen seiner Planung (bedingt durch eine termin- oder mengenuntreue Belieferung durch die Produktion oder den Lieferanten) einer u.U. heftigen Kritik durch die bedarfsanfordernde Stelle aussetzt.

Merke: Diese betriebsloyale Einstellung der Disponenten hat natürlich zur Voraussetzung, daß der zuständige Vorgesetzte oder der Materialmanager diese Denkweise auch in Situationen stützt, wo eine Materialbereitstellung mal nicht termin- oder mengengerecht erfolgen kann. Solange keine dauernde Unterversorung eintritt, wird von einer stabilen Führungskraft verlangt, daß sie einen vorkommenden Fehler auf die eigene Schulter nimmt und auf ihrer Ebene gegenüber dem Nachbereich Verkauf vertritt. Mit einer solchen Unterstützung wird der einzelne Disponent weiterhin zu einem höheren, aber kostensparenden Risiko in seinem Bestellverhalten bereit sein.

Eine weitere wichtige Voraussetzung für den Disponenten ist, daß für die Datenrichtigkeit von Beständen, Bestellungen, Fertigungsaufträgen usw. von allen beteiligten Stellen gesorgt wird, da sonst eine am realistischen Bedarf orientierte Disposition zu falschen Entscheidungen mit erheblichen Negativkonsequenzen führen kann.

In der Erfüllung des Netzplans liegt in denjenigen Fällen ein besonderes Risiko, wenn bereits in der Bereitstellungsplanung eine Reihe von Schlüsselmaschinen oder Kapazitätsrestriktionen bei Lieferanten bekannt sind, deren Erfüllungsmöglichkeiten schon zu Beginn der

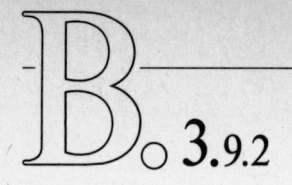

Netzplanlaufzeit in Frage gestellt sind. In diesen Fällen muß das pauschale Mahnwesen der Disponenten durch eine Sonderkontrolle (Organisation einer gezielten Terminrückkopplung) für alle kritischen Teile überlagert werden, damit bei auftretenden Störungen im Sinne eines Krisenmanagements reagiert werden kann und die Auswirkungen auf den Gesamtnetzplan des Sammelauftrags erkannt bzw. entsprechende Anpassungsmaßnahmen eingeleitet werden können (z. B. Akkreditivverlängerung oder Beantragung eines Teilakkreditivs).

Merke: Bei einer erhöhten Nichteinhaltung der Netzplantermine kommt es zu dem für den Betrieb teuren Paradoxon, daß trotz steigender Auftragsbestände und damit eines erhöhten Umsatzdrucks die Kapitalbindung im Lager immer höher wird, weil die innerhalb der Netzpläne reservierten Bestände zwar körperlich vorhanden sind, wegen des Fehlens einiger Engpaßteile aber nicht abfließen können, obwohl der Auslieferungstermin bereits verfallen ist.

B.3.9.2
NETZPLANVERSORGUNG FÜR DIE PRODUKTION

Die hier entstehende Problematik läßt sich ebenfalls gut aus Abbildung 79 ablesen, indem beispielhaft die Netzstruktur der Eigenfertigung am Beispiel von zwei Produkten dargestellt ist.

Die hier vorgenommene Terminierung der Arbeitsgänge auf den einzelnen Maschinengruppen kommt ursprünglich dadurch zustande, daß auf der Basis eines Produktionsplans (Antwort auf die Frage: Was, wieviel und wann gefertigt sein soll!) die Material- und Kapazitätsplanung erfolgt. Aufgrund der Einlastung in die Fertigung wird dabei im einzelnen festgelegt, welche Arbeitsgänge auf welchen Maschinen und mit welchem Material gefertigt werden sollen.

Diese Auswertung liefert dem Disponenten den Materialbereitstellungs-Netzplan, den er planerisch zu berücksichtigen und zu den entsprechenden Terminen zu realisieren hat. Die dispositive Verantwortung und das betriebswirtschaftliche Entscheiden entspricht genau dem, wie es im letzten Abschnitt für die Verkaufsbereitstellung gesagt wurde. Während allerdings bei einer unzureichenden terminlichen oder mengenmäßigen Bereitstellung im Verkauf evtl. ein Auftrags- oder Goodwill-Verlust die Folge ist, entsteht in der Produktion unter Umständen ein Produktivitätsverlust und eine Störung des gesamten Netzplangefüges. Unter Umständen deshalb, weil es durchaus sein kann, daß eine Verzögerung in der Materialbereitstellung durch den Lieferanten oder die Eigenfertigung dadurch abgefangen wird, daß vor der betroffenen Maschinengruppe noch eine ausreichende Warteschlange an Aufträgen vorhanden ist, die zur Aufrechterhaltung der Produktivität erst einmal abgearbeitet werden kann. Lediglich, wenn vor der Maschine der Materialvorrat erschöpft ist und auch keine kurzfristige Versetzungsmöglichkeit für den Mitarbeiter besteht, tritt ein effektiver Produktivitätsverlust durch Maschinenstillstand und ungenutzte Personalkosten (abzüglich Kosten für sinnvolle Weiterbeschäftigung) ein. Dies aber gilt es mit hoher Priorität zu vermeiden, indem ein sorgfältig organisiertes Beschaffungskrisenmanagement innerhalb der Disposition solche Situationen vermeiden oder zumindest kurzfristig zu beheben hilft. Auch hier sind wieder zwei Seelen in der Brust des Disponenten:

1. eine, die die Kapitalbindung minimiert und damit die Versorgungssicherheit gefährdet, und die

2. andere, die die Kapitalbindung großzügiger handhabt und damit eine permanente Versorgungssicherheit gewährleistet.

Wie so oft liegt wohl auch hier das anzustrebende Ziel in der Mitte der beiden Extreme. Es muß aber noch einmal besonders darauf hingewiesen werden, daß eine schlechte Versorgung der Produktion mit benötigtem Material einen Verschiebungsprozeß der Fertigungsauftragsstruktur zur Folge hat, dessen Auswirkung, beginnend bei den enorm kostenintensiven Improvisationsnotwendigkeiten in der Fertigung über die Anpassungsarbeiten bezüglich der Veränderung der Fertigungsauftragsstruktur in der Fertigungssteuerung bis hin zur Abbildung der geänderten Realisierungsmöglichkeiten in den Karteien der Disponenten bzw. der entsprechenden Fertigungsdatenbank und der Informationsnotwendigkeit an den Verkauf und den Kunden, eine häufig in der Praxis leider kaum meßbare Folge von Mehrkosten auslöst, die u.U. die ersparten Kosten durch eine risikoreichere Disposition weit überkompensieren.

Viele Betriebe befinden sich heute in einer Situation, wo die permanente Unruhe in der Fertigung durch zu knapp disponierte Kapazitäten oder durch zu knapp disponierte Materialbereitstellungen den administrativen Planungs- und Steuerungsbereich personell so unproportional zu den produktiven Kräften im Betrieb aufgebläht hat, daß sich die Kosten/Ertrags-Schere trotz aller sonstigen Anstrengungen immer mehr zu schließen beginnt. In der Regel handelt es sich dabei um Unternehmen, deren Investitionspolitik mit der Marktent-

B 3.9.2

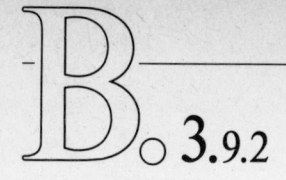

wicklung nicht Schritt gehalten hat und deren „Mangelverwaltung" sich zum kostenintensiven Spiel entwickelt hat.

Wenn Sie wissen wollen, welchen Ruf die Materialwirtschaft in Ihrer Unternehmung genießt, müssen Sie folgendes tun:

1. Fragen Sie Ihren Verkauf, ob er verkauft oder rückständige Aufträge verwaltet, die die Kunden laufend anmahnen.

2. Fragen Sie Ihre Materialdisposition, ob sie die Zukunft planerisch gestaltet und dabei permanent Optimierungsaufgaben löst, oder ob sie sich laufend wiederholende Mahnaktionen zur Therapie verschrieben hat, weil weder von der Fertigung noch von den Lieferanten eine termintreue Materialbereitstellung erfolgt.

3. Fragen Sie Ihre Fertigungssteuerung, ob sie sich vorwiegend der kostengünstigsten Auftragseinlastung und der Optimierung des innerbetrieblichen Materialflusses widmet, oder ob sie Terminjäger durch die Gegend jagt, um zu retten, was zu retten ist.

Die Beantwortung dieser Fragen gibt Ihnen eine Vorstellung, wo Sie bei eventuell vorhandenen Fehlentwicklungen eingreifen müssen, um der Materialwirtschaft wieder zu einer angesehenen Dienstleistungsfunktion und zu einem guten Image im Betrieb zu verhelfen.

Merke: Der moderne Materialwirtschaftler muß sein Denken und Handeln vermehrt auf die Planung, Steuerung und Kontrolle von Netzstrukturen lenken, um den Dienstleistungsansprüchen des Verkaufs (der Kunden) und der Produktion zufriedenstellend zu entsprechen und dies bei minimaler Kapitalbindung in Vorräten.

Die Materialwirtschaft kann ihre Funktion aber nur dann befriedigend ausführen, wenn die vorhandenen Kapazitäten der verfügbaren Lieferanten, der Fertigung und des Lagers der aktuellen Nachfrageentwicklung des Absatzmarktes weitgehend entsprechen. Eine ständige geschäftspolitisch bedingte Mangelverwaltung von Kapazitäten führt jede noch so gut organisierte und kompetent geleitete Materialwirtschaft in eine betriebliche Sackgasse!

B.4
BERUFSBILD DES MATERIALMANAGERS

Das Berufsbild des Materialmanagers wird geprägt durch die Organisationssituation, in der sich die jeweilige Materialwirtschaft in einem Unternehmen befindet. Die Entwicklung lief vom untergeordneten Papierverwalter über den Erfüllungsgehilfen des Vertriebs zum Realisierer von computerunterstützten Informations- und Entscheidungssystemen bis schließlich hin zum professionellen Manager der Materialwirtschaft.

Wie aber läßt sich das Anforderungsprofil dieses Berufsbildes darstellen?

Idealerweise sollten möglichst viele Kenntnisse und praktische Erfahrungen aus allen Teilbereichen der Materialwirtschaft vor der Übernahme der Materialmanagerposition gesammelt worden sein. Da dies nur in seltenen Fällen gegeben ist, stellt sich die Frage, wie man ein idealer Materialmanager wird?

Offensichtlich spielt neben dem „Training on the job" die Ausbildung gerade in diesem Bereich eine ganz bedeutende Rolle. Dies beginnt in der Schule, Berufsschule, Fachhochschule, Universität, in Privatinstituten und setzt sich fort über das Selbststudium (Fernkurse, Fachliteratur) bis hin zu Fachveranstaltungen (Seminare, Erfahrungsaustauschgruppen, Aktivitäten in Verbänden).

In Abbildung 80 wird in diesem Zusammenhang das Weiterbildungsmodell des Bundesverbandes für Materialwirtschaft und Einkauf dargestellt, welches unter Vorsitz von Dipl.-Kfm. E. Schwarz in Zusammenarbeit mitder BME-Akademie erarbeitet wurde und zum Ziel hat, die berufliche Weiterbildung im Materialwirtschaftsbereich noch mehr als bisher zu systematisieren.

B.4

WEITERBILDUNGS-MODELL DES BME FÜR MATERIALWIRTSCHAFTLER

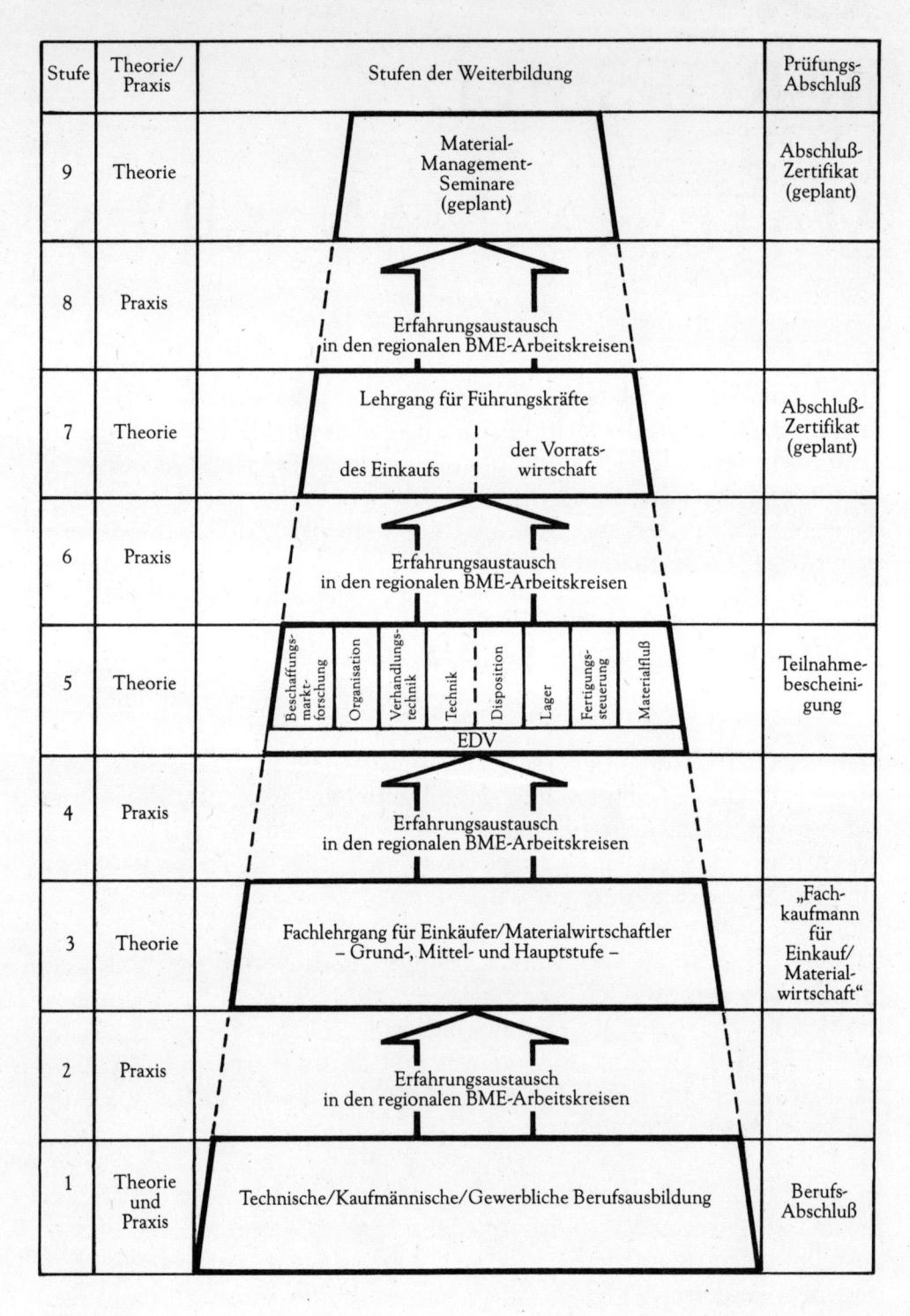

Stufe	Theorie/Praxis	Stufen der Weiterbildung	Prüfungs-Abschluß
9	Theorie	Material-Management-Seminare (geplant)	Abschluß-Zertifikat (geplant)
8	Praxis	Erfahrungsaustausch in den regionalen BME-Arbeitskreisen	
7	Theorie	Lehrgang für Führungskräfte des Einkaufs / der Vorratswirtschaft	Abschluß-Zertifikat (geplant)
6	Praxis	Erfahrungsaustausch in den regionalen BME-Arbeitskreisen	
5	Theorie	Beschaffungsmarktforschung / Organisation / Verhandlungstechnik / Technik / Disposition / Lager / Fertigungssteuerung / Materialfluß — EDV	Teilnahmebescheinigung
4	Praxis	Erfahrungsaustausch in den regionalen BME-Arbeitskreisen	
3	Theorie	Fachlehrgang für Einkäufer/Materialwirtschaftler – Grund-, Mittel- und Hauptstufe –	„Fachkaufmann für Einkauf/Materialwirtschaft"
2	Praxis	Erfahrungsaustausch in den regionalen BME-Arbeitskreisen	
1	Theorie und Praxis	Technische/Kaufmännische/Gewerbliche Berufsausbildung	Berufs-Abschluß

Abb. 80

Auf die Frage, aus welchen Bereichen die heutigen Inhaber von Materialmanagementpositionen kommen, erhält man eine statistische Aussage durch eine amerikanische Studie (Quelle: Purchasing survey), die folgende Ergebnisse ausweist:

Einkauf	37%
Produktion	23%
Entwicklung/Konstruktion	12%
Finanzen	10%
Marketing	6%
Andere	12%

Der berufliche Ausgangspunkt scheint demnach keine bedeutende Rolle zu spielen, so daß wir nun die Frage beantworten müssen, welche Eigenschaften diejenigen Personen haben, die von irgendeiner der oben erwähnten Funktionen den Weg zum Materialmanager gefunden haben.

Sicher ist, daß diese Personen eine seltene Kombination von Qualitäten in sich vereinen. Im Zusatz zu den üblichen Managerfähigkeiten wie Initiative, Akzeptanz von Verantwortung, Loyalität, Intelligenz, Voraussicht usw. müssen Materialmanager nämlich die Begabung haben:

1. die permanent vorhandenen Zielkonflikte zwischen Produktion, Finanzen und Verkauf zu koordinieren,

2. ein hochkomplexes Materialwirtschaftssystem zu planen, zu steuern und zu kontrollieren,

3. neue wissenschaftliche Verfahren aus Rationalisierungsgründen im Bereich einzuführen,

4. die damit verbundenen oft bereichsgrenzenüberschreitenden Verfahren den betroffenen Nachbarabteilungen zu verkaufen, und

5. den ständigen Konflikten dieses hektischen Bereichs aktiv zu begegnen.

Dazu ist es notwendig, daß dieser Personenkreis besonders durchsetzungsfähig (systematisch), ehrlich, analysefähig, begeisterungserweckend (motivierend), entscheidungsfreudig und im hohen Maße kommunikationsfähig sein muß. Das Zusammentreffen dieser Eigenschaften ist bei Personen gegeben, die man in die Kategorie: „theoretische Macher" oder „Stabs-/Linienmann in einer Person" einordnen kann.

B.4

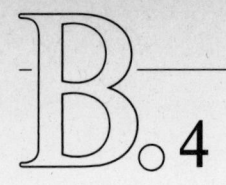

Bezüglich des Führungsverhaltens kann auch eine klare Aussage gemacht werden, wenn man die Führungskräfte in Analogie zu den folgenden Bootskategorien einordnet:

1. Schleppboot =
Führungskraft, die zur Leistung ständig angestoßen werden muß,

2. Segelboot =
Führungskraft, die viel leistet, wenn zufällig Wind einmal günstig weht,

3. Motorboot =
Führungskraft, die kontinuierlich gute Leistung bringt, unabhängig von Wind und Wetter.

Materialmanager müssen zu den Motorboottypen gehören, die sich selbst im Griff haben, zielbewußt und beständig arbeiten und ihre Umgebung aufmerksam kontrollieren. Zudem muß die Belastungsfähigkeit sehr hoch sein, weil die permanente Aufgabe der Zielkonfliktlösung eine häufige Inkaufnahme von berechtigten oder unberechtigten Vorwürfen der benachteiligten Nachbarfunktionen zur Folge hat. Als Materialmanager muß man mit der Tatsache leben, daß der weiter vorn angesprochene Balanceakt auf dem Seil niemals einen stabilen Zustand ermöglicht und es eine Illusion wäre, wenn man den Ansprüchen des Vertriebs, der Produktion und der Finanzen zu 100% genügen wollte. Was bleibt, ist die Handhabung von wichtigen täglichen Entscheidungen, die viele Dinge in Bewegung setzen und dazu führen, daß die Materialwirtschaftsfunktion einen wesentlichen Beitrag zum Unternehmenserfolg leistet.

Durch die steigenden Anforderungen an die fachliche Materialmanagementfunktion wird eine breite Ausbildung und Absolvierung eines Studiums von immer höherer Bedeutung werden. Nach einer Studie von La Londe und Cronin ergeben sich bezüglich der Ausbildung und Studienrichtung der Führungskräfte im Bereich Materialwirtschaft folgende statistische Werte (Abb. 81):

Das Ausbildungsdefizit deutscher Materialmanager läßt sich im Vergleich zur USA aus einer Studie der Kienbaum-Unternehmensberatung ablesen, wobei folgende Werte genannt werden (Abb. 82):

B. 4

AUSBILDUNG DER FÜHRUNGSKRÄFTE IM BEREICH MATERIALWIRTSCHAFT

(Quelle: La Londe und Cronin)

Ausbildung

| 5% | 6% | 49% | 9% | 31% |

- High school graduate
- College non-degree
- College graduate
- Graduate school non-degree
- Master's degree

Studienrichtung

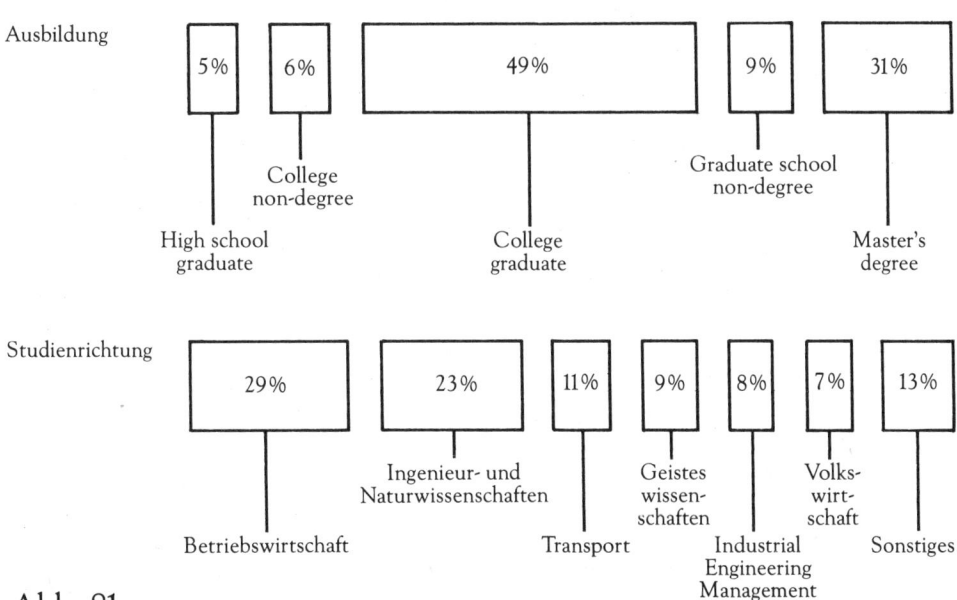

| 29% | 23% | 11% | 9% | 8% | 7% | 13% |

- Betriebswirtschaft
- Ingenieur- und Naturwissenschaften
- Transport
- Geisteswissenschaften
- Industrial Engineering Management
- Volkswirtschaft
- Sonstiges

Abb. 81

AUSBILDUNGSSTAND DER LEITER DER MATERIALWIRTSCHAFT

Ergebnisse einer Studie der Kienbaum-Unternehmensberatung

Höchster Ausbildungsstand	% der befragten Leiter der Materialwirtschaft
Volksschule/Lehre	28 %
Mittlere Reife/Lehre	38 %
Abitur/Lehre	12 %
Fachhochschule (techn.)	7 %
Fachhochschule (kaufm.)	6 %
Universität	6 %
Sonstige	3 %

Abb. 82

Aus dem Kreis der deutschen Hochschulabsolventen gibt es heute noch zu wenig Personen, die an einer Karriere innerhalb der Materialwirtschaft interessiert sind. Ehrgeizige Männer empfinden die Materialwirtschaftsfunktion nur selten als einen Weg zu einer gehobenen Führungsposition. Diese Einstellung trifft mit Recht auf jene Unternehmungen zu, deren Materialwirtschaftsfunktion effektiv unterbewertet wird oder eine zweitrangige Bedeutung einnimmt (niedriger Materialanteil bezogen auf den Umsatz) und lediglich als notwendige

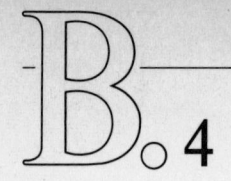

Verwaltungsfunktion betrachtet wird. Dies trifft aber nicht für jene Unternehmungen zu, die die wirtschaftliche Bedeutung der Materialwirtschaftsfunktion erkannt haben und ihrer integrierten Steuerung großen Wert beimessen. Dazu schreibt England: „In the latter situation the breadth of challenge, the opportunities for the use of creativity, and the dynamic day to day activity are at least equal to the challenges of any other business function. Successful operation of the modern materials department requires personnel who are highly intelligent and whose integrity is above question."

Der Materialmanager kann seine Funktion nur so gut ausführen, wie seine Umwelt es zuläßt. Dies betrifft:

1. Die Planungsfähigkeit des Vertriebs.

2. Die Abstimmung zwischen Investitionspolitik und Marktentwicklung.

3. Die Stabilität der Fertigungstechnologie (bei Eigen- und Lieferantenfertigung).

4. Die Kapazitätsgrenzenflexibilität bezüglich Beschaffungs-, Lagerungs- und Finanzierungsmöglichkeiten.

Da die Materialwirtschaftsfunktion in ihrer modernen Organisationsform am Kampf gegen die vermehrte Instabilität und die zunehmende Ungewißheit der Unternehmensentwicklung maßgeblich mitarbeiten und Verantwortung tragen kann, läßt sich der Job des Materialmanagers als einer der dynamischsten und interessantesten Berufe einstufen, die die Industrie heute anzubieten hat. Letztlich ist die Breite des beruflichen Engagements eine gute Ausgangsbasis für die Funktion des General Managements.

B.5 MATERIALWIRTSCHAFT – BEGRIFFSABGRENZUNG ZU EINKAUF, BESCHAFFUNG UND LOGISTIK

Die verwirrende Vielfalt in der Namensgebung der Materialwirtschaftsorganisationen ist leider eine Folge der Tatsache, daß durch die stürmische Entwicklung dieser Managementfunktion die theoretische Unterstützung in Richtung der Standardisierung der Begriffe weder von seiten der Universitäten noch von seiten der Fachverbände gegeben war.

In der Praxis und in der Literatur existieren heute eine Vielzahl von Ausdrücken, die den Begriff der Materialwirtschaft im engeren Sinne umschreiben, wie z.B.

1. Einkauf,

2. Beschaffung,

3. Versorgung,

4. Logistik,

5. Lagerwirtschaft,

6. Vorratswirtschaft u.a.m.

Seitdem der BME eindeutig zur Definition der Materialwirtschaft Stellung bezogen hat, läßt sich die bisherige Begriffsverwirrung etwas besser kanalisieren.

B.5

Der Einkauf stellt sich demnach als ein eigenständiger Regelkreis dar, der der Materialwirtschaft organisatorisch unterstellt ist. Diese strukturorganisatorische Zuordnung wurde in der Praxis von den Einkaufsverantwortlichen lange Zeit als Abwertung der Einkaufsfunktion in der betrieblichen Wertschätzung angesehen. Mittlerweile haben Befragungen in den USA ergeben, daß die Einkaufsleiter diese „Zurückstufung" nicht negativ betrachten, weil sich die Art der Funktionsausführung und die damit verbundenen Kompetenzen nicht geändert haben. Gleichzeitig wird der „Nachteil", daß sie statt wie bisher an die Geschäftsleitung, die Finanzleitung oder den kaufmännischen Geschäftsführer, denen sie früher unterstellt waren, jetzt an den Materialmanager berichten müssen, durch die Tatsache weit überkompensiert, daß sie ihre ureigensten Interessen innerhalb der gesamten Materialwirtschaftsorganisation politisch viel besser durchsetzen können, als es früher bei der dezentralen Materialwirtschaftsorganisation möglich war. Zudem hat die Praxis gezeigt, daß bei wichtigen Gesprächen mit der Geschäftsführung der Materialmanager gemeinsam mit dem Einkaufsmanager die Fragen und Probleme des Einkaufs vertritt. Die Aufhängung in der betrieblichen Hierarchie ist heute in vielen Betrieben oft zufriedenstellend gelöst, nachdem die Materialwirtschaft als eigenständige Funktion direkt der Geschäftsführung zugeordnet ist.

Der Begriff der Beschaffung ist wohl am wenigsten von allen greifbar, da er sowohl in der Literatur als auch in der Praxis in vielfältigen Formen zu finden ist.

Nach der neuesten Definition von Harlander und Platz umfaßt die Beschaffung den Einkauf, die Bereitstellung (Transport), die Sicherung (Bevorratung) und die Wiederverwertung (Rückgewinnung oder Recycling) der Beschaffungsobjekte, Werkstoffe, Betriebsmittel, Ideen, Arbeitskräfte und Finanzmittel.

Damit befaßt sich die Beschaffung mit sämtlichen Funktionen, die zwischen den vorgelagerten Märkten auf der einen Seite und der betrieblichen Transformation auf der anderen Seite anzusiedeln sind.

Die Beschaffung beinhaltet also den gesamten betrieblichen Input. Die Materialwirtschaft umfaßt in Abgrenzung dazu lediglich den gesamten betrieblichen Material-Input.

B.5

Der Begriff der Beschaffung hat bisher vorwiegend im Schrifttum und in einigen Betrieben im süddeutschen und schweizerischen Raum eine Bedeutung erlangt, wobei hierbei das Schwergewicht der Definition auf einer Einkaufstätigkeit liegt, in die gleichzeitig artspezifische Probleme der Versorgungsfunktion einbezogen werden.

Wahrscheinlich wird die Entwicklung in Deutschland darauf hinauslaufen, daß man zwar Beschaffung oder auch Versorgung weiterhin als Tätigkeitsbegriff aufrechterhält (wie analog im englischsprechenden Raum der Begriff „procurement" = Beschaffung oder „supply" = Versorgung gehandhabt wird), die Funktionen innerhalb der Struktur- und Ablauforganisation aber mit Einkauf bzw. als übergeordneter Regelkreis mit Materialwirtschaft bezeichnet werden.

Daneben wird heute bereits ein weiterer Begriff diskutiert, der schon in vielen Firmen als Ersatzbegriff für die Materialwirtschaft benutzt wird, das ist die Logistik.

Nach P. Köckmann ist die Logistik im industriellen Unternehmen die Planung von Bedarf, Leistung, Zeit und Raum sowie das Steuern und Vollziehen eines geplanten Materialflusses unter Berücksichtigung des Kostenoptimums. Durch Logistik werden alle Mengen-, Termin- und Ortsprobleme in der Verknüpfung zwischen Einkauf, Technik und Vertrieb gelöst.

Logistik beschäftigt sich im Zusammenhang – also nicht isoliert nach Bereichen – mit dem Beschaffen, Lagern, Bewegen und Verteilen der Rohstoffe bis zur Ablieferung der Fertigprodukte an den Abnehmer.

Die Wissenschaft hat den Begriff Logistik in einer Systemtheorie übernommen, die alle Prozesse umfaßt, die der Raumüberwindung und der Zeitüberbrückung beliebiger Objekte dienen. Nach dieser Systemtheorie können logistische Objekte Güter, Lebewesen, Energien und Daten sein. In der Praxis industrieller Unternehmen wird die Logistik auf Güter oder Material (Stoffe, Produkte, Waren, Teile) beschränkt.

Anläßlich des dritten Materialwirtschaftlichen Symposiums des BME in Berlin wurden unter der Moderation von J. Cordts und in Zusammenarbeit mit Prof. Dr. C. C. Berg die beiden Begriffe Materialwirtschaft und Logistik einander gegenübergestellt und erörtert, inwieweit sie sich ergänzen oder ersetzen lassen. Das Fazit dieser Diskussion lautet (siehe auch Abbildung 83):

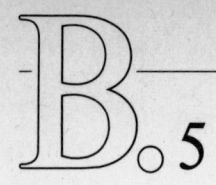

B.5

LOGISTISCHE PROZESSE – VERSORGUNG

	Logistische Prozesse – Versorgung – im Unternehmen	
	Material-Logistik	Produkt-Logistik
	Beschaffungs-Logistik / Bereitstellungs-Logistik	Distributions-Logistik
	Beschaffungsmarketing Einkauf / Fertigung	Absatzmarketing Verkauf

─────── = Logistische Prozesse im Unternehmen – Versorgung

• • • • • = Materialwirtschaft = Material-Logistik (Roh-, Fertig-, Hilfs- und Betriebsstoffe und Halbfertigteile
= Beschaffungsmarketing/Einkauf + Bereitstellung + Entsorgung

– • – • – = Absatzwirtschaft = Produkt-Logistik (Fertigprodukte, Ersatzteile)
= Absatzmarketing/Verkauf + Distribution

Abb. 83

Quelle: BME Symposium – November 1979
Prof. Dr. C. C. Berg, Hochschule der Bundeswehr München

„Eine Identität des Begriffs Logistik mit dem Begriff Materialwirtschaft ist nicht gegeben. Nicht die Verheißung möglicher Vorteile eines Super-Logistik-Systems hilft uns, sondern nur der Beitrag zur Lösung aktueller Probleme der täglichen, momentanen und zukünftigen Anforderungen, wie ihn bisher die Funktionen: Beschaffung – Einkauf – Disposition – Lagerwirtschaft und dgl. erbracht haben, heute unter dem umfassenden Begriff „MATERIALWIRTSCHAFT". Sicherlich wird diese Abgrenzung in den nächsten Jahren noch Anlaß zu häufigen Diskussionen sein.

Zur Ergänzung der Diskussion über die Abgrenzung der verschiedenen Logistikprozesse sei an dieser Stelle noch eine Funktionsaufteilung angeführt, wie sie in der amerikanischen Literatur zu finden ist (Abb. 84).

B.5

VERSCHIEDENE AUSPRÄGUNGEN DER LOGISTIK-KONZEPTION IN DEN USA

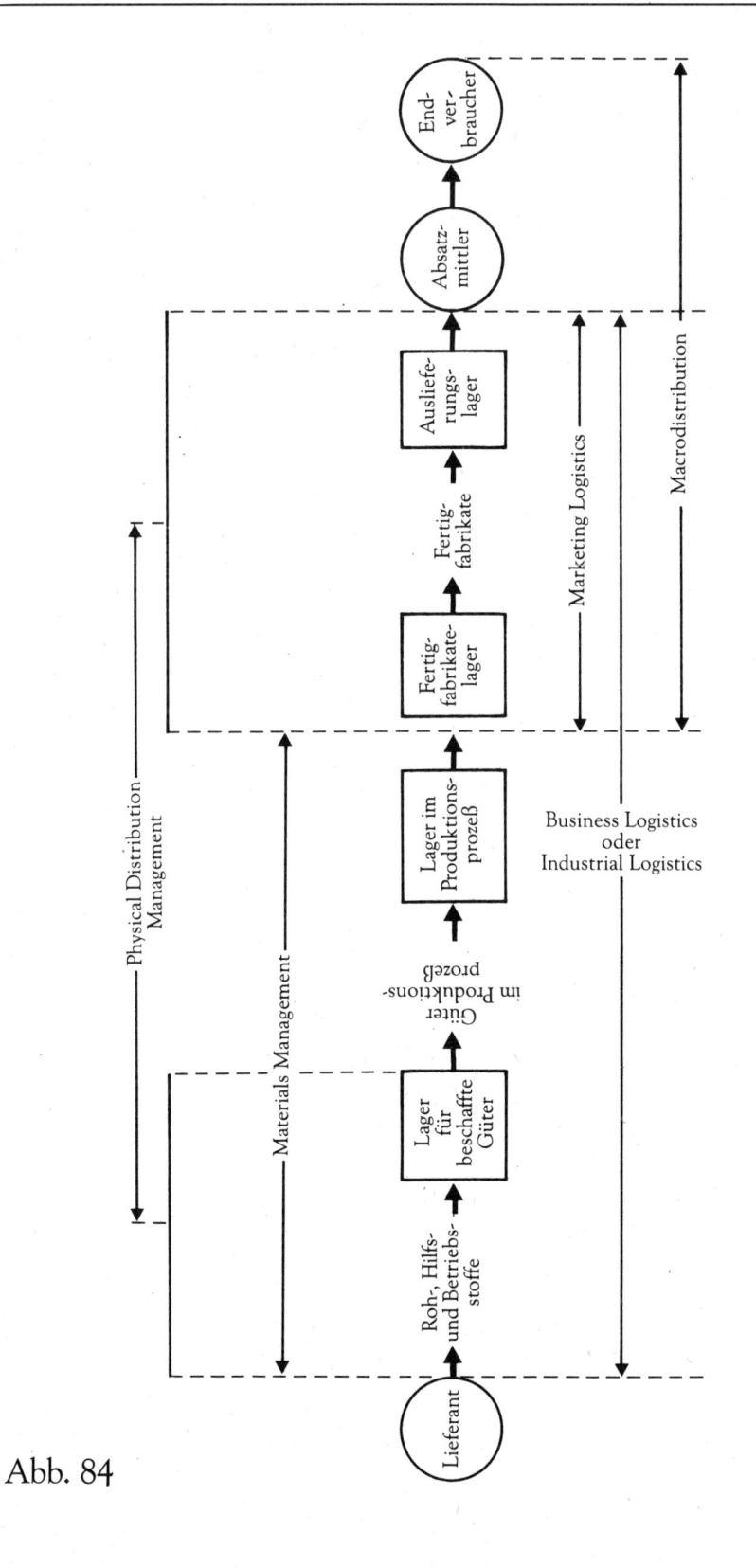

Abb. 84

B.5

Als Praktiker der Materialwirtschaft möchte ich an die meinungsbildenden Gremien, wie Universitäten und Fachverbände, die dringende Bitte richten, durch eine einheitliche Begriffsbildung und Sprachregelung den Materialverantwortlichen in den Unternehmen eine Hilfe zu geben, daß sie sich untereinander in Wort und Schrift besser verständigen können. Die Eigenheiten der Lehrstühle verschiedener Universitäten und die Egoismen der Verbände sollten in den Hintergrund treten, um eine gemeinsame Sprache zu sprechen. Vielleicht sollte man auf dem Weg aufbauen, den die Automobilindustrie als Vorbild gegangen ist, nämlich der Managementfunktion Materialwirtschaft die Funktionen Einkauf und Logistik zuzuordnen. Wir würden uns in der betrieblichen Praxis bei der Einführung der Managementorganisation leichter tun, wenn wir von einer solch allgemein anerkannten Funktionsdefinition ausgehen könnten und dann nur noch Fragen der organisatorischen Zuordnung von Schnittstellenfunktionen, wie z. B. Auftragsabwicklung und Fertigungssteuerung zu einer zentralen Materialwirtschaftsfunktion beantworten müßten.

B.6
MATERIALWIRTSCHAFT – VOLKSWIRTSCHAFTLICHE BEDEUTUNG

Die volkswirtschaftliche Bedeutung der Materialwirtschaft ist von den Regierungsstellen schon sehr frühzeitig erkannt worden und hat dazu geführt, daß z. B. das Statistische Bundesamt mit einer Vielzahl von detaillierten Auswertungen die Einkaufs- und Lagerpolitik der deutschen Unternehmen in ihrer Entwicklung verfolgt. Im folgenden werden die Einflüsse einer sich ändernden Materialwirtschaftspolitik aufgezählt:

Einfluß auf die Konjunktur

Aus der Ursachenanalyse von konjunkturellen Entwicklungen ist herauszulesen, daß der Grund für Rezessionen oftmals in einer vorangegangenen übertrieben hohen Lagerhaltung zu suchen ist, die in der Folge das Nachbestellvolumen so reduzieren, daß eine normale Auslastung der Unternehmenskapazitäten nicht mehr möglich war. Eine periodenbezogene übertrieben hohe Lagerhaltung kann in einer Volkswirtschaft grundsätzlich aus drei verschiedenen Gründen zustande kommen:

1. Die Konjunkturprognosen ließen ein weiteres Wachsen der Investitionstätigkeit und des Konsums erwarten, welches nicht in dem vorgesehenen Maße eintrat und sich damit die überschüssige Produktion im Lager ansammelte;

2. es wurde bewußt auf Lager produziert, weil man der Kapazitätsauslastung eine hohe Priorität gab und man damit rechnete, daß die Nachfrage in nächster Zeit wieder anziehen würde, was aber dann nicht der Fall war;

3. die Lagerhaltung wurde aus spekulativen Gründen oder aus einem Sicherheitsdenken heraus bewußt überzogen.

B.6

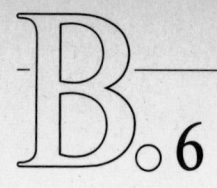

Für den letzten Fall läßt sich sehr gut die aufgrund der Ölpreissteigerungen veranlaßte Lagerpolitik des Ölhandels anführen. Die Folge der hierbei eingetretenen Überbevorratungspolitik besteht darin, daß in vielen Häfen volle Tanker stehen und nicht mehr gelöscht werden können, weil die Ölbevorratungsmöglichkeiten von den zur Verfügung stehenden Anlagen her erschöpft sind. Damit wird gleichzeitig ein weiterer Einfluß der Materialwirtschaftspolitik angesprochen.

Einfluß auf das Preisniveau

Dieser kann einmal aus der Lagerhaltungssituation heraus kommen, indem die Preise bei einem vorhandenen Überangebot sich in der Regel nach unten anpassen (soweit keine Art von Monopolpreisbildung wie beim Öl vorliegt) und sich umgekehrt in Preissteigerungen auswirken, wenn eine hohe Nachfrage auf eine knapp bemessene Lagerhaltung stößt.

Hier muß man aber auch erwähnen, daß die Einstellung der Einkaufsverantwortlichen in einer Volkswirtschaft einen erheblichen Einfluß auf die Preisentwicklung ausübt und manchmal zu oberflächlich und sorglos dem inflationären Trend der Preisentwicklung gefolgt wird, ohne der galoppierenden Preisentwicklung auf breiter Front kämpferisch und unter zwangsläufiger Inkaufnahme höherer Versorgungsrisiken entgegenzuwirken.

Einfluß auf den Wettbewerb

Natürlich hat der Einkauf es im hohen Maße in der Hand, wie er den Anbietermarkt durch seine Einkaufspolitik strukturiert. Als Zielsetzung wird dabei vermehrt angestrebt werden müssen, den Wettbewerb im internationalen Beschaffungsmarkt zu fördern und dabei neben einer breiten Versorgungssicherheit auch gleichzeitig die kostengünstigsten Versorgungsquellen ausfindig zu machen. Die Preisoptimierung darf aber nicht dazu führen, daß man die Beschaffungsmengen jeweils auf einen Lieferanten allein konzentriert, weil damit u.U. die Wettbewerbsstruktur auf der Anbieterseite mit entsprechend negativen Auswirkungen monopolisiert wird. Als Aufgabe für die Einkaufsverantwortlichen bietet es sich an dieser Stelle an, durch eine entsprechende Einkaufspolitik der Verdrängung mittelständischer Unternehmen der Zulieferindustrie entgegenzuwirken. Der Einkäufer erhält sich damit mittel- und langfristig die notwendige Angebotsvielfalt und eigene Nachfrageunabhängigkeit.

Einfluß auf die Handelsbilanz

Durch den verstärkten Trend zum internationalen Einkauf wird zwangsläufig die Handelsbilanz in einem vermehrten Maße beeinflußt. Dieser Trend bedeutet aber nicht allein eine Passivierung der Bilanz, indem die Importe übermäßig gesteigert werden, sondern der oft kostengünstigere Einkauf im Ausland verbessert gleichzeitig die eigene Exportwettbewerbssituation auf dem Weltmarkt, womit eine weitere Aktivierung der Handelsbilanz abgesichert wird.

Einfluß auf die Ökologie, die Arbeitsumwelt und das Sozialwesen

J. Sell spricht in einem Artikel dieses Thema an und empfiehlt dem Einkauf:

1. dafür zu sorgen, daß überschüssiges Material inklusive der nicht mehr verwertbaren Investitionsgüter wirtschaftlich verwertet wird;

2. dafür zu sorgen, daß die Aufgabe der Entsorgung sehr ernsthaft und nach den gesetzlichen Vorschriften wahrgenommen wird;

3. dafür zu sorgen, daß Anregungen zur Einsparung von Rohstoffen und Energie beschafft werden und an die zuständigen Bereiche des Unternehmens weitergegeben werden;

4. dafür zu sorgen, daß von spezialisierten Unterlieferanten Anregungen zur Verwendung umweltfreundlicher Rohstoffe beschafft werden, die keine Vergiftung des Erdbodens, des Wassers und der Luft bewirken;

5. dafür zu sorgen, daß speziell im Lager humanere Arbeitsplätze geschaffen werden, wo zum Teil noch katakombenähnliche Räume existieren;

6. dafür zu sorgen, daß so viel wie möglich bei Werkstätten für Behinderte gekauft oder ihnen Lohnarbeit angeboten wird.

Merke: Werden Sie sich darüber bewußt, daß Ihr Verhalten in der Materialwirtschaft und speziell im Einkauf die volkswirtschaftliche Entwicklung wesentlich beeinflussen kann!

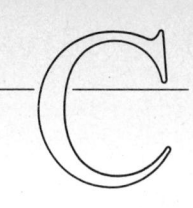

KAPITEL C
MATERIALMANAGEMENT UND COMPUTER.
ERFOLGREICHE MENSCH – MASCHINE – KOOPERATION

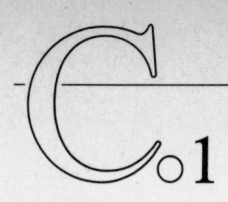

C.1
EINFÜHRUNG IN DAS WESEN UND DIE BEDEUTUNG COMPUTERUNTERSTÜTZTER INFORMATIONSSYSTEME

In diesem Kapitel werden die allgemein gültigen Kenntnisse über die Theorie und Praxis computerunterstützter Informationssysteme erarbeitet, soweit sie für den Einsatz dieser Systeme im Rahmen der Materialwirtschaft eines Unternehmens von Bedeutung sind. Die folgenden Ausführungen basieren auf einem intensiven Literaturstudium vor allem amerikanischer Bücher und Zeitschriften und werden ergänzt durch die früheren praktischen Erfahrungen des Verfassers im Rahmen seiner Tätigkeit in der EDV-Beratung und im EDV-Projektmanagement. Aus der Vielzahl der Themen aus dem Bereich der computerunterstützten betrieblichen Informationssysteme werden die folgenden für die weitere Bearbeitung dieser Studie als wesentlich erachtet und deshalb ausführlich diskutiert:

1. Definition eines Informationssystems,

2. Notwendigkeit für den Einsatz computerunterstützter Informationssysteme,

3. die Rolle des Computers in Informationssystemen,

4. Einsatzmöglichkeiten computerunterstützter Informationssysteme in der Unternehmung,

5. Der Systemansatz bei der Konzeption computerunterstützter Informationssysteme,

6. Gedanken zur Wirtschaftlichkeit computerunterstützter Informationssysteme,

7. der Einfluß der Informationsautomatisierung auf die Führungskräfte,

8. Merksätze für den Einsatz computerunterstützter Informationssysteme.

Die Bereitstellung betrieblicher Informationen wirft im wesentlichen analog zur Produktion drei Probleme auf:

1. das Mengenproblem,

2. das Zeitproblem,

3. das Qualitätsproblem.

Die Aufgabe der Informationsbereitstellung konzentriert sich damit auf eine kostengünstige Sicherung der Verfügbarkeit quantitativer und qualitativ geeigneter Informationen zum richtigen Zeitpunkt. Nur ein reibungsloses Funktionieren des das ganze Unternehmen überlagernden Informationsflusses kann einen befriedigenden Beitrag zur betrieblichen Aufgabenerfüllung und damit zur Realisierung unternehmerischer Zielsetzungen gewährleisten. Wichtig ist dabei die möglichst redundanzfreie Übereinstimmung von Informationsbedarf und -angebot.

C.1.1
DEFINITION EINES INFORMATIONSSYSTEMS

Alle Betriebe haben irgendeine Art von Informationssystem, obwohl es manchmal nicht mehr ist als ein Aktenschrank oder ein Karteikasten. Um jedoch ein wirtschaftliches und einsatzfähiges Informationssystem zu erhalten, das Antwort auf alle notwendigen Anfragen geben kann, müssen alle zu einem Betrieb gehörenden Daten so organisiert werden, daß sie erfaßt, gespeichert, verarbeitet, wiedergewonnen und nach den speziellen Wünschen der Benutzer kostengünstig aufbereitet werden können.

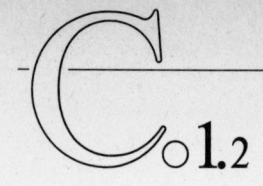

Für unseren Zweck wollen wir ein Informationssystem folgendermaßen definieren: eine systematische, ordnungsgemäße Sammlung von Komponenten und Personen, durch deren Zusammenspiel Daten verarbeitet werden, um

1. rechtmäßige und geschäftliche Informationsbedarfe zu erfüllen, und

2. das Management mit Informationen zur Unterstützung der Planungs-, Steuerungs- und Kontrollaktivitäten zu versehen.

Unter Komponenten versteht man z.B.: Datenbank(en), Systemanalyse, Datenverarbeitungsverfahren, Modelle usw.

Ein Informationssystem läßt sich mit einem Produktionssystem vergleichen, das Rohmaterial in ein Produkt verwandelt, was entweder von einem letzten Verbraucher benutzt oder als Zwischenprodukt für eine Weiterverarbeitung zwischengelagert wird. Ähnlich arbeitet auch ein Informationssystem, welches „Rohdaten" in einen gebrauchsfähigen Bericht umwandelt, oder die erarbeitete Information für einen späteren Verarbeitungszyklus zwischenspeichert.

Grundsätzlich lassen sich bei einem Informationssystem formale und informale Informationen unterscheiden. Nicht alle für einen Manager notwendigen Informationen stammen aus dem oben beschriebenen Informationssystem. So können z.B. wertvolle Informationen durch einen Telefonanruf oder eine Gruppenbesprechung gewonnen werden. Diese Art von Informationen sind informal und lassen sich nicht in ein strukturiertes Informationssystem integrieren, welches Grundlage unserer weiteren Betrachtung sein soll.

C.1.2
NOTWENDIGKEIT FÜR DEN EINSATZ COMPUTERUNTERSTÜTZTER INFORMATIONSSYSTEME

Der Zwang für einen vermehrten Einsatz von computerunterstützten Informationssystemen wird hauptsächlich mit der ständig anwachsenden Komplexität des Unternehmensgeschehens und der Notwendigkeit zur immer schnelleren Reaktion auf Änderungen von Marktgegebenheiten erklärt. Wenn wir die Fähigkeit besäßen, die Zukunft genau vorherzusagen, so hätten wir kaum einen solchen

C 1.2

Bedarf an komplexen Informationssystemen, wie sie jetzt in den meisten Unternehmen entwickelt werden. Da wir diese Fähigkeit nicht besitzen, müssen unsere Informationssysteme so gestaltet sein, daß sie uns schnellstmöglich Abweichungen von der Planung erkennen lassen und uns dazu befähigen, ebenso schnell wie optimal auf diese zu reagieren. Vom Standpunkt des Managements übernimmt der Computer im Vergleich zu personellen Informationsüberwachern dabei eine immer bedeutender werdende Rolle. Die Entwicklung wird getragen von der Tatsache, daß durch die steigenden Lohnkosten und die zur Informationsgewinnung notwendigen sinkenden Computerkosten (Trend zur Verbilligung der Hard- und Software) das Optimum sich immer mehr in Richtung einer maschinellen statt in einer personellen Informationsaufbereitung und -überwachung verschiebt. Dazu kommt noch, daß ein personelles Informationssystem gegenüber einem computerunterstützten Informationssystem sowohl aus der Sicht der Schnelligkeit als auch der Genauigkeit klar unterlegen ist.

Ein Beispiel für ein fortschrittliches computerunterstütztes Informationssystem kann anhand einer Information von Litton Industries demonstriert werden. Diese Firma hat ein computerunterstütztes Informationssystem eingeführt, welches mit einem Zeitverzug von nur 1 Woche die aktuellsten Daten des ganzen Unternehmensbereichs verarbeitet. Dies muß man im Gegensatz zu teilweise größeren Unternehmen sehen, die zur Aufbereitung derselben Informationen ohne Einsatz von EDV bis zu 45 Tagen benötigen.

Jeder Automation der Informationsverarbeitung muß eine sorgfältige Wirtschaftlichkeits- und Notwendigkeitsanalyse vorausgehen. Soweit es das Materialwirtschaftsinformationssystem betrifft, kann man bereits von folgenden empirisch nachgewiesenen Erkenntnissen ausgehen:

Das Materialwirtschaftsinformationssystem von Industriebetrieben ist mit am besten von allen Management-Informations-Systemen für eine Automation geeignet. Der Grund ist darin zu sehen, daß der Computer für fast alle logistischen Probleme, die oft auf komplexen mathematischen Ansätzen beruhen, wirtschaftliche Lösungen erarbeiten kann.

Die meisten Unternehmen haben einen großen Anteil ihres Anlagevermögens in Lagerbestände investiert, so daß eine kleine Reduktion dieses Lagervolumens bei gleichzeitiger Verringerung von stock outs bereits die EDV-Kosten rechtfertigt. Bei der Automatisierung anderer Bereiche, z.B. der Fakturierung, sind es hauptsächlich die Verwaltungskosten und die Kosten für Erstellung der gewünschten Statistiken, die durch den Computereinsatz reduziert werden. Leistungsverbesserungen in der Lagerhaltung haben dagegen breitere Auswirkungen, indem sie nicht nur eine Reduktion der Verwaltungs- und Kapitalkosten herbeiführen, sondern auch großen Einfluß auf eine Verbesserung der Produktions- und Verkaufsfunktion ausüben. Ungenügender oder zu großer Lagerbestand, unnötige Wartezeiten, eine hohe Anzahl von Eilaufträgen und entgangene Gewinne sind die Symptome unzulänglicher Lagerhaltungssysteme. Der Computer bietet hier eine entscheidende Hilfe, indem er die Forderungen an ein Bewirtschaftungssystem, nämlich zeitgerechte Verarbeitung von Informationen und exakte Verarbeitung großer Datenmengen, erfüllt.

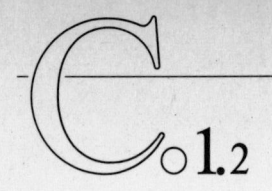

Vor dem Einsatz des Computers in diesem Unternehmensbereich führten diese nicht gewährleisteten Forderungen zu beträchtlichen Unzulänglichkeiten und unwirtschaftlichen Lagerhaltungen. Auch der häufig versuchte personelle Mehreinsatz für diese Unternehmensfunktion führte zu keinem befriedigenden Ergebnis.

Im folgenden wird ein Kriterienkatalog dargestellt, bei dessen Betrachtung man zwangsläufig die Notwendigkeit zu einem vermehrten Einsatz von computerunterstützten Informationssystemen im Materialwirtschaftsbereich von wachsenden Unternehmen erkennt.

1. Hohes Datenvolumen

    Das kann bei Materialwirtschaftssystemen durch eine Vielzahl von Beschaffungspositionen oder eine hohe Umschlagshäufigkeit der Produkte bzw. Materialien hervorgerufen werden. Innerhalb der diversen Branchen gibt es bzgl. dieses Kriteriums sehr große Unterschiede.

2. Schnelle zyklische Reaktionen

    Wenn der Kostenanfall innerhalb der Produktion sehr stark von kurzen Zeitzyklen abhängig ist, z.B. einer schnellen Meldung über den stock out eines wichtigen Teils, dann wird ein maschinelles Kontrollsystem von hohem Wert sein. Schnelle zyklische Reaktionen kommen z.B. auch bei der Unterhaltungsplanung und -steuerung in der Luftfahrtindustrie in verstärktem Maße vor, was einen intensiven Computereinsatz verlangt [1].

1) Als Beispiel sei hier das Maintenance Control System (MCS) der SWISSAIR genannt.

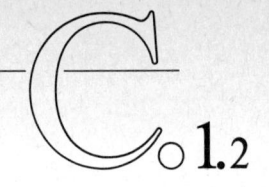

3. Großer Personaleinsatz

   Wenn die Anzahl der Angestellten in einem Bereich sehr groß ist, so sollte die Möglichkeit des Computers, Informationen schneller zu verarbeiten und Daten individuell zu überwachen, einer Wirtschaftlichkeitsbetrachtung unterzogen werden.

4. Interaktive Informationssysteme

   Je abhängiger die Informationen innerhalb der Systeme sind, um so schwieriger lassen sie sich durch personelle Organisationen steuern und überwachen. Durch die Integrationsmöglichkeiten der maschinellen Datenverarbeitung ergeben sich hierbei weniger Probleme.

5. Informationswiederholung

   Bei einer periodischen Wiederholung bestimmter Informationsauswertungen, wie sie gerade im Bereich der Materialwirtschaft sehr viel anzutreffen sind, ist eine computerunterstützte Information besonders wirtschaftlich und geeignet.

   Bedworth äußerte sich zu den Automationskriterien mit folgenden Worten: „The most applicable and obvious application für automating information systems has to lie with high volume and high frequency situations. Thus, large systems will immediately be of more promise in this regard than very small systems."

Das ganze Spektrum der Automatisierungsmöglichkeiten von Informationen hat zu einer enormen quantitativen und qualitativen Leistungsverbesserung der Materialwirtschaftsinformationssysteme wachsender Unternehmen geführt, und das bei fast stagnierendem oder in manchen Fällen sogar rückläufigem Personaleinsatz.

Dieser Effekt wird zukünftig noch verstärkt werden, da durch den steigenden Einsatz von Materialdatenbanken und der damit verbundenen integrierten Datenverarbeitung das Niveau der Informationsverarbeitung ständig ansteigt, was sich bereits heute in folgenden Fähigkeiten ausdrückt:

1. Fähigkeit zur schnellen Spezifizierung und Organisation großer Datenbestände;

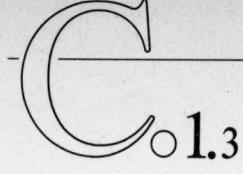

2. Möglichkeit zur generellen Datenänderung, die dem Benutzer bei Organisationsanpassungen eine einfache Aktualisierung seiner Datenbestände erleichtert;

3. Möglichkeit der Befragung von Datenbeständen mit Hilfe von einfach handhabbaren Abfragegesprächen;

4. Möglichkeit der leichten Spezifizierung komplexer Berichte mit Hilfe von Abfragegesprächen.

5. Einige Systeme sind so konzipiert, daß die Benutzer auch über Datenfernverarbeitung ihre Abfragen tätigen können, andere Systeme sind darauf ausgerichtet, daß aufgrund der Eingabe von Lochkarten im Rechenzentrum die entsprechende Befragung des Systems durchgeführt wird.

6. Einige On-line-Systeme sind so programmiert, daß der Benutzer aufgrund der vom System gestellten Fragen mit entsprechenden Antworten selbst spezifizieren kann, welche Leistung er erbracht haben will. So kann z.B. der Benutzer angeben, welche Art von Bericht seinen momentanen Informationsbedarf am besten befriedigt.

In den meisten Unternehmen hat der Computer heute noch nicht die geforderte Effizienz erreicht. Trotzdem kann man sagen, daß der Gebrauch des Computers unaufhörlich vorwärtsgetrieben werden wird. Die Fortschritte der Technik, die Forderung nach größerer Betriebs- und Markttransparenz und schließlich auch die Konkurrenznotwendigkeit verlangen zwangsläufig seine Verwendung.

C.1.3
DIE ROLLE DES COMPUTERS IN INFORMATIONSSYSTEMEN

Ein Computersystem ist nicht bereits mit einem Informationssystem gleichzusetzen. Es kann jedoch ein wichtiges Hilfsmittel sein, um die Effektivität eines Informationssystems zu steigern und verschiedene Leistungen zu erbringen, die ohne die Computerunterstützung unmöglich wären. Es muß jedoch betont werden, daß nicht prinzipiell alle formalen Informationssysteme einen Computer benötigen und bei seinem Einsatz zwangsläufig eine Verbesserung erreicht wird. In der Praxis kommt man oft erst sehr spät zu der Erkenntnis, daß man zur Erreichung von Rationalisierungseffekten die bisherigen manuellen Informationsverarbeitungen nicht 1 : 1 auf den Computer übernehmen darf, sondern daß man zuvor eine sorgfältige Systemanalyse durchführen muß, bevor man erkennen kann, ob die Computerunterstützung die gewünschte Effektivitätssteigerung innerhalb eines Informationssystems zu leisten vermag. Das heißt in anderen Worten: Man konzipiere zuerst das Informationssystem und ermittle erst dann, welche maschinelle Unterstützung zur Realisierung des Systems notwendig ist.

Heute sind viele Geschäftsleitungen unzufrieden mit ihren Informationssystemen und kritisieren ihre Computersysteme wegen mangelnder Ergebnisse. Es gibt eine Vielzahl von Gründen, um diese Situation der Unzufriedenheit zu erklären. Grundsätzlich kristallisieren sich drei Hauptgründe heraus:

1. Es werden zu große Erwartungen an den Computereinsatz gestellt, die nicht erfüllt werden können.

2. In fast allen Betrieben mangelt es an einer gründlichen Systemanalyse und einem damit verbundenen Projektmanagement.

3. Viele Geschäftsleitungen waren von einer Computeritis-Krankheit angesteckt, die zum Erwerb überdimensionierter Computer als Allheilmittel für ihre Managementprobleme führte.

Im dritten Punkt ist bewußt die Vergangenheitsform gewählt, weil man bei diesem Argument heute bereits eine Ernüchterungsphase erreicht hat, die sich in einer bedeutend vorsichtigeren und realistischeren Investitionspolitik auswirkt. Somit steigt zwangsläufig die Erkenntnis, daß zum Aufbau vieler Informationssysteme auch bedeutend weniger automatisierte Methoden der Datenverarbeitung den geforderten Zweck bereits voll erfüllen.

Die Tendenz zur vermehrten Computerunterstützung innerhalb der betrieblichen Informationssysteme wird immer größer werden, solange die Informationsverarbeitung durch den Menschen ständig teurer (steigende Personalkosten) und die Computerkosten bei gleicher Informationsleistung immer billiger werden. Bei der industriellen Revolution ging es im Prinzip darum, die manuellen Tätigkeiten des Menschen so lange durch Maschinen zu ersetzen, bis die Kosten/Stück durch einen noch höheren Automationsgrad nicht mehr gesenkt werden konnten.

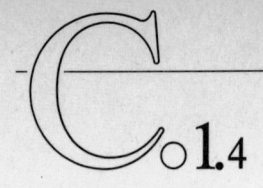

In Analogie dazu könnte man heute von einer Informationsrevolution sprechen, wobei der Mensch als manueller Informationsverarbeiter so lange durch den Computer ersetzt wird, bis die Kosten/Information auch durch den Einsatz noch höher entwickelter automatischer Informationstechnologien nicht mehr gesenkt werden können. Während im Produktionsbereich die Automationsgrenze dort anzutreffen ist, wo gewisse menschliche Tätigkeiten und Bewegungen nicht mehr wirtschaftlich bzw. überhaupt nicht durch Roboter automatisiert werden können, liegt die Automationsgrenze im Informationsbereich dort, wo die Kreativität, Spontaneität und die Assoziationsmöglichkeit des Menschen von der Computertechnologie nicht mehr wirtschaftlich bzw. überhaupt nicht nachvollzogen werden können.

C.1.4
EINSATZMÖGLICHKEITEN COMPUTERUNTERSTÜTZTER INFORMATIONSSYSTEME IN DER UNTERNEHMUNG

Zahlreiche Gründe lassen sich also für die Entwicklung und den umfangreichen Einsatz von computerunterstützten Informationssystemen angeben. Um die hinter dieser Entwicklung stehende Antriebskraft besser verstehen zu können, ist es sinnvoll, den allgemeinen Einfluß dieser Systeme, ihre Entwicklung und ihre hauptsächlichen Anwendungen in verschiedenen funktionalen Unternehmensbereichen näher zu analysieren.

Das Hauptziel von computerunterstützten Informationssystemen liegt in dem Bestreben, routinemäßige Verwaltungsarbeiten zu automatisieren und dabei höchstens funktional ausgerichtete Arbeitsgebiete zu integrieren. Während Entscheidungsfindungen mit nur niedrigem Niveau von Computerapplikationen schon frühzeitig gelöst wurden, findet man im Bereich von komplexen Entscheidungen kaum entsprechende Lösungen.

Es wird ein steigender Trend zur Formalisierung des Computereinsatzes festgestellt, zumindest was die Definition von Informationsbedarfen, Dateninputs und -outputs, Benutzern und Aktualität der Informationen betrifft. Es ist auch festzustellen, daß eine steigende Abhängigkeit zwischen quantitativen Modellen und Informationssystemen vorhanden ist. Die Suche nach leistungsfähigeren Entscheidungsfindungen verlangt automatisch die Analyse von Hilfsmitteln, die diesem Prozeß zu einer Beschleunigung verhelfen. Quantitative Modelle sind oft nützlich für die Informationsanalyse, während die Informationssysteme als Lieferanten von Daten verstanden werden, die innerhalb der Modelle verarbeitet werden. Vor allem in den folgenden funktionalen Bereichen wurden bereits umfangreiche Informationssysteme entwickelt und angewendet:

Produktion/Materialwirtschaft:
    Produktionsplanung, Produktionsberichts- und -kontrollwesen, Lagerbewirtschaftung,
    Fertigungssteuerung und -kontrolle,
    Einkaufs- und Dispositionssysteme,
    Prozeßrechner zu HRL-Steuerung
    CAM-Systeme

Marketing: Versandwesen, Marktanalyse-Programme, Fakturierung und Auftragsabwicklung

Produkt- und Verfahrensentwicklung:
    Unterstützung in der Forschung und Entwicklung, Projektkontrolle und Datendokumentation
    CAD-Systeme

Allgemeine Verwaltung:
    Rechnungswesen
    - Sammlung und Verarbeitung von Informationen
    - Managementanalyse
    Finanzen
    - Wertfluß-Informationen
    - Entwicklung von Budgetierungsmodellen
    Personalwesen und formale Planung
    - Personal-Datenbank
    - allg. Budgetierungsfunktionen.

Diese computerunterstützten Informationssysteme, die zum Teil das Stadium der reinen Verwaltungsautomation durchschritten haben, haben sich in der Praxis sehr bewährt. Die jetzt angestoßenen Informationssysteme bewegen sich bereits auf den Managementbereich zu, sind in ihrem Umfang bedeutend breiter angelegt und haben deutlich eine leistungsfähigere Entscheidungsfindung zum Ziel.

C 1.4

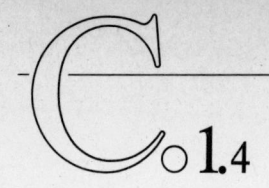

Das ganze Spektrum der Automatisierungsmöglichkeiten von Informationen hat zu einer enormen quantitativen und qualitativen Leistungsverbesserung der betrieblichen Informationssysteme wachsender Unternehmen geführt, und das bei fast stagnierendem oder in manchen Fällen sogar rückläufigem Personaleinsatz (vgl. Abb. 85).

PERSONALENTWICKLUNG MIT UND OHNE COMPUTER

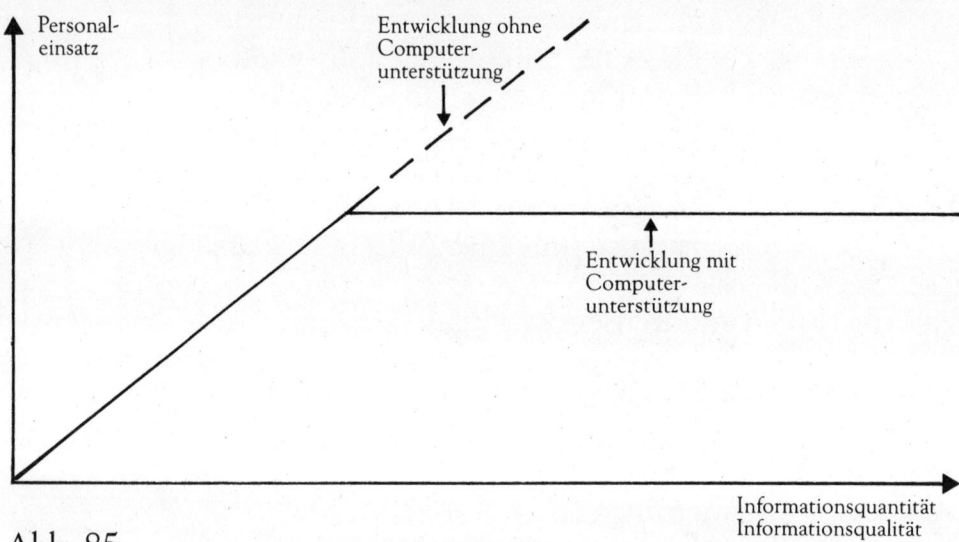

Abb. 85

Wie bedeutungsvoll eine Computerunterstützung ist, hängt weitgehend von der Komplexität der Informationsstrukturen und der Zuwachsquote der Informationsmenge ab. Damit spielt die Art der Unternehmung, die Unternehmenspolitik und das -wachstum in dieser Frage eine entscheidende Rolle.

In den USA wurde eine Studie bzgl. der Verbreitung von computerunterstützten Informationssystemen von Taylor und Dean durchgeführt (Analyse von 33 großen amerikanischen Industriebetrieben), die folgende Anteile von Computerapplikationen in den einzelnen funktionalen Bereichen auswies:

Auf Rechnungswesen und Finanzen entfallen danach 47 Prozent der gesamten EDV-Applikationen, Produktion = 16%, Marketing = 12%, Distribution = 11%, Forschung, Entwicklung und Konstruktion = 8% und allgem. Planung und Kontrolle = 6%.

C 1.4

Versucht man eine allgemeine Interpretation dieser Zahlen, so erhält man bestätigt, daß Rechnungswesen- und Finanzfunktionen zuerst automatisiert wurden, weil in diesen Bereichen der Anteil der Verwaltungsarbeiten im Vergleich zu anderen Funktionen am höchsten ist und sich damit auch der Ersparniseffekt von Verwaltungskosten am besten auswirkt. Seitdem nun diese Funktionen in vielen Firmen hochautomatisiert sind, können andere Bereiche, die an der Unternehmensentwicklung wichtigen Anteil haben, verstärkt mit in den Automatisierungsprozeß eingeschlossen werden. Eine spätere Befragung der betroffenen Firmen durch Dean, die die zukünftige Entwicklung der Informationsverarbeitung zum Inhalt hat, scheint diese Entwicklung zu bestätigen.

So würde anstatt der heute vorhandenen 47% für den Bereich Rechnungswesen und Finanzen nur noch ein Anteil von 31 %, bezogen auf die gesamten Automatisierungsanstrengungen, übrigbleiben. Für die anderen Funktionen wird dagegen mit einem Zuwachs bis zu 25 % gerechnet. Lediglich für den Bereich der Entscheidungsfindung für das Topmanagement wird ein Ansteigen des Prozentsatzes von 6 auf lediglich 7 Prozent der gesamten Automationsvorhaben vorhergesagt.

Eine Betrachtung von computerunterstützten Informationssystemen im Rahmen betrieblicher Planungs- und Kontrollaufgaben dient innerhalb der Materialwirtschaft zur Erweiterung der theoretischen Kenntnisse und liefert eine Basis, um den Systemgebrauch und den Nutzen richtig einschätzen zu können.

Wir haben bereits darauf hingewiesen, daß computerunterstützte Informationssysteme ihre Hauptauswirkung im Bereich der operationellen Kontrolle haben (vgl. Abschnitt B). Der Computer ist nämlich bestens ausgerüstet, um Daten mit den folgenden Charakteristiken zu verarbeiten:

1. Die Daten bestehen aus sich gegenseitig beeinflussenden Variablen.

2. Innerhalb einer Problemlösungssituation lassen sich für diese Variablen genaue Werte errechnen.

3. Es besteht eine Notwendigkeit zur schnellen Informationsgewinnung.

4. Es handelt sich um Verarbeitungen, die sich laufend wiederholen.

C 1.4

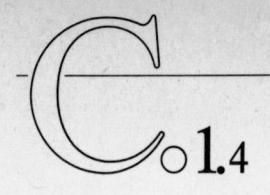

5. Es besteht eine Notwendigkeit für exakte Berechnungen, und es muß in der Regel eine große Anzahl von Daten verarbeitet werden.

Die hier aufgezeigten Merkmale treffen hauptsächlich auf den Anwendungsbereich operationeller Kontrollsysteme zu, weniger auf die taktische und strategische Managementkontrolle. So läßt sich der Schluß ziehen, daß der Einsatz von computerunterstützten Informationssystemen innerhalb dieser beiden zuletzt genannten Anwendungsbereiche keinen so bezeichnenden Rationalisierungserfolg ermöglicht, obwohl auch hier die Kosten für die Datenaufbereitung beträchtlich reduziert werden können.

In einer amerikanischen Studie von R. Brady wurde festgestellt, daß der Computer bisher die Entscheidungsfindungen des Topmanagements nur wenig beeinflussen konnte. Es wurde aber gleichzeitig betont, daß computerunterstützte Informationssysteme, unabhängig von der Hierarchiestufe eines Unternehmens, zukünftig einen großen Einfluß ausüben werden

1. auf die Art der gelieferten Informationen,
2. die Genauigkeit der gelieferten Informationen,
3. die Rechtzeitigkeit der gelieferten Informationen,
4. die Art der Entscheidungen, die getroffen werden müssen,
5. den Entscheidungsprozeß und
6. die Organisation der Unternehmen.

Der Materialmanager kann seine Aufgabe nur sorgfältig erfüllen, wenn ihm ausreichende und aktuelle Informationen aus den einzelnen Materialwirtschafts-Subsystemen zur Verfügung stehen. Deshalb ist er in der Regel bestrebt, möglichst aussagefähige, automatisierte Informationssysteme in seinem Entscheidungsbereich einzusetzen. Die eigentliche Informationsautomatisierung sollte aber erst dann durchgeführt werden, wenn die zugrundeliegenden Arbeitsabläufe klar konzipiert und die organisatorischen Probleme gelöst sind. So schreibt z.B. Köckmann: „Verantwortungsbewußte Beschaffungsleute sollten darauf bestehen, daß erst dann die Automatisierungsphase beginnen kann, wenn das derzeitige Datensystem klar und wirksam ist. Erst wenn bei jedem System, jedem Programm und jeder Liste die Anwendbarkeit und der Nutzen für jeden Beteiligten klar erkennbar sind, sollte manuelles Arbeiten aufgegeben werden." Bevor die EDV-Spezialisten ihre Software-Pakete als Hilfe anbieten, sollte deshalb der Materialmanager seine Zielanforderungen klar definieren, wie sie im folgenden beispielhaft erwähnt sind:

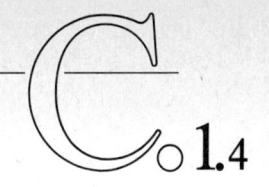

1. Kostensenkung:

   o durch Automatisierung der Routinearbeiten, was eine Beschränkung der Verwaltungsarbeiten auf Ausnahmebehandlungen zur Folge hat;
   o durch Personalkosteneinsparung;
   o durch Vermeidung von Fehlentscheidungen aufgrund besserer und schnellerer Informationen;
   o durch niedrigere Materialkosten aufgrund einer besseren Beschaffungsmarkttransparenz.

2. Reduktion der Kapitalbindungen bei Aufrechterhaltung der geforderten Lieferbereitschaft:

   o durch Einführung von automatisierten Optimierungsrechnungen in der Lagerdisposition;
   o durch Einführung aktueller SOLL/IST-Vergleiche bezüglich der Verbrauchs- und Bestandsentwicklung zur Vermeidung von Materialengpässen bzw. unnötigen Überbeständen;
   o durch ein Kontrollsystem für Überbestände, die mit Sonderaktionen des Verkaufs oder durch Verschrottung abgebaut werden müssen.

3. Schnelle und kostengünstige Anpassung der vorgenommenen Dispositionen:

   o an sich ändernde Produktionsgegebenheiten;
   o an sich ändernde Marktverhältnisse.

4. Automatisierte Arbeitsabläufe:

   o zur aktuellen und optimalen Bedarfsermittlung;
   o zur Sicherung der Materialversorgung;
   o zum geregelten Rückmeldewesen.

5. Weitsichtiges Planen:

   o des zukünftigen Materialbedarfs;
   o der zukünftigen Materialpreise und -kosten.

Die vorhandenen Materialwirtschaftsprobleme sind in der Regel nicht nur branchen-, sondern sogar unternehmensspezifisch, so daß die Prioritäten bei der Realisierung computerunterstützter Materialwirtschaftssysteme von Fall zu Fall verschieden sind.

C 1.4

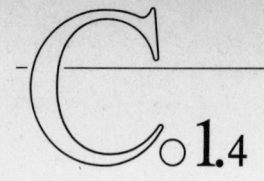

In der Praxis und in der Literatur finden wir deutliche Hinweise darauf, daß die Mehrzahl der großen und mittleren Unternehmen bereits computerunterstützte Materialwirtschaftssysteme eingeführt haben oder zumindest deren Einführung planen. Durch die revolutionierende Entwicklung der Mikrocomputer schließen sich heute auch kleinere Unternehmen dieser Entwicklung an. Gleichzeitig werden mit diesem Trend aber auch die finanziellen und personellen Belastungen der Firmen für die Entwicklung und die Einführung dieser Systeme immer größer. Lassen sich in dieser Situation der Betriebe Faktoren nennen, die entscheidenden Einfluß auf einen erfolgreichen bzw. erfolglosen Einsatz von computerunterstützten Materialwirtschafts-Informationssystemen haben?

Die bisherigen Erfahrungen des Autors in der EDV-Praxis führen zu der Erkenntnis, daß folgende drei Hauptforderungen für einen erfolgreichen Einsatz solcher Systeme erfüllt werden müssen:

1. Das Vorhandensein einer Datenbasis:

   Grundvoraussetzung für erfolgreiche Informationssysteme ist eine wohldurchdachte Datenbank, auf der man die Anwendungssysteme aufbauen kann.

2. Das Vorhandensein einer Managementbasis:

   Es muß eine Systementwicklungsgruppe (die sich gut in die Managementprobleme hineindenken kann) und ein engagiertes Linien-Management vorhanden sein, die etwas von Computertechnologie und systemorientierter Betriebswirtschaft verstehen.

3. Eine Unterstützung durch das Top-Management:

   Es muß eine Unterstützung und Identifizierung von den in der Hierarchie genügend hoch positionierten Verantwortlichen gewährleistet sein,

   ○ um mit dem Projektvorhaben, falls nötig, Bereichsgrenzen überschreiten zu können,

   ○ um die Struktur- und Ablauforganisation ändern zu können, wenn das durch die in Realisation befindlichen Projekte gefordert wird, und o um den natürlichen Widerstand der betroffenen Personen gegenüber einer Veränderung der bisherigen Abläufe in der Realisierungsphase überwinden zu können.

Eine Untersuchung von Higginson führt zu folgenden Ergebnissen:

Firmen, die erfolgreich computerunterstützte Informationssysteme eingesetzt haben, sind durch folgende Gegebenheiten gekennzeichnet:

1. Diese Firmen geben kontinuierlicher Geld aus für ihre Computersysteme als solche, die keinen Erfolg mit ihren Anwendungen haben. Eine unsichere Investitionspolitik mit zeitweisen konjunkturell bedingten Unterbrechungen der Projektentwicklungen führt eher zu Mißerfolgen.

2. Der EDV-Chef als Verantwortlicher für die Hard- und Software-Entwicklung ist direkt der Geschäftsführung unterstellt und ist gekennzeichnet durch ein hervorragendes EDV-Fachwissen, gute Betriebswirtschafts-, Organisations- und Personalführungskenntnisse.

3. Die Geschäftsführung spielt eine aktive Rolle innerhalb der Systementwicklung.

4. Die Realisierungsreihenfolge von EDV-Applikationen wird vorwiegend nach dem Grad der Wirtschaftlichkeit bestimmt.

Als weitere wichtige Voraussetzung für den Einsatz erfolgreicher computerunterstützter Informationssysteme muß zudem noch gefordert werden, daß während der Systementwicklung zwischen den Systemspezialisten und den Linienstellen eine intensive Zusammenarbeit stattfindet, die neben der Schulung die Basis für eine spätere reibungslose Handhabung des Systems durch die potentiellen Benutzer legt.

Wie sich diese Einflüsse beim Computereinsatz im Bereich des Materialmanagement auswirken, wird im späteren Teil dieses Buches noch beschrieben werden.

Zur Festigung des Grundlagenwissens bezüglich computerunterstützter Informationssysteme werden im weiteren einige grundsätzliche Ausführungen zu den verschiedenen Möglichkeiten computerunterstützter Informationssysteme gemacht.

C.1.5
DER SYSTEMANSATZ BEI DER KONZEPTION COMPUTERUNTERSTÜTZTER INFORMATIONSSYSTEME

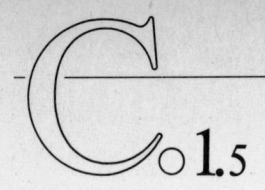

Das Ziel des Systemansatzes bei der Konzeption von Informationssystemen ist darin zu sehen, für das Management in allen Unternehmensbereichen ein breite und zeitgerechte Informationsbasis zur besseren Entscheidungsfindung bereitzustellen. Dabei gilt es, ein umfassendes Informationssystem für das Gesamtunternehmen zu konzipieren, um danach Suboptimierungen für die einzelnen Unternehmensbereiche ableiten zu können. Schlüsselfigur bei der Konzeption des gesamtbetrieblichen Systemansatzes ist ein Projektleiter (meistens der Leiter Organisation/EDV), der einen Überblick über die gesamte Organisation besitzt und der mit Hilfe der Linienverantwortlichen die verschiedenen Informationsbedarfe und Anforderungen an die Datenverarbeitung ermittelt und daraus entsprechende Lösungsalternativen ableitet.

Obwohl der Systemansatz für Informationssysteme auch die hierarchische Organisation (operative, taktische und strategische Entscheidungsebene) und die Planungs-und Kontrollaktivitäten in der Unternehmung berücksichtigt, sieht man in diesem Ansatz die Unternehmung in einem Zusammenspiel von koordinierten Subsystemen, deren Verbindungen eher einem Netzplan als einer Hierarchie ähneln.

Innerhalb des Systemansatzes lassen sich grundsätzlich zwei verschiedene Typen von Informationssystemen unterscheiden:

1. das integrierte (zentralisierte) Informationssystem (vgl. Abb. 86),

2. das verteilte (dezentralisierte) Informationssystem (vgl. Abb. 87).

Das Grundprinzip des integrierten Systemansatzes baut darauf auf, daß alle strukturierten betrieblichen Daten in einer gemeinsamen Datenbank konzentriert werden und die Verarbeitungen von einem zentralen Programmkomplex aus gesteuert werden. Das verteilte System basiert dagegen auf einem dezentralen Aufbau von Datenbanken, die jedoch mit Informationskanälen aneinander gekoppelt sind. Im Hinblick auf den zu wählenden Ansatz innerhalb eines

C 1.5

INTEGRIERTES INFORMATIONSSYSTEM

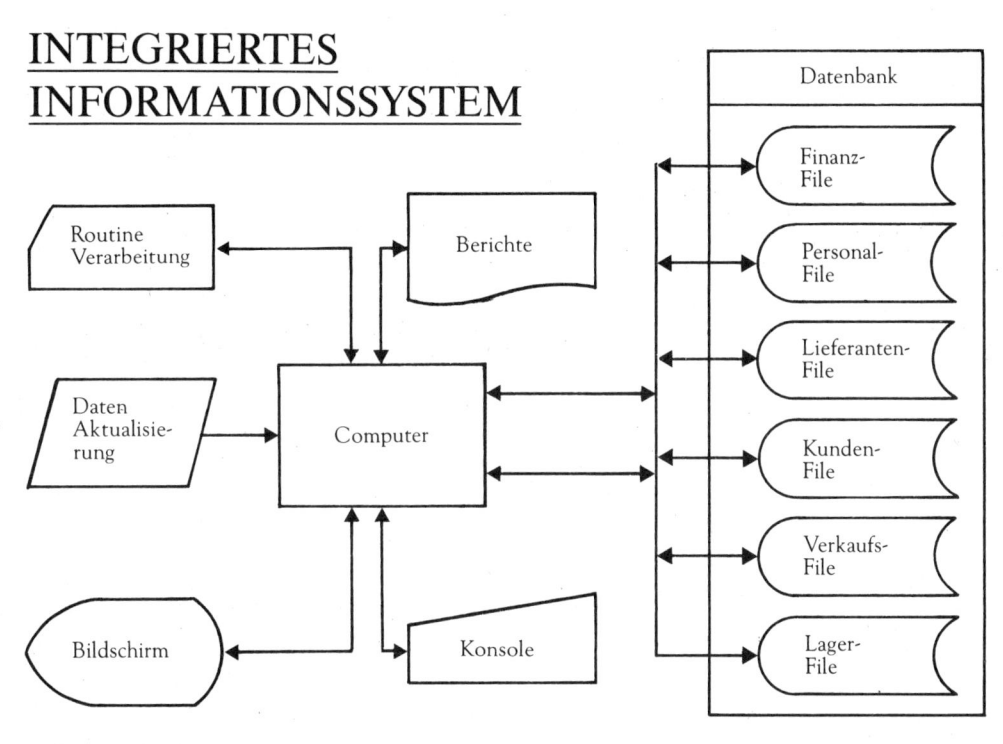

Abb. 86

VERTEILTES INFORMATIONSSYSTEM

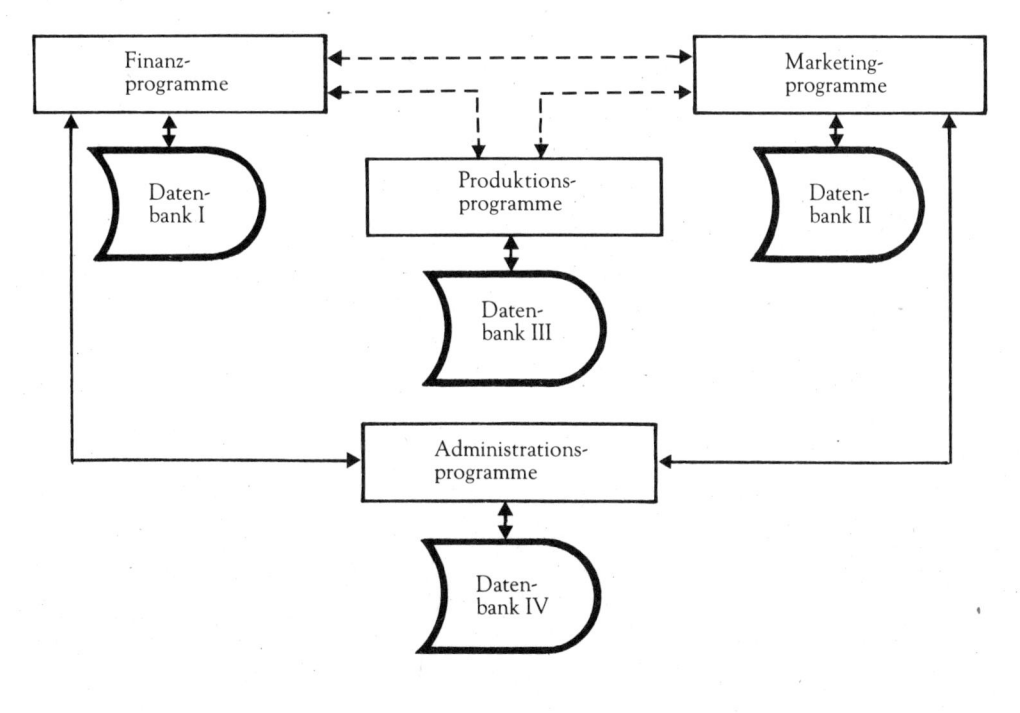

Abb. 87   Legende: ⎯⎯→ Gegenseitige Beeinflussung funktionaler Bereiche
─ ─ ─→ Aktualisierung gemeinsamer Datenelemente

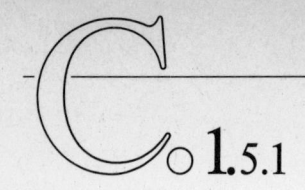

computerunterstützten Materialmanagementsystems sollen an dieser Stelle die Vor- bzw. Nachteile dieser beiden Systemansätze aufgeführt werden:

C.1.5.1
VORTEILE INTEGRIERTER INFORMATIONSSYSTEME

1. Vermeidung von Doppelspeicherungen von Daten sowie höhere Standardisierung.

2. Mehr Sicherheit, bessere Kontrolle und größere Datensicherung gegenüber unberechtigten Zugriffen auf die gemeinsame Datenbasis.

3. Reduktion des Verwaltungsaufwandes bzgl. der Eingabe-, Verarbeitungs- und Ausgabeoperationen bei gleichzeitiger Minimierung der Fehlermöglichkeiten.

4. Ständige Aktualisierungsmöglichkeit der Dateien mit der Auswirkung, daß im Sinne eines „management by exception" sofort Konditionen angezeigt werden, die besonderer Aufmerksamkeit bedürfen und evtl. korrigiert werden müssen.

5. Entlastung des Managements von Routinearbeiten und -entscheidungen.

6. Da integrierte Informationssysteme einer Vielzahl von verschiedenen Informationsnotwendigkeiten entsprechen und mit der gemeinsamen Datenbasis vielfache Anwenderprogramme für die ganze Unternehmung realisiert werden können, kann dieser Systemansatz sehr wirtschaftlich sein. Das trifft vor allem bei einem sehr hohen Informationsvolumen zu, bei dem eine hochstehende Computertechnologie mit einer gezielten Auslastung zu niedrigeren Kosten/Information führt.

7. Bei der Installation integrierter Informationssysteme in einem Unternehmen ist für fähige Computerfachleute ein größerer Anreiz für ein berufliches Engagement gegeben. Auch die Schulungsprogramme und -intensität sind unter diesen Bedingungen im allgemeinen von höherem Niveau. Bei der Erweiterung der Systeme kann man dementsprechend auf geschulte Fachkräfte zurückgreifen.

8. Anstieg der allgemeinen Betriebsleistung durch die Versorgung der Informationsempfänger mit zeitgerechteren, relevanten und exakten Informationen.

9. Möglichkeit zum Anschluß kleiner Tochtergesellschaften via Fernverarbeitung an die gemeinsame Datenbank. Dies ist vor allem dann von Bedeutung, wenn die Tochtergesellschaft aufgrund ihrer Betriebsgröße keine eigene Computeranlage finanzieren kann, andererseits aber auf einen intensiven Informationsaustausch mit der Muttergesellschaft angewiesen ist.

C.1.5.2
NACHTEILE INTEGRIERTER INFORMATIONSSYSTEME

1. Zur Erreichung einer größtmöglichen Effektivität müssen die für die Informationssysteme verantwortlichen Personen ein hohes Stellen- und Verantwortungsniveau haben, um ihren Aufgaben gerecht zu werden. In der Praxis ist man zu dieser Kompetenzzuteilung nicht gern bereit, weil dabei das hierarchische Organisationsdenken verlassen werden muß.

2. Integrierte Informationssysteme lassen sich nur in Unternehmen sinnvoll realisieren, deren Organisationsstand bereits ein hohes Niveau besitzt.

3. Heute existiert allgemein noch ein Mangel an qualifiziertem Personal zur Entwicklung, Einführung und Wartung von integrierten Systemen mit anspruchsvoller Hardware-Ausstattung.

4. Bei der Einführung solcher Systeme ist die Gefahr von passivem Widerstand noch größer als bei Insellösungen, weil mit steigender Integration der Datenverarbeitung die Benutzertransparenz immer geringer wird. Das Schlimmste, was passieren kann, ist, daß diese Systeme nicht fehlerfrei arbeiten oder durch Hardwarefehler laufend gestört werden. In diesem Falle wird nicht nur die Systemerhaltung als solche in Frage gestellt, sondern man muß auch mit den negativen psychologischen Auswirkungen auf die Mitarbeiter rechnen, die immer mehr verunsichert werden und deshalb beginnen, sich wieder eigene Karteien aufzubauen.

5. Die Kosten und der Zeitaufwand für die Entwicklung integrierter Informationssysteme sind sehr hoch.

C 1.5.2

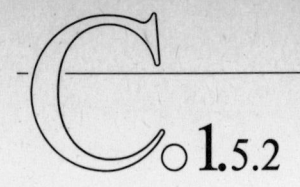

6. Systemänderungen sind erschwert durch die vielen Abhängigkeiten, die bei der Änderung berücksichtigt werden müssen.

7. Die Einführung hochintegrierter Informationssysteme ist sowohl technisch, organisatorisch als auch finanziell mit großem Risiko verbunden, auch für sehr große Unternehmen.

Fürsprecher des integrierten Systems denken, daß alle benötigten Informationen aus den Bereichen Marketing, Finanzen, Personal, Produktion und Beschaffung für jeden Berechtigten innerhalb einer einzigen Datenbank zugänglich sein müssen. Obwohl dieser Ansatz von der Theorie her optimal erscheint, so ist in der Praxis kaum jemand bereit, ihn konsequent anzuwenden. Vor allem hat man auch Bedenken, daß ein einmal gewählter Ansatz der dynamischen Entwicklung der Organisation einer Unternehmung nicht genügend entsprechen würde. Manche Unternehmen mußten außerdem feststellen, daß ein universeller Systemansatz sehr schnell zu großen Software- und zu sehr hohen Systemverwaltungskosten führt.

Die Alternative zum integrierten Systemansatz ist der verteilte Systemansatz. Während das integrierte System einen zentralen Computer benutzt, besteht das verteilte System aus einer größeren Anzahl von bausteinartigen Informationssystemen, die am Ort ihrer Verwendung physisch installiert sind. So stellt das verteilte Informationssystem ein „System von verschiedenen relativ unabhängigen Informationsinseln" dar, die über Kommunikationskanäle organisatorisch zusammengeschlossen werden (siehe Abb. 87). In einem solchen Netzwerk müssen die drei folgenden Konditionen gegeben sein:

1. Einige Subsysteme sind so organisiert, daß sie andere Subsysteme beeinflussen;

2. manche benötigen Dateien oder manchmal sogar auch die Hardware von anderen Subsystemen;

3. einige Subsysteme beeinflussen nur wenig die anderen Subsysteme und besitzen eine gewisse Verarbeitungsautonomie.

Im weiteren werden analog zum integrierten System auch die Vor- und Nachteile des verteilten Systems diskutiert:

C.1.5.3
VORTEILE VERTEILTER INFORMATIONSSYSTEME

1. Ihr Kosten/Nutzenverhältnis ist sehr günstig. Die Entwicklung wirtschaftlicher Minicomputer oder Computer der mittleren Datentechnik, die bereits ansprechende Verarbeitungsmöglichkeiten besitzen und innerhalb der Datenfernverarbeitung eingesetzt werden können, hat das Kosten/Nutzenverhältnis dieses Systemansatzes sehr positiv beeinflußt.

2. Der Einsatz eines verteilten Systems vermindert in der Regel auch die Kosten des gesamten Systems, indem es einen zentralen Rechner von einem Teil der Verarbeitung entlastet und nur eine kleinere Anzahl der somit notwendigen Daten via Datenfernverarbeitung übermitteln muß. Allerdings werden dann natürlich keine Übermittlungen reduziert, wenn die Verarbeitungsbeeinflussung zwischen den Subsystemen sehr groß ist.

3. Dieser Systemansatz kann eindeutig besser auf die einzelnen Wünsche und Besonderheiten der Benutzer ausgerichtet werden.

4. Der zuletzt angesprochene Punkt ist ein Argument dafür, daß die Managementunterstützung bei verteilten Systemen eher gewährleistet ist als bei integrierten Systemen.

5. Datenschutz, Wiederanläufe und Verarbeitungskontrollen sind durch die dezentrale Organisation der Verarbeitung besser zu handhaben.

6. Die meisten verteilten Systeme verlangen eine relativ anspruchslose Programmierung. Integrierte Systeme verlangen dagegen hochstehende Datenbankverwaltungsprogramme und -technologien.

7. Der Umfang, die Komplexität, die zeitgerechte Verarbeitung der Informationen und die speziellen Verarbeitungswünsche der Benutzer können besser berücksichtigt werden.

8. Eine Systemunterbrechung in einem Subsystem berührt das ganze Kommunikationssystem nur wenig.

9. Neue Subsysteme können an das Gesamtsystem angeschlossen werden, ohne andere Subsysteme weitgehend zu beeinträchtigen.

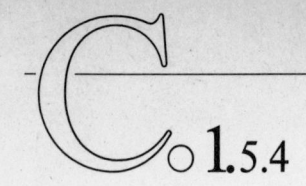

C.1.5.4
NACHTEILE VERTEILTER INFORMATIONSSYSTEME

1. Es gibt eine beträchtliche Reduktion von On-line-Abfragemöglichkeiten, wenn die Benutzer auf die Daten der übrigen Subsysteme zugreifen wollen.

2. Das Erstellen von Berichten aufgrund verschiedener Dateien der Subsysteme ist gegenüber dem integrierten System schwieriger.

3. Die Koordination des Systems kann auf Schwierigkeiten stoßen, wenn die Subsysteme nur lose miteinander verbunden sind oder das Management eine Politik der Unabhängigkeit betreibt. Oftmals entstehen auch Probleme durch die mangelnde Kompatibilität der Hardware.

4. Häufig benötigen die verteilten Systeme mehr EDV-Personal, vor allem für Programmierung und Systemwartung.

5. Verteilte Systeme benötigen mehr Kommunikationskanäle.

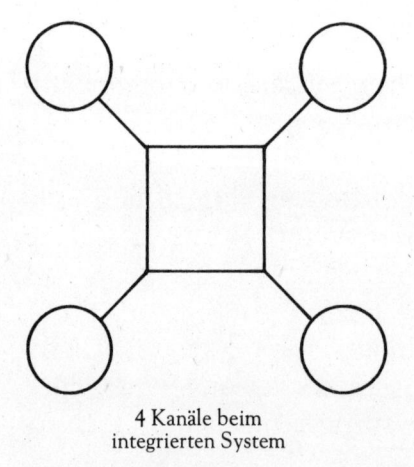

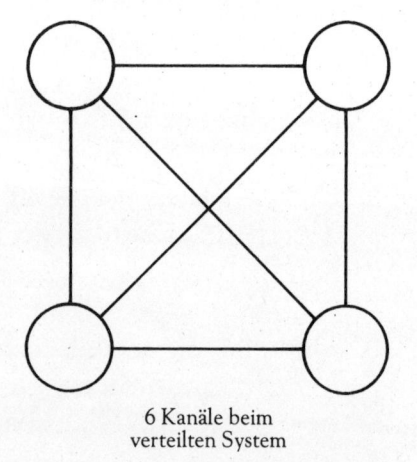

4 Kanäle beim integrierten System

6 Kanäle beim verteilten System

Es gibt eine Reihe von verschiedenen Philosophien, um Informationssysteme zu strukturieren, wobei diese von einem integrierten bis zum völlig isolierten Informationssystem rangieren und alle möglichen Kombinationen einschließen. An dieser Stelle kann nicht näher auf diese Typen der Integration eingegangen werden, sondern es soll noch erwähnt werden, durch welche Gesichtspunkte man zur richtigen Kombinationswahl gelangt.

Der Systemanalytiker muß zuerst eine Ist-Analyse der Struktur- und Ablauforganisation erstellen, bevor er eine Gewichtung der Vor- und

Nachteile der verschiedenen Systemansätze, wie wir sie weiter vorne beschrieben haben, vornimmt. Bei dieser Beurteilung spielen zwei Gesichtspunkte eine wichtige Rolle:

1. der Wunsch des Managements, wie es in Zukunft seine Organisation führen will, und

2. der Grad der Verschiedenheit innerhalb der Organisation.

Bevorzugt das Management eine dezentralisierte Führung, so wird man ein eher verteiltes System wählen, während bei einer zentralen Führung ein möglichst integrierter Ansatz angezeigt erscheint. Der Grad der Verschiedenheit hat ebenfalls einen großen Einfluß auf die Strukturierung des Informationssystems. Nur wenige große Firmen haben die Voraussetzungen für einen hochintegrierten Systemansatz, da die meisten sehr heterogen strukturiert sind und sich durch das Wachstum große Strukturveränderungen ergeben können, wobei ein verteiltes System bedeutend variabler zu handhaben ist.

C.1.6
GEDANKEN ZUR WIRTSCHAFTLICHKEIT COMPUTERUNTERSTÜTZTER INFORMATIONSSYSTEME

Eines der wohl schwierigsten Kontrollprobleme, denen sich das Management heute ausgeliefert sieht, liegt in der Beurteilung der Rendite von EDV-Investitionen. Bei vielen Managern besteht direkt eine Abneigung, sich mit diesen Kontrollen auseinanderzusetzen, weil ihnen die notwendige Transparenz über die wirklichen Aufgaben und die Einsatzmöglichkeiten der EDV fehlt. Die meisten stehen dem ständig anwachsenden EDV-Einsatz eher passiv gegenüber, da die herkömmlichen Kontrollpraktiken auf diese moderne Informationstechnologie kaum anwendbar sind. Die Konsequenz dieses Managementverhaltens wird in einer Untersuchung von Brabb und Grosso deutlich, die in 2.500 Betrieben mit EDV-Ausstattung durchgeführt wurde. Das Forschungsinstitut von Amerika stellt in dieser Studie fest, daß nur 50 % dieser Betriebe eine Wirtschaftlichkeitsrechnung aufgestellt haben, ob und wann sich die EDV-Investition einmal amortisieren wird. Und lediglich 28 % dieser Betriebe gaben Hinweise darauf, daß sie mit ihrer EDV-Politik (Hard- und Software-Investitionen) zufrieden seien.

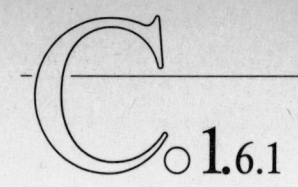

C.1.6.1
KONTROLLTECHNIKEN

Die hauptsächliche Aufgabe dieser Kontrolltechniken ist die Sicherstellung, daß der Computereinsatz gewinnbringend ist. Dies impliziert eine Bestimmung des Wertes der Information und einen Vergleich zwischen diesem Wert und den Gewinnungskosten der Information. In der folgenden Abb. 88 ist das Problem dargestellt, wie es sich dem Management bietet.

BEREICH DES WIRTSCHAFTLICHEN COMPUTEREINSATZES

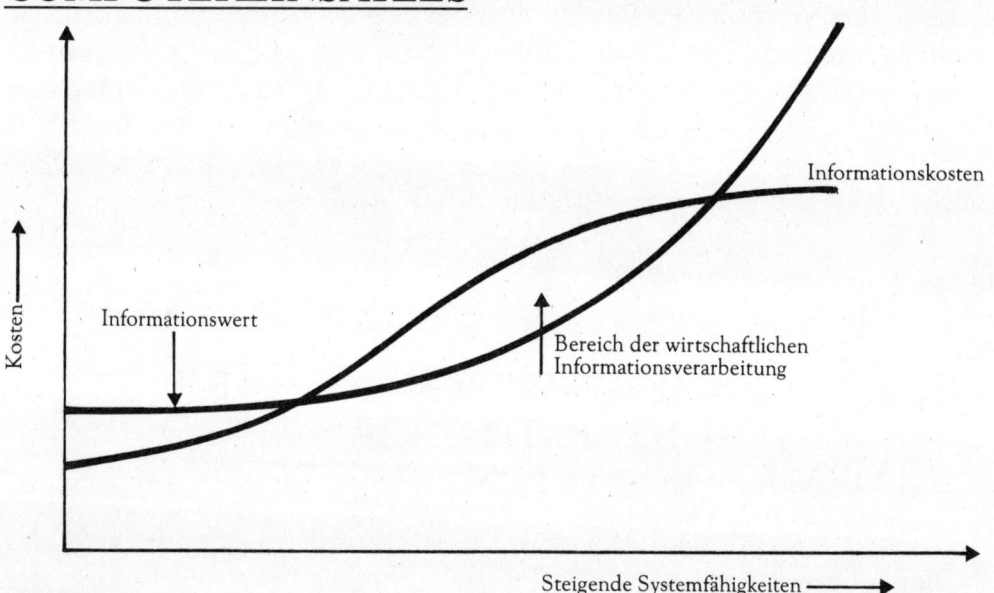

Abb. 88

Ein Betrieb muß zuerst über genügend EDV-Kapazitäten verfügen, um überhaupt in der Lage zu sein, mit internen EDV-Applikationen eine Amortisation des investierten Kapitals zu erreichen. Die Aufgabe des Managements besteht darin, den Bereich der wirtschaftlichen Informationsverarbeitung, wie es in der Graphik gezeichnet ist, zu ermitteln. In der Praxis ist die Festlegung dieses Bereiches äußerst schwierig, was auf folgende zwei Faktoren zurückzuführen ist:

Der erste ist, daß die mit der Systementwicklung und -programmierung verbundenen Kosten nur schwer zu schätzen sind.

Der zweite Faktor ist in der Schwierigkeit zu sehen, das Ergebnis der EDV-Gewinne zu quantifizieren. Grundsätzlich lassen sich die EDV-Vorteile in drei Kategorien einteilen:

1. eine Vermeidung von Kosten, die durch die personalreduzierende Wirkung des EDV-Einsatzes erreicht wird;

2. eine Vergrößerung der Effizienz von Planung, Steuerung und Kontrolle, die durch schnellere, exaktere und gezielte Informationen ermöglicht wird;

3. zusätzliche Vorteile, wie z. B. die Verbesserung des Kundenservice, deren ertragsmäßige Auswirkungen nur schwierig zu quantifizieren sind.

Die Bedeutung einer Schätzung von informationsbedingten Leistungsverbesserungen und den zusätzlichen Vorteilen wird immer größer, je mehr man sich mit den EDV-Applikationen in den Bereich höherstehender und auf das höhere Management ausgerichteter Informationssysteme begibt. Hier aber liegt das Problem. Da es sich bei diesem EDV-Vorhaben meist um sehr teure Projekte handelt, sollten auch die Daten der Wirtschaftlichkeitsrechnung möglichst abgesichert sein. Also muß es gelingen, zum Beispiel die Verbesserung des Kundenservice und den daraus resultierenden Umsatzzuwachs mit einem eindeutigen Wert in Geldeinheiten zu belegen. Die sich bei der Vorteilschätzung ergebenden Schwierigkeiten werden noch vergrößert durch die enorme Entwicklung der EDV-Dienstleistungsfunktion, die Schnelligkeit der technologischen Entwicklung und den bisher noch wenig analysierten Entwicklungsprozeß vollständiger Management-Informationssysteme.

Bei den meisten EDV-Wirtschaftlichkeitsbetrachtungen kann man davon ausgehen, daß die Hardware-Kosten etwa ein Drittel der Gesamtkosten für die EDV-Funktion ausmachen. Die beiden anderen Drittel bestehen aus Kosten für Personal und Systementwicklung.

Um die Wirtschaftlichkeit der EDV-Funktion zu gewährleisten, lasssen sich grundsätzlich zwei Methoden unterscheiden:

Die erste Methode enthält die Wirtschaftlichkeitsüberwachung auf einer Projektbasis. Dabei wird mit Hilfe einer Kosten/Nutzen-Analyse ermittelt, ob eine vorgeschlagene Computerapplikation gewinnbringend ist oder nicht.

Die zweite Methode basiert auf einer Auswärtsvergabe und erfordert ebenfalls eine Schätzung der aus dem Projekt resultierenden Vorteile und die Gegenüberstellung des Kostenbetrages, den eine Software-Firma für die Erstellung der gewünschten Dienstleistung verlangt.

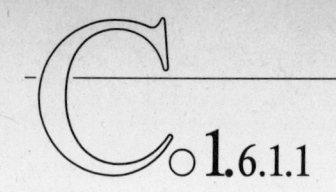

Im folgenden werden die beiden Methoden kurz charakterisiert und ihre Vor- bzw. Nachteile diskutiert.

C.1.6.1.1
PROJEKTKONTROLL-METHODE

Der erste Schritt in der Projektkontrolle beinhaltet die Schätzung der Kosten und der Erträge der vorgeschlagenen Projekte. Obwohl es meistens schwierig ist, genaue DM-Beträge für viele der qualitativen Verbesserungen zu bestimmen, so muß doch eine Schätzung nach „bestem Wissen und Gewissen" vorgenommen werden. Bei der Kontrolle muß die Geschäftsleitung vor allem der Ertragsseite der Projekte besondere Aufmerksamkeit schenken, da der Antragsteller sicher oft unbewußt das Projektergebnis zu optimistisch einschätzt, indem er die Projekte aus der Sicht des jeweiligen funktionalen Bereiches und nicht aus der Sicht des Gesamtunternehmens heraus betrachtet.

Nachdem die Kosten- und Ertragsseite ermittelt wurden, muß nun eine Investitionsrechnung zur Ermittlung der Wirtschaftlichkeit der einzelnen Projekte durchgeführt werden. Das läuft auf eine Rangordnung hinaus, aufgrund derer die unwirtschaftlichen Projekte eliminiert werden können. Bleiben nach dieser Bereinigung noch eine Reihe von wirtschaftlich interessanten Projekten übrig, die jedoch durch die vorhandenen Hardware-Installationen nicht abdeckbar sind, so sollten an dieser Stelle eventuelle Neuinvestitionen im Hardware-Bereich, natürlich in Abstimmung mit dem Finanzbudget, überprüft werden. Für jedes Projekt, das letztlich realisiert werden soll, muß ein Budget für die erwarteten Ausgabeflüsse erstellt werden.

Um die laufend anfallenden Kosten auf einer Projektbasis verfolgen zu können, muß jeder Systemanalytiker und Programmierer seine projektbezogene Arbeitszeit erfassen. Ebenfalls müssen die Computerzeiten und sonstigen Verfahrenskosten projektbezogen abgerechnet werden. Für diese Abrechnungsarbeiten werden häufig Software-Pakete eingesetzt, die einen maschinellen Soll/Ist-Vergleich ermöglichen. Um die geschätzten Kosten eines Projektes auch zwischenzeitlich überprüfen zu können, müssen die Systemanalytiker und Programmierer die Restzeiten schätzen, die zur Beendigung des Projektes noch benötigt werden.

In diesem Fall sind Daten für periodische Berichte verfügbar, die frühzeitig Hinweise darauf geben, ob und in welcher Höhe mit Kostenüberschreitungen zu rechnen ist. Wenn der Eindruck entsteht,

C 1.6.1.1

daß die auftretenden Mehrkosten die Aussage der anfangs aufgestellten Investitionsrechnung in Frage stellen, muß sofort eine Neubewertung des Projektes eingeleitet werden. Bei der periodischen Projektkontrolle ist es wünschenswert, daß die angefallenen Kosten dem späteren potentiellen Anwender verrechnet werden. Dies führt dazu, daß der Benutzer, in unserem Falle das Materialmanagement, sich der Kosten bewußt wird, die zur Erlangung der kommenden Vorteile aufgewendet werden müssen.

Der letzte Schritt der Projektkontrolle beinhaltet einen Rückblick auf die beendeten Projekte, wobei kontrolliert werden muß, ob die mit dem EDV-Einsatz geplanten Ziele erreicht worden sind. Wenn das nicht der Fall ist, so sollte umgehend eine Untersuchung eingeleitet werden, um herauszufinden, warum die Ziele nicht erreicht wurden. Die Ergebnisse müssen dann sowohl den Projektplanern als auch dem Projektteam vorgelegt werden, damit alle aus den Fehlern der Vergangenheit im Hinblick auf neue Planungen und Realisierungen lernen können.

Um zu kontrollieren, daß bereits eingeführte Projekte den gewünschten Erfolg haben, ist eine periodische Überwachung der laufenden Projekte anzuraten. Bei der Beurteilung des Grads der Zielerreichung muß das Management einmal die Wirkung (die Vorteile des Projektes als Management-Werkzeug) und zum anderen die Effizienz (Realisierung des Projektes bei möglichst geringen Kosten) beurteilen. Beide zusammen sind schließlich maßgeblich für die Rendite eines Projektes. Das eigentliche Ziel ist erst dann erreicht, wenn neben der maschinellen Befriedigung der Informationsbedürfnisse auch gewährleistet ist, daß das realisierte Projekt sich ohne weiteres in ein gesamtbetriebliches, integriertes Informationssystem-Konzept eingliedern läßt und nicht bereits vor der geplanten Amortisationszeit wieder ersetzt werden muß. Eine brauchbare Projektkontroll-Methode wird erst dann ihren höchsten Nutzen erreichen, wenn von den präsentierten Projektalternativen die für die Firma geeignetste Version ausgewählt wird.

Um sicherzugehen, daß die Projektalternativen in ihrer Aussage wirklich erkannt werden, muß jeder Manager die Kenntnis besitzen, wie die EDV in seinem Bereich eingesetzt werden kann und welche Vorteile sie ihm bringt. Dieses Ziel kann nur mit gezielten Weiterbildungsprogrammen erreicht werden, die als Lehrstoff die Fähigkeiten und Unzulänglichkeiten der EDV zum Inhalt haben. Manager in leitender Stellung sind bestens über den Informationsfluß in ihrem Bereich orientiert und wissen daher genau, an welchen Stellen der

C 1.6.1.1

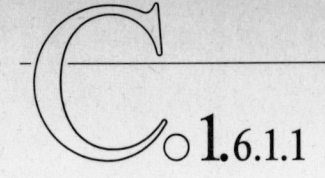

Computer am sinnvollsten und effektivsten einsetzbar ist, d.h., wenn sie etwas vom Computer verstehen. Sicher ist es einfacher, einem Manager in der Linie das Basiswissen über EDV zu vermitteln, als den EDV-Leuten das notwendige Wissen über die Linienoperationen beizubringen. Da man die Manager der Linie aus Zeitgründen nicht zu EDV-Spezialisten ausbilden kann, ist eine gute Kommunikation zwischen den Linien- und EDV-Stellen notwendig. An den EDV-Chef müssen besonders hohe Ansprüche gestellt werden. Er muß einmal eine Managementfunktion erfüllen, indem er sich mit den Zielen der Firma identifiziert und daraus ableitet, welche Rolle die EDV zur Erreichung dieser Unternehmensziele spielt, und zum anderen muß er EDV-Experte sein. Aus diesen doppelten Anforderungen an den EDV-Chef ergeben sich heute in vielen Firmen personelle Probleme. Oftmals sind die EDV-Chefs über den Weg: Operator, Programmierer, Systemanalytiker, Projektleiter in die leitende Stellung hineingewachsen. Wer vor dem Eintritt in den EDV-Bereich keine gründliche kaufmännisch/technische Ausbildung erhalten hat und sich während des beruflichen Aufstiegs nur mit EDV-technischem Wissen befaßt hat, wird irgendwann einmal deutlich spüren, daß die Anforderungen an seine Position als EDV-Chef immer komplexer werden und er diesen Anforderungen nur mit vertieften Kenntnissen in den Bereichen Betriebswirtschaft, Operations-Research, Kybernetik und im allgemeinen Management entsprechen kann.

Diese Kenntnisse lassen sich aber meist nur durch ständige Weiterbildung erlangen, wenn es an einer soliden Grundausbildung fehlt. Bei den meist sehr hohen Investitionsbeträgen für die Hard- und Software-Entwicklung kann eine personelle Schwäche im EDV-Management schlimme Folgen für ein Unternehmen haben. Diese werden vor allem dann eintreffen, wenn der EDV-Chef sich wegen mangelnder Ausbildung keine Gesamtzusammenhänge für das betriebliche Informationssystem erarbeiten kann und nur unzusammenhängende Projekte realisiert, die aufgrund fehlender Integrationsfähigkeit in das Gesamtsystem schon vor ihrer Amortisationszeit wieder verworfen und neu programmiert werden müssen. So aber kann man die EDV weder als sinnvolle Managementhilfe noch als Instrument zur Gewinnsteigerung einsetzen.

Sind einer Firma die internen Schwächen der EDV bekannt, so kann sie die Wirtschaftlichkeit der EDV-Funktion nach der 2. Methode kontrollieren.

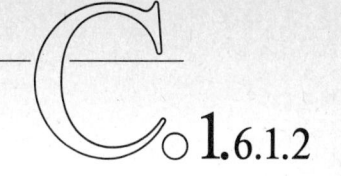

C.1.6.1.2
EXTERNE KONTROLLE DER EDV

In den letzten Jahren haben sich immer mehr Firmen im Bereich der EDV-Beratung engagiert, wodurch die mangelnde Spezialisierung und das fehlende EDV-Wissen innerhalb der betriebsinternen EDV-Abteilungen abgedeckt werden. Die häufig als „Software-Häuser" bezeichneten Beratungsfirmen bieten mit ihren modular aufgebauten Softwarepaketen erhebliche Einsparungen an Software-Entwicklungskosten an und ermöglichen den Einsatz von projektbezogenen EDV-Spezialisten, die sich meist durch Arbeitseffizienz und Termintreue auszeichnen.

Allerdings gibt es auch verschiedene Nachteile. So kann das Engagement von externen Spezialisten die Moral und das Selbstbewußtsein der internen EDV-Angestellten untergraben und eine Angst vor Entlassungen hervorrufen. Ein anderes Problem kann auftreten, wenn das System einmal eingeführt ist und gut arbeitet. Meistens wird dann die Überwachung von den externen Spezialisten übernommen, deren Meinungsbildung das Management meist ausgeliefert ist und deren Ratschläge es demnach befolgt. Dies ist insofern gefährlich, weil EDV-Spezialisten oft die wirtschaftlichen Notwendigkeiten der Systeme nicht verstehen und dadurch die Effizienz des Systems gefährden können.

Die Vielzahl der heute auf dem Software-Markt angebotenen Programmpakete für die Automatisierung der Materialbewirtschaftung erfordern vor ihrem Einsatz eine genaue Analyse. Die Beantwortung der folgenden Fragen kann dem Anwender die Entscheidung erleichtern:

1. Ist das zu lösende Problem analysiert?
2. Was enthält das Progammpaket?
3. Wie anpassungsfähig ist das Programmpaket?
4. Ist das Programmpaket in der Praxis erprobt?
5. Ist das Programmpaket ausreichend dokumentiert?
6. Ist das Programmpaket in einer gängigen Programmiersprache geschrieben?
7. Wieviel Computerzeit beansprucht das Programmpaket?
8. Wieviel kostet das Programmpaket?
9. Welche Unterstützung bietet der Software-Lieferant (Schulung, Wartung, Weiterentwicklung)?
10. Sind eigene Software-Spezialisten vorhanden?

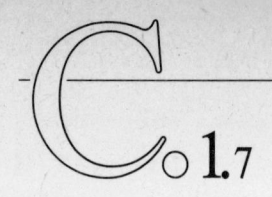

Standardisierte EDV-Applikationen können mit einem geringen Aufwand eingeführt werden, wenn sich der Anwender an die organisatorischen Voraussetzungen des Programms anpaßt. Sobald er jedoch das Programm weitgehend an seine Struktur- bzw. Ablauforganisation angepaßt haben möchte, wird er aufgrund der beschränkten Möglichkeiten des standardisierten Programms schnell auf große Schwierigkeiten stoßen, indem nämlich zusätzlich viele Input/Output-intensive Zusatzprogramme realisiert werden müssen, die die Wirtschaftlichkeit und die Effizienz des gesamten Programmpaketes in Frage stellen.

Zusammenfassend läßt sich sagen, daß beide Methoden zur Steigerung der Wirtschaftlichkeit der EDV in den Betrieben Anwendung finden. Marienthal hat in einer Untersuchung festgestellt, daß diejenigen Projekte, die in ein integriertes MIS-Konzept eingegliedert werden sollen, in der Regel von der betriebsinternen EDV entwickelt werden. Projekte dagegen, die einen hohen Rationalisierungsgrad versprechen, sich aber nicht in das Gesamtsystem integrieren lassen, werden häufig an externe Software-Unternehmen vergeben. Wenn sehr viele Projekte in diese Kategorie fallen, so ist das ein Anzeichen, daß der mittelfristige MIS-Entwicklungsplan neu überdacht werden muß.

C.1.7
DER EINFLUSS DER INFORMATIONSAUTOMATISIERUNG AUF DIE FÜHRUNGSKRÄFTE

Die Einführung computerunterstützter Informationssysteme in den Unternehmungen hat zu einer angeregten Diskussion über die möglichen Auswirkungen auf das Management geführt. Dabei werden u.a. folgende Fragen diskutiert: Welche Bereiche der Führungsorganisation lassen sich überhaupt sinnvoll automatisieren? Welche Arten von Führungsinformationen lassen sich am besten durch Computerunterstützung ergänzen oder ersetzen? Welche Auswirkungen ergeben sich dabei für die unteren und mittleren Führungskräfte?

In diesem Abschnitt wird die letzte Frage beantwortet, inwieweit nämlich das Fortschreiten der Informationsautomatisierung eine direkte Auswirkung auf

1. die Art und den Umfang der Führungsfunktion,

2. die Entscheidungsbefugnisse und

3. den Status der Führungskräfte

ausübt. Was hier in einer generellen Aussage niedergelegt ist, gilt natürlich ebenfalls, worauf in späteren Kapiteln dieser Studie noch näher eingegangen wird, für die Einführung computerunterstützter Informationssysteme innerhalb des Materialmanagements.

C.1.7.1
EINFLUSS DER INFORMATIONSAUTOMATISIERUNG AUF DIE ART UND DEN UMFANG DER FÜHRUNGSFUNKTION

Es kann grundsätzlich festgestellt werden, daß sich die Art der Führungsfunktion durch den Einsatz des Computers in den verschiedenen Linienbereichen geändert hat. Es ist nicht möglich, durch die Informationsautomatisierung irgendwelche Führungsfunktionen völlig zu ersetzen oder etwa eine Trennung der Führungskräfte in Planer und Kontrolleure vorzunehmen.

Allerdings ergeben sich Änderungen, die den Umfang der Tätigkeiten innerhalb der Führungsfunktion allgemein betreffen. So ist ein klarer Trend zu erkennen, der besagt, daß bei steigender Automatisierung weniger Zeit für Kontrollarbeiten und mehr Zeit für Planungs-, Personalführungs- und Leitungsaktivitäten aufgewendet werden muß. Die verbesserten Kontrollmöglichkeiten haben in der Praxis nicht zu einer Reduktion der Führungskräfte geführt, sondern sie ermöglichen die Konzentration auf die aus Zeitnot bisher vernachlässigten Führungsfunktionen. Durch die Fähigkeit des Computers zum „Management by Exception" wird der Anteil der zu bearbeitenden Ausnahmevorfälle tatsächlich stark reduziert, wobei jedoch die Verantwortlichkeit der Führungskräfte für ihren Bereich voll bestehen bleibt.

Die bis heute in der Praxis gesammelten Erfahrungen erlauben noch keine eindeutige Aussage bezüglich der in der Öffentlichkeit häufig anzutreffenden Behauptungen, wie z.B.

1. daß die Positionen der Führungskräfte und ihre Entscheidungsmöglichkeiten durch eine Vielzahl von Entscheidungsregeln und -vorschriften eingeengt würden,

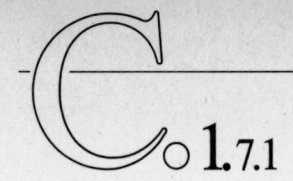

2. daß sich die Führungskräfte im hohen Maße mit Computertechnik, Operations Research, Modellbildung und Systemtheorie befassen müssen und

3. daß gewisse Planungsaktivitäten nicht mehr von den Führungskräften, sondern von Spezialisten durchgeführt werden.

Es ist sicher wahr, daß sich wiederholende Routineentscheidungen, z. B. im Bereich der Materialwirtschaft, leicht durch den Computer ersetzen lassen. Aber diese Tatsache erlaubt den Verantwortlichen, den wichtigen Entscheidungen, die unter Unsicherheit oder unter sich plötzlich veränderten Voraussetzungen getroffen werden müssen, mehr Zeit zu widmen.

Vor allem die beiden folgenden Faktoren zwingen die Führungskräfte, von ihrer Erfahrung und ihrem Urteilsvermögen zur Entscheidungsfindung weiterhin Gebrauch zu machen:

1. Die ansteigende Komplexität der Entscheidungen, die von den Abhängigkeiten und Verbindungen innerhalb des betrieblichen Informationssystems abhängig ist, und

2. die ansteigende Informationsmenge, die von erfahrenen Kräften analysiert und weiterverarbeitet werden muß, um daraus Nutzen ziehen zu können.

Die hier aufgezählten Faktoren lassen erkennen, daß sich durch die steigende Informationsautomatisierung keine revolutionierenden Änderungen innerhalb der Art der Führungsfunktionen ergeben werden.

Wenn man die Veränderung des Umfangs von Führungspositionen diskutieren will, muß man von folgender Situation ausgehen, die von der steigenden Informationsautomatisierung geschaffen wird:

1. Die Führungskräfte erhalten genauere Informationen,

2. die benötigten Informationen werden schneller und in einer meist besser aufbereiteten Form geliefert und

3. die Führungskräfte besitzen einen größeren Einblick in die ablauforganisatorischen Verknüpfungen zu ihren Nachbarabteilungen.

Die steigende Informationsautomation bewirkt zwangsläufig eine höhere Informationsintegration, weshalb die Führungskräfte mehr als früher über die Auswirkungen ihrer Entscheidungen in anderen Abteilungen Bescheid wissen müssen. Diese Aussage wird dadurch unterstrichen, daß man in der Praxis immer mehr horizontale Koordinationssitzungen vorfindet, in denen ständig sowohl Abteilungs- als auch Informationsprobleme gelöst werden müssen.

Je mehr Aktivitäten in das automatisierte Informationssystem integriert werden, um so komplexer erscheinen die Informationsabhängigkeiten innerhalb des Unternehmens. Dabei ist als Auswirkung auch zu erkennen, daß immer weniger Personen die Systemzusammenhänge insgesamt kennen. Wenn die Systeme selbst nicht gut dokumentiert sind, so kommen die Firmen mit einer hohen Fluktuationsrate in arge Bedrängung, weil während der Einarbeitung neuer Führungskräfte in das bestehende System die Systembetreuung möglicherweise vernachlässigt wird.

Die bisherige Entwicklung läßt die Aussage zu, daß der Umfang der Führungspositionen im Bereich der unteren und mittleren Führungskräfte zugenommen hat, weil von seiten der neuen Informationstechnologie zusätzliche Anforderungen zu erfüllen sind. So wird z.B. von den Führungskräften erwartet, daß sie aufgrund der besseren Information mehr planen und ihre Entscheidungen mit größerer Sorgfalt fällen. Die Form, in der die Informationen geliefert werden, ermöglicht eine schnelle und gezielte Analyse durch die Führungskräfte und beschleunigt damit auch ihre Reaktion bzw. die Entscheidungsfindung. Die bisher benötigte Zeit für die Aufbereitung der Entscheidungsunterlagen und die Durchführung routinemäßiger Kontrollarbeiten wird nun dazu verwendet, sich mehr als bisher der Motivation, der Führung und der Schulung der unterstellten Mitarbeiter zu widmen. Die vermehrten Aktivitäten in diesen Bereichen laufen parallel zu den Möglichkeiten, durch die genaueren, schnelleren und zahlreicheren Informationen die Qualität der Führungsentscheidungen zu verbessern.

Ein gewisses Hindernis zur Erreichung einer noch besseren Entscheidungsqualität besteht darin, daß der Computer nur in beschränktem Maße Simulationen mit der Veränderung verschiedener Variablen wirtschaftlich durchrechnen kann, womit der Führungskraft die Quantifizierung der Entscheidungsalternativen teilweise erspart würde. Einem zusätzlichen Einsatz des Computers für den Bereich der Entscheidungssimulationen stehen in der Praxis vorläufig die zu hohen Investitionen für die Programmierung oder auch Restriktionen von der Hardware-Seite entgegen.

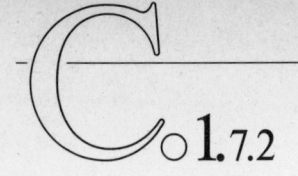

Aus dem Gesagten läßt sich schließen, daß die Führungsaufgabe durch die steigende Informationsautomatisierung immer komplexer wird. Führungskräfte müssen bei Einsatz einer maschinellen Informationsverarbeitung in ihrer Unternehmung nicht nur Kenntnisse über die Fähigkeiten und Grenzen des Computersystems besitzen, sondern sie müssen in Ausübung ihrer Führungsaktivitäten immer mehr die horizontalen und vertikalen Informationsverpflichtungen, die von ihrem Bereich ausgehen, berücksichtigen. Gleichzeitig wird von ihnen eine bessere Reaktion bei Ausnahmesituationen, eine schnellere Entscheidungsfindung, die Berücksichtigung von mehr Entscheidungsvariablen und die vermehrte Durchführung sorgfältiger Planungen erwartet. Wenn man alle diese Anforderungen betrachtet, so kommt man zu dem Schluß, daß bei einer steigenden Informationsautomatisierung der Umfang der Führungsfunktion und damit ihre Bedeutung ebenfalls ansteigen wird.

C.1.7.2
EINFLUSS DER INFORMATIONSAUTOMATISIERUNG AUF DIE ENTSCHEIDUNGSBEFUGNISSE DER FÜHRUNGSKRÄFTE

Die Zuweisung von Aufgaben an eine Führungskraft muß begleitet sein von einer genügend großen Kompetenz, um dem Stelleninhaber die ordentliche Ausführung seiner Arbeit zu ermöglichen. Dies ist ein allgemein akzeptiertes Managementprinzip. Ohne diese Delegation von Kompetenz befindet sich eine Führungskraft in einer unhaltbaren und unbefriedigenden Situation, die laufend Frustrationen und eine lähmende Arbeitsproduktivität hervorruft. Die Quellen dieser Unzufriedenheit sind vor allem in dringenden Entscheidungs- und Notsituationen zu finden, da in diesen Fällen oft die Kompetenz fehlt, um mit den Umständen fertig zu werden. Die Informationsautomatisierung hat keine bezeichnende Änderung in der Delegation von Verantwortung hervorgerufen. Es ist jedoch ein leichter Trend zur verstärkten Delegation von Entscheidungsbefugnissen zu erkennen, der dadurch angeregt wird, daß die unterstellten Führungskräfte durch die erhöhte Transparenz der neuen Informationstechnologie in die Lage versetzt werden, anspruchsvollere Entscheidungen als bisher zu fällen. Diese Delegation von bedeutenderen Entscheidungen wird von dem Prinzip gestützt, daß ablauftechnische Entscheidungen innerhalb eines Betriebes von der tiefstmöglichen Hierarchiestufe gelöst werden müssen, auf der mit Hilfe eines genügend qualifizierten Personals und unter Verfügbarkeit der notwendigen Entscheidungshilfen ein richtiges Urteilen möglich ist.

Es existiert jedoch auch ein Kriterium, welches zu einer Einengung der Entscheidungsbefugnisse führt. Damit wird die bereits im letzten Abschnitt beschriebene steigende Verflechtung der Informationsflüsse innerhalb der Bereiche angesprochen. Während die Koordinationsarbeit früher von den hierarchisch Höherstehenden geleistet wurde, müssen bei der heutigen modernen Informationstechnologie viele dieser notwendigen Entscheidungen auf horizontaler Ebene, z. B. innerhalb von Koordinationssitzungen, gefällt werden. Die Bereichsverflechtungen, z. B. bei der Benutzung einer gemeinsamen Datenbank, können die Führungskräfte in ihrer gewohnten Bereichsentscheidungsautonomie etwas einschränken.

C.1.7.3 EINFLUSS DER INFORMATIONSAUTOMATISIERUNG AUF DEN STATUS DER FÜHRUNGSKRÄFTE

Im allgemeinen lassen sich zwei Indikatoren erkennen, die eine Statusanhebung bei steigender Informationsautomatisierung vorhersagen:

1. Die Arbeit der Führungskräfte wird in ihrer Natur immer komplexer und damit anspruchsvoller.

2. Es wird aus der Sicht der Personalpolitik in Zukunft immer schwieriger werden, eine eingearbeitete Führungskraft in kurzer Zeit vollwertig zu ersetzen. Führungsqualitäten und Betriebskenntnisse spielen eine immer größere Rolle, weil zusätzlich zu dem Fachwissen den Koordinationsansprüchen an das maschinelle Informationssystem entsprochen werden muß. Grundkenntnisse der EDV gehören zu den Grundanforderungen, die heute an eine Führungskraft gestellt werden müssen. Wer sie noch nicht besitzt, sollte sich um eine betriebliche oder private Ausbildung bemühen, da in naher Zukunft jede Führungskraft mit dieser neuen Informationstechnologie in irgendeiner Form konfrontiert wird.

Fassen wir zusammen: Die Tätigkeit der Führungskraft wird sich durch die Informationsautomatisierung verändern. Aufgaben, die nur Wiederholungen darstellen, werden weitgehend verschwinden. Die Führungskraft wird eine größere Vielzahl von Informationen erhalten. Ihren Entscheidungen wird eine schärfere Analyse vorausgehen müssen. Ihre Tätigkeit wird größere Ansprüche an ihre Intelligenz stellen, aber sie wird ihr mehr Freiheit bringen und gleichzeitig mehr Biegsamkeit und mehr Schaffenskraft von ihr fordern. Begleitet von diesen höheren Anforderungen an eine Führungskraft wird entsprechend auch ihr Status ansteigen.

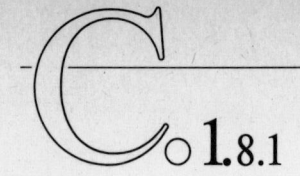

C.1.8
ONE-LINE-INFORMATIONSSYSTEME FÜR DAS MATERIALMANAGEMENT

In diesem Kapitel werden die Ergebnisse zusammengefaßt, die bei der Betrachtung der Entwicklung und dem Einsatz von On-line-Informationssystemen für das Materialmanagement gesammelt wurden.

Folgende Hauptgesichtspunkte lagen der Untersuchung zugrunde:

1. Hauptfaktoren, die zu dem Entschluß der Unternehmen führten, On-line-Systeme für das Materialmanagement zu entwickeln,

2. Analyse der diversen Nutzenfaktoren von On-line-Systemen,

3. Beschreibung der hauptsächlichen Veränderungen durch den Einsatz von On-line-Systemen im Bereich des Materialmanagements,

4. zukünftige Applikationen auf dem Gebiet des Materialmanagements.

Die hier aufgezeigten Ergebnisse resultieren aus dem Literaturstudium, aus den Interviews mit den Materialmanagern und den Systemspezialisten verschiedener Firmen in Deutschland, den USA und der Schweiz und auf den internen Dokumenten, die mir von den besuchten Firmen zur Einsicht zur Verfügung standen.

C.1.8.1
HAUPTFAKTOREN FÜR DIE ENTWICKLUNG VON ON-LINE-SYSTEMEN FÜR DAS MATERIALMANAGEMENT

Aus den Untersuchungsergebnissen kristallisieren sich deutlich die folgenden Hauptfaktoren heraus:

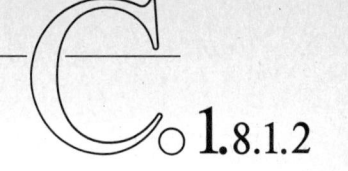

C.1.8.1.1
DYNAMISCHE UMWELT

Fast alle Betriebe, die On-line-Systeme innerhalb des Materialmanagements realisierten, standen unter dem Einfluß einer sich schnell wandelnden Umwelt. Die Änderungsanfälligkeit und Komplexität der Betriebstätigkeit stieg vor allem sehr stark an durch die Erweiterung des bisherigen Produktesortiments. Die Anzahl der Einkaufsteile und der Materialbedarfe wurden dabei so vergrößert, daß die mit diesen Teilen und Materialien verbundenen Planungs- und Kontrollprobleme immer kritischer wurden. Das Management sah sich deshalb genötigt, zur Aufrechterhaltung eines kontrollfähigen Betriebsablaufs gezielte Maßnahmen zu ergreifen.

Zuerst wurde die Möglichkeit geprüft, an den Schwachstellen der bisherigen Organisation mehr Personal einzusetzen. Die Variante wurde aber bald verworfen. Grund dafür war der Bedarf an zeitgerechter und genauer Information, die durch die angewachsene Arbeitskraft nicht zu erhalten war. Deshalb willigte das Management schließlich in die Entwicklung und die Installation eines On-line-Informationssystems ein, welches die Planung und Kontrolle der Einkaufsteile und des Materialflusses im gewünschten Umfang und in der notwendigen Schnelligkeit ermöglichte.

C.1.8.1.2
MANAGEMENT-PHILOSOPHIE

Die den untersuchten Betrieben zugrundeliegende Managementphilosophie war der zweite Hauptgrund für die progressive Entwicklung von computerunterstützten Materialwirtschaftssystemen. In den Interviews kristallisierte sich bei fast allen Betrieben die Meinung heraus, daß der Computer heute ein bedeutendes Instrument für die Leistungsverbesserung des Materialmanagements darstellt.

Diese Philosophie und die Faktoren der dynamischen Umwelt stehen sicher untereinander in Wechselbeziehung, denn die sich schnell ändernden Umwelteinflüsse können die Verantwortlichen in den Betrieben dazu führen, zur Reduktion der vorhandenen Unsicherheiten immer mehr auf computerunterstützte Informationssysteme zurückzugreifen.

Zwei Beispiele unterstützen diesen Gedanken. Im ersten Fall glaubte der Einkaufsleiter, daß nur mit einem computerunterstützten Beschaffungssystem die Aufgabe des Materialmanagements in der

Zukunft erfüllt werden könne. Deshalb wurde eine Analyse durchgeführt und die Möglichkeiten des Computereinsatzes geprüft. Nachdem mit Hilfe des Rahmen- und Grobkonzeptes klare Vorteile für die Computerlösung nachgewiesen werden konnten, wurden die Entwicklung und der Einsatz des automatisierten Beschaffungssystems für das Materialmanagement angestoßen. Das System wurde installiert und erbrachte neben den projektierten noch zusätzliche Vorteile. Heute ist das Management, nachdem es so gute Erfahrungen machen konnte, zur Vergrößerung des Nutzens weiterhin auf der Suche nach Ausbaumöglichkeiten der Systemapplikationen.

Im zweiten Falle glaubte das untere und mittlere Einkaufsmanagement eines Unternehmens, daß mit einer On-line-Version die Arbeit des Einkaufspersonals sehr vereinfacht werden könne. Dazu war es nötig, die bereits in einer Batch-Version realisierten EDV-Applikationen zu erweitern und auf On-line-Betrieb umzustellen. Nach einer entsprechenden Planung der zusätzlich notwendigen Hardware- und Softwareentwicklungskosten konnte das Management von den Vorteilen der weiteren Ausbaustufe überzeugt werden, was schließlich zur Realisierung des Projektes führte.

C.1.8.1.3
KOSTENBETRACHTUNGEN

Wie bereits vorher erwähnt wurde, war die Einsparung von Kosten in den meisten Firmen nicht der Hauptgrund für die Entwicklung der computerunterstützten Beschaffungssysteme. Dies resultiert auch aus der Schwierigkeit, daß wirklich potentielle Einsparungen, die etwa durch die Verkürzung der Durchlaufzeit, durch den Abschluß sonst entgangener Geschäfte und durch die straffere Aufgabenkoordination ermöglicht werden, nur sehr schwer zu quantifizieren sind. Allerdings gibt es viele Firmen, denen die Kosten für die einmalige Systementwicklung zu hoch sind und die aus diesem Grund auf eine Computerunterstützung verzichtet haben. Zur Reduktion dieser Kosten bietet in den USA die National Association of Purchasing Management ihren Mitgliedern billige Softwarepakete an, so daß praktisch von den Anwendern nur noch die Anpassungskosten getragen werden müssen.

C.1.8.1.4
BENUTZUNG EIGENER COMPUTER

Die Befragung ergab bei allen Firmen, daß die innerhalb des Einkaufs- und Materialmanagements eingesetzten Informationssysteme auf eigenen Anlagen realisiert wurden. Die Vermeidung der Datenverarbeitung außer Haus war bei den untersuchten Firmen hauptsächlich auf zwei Faktoren zurückzuführen:

1. Erstens besaßen die meisten Firmen bereits groß dimensionierte eigene oder gemietete Computer, mit denen schon lange vorher umfangreiche Softwarepakete anderer Betriebsbereiche gefahren wurden und das computerunterstützte Beschaffungssystem nur eine zusätzliche Applikation bedeutete.

2. Zweitens war der Fall gegeben, daß die Ansprüche an das Speicherungsvermögen der Anlagen durch die umfangreiche Datenverarbeitung so groß waren, daß die Unternehmen sich zum Kauf oder zur Miete einer eigenen Anlage entschlossen. Untersuchungen hatten in diesen Fällen ergeben, daß der Kauf oder das Mieten eines Computers bedeutend wirtschaftlicher im Vergleich zu den Kosten war, die von den kommerziellen Rechenzentren für entsprechende Dienste verlangt worden wären.

C.1.8.1.5
SYSTEMENTWICKLUNG

Bezüglich dieses Gesichtspunktes ergab die Untersuchung, daß zweierlei verschiedene Denkweisen in der Realisierung von On-line-Systemen existieren, abhängig davon, ob die betrachtete Firma von einem manuellen System oder von einem bereits computerunterstützten Informationssystem auf ein On-line-System umstellte. Während die Firmen mit vorherigen manuellen Systemen umfangreiche On-line-Systeme mit vielseitig nutzbaren Output-Kapazitäten realisierten, ergänzten die Firmen mit bereits vorhandenem EDV-Einsatz ihre Applikationen lediglich durch one-line-orientierte Software. Wie kommt dieser Unterschied in der Systementwicklung zustande? Ein oft gehörter Kommentar für den erstgenannten Fall lautet: „Wir haben eine Informationsbedarfsanalyse für den Bereich des Materialmanagements durchgeführt und haben anschließend das System so konzipiert, daß alle Informationswünsche und -bedürfnisse erfüllt werden können." Das bisherige manuelle System wurde nicht als Begrenzung des zukünftigen Informationssystems empfunden, sondern man ging vielmehr von der Einstellung aus, einen verbesserten Informationsfluß und eine entsprechend angepaßte Ablauforganisation mit dem automatisierten System zu erreichen.

Diejenigen Firmen, die bereits mit EDV arbeiteten, entwickelten im Gegensatz dazu lediglich on-line-orientierte Informationssysteme, deren Inputverarbeitung nach wie vor auf einer Batch-Lösung beruht.

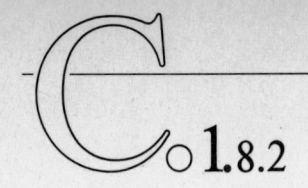

Aus den Kommentaren zu dieser Lösung kristallisieren sich folgende Kriterien heraus:

1. Reine On-line-Systeme sind bedeutend kostenaufwendiger als on-line-orientierte Systeme.

2. Die bereits realisierten Lösungen schließen einen Wechsel auf eine reine On-Line-Lösung aus, da für die Änderungen viel Zeit und Kosten notwendig wären und die laufenden Verfahren, die sich bisher bewährt haben, nur unnötigen Störungen unterliegen würden. In den meisten Fällen war man froh, daß sich ein EDV-Ablauf störungsfrei in die Ablauforganisation des Unternehmens integriert hatte und man deshalb vor weiteren Unruhen eine gewisse Scheu hatte.

3. Die Zeitdifferenz zwischen täglicher Batch-Verarbeitung und der On-line-Inputverarbeitung bedeutet einen zwischenzeitlichen Informationsverlust, der jedoch bei vielen Anwendungen nicht so groß und bedeutend ist, daß er die Mehrkosten rechtfertigen würde.

C.1.8.2
ANALYSE DER DIVERSEN NUTZENFAKTOREN VON ON-LINE-SYSTEMEN

Die mit On-line-Systemen im Bereich des Materialmanagements arbeitenden Firmen führten viele Vorteile dieser Systeme auf. Zu den Hauptfaktoren zählten die Zeitlosigkeit, die Genauigkeit und Flexibilität der Handhabung der sich in der Datenbank befindlichen zentral gespeicherten Informationen.

On-line-Systeme und ihre diversen Nutzenfaktoren werden im weiteren unter den folgenden Überschriften näher analysiert:

1. Verbesserter Informations- und Materialfluß im und durch den Betrieb.

2. Verbesserte Möglichkeit zur schnellen Reaktion auf Problemsituationen.

3. Generelle Vorteile im Verwaltungs- und Personalbereich.

4. Analytische Fähigkeiten.

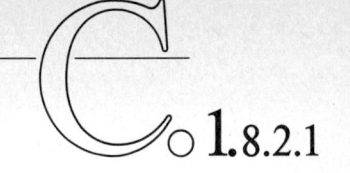

C.1.8.2.1
VERBESSERTER INFORMATIONS- UND MATERIALFLUSS IM UND DURCH DEN BETRIEB

Von den Firmen wurden viele Beispiele angeführt, die eine Verbesserung der Leistungsfähigkeit im Bereich des Materialmanagements bestätigen, seitdem On-line-Systeme eingesetzt wurden. Rechtzeitige und genaue Informationen, die von diesen Systemen geliefert werden, verbesserten eindeutig die Planungs- und Kontrollanstrengungen der Firmen.

Eines der betrachteten Systeme bediente das Personal der Fertigungsplanung mit rechtzeitigen Informationen über den verfügbaren Lagerbestand und die dazugehörigen terminierten Bestellbestände, sowohl von eigenzufertigenden Teilen als auch von Kaufteilen. Durch diese Transparenz über die Materialverfügbarkeitssituation war eine Verbesserung der Fertigungsplanung mit weniger Produktionsunterbrüchen und mit der Vermeidung von teuren Planänderungen in der letzten Minute verbunden. Außerdem fiel durch das neue System auch die ständige Befragung des Lieferstatus an den Lieferanten weg, wodurch weniger Verwaltungsarbeiten durchzuführen waren. Zusätzlich erreichte man den Effekt, daß das Beschaffungspersonal beim Nahen von Beschaffungsengpässen viel eher auf der Hut war und bereits frühzeitige Korrekturmaßnahmen mit den Lieferanten oder der Fertigung einleiten konnte.

Weiterer Nutzen wurde im Zusammenhang mit den On-line-Applikationen im Bereich des Wareneingangs festgestellt, indem ein gleichmäßiger Materialfluß durch den Wareneingang und die Wareneingangskontrolle festgestellt wurde. Grund dafür war eine Auswertung über die in der jeweils nächsten Zeit zu erwartenden Lieferungen von Teilen oder Rohmaterialien.

Wenn Teile oder Rohmaterialien im Wareneingang angeliefert wurden, so konnten sie sofort mit den offenen Einkaufsbestellungen verglichen und durch die Möglichkeit des direkten Zugriffs auf die Datenbank auch sofort verbucht werden. Es war also keine Zeit notwendig, um das Bestellschreiben aufzufinden und so lange das Material im Bereich des Wareneingangs zurückzuhalten, bevor es zur anschließenden Qualitätskontrolle weitergeleitet werden konnte.

Die Vermeidung der Wartezeiten reduzierte den Personalbedarf und die Lagerkosten, die durch die Lagerung des Materials im Bereich des

C 1.8.2.1

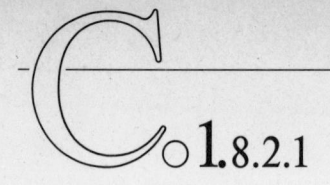

Wareneingangs bedingt sind. Die Kosten aufgrund von Diebstahl wurden ebenfalls reduziert, weil die Teile und das Rohmaterial schneller zu den Benutzerstellen transportiert werden konnten.

Schließlich führte die Verkürzung der Durchlaufzeit, die zur Bereitstellung des Materials notwendig ist, automatisch zu einer Senkung des durchschnittlichen Lagerbestandes, was sich wiederum in einer entsprechenden Senkung der notwendigen Lagerkosten auswirkte.

Durch die On-line-Systeme werden nach Aussagen der Benutzerfirmen auch neue Führungstechniken, wie z. B. das Management by exception, begünstigt. Wenn während eines Produktionsprozesses ein kritisches Einkaufsteil die Kontinuität der Fertigung zu gefährden droht, so wird dieses Teil in der Datenbank mit einem Express-Code gekennzeichnet. Dieser Code sorgt dann in der Folge dafür, daß dem Wareneingang sofort die Wareneingangsdokumente angedruckt werden, so daß nach dem Erhalt der Ware eine schnellere Weiterleitung an die entsprechende Benutzerstelle im Betrieb gewährleistet ist.

Die Qualitätskontrolle ist natürlich genauso wie der Wareneingang in der Lage, seine Personalkapazität anhand der angekündigten Lieferungen, z.B. anhand der maschinell erstellten Auswertung „LIEFERVORAUSSCHAU", zu planen und damit für eine möglichst gleichmäßige Belastung zu sorgen. Die hier angesprochenen Vorteile treffen natürlich analog auch auf die internen Lieferungen zu.

Schließlich ging aus den Untersuchungen noch hervor, daß durch die Entwicklung von On-line-Systemen für den Materialbereich eine starke Tendenz zur Integration der vielfachen Funktionen innerhalb des Materialmanagements festzustellen war, die die Möglichkeit des Vorkommens von Doppelarbeit innerhalb der verschiedenen Gruppen stark reduzierte. Diese Redundanz bei der Aufgabenerfüllung entsteht in der konventionellen Organisation hauptsächlich durch den ungenügenden Informationsfluß zwischen den einzelnen Gruppen.

So kommt es, daß durch die Analyse verschiedener Arbeitsabläufe aufgrund der Projektplanung bereits ein Rationalisierungseffekt von ca. 20 % erreicht wird. Die im Rahmen der Projektplanung durchgeführte Informationsbedarfsanalyse macht nämlich die Schwachstellen im innerbetrieblichen Informationsfluß transparent, wodurch auch ohne späteren Einsatz von EDV bereits eine Verbesserung der konventionellen Organisation erreicht wird. Wenn man versucht, im Rahmen der Entwicklung von computerunterstützten Bewirtschaftungssystemen die Erhöhung der Informationstransparenz im Verhältnis zur ganzen Rationalisierung zu bestimmen, so kommt M. Roggwiller zu folgendem Resultat:

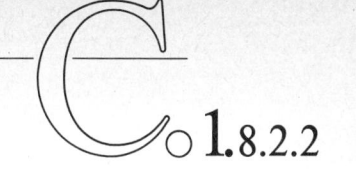

VERTEILUNG DES RATIONALISIERUNGSEFFEKTES

Maßnahmen	Rationalisierungseffekt
Reorganisation verschiedener Arbeitsabläufe aufgrund der Projektplanung	20%
Bestandsüberwachung und Bedarfsrechnung	50%
Führungs- und Kontrollinformationen	30%
Rationalisierung total	100%

C.1.8.2.2 VERBESSERTE MÖGLICHKEITEN ZUR SCHNELLEN REAKTION AUF PROBLEMSITUATIONEN

Die meisten der besuchten Firmen sagten aus, daß die Möglichkeit zur schnellen Reaktion auf Problemsituationen zu den wichtigsten Vorteilen bei der Benutzung von On-line-Systemen gehört.

Die Voraussetzungen zur kurzfristigen Erarbeitung von Management-Kontrolldaten, die sonst in keinem regulären Bericht enthalten sind, sind durch die Einführung der On-line-Systeme plötzlich möglich. Die Datenbank enthält nämlich alle irgendwie benötigten Daten und kann in einer vernünftigen Zeit alle Informationen in einfacher oder verdichteter Form zur Verfügung stellen. Gerade im Bereich des Materialmanagements lassen sich diesbezüglich viele Beispiele angeben, die zu einer effektiven Leistungsverbesserung dieser Unternehmensfunktion dienen.

Weitere Vorteile erwachsen aus der Tatsache, daß einschließlich dem Materialmanagement alle Abteilungen und Gruppen eine generelle Zugriffsmöglichkeit auf die zentral gespeicherten Daten haben. Dadurch wird die Anzahl der oft mit großem verwaltungstechnischem Aufwand verbundenen Informationsbefragungen zwischen den Unternehmensabteilungen und evtl. den Tochtergesellschaften erheblich reduziert und gleichermaßen eine exakte Kommunikationsbasis geschaffen. Die frühere telefonische Anfrage aus der Abteilung Fertigungsplanung an den Einkauf bzgl. offener Bestellungen und Wareneingänge, die jeweils nur mit einer Karteibearbeitung beantwortet werden konnte, wird mit dem neuen On-line-System durch eine direkte Befragung der Datenbank via Terminal gelöst. Der Einkauf informiert sich auf diesem direkten Weg z.B. über den Sachverhalt, ob ein kritisches Teil bereits im Bereich des Wareneingangs eingetroffen ist, anstatt wie früher über Telefon Nachforschungen beim Wareneingang oder beim Lieferanten zu betreiben.

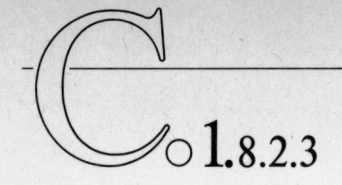

Es ist überzeugend, wenn die besuchten Firmen in dieser Informationsbeschaffung auf dem direkten und immer zugänglichen Weg eine bessere Ausgangsbasis zum schnellen Erkennen und zur schnellen Beseitigung von Problemsituationen sehen.

C.1.8.2.3
GENERELLE VORTEILE IM VERWALTUNGS- UND PERSONALBEREICH

Von den besuchten Firmen wurden folgende Vorteile genannt:

1. Durch den Einsatz von Terminals wurde die im Batch-Modus übliche Papierflut reduziert.

2. Eine Kostenreduktion wurde durch die Tatsache erreicht, daß der Informationsbedarf der Mitarbeiter durch die Abfragemöglichkeit der Datenbank gewährleistet wurde, unbenutzte Informationen jedoch, die bisher im Rahmen der Batch-Verarbeitung automatisch angeliefert wurden, eliminiert wurden.

3. Eine reduzierte Fehlerhäufigkeit bei der Inputverarbeitung ist das Ergebnis von maschinellen Plausibilitätskontrollen, die noch unterstützt werden durch die visuelle Kontrollmöglichkeit bei der Dateneingabe.

4. Viel weniger Verwaltungsaufwand ist notwendig, um benötigte Informationen von einer Datenbank abzurufen. Gemäß Schätzungen ist bei einem Abfragesystem nur ein Viertel der Suchzeit, im Vergleich zur herkömmlichen Organisationsform, notwendig.

5. Durch die Eingabe eines einfachen Codes können via Terminal oder auf Wunsch über Drucker Dokumente in jedem Umfang und in gewünschter Informationsdichte ausgegeben werden.

6. Die Einführung von On-line-Systemen in den Firmen führte zu einem steigenden Vertrauen in das Computersystem. Dies war ein wichtiger psychischer Faktor, der die Einsatzbereitschaft des Personals deutlich verbesserte. Die Benutzer innerhalb der Betriebe

arbeiten viel lieber mit einem On-line-System als mit Massen von Papier, die periodisch angedruckt werden. Dieser Sachverhalt ist erklärlich, weil durch den direkten Zugriff und die damit verbundene sofortige Manipulationsmöglichkeit der Daten die „Black-Box-Angst" des Personals überwunden wird.

7. Durch die neue On-line-Lösung wurde dem Materialmanagement eine steigende Bedeutung beigemessen.

8. Durch die enorme Reduktion von Routinearbeiten innerhalb der bisherigen Verwaltungstätigkeit wurde viel Zeit gewonnen, die heute für sinnvollere Ziele und Aufgaben eingesetzt wird.

C.1.8.2.4
ANALYTISCHE FÄHIGKEITEN

Der Gebrauch von On-line-Systemen für analytische Aufgaben hat sicher große Vorteile. Der Mitarbeiter und der Computer arbeiten auf einer Problemlösungsbasis zusammen, indem sie sich gegenseitig durch ihre spezielle Leistungsfähigkeit ergänzen. Vor allem besteht die Möglichkeit, im Rahmen dieser Zusammenarbeit Programme für verschiedene Applikationen zu entwickeln und durch Simulationsläufe die Reaktion auf das Modell bei der Wahl verschiedener Parameter zu testen.

Die folgenden spezifischen Vorteile wurden bei den besuchten Materialmanagement-Abteilungen erreicht, die analytische Applikationen im Rahmen ihrer On-line-Systeme anwendeten:

1. Umfangreiche Kostenreduktionen wurden aufgrund der Entwicklung von automatischen Bestellmengenrechnungen erreicht, die vorher nicht erstellt wurden.

2. Die Entwicklung von Modellen für Lern- und Preiskurven für die Vorhersage von zukünftigen Preisen in besonderen Branchen diente dazu, die Entscheidungsfindung innerhalb des Einkaufs wesentlich zu verbessern.

3. Die Entwicklung eines Belastungsmodells für die Einkäufer war Grundlage für die Personalpolitik innerhalb des Einkaufs.

4. Die Entwicklung von Vorkalkulationsmodellen, die die Fixierung eines Wettbewerbspreises auf der Basis der jeweils aktuellsten Kosten erlauben, unterstützte die Angebotspolitik des Verkaufs.

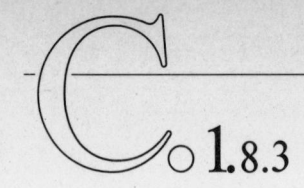

5. Schaffung einer Möglichkeit zur schnellen Analyse und rechtzeitigen Erstellung von Berichten über die eingekauften Teile und Rohmaterialien, die zur Korrektur der bisherigen Durchschnittspreise für die Weiterverarbeitung herangezogen werden können.

6. Schaffung einer Möglichkeit, aktuelle Verfahrensdaten unmittelbar dazu zu verwenden, um die bestehenden Modelle zu aktualisieren.

7. Schaffung einer Möglichkeit zur schnellen Anpassung von Dateninhalten, auf die später im Rahmen von Batch-Programmen zugegriffen wird.

Von den Befragten wurde eindeutig die Meinung geäußert, daß viele zusätzliche Vorteile zu erreichen wären, wenn sich die einzelnen Firmen zur Entwicklung dieser analytischen Modelle mehr Zeit nehmen würden.

Es kann auf jeden Fall festgestellt werden, daß man durch die Aufzählung der vielen Vorteile zu dem Schluß kommt, daß der Gebrauch von On-line-Systemen im Bereich des Materialmanagements zu einer eindeutigen Verbesserung und Leistungssteigerung innerhalb der Entscheidungsfindung dieser Unternehmensfunktion dient.

C.1.8.3 BESCHREIBUNG DER HAUPTSÄCHLICHEN VERÄNDERUNGEN DURCH DEN EINSATZ VON ON-LINE-SYSTEMEN IM BEREICH DES MATERIALMANAGEMENTS

An dieser Stelle soll näher auf die hauptsächlichen Veränderungen eingegangen werden, die sich innerhalb der folgenden Bereiche ergeben:

1. Datenbank-Entwicklung,

2. Software-Entwicklung,

3. System- und Verfahrensentwicklung,

4. Organisation und Personal,

5. Zuverlässigkeit der Systeme.

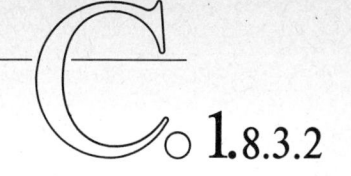

C.1.8.3.1
DATENBANK-ENTWICKLUNG

Die Systemspezialisten in den besuchten Firmen wurden befragt, welcher Effekt durch die Entwicklung der neuen Systeme auf die bereits bestehende Datenbank oder entsprechende Stammdaten ausgeübt wurde.

Bedingte die Neueinführung der On-line-Systeme einen vollständigen Wechsel des bisherigen Datenbank-Konzeptes, gab es Verbesserungen oder blieb die Datenbank unverändert?

Die Nachforschungen ergaben, daß das Datenvolumen bei denjenigen Betrieben völlig neu gestaltet wurde, die die Umstellung auf On-line-Verarbeitung von einem manuellen System aus vornahmen. Die Betriebe, die bereits ein Computersystem benutzten, veränderten die Struktur und den Umfang ihres Datenvolumens nicht, obwohl sie während des Gesprächs erwähnten, daß sie gerne gewisse Erweiterungen durchgeführt hätten. Die Veränderungskosten waren der Hauptgrund, weshalb man das alte Datengerüst beibehielt.

Die von den erstgenannten Firmen vorgenommenen Änderungen ihres Datenvolumens deuten aber auf die Notwendigkeit hin, die irrelevanten Daten nicht immer als Ballast mitzuschleppen, sondern sie rechtzeitig zu eliminieren.

C.1.8.3.2
SOFTWARE-ENTWICKLUNG

Mit Hilfe der Befragung wurde u.a. auch ermittelt, wer die Benutzerprogramme für die neuen On-line-Systeme entwickelt und eingeführt hat. Dabei stellte sich heraus, daß alle Betriebe eigene Spezialisten mit den entsprechenden Kenntnissen in Systementwicklung, Programmierung und Systemeinführung besaßen, so daß die ganze Software-Entwicklung vorwiegend intern durchgeführt werden konnte. Nur wenige Firmen griffen auf die Beratungskapazität der Computerlieferanten der Software-Häuser zurück.

Die im Rahmen des Projektmanagements eingesetzten Personen rekrutierten sich sowohl aus den Reihen der EDV-Spezialisten als auch aus den Reihen des Materialmanagements. Die Entwicklung eines reinen On-line-Informationssystems zur Ablösung einer manuellen Organisation dauerte in der Regel ein bis zwei Jahre und erforderte den Einsatz von erfahrenen Spezialisten. Als Folge davon waren die besuchten Firmen bemüht, entsprechende Spezialisten am Arbeitsmarkt zu suchen und für die Systementwicklung einzusetzen.

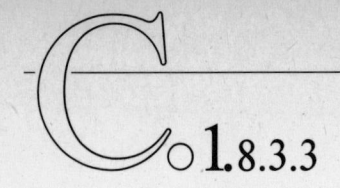

C.1.8.3.3
SYSTEM- UND VERFAHRENSENTWICKLUNG

Der Einsatz von On-line-Systemen veränderte sehr stark die herkömmliche Struktur- und Ablauforganisation des Materialmanagements in denjenigen Firmen, die vorher manuelle Systeme im Gebrauch hatten.

Die einzelnen Personen erhielten innerhalb der Materialbewirtschaftung neue Arbeitsinhalte, die auf die Anforderungen des neuen Systemablaufs zugeschnitten waren. Nach Aussagen der Firmen konnte dieser Wechsel ohne große Störungen vollzogen werden.

Bei den Firmen, die bereits EDV-Verfahren einsetzten, brachte der Wechsel in der System- und Verfahrensentwicklung keine Unruhe in die bestehende Struktur- bzw. Ablauforganisation. Im Grunde änderte sich durch die direkte Abfragemöglichkeit der Datenbank nur die Art der Informationsbeschaffung. Deshalb wurden bei den untersuchten Firmen im allgemeinen keine Anstrengungen gemacht, das bestehende System oder die ihm zugrunde liegenden Verfahren zu überprüfen oder gar zu ändern.

C.1.8.3.4
ORGANISATION UND PERSONAL

Organisationsänderungen wurden in einigen Firmen durchgeführt. Innerhalb der Einkaufsabteilung einiger Firmen wurde zum Beispiel eine Trennung zwischen reinen Einkaufstätigkeiten und der Terminüberwachung vorgenommen, Funktionen, die vorher beide von den Einkäufern betreut wurden. Wenn sich jemand gegen die Benutzung des neuen Systems zur Wehr setzte, so wurde er mit der Zeit zu anderen Arbeiten herangezogen, die nichts mit dem Einsatz moderner Informationsverfahren zu tun hatten.

Ein weiterer Effekt der On-line-Systeme auf die Organisation war die Notwendigkeit, die bestehende Strukturorganisation des Betriebs zu überprüfen und eine neue Stellenbeschreibung vorzunehmen. Während nämlich viele Stellen vorher nur Verwaltungsarbeiten durchführten, sind durch den direkten Kontakt mit dem Computer zusätzliche Informationsverantwortlichkeiten verbunden, die diesen Stellen ein höheres Entscheidungsniveau zuordnen.

Wie aus der Untersuchung in den Betrieben weiterhin hervorging, muß bei der Personalauswahl für das Materialmanagement vermehrt auf die Fähigkeit zum Systemdenken und auf eine entsprechende EDV-Ausbildung geachtet werden. Es ist nämlich unübersehbar, daß gerade der Bereich des Materialmanagements in steigendem Maße den Einsatz von EDV verlangt.

Weiterhin wurde festgestellt, daß eine erfolgreiche Einführung von On-line-Systemen eine Neueinstellung der Benutzer zur Voraussetzung hat. Neben den Kenntnissen über die Benutzung des Systems und was es für den Betrieb leisten kann muß den Benutzern noch eine breitere Ausbildung gegeben werden. Dies erfordert intensive Schulungsprogramme, die sich von kurzen Instruktionen über die Input-Output-Behandlung bis zur Beschreibung eines umfassenden Systemansatzes erstrecken können. Die untersuchten Betriebe betonten immer wieder die Bedeutung der Anwenderschulung für die Einführungsphase und die spätere Aufrechterhaltung der neuen Computerapplikationen.

In diesem Zusammenhang muß auf den psychologischen Effekt der Schulung verwiesen werden. Der in der Praxis oft vorzufindende passive Widerstand gegen eine Neuerung ist meistens nur auf eine bestehende Wissenslücke zurückzuführen. In der alten Organisation fühlen sich die Personen glücklich und sicher. Sie ertragen nicht die Organisation, sondern sie können sie mit ihren Kenntnissen in aktiver Weise beeinflussen.

Wird eine neue Organisationsform an sie herangetragen, so treten zwei Ängste auf:

1. Man befürchtet, daß der neue Arbeitsinhalt eine Einschränkung der bisherigen Kompetenz und damit eine Verminderung des Ansehens mit sich bringt.

2. Durch die mangelnde Transparenz über die Auswirkungen der neuen organisatorischen Gegebenheiten fühlt man sich in seinen Aktionen eingeengt und manipuliert. Man sieht sich in eine Situation gedrängt, in der man sich als Rädchen im System empfindet und nur noch reagieren statt, wie bisher, agieren kann.

Diese psychologische Situation führt zum passiven Widerstand und zu einem negativen Zukunftsbild.

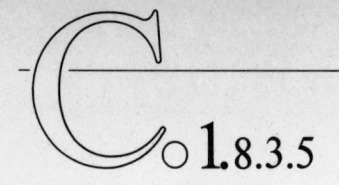

Aus dieser Erkenntnis leitet sich die Forderung nach frühzeitiger intensiver Schulung ab, die dazu verhilft, den Benutzer durch die Beseitigung aller Wissenslücken wieder zum Beherrscher der Situation zu machen. In diesem Fall kann man beruhigt mit der Einführung des neuen Systems beginnen, und zwar in der Gewißheit, daß statt mit dem Boykott des neuen Systems mit einer aktiven Unterstützung der Beteiligten, die aufgrund ihrer spezifischen Sachkenntnisse noch kreative Vorschläge machen, zu rechnen ist.

C.1.8.3.5
ZUVERLÄSSIGKEIT DER SYSTEME

Von den Benutzern der On-line-Systeme wurde eine hohe Zuverlässigkeit von Hard- und Software verlangt. Bei Batch-Lösungen spielt die Zuverlässigkeit der Systeme keine so bedeutende Rolle, da durch die Output-Bearbeitung evtl. in der Verarbeitung aufgetretene Fehler oft entdeckt und entsprechend korrigiert werden können. Im Falle eines On-line-Systems wirken sich die Fehler gravierender aus, da viele Stellen zu verschiedenen Zeiten auf die Datenbank zugreifen und eine falsche Information bereits weiterverarbeitet haben können, bevor der Fehler von der verursachenden Stelle entdeckt wird. Durch häufiges Sichern der Informationen und der damit verbundenen Rekonstruktionsmöglichkeit der Datenbank wird das Vertrauen in das System erhöht.

Als Folge davon wurden auch die Ausfallzeiten der Computer nicht als Problem bezeichnet, zumal man mit Anlagen der dritten Computergeneration bereits eine relativ stabile Verarbeitung erreicht. Bezüglich der Genauigkeit der Datenverarbeitung gaben sich die Benutzer bereits mit einem Verfügbarkeitsgrad von 95 % zufrieden. Außer in der Anlaufphase der eingesetzten On-line-Systeme traten in den untersuchten Betrieben während des Systemgebrauchs keine größeren Schwierigkeiten auf, was u.a. die Benutzer zu einem positiven Gesamturteil bezüglich der Systemrealisierung kommen ließ.

C.1.8.4
ZUKÜNFTIGE EDV-APPLIKATIONEN AUF DEM GEBIET DES MATERIALMANAGEMENTS

Sicher ist es nicht einfach, die Entwicklung der EDV-Systeme für den Bereich der Materialwirtschaft vorherzusagen. So kann ich nur auf einige Tendenzen verweisen, wie ich sie für die Zukunft erwarte:

1. Die On-line-Applikationen werden sich immer mehr durchsetzen, wobei viele Bewegungs- und Statistikdaten, die heute vorwiegend auf Magnetbänder gespeichert sind, ebenfalls über Bildschirm abrufbar sind.

2. Batch-Berichte werden als Folge der sinkenden Kosten für den direkten Zugriff immer mehr aus den Abteilungen verschwinden.

3. Die Datenbankstrukturen werden ständig komplexer werden, was durch die Entwicklung komfortablerer Betriebssysteme und Datenbanksoftware aber keine Probleme aufwirft.

4. Es werden vermehrt Visualisierungsprogramme für die Bildschirmanzeige entwickelt.

5. Nach der Entwicklung operativer und taktischer Programmsysteme wird man vermehrt Programme für die strategische Führungsebene entwickeln.

6. Im Beschaffungsbereich wird man beim Unterschreiten der Bestellgrenze unbedeutender Artikel automatisch die Bestellung an das Terminal des ausgewählten Lieferanten weiterleiten.

7. Eines Tages wird man für alle Einkaufsteile zu papierfreien Bestellsystemen kommen. Dabei erfolgt die Bestellung über Telefon, während anschließend nur die Daten der Auftragsbestätigung in der Datenbank abgespeichert werden.

8. Vielleicht wird auf Länder- oder EG-Ebene einmal ein Beschaffungsprozessor vorhanden sein, der einen großen Teil der in der jeweiligen Volkswirtschaft angebotenen Produkte und Dienstleistungen gespeichert hat und allen anfragenden Industriebetrieben die gewünschten Auskünfte und Daten liefern kann.

9. Auf jeden Fall wird es zu einer Renaissance und Rehabilitierung von den voreilig verdammten Management-Informations-Systemen (MIS), vielleicht unter einer anderen Bezeichnung, die nicht so sehr die Frustration vergangener Fehleinschätzung erkennen läßt, kommen.

Es ist und bleibt ein bedeutsames Ziel, Daten zu erfassen, zu verarbeiten und zu integrieren, um sie dann als hochverdichteten Extrakt zum richtigen Zeitpunkt an die richtige Entscheidungsstelle zu leiten.

C 1.8.4

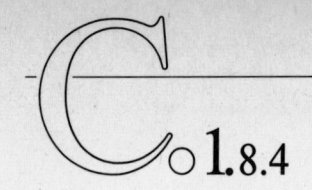

Die Hard- und Software-Voraussetzungen sind bereits vorhanden, um hochintegrierte Informationssysteme zu schaffen, wie z.B.:

1. universelle, benutzerfreundliche Datenbanksysteme von großer Transparenz und vielfacher Verwertbarkeit;

2. interaktive EDV-Anlagen mit anspruchsvoller Software für den Mensch-Maschine-Dialog;

3. ausgereifte Netzwerkkonzeptionen und praktikable Organisationsraster für die dezentrale Nutzung der Computerintelligenz;

4. eine nahezu perfekte On-line-Software für eine steigende Zahl von Anwendungen;

5. ein Rentabilitätswandel in bezug auf den unaufhörlich fortschreitenden Bildschirmeinsatz. Die EDV und sonstige Automationshilfen am Büroarbeitsplatz werden mehr als früher akzeptiert, obwohl uns bewußt sein muß, daß die Schnelligkeit der Umstellung durch den Menschen und seine vorsichtige Einstellung zu den permanenten Neuerungen bestimmt wird. Aber mit jeder neu installierten EDV-Anlage oder Textverarbeitungsmaschine beginnen die Veränderungen in der unmittelbaren Arbeitsumgebung. Sie werden sich ganz langsam summieren und unaufhaltsam zu einer grundsätzlichen Akzeptanz führen, und zwar ohne die negativen psychologischen Begleiterscheinungen, die in der heutigen Zeit immer wieder zu umfangreichen Diskussionen führen. Bis dahin aber muß der Mensch im Mittelpunkt der Rationalisierungsanstrengungen stehen, mit der Folge, daß die neuen Techniken dem Menschen angepaßt sein müssen und nicht umgekehrt.

Merke: Der Computereinsatz wird in den Unternehmen immer mehr an Anwendungsbreite und -tiefe und damit an Bedeutung gewinnen. Setzen Sie sich intensiver mit den Möglichkeiten der modernen Informationstechnologie auseinander, damit sie nicht nur die Produktivität des Materialeinsatzes, sondern auch die damit verbundene Produktivität des Informationseinsatzes in Ihrem Unternehmen optimieren helfen.

Werden Sie sich bewußt, daß in der Kalkulation Ihre Verkaufsprodukte nicht nur Material- und Lohnkosten, sondern auch Informationskosten eingehen, die gerade im Materialwirtschaftsbereich in einem erheblichen Umfang anfallen und rationalisiert werden müssen.

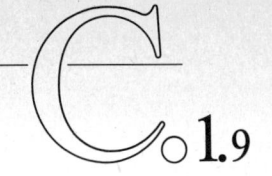

C.1.9
MERKSÄTZE FÜR DEN EINSATZ COMPUTERUNTERSTÜTZTER INFORMATIONSSYSTEME

Bevor in den folgenden Kapiteln auf einige Beispiele von computerunterstützten Materialwirtschafts-Informationssystemen eingegangen wird, erfolgt hier noch ein Hinweis auf die wichtigsten Merksätze, die man beim Aufbau und Einsatz computerunterstützter Informationssysteme berücksichtigen sollte:

1. Der Computer sollte in einer Unternehmung wie jede andere Art von produktivem Kapital (Personen, Anlagen, Maschinen) behandelt werden.

2. Um einen wirklichen positiven Effekt zu erreichen, muß die Computerverarbeitung irgendwelcher Informationen schneller sein, als sie bei einer personellen Organisation zu erlangen wäre.

3. Die Computerauswertungen für das Management oder die operative Ebene müssen flexibel auswertbar sein, wobei nach Möglichkeit ein direkter Zugriff des Benutzers zu den Informationen gewährleistet sein soll.

4. Das zwischen den Benutzern und den Systemspezialisten benötigte Vokabularium sollte dem Sprachgebrauch der Benutzer angepaßt sein. Die spezifischen Computerausdrücke, Abkürzungen und Codes sollten nur gebraucht werden, wenn diese verständlich sind und sich bei der Systementwicklung und -realisierung laufend wiederholen.

5. Analytische Modelloptimierungen sollten nur nach gründlicher Wirtschaftlichkeitsanalyse realisiert werden. Bei vielen dieser Programme stehen der Entwicklungsaufwand und die Maschinenlaufzeiten in keinem Verhältnis zu den erreichten Ergebnissen. Vom Wirtschaftlichkeitspunkt aus betrachtet sind häufig einfache heuristische Modelle in der Praxis vorzuziehen.

6. Die Datenerfassung soll möglichst vereinfacht werden, indem sie als Nebenprodukt von produktiven Tätigkeiten anfällt, die sowieso durchgeführt werden müssen. Werden die Daten manuell eingegeben, so müssen möglichst vollständige Plausibilitätsprogramme zur Fehleranalyse eingesetzt werden.

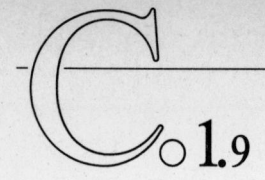

7. Das „Verkaufen" von Programmen durch die Systemspezialisten an die potentiellen Benutzer sollte nicht notwendig sein. Bei entsprechendem Engagement der betroffenen Stellen während der Systementwicklungsphase sollte erreicht werden, daß sich alle mit dem neuen System identifizieren und ihm positiv gegenüberstehen.

8. Die System- und Benutzerdokumentationen sollten so gestaltet sein, daß sich jede Person innerhalb der Organisation umfassend über die Computerapplikationen informieren kann und die Systeme schnell zu beherrschen lernt.

9. Um alle die bisher genannten Ziele zu erreichen, muß das EDV-Personal und speziell der EDV-Chef ein sehr gutes Fach-, Psychologie-, Betriebswirtschafts- und Organisationswissen besitzen und speziell im Projektmanagement ausgebildet sein.

10. Der Hauptschlüssel zum erfolgreichen EDV-Einsatz aber liegt in der Identifizierung der Geschäftsleitung mit den computerunterstützten Informationssystemen und der daraus resultierenden Unterstützung während der Systementwicklung, -einführung und des -betriebes.

C.2 COMPUTERUNTERSTÜTZTE MATERIALWIRTSCHAFTSSUBSYSTEME MIT SCHWERPUNKT ABSATZPLANUNG UND FERTIGPRODUKTE - DISPOSITION

Die Erfahrungen in der betrieblichen Praxis haben ergeben, daß computerunterstützte Materialwirtschaftssysteme in der Regel „maßgeschneidert" werden müssen (denkbar natürlich auch durch eine entsprechende Anpassung von Modularprogrammen der Computerfirmen oder Software-Häuser), wenn sie die oft strukturbedingten und branchenspezifischen Materialwirtschaftsprobleme der einzelnen Unternehmungen optimal abdecken sollen.

Ziel dieses Kapitels wird es nun sein, einige vom Verfasser „maßgeschneiderte" und in der Praxis eingeführte Materialwirtschaftssysteme zu beschreiben, wie sie von der Kabelfabrik der Dätwyler AG (Schweizerische Kabel-, Gummi- und Kunststoffwerke in Altdorf) benötigt wurden. Der Start zur Entwicklung dieser Systeme wurde durch die Tatsache begünstigt, daß bereits eine wohldurchdachte Materialdatenbank (System ISI der Firma Siemens) mit gespeicherten Stücklisten, Arbeitsplänen und Arbeitsplätzen vorhanden war, so daß die EDV-Konzeption für den Materialwirtschaftsbereich auf dem Vorhandensein dieser Grunddaten aufbauen konnte, die bereits nach den modernen Kriterien integrierter Datenverarbeitungssysteme, nämlich der Einmalspeicherung und der variablen Auswertungsmöglichkeit, organisiert waren.

C.2

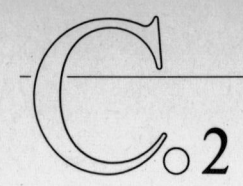

BEISPIEL FÜR EIN GESAMTBETRIEBLICHES MATERIALWIRTSCHAFTSKONZEPT

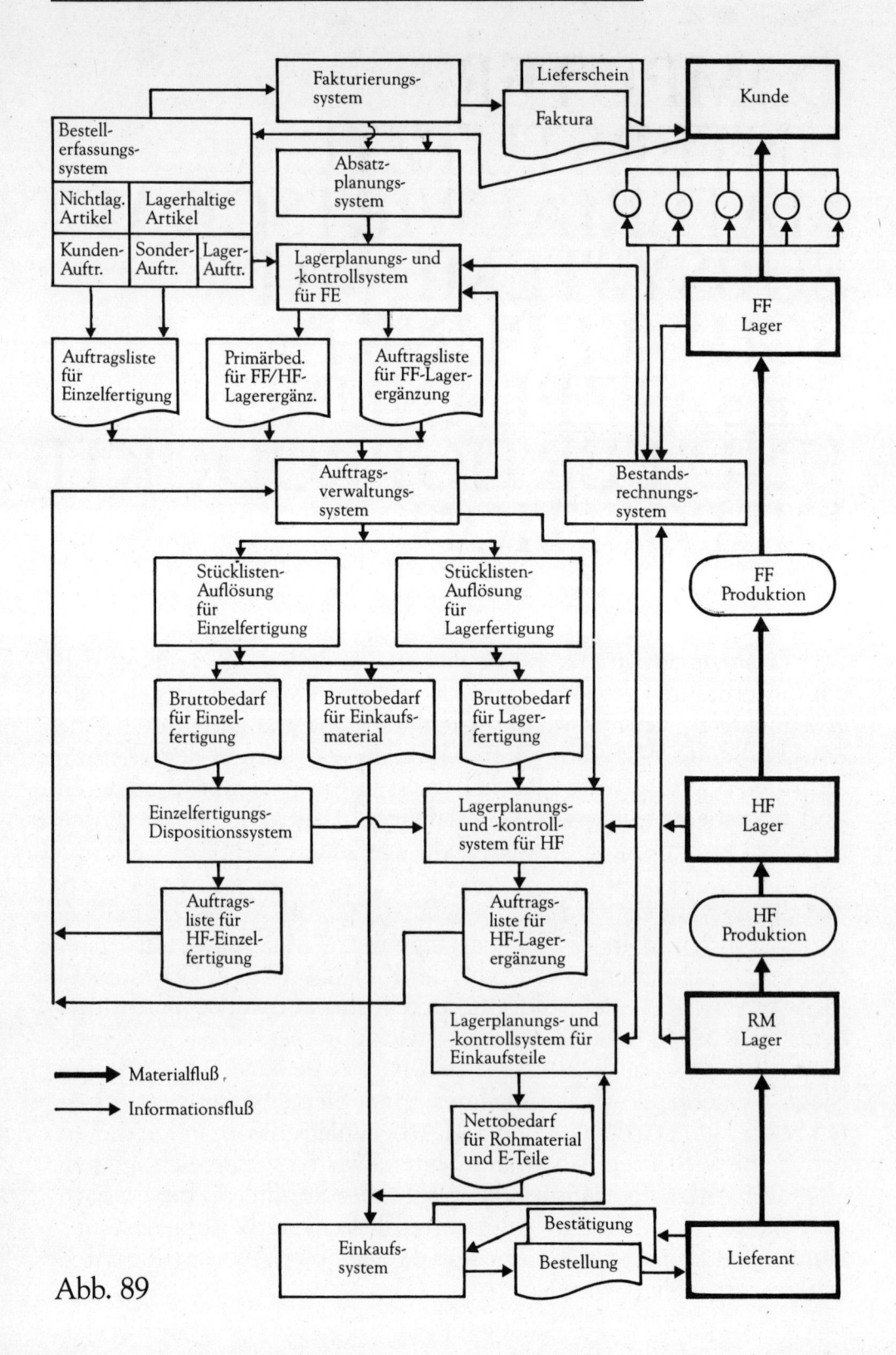

Abb. 89

Bei Projektbeginn wurde zuerst eine detaillierte Analyse durchgeführt, ob die vom Computerhersteller angebotene modulare Materialwirtschafts-Software den Anforderungen des Fachbereichs weitgehend entsprach. Da dies nur durch einen hohen Anteil an Anpassungsprogrammierung ermöglicht worden wäre, entschied man sich für eine eigene Programmentwicklung, wie sie auf den folgenden Seiten beschrieben wird:

In Abb. 89 wird zuerst das gesamtbetriebliche Materialwirtschaftskonzept des im folgenden beispielhaft dargestellten Unternehmens mit seinen einzelnen Subsystemen aufgezeigt. Aus der Darstellung läßt sich entnehmen, daß eine Vielzahl von diesen Systemen den integrierten Materialfluß durch die Unternehmung direkt beeinflußt, wie zum Beispiel das

1. Bestellerfassungssystem,
2. Fakturierungssystem,
3. Absatzplanungssystem,
4. Lagerplanungs- und -kontrollsystem für Fertigfabrikate,
5. Auftragsverwaltungssystem,
6. Einzelfertigungsdispositionssystem,
7. Lagerplanungs- und -kontrollsystem für Halbfabrikate,
8. Lagerplanungs- und -kontrollsystem für Einkaufsteile,
9. Einkaufssystem und das
10. Bestandsrechnungssystem.

Um den Umfang dieses Buches nicht zu sprengen, wird im weiteren nur das Absatzplanungssystem und das Lagerplanungs- und -kontrollsystem für Fertigfabrikate dargestellt, die aufgrund des breiten Verkaufssortiments eines Kabelunternehmens von hoher Bedeutung sind, wenn die Kapitalbindung auf der Fertigproduktstufe optimiert werden soll.

C.2.1
ABSATZPLANUNG AUS DER SICHT DER MATERIALWIRTSCHAFT

Die meisten Unternehmen befinden sich heute nicht in der Position, daß sie erst einmal den Auftragseingang ihrer Kunden abwarten können, bevor sie sich über die Bereitstellung von Maschinen, Personal und Material Gedanken machen müssen. Die Konkurrenzsituation macht es vielmehr notwendig, die Zusage einer kurzen Lieferzeit als

C 2.1

zusätzliches Verkaufsargument dem Kunden anzubieten. Damit kommt der Absatzplanung die wichtige Funktion zu, die Verkaufsrealität durch die vorauslaufende Planung möglichst genau zu simulieren. Je besser das Verkaufsmanagement Plan- und Ist-Entwicklung in Übereinstimmung bringt, um so besser können die Kundenwünsche ohne „Fremdgeh"-Effekte mit eigenen Verkäufen abgedeckt und um so kostenärmer können die Bereiche Fertigung und Materialwirtschaft gesteuert werden. Diesen Auswirkungen der Absatzplanung wird in der betrieblichen Praxis noch viel zu wenig Aufmerksamkeit geschenkt, und vor allem werden kaum Versuche unternommen, Planabweichungen und ihre negativen Folgen systematisch nach dem Verursacherprinzip zu quantifizieren. Hätte man hier bessere Zahlen verfügbar, so würde auch der politische Druck des Topmanagements auf den Verantwortlichen im Verkauf größer, Planung nicht als eine lästige Nebengeschichte neben der eigentlichen Verkäufertätigkeit zu betrachten, sondern Absatzplanung mehr als „Gewinnsteuerung" zu interpretieren und sich mit entsprechenden komfortablen und wissenschaftlichen Prognoseinstrumenten zu versorgen. Diese Forderung ist für alle Planungsformen gegeben, egal ob es sich um „Topdown"- oder „Bottom-up"-Prognosen handelt.

Es sollte heute für moderne Unternehmen selbstverständlich sein, daß in den Planungssitzungen des Vertriebs auf der Basis folgender Umweltsituationen, wie z. B.:

1. allgemeine Geschäftssituation und Zustand der Wirtschaft in den betroffenen Märkten inkl. Prognosen über die zu erwartende Währungsentwicklung,

2. Wettbewerbsaktionen und -reaktionen,

3. Gesetzgebungsaktivitäten der Regierungen,

4. Trends einzelner Märkte bzgl.

    o Lebenskurve von Produkten
    o Geschmack und Mode
    o wechselndes Kaufverhalten,

5. Stand und Entwicklung der Distributionskanäle (Bestände-Pipeline),

6. Technologische Innovationen usw.,

detaillierte Analysen erstellt werden, um die extrapolierten Prognosen aus Vergangenheitswerten mit besseren Erwartungswerten für die zukünftige Umsatzentwicklung zu überlagern.

Je geringer die Abweichungen zwischen Absatzplanung und späterer Fakturierung sind, um so besser kann die Materialwirtschaft und Fertigung ihre Aufgabe im Unternehmen erfüllen.

Für den Unternehmer gilt die These (siehe auch Abb. 90):
Je größer die Abweichung zwischen Planung und tatsächlichem Verkauf, um so kleiner ist der Gewinn (und umgekehrt)!!

ENTWICKLUNG LAGERBESTÄNDE UND GEWINN

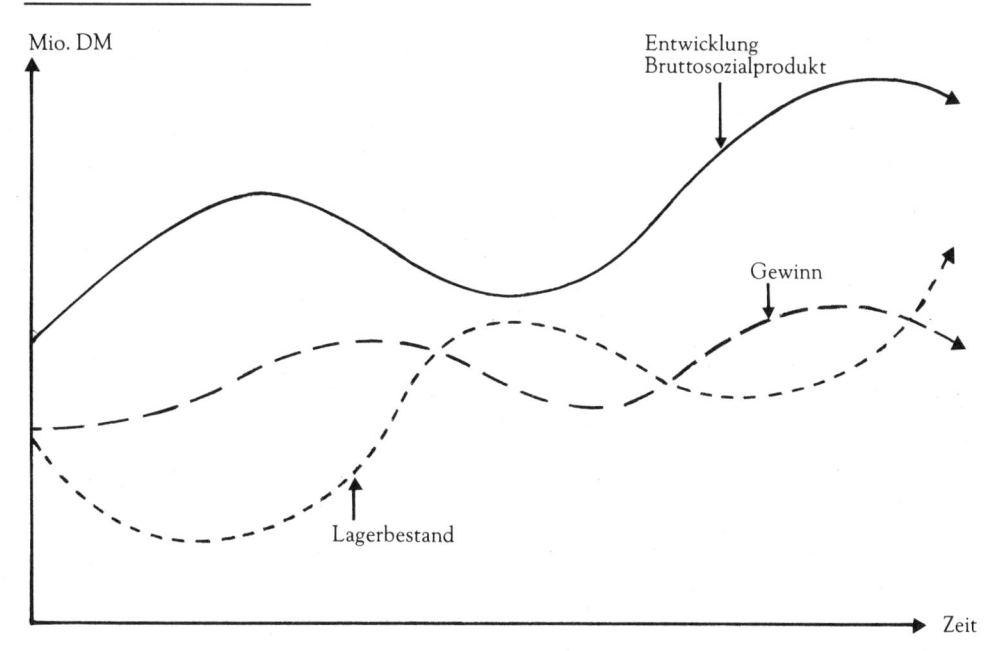

Abb. 90

Bei einer Abweichung von >20% befinden sich fast alle Unternehmen in der Verlustzone, auch wenn sie sich im Rahmen einer rollierenden Planung durch eine schnelle Anpassungsreaktion auszeichnen. Die nicht kurzfristig abbaubaren Sachinvestitionen mit ihren Abschreibungskosten und der aufgrund der falschen Inputplanung nicht vermeidbare Lageraufbau mit den entsprechenden zusätzlichen Lagerkosten belasten die Kostenrechnung in der Regel so stark, daß kaum mehr ein positives Ergebnis zu erreichen ist. In Deutschland kommt durch die BetrVG-geschädigte Personalanpassungselastizität hinzu, daß auch die Personalkosten sich eher planfix verhalten und bei

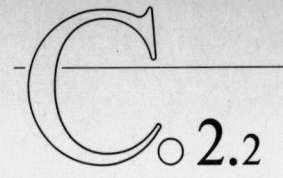

Planabweichungen eine entsprechende Personalkostenremanenz mitzufinanzieren ist.

MERKE: Der Absatzplanung kommt in jedem Unternehmen eine Schlüsselfunktion zu! Das Topmanagement ist gut beraten, wenn es den Ergebnissen dieser Planungsarbeiten eine besondere Aufmerksamkeit widmet, statt seine wertvolle Zeit in Feuerwehraktionen zur Bekämpfung der Planungsfehler zu investieren.

C.2.2
KRITIK AN DEN KONVENTIONELLEN ABSATZPLANUNGSVERFAHREN

Die Absatzplanungsverfahren haben sich in den vergangenen zwei Jahrzehnten stark an Wachstumsraten orientiert und reagieren zu langsam auf negative Einbrüche bzw. deren Anzeichen. Weit verbreitet waren statische Planungen mit einfachen Prozentzuschlägen entsprechend den Wachstumsraten, die für den Markt geschätzt wurden. Bei der Unsicherheit über Schrumpfung, Sättigung oder Erholung des Marktes ist diese Methode fragwürdig geworden. In Zeiten des Nachfrageüberhangs wurde die Absatzplanung in manchen Fällen auch einfach durch die Produktionskapazität bestimmt. Damit kann man bis auf weiteres nicht mehr rechnen.

Neben mehr intuitiven Absatzschätzungen finden vor allem die Methoden der Trendrechnung und der exponentiellen Glättung für die Prognose des Absatzes und der Primärbedarfsplanung Verwendung. Die Trendrechnung mit linearer oder exponentieller Extrapolation liefert bei Trendumkehr falsche Ergebnisse. Dies zeigt sich auch bei ihrer Anwendung im makroökonomischen Bereich. Die exponentielle Glättung für die Kurzzeitprognose wird in den meisten Materialbewirtschaftungssystemen angewendet. Je nach ihrem Glättungsfaktor reagiert sie zu langsam auf die Marktveränderungen und läßt keine weiterreichenden Schlüsse zu. Zumindest die Alpha-Faktoren müßten vielerorts einer Revision unterzogen werden, um eine bessere Anpassungsfähigkeit zu erhalten.

Die intuitive Schätzung aufgrund von Zahlen, graphischen Darstellungen usw. ist nur bei kleinen Datenmengen mit vertretbarem Aufwand möglich.

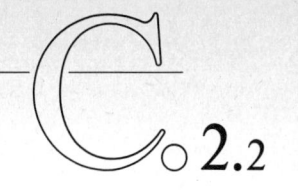

Vorteile: Einfach, relativ schnell, sehr flexibel.
Nachteile: Sehr unsicher, unzuverlässig, stark subjektiv geprägt.

Die häufigsten in der Praxis anzutreffenden Methoden des Exponential Smooting und der Regressions-/Trendrechnung sowie davon abgeleitete Anwendungen sind stark simplifizierte Systemkonzeptionen und daher sehr einfach handzuhaben.

Vorteil: Umkomplizierte maschinelle Verarbeitung möglich.
Nachteile: Die Einfachheit geht auf Kosten von

1. Planungssicherheit der Prognose;

2. Qualität der Prognose,
    o unzulängliche oder unmögliche Prognose, wenn nur wenig Datenmaterial verfügbar ist;
    o begrenzte mittel- und langfristige Aussagefähigkeit, insbesondere in der Anlaufphase von Produkten;
    o Trägheit in der Reaktion auf äußere Störeinflüsse;
    o schlechte Auswertung von Erfahrungen, da keine Vergleichsanalysen möglich sind (Berechnung nur aufgrund von Vergangenheitswerten des betrachteten Objektes);

3. Starrheit des Systems, d.h.,
    o Prognoseerstellung aufgrund eines fixen mathematischen Rechenvorgangs (Formel), der grundsätzlich nur eine mögliche Absatzcharakteristik folgerichtig verwertet;
    o Unvermögen, systemintern grundsätzliche Veränderungen der Entwicklung zu erkennen und richtig zu interpretieren. Daher hoher manueller Überwachungsaufwand erforderlich.

Für eine bessere Primärbedarfsplanung sind derartige vorhandene Verfahren mit einigem Aufwand zu überprüfen, anzupassen und mit anderen Methoden zu ergänzen, bevor man die Prognoseergebnisse in einen Absatzplan verwandelt. Es ist auch möglich, höherwertige, komplexe Verfahren, die nicht nur Selbstanpassungen, sondern ein echtes, selbstlernendes System darstellen, einzusetzen.

Solche selbstlernenden Systeme werden durch folgende Möglichkeiten und Vorteile charakterisiert:

1. Vornahme von ganzheitlichen Prognosen für ein Objekt über beliebige Zeiträume (Werteverlauf über die Zeitachse).

C 2.2

2. Hohe Flexibilität bezüglich Verarbeitung von Störgrößen und falschen Eingabewerten.

3. Wirkungsvolle Kontrolle mit unmittelbarem Erkennen von Abweichungen für Steuerungs- und Warnfunktionen. Zunehmende Güte der Prognosen bzw. der Systemgrundlagen mit fortschreitender Anwendung im langfristigen Selbstlernprozeß.

4. Geringer und einfach formulierbarer Input bei der laufenden Verarbeitung, wobei automatisch die Absatzzahlen für die Verkaufsstatistik in detaillierter Form zur Verfügung stehen müssen.

5. Minimum an Überwachungsaufwand.

6. Maximum an Eingriffsspielraum bei voraussehbaren Einflußfaktoren (intuitive Prognose) unter Gewährleistung der Systemtreue und -kontinuität.

7. Rasche, praxisnahe Anpassung durch kurzfristigen Lernprozeß und damit einfache, praktische Auswertbarkeit.

Welche Nutzen sind den unterschiedlichen Vorgehensweisen gegenüberzustellen? Zunächst muß man sich verdeutlichen, daß der Nutzen nicht aus der größeren Ergebnisgenauigkeit von Prognosen an sich resultiert, sondern aus den wirtschaftlichen Folgen ihrer Anwendung. Geringere Prognosefehler, eine statistische Kenngröße für die Beurteilung von Prognoseverfahren, sind deshalb nur Mittel zum Zweck verbesserter, zielbezogener Unternehmensdispositionen. Häufig sind solche und andere statistische Maße, wie etwa die Anzahl richtig getroffener Umkehrpunkte in der Bewegungsrichtung von Zeitreihen, die einzigen schnell greifbaren, objektiven, aber nur vergangenheitsbezogenen Qualitätsmaße von Prognosen.

Die sorgfältige Analyse der Prognosefehler ist der bedeutendste Schlüssel für die Beurteilung von Prognoseverfahren und ihre laufende Verbesserung. In der Praxis wird dieser Möglichkeit weit weniger Aufmerksamkeit geschenkt, als ihrem Potential angemessen wäre. Es muß mehr getan werden, als resignierend die abermalige Diskrepanz zwischen Prognose und Realität festzustellen. Zunächst wird man die Validität oder Gültigkeit eines Prognosemodells untersuchen, indem man es aus einem Teil der Vergangenheitsbeobachtungen heraus entwickelt und dann auf die restlichen Beobachtungen anwendet. Man nennt dies eine Ex-post-Prognose.

Die dabei und bei den laufenden Anwendungen auftretenden Fehler interessieren in mehrfacher Hinsicht. Ist ihre Höhe tolerierbar, oder erlaubt sie keine ausreichende Differenzierung der Pläne und Handhabungen? Ändert sich ihre Höhe abrupt oder kontinuierlich und weist so auf Bruchstellen in der zeitlichen Kontinuität der Erklärungen hin? Ist der Mittelwert der Fehler merklich von Null verschieden und zeigt so einen systematischen Erklärungsfehler an, der laufend zu Über- und Unterschätzungen führt? Gibt es ein regelmäßiges Verlaufsmuster der Fehler, oder beeinflussen sich Fehler bei Schätzungen mit mehreren Prognosegleichungen gegenseitig?

Diese Bemerkungen und Fragen demonstrieren die Bedeutung einer Analyse der Prognosefehler und damit die Notwendigkeit ihrer kontinuierlichen Erfassung. Je weniger aber Prognosen aufgrund quantitativer bzw. der oben geschilderten Bedingungen gestalteter Verfahren abgegeben werden, desto seltener trifft man auch Fehlererfassungen und -analysen an.

C.2.3
COMPUTERUNTERSTÜTZTES ABSATZPLANUNGSSYSTEM

Der Absatzplanung wurde von dem hier beispielhaft angeführten Unternehmen schon immer eine besondere Bedeutung beigemessen, weil man erkannt hat, daß die Produktionsplanungs- und -steuerungssysteme nur dann gute Werte liefern können, wenn der Input in Form von Primärbedarfen mit der Marktrealität möglichst genau übereinstimmt. Die aufwendige Optimierung innerhalb der Materialdispositions- und Fertigungssteuerungsprogramme ist eine kostenaufwendige Spielerei, wenn man aufgrund unsolid und oberflächlich errechneter Produktbedarfe „am Markt vorbei" und damit auf Lager produziert. Vor allem in einem absatzorientierten Betrieb, bei dem innerhalb der Absatzplanung ein breites Sortiment prognostiziert werden muß, bot sich der Einstaz des Computers direkt an.

Erfahrungswerte aus der Praxis besagen, daß mit Hilfe der maschinellen Absatzplanung gegenüber der manuellen Planung ohne weiteres eine Halbierung des Zeitaufwands für Planungstätigkeiten nebst einer wesentlichen Steigerung der Genauigkeit erreicht werden kann.

C 2.3.1

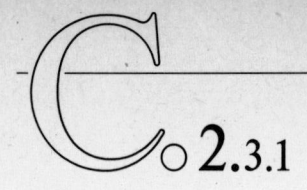

Bei unserer weiteren Betrachtung soll nun der Weg zu dem eigenentwickelten, computerunterstützten Absatzplanungssystem aufgezeigt und dabei beschrieben werden:

1. welche Voraussetzungen für den EDV-Einsatz innerhalb der Absatzplanung gegeben sein müssen;

2. wie man die Prognosesituation eines Artikelsortiments mit dem Computer transparent machen kann;

3. welche Kriterien man bei der Modellentwicklung berücksichtigen soll.

C.2.3.1
VORAUSSETZUNG FÜR EINE COMPUTERUNTERSTÜTZTE ABSATZPLANUNG

Eine computerunterstützte Absatzplanung wird im Grunde erst sinnvoll, wenn man die Absatzwerte oder Lagerverbräuche der Vergangenheit aufgrund einer maschinellen Fakturierung oder Bestandsrechnung auf einer separaten Datei sicherstellen und laufend aktualisieren kann. Diese Vergangenheitsdaten bilden den Input für Prognoseverfahren, die durch Extrapolation entsprechende Prognosewerte generieren. Kausalanalysen kommen nur für wenige Unternehmen in Frage, weil man die dazu benötigten abhängigen und quantifizierbaren Größen nur schwierig und mit großem Aufwand ermitteln kann. In den meisten Fällen ist die Umsatz- oder Verbrauchsentwicklung eine Resultante aus verschiedenen Größen, die diversen Zufallseinflüssen unterliegen können und schlecht quantifizierbar sind.

C.2.3.2
TRANSPARENZ ÜBER DIE PROGNOSESITUATION

Bei vorhandenen Vergangenheitszahlen kann man sich mit einem einfachen Auswertungsprogramm einen Überblick über das Verhalten der Zeitreihen innerhalb des Sortiments verschaffen (siehe Abb. 91). In diesem Beispiel wird die Verkaufsgeschichte von drei Artikeln in den letzten 5 Jahren dargestellt.

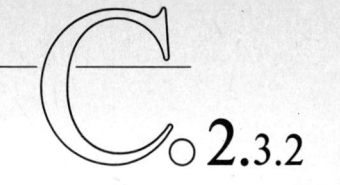

LISTE VERGANGENHEITSWERTE

Abb. 91

C 2.3.2

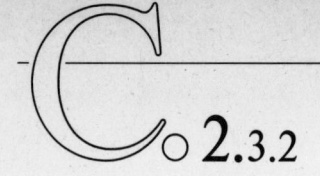

Zur weiteren Analyse des Artikels werden noch folgende Zusatzinformationen angedruckt:

Spalte	Inhalt
Jahr	Kumulierte Absatzmenge pro Jahr
Abw. VJ in %	Abweichung des kumulierten Absatzes des laufenden Jahres im Vergleich zum Vorjahr
Absol. Diff.	Die absolute Differenz zwischen der niedrigsten und höchsten Monatsabsatzmenge des Jahres
Anz. Bew.	Gesamtanzahl der Fakturierungen oder Lagerentnahmen, die zu dem jeweiligen Jahresabsatz geführt haben.

Statt in einer Tabelle kann der Computer die einzelnen Absatzwerte auch in einer Graphik andrucken, die auf den ersten Blick einen Eindruck über die Absatzschwankungen und damit die Prognosemöglichkeit eines Artikels erlaubt (siehe Abb. 92).

VERKAUFSMENGEN ÜBER 4 JAHRE

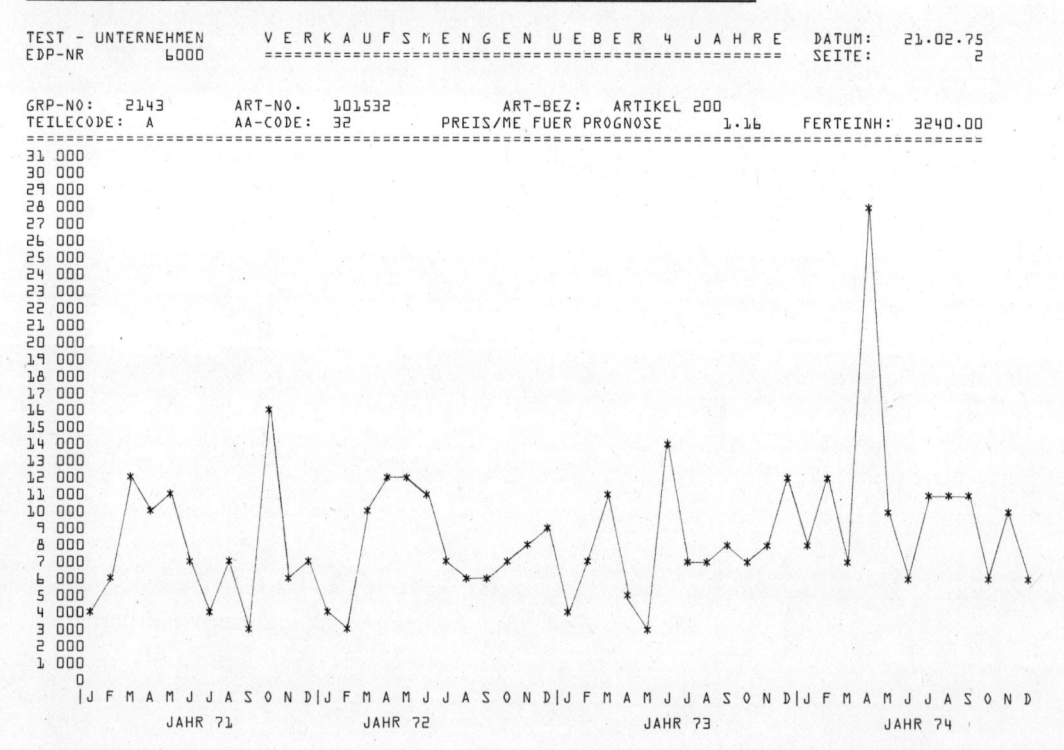

```
TEST - UNTERNEHMEN      V E R K A U F S M E N G E N   U E B E R   4   J A H R E      DATUM:    21.02.75
EDP-NR         6000     ==================================================           SEITE:          2

GRP-NO:   2143      ART-NO.   101532            ART-BEZ:   ARTIKEL 200
TEILECODE:   A      AA-CODE:  32       PREIS/ME FUER PROGNOSE      1.16    FERTEINH:  3240.00
==============================================================================================
31 000
30 000
29 000
28 000                                                                          *
27 000
26 000
25 000
24 000
23 000
22 000
21 000
20 000
19 000
18 000
17 000
16 000
15 000             *
14 000
13 000
12 000        * *           * *           *           *        *
11 000       * * *         *   *         * *       * *        * *
10 000      *     *        *    *       *   *     *   *      *    *       * **
 9 000     *       *      *      *     *     *   *     *    *      *     *    *
 8 000    *         *    *        *   *       * *       *  *        *   *      *
 7 000   *           *  *          * *         *         **          * *        *
 6 000  *             **            *                                            *
 5 000                 *
 4 000 *               *
 3 000                  *                                         *
 2 000
 1 000
    0
      |J F M A M J J A S O N D|J F M A M J J A S O N D|J F M A M J J A S O N D|J F M A M J J A S O N D
          JAHR 71                  JAHR 72                  JAHR 73                  JAHR 74
```

Abb. 92

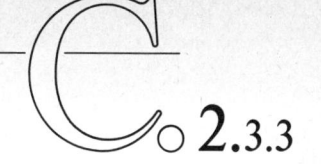

C.2.3.3
KRITERIEN FÜR DIE MODELLENTWICKLUNG

Nachdem die Eigenheiten der Absatzreihen ausreichend studiert wurden (z.B. Prüfung auf Trend- und saisonale Einflüsse), mußte nun begonnen werden, sinnvolle Modelle auszuwählen oder neu zu entwickeln, die den Anforderungen einer möglichst guten und statistisch abgesicherten Prognose für das ganze Sortiment entsprechen. Die Wahl der Prognoseverfahren sollte prinzipiell so erfolgen, daß die Kosten der Prognose (manueller und maschineller Aufwand) und die aus der mangelnden Genauigkeit resultierenden Kosten ein Minimum ergeben (vgl. Abb. 93). Diese Betrachtung ist zwar theoretisch reizvoll, aufgrund der schwierigen Quantifizierung der Kosten der Prognoseungenauigkeit aber für den Praktiker nicht konkret anwendbar.

OPTIMIERUNGSPROBLEM BEI ALTERNATIVEN PROGNOSERECHNUNGEN

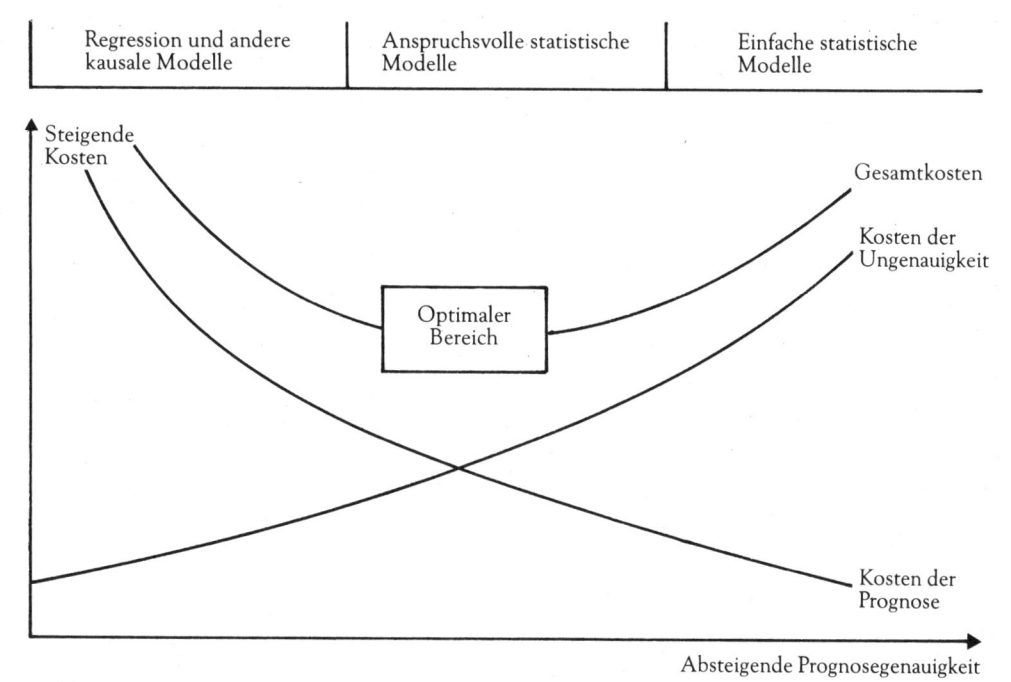

Regression und andere kausale Modelle	Anspruchsvolle statistische Modelle	Einfache statistische Modelle

Abb. 93

Für die Prognose von Zahlenreihen, wie sie in einem Industriebetrieb allgemein vorkommen, ist es nicht immer zweckmäßig, mathematisch hochentwickelte Prognoseverfahren einzusetzen. Liegen zum Beispiel Umsatzreihen mit starken Zufallseinflüssen vor, so liefern einfache Verfahren wie gleitende Durchschnittsbildung oder exponentielle Glättung oft bessere Werte als Verfahren, die aus den Zufallseinflüssen Trend- oder Saisonkriterien erkennen und diese an die Zukunft weitergeben.

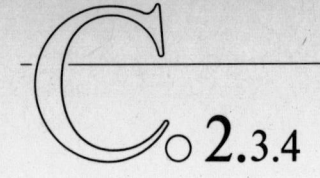

Nach ausreichenden Analysen der betriebsspezifischen Absatzverläufe wurde für das Unternehmen schließlich ein umfangreiches Absatzplanungssystem mit alternativen Prognoseverfahren entwickelt, welches

1. dem Verkauf eine möglichst gute Artikelumsatztransparenz liefert,

2. rechenzeitsparende Prognoseverfahren beinhaltet,

3. sich aufgrund der jeweiligen Absatzentwicklung das richtige Prognoseverfahren automatisch wählt,

4. eine artikelspezifische Veränderung der Prognose zuläßt,

5. auf Wunsch den prognostizierten bzw. korrigierten Absatzplan auf einem maschinellen Speicher als Basis für spätere SOLL/IST-Vergleiche sicherstellt,

6. auf der Basis des erstellten Absatzplanes prozentuale Simulationen (entsprechend den Angaben in einer Parameterkarte) durchführt und die Ergebnisse ebenfalls maschinell speichern kann, und

7. über Parametersteuerung die Handhabung der Prognoseverfahren regeln kann.

C.2.3.4 PROGNOSEVERWALTUNGSPROGRAMM

Das Prognoseverwaltungsprogramm hat die Aufgabe, am Ende einer Periode (z.B. Monat) pro Artikel alle realisierten Absätze aus der monatlichen Bewegungsstatistik der Verkaufsartikelbestandsrechnung (unter Fortschreibung eines Bewegungszählers) als Vergangenheitswert in die Prognosedatei zu integrieren. Außerdem müssen noch gewisse Verwaltungsfunktionen erfüllt werden, die z.B. dafür sorgen, daß

1. nicht mehr benötigte Artikel in der Prognosedatei gelöscht werden und

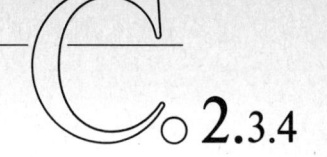

2. neue Artikel in der Prognosedatei eröffnet und mit den notwendigen Informationen aus der Artikelstammdatei versehen werden (z.B. Artikelkenndaten, Verkaufsgruppenzugehörigkeit, Preis usw.).

ABSATZPLANUNGS-SYSTEM

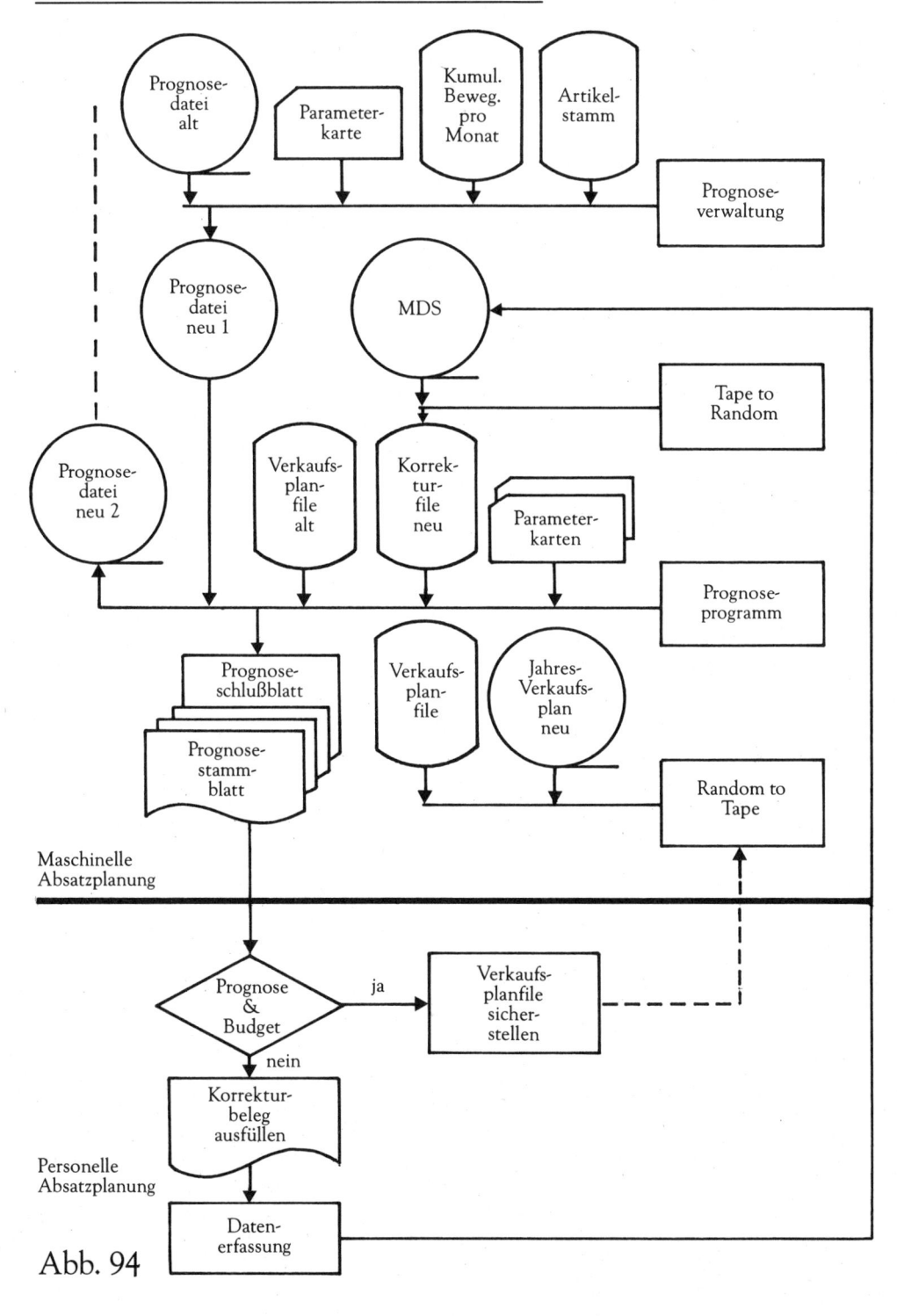

Abb. 94

Der Datenflußplan für das Prognoseverwaltungsprogramm ist aus der Abb. 94 ersichtlich.

Die Angaben der Parameterkarte geben z.B. an,

1. welche Periode integriert werden soll und

2. ob und wie bestimmte Daten aus dem Artikelstamm in die Prognosedatei übernommen werden sollen.

Damit die Prognosedatei nicht überlaufen kann, wird man in der Regel nur eine gewisse Anzahl von Jahren in der Vergangenheit führen, so daß beim Hinzukommen eines neuen Jahres das älteste Jahr mit Hilfe des Verwaltungsprogramms gelöscht wird.

C.2.3.5
PROGNOSEPROGRAMM

Das Prognoseprogramm ist in drei Abschnitte geteilt:

1. Vorlaufteil,

2. Bearbeitungsteil,

3. Ausgabe- und Abschlußteil.

Im Vorlaufteil erfolgt das Eröffnen der Dateien, das Einlesen der Parameterkarte, deren Prüfung und, soweit nötig, das Sichern der Daten. Für die Auswahl der zu bearbeitenden Prognosedateisätze stehen in der 2. Parameterkarte folgende Auswahlkriterien zu Verfügung:

1. Wahl der Artikelsortiments aufgrund spezifischer Codes,

2. Wahl des Artikelsortiments aufgrund von A-, B-, C-Gesichtspunkten (ABC-Analyse),

3. Wahl des Artikelsortiments nach Benutzergruppen u.a.m.

Mit diesen Angaben hat man die Möglichkeit, beliebige Untermengen des Artikelsortiments aus der gesamten Prognosedatei herauszugreifen und zu prognostizieren.

C.2.3.5.1

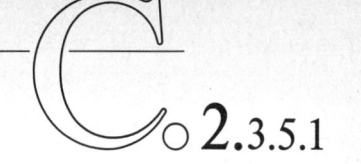

Im Bearbeitungsteil werden die in der ersten Parameterkarte angegebenen Auswertungen durchgeführt. Dabei unterscheiden wir grundsätzlich zwischen einem normalen Prognoselauf und einem Korrekturlauf. Während beim Korrekturlauf die bereits errechneten Prognosewerte lediglich aufgrund der Benutzerangaben im Korrekturfile verändert werden (mengenmäßiger oder prozentualer Korrekturwunsch pro Artikel), wird beim Prognoselauf aufgrund der alternativen Prognoseverfahren eine neue Prognose errechnet und im Ausgabeteil in die neue Prognosedatei bzw. in das Prognosestammblatt eingetragen.

C.2.3.5.1 BESCHREIBUNG DER PROGNOSEVERFAHREN

Wie aus der Abbildung 95 zu ersehen ist, geht die Konzeption des Programmsystems davon aus, daß zuerst eine Entscheidungsroutine durchlaufen wird, bevor die Weiche gestellt wird, welches Unterprogramm und somit Prognoseverfahren Anwendung finden soll.

Die einfachste Version wäre die gewesen, wenn der Planer aufgrund der ihm bekanntgegebenen Vergangenheitswerte selbst das Prognoseverfahren pro Artikel vorbestimmt und ein entsprechendes Merkmal (Prognosecode) im Teilestamm gespeichert hätte. Diese Vorgehensweise wäre aber sehr arbeitsintensiv und würde sicher auch keine optimalen Ergebnisse bringen, da sich die Absatzcharakteristik der Artikel ja laufend ändert und die Anpassung des Prognosecodes kaum so aktuell erfolgen kann.

Um diese Nachteile zu vermeiden, wurde nach einem Merkmal gesucht, was von der Maschine aufgrund des neuesten Standes der Absatzreihe errechnet und dann zur Wahl eines Prognoseverfahrens benutzt werden konnte. Dieses Merkmal ist die prozentuale Absatzabweichung, die errechnet wird, indem man eine bestimmte Anzahl (Wert der Parameterkarte) zurückliegender Monatsabsatzmengen ins Verhältnis zu den entsprechenden Monatsmengen des Vorjahres setzt. Aus diesem Wert läßt sich dann der kurzfristige Entwicklungstrend und die Größe der Abweichung ablesen.

$$\text{Prozentuale Abweichung (PA)} = \frac{\sum_{i=1}^{n}(X_i)_B - \sum_{i=1}^{n}(X_i)_{B-1}}{\sum_{i=1}^{n}(Y_i)_{B-1}} \times 100\ (\%)$$

Legende:
X_i = Absatzmenge pro Monat
Y_i = Absatzmenge pro Monat des Vorjahres
n = Anzahl Monate für die Kumulierung
B = Zugrundegelegter Basiszeitraum
$B-1$ = Zugrundegelegter Basiszeitraum des Vorjahres, d.h. gleiche Monate

Abb. 94

C° 2.3.5.1

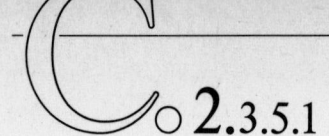

PROGNOSEPROGRAMM – ABLAUFPLAN

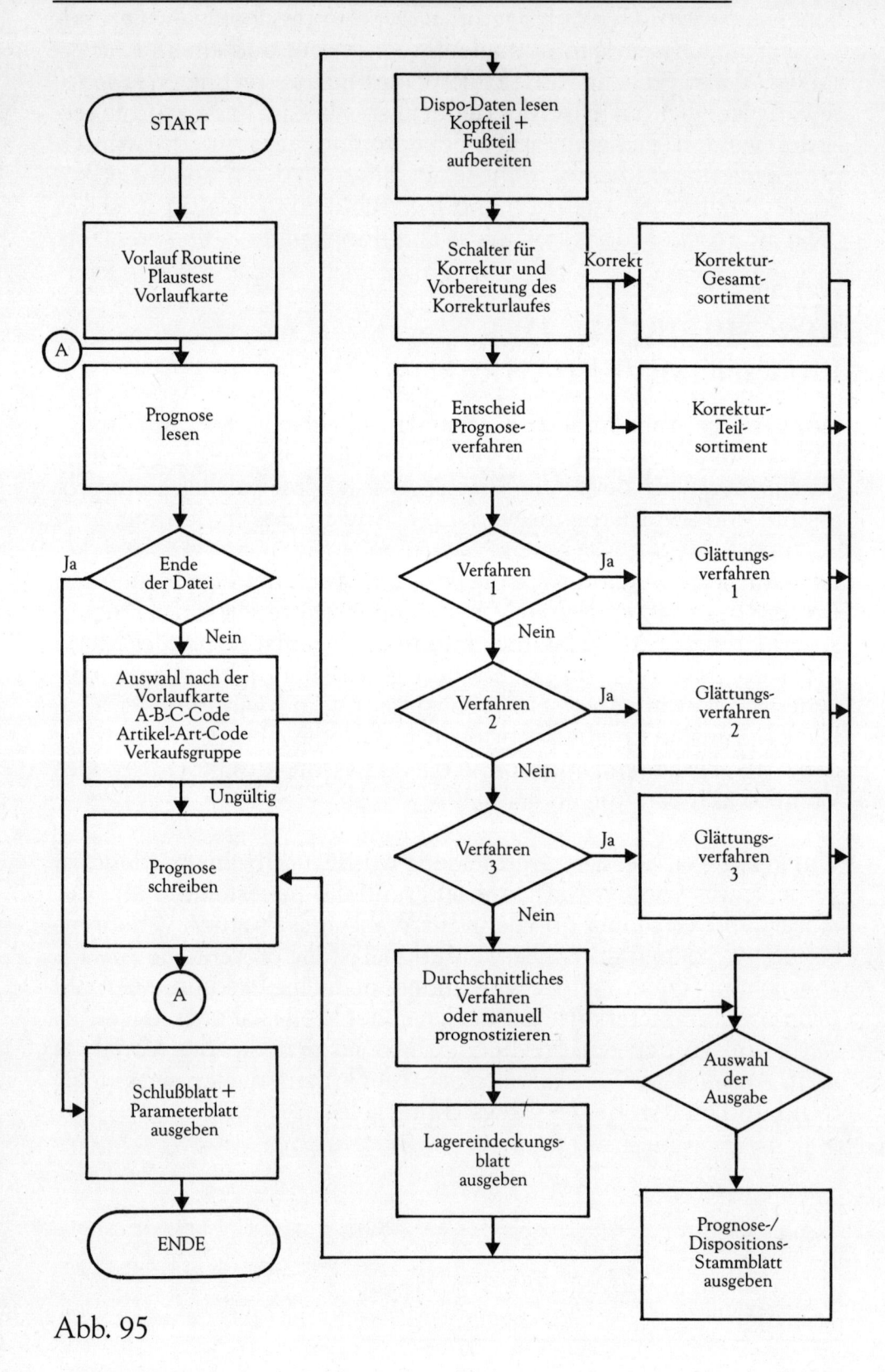

Abb. 95

In der Entscheidungsroutine des Prognoseprogramms wird die errechnete prozentuale Abweichung mit den in der Parameterkarte festgelegten Grenzwerten verglichen, so daß anschließend in die vier angegebenen Prognoseverfahren (prozentuales Glättungsverfahren 1 bis 3 und ein Verfahren mit Durchschnittsbildung) bzw. in die Ablehnungsroutine einer maschinellen Prognose (manuelles Verfahren) verzweigt werden kann. Auf die Beschreibung des Verfahrens mit Durchschnittsbildung wollen wir hier zugunsten einer umfassenderen Darstellung des prozentualen Glättungsverfahrens verzichten, welches doch interessantere Auswertungsaspekte anbietet.

Die Prognose mit Hilfe des prozentualen Glättungsverfahrens geht, zumindest für die nahe Zukunft, von der Annahme aus, daß sich der mit einer prozentualen Abweichung (PA) errechnete Trendwert im Vergleich zum Vorjahr in den nächsten Monaten in der gleichen Abweichung fortsetzen wird.

C.2.3.5.1.1
KURZFRISTIGE PROGNOSE

Zur Berechnung der Prognosemenge für die kommenden Monate benutzt man deshalb die Absatzmenge der den Prognosemonaten entsprechenden Vorjahresmonate als Basis und verändert diese gemäß der Größe der prozentualen Abweichung (PA):

>   Prognosemenge für Monat September 1977 =
>   Ist-Menge September 1976 x PA x 100

>   Beispiel:
>   Termin des Prognoselaufs: Ende August 1977
>   Prozentuale Abweichung (PA):   + 18 %
>   Absatzmenge September 1976:   1000 m
>   Prognosemenge September 1977:   1180 m

Die Absatzmengen der Basismonate werden vor der Berücksichtigung von PA auf extreme Schwankungen im Vergleich zur durchschnittlichen Absatzmenge geprüft. Handelt es sich bei diesen Werten um Ausreißer [1]), so wird PA nur auf der Basis der zulässigen Vertrauensgrenze berücksichtigt (vgl. dazu Punkt 2.3.5.2).

Da sich bei dem prozentualen Glättungsverfahren 1 die prozentuale Abweichung in vernünftigen Grenzen bewegt (z.B. zwischen + oder −20 %), wird dieser Prozentsatz für eine in der Parameterkarte

---

1) Darunter versteht man ungewöhnlich hohe oder tiefe Absatzmengen im Vergleich zum durchschnittlichen Monatsumsatz.

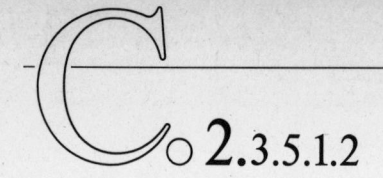

bestimmte Anzahl von Perioden, unabhängig vom Jahreswechsel, für die kurzfristige Prognoseberechnung benutzt. Für die prozentualen Glättungsverfahren 2 und 3 kann man in der Parameterkarte andere Grenzwerte und gleichzeitig eine kleinere Monatsanzahl für die Weitergabe von PA festlegen, um das Prognoserisiko nach vorne gezielt zu beschränken.

C.2.3.5.1.2
MITTELFRISTIGE PROGNOSE

Die Prognose für die weiteren Monate unterliegt einer abgeänderten Prognosephilosophie. Während man nämlich für das laufende Jahr nur die nächste Vergangenheit betrachtet und daraus Schlüsse für die nächste Zukunft zieht, untersucht man für die Prognose der weiteren Zukunft die Entwicklung in der weiteren Vergangenheit. Hierdurch soll vor allem ein Glättungseffekt erreicht werden, der die evtl. konjunkturelle Sonderentwicklung eines Jahres überlagert und damit für die Absatzplanung des nächsten Jahres realistischere Werte liefert. Zur Durchführung dieser mittelfristigen Prognose sind folgende Rechenschritte notwendig:

1. Von allen gespeicherten Vergangenheitsjahren (im Standard werden z.B. 6 Jahre betrachtet) wird die prozentuale Abweichung der jeweiligen Jahresabsatzmenge im Vergleich zur Vorjahresmenge errechnet.

$$X_i = \frac{JUM_i - JUM_{i-1}}{JUM_{i-1}} \times 100 \; (\%)$$

X_i = Prozentuale Abweichung des Jahresabsatzes im Vergleich zum Vorjahresabsatz
JUM = Jahresabsatzmenge
i = betrachtetes Jahr

2. Die mittelfristige Prognose baut nun auf dieser Zeitreihe der prozentualen Abweichungen der Vergangenheit auf und glättet die Prozentsätze mit Hilfe des gewichteten gleitenden Durchschnittsverfahrens:

Mittelfristige prozentuale Abweichung (MPA):

$$MPA = \frac{a \times X_{n-5}\% + b \times X_{n-4}\% + c \times X_{n-3}\% + d \times X_{n-2}\% + e \times X_{n-1}\% + f \times X_n\%}{\text{Summe der errechneten prozentualen Abweichungen unter Einbezug der jeweiligen Gewichtung}}$$

Legende: a – f = Gewichtungsfaktoren, die über die Parameterkarte vorgegeben werden.
$X_{n-5}\% \cdots X_n\%$ = Prozentuale Abweichungen der letzten Jahre
n = laufendes Jahr

2.3.5.1.2

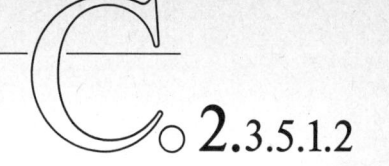

Da die prozentualen Abweichungen der Absatzmengen im Vergleich zum Vorjahr sehr hoch (+ oder −) sein können, was z.B. bei neuen Artikeln mit plötzlichen Mode- oder Technologietrends bzw. plötzlicher technischer Veralterung der Fall sein kann, werden die prozentualen Abweichungen mit einer zulässigen Toleranzgrenze (durch Parameterkarte steuerbar) abgeprüft. Überschreitet die mittelfristige prozentuale Abweichung diese Plus- oder Minuslimite, so wird lediglich die Limite als Ergebnis der Formel akzeptiert und zur Berechnung der mittelfristigen Prognose verwendet.

GRAPHISCHES BEISPIEL ZUR BERECHNUNG VON MPA

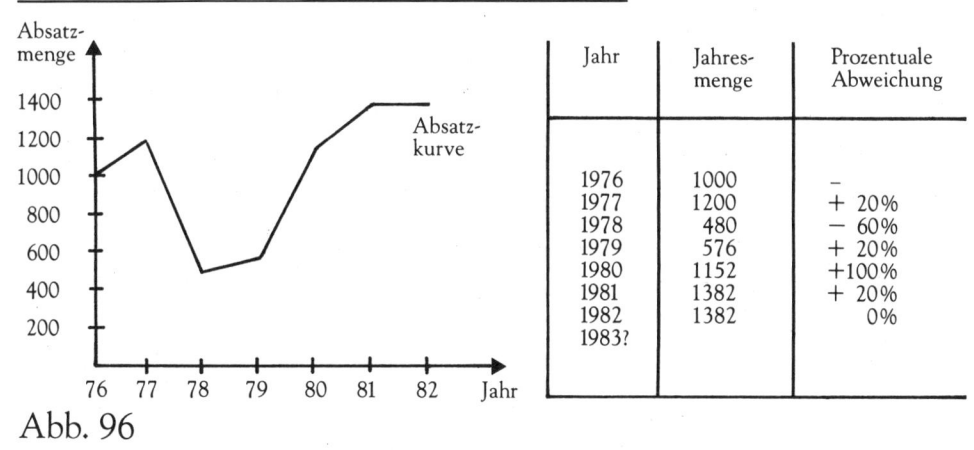

Jahr	Jahresmenge	Prozentuale Abweichung
1976	1000	−
1977	1200	+ 20%
1978	480	− 60%
1979	576	+ 20%
1980	1152	+100%
1981	1382	+ 20%
1982	1382	0%
1983?		

Abb. 96

Der Abweichungsfilter (vgl. Punkt 2.3.5.2) dient dazu, die evtl. zwischen den einzelnen Jahren stattfindenden Strukturbrüche nicht zu stark als Einflußgröße für die Zukunft zu gewichten, was aus dem Vergleich der folgenden Graphiken hervorgeht (siehe auch die nachfolgende Rechnung):

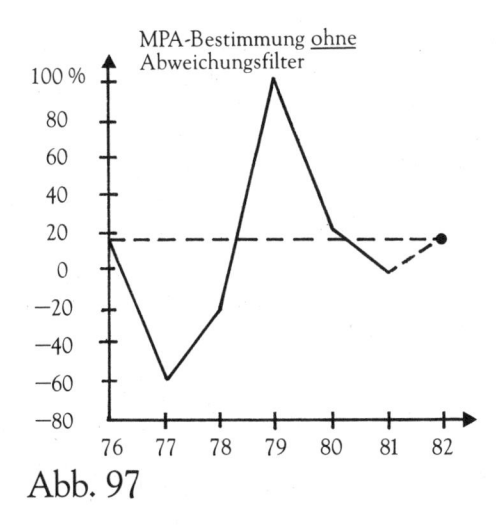

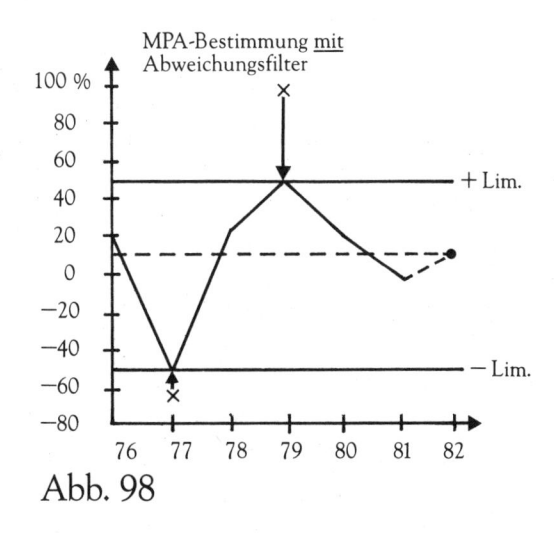

Abb. 97

Abb. 98

333

C 2.3.5.1.2

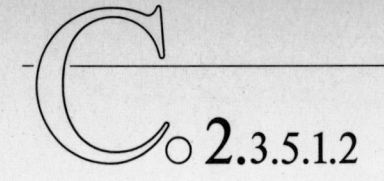

Berechnungsbeispiel <u>ohne</u> Abweichungsfilter:

$$MPA = \frac{1x20 + 1x-60 + 1x20 + 1x100 + 1x20 + 1x0}{6}$$

MPA = + 16,6 %

Berechnungsbeispiel <u>mit</u> Abweichungsfilter:

$$MPA = \frac{1x20 + 1x-50 + 1x20 + 1x50 + 1x20 + 1x0}{6}$$

MPA = + 10 %

Der Glättungseffekt besteht in der Reduktion des Einflusses von einmaligen Ausreißern (in unserem Fall − 60 % und + 100 %) innerhalb der Glättungsformel. In dem vorliegenden Beispiel sind die Gewichtungsfaktoren vernachlässigt und als 1 angenommen worden.

Zur generellen Steuerung der Prognose für das kommende Jahr lassen sich diese Gewichtungsfaktoren, die über die Parameterkarte frei wählbar sind, gezielt festlegen. Entscheidend sind dabei die Kenntnis über den allgemeinen Konjunkturtrend der vergangenen Jahre und die Schätzung des zukünftigen Konjunkturverlaufs innerhalb der Branche. So wird man z.B. in einer Rezessionsphase, die sich noch längere Zeit hinziehen wird, vor allem das letzte Jahr mit einer stärkeren Gewichtung versehen, indem bereits rückläufige Absätze registriert werden.

Mit der Verwendung von Gewichtungsfaktoren für die jährlichen Abweichungen wird dem Materialmanagement praktisch durch die Parameterwahl eine Eingriffsmöglichkeit in die automatische Trendberechnung für die Prognose des nächsten Jahres gewährt.

Nach der Berechnung dieses Trendprozentsatzes pro Artikel kann die maschinelle Berechnung der mittelfristigen Prognosewerte gestartet werden. Die Berechnung erfolgt dabei nach der Formel:

Prognosemenge = Basismenge x MPA x 100

Die Basismenge bildet die bereits realisierte, monatliche Ist-Menge des laufenden Jahres bis zum Rechenzeitpunkt, und anschließend werden die errechneten Monatsprognosemengen bis zum Jahresende als Basis für die Multiplikation mit MPA berücksichtigt (vgl. das folgende Beispiel).

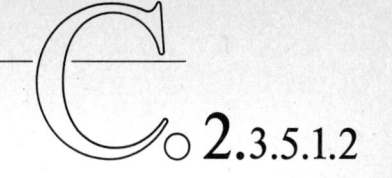

Beispiel: Rechenmonat: August 1977; MPA = −10%

	IST 1977	PROG 1977	PROG 1978
JAN	300		270
FEB	300		270
MAE	255		230
QU 1	855		770
APR	200		180
MAI	100		90
JUN	300		270
QU 2	600		540
JUL	100		90
AUG	100		90
SEP	0	150	135
QU 3	200		315
OKT	0	190	171
NOV	0	100	90
DEZ	0	250	225
QU 4	0		486
SUM/J	1655		2111
PA	− 32 %		
MPA			− 10 %

Legende: QU1 – QU4 Quartalszwischensummen
            SUM/J Jahresabsatzmenge, im laufenden Jahr kumuliert bis zum Zeitpunkt der Rechnung
            PA Prozentuale Abweichung im Vergleich zum Vorjahr
            MPA Mittelfristige prozentuale Abweichung

Da in der Absatzreihe des laufenden Jahres bzw. in der Prognose für das laufende Jahr wiederum Ausreißer vorhanden sein können, wird vor der Weitergabe der Basiswerte an die Prognoserechnung des nächsten Jahres wieder der Abweichungsfilter gemäß der Beschreibung unter Punkt 2.3.5.2 eingeschaltet.

Eine zusätzliche Sicherheit gegen plötzliche Prognoseausreißer innerhalb der mittelfristigen Prognose wird durch das System insofern gegeben, als der Wert für die mittelfristige prozentuale Abweichung (MPA) mit einem Grenzwert verglichen wird, der über die Parameterkarte (Limite zur prozentualen Glättung für das kommende Jahr) vorgegeben wird.

Wenn man im Rahmen der maschinellen Absatzplanung die prognostizierte Sonderentwicklung bei einzelnen Artikeln bewußt etwas dämpfen will, so kann man die genannte Limite beliebig tief setzen, was zur Folge hat, daß bei Überschreiten der Limite durch MPA nur der Limitenprozentsatz zur Prognoseberechnung verwendet wird.

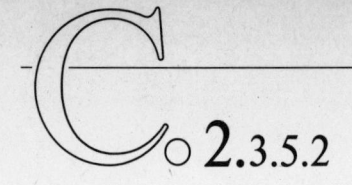

C.2.3.5.2
BERÜCKSICHTIGUNG VON EXTREMEN ABSATZSCHWANKUNGEN BEI DER PROGNOSERECHNUNG

Im Gegensatz zu den völlig automatisierten Prognoseverfahren, die Extremwerte bei der Speicherung von vergangenen Absätzen automatisch auf eine Vertrauensgrenze herabziehen ($\bar{x} + 4$ MAD) und in dieser Höhe abspeichern, werden bei den hier dargestellten Verfahren die Werte selbst nicht verändert, sondern nur die Prognoserechnung entsprechend korrigiert.

Hat man die prozentualen Abweichungen (PA und MPA) errechnet, mit denen man die Zukunft gewichten will, so kommt es sehr stark auf die Zahlen des vergangenen Jahres an, ob man den Prozentsatz überhaupt sinnvoll auf die Vorjahresbasis weitergeben kann. Trifft man in der Zahlenreihe des vergangenen Jahres z.B. auf eine 0, so ergibt sich aufgrund der Prognoserechnung für die prognostizierte Zahl ebenfalls 0. Da es aber in den meisten Fällen unwahrscheinlich ist, daß sich der 0-Umsatz im gleichen Monat des laufenden Jahres wiederholt, wird in diesem Fall eine Korrekturrechnung benutzt. Diese Korrekturrechnung prüft vor der Berücksichtigung des Abweichungsprozentsatzes den Vergangenheitswert bzgl. seiner Extremität im Vergleich zum durchschnittlichen Umsatz (DUS: Wert der Prognosedatei) gemäß den folgenden Abfragen ab (vgl. auch Abb. 99):

Wert der Zeitreihe: dann setze Wert
$< 0,5$ x DUS   → $= 0,5$ x DUS
$> 1,5$ x DUS   → $= 1,5$ x DUS
$> 0,5$ x DUS $+ < 1,5$ DUS → $=$ Wert der Zeitreihe

Der Faktor vor dem durchschnittlichen Umsatz ist durch die Parameterkarte bestimmbar und entscheidet darüber, inwieweit Absatzausreißer in der Zukunft berücksichtigt werden sollen. Die Korrektur der Basismengen hat nämlich zur Folge, daß die Prognose für das laufende Jahr selbst bei extremen Absatzschwankungen des Vorjahres dem gewählten Faktor entsprechende, gemäßigte Werte errechnet. Diese korrigierten Basismengen beinhalten dabei evtl. saisonale Einflüsse nur bis zur Höhe der definierten Vertrauensgrenze.

Den Faktor vor DUS müßte man sehr hoch wählen, wenn bestimmte Monate innerhalb der Jahre bei allen Artikeln immer sehr hohe Absätze aufweisen, d. h. ein regelmäßiger saisonaler Einfluß vorhanden ist. Im Durchschnitt der Fertigungsindustrie hat man es jedoch meistens mit Absatzreihen zu tun, die auf der Basis von Lebenskurven und des allgemeinen Konjunkturtrends eher einer Zufallsverteilung unterliegen. Zur Stabilisierung dieser Zufallseinflüsse für die Prognose werden die oben definierten parametrisierten Vertrauensgrenzen in die Prognoserechnung eingebaut.

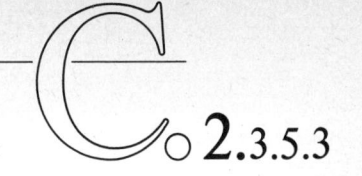

ABWEICHUNGSKONTROLLE/BEDARFSFILTER

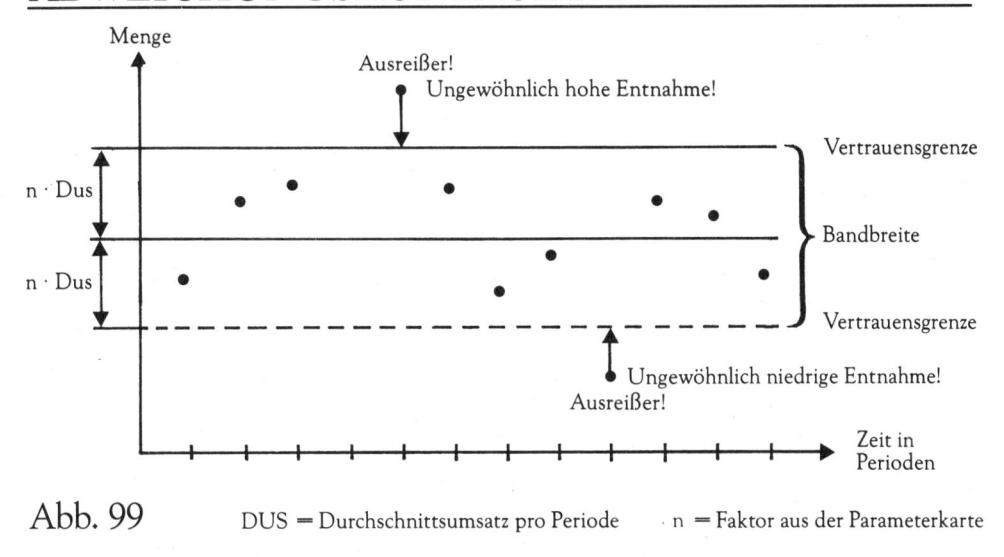

Abb. 99   DUS = Durchschnittsumsatz pro Periode   n = Faktor aus der Parameterkarte

Die Vielzahl der in den beiden letzten Kapiteln genannten Parameter wirkt auf den Leser im ersten Moment etwas verwirrend, weshalb ihre Bedeutung im folgenden noch einmal unterstrichen werden soll.

C.2.3.5.3
PARAMETERSTEUERUNG

Bei der Entwicklung des Prognoseprogramms wurde ein besonders großer Wert auf eine vielseitige Anpassungsfähigkeit und eine variationsreiche Auswertungsmöglichkeit gelegt.

1. Vielseitige Anpassungsfähigkeit

   Durch die Parameter, die bei der Beschreibung der Prognoseverfahren erwähnt wurden, ist eine dynamische Anpassung der Absatzprognose an die jeweilige Wirtschaftssituation möglich. Innerhalb des Prognoseprogramms werden nicht nur die Prognosezahlen innerhalb der Prognoseverfahren dynamisch an die letzte Vergangenheit angepaßt, sondern es lassen sich durch die Parameter sogar die Prognoseverfahren auf die von der Geschäftsleitung erwartete Entwicklung abstimmen (z.B. durch die Gewichtungsparameter bei der MPA-Berechnung). Damit wird der Effekt

C 2.3.5.3

erreicht, daß die auf Extrapolation aufgebauten Prognoseverfahren durch einen personell geschätzten Zukunftstrend überlagert werden können, was bei verschiedenen herkömmlichen Prognoseverfahren nicht möglich ist. Außerdem läßt sich durch die Bestimmbarkeit der Vertrauensgrenzen eine klare Politik betreiben, inwieweit sporadische Absatzentwicklungen einzelner Artikel innerhalb der Absatzplanung berücksichtigt werden sollen, die ja dann Basis für weitere betriebliche Planungen ist.

2. Variationsreiche Auswertungsmöglichkeit

Durch einen geschickten Aufbau des Prognosedateisatzes, in dem alle für einen Artikel charakteristischen Sortierkriterien enthalten sind, lassen sich gezielte Auswertungen erstellen (beliebig kombinierbare Untermengen der gespeicherten Artikel), von denen hier einige als Beispiel genannt werden (vgl. Abb. 100):

o Auswertung über das ganze Sortiment, welches in den letzten 6 Jahren verkauft wurde,

o Auswertung des lagerhaltigen Sortiments,

o Auswertung des nicht lagerhaltigen Sortiments,

o Auswertung des lagerhaltigen oder des nicht lagerhaltigen Sortiments für bestimmte Verkaufsgruppen,

o Auswertung von A-, B- oder C-Artikeln für das lagerhaltige, nicht lagerhaltige Gesamtsortiment oder aber auch nur für bestimmte Verkaufsgruppen u.a.m.

PROGNOSESCHLUSSBLATT

TEST-UNTERNEHMEN
EDP-NR   7000
DATUM   31.12.75

```
              |ARTIKELART:                      |                                     ABC-CODE:              |
              |  32|  38|  44|  46|TOTAL|       |                               |   A |   B |   C |    |TOTAL|
              +----+----+----+----+-----+
ANZAHL BE-    |    |    |    |    |     |
RECHNETER     |1356|    | 173| 181| 1710|                                       | 100 |     |     |    | 100 |
ARTIKEL       |    |    |    |    |     |
==============================================================================================================

              |VERKAUFSGRUPPEN:                       |PROGNOSEVERFAHREN:                             |
              |  11|  12|  21|  22|  31|  32|TOTAL|  1 |  2 |  3 |DURCH|MANU|TOTAL|
              +----+----+----+----+----+----+-----+----+----+----+-----+----+-----+
ANZAHL AUS-   |    |    |    |    |    |    |     |    |    |    |     |    |     |
GEWAEHLTER    |  3 |    |  9 | 21 | 54 | 13 | 100 | 21 | 48 | 11 |  17 |  3 | 100 |
ARTIKEL       |    |    |    |    |    |    |     |    |    |    |     |    |     |
==============================================================================================================

AUSWERTUNG DER AUSGEWAEHLTEN ARTIKEL:   100 STUECK

GESAMTVERKAUF   JAHR: 76  PROGNOSEWERT ZU STANDARD-VERKAUFSPREISEN   TOTAL:       16 121 856 FR.
```

Abb. 100

Das Prognoseschlußblatt liefert ein Protokoll über jeden Prognoselauf. Neben der Aufzählung der Anzahl und der Art von Artikeln, die man via Parameterkarte bestimmt hat, werden noch die beiden folgenden Informationen angedruckt:

o Der Jahresprognosewert für die ausgewählten Artikel, der gewonnen wird, indem die Prognosemengen dieser Artikel für das kommende Jahr mit ihren Standardverkaufspreisen multipliziert und in dem Zähler „Prognosewert" kumuliert werden, und

o die Information, wie viele der ausgewählten Artikel welche Prognoseverfahren durchlaufen haben. Diese Auswertung ist von besonderer Bedeutung, da man anhand der gewählten Prognoseverfahren Rückschlüsse auf das Absatzverhalten der Artikel ziehen kann. Außerdem hat man nach jedem Auswertungslauf eine Kontrolle, wie viele Artikel das manuelle Verfahren durchlaufen haben und entsprechend personell überwacht werden müssen.

C.2.3.5.4
AUSWERTUNGEN DES ABSATZPLANUNGSSYSTEMS

Aufgrund der Parameter lassen sich mit Hilfe des Prognoseprogramms folgende Auswertungen erstellen:

1. Primärprognose,
2. Korrekturprognose,
3. Absatzplanerstellung,
4. Absatzplansimulation,
5. Prognosesimulation.

Zu 1. Primärprognose:

Unter Primärprognose verstehen wir den eigentlichen Prognoselauf, der mit Hilfe der genannten Prognoseverfahren die Prognosewerte errechnet und sie einerseits in die Prognosedatei einträgt und zum anderen in dem sogenannten Prognosestammblatt (vgl. Abb. 101) andruckt. Bei der Jahresabsatzplanung werden diese Blätter den zuständigen Disponenten ausgehändigt, damit diese aufgrund ihrer speziellen Markt- und Produktkenntnisse den maschinell vorgeschlagenen Absatzplan/Artikel für das kommende Jahr überprüfen können. Wenn die Disponenten eine Änderung des maschinell errechneten Absatzplans wünschen, so können sie eine Korrektur anstoßen.

C 2.3.5.4

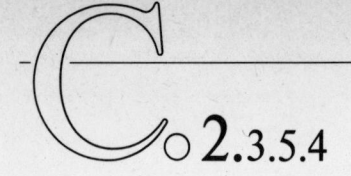

Außer für die Jahresabsatzplanung kann das Prognosestammblatt (Abb. 101) noch für andere Auswertungszwecke verwendet werden. So ist es z.B. möglich, halbjährlich oder pro Quartal das Prognosestammblatt anzudrucken, um mit seiner Hilfe einen Soll/Ist-Vergleich zwischen dem Jahresbudgetwert und der tatsächlich realisierten Absatzleistung vorzunehmen. Das Programm druckt den Absatzplan des laufenden Jahres in der Spalte APLAN an und stellt ihn jeweils dem realisierten Absatz der einzelnen Monate gegenüber. Der Erfüllungsgrad (Spalte EG %) gibt die Abweichung des Ist-Absatzes im Vergleich zum Soll-Absatz (Absatzplan) an. In der Zeile „SUM/J" steht der Erfüllungsgrad, der sich aus dem Vergleich des bisher realisierten Umsatzes des laufenden Jahres zum vorgegebenen Jahresabsatzplan ergibt. Mit diesem Wert erhält der Absatzplaner eine Antwort auf die Frage: Wieviel % des Jahresabsatzplans hat man bis zum Zeitpunkt der Rechnung bereits realisiert?

PROGNOSESTAMMBLATT

```
TEST - UNTERNEHMEN                                                                DATUM: 31.01.76
EDP-NR       15000                                                                SEITE:    23

GRP-NO:  8100     ART-NO: 105561    ART-BEZ: ARTIKEL 70007                                ME:  13
TEILECODE:  A     AA-CODE:  10    STDVP/M   1.205    HK/M:   0.777   FERTEINHEIT:  3385   DISPOART:  VERBR.GESTEUERT
*********************************************************************************************************************
       | IST    IST    | IST     VF   ABC* | IST    PROG   VF   ABC | APLAN  EG  | KUNDEN LAGER FABRIK* | PROG   P.WERT
       | 73     74     | 75      %    %    | 76     76     %    PROG| 76     %   | AUFTRAG BESTD AUFTRAG| 77     77
*********************************************************************************************************************
JAN    | 27512  38002  |21040116+ 0+* | 17341  10520  39-  0+ | 10520  164 | 0     36879    0*    | 14287  17215
FEB    | 21859  24813  |16256 80+ 0+* | 0      8128   0+   0+ | 7607   0   | 0     0        0*    | 7157   8624
MAE    | 32973  39357  |11015294+ 0+* | 0      5507   0+   0+ | 5507   0   | 0     0       20310* | 7157   8624
       -------------------------------------------------------------------------------------------
QU1    | 82344 102172  | 48311       *| 17341  24155             | 23634  73  |              *       | 26601  34464

APR    | 29211  79848  |29872123+ 0+* | 0      13031  0+   0+ | 13019  0   | 0     0        0*    | 10736  12936
MAI    | 43750  63046  |15375448+ 0+* | 0      7687   0+   0+ | 5675   0   | 0     0        0*    | 7157   8624
JUN    | 18299  30891  | 9303 81+ 0+* | 0      4651   0+   0+ | 4339   0   | 0     0        0*    | 7157   8624
       -------------------------------------------------------------------------------------------
QU2    | 91260 173785  | 54550       *| 0      25369             | 23033  0   |              *       | 25050  30185

JUL    | 28752  39285  | 24148 16- 0+*| 0      12074  0+   0+ | 20376  0   | 0     0        0*    | 9947   11986
AUG    | 33659  23919  | 12360 3+  0+*| 0      10183  0+   0+ | 10028  0   | 0     0        0*    | 8389   10108
SEP    | 15514  15093  | 19655 47- 0+*| 0      16193  0+   0+ | 15363  0   | 0     0        0*    | 13341  16075
       -------------------------------------------------------------------------------------------
QU3    | 77925  78297  | 56163       *| 0      38450             | 45767  0   |              *       | 31677  38170

OKT    | 31153  35258  | 18901 23- 0+*| 0      15572  0+   0+ | 14007  0   | 0     0        0*    | 12829  15458
NOV    | 29150  37974  | 24335 49- 0+*| 0      20049  0+   0+ | 21057  0   | 0     0        0*    | 16518  19904
DEZ    | 25812  21875  |  9947 45-  0+*| 0      8195   0+   0+ | 17214  0   | 0     0        0*    | 7157   8624
       -------------------------------------------------------------------------------------------
QU4    | 86115  95107  | 53183       *| 0      43816             | 52278  0   |              *       | 36504  43987

SUM/J  |337644 449361  |212207       *|17341  131790             |144712  12  |              *       |121832 146807
*********************************************************************************************************************
PA     |  27.7+  33.0+ |  52.7-      |  50.7-
MPA    |                                       17.6-                                                         17.6-
ANBEW  |   848    829      579          46
------------------------------------| PROGN:   PROZENTUALES   GLAETTUNGSVERFAHREN   2   KUM VF IN % :   39.0-
```

Abb. 101

Innerhalb der Primärprognose wird außerdem noch der Vorhersagefehler (VF %) berechnet, indem bei jeder neu integrierten Vergangenheitszahl ein Vergleich mit dem im Vormonat errechneten Prognosewert durchgeführt wird. Die errechnete Abweichung wird monatlich in die Prognosedatei eingetragen und dem Absatzplaner in der Spalte VF % des Prognosestammblattes angedruckt. Aus diesen Werten läßt sich pro Artikel die Treffsicherheit der Prognose ableiten. Außerdem wird im Feld „KUM VF IN %" noch der kumulierte Vorhersagefehler berechnet.

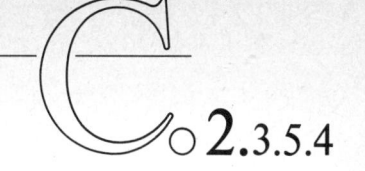

Steht dort z.B. eine hohe positive Zahl, so lag die Prognose im Vergleich zur eingetroffenen Ist-Absatzentwicklung in der Vergangenheit viel zu hoch. Bei einer guten Prognose sollten sich langfristig die Plus-/Minus-Abweichungen aufheben und damit dem Wert 0 zustreben.

Zu 2. Korrekturprognose:

Die Korrektur des Absatzplans pro Artikel erfolgt in einem besonderen Programmlauf, bei dem der artikelspezifische Änderungsvorschlag des Absatzplaners (Vorgabe bestimmter Mengen in den einzelnen Monaten oder eine prozentuale Änderung der bereits errechneten Prognose) von einem Beleg abgelocht wird und die Prognosewerte in der Prognosedatei mit Hilfe des Prognoseprogramms korrigiert werden. Stellt man nach der auf Artikelbasis durchgeführten Prognosekorrektur fest, daß die mit Standardverkaufspreisen gewichteten Prognosemengen des gesamten Sortiments noch nicht den Vorstellungen der Geschäftsführung entsprechen, so kann man mit einem zusätzlichen maschinellen Korrekturlauf, der eine prozentuale Veränderung des Gesamtsortiments vornimmt, diese Angleichung erreichen.

Zu 3. Absatzplanerstellung:

Wenn man das prognostizierte Produktsortiment so weit korrigiert hat, daß es nun dem gewünschten Budgetwert für das kommende Jahr entspricht, lassen sich mit einem weiteren Auswertungslauf die Absatzplanwerte pro Artikel von der Prognosedatei auf einen maschinellen Datenträger (z.B. Magnetband) schreiben und damit als Input für andere Programmkreise (Fertigungsgrobplanung, Jahresmaterialplanung, Gewinnprognose usw.) sicherstellen.

Zu 4. Absatzplansimulation:

Wenn man ein solch maschinelles Prognoseprogramm zur Verfügung hat, lassen sich z. B. aufgrund der prozentualen Änderungsmöglichkeiten der Jahresprognosewerte pessimistische und optimistische Absatzpläne für das gesamte Sortiment berechnen und wie unter 3. die entsprechenden Ergebnisse jeweils auf einem maschinellen Speicher (z.B. Magnetband) sicherstellen. Nach diesen Läufen kann man das maschinelle Produktionsplanungs- und -steuerungssystem ebenfalls mit diesen Daten simulieren, so daß man die Auswirkungen auf die Kapazitätssituation des Betriebes bei unterschiedlichen Marktentwicklungen ermitteln kann. Hat man als Ergebnis des Kalkula-

C.2.3.5.4

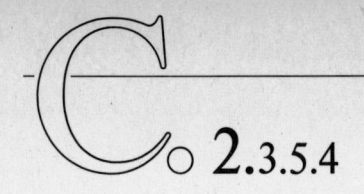

tionssystems den Gewinn pro Verkaufseinheit in der Datenbank gespeichert, so lassen sich für die einzelnen simulierten Absatzplanungen auch entsprechende Gewinnprognosen durchführen (vgl. Abb. 102), deren Ergebnis als Basis für die Planung des ROI verwendet werden kann.

Zu 5. Prognosesimulation:

Aufgrund der gezielten Veränderung der Parameterkarten läßt sich mit Hilfe von Simulationen die Sensibilität der einzelnen Parameter berechnen. So kann man z.B. das Ausmaß der Vergrößerung oder Verkleinerung der Prognosewerte ermitteln, wenn man die prozentualen Grenzwerte für die einzelnen Prognoseverfahren oder die Gewichtungszahlen für die prozentualen Abweichungen der vergangenen Jahre ändert. Die Transparenz bezüglich der Sensibilität dieser einzelnen Parameter ist für die Absatzplanung vor allem deshalb von großer Bedeutung, weil sie ja zum Ziel hat, das Absatzplanungssystem möglichst genau an die zu erwartenden Absatzmarktgegebenheiten anzupassen.

UMSATZ-/GEWINN-PROGNOSE

```
                                                    TEST - UNTERNEHMEN
                                                    EDP-NR        1000
                                                    DATUM     01.01.76
                                                    SEITE           11
```

ARTGRP	ARTNR	ARTIKELBEZEICHNUNG	PROGNOSE MENGE	PROGNOSE UMSATZ	PROGNOSE GEWINN	PROGNOSE GU
3002	117222	ARTIKEL 100	15223	1400.52	182.68	0.13
	117223	ARTIKEL 200	12800	1164.80	140.80	0.12
	117224	ARTIKEL 300	1300	126.10	22.10	0.18
	117225	ARTIKEL 400	4000	384.00	64.00	0.17
	117227	ARTIKEL 500	51990	4575.12	51.99-	0.01-
	117229	ARTIKEL 600	37458	3408.68	412.04	0.12
	117230	ARTIKEL 700	48494	4315.97	436.45	0.10
	117231	ARTIKEL 800	16305	1581.59	277.19	0.18
	117232	ARTIKEL 900	16703	1586.79	250.55	0.16

Abb. 102

C.2.3.6
VORTEILE DES COMPUTERUNTERSTÜTZTEN ABSATZPLANUNGSSYSTEMS

Die Anwendung eines maschinellen Absatzplanungssystems, wie es hier dargestellt wurde, kommt vor allem in Unternehmen zum Tragen, die durch ein umfangreiches Verkaufsartikelsortiment gekennzeichnet sind. Bei diesen Unternehmen ist es manuell kaum mehr möglich, den Input in ein maschinelles Produktionsplanungs- und -steuerungssystem (PPS) in Form eines artikelspezifischen Jahresabsatz- bzw. -produktionsplans manuell zu erarbeiten. Diese Arbeit muß aber geleistet werden, wenn man das maschinelle PPS nicht nur als kurzfristiges Steuerungs- und Kontrollsystem einsetzen, sondern es auch als Planungs- und Entscheidungshilfe im Rahmen der Investitions-, Finanz- und der mittelfristigen Materialwirtschaftsplanung verwenden will.

Für das Materialmanagement spielt die artikelbezogene, computerunterstützte Absatzplanung mit ihren Simulationsmöglichkeiten insofern eine sehr wichtige Rolle, als aus ihr die Jahresproduktionsmengen pro Produkt errechnet werden können. Verwendet man nämlich diese Werte als Input für die maschinelle Stücklistenauflösung, so kann man den Jahresmaterialbedarf für jedes Produkt bis zu den Einkaufsteilen auflösen und ausdrucken (vgl. Abb. 103).

JAHRESMATERIALPLANUNG

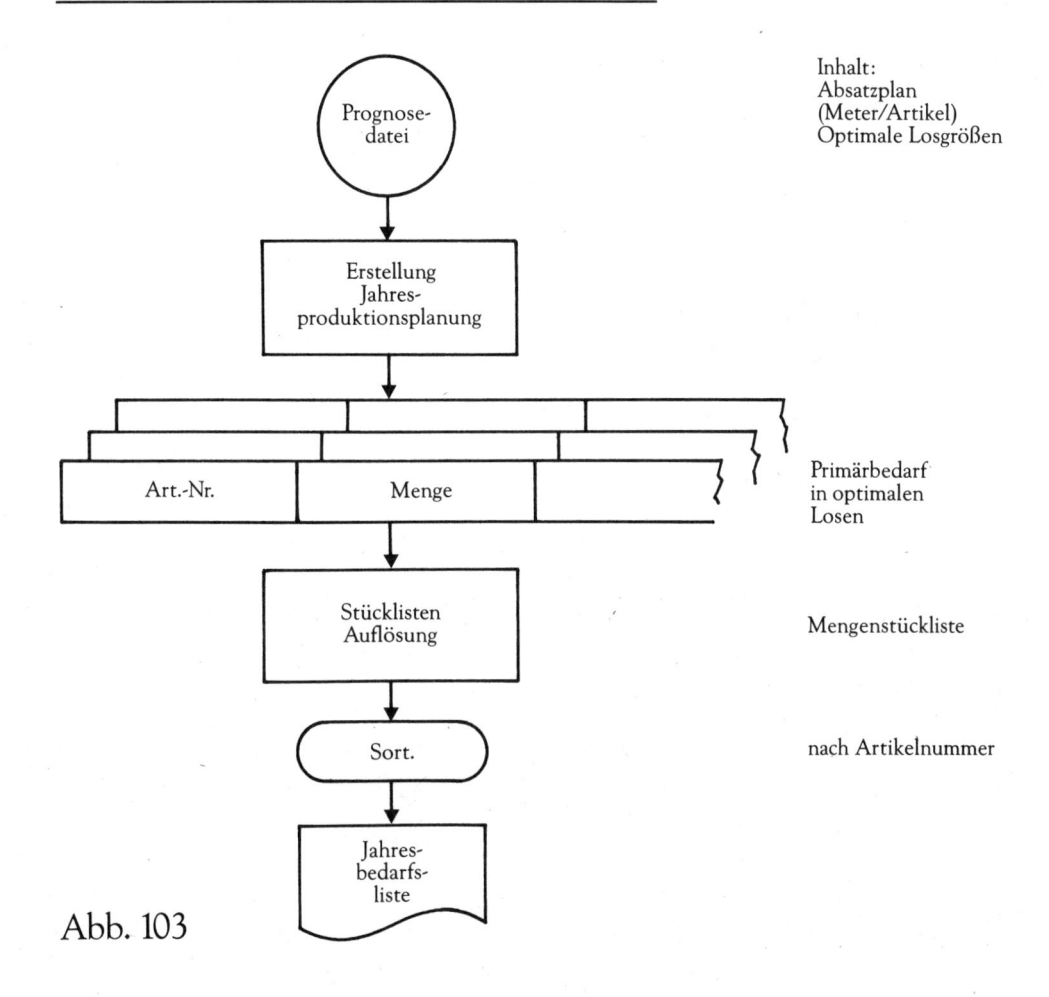

Abb. 103

2.3.6

Es braucht nicht weiter ausgeführt zu werden, welche Vorteile sich daraus allein für die Einkaufsabteilung ableiten lassen, was die Entscheidungsmöglichkeit bzgl. Make/Buy-Problemen und die Möglichkeit zur Festlegung von mittelfristigen Abrufaufträgen betrifft.

Auch die Sortimentssteuerung profitiert eindeutig von einem solchen Planungssystem, wenn man bedenkt, daß die „sales history" des Prognosestammblattes eine sehr gute Transparenz über das bisherige Absatzverhalten und die Lebenskurve des Artikels gewährleistet.

Außer einer idealen Ausgangsbasis für Portfolio-Analysen der einzelnen Verkaufssortimente stehen der Verkaufsleitung mit diesem Computerplanungssystem weiterhin folgende Analysemöglichkeiten und Informationen zur Verfügung:

1. Vorkommen von Absatzsprüngen bzw. -einbrüchen,

2. Fakturiercharakteristik bzgl. Anzahl Positionen über die letzten Jahre hinweg,

3. Auslaufen von Artikeln und Artikelgruppen mit der Möglichkeit einer gezielten Sortimentsbereinigung,

VERBRAUCHSCHARAKTERISTIK

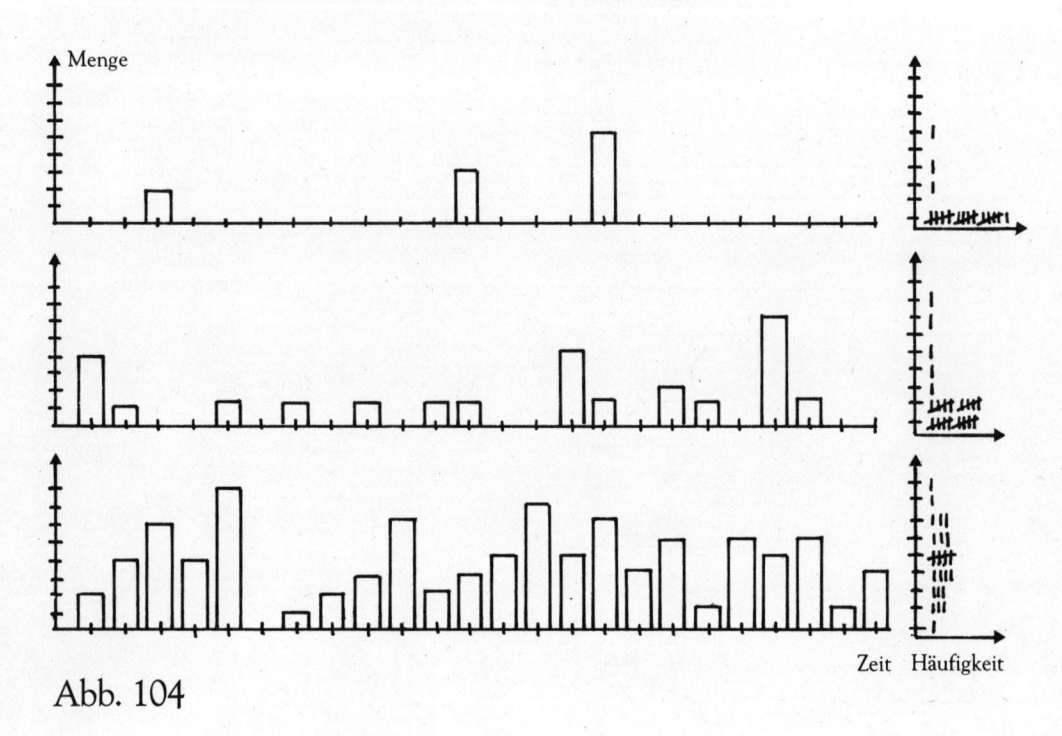

Abb. 104

4. Darstellung der Verbrauchscharakteristik (stark oder schwach zyklischer Verlauf der Absatzreihen), um die Planbarkeit eines Artikels beurteilen zu können (Basis für xyz-Analyse, siehe Abb. 104).

5. Entscheidungshilfe zur Einteilung des Artikelsortiments in lagerhaltige Artikel (Lagerfertigung) und nicht lagerhaltige Artikel (Auftragsfertigung),

6. ständige Absatzsimulation des laufenden und des Folgejahres,

7. Permanenter Absatzplan – Soll/Ist-Vergleich bzgl. der fixierten Jahresplanung (year to date) und in Anpassung an die dynamisierte Monatsplanung. Hieraus läßt sich für einzelne Sortimente oder den Gesamtvertrieb auf einfache Weise eine Absatzanalyse graphisch darstellen, die in Form einer Signalgröße die Planabweichung in ihrer Entwicklung transparent macht (vgl. Abb. 105).

ABSATZPLAN – SOLL/IST-VERGLEICH – SIGNALGRÖSSE

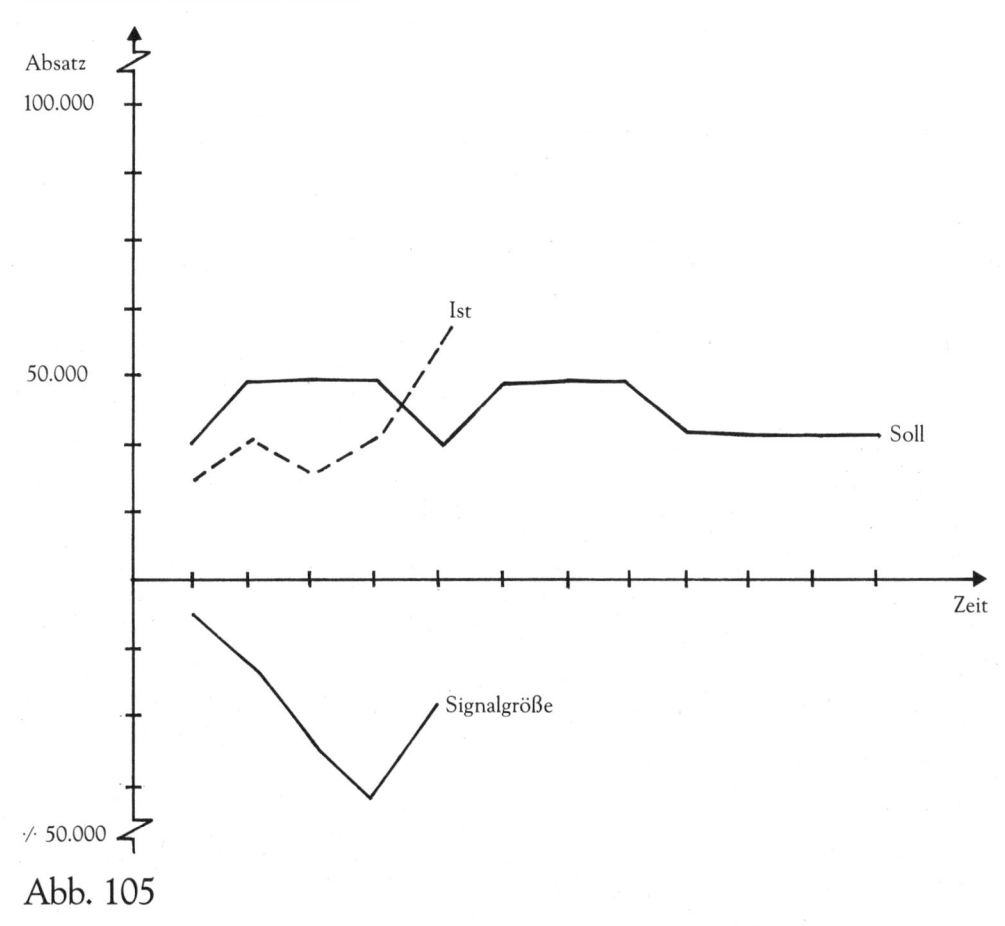

Abb. 105

Schließlich bietet das Absatzplanungssystem mit seiner maschinellen Prognose die Basis für eine prognosegesteuerte Lagerplanung, die wir im nächsten Abschnitt betrachten wollen.

C.2.4
COMPUTERUNTERSTÜTZTES LAGERPLANUNGS- UND -KONTROLLSYSTEM FÜR VERKAUFSARTIKEL

Aus der Gesamtdarstellung eines Materialbewirtschaftungssystems (vgl. Abb. 89) kann man ersehen, daß in einer Unternehmung Lagerplanungs- und -kontrollsysteme für Fertigfabrikate [1]), Halbfabrikate und Einkaufsmaterialien vorkommen können. Während der Phase der Systementwicklung muß deshalb großer Wert darauf gelegt werden, die Programmsysteme so modular zu konzipieren, daß die Computerunterstützung ohne umfangreiche Umprogrammierung dieser Systeme für alle Materialstufen gewährleistet werden kann. Wie wir bei der Darstellung der einzelnen Programmbausteine des prognosegesteuerten Lagerplanungssystems und des verbrauchsgesteuerten Lagerkontrollsystems sehen werden, ist diese Forderung für das hier entwickelte Programmsystem erfüllt. Um den Umfang dieser Fallstudie nicht zu sprengen, wollen wir uns jedoch im weiteren nur auf die Darstellung des Lagerplanungs- und -kontrollsystems für Verkaufsartikel beschränken.

Im Grunde handelt es sich bei dem dargestellten Lagerplanungs- und -kontrollsystem um zwei verschiedene Programmkomplexe, wobei sich der eine auf eine zukunftsorientierte, prognosegesteuerte Lagerdisposition und der andere auf eine vergangenheitsorientierte, verbrauchsgesteuerte Lagerkontrolle stützt. Wir wollen hier kurz diskutieren, weshalb beide Programmsysteme für eine optimale Materialbewirtschaftung notwendig sind.
In der Regel kann man davon ausgehen, daß die vom Lager verkauften Artikel stark schwankende Absatzreihen ergeben. Je größer diese Absatzschwankungen pro Artikel sind und je sporadischer die Lagerverkäufe erfolgen, um so schwieriger wird eine exakte Prognose für die zukünftigen Verkäufe erstellt werden können. Da aber viele dieser nur schwer zu prognostizierenden Artikel aus absatzpolitischen Gründen über Lager verkauft werden sollen (gewünschte Lieferzeit kleiner Wiederbeschaffungszeit), müssen wir uns bei der periodi-

---

1) Der Begriff Fertigfabrikate steht an dieser Stelle für alle Verkaufsartikel. Darunter rangieren z.B. auch Ersatzteile, die dem Kunden ausgeliefert werden, im Grunde aber Halbfabrikatecharakter besitzen.

schen Lagerplanung (z.B. monatlich) auf die vom Computer generierten unsicheren Absatzprognosen abstützen. In der folgenden Abb. 106 ist die prognostizierte monatliche Entnahmemenge eingetragen.

MASCHINELLE LAGERPLANUNG UND -KONTROLLE IM ZEITSCHEMA

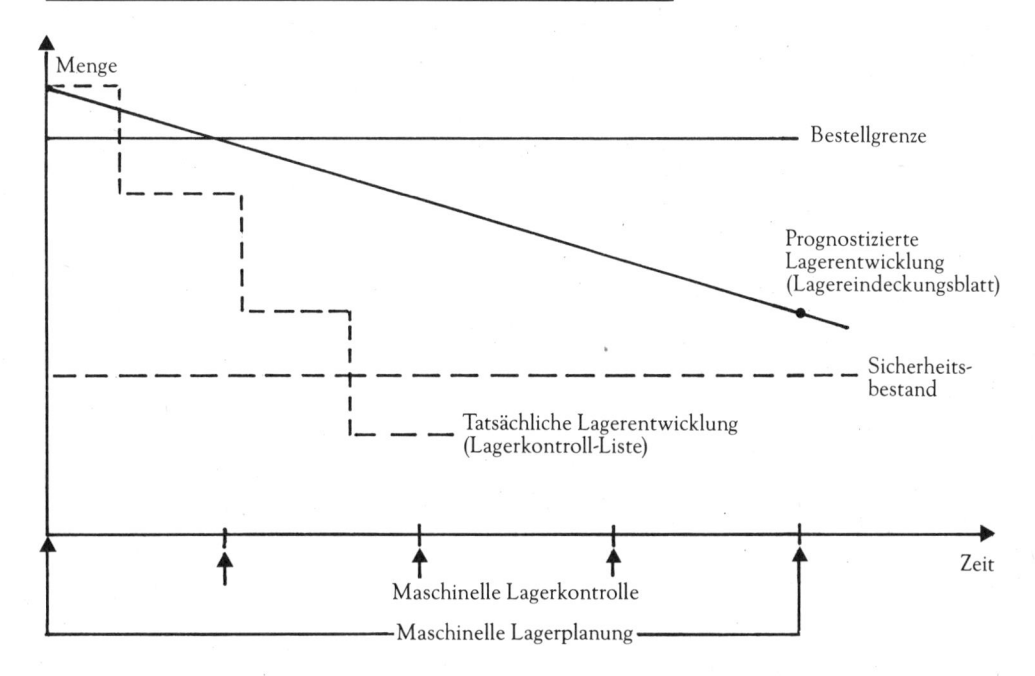

Abb. 106

Die oben angesprochene Entnahmeunsicherheit kann zum Teil durch das Lagerkontrollprogramm abgesichert werden. Dieses Programm überprüft nämlich wöchentlich, ob der aktuelle Bestand entgegen der von der prognosegesteuerten Lagerplanung angenommenen Entwicklung bereits unter ein definiertes Minimum (z.B. den Sicherheitsbestand) gefallen ist. Wenn dies der Fall ist, z.B. bei einer ungeplanten, großen Lagerentnahme im Laufe des Monats, so wird dem Disponenten der entsprechende Artikel in einer sogenannten „LAGERKONTROLLISTE" angedruckt. Wenn als Abfragegrenze der Sicherheitsbestand benutzt wird, so hat der Disponent während der Zeit, in der er Maßnahmen zur Vermeidung eines stock outs trifft, noch eine gewisse Reserve im Lager.

Grundsätzlich kann man feststellen: Je besser das prognosegesteuerte Lagerplanungssystem arbeitet, um so weniger Artikel werden in der Lagerkontrolliste erscheinen und um so weniger „Feuerwehraktionen" müssen ausgelöst werden.

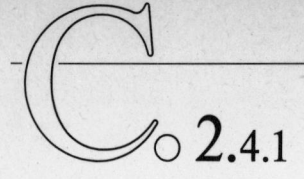

C.2.4.1
VORAUSSETZUNGEN FÜR DEN EINSATZ EINES COMPUTERUNTERSTÜTZTEN LAGERPLANUNGS- UND -KONTROLLSYSTEMS

Mit Einsicht läßt sich ein solches Lagerplanungs- und -kontrollsystem erst realisieren, wenn eine Unternehmung bereits eine Reihe von Computerapplikationen realisiert hat. Es wäre unwirtschaftlich, wollte man alle die in diesem System benötigten Daten speziell erfassen, um sie später innerhalb der maschinellen Lagerplanung und -kontrolle auszuwerten. Sinnvoll wird der Einsatz vielmehr erst, wenn bestimmte Basisapplikationen, wie

1. eine Datenbankverwaltung
   (Artikel-, Arbeitsplan- und Arbeitsplatzdatei),
2. eine Bestandsrechnung bzw. Fakturierung,
3. eine Bestellerfassung und
4. eine Fertigungsauftragsverwaltung,

bereits realisiert sind. Wenn dies nicht der Fall ist, so kann das System zwar eingesetzt, muß aber an verschiedenen Stellen durch personell erarbeitete Zusatzinformationen ergänzt werden. Dies bringt vor allem deshalb Nachteile mit sich, weil die Disponenten sich bei der Lagerplanung nicht allein auf die vom Computer gelieferten Daten beschränken können, sondern sich immer noch mit lästigen Karteiabfragen und -bearbeitungen beschäftigen müssen. Ideale Verhältnisse sind dann gegeben, wenn die vorstehenden Basisapplikationen bereits realisiert sind und durch eine maschinelle Informationsübertragung die benötigten Daten in das Lagerplanungs- und -kontrollsystem integriert werden können. Die Basisapplikationen können entweder on-line oder off-line organisiert sein. Allerdings wird von seiten des Lagerplanungssystems die Forderung gestellt, daß sich zum monatlichen Stichtag der Datenintegration in das System die Basisdateien auf dem aktuellsten Stand befinden. Jedes noch so gut konzipierte maschinelle Lagerplanungssystem ist nämlich zum Scheitern verurteilt, wenn die Inputdaten, wie momentaner Lager-, Kundenbestell- bzw. interner Auftragsbestand, nicht mit der Realität übereinstimmen. In diesem Fall verliert der Disponent zu Recht das Vertrauen in die Aussagefähigkeit der Computerinformationen und greift lieber auf selbstaufbereitete Daten zurück.

C. 2.4.1

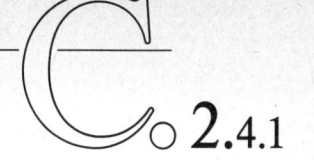

LAGERPLANUNGSSYSTEM

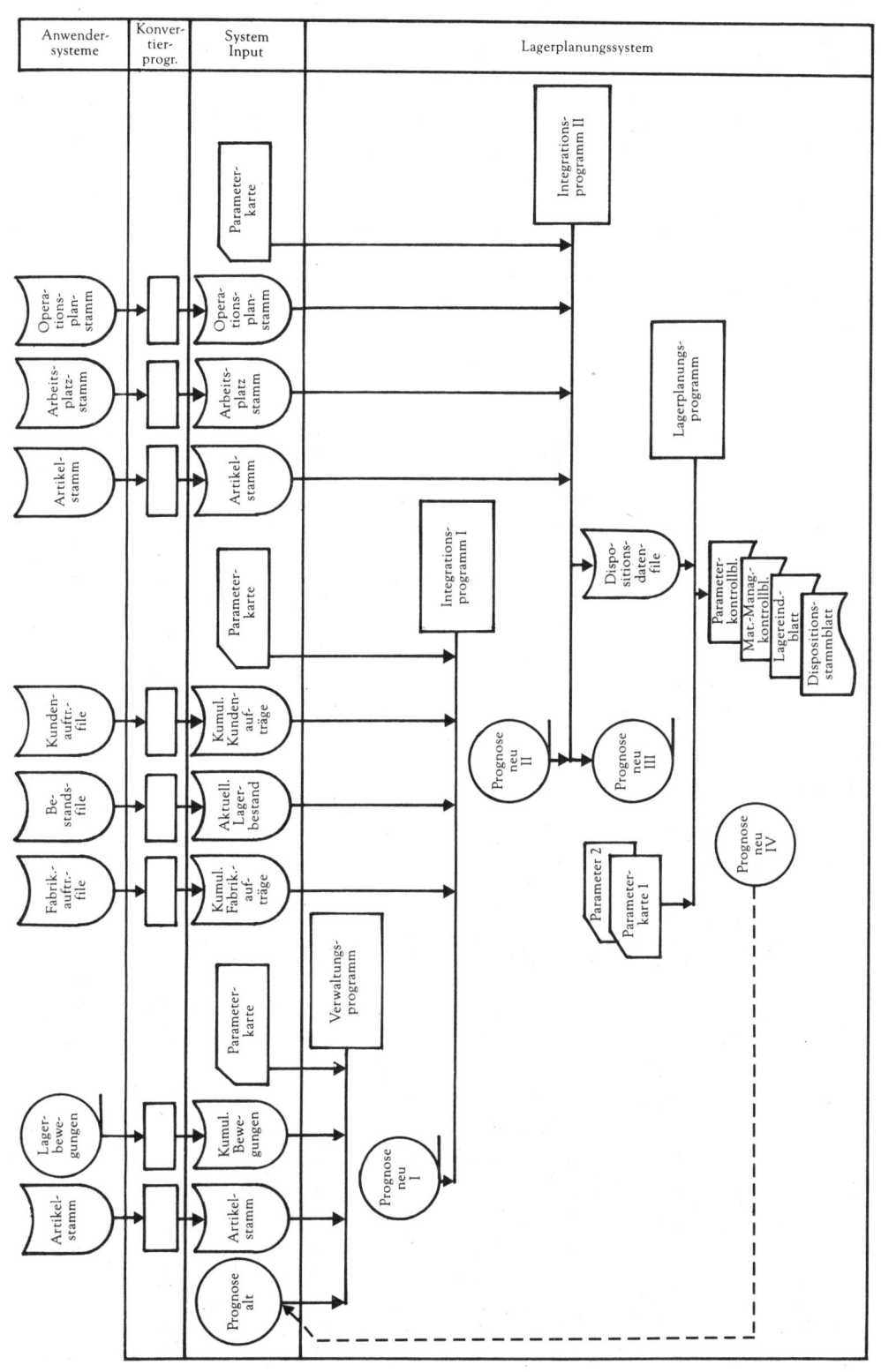

Abb. 107

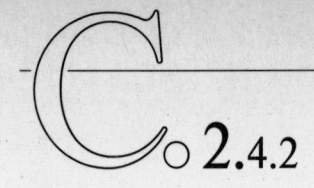

C.2.4.2
PROGRAMMBAUSTEINE FÜR DAS PROGNOSEGESTEUERTE LAGERPLANUNGSSYSTEM

In Abb. 107 ist das Lagerplanungssystem in einer Gesamtübersicht dargestellt. In der vorgenommenen Aufteilung lassen sich die Anwenderdateien, die Konvertierprogramme, die Systeminputdateien bzw. -daten und die Systemprogramme unterscheiden. Hinter dieser Aufbausystematik steht der Gedanke, daß jeder beliebige Anwender, soweit er die Basisapplikationen realisiert hat, das vorliegende Lagerplanungssystem ohne großen Aufwand übernehmen kann, indem er mit Hilfe der Konvertierprogramme seine individuell gestalteten Basisdateien in den vorgegebenen Systeminput des Lagerplanungssystems umformatiert. Der Vorteil der Konvertierung liegt darin, daß an dem nachfolgenden Programmkomplex keinerlei Programmänderungen vorgenommen werden müssen und man über alle Auswertungen verfügen kann, die in der weiteren Systembeschreibung dargestellt sind. Die einzelnen Programmbausteine:

1. Prognoseverwaltungsprogramm (Periodizität: monatlich)
2. Integrationsprogramm I (Periodizität: monatlich) und
3. Integrationsprogramm II (Periodizität: halbjährlich)

sorgen für eine Aktualisierung der auf Magnetband gespeicherten Prognosedatei mit den jeweils neuesten Vergangenheits- und Dispositionsdaten. Nachdem diese „Verwaltungsläufe" durchgeführt wurden, kann das Lagerplanungsprogramm ablaufen, welches dem operativen, dem taktischen und dem strategischen Materialmanagement eine vorzügliche Lagertransparenz bietet.

C.2.4.2.1
PROGNOSEVERWALTUNGS-PROGRAMM

Das Prognoseverwaltungsprogramm wird hier nur wegen der Vollständigkeit des Lagerplanungssystems erwähnt. Eine detaillierte Beschreibung erfolgte bereits unter Punkt 2.3.4, so daß hier auf weitere Erläuterungen verzichtet wird.

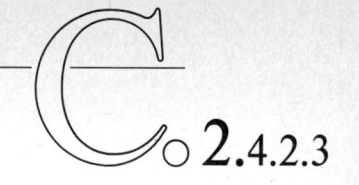

C.2.4.2.2
INTEGRATIONSPROGRAMM I

Den Datenflußplan zu diesem Programm kann man der Abb. 107 entnehmen. Es wird in diesem Programm dafür gesorgt, daß aus den Programmkreisen:

1. Lagerbestandsrechnung,
2. Kundenauftragsverwaltung und
3. Fabrikationsauftragsverwaltung

die aktuellsten Daten bzgl. Lagerbestand, Kundenauftrags- und Fabrikationsauftragsstand monatsgerecht in die Prognosedatei integriert werden. Was früher aus manuellen Karteien, die zum Teil in verschiedenen Abteilungen geführt wurden, mühsam zusammengetragen werden mußte, wird im Integrationsprogramm I auf maschinelle Weise aus den einzelnen Dateien selektiert und zur Weiterverarbeitung in die zentrale Prognosedatei eingetragen.

C.2.4.2.3
INTEGRATIONSPROGRAMM II

Dieses Programm sorgt, wie auch das Integrationsprogramm I, für eine Aktualisierung der Prognosedatei. Allerdings besteht insofern ein Unterschied, als dieses Programm nur in größeren Zeitabständen eingesetzt werden muß. Wenn man nämlich die einzelnen Programmroutinen des Integrationsprogramms II, wie

1. Losgrößenrechnung,
2. ABC-Analyse,
3. Wiederbeschaffungszeitberechnung und
4. Dispositionsartenermittlung,

auf ihre Aktualisierungsnotwendigkeit untersucht, so kann man feststellen, daß eine halbjährliche oder sogar jährliche Auswertungsfrequenz für die meisten Betriebe vollkommen ausreicht. Alle die genannten Programmroutinen verarbeiten als Hauptinput die Jahresumsatzentwicklung der Artikel (Datenlieferant: Prognosedatei) und leiten daraus unterschiedliche Dispositionsdaten ab. Das Integrationsprogramm II ist jedoch grundsätzlich in der Lage, in jedem Monat des Jahres die Umsatzentwicklung zu simulieren, indem folgende Rechnung durchgeführt wird:

2.4.2.3

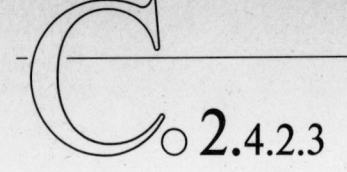

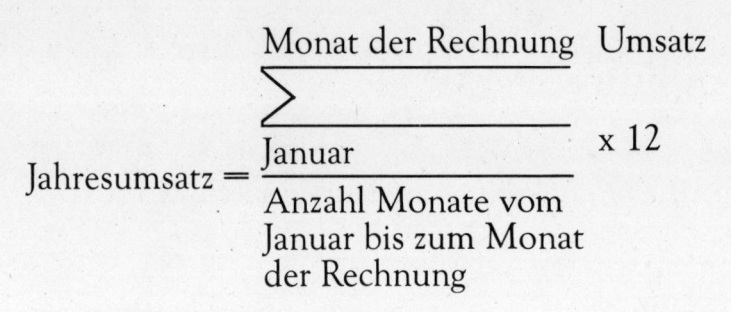

$$\text{Jahresumsatz} = \frac{\sum_{\text{Januar}}^{\text{Monat der Rechnung}} \text{Umsatz}}{\text{Anzahl Monate vom Januar bis zum Monat der Rechnung}} \times 12$$

Dieser extrapolierte Jahresumsatz kann in jedem Monat des laufenden Jahres berechnet und in den oben stehenden Auswertungen verwendet werden.

Aus dem Datenflußplan des Integrationsprogramms II (vgl. Abb. 108) ist zu ersehen, daß neben der Prognosedatei als Lieferant der Umsatzentwicklung auch die Stücklisten-, Operationsplan-, die Arbeitsplatzdatei und eine Parameterkarte als Input in das Programm eingehen. Da man zur maschinellen Berechnung der Rüstkosten für die Losgrößenrechnung den Operationsplan vollständig abarbeiten muß, liegt es nahe, z. B. das Programm Wiederbeschaffungszeitberechnung, welches ebenfalls auf jede Operation des Operationsplans zugreifen muß, mit der Losgrößenrechnung zu kombinieren.

Die beiden anderen Programmroutinen, die ABC-Analyse und die Dispositionsartenermittlung, benötigen lediglich die in der Prognosedatei und der Parameterkarte enthaltenen Informationen, sind aber innerhalb des Integrationsprogramms II deshalb notwendig, weil sie wichtige Dispositionshinweise erzeugen und in die Prognosedatei eintragen. Die Leistungen und Auswertungsmöglichkeiten der einzelnen Programmroutinen werden im folgenden noch näher ausgeführt.

C. 2.4.2.3.1

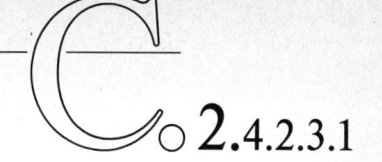

DATENFLUSSPLAN
DES INTEGRATIONSPROGRAMMS II

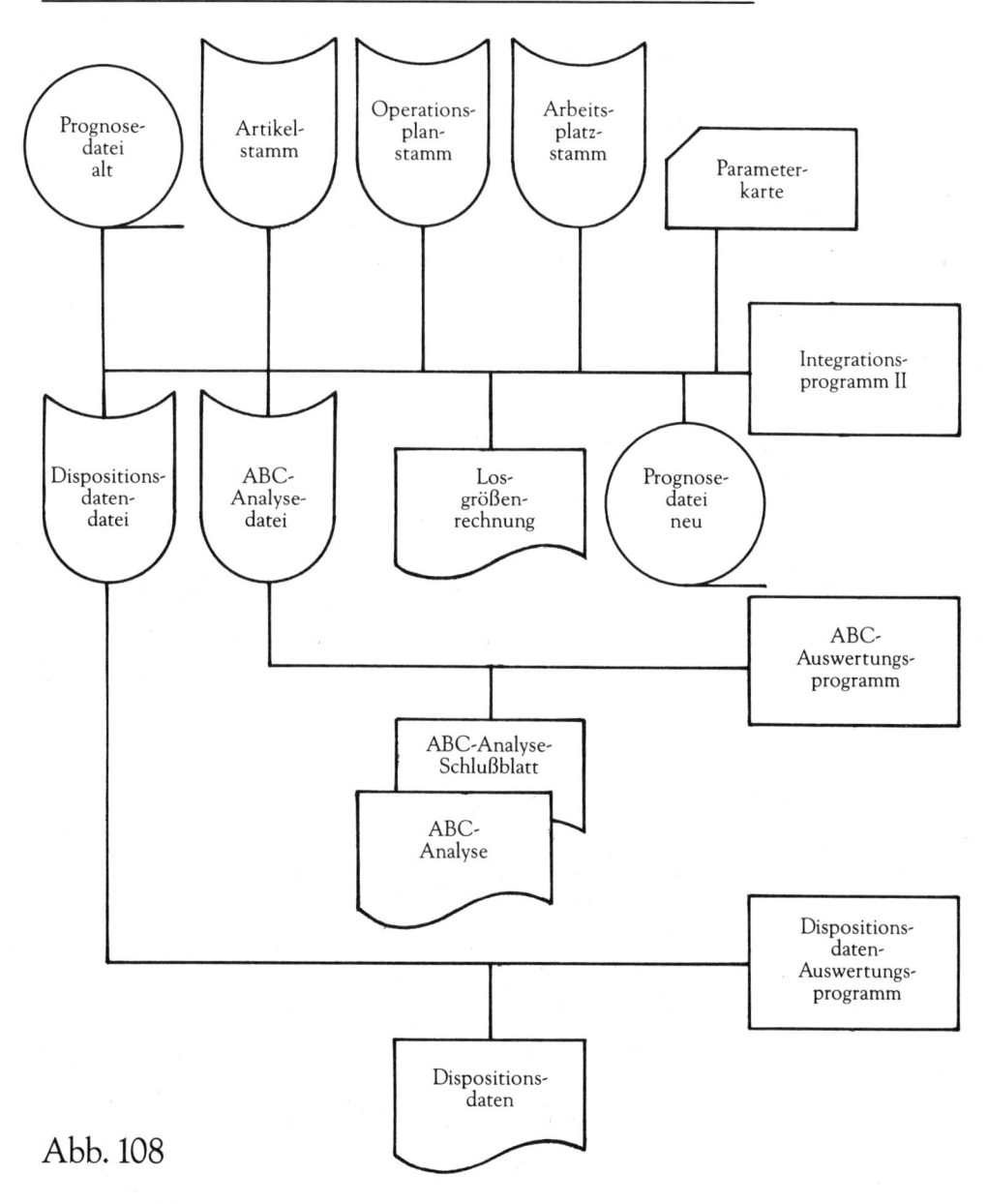

Abb. 108

C.2.4.2.3.1
LOSGRÖSSENRECHNUNG

Obwohl man heute bereits ohne Computereinsatz sehr gute Hilfsmittel hat, die optimale Losgröße zu berechnen, so verhindert häufig die Vielzahl der zu berechnenden Artikel eine halbjährliche oder jährliche Aktualisierung. Vor allem sind der manuellen Berechnung dann sehr schnell enge Grenzen gesetzt, wenn man statt der pauschalen

C 2.4.2.3.1

artikelspezifische Rüstkosten in der Losgrößenformel berücksichtigen will. Sobald man jedoch maschinell gespeicherte Arbeitspläne zur Verfügung hat, lassen sich diese umfangreichen Berechnungen mit Hilfe des Computers schnell und fehlerfrei durchführen. Die Berücksichtigung von fixen Rüstkosten, wie es in der Praxis oft noch gehandhabt wird, führt vor allem in Betrieben mit einer heterogenen Fertigungsstruktur zu sehr ungenauen und wenig aussagefähigen Werten.

In dem hier vorgestellten maschinellen Berechnungsbeispiel wird von der Andlerschen Losgrößenformel ausgegangen:

$$X_{opt} = \sqrt{\frac{200 \times \text{Jahresmenge} \times (\text{Rüstkosten} + \text{adm. Rüstkosten})}{\text{Herstellkosten/Mengeneinheit} \times \text{Lagerkosten in \%}}}$$

Es wird dabei angenommen, daß der Jahresbedarf gleichmäßig ist, keine Sprünge aufweist und das nächste Los erst dann eingelagert wird, wenn der Bestand auf Null abgesunken ist. In angenäherter Form findet man diese Voraussetzungen bei den meisten verbrauchsgesteuerten Artikeln in der Fertigungsindustrie vor, weshalb dieser Ansatz in der Regel ganz gute Werte liefert und in der Praxis häufig Anwendung findet. Innerhalb der deterministischen Bedarfsrechnung oder bei einer stark sporadischen Verbraucherstruktur wird man dagegen eher ein Verfahren der gleitenden wirtschaftlichen Losgröße bzw. die in der Praxis zur Zeit immer häufiger verwendete A-, B-, C- und reichweitenorientierte Losgrößenbildung bevorzugen.

C 2.4.2.3.1

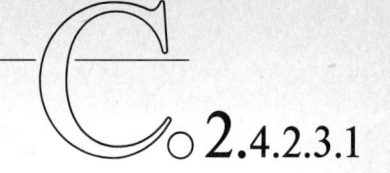

Leistungen des Programms

Wie aus dem Datenflußplan (vgl. Abb. 108) hervorgeht, lassen sich aus den maschinell gespeicherten Arbeitsplan- und Arbeitsplatzdaten die Rüstkosten artikelspezifisch ermitteln. Man erreicht dies, indem man für die Operationen eines Arbeitsplans folgende Rechnung durchführt:

$$\text{Rüstkosten} = \sum_{Op=1}^{n} \text{Maschinenrüstzeit} \times \text{Maschinenstundensatz} + \sum_{Op=1}^{n} \text{personelle Rüstzeit} \times \text{Lohnsatz}$$

Legende: Op = Operationsgang
n = Anzahl Operationen pro Arbeitsplan

Zu diesem artikelspezifischen Rüstkostenbetrag werden in der Losgrößenformel noch administrative Rüstkosten hinzuaddiert, die sich aus folgenden Kostenarten zusammensetzen:

1. Kosten der Auftragserstellung (Einplanung in den Vorterminator, Lancierungskosten, Auftragsverwaltungskosten),
2. Kosten der Auftragsüberwachung,
3. Lagereinlagerungskosten,
4. Verbuchungskosten.

Diese administrativen Rüstkosten bleiben in der Regel über eine längere Zeit konstant und werden dem Programm über die Parameterkarte mitgeteilt. Dasselbe gilt für den Lagerkostenprozentsatz, der aufgrund der Kostenanalyse im Rechnungswesen bzgl. der

1. Kosten für den Lagerraum (Abschreibungen, Beleuchtung, Reinigung, Heizung usw.),
2. Kosten für die Lagerbestände (Zinsen, Versicherung, Lagerhaltungsrisiko usw.),
3. Kosten für die Behandlung der Lagergegenstände (Transport, mengen- und gütemäßige Erhaltung usw.),
4. Kosten für die Verwaltung der Lager (Löhne und Gehälter, Büromaterial und sonstige Verwaltungskosten usw.)

C 2.4.2.3.1

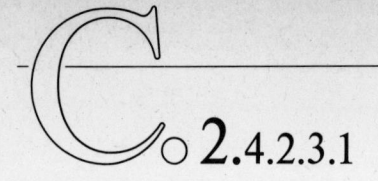

nach der folgenden Formel berechnet wird:

$$\text{Lagerkostenprozentsatz} = \frac{\text{Lagerkosten/Jahr}}{\varnothing \text{ Kapitalbindung des Lagers zu Herstellkosten}} \times 100$$

Die beiden Werte: administrative Rüstkosten und Lagerkostenprozentsatz werden durch die Linienstellen erarbeitet und können mit Hilfe der Parameterkarte jeweils an neue Kostensituationen angepaßt werden. Änderungen in der Kostenstruktur können natürlich auch simuliert werden, indem man diese beiden Parameterwerte für verschiedene Rechenläufe verändert und damit z.B. eine Aussage über die Sensitivität der Andlerformel bzgl. der Veränderung des Lagerkostenprozentsatzes (vgl. Abb. 109) oder der Rüstkosten erhält.

SENSIBILITÄT DER ANDLER-FORMEL BZGL. DER VERÄNDERUNG DES LAGERKOSTEN-PROZENTSATZES

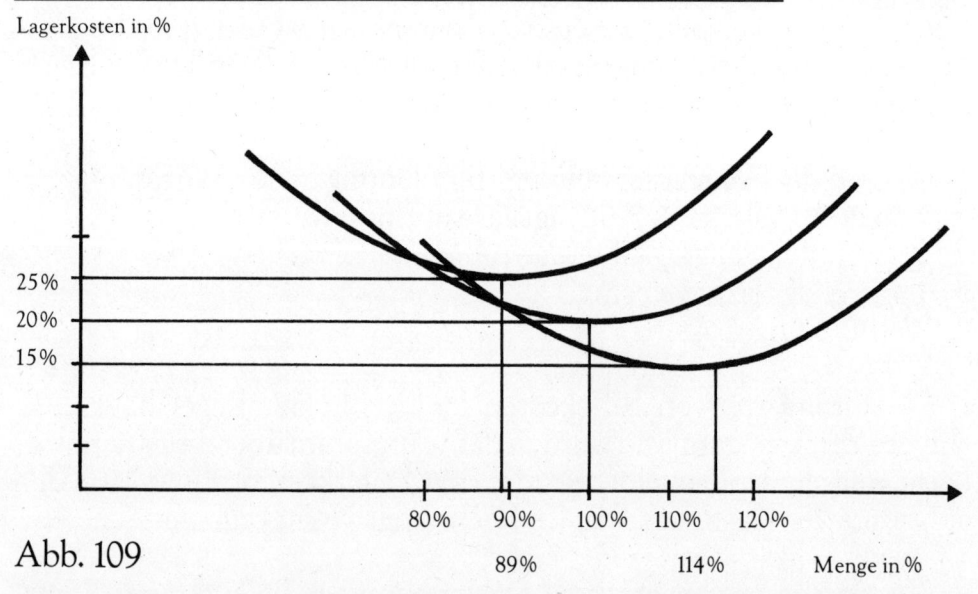

Abb. 109

Das Integrationsprogramm II berechnet nicht nur das Losgrößenoptimum gemäß der Andlerformel, sondern führt anschließend noch eine Anpassungsrechnung dieser Größe an die Produktions- oder Verpackungsgegebenheiten und an sonstige vorgegebene Restriktionen durch. In den meisten Unternehmen existieren nämlich Kriterien, die einen direkten Einfluß auf die Festlegung der Auftragsgröße ausüben. Bei der Optimierungsrechnung von Lager- und Rüstkosten nach Andler ergeben sich meist ungerade Werte, die noch keine technologischen oder lagerungstechnischen Gesichtspunkte (z.B.

Paletten- oder Verpackungsgröße) berücksichtigen. Aus der Sicht einer betrieblichen Gesamtoptimierung kommt daher die Forderung, die Andler-Größe mit Hilfe einer Anpassungsrechnung an die jeweiligen betrieblichen Gegebenheiten anzupassen. Generell wird man bei einer Anpassung eher zu einer Aufrundung neigen, weil die Sensibilität bzgl. der Gesamtkosten bei einer positiven Abweichung vom Optimum nur sehr gering im Vergleich zur negativen Abweichung ist. Nachfolgend wird ein Beispiel für eine Anpassungsrechnung aufgeführt:

$$\text{Auftragsfaktor} = \frac{\text{Opt. Losgröße nach Andler}}{\text{Fertigungs- oder Verpackungseinheit}}$$

Betriebliche optimale Losgröße = Auftragsfaktor aufgerundet x Fertigungs- oder Verpackungseinheit

Ob der aus der Rechnung resultierende Auftragsfaktor auf- oder abgerundet wird, kann mit Hilfe einer Rundungsgröße aus der Parameterkarte bestimmt werden. Es ist sicherlich nicht sinnvoll, den Auftragsfaktor nach oben aufzurunden, wenn ein ganzzahliger Wert nur wenig überschritten wird, z.B. 6,23. Wenn die Rundungsgröße in der Parameterkarte mit 0,3 angegeben ist, wird in diesem Fall eine Abrundung vorgenommen.

Es ist leicht einzusehen, daß durch das Materialmanagement mit der Festlegung der Rundungsgröße die Losgrößenbildung und damit das durchschnittlich gebundene Kapital gesteuert werden kann.

Ein Sonderfall tritt ein, wenn die errechnete Andler-Losgröße kleiner der Fertigungs- oder Verpackungseinheit ist. Hierbei unterscheidet das Programm zwei Möglichkeiten:

1. Liegt der errechnete Auftragsfaktor zwischen einem Grenzwert aus der Parameterkarte (z.B. 0,7) und 1, so wird die betriebliche optimale Bestellmenge auf eine Fertigungs- oder Verpackungseinheit aufgerundet (vgl. Abb. 110).

2. Ist der Auftragsfaktor kleiner dem angegebenen Grenzwert aus der Parameterkarte, so wird die errechnete Andler-Losgröße auf einen sinnvollen Wert (z.B. 10, 100, 1000 usw.) aufgerundet (vgl. Abb. 110). In diesem Fall kann auch auf eine im Artikelstamm definierte Mindestbestellmenge aufgerundet werden.

2.4.2.3.1

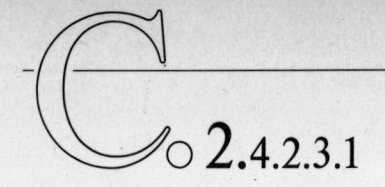

Die Tatsache, daß der Auftragsfaktor eines Artikels kleiner dem definierten Grenzwert ist, ist auf die Dauer sicher nicht befriedigend. In diesen Fällen sollte untersucht werden, ob bei solch kleinen Losgrößen der Rüstkostenanteil an den Fertigungskosten nicht so hoch ist, daß eine wirtschaftliche Fertigung nicht mehr gewährleistet werden kann.

Die Losgrößenbildung kann auch noch durch andere Restriktionen beeinflußt werden. So ist es denkbar, daß man auf keinen Fall ein Los freigeben will, welches mehr als einen Jahresbedarf abdeckt. Bei billigen Teilen kann die Optimierung nach Andler ohne weiteres einen Mehrjahresbedarf als wirtschaftliche Losgröße ausweisen. Um das technologische Veralterungsrisiko stärker zu berücksichtigen, kann das Programm in diesen Fällen die Losgrößenbildung auf die Jahresabsatzgröße anpassen. Anschließend wird aber trotzdem noch der Abgleich auf die Fertigungs- bzw. Verpackungseinheit durchgeführt.

LOSGRÖSSENRECHNUNG

```
                                            TEST - UNTERNEHMEN
                                            EPD-NR        24000
                                            DATUM      01.02.76
                                            SEITE            13
```

ART GRP	ARTNR	TC	ARTIKELBEZEICHNUNG	AA CD	UMSATZ MENGE	UMSATZ WERT	ANZ BEW	FERT EINH	ANDLER GROESSE	AUF FAK	OPTIMAL GROESSE	ANZ AUF
3302	115782	C	ARTIKEL 10000	32	5370	3091	9	4000	3014	0.7	3010	1
	115783	C	ARTIKEL 20000	32	6796	3912	8	4000	3391	0.8	3390	2
	115814	B	ARTIKEL 30000	32	98996	48597	47	6420	13570	2.1	12840	8
	116890	C	ARTIKEL 40000	32	196	112	1	4000	575	0.1	580	!!
	122990	B	ARTIKEL 50000	32	39150	19218	25	6420	8534	1.3	6420	6
	127411	B	ARTIKEL 60000	32	28330	16541	15	10000	8461	0.8	8460	3
	127418	B	ARTIKEL 70000	32	9344	18440	10	3000	3110	1.0	3000	3
3303	119106	B	ARTIKEL 80000	32	31020	17197	15	6380	8285	1.2	6380	5
3320	119141	B	ARTIKEL 90000	32	42600	26245	30	8000	10614	1.3	8000	5

Abb. 110

Auswertungsbeispiel

In der Parameterkarte des Integrationsprogramms II kann festgelegt werden, ob die betriebliche optimale Losgröße nur in die Prognosedatei geschrieben oder ob auch eine Liste „LOSGRÖSSENRECHNUNG" ausgedruckt werden soll. Die in der Liste (vgl. Abb. 110) enthaltenen Informationen werden hier kurz beschrieben:

ARTGRP	= Artikelgruppe
ARTNR	= Artikelnummer
TC	= ABC-Teilecode
ARTIKELBEZEICHNUNG	= Artikelbezeichnung

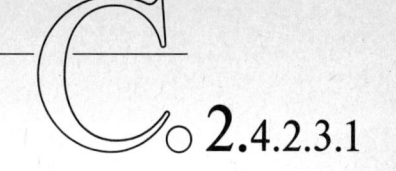

AACD	= Artikelartcode
UMSATZMENGE	= Umsatzmenge (tatsächliche oder extrapolierte Jahresmenge). Programmtechnisch ist es auch denkbar, jeweils die prognostizierte Jahresmenge aus der Prognosedatei als Basis für die Losgrößenrechnung zu benutzen
UMSATZWERT	= Umsatzwert (Umsatzmenge gewichtet zum Standardverkaufspreis)
ANZBEW	= Anzahl Bewegungen, die zur IST-Umsatzmenge des laufenden Jahres geführt haben.
FERTEINH	= im Artikelstamm gespeicherte Fertigungseinheit (oder Verpackungseinheit)
ANDLERGRÖSSE	= Errechnete Andler-Losgröße
AUFFAK	= Auftragsfaktor
OPTIMALGRÖSSE	= Betrieblich optimale Losgröße unter Berücksichtigung der vorgegebenen Restriktionen
ANZAUF	= In diesem Feld „Anzahl Aufträge" werden vom Programm zwei Eintragungen vorgenommen:

1. Wenn der Auftragsfaktor > dem Grenzwert der Parameterkarte ist, so wird hier die Anzahl der notwendigen Auftragslancierungen angedruckt, die notwendig sind, um die Umsatzmenge eines Jahres abzudecken.

2. Wenn der Auftragsfaktor < dem Grenzwert der Parameterkarte ist, so werden den Disponenten Ausrufezeichen als Hinweis angedruckt, die Größe der Fertigungseinheit oder den Artikel generell zu überprüfen.

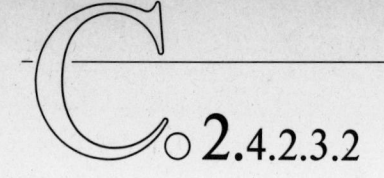

Das Programm durchläuft folgende Schritte:

1. Aus der Prognosedatei wird die Jahresumsatzmenge ermittelt (analog zur Berechnung innerhalb der Losgrößenrechnung) und mit dem Standardverkaufspreis multipliziert.

2. Der so ermittelte Jahresumsatzwert in Franken wird mit dem in der Parameterkarte vorgegebenen Grenzwert (A/B und B/C) verglichen. Als Ergebnis der Bereichszugehörigkeit erhält man den A-, B-, C-Code, der anschließend in die Prognosedatei zur späteren Auswertung in anderen Programmkreisen eingetragen wird. Zur gleichen Zeit erfolgt auch der Aufbau der ABC-Analyse-Datei, in die außer dem ABC-Code noch alle diejenigen Informationen übernommen werden müssen, die in der ABC-Analyse-Liste ausgedruckt werden sollen (vgl. Abb. 111 und 112).

C.2.4.2.3.2
ABC-ANALYSE

Die ABC-Analyse wird allgemein als Hilfsmittel verstanden, um zwischen

1. wichtigen (A),
2. weniger wichtigen (B) und
3. unwichtigen (C)

Artikeln zu unterscheiden. Man benötigt diese Einteilung, um z.B. bei Dispositions- oder Rationalisierungsbemühungen den Hauptaufwand auf Artikelpositionen von entscheidender wirtschaftlicher Bedeutung konzentrieren zu können.

Leistungen des Programms

Das ABC-Analyse-Programm hat in unserem Fall die Aufgabe, die einzelnen Artikel gemäß ihrem Jahresumsatzwert in die ABC-Kategorie einzuteilen und den jeweils ermittelten Code in die Prognosedatei und in die ABC-Analyse-Datei zu schreiben (vgl. auch Abb. 106).

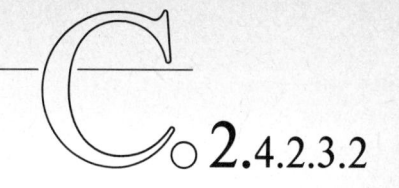

ABC-ANALYSE

```
                                                        TEST-UNTERNEHMEN
                                                        EDP-NR     12000
                                                        DATUM   01.01.76
                                                        SEITE          1
************************************************************************
ARTIKEL |         ARTIKEL - BEZEICHNUNG      | ABC |RANG|ERR.JAHRES|ERR. JAHRES|
NUMMER  |    AUFBAU 1      |    AUFBAU 2     |CODE|FOLGE|   MENGE  |   UMSATZ  |
************************************************************************
113301     ARTIKEL 1000                         A    13      95055    307312.81
113304     ARTIKEL 2001                         A    17      45634    272069.90
113303     ARTIKEL 2003                         A    33      41952    190084.51
129003     ARTIKEL 3001                         A    39       6814    165001.01
113293     ARTIKEL 4002                         A    42     228831    153774.43
113299     ARTIKEL 5005                         A    51      64413    126635.95
113313     ARTIKEL 6001                         A    52       3415    122420.92
116345     ARTIKEL 7003                         A    60    1753131    105187.86
113306     ARTIKEL 8001                         A    62      11174    102063.31
116334     ARTIKEL 9002                         A    71    1521213     88230.35
113297     ARTIKEL 2006                         A    79      54363     80620.32
113294     ARTIKEL 3007                         B    80      94963     78914.25
116324     ARTIKEL 4004                         B    86    1292573     76261.80
113292     ARTIKEL 5003                         B    89     148963     75077.35
116346     ARTIKEL 6008                         B    93    1243629     72130.48
113307     ARTIKEL 7009                         B   103       4826     63442.59
113327     ARTIKEL 8002                         B   112      81915     59716.03
113308     ARTIKEL 9001                         B   115       3822     59191.31
117738     ARTIKEL 4005                         B   119     344500     58565.00
119418     ARTIKEL 5006                         B   122     974477     57494.14
116398     ARTIKEL 6002                         B   138     926650     53745.70
116355     ARTIKEL 7004                         B   143     901243     52272.09
113295     ARTIKEL 8006                         B   144      46400     51225.60
116401     ARTIKEL 9007                         B   147     822164     48507.67
```

Abb. 111

Auswertungsbeispiel

Nach diesen Grundauswertungen sorgt ein weiterer Programmlauf dafür, daß die Artikel der ABC-Analyse-Datei nach absteigendem Umsatzwert sortiert, die Rangnummer vergeben und der prozentuale Umsatzanteil im Vergleich zum Gesamtumsatz errechnet wird. Nach dieser Verarbeitung kann die Liste ausgegeben werden, wie sie in Abb. 111 dargestellt ist. Am Schluß der Liste wird das Ergebnis der ABC-Analyse im sogenannten ABC-ANALYSE-Schlußblatt festgehalten (vgl. Abb. 112). Aus den ausgedruckten Werten läßt sich leicht die Lorenz-Kurve aufzeichnen, die man zur Ergebnisdarstellung in der Praxis häufig verwendet.

ABC-SCHLUSSBLATT

```
                              SCHLUSSBLATT
************************************************************

TOTAL   GELISTETER   ARTIKEL  :            2509

TOTAL   JAHRES   MENGE        :        98936966

TOTAL   JAHRES   WERT         :       63380559.79
************************************************************

         PROZENTUALE  AUSWERTUNG  DER  ABC - ANALYSE
         ------------------------------------------

MENGE :       A - TEILE         164  STUECK    =     6.53%

              B - TEILE         538  STUECK    =    21.44%

              C - TEILE        1806  STUECK    =    71.98%


WERT  :       A - TEILE   40956825.22  FR      =    64.62%

              B - TEILE   17550541.76  FR      =    27.69%

              C - TEILE    4873003.81  FR      =     7.68%
```

Abb. 112

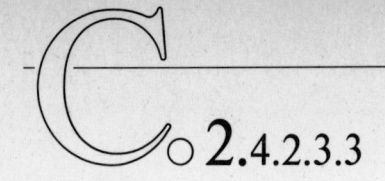

Die Grenzwerte in der Parameterkarte läßt man über einen längeren Zeitraum konstant, damit man halbjährlich oder jährlich die Veränderung der Umsatzstruktur ablesen kann. Da sich die Umsatzmengen und die Preise laufend verändern, ist es sinnvoll, in Abständen von 6 oder 12 Monaten die ABC-Analyse erneut auszuwerten, um den ABC-Code aussagefähig zu erhalten.

C.2.4.2.3.3
WIEDERBESCHAFFUNGSZEITBERECHNUNG

Die Wiederbeschaffungszeit gehört zu den wichtigsten Dispositionsdaten innerhalb der Lagerbewirtschaftung. Sie hilft dem Disponenten, den Zeitpunkt zu bestimmen, wann er einen Auftrag spätestens auslösen muß, um zu einem gewünschten Endtermin wieder über die Artikel im Lager verfügen zu können.

Die Wiederbeschaffungszeitberechnung wird in unserem Falle nur über eine Fertigungsstufe durchgeführt, da wir davon ausgehen, daß für lagerhaltig definierte Verkaufsprodukte die entsprechenden Halbfabrikate ebenfalls an Lager geführt werden. Diese Voraussetzung ist in vielen Unternehmen gegeben, da die Wahrscheinlichkeit einer Mehrfachverwendung und einer ausgeglichenen Lagerentnahme auf den weiter unten liegenden Stücklistenstufen immer mehr zunimmt und sich damit eine Lagerfertigung noch eher anbietet als auf der Endstufe. Wenn wir also von einer Verfügbarkeit der Komponenten einer Baukastenstückliste ausgehen, läßt sich die Wiederbeschaffungszeit nach folgender Formel berechnen:

Wiederbeschaffungszeit in Tagen =
administrative Zeit für die Auftragsbearbeitung in Tagen
+ (Anzahl Operationen minus 1) x Liege- und Transitzeit in Tagen
+ Summe der Fertigungszeiten mit Schichtplan
in Tage umgerechnet
+ Prüf- und Einlagerungszeit
x Managementfaktor

Während zu den angegebenen Zeiten keine näheren Erläuterungen gegeben werden müssen, weil sie leicht verständlich sind, muß noch eine Bemerkung zum Begriff des Managementfaktors gemacht werden. Dieser Faktor ist als eine über die Parameterkarte variierbare Größe vorgegeben, die dem Terminverantwortlichen die Möglichkeit gibt, bei einer sich plötzlich ändernden Kapazitätsauslastung (Abweichung von der ursprünglich zugrundegelegten mittleren Kapazitätsauslastung) über das ganze Sortiment hinweg die Wiederbeschaffungszeiten prozentual an die neue Produktionssituation anzupassen.

Leistungen des Programms

Dieses Unterprogramm des Integrationsprogramms II bezieht sich ebenfalls auf den Datenflußplan in Abb. 106. Die Aufgabe des Programms besteht darin, die Werte für die Wiederbeschaffungszeitberechnung aufzubereiten, die Wiederbeschaffungszeitberechnung durchzuführen und das Ergebnis in die Dispositionsdaten-Datei einzutragen. Die auftragsunabhängigen Werte, wie

1. administrative Zeit für die Auftragsbearbeitung,
2. Liege- und Transitzeit (als Pauschalangabe),
3. Prüf- und Einlagerungszeit und
4. der Managementfaktor,

werden dem Programm über die Parameterkarte mitgeteilt und sind damit für jeden Programmlauf frei wählbar (Simulationsmöglichkeit). Die auftragsabhängigen Daten werden dagegen mit Hilfe der angeschlossenen Dateien ausgewertet. Da sich die Daten des Arbeitsplans in der Regel auf eine bestimmte Fertigungseinheit oder etwa auf eine bestimmte Anzahl, z.B. 1000, beziehen, muß zuerst der Auftragsfaktor berechnet werden. Dazu entnimmt man die optimale Losgröße der Prognosedatei und führt folgende Rechnung aus:

$$\text{Auftragsfaktor} = \frac{\text{optimale Losgröße}}{\text{Fertigungseinheit}} \quad \text{oder} \quad \frac{\text{optimale Losgröße}}{1000}$$

Jetzt kann man zur Bestimmung der Durchlaufzeit übergehen, indem man den maschinell gespeicherten Arbeitsplan liest und bei jedem Operationsgang die nachstehende Rechnung durchführt:

Durchlaufzeit pro Operationsgang
= Maschinenrüstzeit + (Auftragsfaktor x Fertigungszeit)

2.4.2.3.3

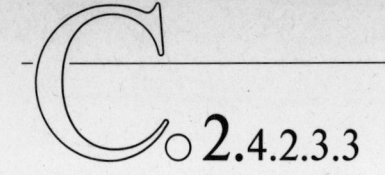

Bei der nachfolgenden Aufrundung der Stunden in Tage muß die in der Arbeitsplatzdatei gespeicherte Schichtangabe berücksichtigt werden, um entscheiden zu können, ob man 8, 16 oder 24 Stunden als einen Tag betrachten muß. Vor der Aufrundung wird noch ein Minimalstundenwert in der Parameterkarte abgefragt, ob die Aufrundung überhaupt gerechtfertigt ist. Wenn zum Beispiel bei einem Operationsgang nur 1 Stunde Durchlaufzeit berechnet wurde, so ist sicher keine Aufrundung auf einen ganzen Tag gerechtfertigt. Wenn man diesen Grenzwert nicht berücksichtigt, so wird die maschinelle Wiederbeschaffungszeitberechnung nur unnötig mit Sicherheitszeiten versehen.

Nach der Durchlaufzeitberechnung pro Operationsgang wird der Tageszähler pro Operationsgang fortgeschrieben und die Anzahl der Operationen in einem Zähler kumuliert. Wenn vom Programm alle Operationen eines Arbeitsplans abgearbeitet worden sind, sind in diesen beiden Zählern die Durchlaufzeit in Tagen und die Anzahl der Operationen gespeichert. Damit hat man alle Werte aufbereitet, um die Wiederbeschaffungszeit in Tagen pro Artikel berechnen und neben anderen Informationen in die Dispositionsdaten- und in die Prognosedatei schreiben zu können.

Auswertungsbeispiel

Die Liste „DISPOSITIONSDATEN" in Abb. 113 wird mit Hilfe des Dispositionsdaten-Auswertungsprogramms gewonnen. Sie enthält zum Teil die Informationen, die mit dem obigen Programm erstellt wurden, wie

ANZOP = Anzahl Operationen
SUMME TM STD = Durchlaufzeit in Stunden
W. BESCHFRIST = Wiederbeschaffungszeit in Tagen.

Der Wert für die Losgröße wurde aus der Prognosedatei und der Wert für den Servicegrad aus der Parameterkarte gelesen, in die Dispositionsdaten-Datei übertragen und ausgedruckt. Der Wert in der Spalte DA (= Dispositionsart) wird durch das im folgenden beschriebene Unterprogramm berechnet.

C.2.4.2.3.4

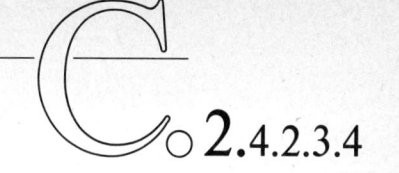

DISPOSITIONSDATEN-ERSTELLUNGS-PROGRAMM

```
                                                    TEST-UNTERNEHMEN
                                                    EDP-NR      11000
                                                    DATUM    01.01.76
                                                    SEITE          12

     LIEGE- UND TRANSITZEIT:     3 TAGE              BEARBEITUNGSZEIT AVOR:   8 TAGE
**********************************************************************************
  ART  *  ART   *                         |D|   LOS  | ANZ| SUMME|W.BESCH|SERVICE|VERK*
  GRP  * NUMMER *   ARTIKEL-BEZEICHNUNG    |A|  GROESSE|  OP|TM STD|FRIST T| GRAD  | GRP*
  2203 * 128526 *      ARTIKEL 1000        |B|    180 |  6 |   29 |   29  |   85  | 31 *
  2203 * 128527 *      ARTIKEL 2000        |V|   1070 |  6 |   75 |   34  |   85  | 31 *
  2203 * 128528 *      ARTIKEL 3000        |V|   2140 |  6 |  145 |   42  |   85  | 31 *
  2203 * 128529 *      ARTIKEL 4000        |V|   1066 |  7 |  124 |   44  |   85  | 31 *
  2203 * 129742 *      ARTIKEL 5000        |B|    530 |  7 |  123 |   45  |   85  | 31 *
  2203 * 129744 *      ARTIKEL 6000        |B|    500 |  6 |   45 |   30  |   85  | 31 *
  2205 * 117117 *      ARTIKEL 7000        |B|    670 |  4 |    3 |   19  |   85  | 31 *
  2205 * 118172 *      ARTIKEL 8000        |B|   1110 |  4 |    3 |   19  |   85  | 31 *
  2205 * 118173 *      ARTIKEL 9000        |V|   3550 |  4 |    8 |   20  |   85  | 31 *
```

Abb. 113

B = BEDARFSSTEUERUNG
V = VERBRAUCHSSTEUERUNG

C.2.4.2.3.4 DISPOSITIONSARTENERMITTLUNG

Die Umsatzentwicklung der Artikel unterliegt einer dauernden Veränderung. Um innerhalb der Disposition eine möglichst wirtschaftliche Lösung zu erreichen, muß diese Veränderung periodisch überwacht und daraufhin überprüft werden, ob die einem Teil zugeordnete Dispositionsart (Verbrauchs- oder Bedarfssteuerung) noch seinen Umsatzeigenschaften entspricht. Kriterien, die eine Zuordnung eines Artikels zu seiner richtigen Dispositionsart ermöglichen, sind in dem vorliegenden Programm der Umsatzwert und die Verbrauchsschwankung des Artikels.

Hat ein Artikel z. B. einen hohen Umsatzwert (A- oder B-Artikel) und sind seine Verbrauchsschwankungen niedrig, so kann er verbrauchsorientiert disponiert werden, weil die Fehlerwahrscheinlichkeit bei der Prognose und damit die Gefahr von Fehldispositionen nicht sehr groß ist. Überschreiten die Verbrauchsschwankungen hingegen einen vorgegebenen Grenzwert, so ist es wirtschaftlicher, den entsprechenden Artikel bedarfsgesteuert zu disponieren. Die allgemeine Zuordnung zu den Dispositionsarten ist aus der Abb. 114 zu entnehmen.

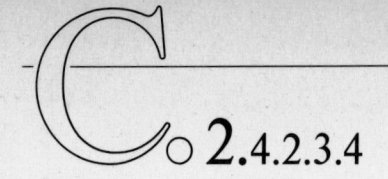

DISPOSITIONSARTENERMITTLUNG

Wertigkeit \ Verbrauchsschwankung	Gering	Mittel	Stark
Hoch	Verbrauchsgesteuert	Bedarfsgesteuert	Bedarfsgesteuert
Niedrig	Verbrauchsgesteuert	Verbrauchsgesteuert	Bedarfsgesteuert

Abb. 114

Betrachtet man die Zahlenreihe eines Artikels (Abb. 115) mit kontinuierlichen Umsätzen, so kann man davon ausgehen, daß sich diese Mengen zum Teil normal verteilen. Der Wert der Standardabweichung läßt sich dabei als Näherungswert aus der mittleren absoluten Differenz (MAD), die vom Prognoseprogramm jeden Monat neu errechnet und in der Prognosedatei abgespeichert wird, nach folgender Formel berechnen:

$$\sigma = 1{,}25 \times MAD$$

Das letztlich gesuchte Maß für die Verbrauchsschwankung gewinnt man mit Hilfe des Variationskoeffizienten, der sich aus folgender Rechnung ergibt:

$$VAK = \frac{1{,}25 \times MAD}{Durchschnittsverbrauch/Monat}$$

Artikel mit einem hohen Variationskoeffizienten haben hohe Verbrauchsschwankungen und sind daher eher der Dispositionsart Bedarfssteuerung zuzuordnen[1].

---

[1] Die hier beschriebene Dispositionsartenermittlung läßt sich nur unter der Bedingung normalverteilter Umsatzreihen sinnvoll einsetzen.

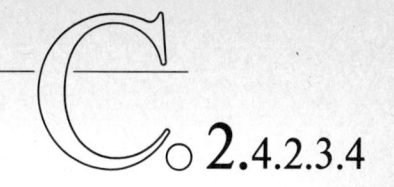

NORMALVERTEILUNG DER UMSATZMENGEN

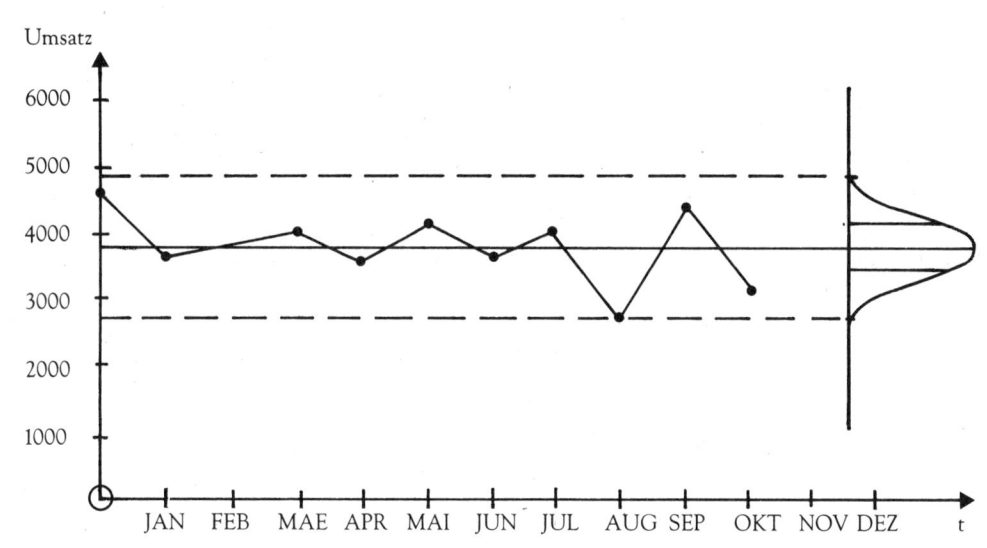

Abb. 115

Leistungen des Programms

Der Dispositionsartenermittlung liegt auch der Datenflußplan in Abb. 106 zugrunde. Aus der Prognosedatei wird der ABC-Code gelesen und mit Hilfe der ebenfalls in dieser Datei gespeicherten Größen MAD und Durchschnittsverbrauch/Monat der Variationskoeffizient berechnet. Nach diesen Vorbereitungen wird ein Entscheidungsverfahren (vgl. Abb. 116) durchlaufen, welches die Zuordnung der Artikel zur richtigen Dispositionsart vornimmt. Die Toleranzgrenzen für die Verbrauchsschwankungen (VAKX und VAKY) sind über die Parameterkarte des Integrationsprogramms II frei wählbar. Erfahrungswerte sind für VAKX = 0,67 und für VAKY = 1.

Auswertungsbeispiel

Nach dem Durchlaufen des Entscheidungsverfahrens werden die ermittelten Dispositionsarten:

B = Bedarfssteuerung und
V = Verbrauchssteuerung

in die Prognosedatei und in die Dispositionsdaten-Datei eingetragen. In der Liste „DISPOSITIONSDATEN" (vgl. Abb. 113), die bereits im letzten Abschnitt dargestellt wurde, erscheint das Ergebnis dieses Unterprogramms in der Spalte „DA". Wie wir später sehen, wird die ermittelte Dispositionsart auf fast allen Auswertungen, die den

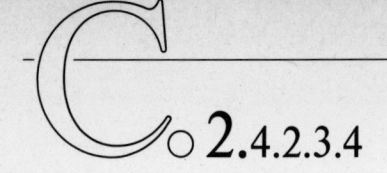

Disponenten zur Lagerplanung zu Verfügung stehen, ausgedruckt. Man trifft diese Regelung, um den Disponenten einen Hinweis zu geben, daß innerhalb eines verbrauchsgesteuerten Systems dem mit der Dispositionsart Bedarfssteuerung versehenen Artikel eine besondere Aufmerksamkeit gewidmet werden muß, was sich in der Regel in einer vorsichtigen Disposition auswirkt. Auf diese Weise läßt sich die Gefahr einer zu hohen durchschnittlichen Kapitalbindung innerhalb eines verbrauchsgesteuerten Bewirtschaftungssystems vermeiden.

ENTSCHEIDUNGSVERFAHREN ZUR DISPOSITIONSARTEN-ERMITTLUNG

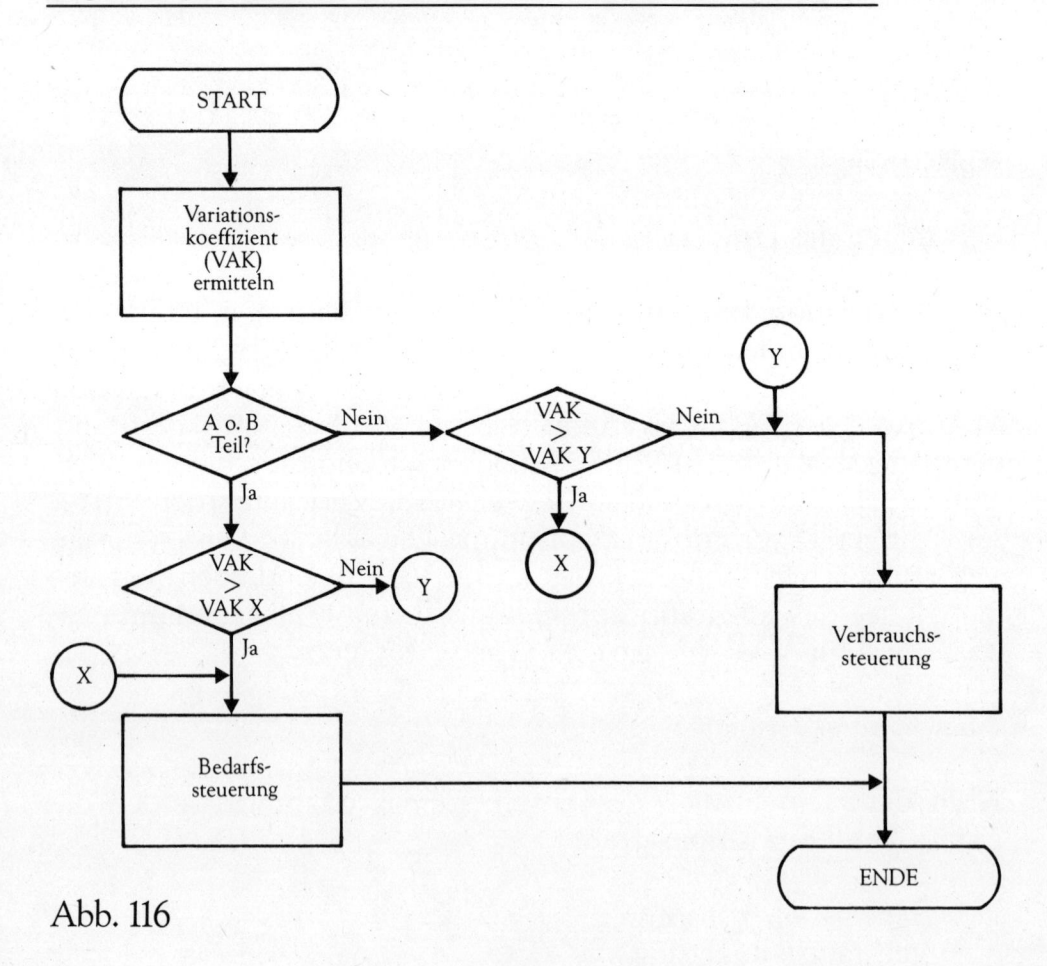

Abb. 116

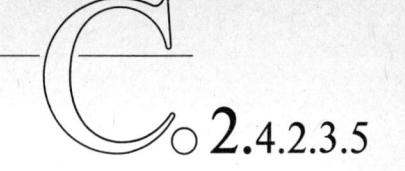

C.2.4.2.3.5
PARAMETERSTEUERUNG DES INTEGRATIONSPROGRAMMS II

Bei der Entwicklung des Integrationsprogramms II wurde, wie auch beim Prognoseprogramm, ein besonders großer Wert auf eine vielseitige Anpassungsfähigkeit und variationsreiche Auswertungsmöglichkeit gelegt.

Es muß an dieser Stelle noch einmal die Bedeutung der Mitarbeit des Materialmanagements bei der Projektentwicklung von computerunterstützten Bewirtschaftungssystemen hervorgehoben werden. Das fehlende Engagement des späteren Benutzers wird nirgendwo so deutlich wie bei der Bestimmung der Variablen in der Parameterkarte. Erst die positive Zusammenarbeit zwischen dem EDV-Projektleiter und dem Materialmanager wird zu einer optimalen Parameterfestlegung führen, die den größten Teil der späteren Anwendungsbedürfnisse abdeckt. Auf diese Weise lassen sich die sonst später notwendigen Änderungswünsche und die damit verbundene Unruhe von vornherein vermeiden.

1. Vielseitige Anpassungsfähigkeit

   Alle Werte, die vom Materialmanagement innerhalb der aufgeführten Unterprogramme von Zeit zu Zeit an die jeweilige Unternehmenssituation angepaßt werden müssen, sind in dem Integrationsprogramm II über die Parameterkarte beliebig veränderbar.

   Dazu gehören:

   - der Lagerkostenprozentsatz,
   - die administrativen Rüstkosten,
   - der Grenzfaktor zur Aufrundung der Losgröße,
   - der Grenzwert für Auftragsfaktoren < 1,
   - der Grenzwert für A/B-Teile,
   - der Grenzwert für B/C-Teile,
   - die Liege- und Transitzeit,
   - die Zeit für die Auftragsbearbeitung,
   - die Prüf- und Einlagerungszeit,
   - der Managementfaktor
     (zur Veränderung der Durchlaufzeiten),
   - der Servicegrad,

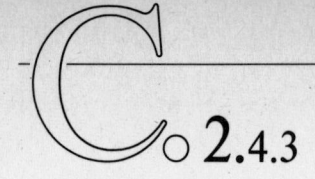

○ der Grenzwert für Verbrauchsschwankungen von A/B-Teilen (VAKX) und
○ der Grenzwert für Verbrauchsschwankungen von C-Teilen (VAKY).

2. Variationsreiche Auswertungsmöglichkeiten

Innerhalb der Parameterkarte lassen sich aufgrund des Kriteriums Artikelart-Code beliebige Untermengen der in der Prognosedatei insgesamt gespeicherten Artikel zur Auswertung bestimmen. Weiterhin kann man über die Parameterkarte steuern,

○ welche Unterprogramme durchlaufen und
○ welche Auswertungen dabei erstellt werden sollen.

Mit dieser Parametersteuerung erreicht man, daß man die 3 Unterprogramme des Integrationsprogramms II in beliebigen periodischen Abständen auswerten und damit die Prognosedatei, als Basis für das Lagerplanungsprogramm, in einer gewünschten Periodizität aktualisieren kann.

C.2.4.3
LAGERPLANUNGSPROGRAMM

Nachdem mit Hilfe der Integrationsprogramme I und II alle Basisdaten für eine Lagerplanung in die Prognosedatei gespeichert wurden, kann die maschinelle Lagerplanung durchgeführt werden. Aus dem Datenflußplan (Abb. 117) ist zu ersehen, daß dieses Programm bis auf Erweiterungen in der Verarbeitung und in der Outputsteuerung mit dem bereits unter Punkt 2.3.5 beschriebenen Prognoseprogramm übereinstimmt. Tatsächlich handelt es sich hierbei um das gleiche Programm, welches lediglich mit Hilfe von Parameterangaben einmal die Funktion der Absatzplanung und zum anderen die Funktion der Lagerplanung übernimmt.

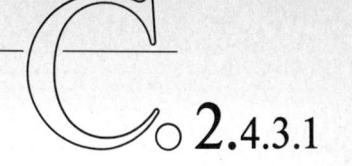

DATENFLUSSPLAN LAGERKONTROLLPROGRAMM

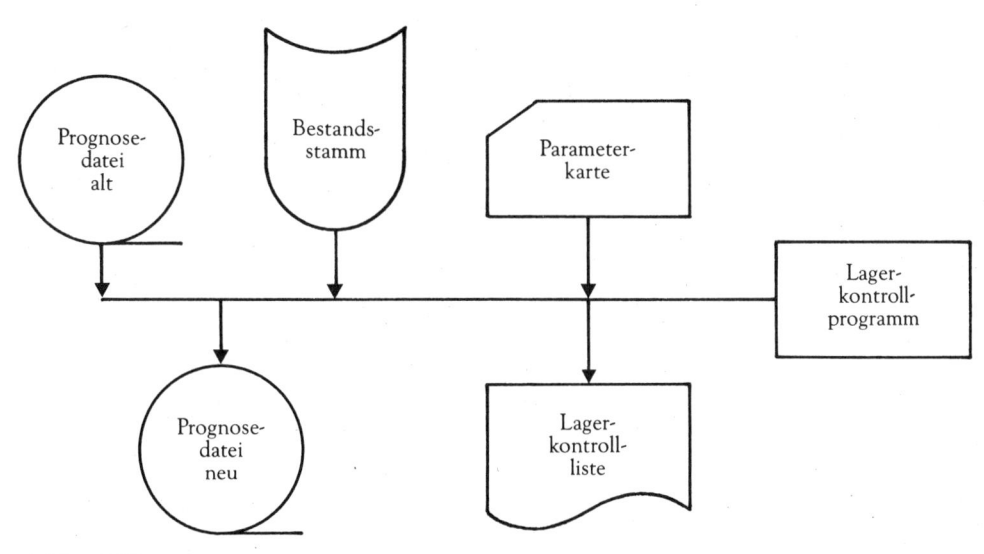

Abb. 117

C.2.4.3.1 PROGRAMMBESCHREIBUNG

Das Lagerplanungsprogramm läßt sich grob in zwei Teile einteilen:

1. Vorlaufteil,
2. Verarbeitungs- und Ausgabeteil.

Im Vorlaufteil werden auch für die Lagerplanung (Outputwahl-Code der Parameterkarte muß entsprechend gewählt sein) die gewünschten Artikel jeweils aufgrund des Artikelart-Codes, des ABC-Codes und des Benutzergruppen-Codes aus der Prognosedatei selektiert und zur Bearbeitung freigestellt.

Im Verarbeitungs- und Ausgabeteil werden folgende Subroutinen durchlaufen:

1. Absatzprognose,
2. Dispositionsdaten- und Lagerkennziffernberechnung,
3. Lagereindeckungsrechnung,
4. Berechnung des Materialmanagement-Kontrollblattes,
5. Parameter-Protokoll.

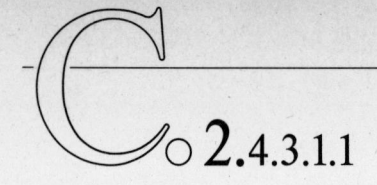

C.2.4.3.1.1
ABSATZPROGNOSE

Die Absatzprognose wurde bereits im Abschnitt 2.3.5 umfassend beschrieben und wird hier als bekannt vorausgesetzt.

C 2.4.3.1.2
DISPOSITIONSDATEN- UND LAGERKENNZIFFERNBERECHNUNG

In dieser Programmroutine des Lagerplanungsprogramms werden alle Dispositionsdaten und Lagerkennziffern aufbereitet, die einmal zur Lagereindeckungsrechnung und zum anderen zur Materialmanagementinformation in den diversen Auswertungen des Lagerplanungssystems benötigt werden.

Lassen Sie mich zu Beginn kurz die einzelnen Berechnungsarten für die Dispositionsdaten und Managementinformationen erklären, wie sie sowohl im Dispositionsstammblatt (vgl. Abb. 118) als auch im Lagereindeckungsblatt (vgl. Abb. 121) im unteren Teil angedruckt werden.

Berechnung der Bestellgrenze

Die Berechnung der Bestellgrenze erfolgt nach der folgenden Formel:

Bgr = durchschnittlicher Verbrauch
in der Wiederbeschaffungszeit + Sicherheitsbestand

oder speziell:

Bgr = f_1 x durchschnittlicher Verbrauch/Monat + f_2 x MAD

Die Werte „durchschnittlicher Verbrauch/Monat" und „mittlere absolute Differenz" werden vom Lagerplanungsprogramm monatlich gleitend errechnet und in der Prognosedatei abgespeichert. Die Faktoren f_1 (= Wiederbeschaffungszeit in Monaten) und f_2 (= Größe zur Bestimmung des Sicherheitsbestandes) werden aufgrund der Angaben in der Dispositionsdatendatei vom Lagerplanungsprogramm folgendermaßen berechnet:

2.4.3.1.2

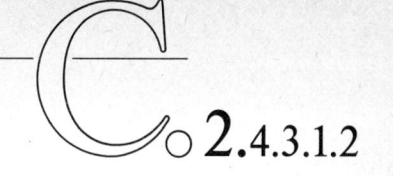

1. Berechnung von f_1:

$$f_1 = \frac{\text{Wiederbeschaffungszeit in Arbeitstagen}}{\text{durchschnittliche Anzahl Arbeitstage pro Monat}}$$

Man nimmt die Berechnung von f_1 innerhalb des Programms vor, damit die Änderung der Wiederbeschaffungszeit in Tagen erfolgen kann und der Disponent bei der Datenerfassung nicht gezwungen ist, diesen Faktor manuell zu berechnen und dann erst in das System einzugeben.

2. Berechnung von f_2:

An dieser Stelle muß man zuerst vorausschicken, daß der Sicherheitsbestand in diesem Modell in funktionaler Abhängigkeit von den Verbrauchsschwankungen und dem in der Dispositionsdatendatei gewünschten Servicegrad berechnet wird (vgl. Abb. 119).

DISPOSITIONSSTAMMBLATT

```
TEST - UNTERNEHMEN                                                              DATUM:  31.01.76
EDP-NR          6000                                                            SEITE:      40

GRP-NO:  8100   ART-NO:  106724    ART-BEZ:       ARTIKEL 900                           ME: 13
TEILECODE:  A   AA-CODE: 10   STDVP/M:  23.957  HK/M:  17.335  FERTEINHEIT:  1170  DISPOART: VERBR.GESTEUERT
**********************************************************************************************
      | IST    IST  | IST    VF   ABC* IST   PROG   VF   ABC  ABC| APLAN  EG | KUNDEN LAGER FABRIK* PROG   P.WERT
      | 73     74   | 75     %    %  * 76    76     %    PROG %  | 76     %  |AUFTRAG BESTD AUFTRAG*  77      77
**********************************************************************************************
JAN   | 111    1655 | 2835 38-  0+*  1615   2104 30+       0+| 2104  76 |   0   1869    0*  1772   42451
FEB   | 2155   3375 | 685243+   0+*    0     654  0+       0+|  724   0 |   0      0    0*   717   17177
MAE   | 1779   1224 | 755 72+   0+*    0     721  0+       0+|  798   0 |   0      0 1170*   791   18949
                                                                                                       
QU1   | 4045   6254 | 4275        *  1615   3479             | 3626     |                *  3280   78578

APR   |  710   1328 | 1177 19+  0+*    0    1124  0+       0+| 1244   0 |   0      0    0*  1233   29538
MAI   | 3349   4004 | 2920 19-  0+*    0    1805  0+       0+| 2104   0 |   0      0    0*  1981   47458
JUN   |  363    350 | 2816 70-  0+*    0    1805  0+       0+| 1920   0 |   0      0    0*  1981   47458

QU2   | 4422   5682 | 6913        *    0    4734             | 5268     |                *  5195  124456

JUL   | 4955   2874 | 830128+   0+*    0     792  0+       0+|  877   0 |   0      0    0*   869   20818
AUG   | 1387      0 | 1832 65-  0+*    0    1749  0+       0+| 1937   0 |   0      0    0*  1919   45973
SEP   |  338   1238 | 895 18+   0+*    0     854  0+       0+|  946   0 |   0      0    0*   937   22447

QU3   | 6680   4112 | 3557        *    0    3395             | 3760     |                *  3725   89239

OKT   | 1246   1208 | 1002 11+  0+*    0     957  0+       0+| 1059   0 |   0      0    0*  1050   25154
NOV   | 1500    495 |    0  0+  0+*    0     601  0+       0+|  701   0 |   0      0    0*   691   16554
DEZ   | 1602      0 | 593 58-   0+*    0     601  0+       0+| 1254   0 |   0      0    0*   691   16554

QU4   | 4348   1703 | 1595        *    0    2159             | 3014     |                *  2432   58263

SUM/J |19495  17751 |16340        *  1615  13767             |15668  10 |                * 14632  350538
**********************************************************************************************
PA    | 15.6+  8.9-   7.9-              4.5-
MPA   |                                        9.7+                                          9.7+
ANBEW |  60     44     41                3     | PROGN:  PROZENTUALES  GLAETTUNGSVERFAHREN  1  KUM VF IN % :  30.0+
--------------------------------------------------------------------------------------------------
BESTPUNKT:      3165     BESTMENGE:    1170
MAX. BEST:      4335                          GERECHN. MONATE :        12       MOMENT.LAGERWERT    :  32399 FR.
                                              DURCHSCHN-UMSATZ:      1260 METER UMSCHLAGHAEUFIGKEIT:   17.3 MAL
SICH.BEST:       897     BEST-WERT:  20281FR. MITTL.ABSOL.DIFF:       690 METER JAEHRL.LAGERKOSTEN :   3774 FR.
WIEDBZEIT:  40 TAGE      SUMME  TM:    11STD  D.LAG-BESTAND/MO:       871 METER LAGERKOSTEN/UMSATZ :    1.0 %
SERV.GRAD:  85 %         ANZAHL OP:      4    D.LAG.WERT  /MO:     15098 FR    EINDECKUNGSZEITRAUM:    1.4 MON
```

Abb. 118

2.4.3.1.2

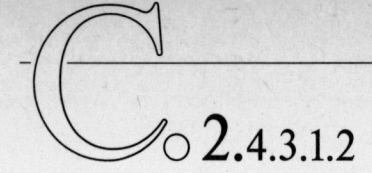

SICHERHEITSBESTANDSBERECHNUNG

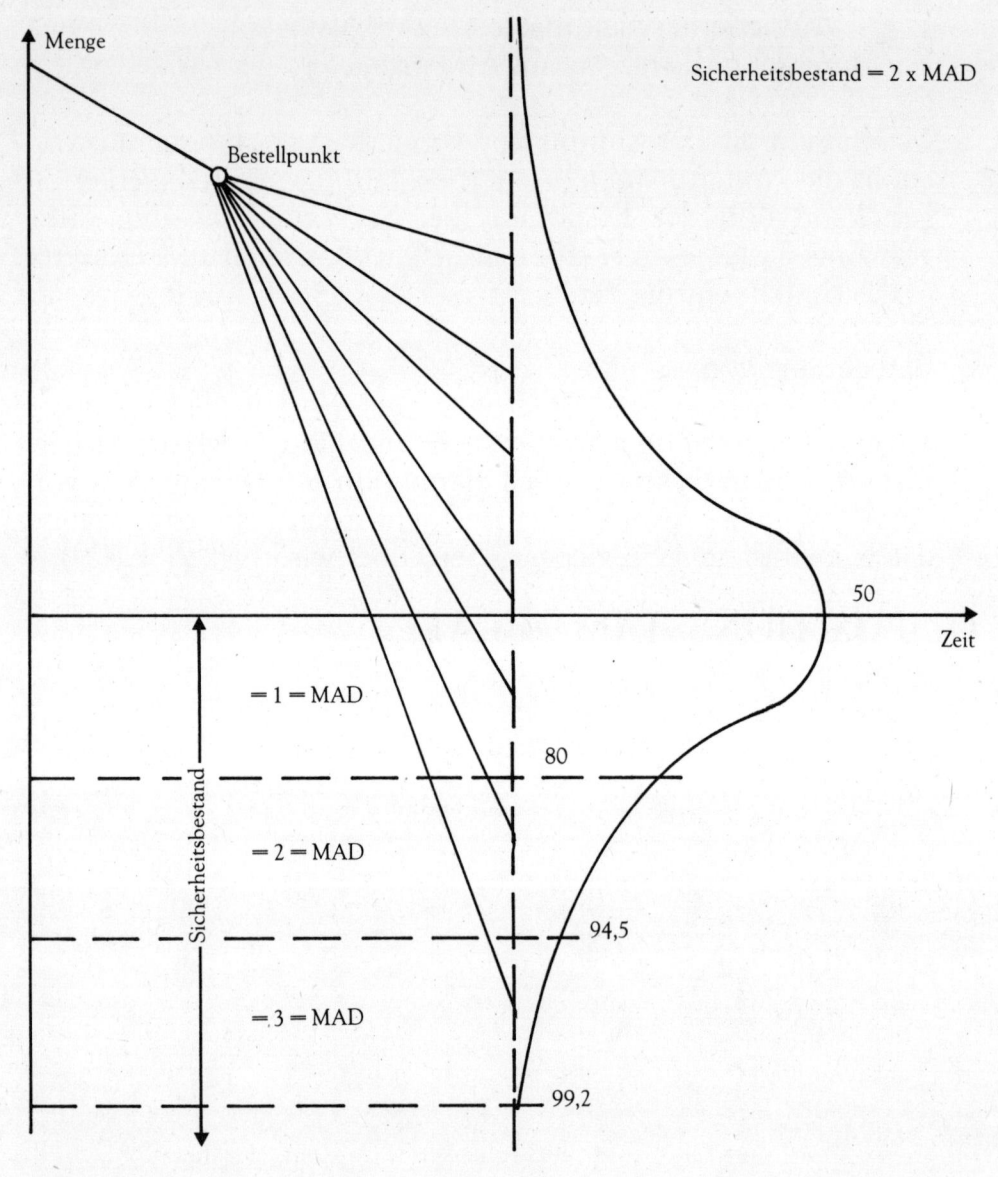

Abb. 119

In den meisten auf dem Software-Markt vorhandenen Modularprogrammen wird dieser Ansatz gewählt, da er relativ gute Sicherheitsbestandswerte liefert, ohne an die Datenerfassung hohe Ansprüche zu stellen. In der Praxis stellt sich hierbei nämlich das Problem, daß man kein Verfahren wählen sollte, bei dem der zusätzlich notwendige Aufwand zur Festlegung bzw. Aktualisierung der Inputdaten (Grenzkosten) größer als die daraus resultierende Verbesserung der Sicherheitsbestandsgröße (Grenzertrag) ist. In dem hier beschriebenen Lagerplanungssystem ist die Datenerfassung für die

Berechnung des Sicherheitsbestandes sehr einfach, da der Servicegrad einmal als Pauschalwert in der Parameterkarte oder artikelspezifisch als Prozentsatz in der Dispositionsdatendatei angegeben und mit Hilfe eines Verwaltungsprogramms nach Wunsch geändert werden kann.

Innerhalb des Lagerplanungsprogramms wird dieser Prozentsatz für den Servicegrad aus der Dispositionsdatendatei bzw. der Parameterkarte gelesen und mit Hilfe der nachstehend gespeicherten Zuordnungstabelle in f_2 umgerechnet:

Servicegrad	f_2
70 %	0,5 x MAD
71 % – 79 %	1,0 x MAD
80 % – 85 %	1,3 x MAD
86 % – 90 %	1,7 x MAD
91 % – 95 %	2,0 x MAD
96 % – 97 %	2,5 x MAD
98 % – 99 %	3,7 x MAD

Damit hat man alle Daten, die man zur Berechnung der Bestellgrenze benötigt.

Berechnung des Sicherheitsbestandes:

Die Berechnung des Sicherheitsbestandes erfolgt nach der folgenden Formel:
Sicherheitsbestand = f_2 x MAD

Indem man den Sicherheitsbestand von der Größe der mittleren absoluten Differenz (MAD) abhängig macht, die nach jeder Fortschreibung der Umsatzreihen für jeden Artikel neu berechnet wird, wird gleichzeitig auch der Sicherheitsbestand jeweils den Umsatzgegebenheiten dynamisch angepaßt. Allerdings sollte man bei Artikeln, deren MAD im Vergleich zum durchschnittlichen Monatsumsatz sehr hoch ist (sporadische Umsatzentwicklung), den gewählten Servicegrad im Hinblick auf den tatsächlich notwendigen Kundenservice und unter Berücksichtigung von Fehlbestandskosten sorgsam überprüfen, damit der u.a. von der Höhe der Sicherheitsbestände abhängige, durchschnittlich gebundene Lagerbestand nicht unnötig hoch wird. Zur Überprüfung dieser Abhängigkeiten und zur Absicherung bei der Einführung ist es sinnvoll, mit dem vorhandenen Programmsystem zuerst mehrere Simulationsläufe durchzuführen, deren Ergebnisse eine Aussage über den Einfluß und die Sensibilität der beeinflußbaren Kriterien auf den Lagerbestand zuläßt.

2.4.3.1.2

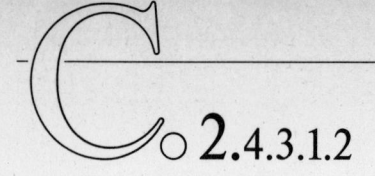

Allgemeine Betrachtung zur Sicherheitspolitik
im Rahmen der Materialplanung

Das Sicherheitsdenken in logistischen Systemen dient dem risikolosen Auffangen derjenigen Mengen- und zeitmäßigen Schwankungen der Materialeingänge ins Lager und der Materialausgänge aus dem Lager, welche die Lieferbereitschaft des Lagers gefährden.

Aus der Abb. 120 ist ersichtlich, durch welche logistischen Ereignisse Sicherheitsbestände notwendig wurden, um Versorgungsengpässe zu vermeiden.

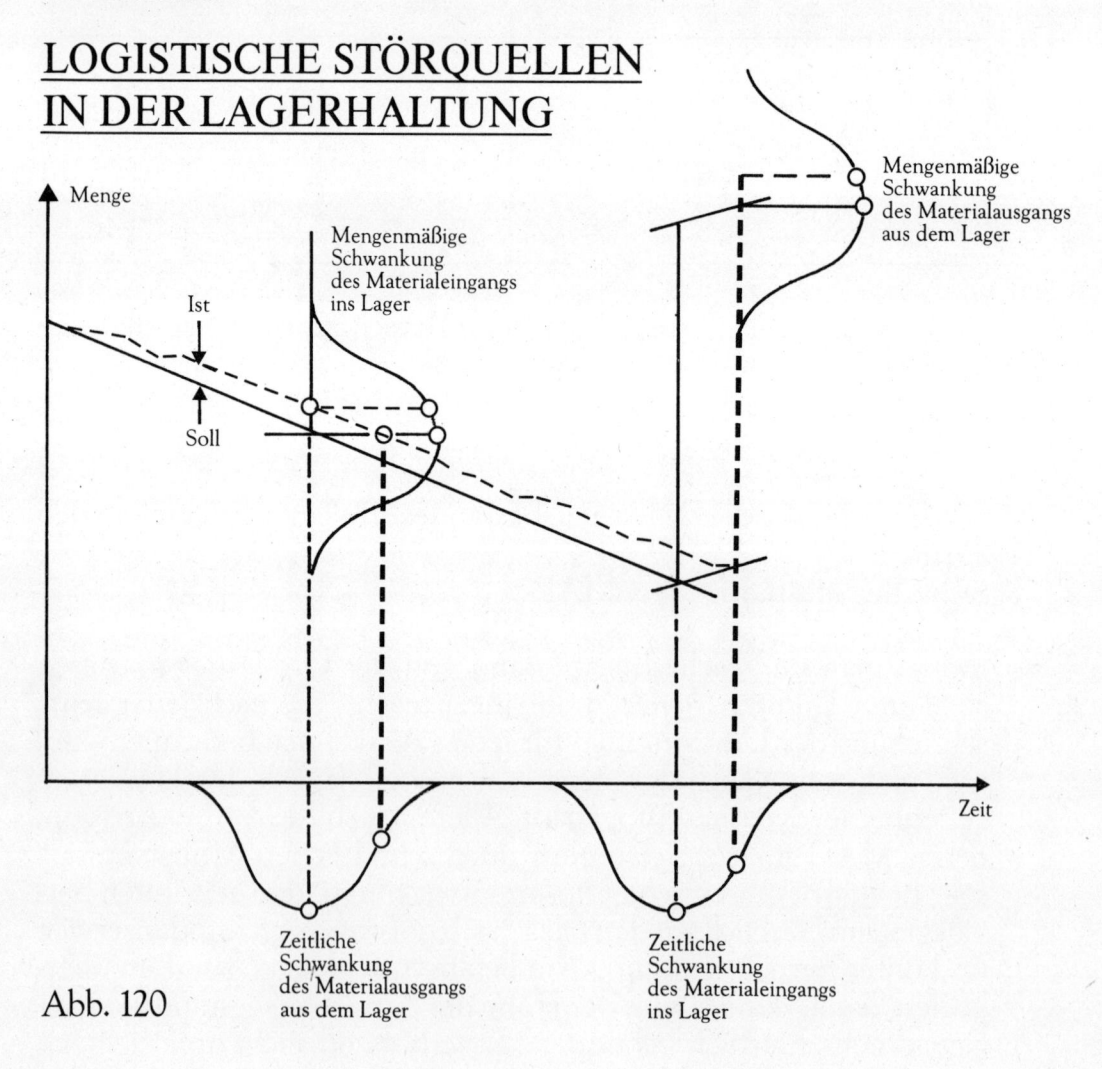

LOGISTISCHE STÖRQUELLEN IN DER LAGERHALTUNG

Abb. 120

Gliederung der Sicherheiten

1. Offizielle, ausgewiesene Sicherheit (Zeit, Bestand),
2. Sicherheit durch zu lange Zeitangaben,
3. Sicherheit durch zu große Mengenangaben (Ausschuß),
4. Sicherheit durch Zusammenfassen in Lose,
5. Sicherheit durch zu lange Zeitdauerannahmen, die nicht ausgewiesen sind (admin. Vorbereitungszeit),
6. Sicherheit durch zu großen Primärbedarf,
7. Sicherheit durch Periodenbildung.

Einflußgrößen auf die offizielle, ausgewiesene Sicherheit

Einflußgröße		gewünschte Sicherheit	
		„hoch"	„niedrig"
Dringlichkeit	hoch	x	
	niedrig		x
Beschaffungsmöglichkeit[1])	gut		x
	schlecht	x	
Lagerfähigkeit[2])	gut	x	
	schlecht		x
Lagerkosten[3])	hoch		x
	niedrig	x	
Mehrfachverwendbarkeit	hoch	x	
	niedrig		x
Zuverlässigkeit der Bedarfsvorhersage	gut		x
	schlecht	x	

1) – Zuverlässigkeit im Einhalten der Lieferfristen
   – mehrere Lieferanten resp. Herstellmöglichkeit

2) – Verderb, technisches Veralten

3) – Kosten des Lagers und Kapitalkosten pro Stück und Zeiteinheit

Berechnung der übrigen Daten für das Materialmanagement:

Die meisten übrigen Daten im unteren Teil der Abbildungen 118 und 121 werden von den im Lagerplanungsprogramm angeschlossenen Dateien gelesen und in den genannten Auswertungen angedruckt. Lediglich bei den folgenden Daten erfolgen noch Berechnungen:

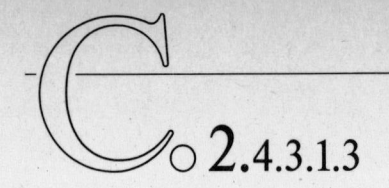

Bestellwert = opt. Losgröße x Herstellkosten

$$\text{Durchschn. Umsatz} = \frac{\sum_{i=1}^{n} \text{letzte Monatsumsätze}}{n}$$

wobei: n = gerechnete Monate (Angabe in der Parameterkarte)

$$\text{Mittlere absolute Differenz} = \frac{\sum_{i=1}^{n} |\bar{x} - x_1|}{n}$$

wobei: $\bar{x}$ = durchschn. Umsatzmenge/Mon.
x_1 = tatsächliche Monatsumsatzmenge

C.2.4.3.1.3
LAGEREINDECKUNGSRECHNUNG

Die Lagereindeckungsrechnung baut auf dem Prinzip des „management by exception" auf. Die Disponenten erhalten demnach nur dann ein Lagereindeckungsblatt (vgl. Abb. 119), wenn die Eindeckungssimulation ergibt, daß bei einem Artikel die Bestellgrenze unterschritten wird. Die Eindeckungssimulation wird nach folgender Rechnung durchgeführt:

Aktueller Lagerbestand + Fertigungsauftragsbestand der
   nächsten Periode
− Prognose der nächsten Periode
≤ Bestellgrenze?

Existiert in der Prognosedatei für die nächste Periode bereits eine Kundenbestellung, die höher als der Prognosewert für die nächste Periode ist, so wird die Kundenbestellung statt der Prognose in der obenstehenden Rechnung subtrahiert.

Wird die Bestellgrenze in der Eindeckungssimulation unterschritten, so werden vom Lagerplanungsprogramm auch noch die nächsten Monate nach der gleichen Rechnung simuliert und die jeweils errechneten Monatslagerendbestände als Kreuze im Lagereindeckungsblatt ausgedruckt. Vor der Ausgabe des Lagereindeckungsblattes werden noch die vergangenen drei Monatslagerendbestände und der durchschnittliche Lagerbestand links von der Mengenkolonne angedruckt, damit sich der Disponent ein besseres Bild über die Lagersituation machen kann. Die Größenordnung der Mengenkolonne wird automatisch aufgrund des höchsten tatsächlichen oder simulierten Lagerbestandswertes vom Programm bestimmt. Aufgrund der umfangreichen Informationen auf dem Lagereindeckungsblatt kann der Disponent eine klare Entscheidung über die Mengen und den Termin für einen neuen Fertigungsauftrag treffen.

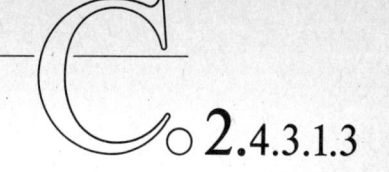

$$\text{Durchschn. Lagerbestand/Mon.} = \frac{\sum_{i=1}^{n} \text{Lagerendbestände der Mon.}}{n}$$

$$\text{Durchschn. Lagerwert/Mon.} = \text{durchschn. Lagerbestand pro Monat} \times \text{Herstellkosten}$$

$$\text{Momentaner Lagerwert} = \text{aktueller Lagerbestand} \times \text{Herstellkosten}$$

$$\text{Umschlaghäufigkeit} = \frac{\text{durchschn. Umsatzmenge/Monat} \times 12}{\text{durchschn. Lagerbestand}}$$

$$\text{Jährl. Lagerkosten} = \frac{\text{durchschn. Lagerbestand} \times 12 \times \text{Herstellkosten} \times \text{Lagerkosten in \%}}{100}$$

Der Lagerkostenprozentsatz ist über die Parameterkarte veränderbar.

$$\text{Lagerkosten/Umsatz} = \frac{\text{jährliche Lagerkosten}}{\text{jährlicher Umsatzwert}} \times 100 \, [\%]$$

Der jährliche Umsatzwert kann zu Herstellkosten oder zu Verkaufspreisen berechnet werden.

$$\text{Eindeckungszeitraum} = \frac{\text{Momentaner Lagerbestand}}{\text{durchschn. Umsatz/Mon.}} \, [\text{Mon.}]$$

C 2.4.3.1.3

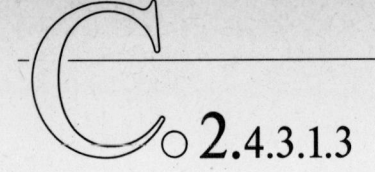

LAGEREINDECKUNGS-BLATT

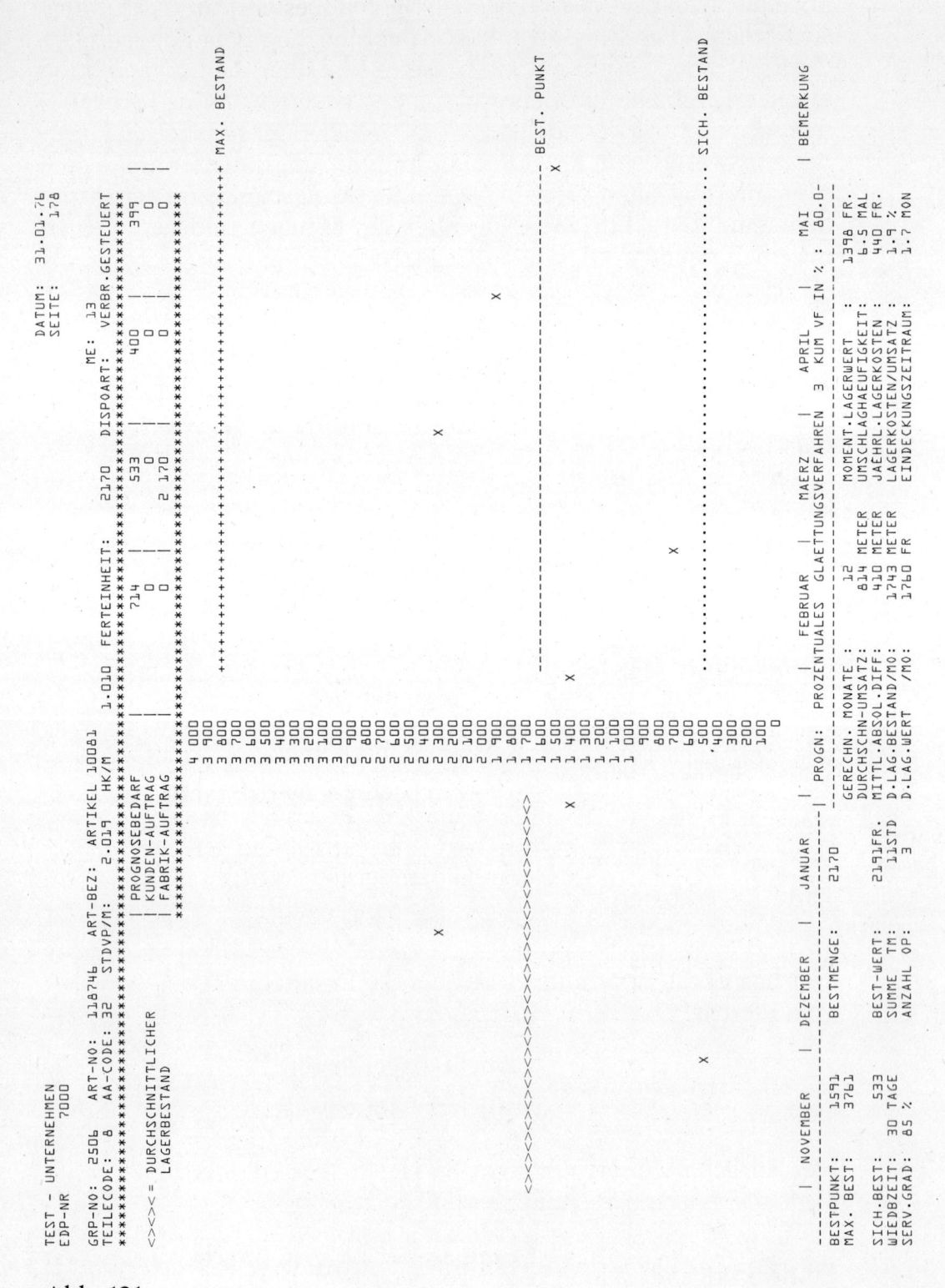

Abb. 121

C 2.4.3.1.3

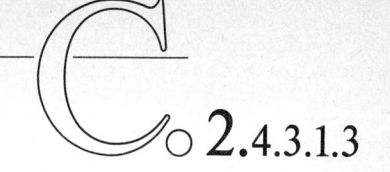

Eine zweite Möglichkeit der Eindeckungsrechnung läßt sich mit dem Lagerplanungsprogramm aufgrund des Kriteriums Eindeckungszeitraum durchführen. Der Eindeckungszeitraum, wie er im unteren Teil der Abbildung 118 u. 121 angedruckt ist, läßt sich durch das Verhältnis

$$\text{Eindeckungszeitraum} = \frac{\text{momentaner Lagerbestand}}{\text{durchschn. Monatsabsatzmenge}}$$

ausdrücken. Dieser Wert dient dem Lagerplanungsprogramm als Basis, um ebenfalls wieder im Sinne eines „management by exception" nur dann Dispositionsstammblätter auszudrucken, wenn der errechnete Eindeckungszeitraum in einem von der Parameterkarte vorgegebenen Bereich liegt. Zur Festlegung dieses Bereiches existieren in der Parameterkarte zwei Grenzwerte, eine obere und eine untere Limite. Mit dieser Handhabung kann man in Kombination mit dem ABC-Code z.B. folgende Auswertungen durchführen:

Untere Limite	Obere Limite	ABC-Code	Dem Disponenten wird in dem Moment das Dispositionsstammblatt ausgedruckt, wenn
0	1,5	A	der Lagerbestand nur noch für 1,5 Monatsabsätze ausreicht
0	2	B	der Lagerbestand nur noch für 2 Monatsabsätze ausreicht
0	3	C	der Lagerbestand nur noch für 3 Monatsabsätze ausreicht

Der Nachteil bei diesem Anstoß zur Erstellung eines neuen Fertigungsauftrages ist darin zu sehen, daß bereits eröffnete Fertigungsaufträge nicht berücksichtigt werden und daß vor allem die Festlegung der Grenzen sehr große Schwierigkeiten bereitet, wenn die Wiederbeschaffungszeiten innerhalb der A-, B-, C-Artikel sehr heterogen sind. Die Eindeckungsrechnung muß aufgrund der Daten des Dispositionsstammblattes manuell erfolgen, was sicher nur dann sinnvoll ist, wenn ein Artikel ziemlich unberechenbar ist und eine Menge unstrukturierter Informationen (neuer Markttrend, Verkaufsförderungsaktionen, technologische Veralterungsgefahr durch auf den Markt kommende Konkurrenzprodukte usw.) in die Dispositionsentscheidung einfließen. Die Eindeckungsrechnung wird man besser durch den Computer durchführen lassen, wenn man die strukturierten Daten schon maschinell gespeichert hat. Den maschinellen Vorschlag, wie er im Lagereindeckungsblatt aufgezeigt wird, kann man immer noch durch die zusätzlich vorhandenen Informationen überlagern und damit dem Bestellvorschlag entsprechend anpassen.

An dieser Stelle wurde die zweite Version vor allem deshalb erwähnt, um auch noch die vielseitigen Auswertungsmöglichkeiten des Programms bzgl. einer Steigerung der Lagertransparenz darzustellen. So lassen sich durch die Variation der beiden Eindeckungsgrenzen unter anderem folgende Auswertungen erstellen:

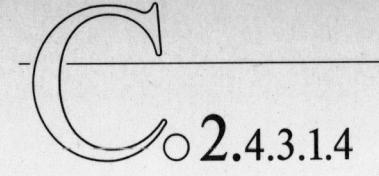

Untere Grenze	Obere Grenze	ABC-Code	Auswertung
1,5	999	A	Die Dispositionsstammblätter aller A-Teile, die über dem angegebenen Grenzwert liegen.
2	999	B	Die Dispositionsstammblätter aller B-Teile, die über dem angegebenen Grenzwert liegen.
3	999	C	Die Dispositionsstammblätter aller C-Teile, die über dem angegebenen Grenzwert liegen.
3	2	A	In diesem Fall werden alle Dispositionsstammblätter der A-Teile ausgedruckt.
12	999	A, B, C	Bei dieser Parameterwahl werden alle Dispositionsstammblätter von Artikeln ausgedruckt, die mehr als einen Jahresabsatz am Lager liegen haben.

Gerade die letzte Parameterwahl bedeutet für das Materialmanagement eine Möglichkeit, sich alle diejenigen Artikel auswerten zu lassen, deren zu hoher Lagerbestand mit Hilfe von Verkaufssonderaktionen oder durch eine Verschrottungsaktion auf ein gewünschtes Maß reduziert werden soll, um eine unnötige Lagerraumbelastung oder ungerechtfertigte Lagerkosten zu vermeiden. Andererseits kann eine solche Liste auch als Basis für eine Lagerbewertungskorrektur benutzt werden.

C.2.4.3.1.4
BERECHNUNG DES MATERIAL-MANAGEMENT-KONTROLLBLATTES

Viele EDV-Auswertungen haben den Nachteil, daß innerhalb der Systemanalyse-Phase vergessen wurde, über welche kumulativen Informationen der Benutzer später verfügen können muß. So findet man in der Praxis häufig den Fall, daß zwar Teilergebnisse pro Artikel in den Listen angedruckt werden, daß aber der Sachbearbeiter sich mit Hilfe seiner Rechenmaschine einige Zwischenergebnisse nachträglich noch selbst erarbeiten muß.

Innerhalb des Lagerplanungsprogramms hat man deshalb ein sog. „MATERIALMANAGEMENT-KONTROLLBLATT" für alle diejenigen Informationen vorgesehen, die innerhalb eines Programmlaufes unabhängig davon, ob die Dispositionsstamm- oder die Lagereindeckungsblätter ausgegeben werden, eine Kumulation der gewünschten Informationen vornehmen. Über einen Code in der Parameterkarte läßt sich dabei steuern, ob sich die Kumulierung auf die ausgewählten Artikel (aufgrund der Angaben der Parameterkarte, wie: Artikelart-Code, ABC-Code oder Benutzergruppen-Code) oder lediglich auf die ausgedruckten Artikel (aufgrund der Bestellpunkte- oder Eindeckungszeitraumabfrage) beziehen soll. Je nach gewünschter Version werden nach der Bearbeitung eines jeden Artikels vom Programm eine Reihe von Zählern fortgeschrieben, die schließlich am Ende des Programms im sogenannten „MATERIAL-MANAGEMENT-KONTROLLBLATT" ausgegeben werden (Abb. 122).

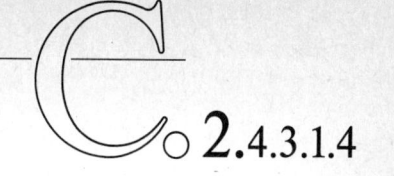

MATERIALMANAGEMENT-KONTROLLBLATT

```
                                                              TEST-UNTERNEHMEN
                                                              EDP-NR       3000
                                                              DATUM    01.01.76
                                                              SEITE           1

            |ARTIKELART:                      |              |ABC-CODE:          |
            |  32|  44|  46|TOTAL|            |              |   A|   B|   C|TOTAL|
------------+----+----+----+-----+            +              +----+----+----+-----+
ANZAHL BE-  |    |    |    |     |            |              |    |    |    |     |
RECHNETER   |1352| 175| 205| 1732|            |              | 107|    |    |  107|
ARTIKEL     |    |    |    |     |            |              |    |    |    |     |
============================================================================

            |VERKAUFSGRUPPEN:                           |PROGNOSEVERFAHREN:             |
            |  11|  12|  21|  22|  31|  32|TOTAL|  1|  2|  3|DURCH|MANU|TOTAL|
------------+----+----+----+----+----+----+-----+---+---+---+-----+----+-----+
ANZAHL AUS- |    |    |    |    |    |    |     |   |   |   |     |    |     |
GEWAEHLTER  |   3|   1|  10|  27|  55|  11|  107| 24| 58| 12|   12|   1|  107|
ARTIKEL     |    |    |    |    |    |    |     |   |   |   |     |    |     |

AUSWERTUNG DER AUSGEWAEHLTEN ARTIKEL:   107 STUECK
--------------------------------------
                                                AUSWERTUNG ALLER ARTIKEL:  4638 STUECK
        KUM.UMSATZWERT LFDR MON :  1.765.165 FR.   --------------------------
        KUM.UMSATZWERT LFDS JAHR: 18.623.583 FR.
        MOMENTANER LAGERWERT    :  3.724.716 FR.     KUM.UMSATZWERT LFDR MON :  3.965.015 FR.
        OPTIMALER LAGERWERT     :  2.793.537 FR.     KUM.UMSATZWERT LFDS JAHR: 48.194.939 FR.
        UEBERSTOCKTER LAGERWERT :  1.638.218 FR.
        D.KAPITALBINDUNG / JAHR :  3.415.675 FR.
        LAGERKOSTEN / JAHR      :    683.135 FR.
        D.LAGERKOSTEN / UMSATZ  :       3.05 %     LAGERHALTIGE ART MIT UMSATZ :  2.638 STUECK
        D.UMSCHLAGHAEUFIGKEIT   :       6.54 MAL   NICHTLAGERH. ART MIT UMSATZ :  1.124 STUECK
```

Abb. 122

Der Inhalt des Materialmanagement-Kontrollblattes läßt sich durch die ausführliche Beschreibung der einzelnen Kennziffern leicht interpretieren. „OPTIMALER LAGERWERT" und „ÜBERSTOCKTER LAGERWERT" bedarf noch einer exakten Definition.

Der <u>optimale Lagerwert</u> entspricht dem SOLL-Bestandswert und wird pro Artikel nach folgender Formel berechnet:

Opt. Lagerwert = (Sicherheitsbestand + Opt. Losgröße/2) x Herstellkosten

C 2.4.3.1.5

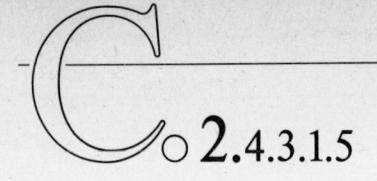

Kumuliert man diese Werte für alle ausgewählten oder ausgedruckten Artikel, so erhält man den optimalen Lagerwert im Materialmanagement-Kontrollblatt [1]).

Der <u>überstockte Lagerwert</u> sagt aus, wieviel Geld in Beständen gebunden ist, das man eigentlich zur Aufrechterhaltung der Lieferbereitschaft im Lager nicht benötigt. Um diesen Wert zu erhalten, wird abgeprüft, ob bei den einzelnen Artikeln Lagerbestände vorhanden sind, die für eine Zeit reichen, die über einen definierten Maximaleindeckungszeitraum [2]) hinausreichen. Die Berechnung der überstockten Bestände pro Artikel erfolgt demnach gemäß der folgenden Formel:

Überstockter
Lagerwert = momentaner Lagerbestand
— (durchschnittlicher Monatsumsatz
x definierter Maximaleindeckungszeitraum)

Wenn der errechnete Wert pro Artikel positiv ist, so wird er innerhalb der Kumulierung für das Materialmanagement-Kontrollblatt berücksichtigt. Ist der Wert negativ, so liegt der momentane Lagerwert innerhalb des definierten Eindeckungszeitraumes und wird bei der Kumulierung nicht berücksichtigt. Da man das Lagerplanungsprogramm nach A-,B-,C-Teilen getrennt durchführen kann, läßt sich im Materialmanagement-Kontrollblatt der überstockte Lagerwert aufgrund verschieden langer Maximaleindeckungszeiträume für A-, B- und C-Teile getrennt berechnen.

C 2.4.3.1.5
PARAMETER-PROTOKOLL

Am Ende eines jeden Lagerplanungsprogramms wird ein sogenanntes Parameter-Protokoll ausgedruckt (vgl. Abb. 123). Dieses Parameter-Protokoll stellt den Inhalt der gewählten Parameter in der Parameterkarte 1 und 2 dar. Bei der Vielzahl der möglichen Varianten ist es unbedingt notwendig, daß über die einzelnen Auswertungen eine genaue Kontrolle geführt wird. Mit diesem Blatt ist eine Möglichkeit gegeben, die Verantwortlichkeit für die einzelnen Parameter einer bestimmten Person (z.B. dem MM = Material-Manager) zuzuordnen und jeden Auswertungslauf zu protokollieren.

1) Unter der Voraussetzung normal verteilter Lagerentnahmen und richtiger Disposition bei den einzelnen Artikeln.
2) Durch Parameterwert variabel steuerbar.

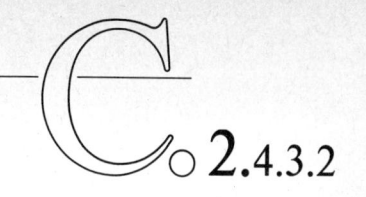

PARAMETER-PROTOKOLL

```
                                                              TEST - UNTERNEHMEN
                                                              EDP-NR         4000
                                                              DATUM      31.10.76
```

1. PARAMETERKARTE						2. PARAMETERKARTE					
SPALTE	BEZEICHNUNG	IST	SOLL	ZUST	SIGN	SPALTE	BEZEICHNUNG	IST	SOLL	ZUST	SIGN
1- 4	KARTENART	1255			MM	1- 4	KARTENART	1256			MM
5-10	DATUM AUSZUW. MONAT	311075			MM	5- 6	EINTRAGUNG AA-CODE	32			MM
13-16	ANZAHL FUER TEST	0000			MM	7- 8		44			MM
19	KORREKTURCODE				MM	9-10		46			MM
20	KORR.GANZ.SORTIMENT				MM	11-12					MM
21-23	GES.VERAEND. IN %	00.0			MM	13-14					MM
24-25	JAHR 1	70			MM	15-16					MM
26-27	2	71			MM	17-18					MM
28-29	3	72			MM	19-20					MM
30-31	4	73			MM	21-22					MM
32-33	5	74			MM	23-24	V				MM
34-35	V 6	75			MM	25	ABC-CODE	A			MM
36	ABSATZPLANCODE				MM	27		N			MM
37-39	LIMITE PROZ.VERF. 1	30.0			MM	29		N			MM
40-42	2	60.0			MM	31		N			MM
43-45	V V V 3	90.0			MM	33	V	N			MM
46-48	% LIMITE PROGN.JAHR	050			MM	34-35	VERKAUFS-GRP	11			MM
49-50	ANZ.MON.FUER ENTSCH	10			MM	36-37		12			MM
51-52	LIM.POSIT.UMSAETZE	03			MM	38-39		21			MM
53-54	ANZ.MON.ZUR SCHNITT	10			MM	40-41		22			MM
55	GEWICHTUNG 1. JAHR	1			MM	42-43	V V	31			MM
56	2.	1			MM	44-45	V V	32			MM
57	3.	1			MM	46-47	UNT.LIM.FUER EINDZT	04			MM
58	4.	1			MM	48-50	OB. LIM.FUER EINDZT	003			MM
59	5.	1			MM	55	ZWISCHENTOTALE	1			MM
60	V 6. V	3			MM	58	ANZAHL MONATE FUER EINDECKUNGSRECHNUNG	1			MM
61-63	LIM. % ABWEICHUNG	050			MM						
64-65	FAKTOR FUER SICHB.	1.0			MM	61-62	ANZAHL MONATE FUER DIE DURCHSCHNITTL. LAGERBESTANDSRECHN.	10			MM
66-67	BESTPUNKT	1.0			MM						
68-69	V V AUSREISS.	0.5			MM						
70-71	ANZ.MON.PROGVERF. 2	06			MM	65-67	LAGERKOSTEN IN %	25.0			MM
72-73	ANZ.MON.PROGVERF. 3	03			MM	71	SCHALTER FUER DEN BERECHNUNGSMODUS DES SCHLUSSBLATTES				MM
				MM=MATERIALMANAGER			LISTEN - SCHALTER	2		NN	MM
							1 = SIMULATIONSLAUF	0			MM

Abb. 123

C.2.4.3.2
PARAMETERSTEUERUNG DES LAGERPLANUNGSPROGRAMMS

Es wurde in diesem Buch bereits gefordert, daß das taktische Materialmanagement in modern geführten Unternehmen neben manuellen Anweisungen für die Dispositionsabteilung auch die Möglichkeit haben muß, den Computer zu einer sinnvollen Lagersteuerung und -überwachung einzusetzen. Das hier dargestellte Lagerplanungsprogramm liefert ein Beispiel dafür, welche Hilfsmittel man sich mit Hilfe des Computers erarbeiten kann, um die Lager- und Dispositionstransparenz zu erhöhen. Ein ganz wichtiger Bestandteil des präsentierten Lagerplanungssystems ist in der variationsreichen Parametersteuerung zu sehen, die es ermöglicht,

1. einen direkten Einfluß auf die Lagersteuerung (Lagerauf- bzw. -abbau) auszuüben,

2. Artikel nach beliebigen Kriterien auszuwerten und

3. die Daten der gewünschten Auswertungsblätter zu Managementinformationen zu kumulieren.

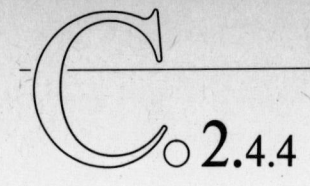

Durch das monatliche Ausdrucken der Materialmanagement-Kontrollblätter kann man genau die Lagerveränderungen, z.B. nach ABC-Teilen getrennt, analysieren und damit auch den Erfolg von korrigierenden Maßnahmen überwachen. Vor allem bei wechselnden Konjunktursituationen hat man in den vorliegenden kumulierten Materialkennziffern, die man sinnvollerweise übers Jahr auch graphisch darstellen wird, ein sehr gutes Überwachungsinstrumentarium. Mit einer solch komfortablen Ergebnisrückkoppelung, die sich sicher noch durch andere Managementkennziffern ergänzen läßt, schafft man sich eine Basis, um innerhalb des Bereichs der Materialwirtschaft gut funktionierende Regelkreismechanismen zu verwirklichen.

C.2.4.4 VERBRAUCHSGESTEUERTES LAGERKONTROLLPROGRAMM

Ein prognosegesteuertes Lagerplanungssystem kann nur so gut sein wie die Prognosewerte, die aus der Extrapolation der Vergangenheitswerte gewonnen werden. Da die Prognosewerte aber mehr oder weniger falsch sein können, ist es zur Absicherung gegen Überraschungen vorteilhaft, wenn man innerhalb des monatlichen Dispositionszyklusses noch ein kurzfristiges, verbrauchsgesteuertes Kontrollprogramm realisiert, wie es in dem folgenden Datenflußplan beispielhaft dargestellt ist (vgl. Abb. 124).

DATENFLUSSPLAN LAGERKONTROLLPROGRAMM

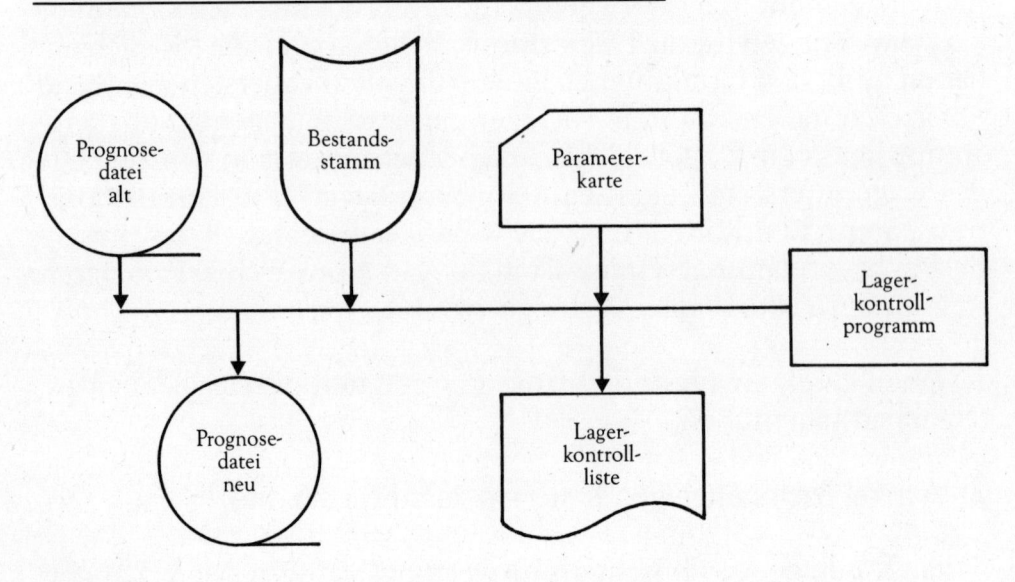

Abb. 124

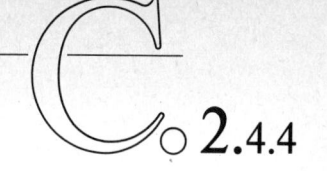

Das Programm nimmt einen Abgleich zwischen dem wöchentlich neu errechneten Lagerendbestand und einem „Alarmbestand" vor, der mit Hilfe eines Parameterwertes und des gespeicherten durchschnittlichen Periodenverbrauchs errechnet wird. In dem Fall, daß bei einem Artikel der aktuelle Lagerbestand den Alarmbestand unterschritten hat, wird dieser Artikel in der „LAGERKONTROLLLISTE" (Abb. 125) angedruckt. Der zuständige Disponent muß darauf die evtl. kritische Lagersituation abklären und überprüfen, ob kurzfristig mit einem Wareneingang zu rechnen ist oder ob er einen später geplanten Auftrag vorterminieren kann, um seine Lieferbereitschaft aufrechtzuerhalten.

Die Liste enthält für den Fall, daß ein neues Los bestellt werden muß, bereits die wichtigsten Daten für die Auslösung eines Fertigungsauftrages, wie optimale Losgröße und Wiederbeschaffungszeit.

LAGERKONTROLLISTE

```
                                          TEST-UNTERNEHMEN
                                          EDP-NR      14000
                                          DATUM    01.01.76
                                          SEITE           1
****************************************************************
 ART  | ARTIKEL | ARTIKEL-      |T|D.VERB| SICH | AKT. |WBZ |OPT.LOS |KUM. ANZAHL
 GRP  | NUMMER  | BEZEICHNUNG   |C|IM MON| BEST | BEST |TAGE|GROESSE |FEHL.DISPOS
****************************************************************
 2000 | 100001  | ARTIKEL 1003  |A| 1700 |  900 |  680 | 25 |  4000  |     4
      | 100002  | ARTIKEL 2004  |B|  980 |  620 |  490 | 15 |  3600  |     3
      | 100004  | ARTIKEL 4006  |B|  650 |  350 |  250 | 20 |  2000  |     2
 2001 | 100008  | ARTIKEL 5007  |C|  450 |  630 |  510 | 10 |  5300  |     1
      | 100009  | ARTIKEL 6002  |A|  160 |   80 |   65 | 15 |   280  |     5
      | 100011  | ARTIKEL 8001  |C| 1100 |  710 |    0 | 15 | 13500  |     2
      | 100012  | ARTIKEL 9006  |B| 3300 | 1450 |  680 | 10 |  9450  |     3
```

Abb. 125

Diese Liste enthält außerdem noch eine wichtige Kennzahl, die als Steuerungsgröße für die Wahl des Servicegrades und damit für die Berechnung des Sicherheitsbestandes verwendet werden kann. Jedesmal, wenn der aktuelle Wochenlagerbestand eines Artikels dem Nullbestand entspricht, wird die Anzahl im Feld „KUMULIERTE ANZAHL FEHLDISPOSITIONEN" um 1 erhöht. Damit liefert dieser Zähler während eines Jahres einen Hinweis, wie oft bei dem jeweiligen Artikel kein Lagerbestand vorhanden ist und mit einem Umsatzentgang gerechnet werden muß. Wenn vor allem bei A-Artikeln dieser Zähler sehr hoch wird, so muß der Disponent Maßnahmen ergreifen, um durch eine Neufestlegung der diversen Dispositionseinflußgrößen das Dispositionsrisiko zu verkleinern. Bei Artikeln, deren Zähler bei Null bleibt, sollte man die in der Disposition berücksichtigten Sicherheiten entsprechend reduzieren. Auf diese Weise kann die prognosegesteuerte Disposition, die vorwiegend auf den Ergebnissen statistischer Berechnungen mit all den möglichen Zufallseinflüssen basiert, durch eine empirische Kontrolle überlagert und, so notwendig, besser an die Realität angepaßt werden.

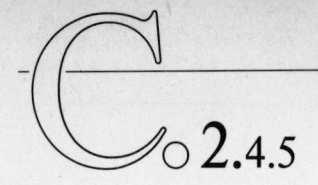

C.2.4.5 LAGERNACHKALKULATIONSPROGRAMM

Mit der Bezeichnung „Lagernachkalkulation" wird ein neuer Begriff in die materialwirtschaftliche Literatur eingeführt. Was versteht man darunter? Bei einer Nachkalkulation versucht man allgemein, die effektiv angefallenen Kosten mit den geplanten Kosten zu vergleichen, um damit einen Lerneffekt für die nächste Planungsarbeit zu erreichen. Analog dazu versucht man bei der Lagernachkalkulation nachzuweisen, daß die effektiv angefallenen Kosten der Lagerhaltung die Lagerung eines Artikels rechtfertigen und eine andere Alternative, z. B. eine Kundenauftragsfertigung, aus Kostengründen nicht in Frage gekommen wäre. Mit dieser Betrachtung fällt der Lagernachkalkulation die Aufgabe zu, die wirtschaftliche Grenze zu berechnen, ab wieviel Lagerentnahmen eine Lagerfertigung einer Kundenauftragsfertigung vorzuziehen ist.

Wir haben bereits mit dem weiter vorne ausgeführten Dispositionsdatenerstellungs-Programm (vgl. Abb. 111) eine Möglichkeit gesucht, die Zuteilung des Artikelsortiments zu den Dispositionsarten Verbrauchs- und Bedarfssteuerung aufgrund der Kriterien Umsatzwert und -schwankung vorzunehmen. Man darf die Bedeutung dieser Zuteilung nicht unterschätzen, weil eine verbrauchsgesteuerte Disposition nur dann wirtschaftlich sinnvoll eingesetzt werden kann, wenn die Voraussetzungen dazu gegeben sind. Zu diesen Voraussetzungen zählt unter anderem auch eine gewisse Entnahmehäufigkeit, die wir mit dem Lagernachkalkulationsprogramm testen.

Das Programm baut dabei auf folgenden theoretischen Überlegungen auf. Bei der Verbrauchssteuerung setzen sich die Gesamtkosten aus den Lagerkosten des Jahres und den Rüstkosten, in Abhängigkeit von den notwendigen Lagerergänzungen, zusammen. In einer Formel läßt sich das folgendermaßen ausdrücken:

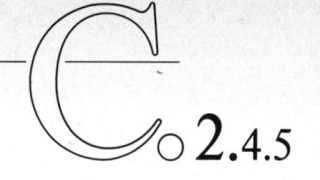

$$\text{Gesamtkosten} = LK_{Jahr} + a \times RK$$

wobei:

LK_{Jahr} = jährliche Lagerkosten

RK = Rüstkosten

a = Anzahl Lose zur Befriedigung des Jahresabsatzes
(= Bestellhäufigkeit bei Lagerfertigung)

Bei der Bedarfssteuerung (Kundenauftragsfertigung) fallen dagegen nur Rüstkosten an, die allerdings von der Anzahl der Kundenaufträge (Entnahmen) abhängig sind. In diesem Fall lautet die Formel:

$$\text{Gesamtkosten} = RK \times X$$

wobei:

X = Anzahl Kundenaufträge

Der Grenzwert, bis wann sich eine Kundenauftragsfertigung und ab wann sich eine Lagerfertigung lohnt, ist dort gegeben, wo bei beiden Methoden die Gesamtkosten gleich sind.

$X \times RK = LK_{Jahr} + a \times RK$ oder nach X aufgelöst,

$$X = a + \frac{LK_{Jahr}}{RK}$$

Mit dieser Formel können wir die Anzahl der Kundenaufträge bestimmen, die im Laufes des letzten Jahres mindestens realisiert werden mußten, um eine Lagerfertigung kostenmäßig zu rechtfertigen.

Nachdem am Ende des Jahres das Losgrößenrechnungsprogramm ausgewertet wurde, erhalten wir die Bestellhäufigkeit a bei Lagerfertigung durch folgende Rechnung:

$$a = \frac{\text{eff. Jahresumsatz}}{\text{opt. Losgröße}}$$

Die Rüstkosten lassen sich aus dem maschinellen Operationsplan ermitteln. Für die Bestimmung der Lagerkosten/Jahr ergeben sich zwei Varianten, die von der Datenverfügbarkeit des jeweiligen Betriebes abhängig sind:

C 2.4.5

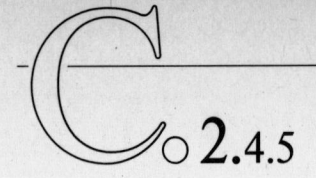

$$\text{Lagerkosten/Jahr} = \frac{\sum_{i=1}^{12} \text{Monatslagerendbestände}}{12}$$

$$\text{x Herstellkosten x Lagerkostensatz}$$

$$\text{Lagerkosten/Jahr} = \text{Sicherheitsbestand} + \frac{\text{Opt. Losgröße}}{2}$$

$$\text{x Herstellkosten x Lagerkostensatz}$$

Wenn man die effektiven Lagerendbestände der Monate nicht gespeichert hat, so läßt sich die theoretische Kapitalbindung nach der zweiten Methode berechnen.

Ein Zahlenbeispiel soll die Berechnung innerhalb der Lagernachkalkulation für einen Artikel verdeutlichen:

Jahresumsatz: 20 000 Stück
Lagerkostenprozentsatz: 20 %
Rüstkosten: 400.– Fr.
Herstellkosten: 5.– Fr.
Sicherheitsbestand: 1 200 Stück

$$\text{Opt. Losgröße} = \sqrt{\frac{200 \times 20\,000 \times 400}{5 \times 20}} = 4\,000 \text{ Stück}$$

$$\text{Bestellhäufigkeit} = a = \frac{20\,000}{4\,000} = 5$$

$$\text{Lagerkosten/Jahr} = \left(1200 + \frac{4\,000}{2}\right) \times 5 \times 0{,}20 = 3\,200.\text{– Fr.}$$

$$\text{Grenzbestimmung: } X = a + \frac{\text{LKJahr}}{\text{RK}}$$

$$X = 5 + \frac{3\,200}{400}$$

$$X = 13$$

C 2.4.5

Dieses Ergebnis besagt, daß im Laufe des Jahres mehr als 13 Kundenaufträge ausgeliefert werden müßten, damit bei dem angenommenen Beispiel eine Verbrauchssteuerung wirtschaftlich gerechtfertigt wäre. Dieser Sachverhalt läßt sich auch durch die folgende Graphik nachweisen (Abb. 126).

GRAPHISCHE LAGERNACHKALKULATION

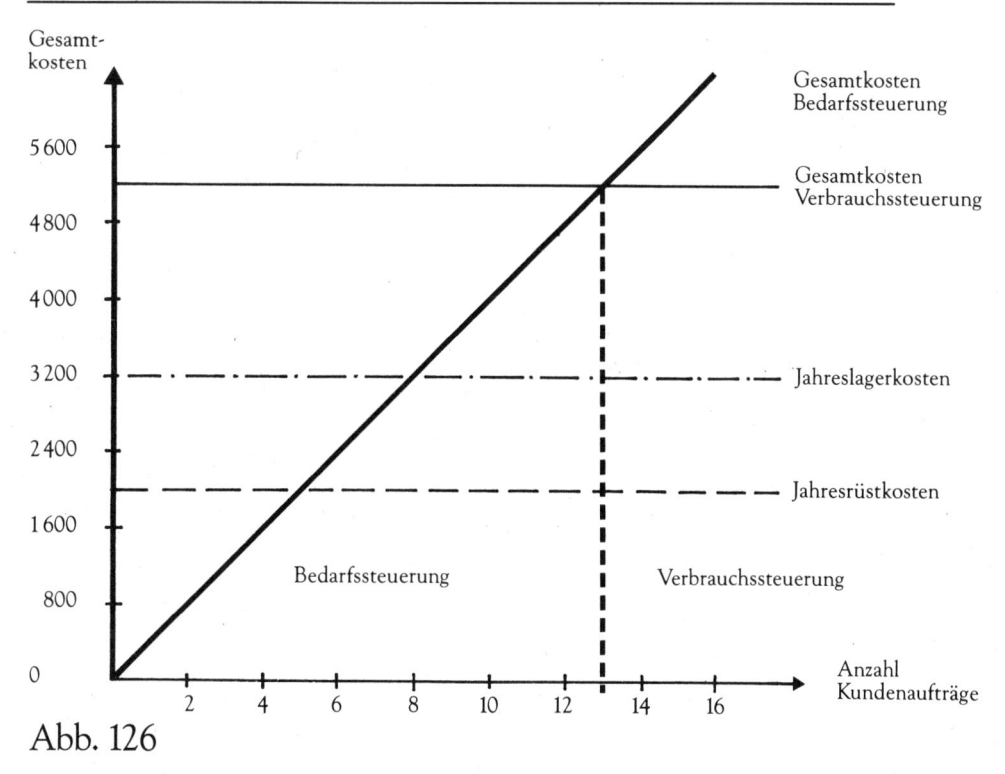

Abb. 126

Nachdem man mit dem Lagernachkalkulationsprogramm (Abb. 127) die Anzahl der Aufträge als Grenze zwischen Bedarfs- und Verbrauchssteuerung errechnet hat, kann man diesen Wert in der Liste „LAGERNACHKALKULATION" (Abb. 128) in der Spalte „GRENZENTN." andrucken. Stellt man diesem Wert nun die Anzahl der effektiven Entnahmen (Spalte EFF. ENTN.) gegenüber, die aus der Bestandsrechnung des vergangenen Jahres statistisch gewonnen wurde, so läßt sich vom Programm her die Entscheidung treffen, welche Dispositionsart für das vergangene Jahr kostengünstiger gewesen wäre. Dem Disponenten werden in der Liste die alte und die neue vorgeschlagene Dispositionsart angedruckt, so daß er die Artikel erkennen kann, bei denen eine Änderung der Dispositionsart angeraten erscheint. Um die Ausgabe unnötiger Informationen zu vermeiden, wird man in der Regel nur diejenigen Artikelpositionen andrucken, bei denen die alte und die neue Dispositionsart differieren. Eine automatische Aktualisierung der Dispositionsart ist in kei-

C 2.4.5

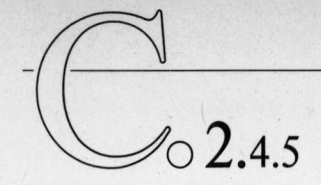

nem Unternehmen zu empfehlen, da bei vielen Artikeln aus Gründen der vom Markt geforderten Wiederbeschaffungszeiten eine kostenungünstigere Verbrauchssteuerung in Kauf genommen werden muß, um überhaupt verkaufen zu können. Der Disponent muß deshalb die endgültige Wahl der Dispositionsart unter zusätzlicher Berücksichtigung seiner Marktkenntnisse treffen.

DATENFLUSSPLAN
LAGERNACHKALKULATION

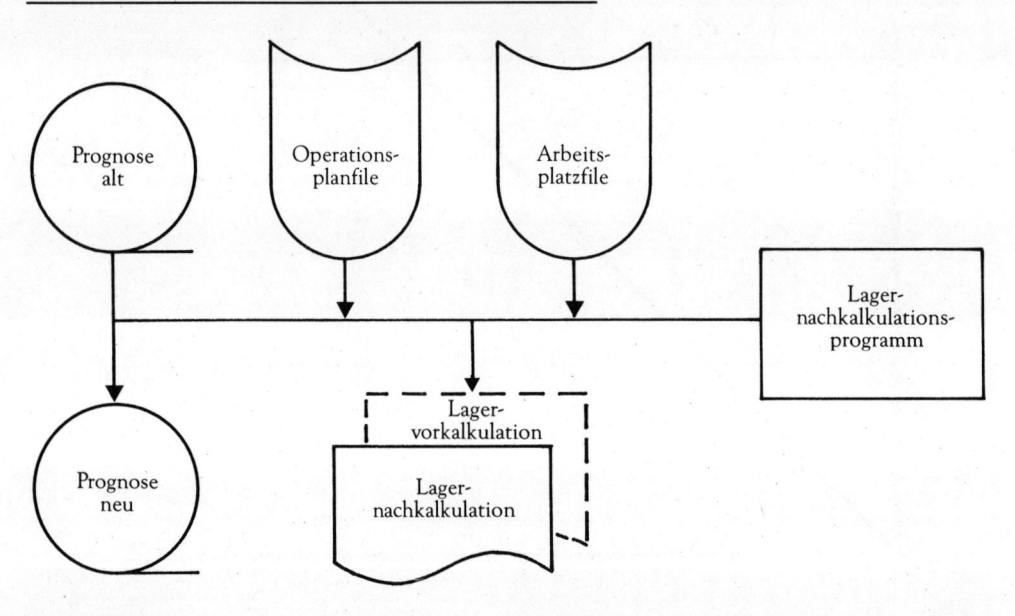

Abb. 127

LAGERNACHKALKULATION

```
                                            TEST-UNTERNEHMEN
                                            EDP-NR      12000
                                            DATUM    01.01.76
                                            SEITE           1

****************************************************************************
ART * ARTIKEL * ARTIKEL-      *EFF.UMS*ANZ.LAG*EFF. *GRENZ*DISPO* DISPO
GRP * NUMMER  * BEZEICHNUNG   * MENGE *FERTIG.*ENTN.*ENTN.* ALT * NEU
****************************************************************************
2000  100001    ARTIKEL 10012 * 20000 *   5   *  22 * 12  *  V  *VERBRAUCH
                              *       *       *     *     *     *
      100002    ARTIKEL 20013 * 11500 *   3   *   5 *  7  *  V  *BEDARF
                              *       *       *     *     *     *
      100003    ARTIKEL 30021 * 15000 *   0   *  16 * 11  *  B  *VERBRAUCH
                              *       *       *     *     *     *
      100004    ARTIKEL 40006 *  8000 *   4   * 112 * 28  *  V  *VERBRAUCH
                              *       *       *     *     *     *
2001  100008    ARTIKEL 50001 * 16000 *   3   *  83 * 19  *  V  *VERBRAUCH
                              *       *       *     *     *     *
      100009    ARTIKEL 60011 *  1400 *   5   *   4 *  7  *  V  *BEDARF
                              *       *       *     *     *     *
      100010    ARTIKEL 70015 *  5000 *   0   *  15 *  9  *  B  *VERBRAUCH
                              *       *       *     *     *     *
      100011    ARTIKEL 80031 * 13500 *   1   *  48 * 13  *  V  *VERBRAUCH
                              *       *       *     *     *     *
      100012    ARTIKEL 90045 * 28300 *   3   * 128 * 18  *  V  *VERBRAUCH
```

Abb. 128

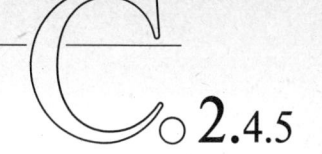

Mit der vorliegenden Programmroutine läßt sich auch eine Lagervorkalkulation durchführen, indem die Losgrößenrechnung mit den Prognoseabsatzmengen für das nächste Jahr versorgt wird. Damit simuliert man die Werte für die Bestellhäufigkeit bei Lagerfertigung (a) und die neuen Jahreslagerkosten, während die Rüstkosten und der Sicherheitsbestand[1]) konstant bleiben. Variiert man die Umsatzgröße in dem weiter vorne aufgeführten Zahlenbeispiel, so läßt sich die Sensibilität bezogen auf den Grenzwert der Kundenaufträge aus der folgenden Tabelle ablesen:

Umsatz	Opt. Losgröße	a	Lagerkosten/Jahr	$X = a + \dfrac{LK_{Jahr}}{RK}$
5 000	2 000	2,50	2 200.– Fr.	8,000
10 000	2 828	3,54	2 614.– Fr.	10,075
15 000	3 464	4,33	2 932.– Fr.	11,660
18 000	3 795	4,74	3 097.50 Fr.	12,484
20 000	4 000	5,00	3 200.– Fr.	13,000
22 000	4 195	5,24	3 297.50 Fr.	13,484
25 000	4 472	5,59	3 436.– Fr.	14,180
30 000	4 899	6,12	3 649.50 Fr.	15,245
35 000	5 292	6,61	3 846.– Fr.	16,225
40 000	5 657	7,07	4 033.50 Fr.	17,154

Aus der Veränderung der Grenzaufträge läßt sich ablesen, daß die Grenze zwischen Bedarfs- und Verbrauchssteuerung nur sehr wenig sensibel auf eine Vergrößerung oder Verkleinerung des Umsatzes reagiert, so daß eine Prognoseungenauigkeit von 10 % noch keine Änderung des Grenzwertes hervorruft. Damit ist gesagt, daß ein Lagernachkalkulationsprogramm, wie wir es weiter vorn beschrieben haben, als Entscheidungsbasis für eine Dispositionsartenvergabe völlig ausreichend ist und man im Grunde auf eine Lagervorkalkulation mit Prognosewerten verzichten kann.

Ergänzend zum Thema Lagernachkalkulation sei noch auf ein Programm verwiesen, welches erlaubt, die Lagerbestands- und Umsatzentwicklung pro Artikel über die letzten Jahre darzustellen (vgl. Abb. 129). Die „x" bezeichnen in der Graphik die monatlichen Umsatzwerte und die „X" die monatlichen Lagerendbestände.

Der aufgezeigte Lagerverlauf ist eine Abbildung der manuellen Disposition, wie sie vor der Einführung der Computerunterstützung gehandbabt wurde. Bei dem heutigen System ist der Aufbau solcher

---

[1]) Unter der Annahme, daß sich die Umsatzschwankung (MAD) trotz des steigenden Umsatzes nicht verändert.

C 2.4.5

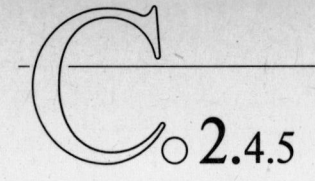

Lagerberge nicht mehr denkbar, weil es in Form des Maximalbestandes eine klar definierte obere Grenze gibt, die vom Disponenten in der Regel nicht überschritten werden darf. Die vorliegende Graphik kann für jeden lagerhaltigen Artikel ausgedruckt werden, so daß diese Auswertung als ein vorzügliches Hilfsmittel für das taktische Materialmanagement betrachtet werden kann, um die Dispositionsleistung der einzelnen Disponenten zu kontrollieren.

In der Abbildung 129 wird die beschriebene Auswertung noch erweitert, indem der Computer für eine graphische Darstellung der Absatzverteilung sorgt. Wir hatten bereits weiter vorn angesprochen, wie wichtig die Kenntnis des Absatzverhaltens des Produktsortiments ist, bevor der Materialmanager dem Einsatz bestimmter computerunterstützter Dispositionsverfahren zustimmt.

ABSATZVERHALTEN VERSCHIEDENER ARTIKEL

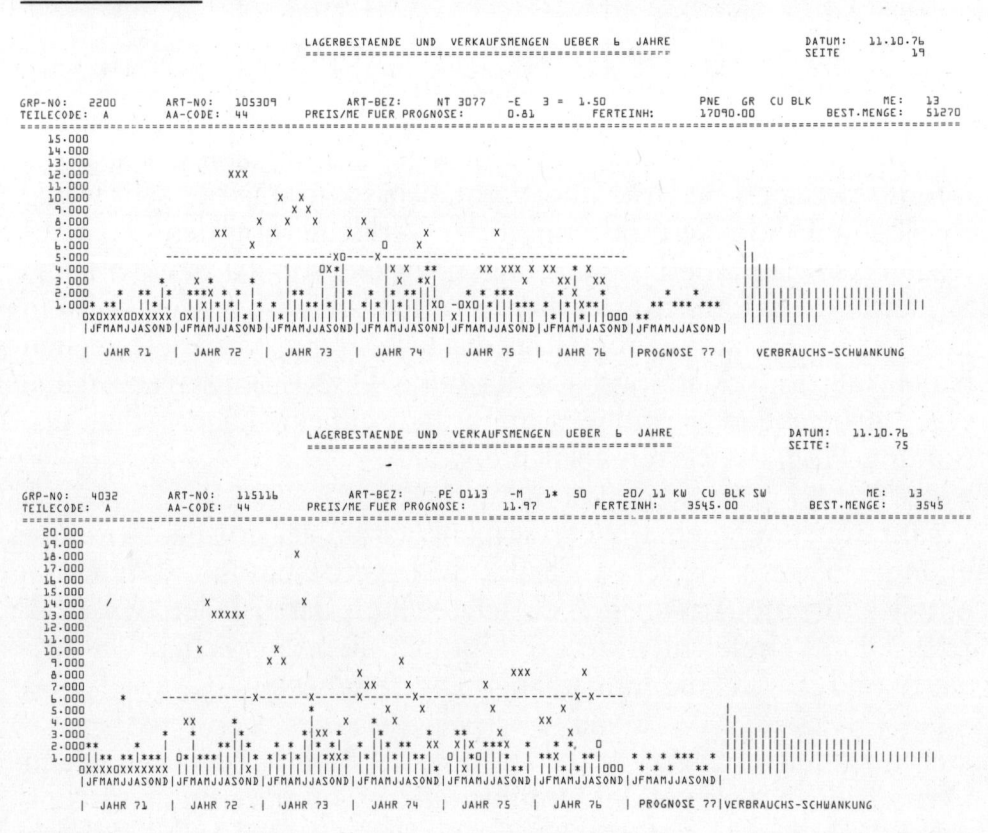

Abb. 129

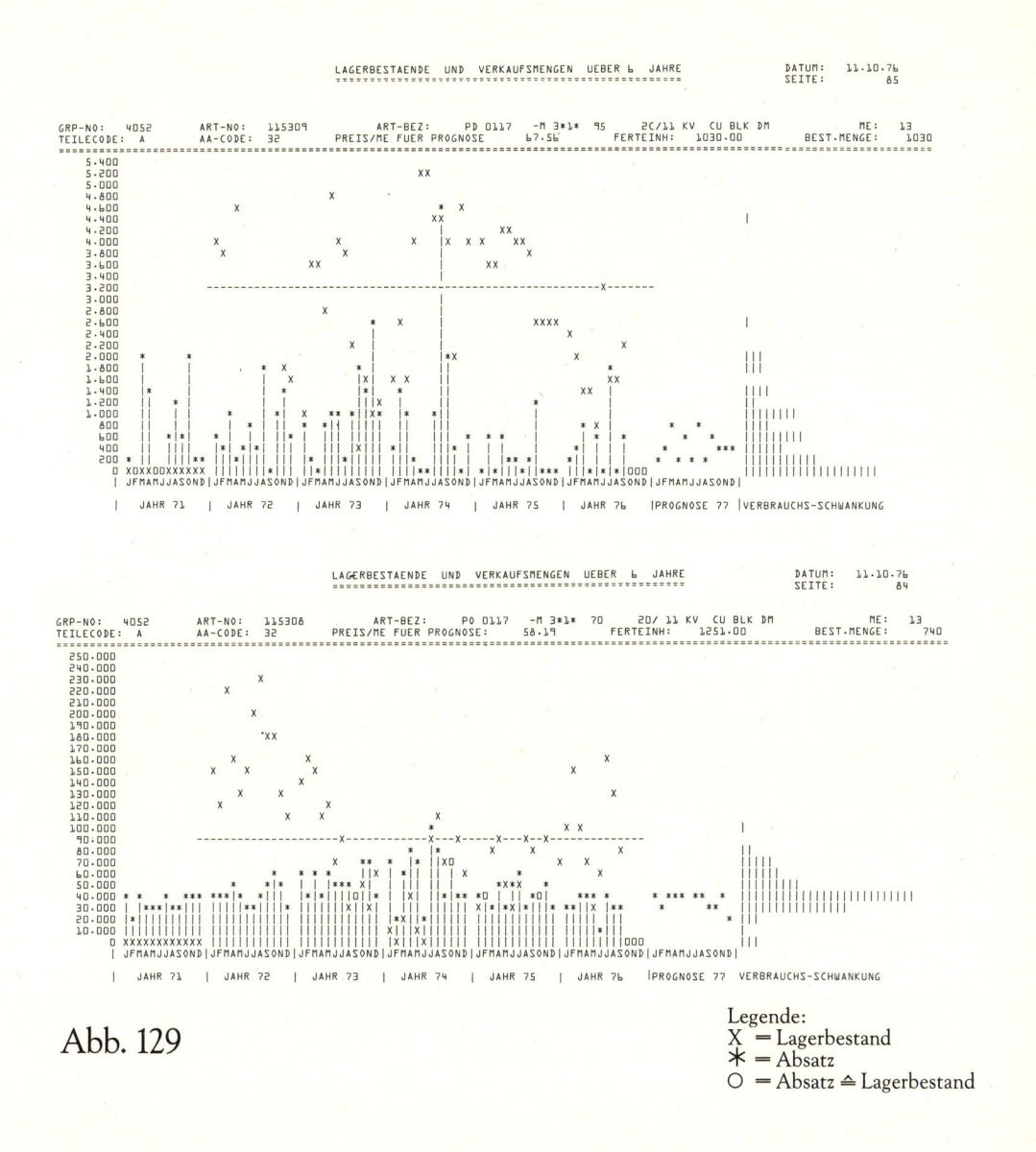

Legende:
X = Lagerbestand
✻ = Absatz
O = Absatz ≙ Lagerbestand

C.2.5
ZUSAMMENFASSUNG

In diesem Kapitel wurden einige Programmsysteme dargestellt, wie sie vom Verfasser in der Praxis entwickelt und eingeführt wurden. Bei der Entwicklung wurde speziell auf die Verwendung einfacher Algorithmen Wert gelegt, die weder die Computerkapazität noch die Datenerfassung im Betrieb zu sehr beanspruchen. Bei der Realisierung solcher computerunterstützter Systeme gilt es nämlich Verfahren zu finden und zu benutzen, die genügend umfangreiche und genaue Informationen liefern und die aber möglichst nur solche

C 2.5

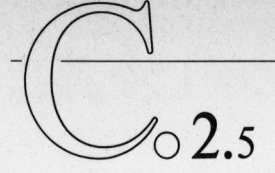

Eingabedaten verlangen, die aus dem betrieblichen Leistungserstellungsprozeß ohne großen zusätzlichen Erfassungsaufwand zu beschaffen sind.

Anhand der Parametersteuerung wurde beispielhaft aufgezeigt, daß dem Materialmanagement durch die Veränderung einiger Inputgrößen die Möglichkeit geboten wird, die vorhandenen Planungs- und Kontrollsysteme im Sinne der durch den Bewirtschaftungsmix vorgegebenen Materialwirtschaftziele zu steuern und zu kontrollieren. Bei den beschriebenen Programmsystemen handelt es sich um Batch-Systeme, die aufgrund der niedrigen Auswertungsfrequenz der einzelnen Programme (wöchentlich, monatlich, halbjährlich) den Ansprüchen der Praxis vollauf genügen. Allerdings muß gewährleistet sein, daß zum Zeitpunkt der Auswertung dieser Programme die Basisapplikationen, wie Artikel-, Arbeitsplan-, Arbeitsplatz-Stammverwaltung, Bestandsrechnung, Kundenauftrags- und Fertigungsverwaltung auf den aktuellsten Stand gebracht wurden. Dies erfordert entweder On-line-Applikationen oder sehr gut organisierte Batch-Systeme. Im folgenden Kapitel wollen wir nun noch auf die Einsatzmöglichkeiten von EDV in einem weiteren Bereich des Materialmanagements, dem Einkauf, zu sprechen kommen, der bei der bisherigen Computerunterstützung in der betrieblichen Praxis ziemlich vernachlässigt wurde.

C.3
COMPUTERUNTERSTÜTZTE EINKAUFSSYSTEME

C.3.1
BEDEUTUNGSWANDEL DER EINKAUFSFUNKTION

Erfolg im Beruf erntet man dann, wenn man den Anforderungen bezüglich der gewünschten Qualifikation und Leistung entspricht. Im letzten Abschnitt wurden beispielhaft die Anforderungen an die Materialplanung und -steuerung für Fertigprodukte detailliert und in ihrer ganzen Komplexität dargestellt. Wie wird man nun mit der Fülle von Aufgaben fertig, die heute in anspruchsvoller Art auf einen modern organisierten und erfolgreich arbeitenden Einkauf zukommen?

Sicher ist eines, wir müssen unsere bisherigen Arbeitsweisen und unser Denken im Einkauf einer gründlichen Revision unterziehen. Wir müssen viele alte Regeln, die vielleicht in der Vergangenheit richtig waren, heute über Bord werfen und mit neuen Managementmethoden und -verfahren neuen Ufern (Zielen!) zusteuern. Dazu gehört zu Beginn, daß wir uns der Routine entledigen, wo immer es sich durch den Computer oder sonstige Automatisierungshilfen auf wirtschaftliche Weise ermöglichen läßt. Der Einkaufsleiter oder Einkäufer, der sich gegen den EDV-Einsatz sträubt, hat sein Karriereziel bereits überschritten und beginnt ein frustrierendes Rückzugsgefecht, weil ihn die Entwicklung überrollt. Wie soll er sich nämlich den für die Zukunft entscheidenderen Aufgaben widmen können, wenn er sich mit großer Beharrlichkeit an die liebgewonnenen Routineabwicklungen klammert? Seine zukünftigen Aufgabenschwerpunkte liegen woanders, nämlich

1. in intensiverer Beschaffungsmarktforschung,

2. in der Systematisierung der kurz-, mittel- und langfristigen Beschaffungsplanung,

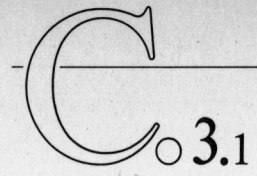

3. in der Ausweitung des internationalen Einkaufs und dem damit notwendigen „Sprachenlernen",

4. im verstärkten Beschaffungsmarketing,

5. in einem Ausbau der Lieferantenpflege incl. einer systematisierten Lieferantenbewertung,

6. im Einsetzen neuer computerunterstützter Systeme zur Marktdatenbeschaffung,

7. im Einsatz integrierter EDV-Anwendungen zur vermehrten Reduktion von Routinetätigkeiten,

8. in der verstärkten Wahrnehmung von Kostensenkungsmöglichkeiten, wie

    o Wertanalysen,
    o Make and/or Buy-Analysen,
    o Subcontracting,
    o EDV-gesteuerte Preisanalysen,
    o systematisierte Lieferantenauswahlverfahren,
    o Einsatz von Operations-Research-Verfahren,

9. in der Einführung von Erfolgsmessungsmethoden zum besseren Funktionscontrolling,

10. in der konzentrierten Wahrnehmung der erlernten Verhandlungspsychologie,

11. im gezielten Einsatz von Werbemitteln zur bewußten Vergrößerung der potentiellen Lieferanten,

12. in der Optimierung der güterbezogenen Beschaffungspolitik bezüglich Qualität, Service, Garantie, Standardisierung,

13. in der systematischen Ausschöpfung von Gegengeschäften,

14. in der Entwicklung von Beschaffungsfrühwarnsystemen, die auf Materialversorgungsschwierigkeiten hinweisen,

15. in der Festlegung der Sicherheitsbestandspolitik für Risikomaterialien (evtl. mit der Unterstützung der Bundesregierung) usw.

C 3.1

Einige der Leser dieses Buches werden sicher den Kopf schütteln und fragen, ob man die hier beispielhaft aufgeführten Tätigkeiten als Einkaufsverantwortlicher denn alle wissen oder einführen muß. Meine Meinung dazu heißt „ja"!

Wenn wir aus der Einkaufsfunktion eine „Gewinnbeschaffungsfunktion" machen wollen, und mit diesem Anspruch treten wir heute in der Firma auf, dann müssen wir uns zum fachlichen Profi ausbilden, der aus seiner bisherigen Introversion und der „Preisdrückungsfunktion" heraustritt, zum Manager wird und entsprechend aktiv das Umfeld des Einkaufs mit den oben beispielhaft angesprochenen Zielen gestaltet.

Dazu gehören auch systematische Überlegungen zur notwendigen Kommunikationspolitik, die von den anderen Abteilungen in der Unternehmung oder vom Beschaffungsmarkt erwartet werden.

Der Einkauf ist in früheren Zeiten nicht zuletzt deshalb ein vernachlässigtes Stiefkind des Betriebs geblieben, weil er es versäumt hat, sich mit seinem ganzen Informationswissen aktiver in das Kommunikationsnetz der Firma zu integrieren. Wir können diesbezüglich einiges vom Verkauf lernen, der es oftmals mit sehr viel unwichtigeren Informationen erreicht, daß er permanent im Blickfeld der Geschäftsführung steht. Der Verkäufer ist zu klug und ein zu sehr politisch engagierter Analytiker, als daß er sich in Routinearbeiten verstrickt und deshalb die positive Wirkung gezielter Informationsstreuung nach allen Seiten vernachlässigt.

Merke:
Informationen holen heißt berufliche Profilierung!
Informationen besitzen heißt Prestige fördern!
Informationen abgeben heißt Anerkennung bekommen!
Kaufen Sie nicht nur ein, sondern treiben Sie Kommunikation!

Die Personen, die das Berufsbild innerhalb der Beschaffungsfunktion bilden, lassen sich grundsätzlich in zwei Kategorien einteilen:

1. jene, die sich mit einer engen Beschaffungsfunktion begnügen und ihre Tätigkeit auf den Beschaffungsprozeß beschränken wollen, und

2. jene, die einen breiteren Ansatz wählen und ein aktiveres und externes Engagement wünschen.

C 3.1

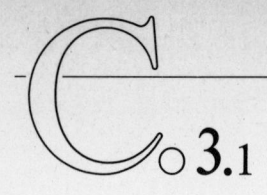

Das zuletzt aufgeführte Einkaufsmanagement besitzt heute eine wichtige Entscheidungsrolle innerhalb des Unternehmens. Diese Rolle wird noch komplexer werden und im Umfang bedeutend zunehmen, wie man es aus den internen und externen Veränderungen ablesen kann, die auf die Einkaufsfunktion zukommen.

Interne Veränderungen

Nachdem man in der Praxis die Gewinnbedeutung der Einkaufsfunktion erkannt hat, sind folgende Änderungen zu erwarten:

1. Die Anwendung neuer Verfahren innerhalb der Beschaffung mit dem Ziel, die Einkaufspreise zu reduzieren,

2. organisatorische Veränderungen mit dem Ziel, die Produktivität der Einkaufsadministration zu steigern und

3. eine Aufwertung des Einkaufspersonals.

Externe Veränderung

Im Gleichschritt mit den internen Veränderungen erfährt die Einkaufsfunktion auch eine Anzahl von externen Veränderungen. So dehnt sich der Marktumfang der Unternehmen immer mehr auf die Weltmärkte aus. Das schnelle Wachstum der internationalen Unternehmen stellt neue Marktkräfte und -verhältnisse in den Vordergrund. Die technologische Entwicklung beschleunigt sich immer mehr und schafft dabei neue Industrien, neue Produkte und Herstellungsverfahren. Existierende Produkte werden in immer kürzeren Abständen durch neue Produkte ersetzt. Neue Beschaffungsquellen und neue Absatzwege ersetzen laufend die alten. Alle diese Entwicklungen deuten darauf hin, daß die Einkaufsfunktion in eine Periode eintritt, die mehr als bisher durch „Komplexität" und „Wandel" gekennzeichnet wird.

Weiter vorne wurde bereits festgestellt, daß der Systemansatz dazu benutzt werden kann, ein komplexes Informationssystem zu analysieren und übersichtlich zu gestalten. Betrachtet man das Einkaufssystem als ein solch komplexes Informationssystem, so läßt sich der Einkauf vereinfacht als

1. Informationsempfänger und als
2. Informationssender
   darstellen (vgl. Abb. 130 und 131).

C 3.1

EINKAUF ALS INFORMATIONSEMPFÄNGER

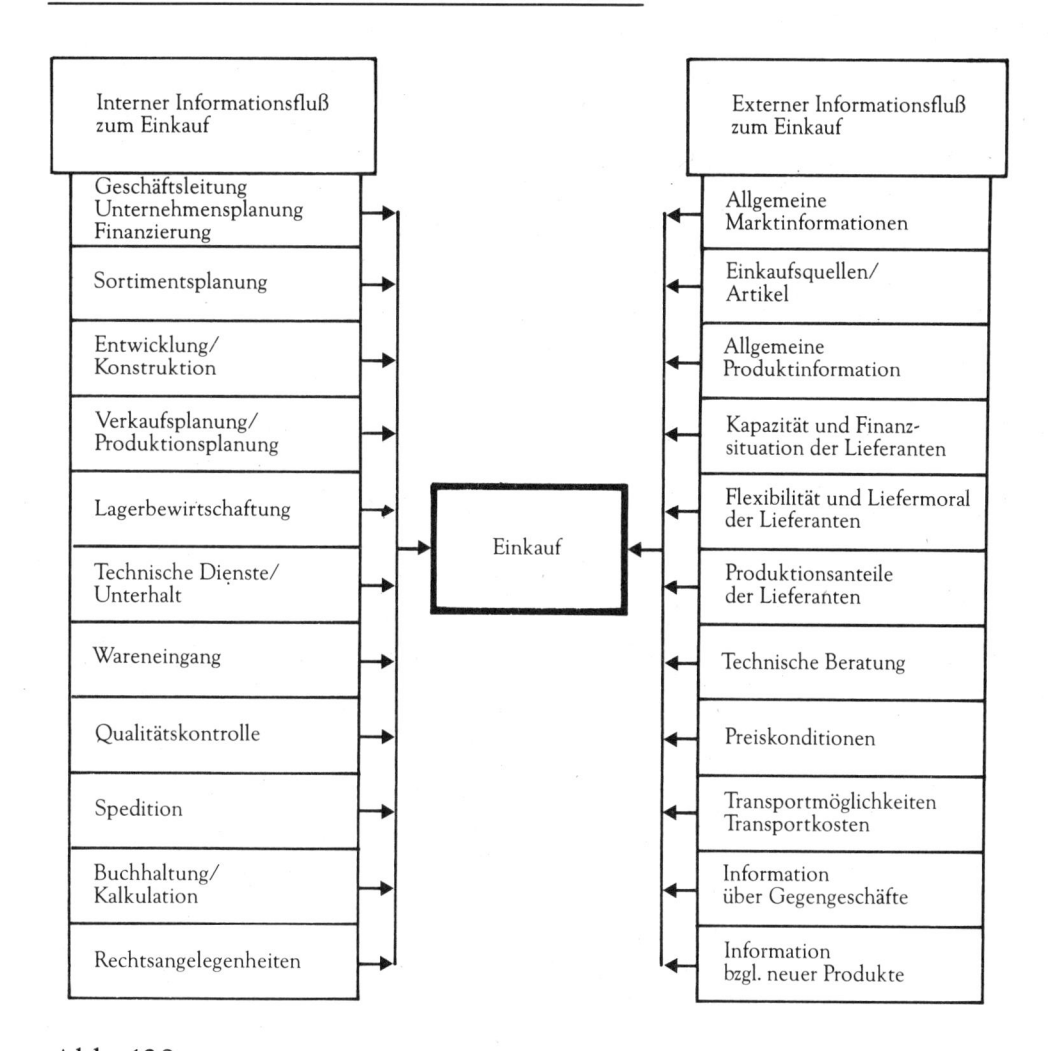

Interner Informationsfluß zum Einkauf		Externer Informationsfluß zum Einkauf
Geschäftsleitung / Unternehmensplanung / Finanzierung →		← Allgemeine Marktinformationen
Sortimentsplanung →		← Einkaufsquellen / Artikel
Entwicklung / Konstruktion →		← Allgemeine Produktinformation
Verkaufsplanung / Produktionsplanung →		← Kapazität und Finanzsituation der Lieferanten
Lagerbewirtschaftung →	Einkauf	← Flexibilität und Liefermoral der Lieferanten
Technische Dienste / Unterhalt →		← Produktionsanteile der Lieferanten
Wareneingang →		← Technische Beratung
Qualitätskontrolle →		← Preiskonditionen
Spedition →		← Transportmöglichkeiten / Transportkosten
Buchhaltung / Kalkulation →		← Information über Gegengeschäfte
Rechtsangelegenheiten →		← Information bzgl. neuer Produkte

Abb. 130

Die in den Abbildungen beschriebenen Informationsbeziehungen erheben keinen Anspruch auf Vollständigkeit, zeigen aber auf, welche Vielzahl von Schnittstellen vom Einkauf bedient werden müssen, um den Zielen der Einkaufsfunktion gerecht zu werden. In der Praxis wird die wirtschaftliche Bedeutung der Bestimmung dieser Informationsschnittstellen zwar erkannt, aber aufgrund verwaltungsbedingter Arbeitsüberlastung des Einkaufs in vielen Unternehmen sträflich vernachlässigt. Die Betrachtung des Einkaufs als System hat zur Folge, daß seine Zusammenhänge mit anderen Abteilungen und seine wirtschaftliche Bedeutung immer transparenter werden. Die Vorteile von Systembetrachtungen beschreibt Van de Water mit den Worten: „Until recently, business was organized as small independent activi-

C 3.1

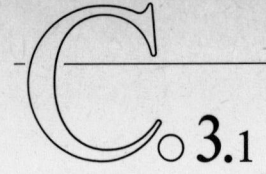

ties. Each had very limited responsibility, and usually went its own way without any clear idea how it was affecting other parts of the business. But now (sparked by the computer), this fractional organization is rapidly changing into coordinated systems management."

EINKAUF ALS INFORMATIONSSENDER

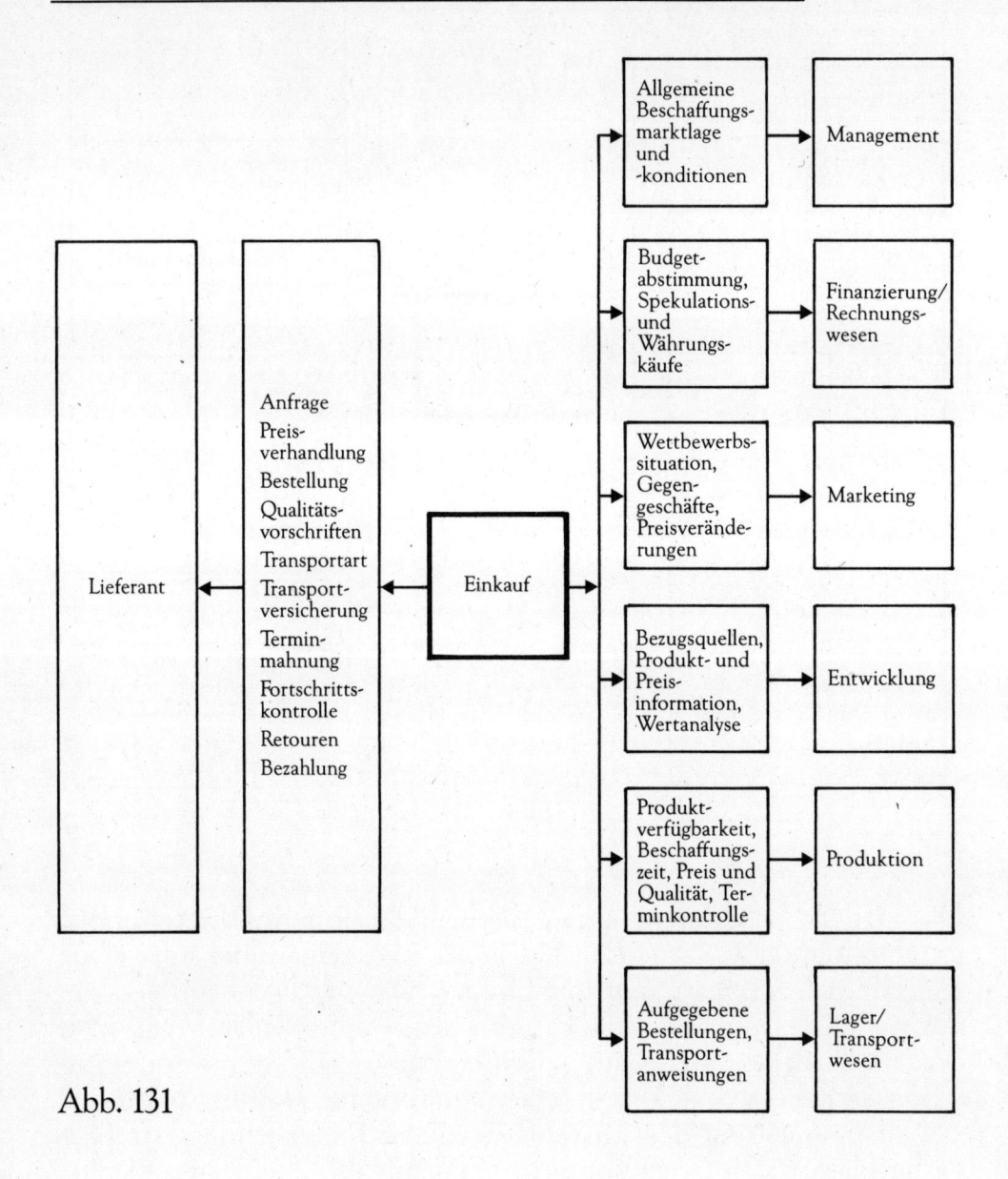

Lieferant ← | Anfrage / Preisverhandlung / Bestellung / Qualitätsvorschriften / Transportart / Transportversicherung / Terminmahnung / Fortschrittskontrolle / Retouren / Bezahlung | ↔ Einkauf →

- Allgemeine Beschaffungsmarktlage und -konditionen → Management
- Budgetabstimmung, Spekulations- und Währungskäufe → Finanzierung/Rechnungswesen
- Wettbewerbssituation, Gegengeschäfte, Preisveränderungen → Marketing
- Bezugsquellen, Produkt- und Preisinformation, Wertanalyse → Entwicklung
- Produktverfügbarkeit, Beschaffungszeit, Preis und Qualität, Terminkontrolle → Produktion
- Aufgegebene Bestellungen, Transportanweisungen → Lager/Transportwesen

Abb. 131

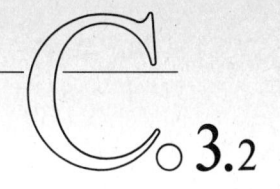

C.3.2
NOTWENDIGKEIT ZUR AUTOMATISIERUNG VON EINKAUFSTÄTIGKEITEN

Aus den Abbildungen 132a und 132b läßt sich ersehen, wie umfangreich die Informationen sind, die in einem Einkaufssystem erstellt bzw. bearbeitet werden. Viele dieser Informationen müssen in Belege, wie Bestellanforderungen, Bestellschreiben, Bestelländerungsformulare, Mahnschreiben, Wareneingangsberichte, Prüfungsberichte, Einkaufsstatistiken usw., eingetragen werden. Die Bearbeitung dieser Papiere erfordert eine Vielzahl routinemäßiger Verwaltungsarbeiten, so daß dem Einkäufer nur wenig Zeit zu kreativen Tätigkeiten bleibt (vgl. Abb. 132 a). Außerdem tritt der Effekt auf, daß durch die Verarbeitung großer Papiermengen die Wiederbeschaffungszeit der Einkaufsteile verlängert und damit die Planungsunsicherheit in der Materialdisposition vergrößert wird. Die häufig notwendige Verdichtung der Informationen in Form von Statistiken bringt zusätzlichen Aufwand mit sich und ist häufig nicht zum gewünschten Zeitpunkt verfügbar.

AKTIVITÄTEN DES EINKAUFS IN DER KONVENTIONELLEN UND IN DER COMPUTERUNTERSTÜTZTEN EINKAUFSORGANISATION[1]

Abb. 132 a Bayer activity (old system)

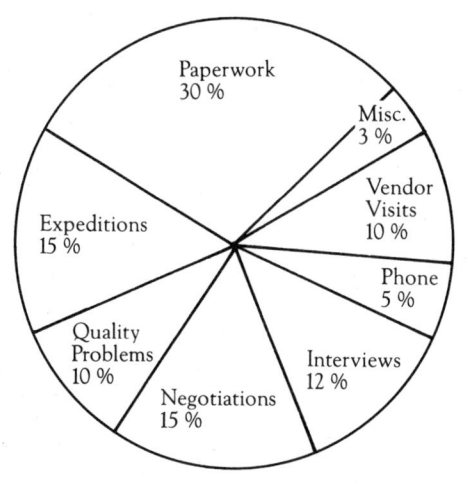

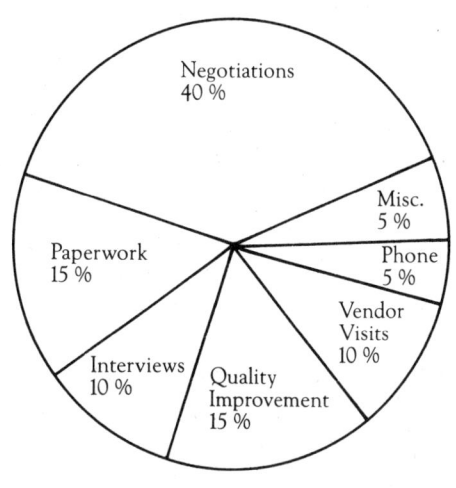

Abb. 132 b Bayer activity (objectives)

Abb. 132

[1] Entnommen aus: IBM: COMPASS (Computer-oriented Management Planning and Scheduling System), White Plains 1966, S. 3

C 3.2

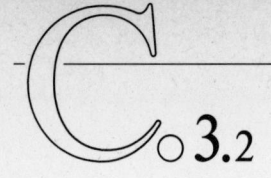

Das Einkaufsmanagement in vielen Unternehmen stellt heute fest, daß der Computer vermehrt zur Vereinfachung und Verbesserung der Einkaufsfunktion herangezogen werden sollte. Es beginnt zu realisieren, daß der Computer in seinem Bereich denselben positiven Effekt wie in den Nachbarbereichen Marketing, Finanzen und Produktion erzielen kann. „The great promise of purchasing by computer is that it will take over the buyer's routine work, perform it faster and more accurately than he can, and leave him free for complex decision making and other creative activities." Die Forderung zur Befreiung des Einkäufers von routinemäßiger Papierbearbeitung wird noch durch den Sachverhalt unterstützt, daß sich in vielen Einkaufsorganisationen mehr als 80 % der Einkaufsbestellungen auf lediglich 20 % des Ausgabevolumens beziehen. Das heißt, daß sich der Einkäufer zum größten Teil seine Zeit mit Bestellungen abmühen muß, die nur wenig zu einer Verbesserung der Einkaufsleistung beitragen können.

Das Ziel einer Computerunterstützung im Einkauf ist auf eine Veränderung der Arbeitsbelastung des Einkäufers ausgerichtet, wie sie in Abb. 132a und b dargestellt ist. Der Haupteffekt liegt in der Reduktion der Papierbearbeitung und der Eliminierung der Bestellüberwachung (Zuweisung zu einer speziellen Gruppe), wodurch die verfügbare Zeit für Verhandlungen von 15 % auf 40 % der Gesamtarbeitszeit – wodurch auch häufigere Besuche bei A-Lieferanten möglich werden – gesteigert werden kann.

Es dürfte klar sein, daß der Computer den Einkäufer niemals ersetzen, sondern ihm nur seine sich laufend wiederholenden Routinearbeiten abnehmen kann. Viele Einkaufsmöglichkeiten können und sollten nicht automatisiert werden, vor allem wenn sie persönliche Kontakte mit anderen erfordern. So schreibt z. B. Widing: „The really radical change will be in the amount of time and effort that buyers will be able to allot to these personal contacts to make them more productive and rewarding."

Drei weitere Vorteile der Computerunterstützung im Einkauf, die nicht direkt mit Einsparungen im Einkaufsbereich zu tun haben, veranlassen das Einkaufsmanagement zu vermehrtem EDV-Einsatz:

1. Die Tatsache, daß die an den Einkauf angrenzenden Bereiche in vielen Betrieben bereits automatisiert wurden. Wirtschaftliche Gründe verlangen, daß der Output automatisierter Systeme nach Möglichkeit maschinell weiterverarbeitet werden kann. In integrierten Systemen wirken manuelle Zwischensysteme als Störfak-

toren, die man zur Vermeidung von Fehlermöglichkeiten und zusätzlich notwendiger Datenerfassung am liebsten auch automatisieren möchte.

2. Die Tatsache, daß die Computerunterstützung schnellere Beschaffungsdurchlaufzeiten und eine Vergrößerung der Transparenz über die Materialsituation ermöglicht. Der Druck zur Automatisierung des Einkaufs kommt dabei hauptsächlich von seiten der Materialdisposition, da die beiden genannten Vorteile zu einer Reduktion der Sicherheitsbestände und damit des durchschnittlich im Lager gebundenen Kapitals beitragen.

3. Die Tatsache, daß man von seiten des Verkaufs sehr schnell auf Änderungen des Kundenlieferprogramms reagieren möchte. Dies erfordert einen gezielten und schnellen Informationsfluß vom Verkauf bis zum Einkauf, der bei einer Vielzahl von Teilen, die in mehreren Fertigungsstufen produziert werden, in der Regel nur mit Computerunterstützung gewährleistet werden kann.

Lange bevor in Deutschland an der Entwicklung computerunterstützter Einkaufssysteme gearbeitet wurde, sammelte man in den USA bereits positive Erfahrungen mit diesen Computeranwendungen. Als Ergebnis ihrer praktischen Arbeit in USA-Unternehmen werden von den Unternehmensberatern Porter und Trill folgende positive Auswirkungen von computerunterstützten Einkaufssystemen aufgeführt:

1. Reduced purchasing material costs,
2. Reduced purchasing operations costs,
3. Reduced purchased item inventory,
4. Improved vendor performance,
5. Improved management planning and control,
6. Increased sales,
7. Improved personnel productivity.

Zur verbesserten Personalproduktivität werden die einzelnen Argumente in den folgenden Kästen veranschaulicht:

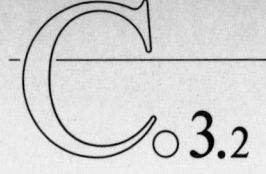

Box 1: Improved productivity personnel

A computer-assisted purchasing system can help improve personnel productivity, especially buyer productivity, by:

o Simplifying the buying system.

o Improving interdepartmental communications.

o Reducing the number of unexpected problems.

o Improving the capability to respond quickly when problems do occur.

o Reducing the amount of paperwork and paperwork handling.

o Reducing the amount of input required for document preparation.

o Reducing the number of production schedule disruptions caused by missing or low quality purchased material.

o Generating small-value orders automatically.

o Keeping track of item and order status and follow-up requirements during the receiving cycle of order processing.

o Providing job enrichment for purchasing department personnel.

o Reducing the training required for new personnel.

Box 2: Value formulas for improving personnel productivity

1. Freeing Personnel for other tasks

    Estimated value = $ Estimated annual savings generated from additional tasks performed

2. Avoiding the hiring of additional personnel

    Estimated value = $ Estimated reduction in projected annual salaries and benefits payments, including planned increases, that will not be required

3. Reducing the number of present personnel handling the same workload

    Estimated value = $ Estimated reduction in present annual salaries and benefit payments

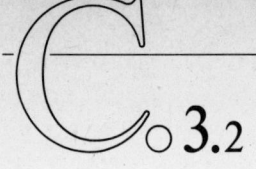

Box 3: Simplifying the buying system

A computer-aided purchasing system can simplify the purchasing operation by:

1. Consolidating all purchasing files into a data base common to all users.

2. Freeing the buyer from many of the routine clerical tasks, including clerical supervision.

3. Freeing the buyer from many of his tickler file chores by having the system produce notifications when exceptions occur.

4. Freeing the buyer from many of his calculation chores by calculating order quantities, dates, and least-cost suppliers.

5. Freeing the buyer from handling low-value purchase orders since the system can produce these automatically within rules established by the buyer.

6. Providing instant access to purchasing data via on-line terminals.

7. Greatly reducing the amount of purchasing paperwork and paperwork handling by using on-line terminals.

C.3.3
VORAUSSETZUNGEN ZUR AUTOMATISIERUNG DES EINKAUFS

Obwohl wir im letzten Abschnitt von einer Notwendigkeit zur Automatisierung des Einkaufs gesprochen haben, müssen wir doch einschränkend feststellen, daß nicht alle Unternehmen diesem Automationszwang unterliegen. Wie bei EDV-Applikationen in anderen Unternehmensbereichen muß auch im Einkauf zuerst eine Wirtschaftlichkeitsanalyse den Nachweis erbringen, ob eine Computerunterstützung den gewünschten Rationalisierungseffekt erfüllen kann. Nachfolgend werden einige Faktoren genannt, bei deren Vorliegen der Einsatz der EDV im Einkauf besonders angeraten erscheint:

1. Dem Einkauf wird innerhalb der Unternehmensorganisation ein hoher Grad an funktionaler Kontrolle zugewiesen.

2. Das Unternehmen besitzt ein hohes Einkaufsvolumen.

3. Es muß eine hohe Anzahl von Bestellungen bearbeitet werden.

4. Innerhalb der Einkaufsabteilung sind viele Personen mit Routinearbeiten beschäftigt.

5. Im Rahmen des Einkaufsbudgets entfällt eine große Anzahl von Bestellungen auf kleine Bestellwerte.

6. Die durchschnittliche Anzahl der Bestellungen pro Einkäufer ist sehr hoch.

Aus einer Studie von Lindgren geht hervor, daß die Intensität der Einkaufsautomatisierung in den 500 größten amerikanischen Unternehmen stark von der Branchenzugehörigkeit beeinflußt wird. Dieser Auswertung kann man entnehmen, daß in den USA bereits im Jahr 1969

87 % der Flugzeugindustrie,
69 % des allgemeinen Maschinenbaus,
67 % der Verlage und Druckanstalten,
64 % der Elektronikindustrie,
64 % der Autoindustrie,
61 % der Chemischen Industrie usw.

C 3.3

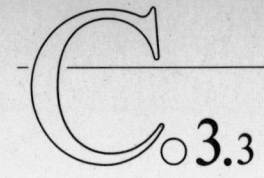

EDV im Bereich ihres Einkaufs einsetzten. Zu den Industrien mit dem EDV-Einsatz zählten die Bergwerke mit 33 %, die Papierindustrie mit 28 % und die Getränkeindustrie mit 26 %. Zwischen den erstgenannten und den letzten drei aufgeführten Branchen gibt es einige Unterschiede, die zur Klärung der verschieden starken Computerunterstützung in den einzelnen Branchen beitragen:

1. Die meisten Industrien mit hohem EDV-Einsatz kaufen einen großen Anteil von meist komplizierten Waren mit hohen Preisen ein. Industrien mit niedrigem EDV-Einsatz beziehen dagegen hauptsächlich Rohmaterialien oder komplizierte Teile mit niedrigen Preisen.

2. Die zwei Branchen mit dem höchsten EDV-Einsatz (Flugzeugindustrie und allg. Maschinenbau) verwenden hauptsächlich die Werkstattfertigung als Produktionsverfahren. In den Branchen mit niedrigem EDV-Einsatz setzt man dagegen vorwiegend Fließfertigung ein.

Neben der durch die Branchen gegebenen Ausgangssituation lassen sich noch folgende Voraussetzungen nennen, die eine erfolgreiche Computerunterstützung im Einkauf ermöglichen:

1. Es muß eine Struktur- und Ablauforganisation vorliegen, in denen die Verantwortlichkeiten und Kompetenzen klar geregelt sind.

2. Es muß eine positive Einstellung des Personals in allen Unternehmensfunktionen (natürlich speziell im Einkauf) gegenüber dem Nutzen des Computereinsatzes gegeben sein.

3. Es müssen fähige EDV-Spezialisten vorhanden sein, die dem Einkaufsmanagement den Nutzen der Computerunterstützung deutlich machen und die Programmsysteme auf wirtschaftliche Weise realisieren können.

4. Da die Computerunterstützung erst richtig in komplexen Einkaufssystemen zur Geltung kommt, müssen Einkaufstätigkeiten vorliegen, die teuer und technisch anspruchsvoll sind.

Durch den Zugriff auf gemeinsame Artikeldaten in der Datenbank lassen sich z. B. folgenschwere Mißverständnisse zwischen den Bestellanforderungen der Linie und dem anschließend realisierten Einkauf für komplizierte Teile weitgehend beheben.

5. Schließlich muß ein genügend großes Einkaufsvolumen vorhanden sein, um die Kosten für die Systementwicklung möglichst schnell amortisieren und die laufenden EDV-Kosten rechtfertigen zu können.

Eine besonders gute Basis für eine reibungslose Einführung von EDV im Einkauf ist in denjenigen Betrieben gegeben, die sich durch ein hohes Organisationsniveau und ein flexibles Einkaufspersonal auszeichnen. So stellt Grupp aufgrund seiner umfangreichen Beratungserfahrung in der Einkaufsautomatisierung fest: „Der Grad des vorhandenen Organisationsniveaus gibt einen guten Anhaltspunkt dafür, welcher Umfang an Umstellungsaufwand und -reibungen sich ergeben wird und welcher Zeitraum für die Einführung der einzelnen Schritte der maschinellen Einkaufsorganisation angesetzt werden sollte. Auf keinen Fall darf die Umstellungsgeschwindigkeit allein von der Fertigstellung der Programme und Umstellungsanweisungen abhängig gemacht werden."

C.3.4
REALISIERUNG COMPUTERUNTERSTÜTZTER EINKAUFSSYSTEME

Es ist sehr schwierig, einen bestimmten Ansatz für die Entwicklung computerunterstützter Einkaufssysteme darzustellen, der für alle Typen von Einkaufsorganisationen anwendbar ist. Trotzdem wird im folgenden versucht, eine schrittweise Realisierungsmöglichkeit dieser Systeme für Unternehmen zu beschreiben, die ihren Einkauf als „Insel" automatisieren wollen, ohne speziell auf Integrationsgesichtspunkte mit den angrenzenden automatisierten Unternehmensbereichen Bezug zu nehmen.

Eine der leichtesten und gewinnbringendsten Automatisierungsmöglichkeiten liegt in der maschinellen Speicherung der Einkaufsgeschichte. Dies läßt sich realisieren, indem man die wichtigsten Daten aller aufgegebenen Bestellungen erfaßt und zur späteren Auswertung auf einem maschinellen Speicher sicherstellt. Die Auswertungsprogramme sind sehr einfach und ermöglichen doch die Erstellung einer Reihe von Statistiken, die dem Einkäufer in Form von historischen Einkaufsinformationen eine wertvolle Einkaufshilfe bieten. Da die größte Einsparungsmöglichkeit im Einkauf im Bereich der Preisreduktion zu finden ist, liefern diese Programme bereits eine wert-

C 3.4

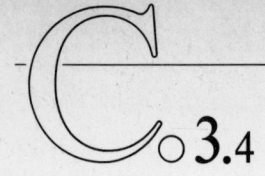

volle Informationsbasis, um mit den Lieferanten bessere Verträge aushandeln zu können.

Im Verlauf der historischen Entwicklung wurden dann Verfahren in der Praxis eingeführt, indem simultan mit der Bestellschreibung ein maschinell weiterverarbeiteter Datenträger (Lochstreifen, Lochkarte) gewonnen wurde. Die dazu notwendigen Flexowriter waren auf dem Markt in einer vielfältigen Leistungsbreite erhältlich. Manche waren so eingerichtet, daß sie zur Fehlervermeidung die artikel- und lieferantenspezifischen Daten von beigefügten Lochkarten automatisch entnehmen konnten und nur noch die variablen Daten eingetippt werden mußten (vgl. Abb. 133).

BESTELLERFASSUNGS-SYSTEM

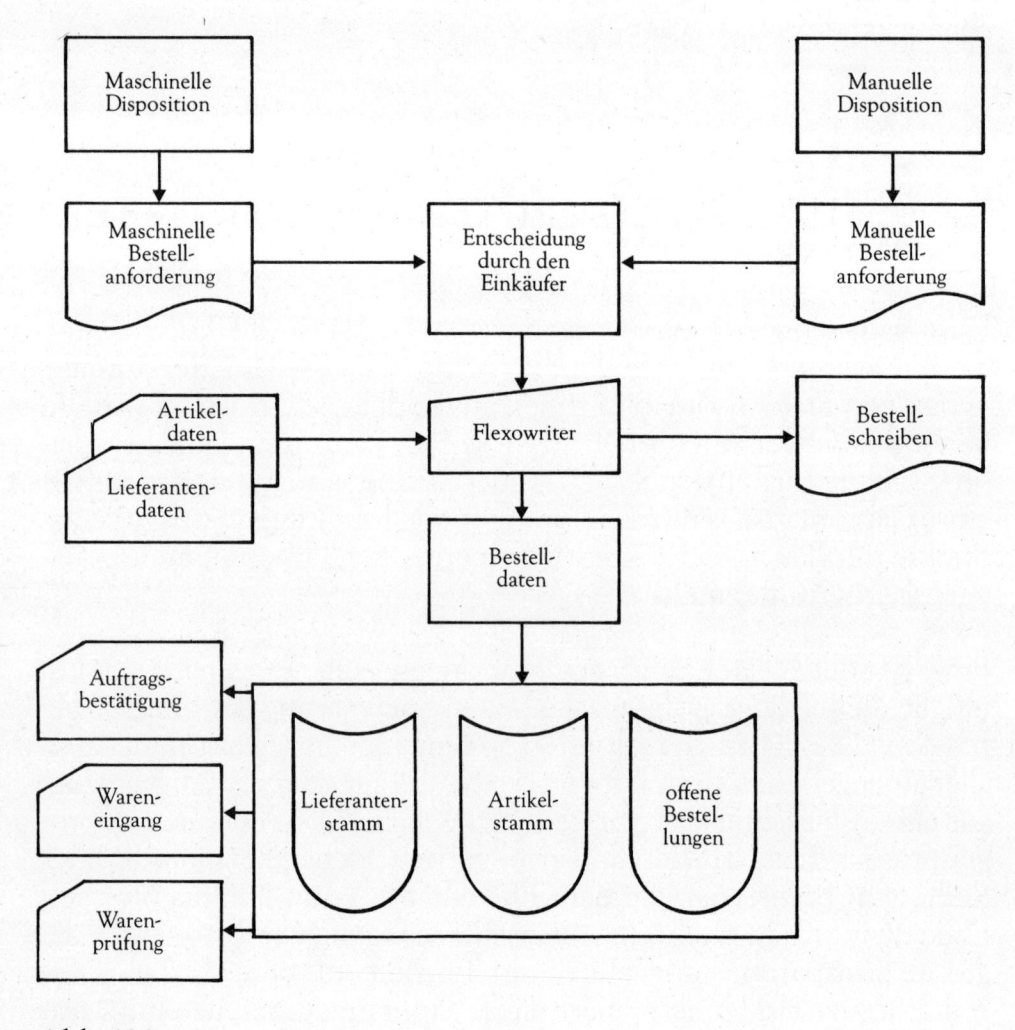

Abb. 133

Nachdem die Daten der Einkaufsgeschichte schon einmal in einem maschinellen Speicher verfügbar waren, war es mit einem einfachen Programm möglich, der Terminüberwachungsgruppe eine Liste aller offenen Bestellmengen mit den entsprechenden Fälligkeitsterminen anzudrucken. Dieses System war natürlich bedeutend aussagefähiger, wenn der Feedback – in diesem Fall sind es die Wareneingänge – ebenfalls maschinell organisiert wurde. Durch die damit geschaffene maschinelle Bestellverwaltung wurde ermöglicht, daß dem Einkäufer die Wareneingangsinformationen und der jeweils aktuelle Bestellstatus jederzeit auf Wunsch angedruckt werden konnte. Nach dem Bestellstatus pro Artikel waren auch bereits Bestellstatusauswertungen pro Lieferant, pro Einkäufer, pro überfällige oder in einem bestellten Zeitraum fällig werdende Artikel denkbar. Alle diese Berichte erlaubten bereits eine straffe Lieferüberwachung, wobei durch das Auswertungsprinzip des Management by exception der Bearbeitungsaufwand nur auf die wirklich kritischen Fälle konzentriert werden konnte (vgl. Abb. 134).

Der nächste Schritt in der Komplettierung eines computerunterstützten Einkaufssystems war die Integration der Rechnungsinformationen in das System. Damit wurde ein maschineller Abgleich zwischen der Bestellung, der Wareneingangs- und Qualitätskontrollinformation und der Rechnung vorgenommen, um nach der Rechnungsprüfung die Zahlung anzustoßen. Dieses Rechnungsprogramm konnte noch durch zusätzliche Routinen, wie

1. eine maschinelle Scheck- oder Überweisungsausstellung,
2. eine maschinelle Ausgabebelastung der verursachenden Kostenstellen,
3. maschinelle Budgetvergleiche,
4. maschinelle Abweichungsberichte gegenüber den Standardkosten,
5. eine maschinelle Aktualisierung der durchschnittlichen Einstandspreise und
6. eine maschinelle Zahlungsvorhersage,

ergänzt werden.

Will man den bisher dargestellten Ansatz typologisieren, so kann man ihn als ein offenes Einkaufsentscheidungs-Modell bezeichnen, wie es in der Abbildung 135 dargestellt ist.

C 3.4

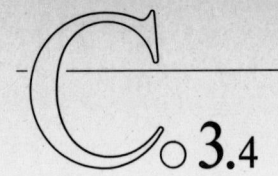

BESTELLVERWALTUNGS-SYSTEM

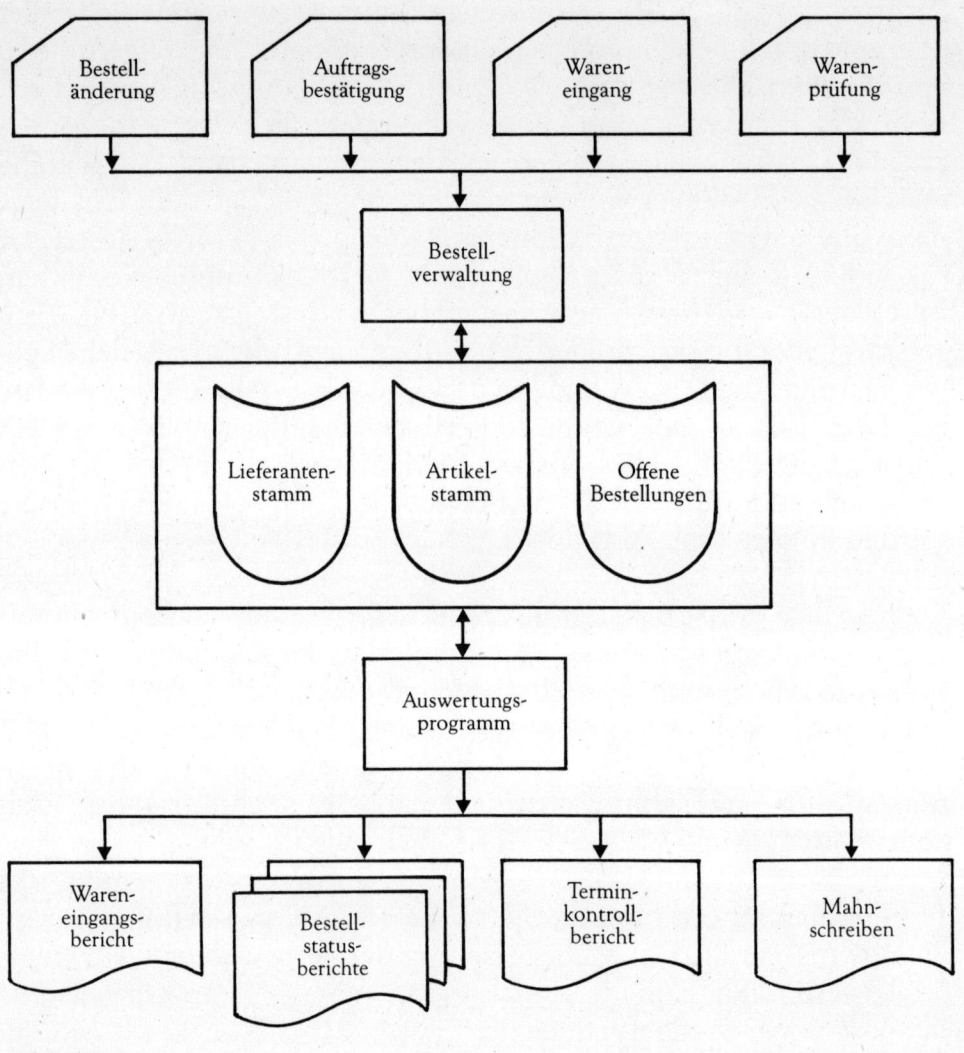

```
Bestell-        Auftrags-        Waren-          Waren-
änderung        bestätigung      eingang         prüfung
    │               │               │               │
    └───────────────┴───────┬───────┴───────────────┘
                            ▼
                    Bestell-
                    verwaltung
                        ↕
    ┌───────────────────────────────────────────────┐
    │   Lieferanten-    Artikel-     Offene         │
    │     stamm          stamm       Bestellungen   │
    └───────────────────────────────────────────────┘
                        ↕
                  Auswertungs-
                   programm
    ┌───────────┬───────────┬───────────┬───────────┐
    ▼           ▼           ▼           ▼
 Waren-      Bestell-    Termin-     Mahn-
 eingangs-   status-     kontroll-   schreiben
 bericht     berichte    bericht
```

Abb. 134

OFFENES EINKAUFSENTSCHEIDUNGS-MODELL

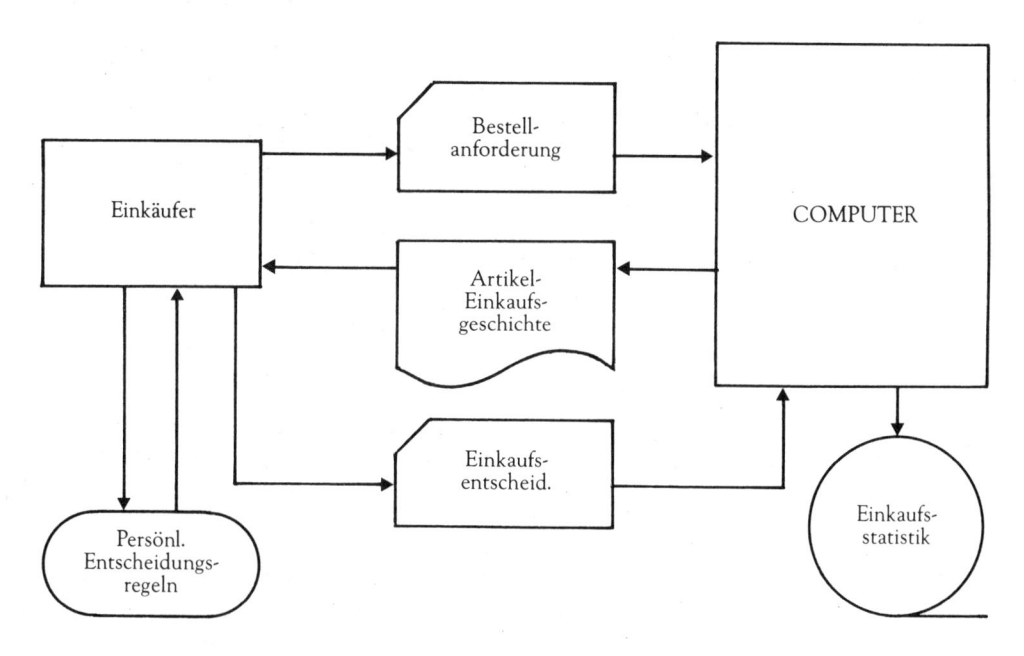

Abb. 135

Bei diesem Ansatz ist der Computer Lieferant von Informationen, die dem Einkäufer zur besseren Entscheidungsfindung verhelfen und ihn teilweise von routinemäßigen Kontrollaufgaben (wie Terminüberwachung und Rechnungsprüfung) entlasten. Der Hauptnachteil dieses Ansatzes liegt darin, daß der Einkäufer immer noch mit viel Papierbearbeitung und häufigen Routineentscheidungen beschäftigt ist.

Wenn man zur Vermeidung dieses Nachteils eine höhere Automationsstufe wählt, so kommt man zum geschlossenen Einkaufsentscheidungs-Modell (Abb. 136).

Dieser Modellansatz ist dadurch gekennzeichnet, daß der Computer nur noch die Bestellanforderungen als Input erhält und aufgrund von programmierten Entscheidungsroutinen die Lieferantenauswahl trifft und das Bestellschreiben maschinell erstellt. Der Einkäufer steuert die Einkaufsentscheidung, indem er den programmierten Einkaufsentscheidungsalgorithmus entsprechend seiner Zielsetzung (z.B. Preisminimierung, Lieferzeitminimierung, optimale Termintreue, optimale Qualitätstreue oder gewichtete Kombinationen der genannten Ziele) anpaßt. Die Entscheidungsausführung und die Papiererstellung übernimmt der Computer.

C 3.4

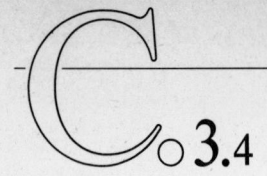

GESCHLOSSENES EINKAUFSENTSCHEIDUNGS-MODELL

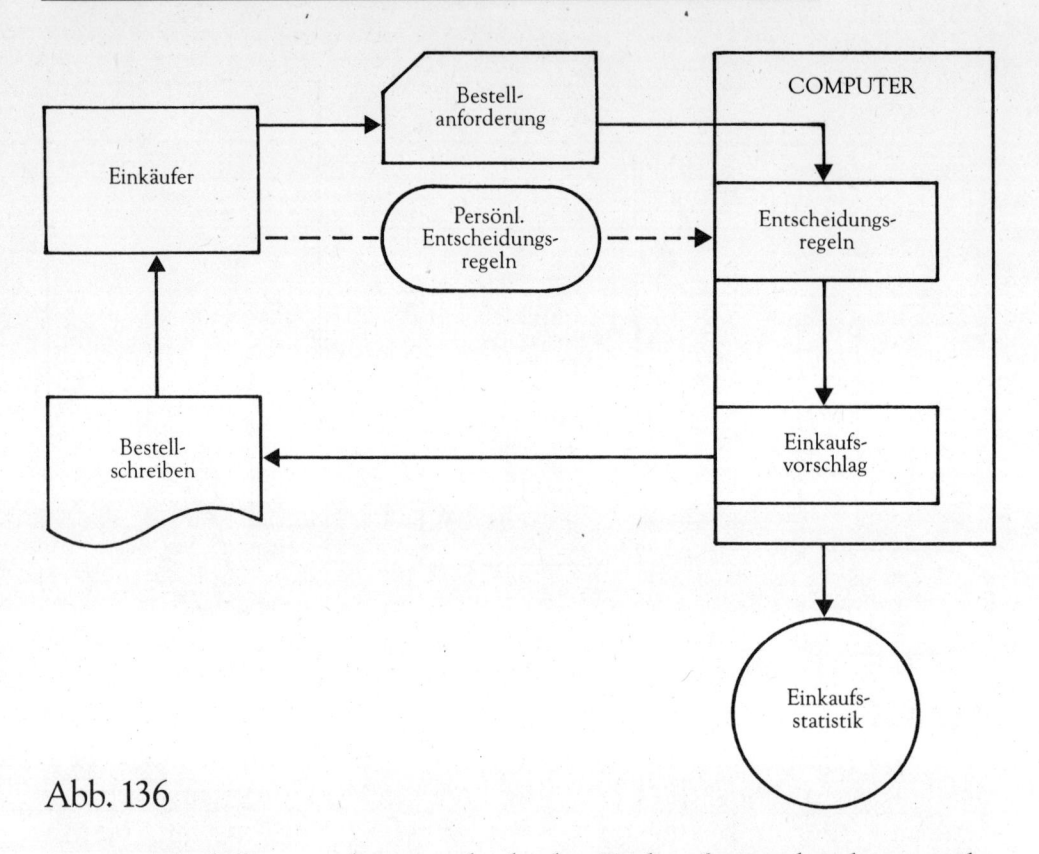

Abb. 136

Dieser Modellansatz kann jedoch die Einkaufsentscheidung nicht vollständig ersetzen, da die bisher in der Praxis realisierten Entscheidungsverfahren zu wenig komplex sind und deshalb nur für die Vielzahl von wertmäßig unwichtigen Bestellpositionen verwendet werden können. Die Einkaufsentscheidungen für hochwertige Artikel müssen auf jeden Fall personell bearbeitet werden, wenn ein situationsbezogenes, wirtschaftliches Einkaufsoptimum erreicht werden soll. Der Computer druckt in diesen Fällen einige der in Frage kommenden Lieferanten in der Reihenfolge ihrer Bewertung an. Die endgültige Wahl des Lieferanten erfolgt aber aufgrund der Entscheidung des zuständigen Einkäufers.

Die Realisierung des geschlossenen Einkaufsentscheidungs-Modells stellt an das Computersystem hohe Anforderungen. So müssen vor allem Dateien aufgebaut werden, die die Material-Lieferantenbeziehungen abbilden. Auf dem Software-Markt existieren dazu hochmodulare Programmpakete, die den Aufbau und die Verwaltung verketteter Dateien ermöglichen. Die unter dem Begriff Stücklistenprozessoren bekannten Programmsysteme lassen sich leicht in Beschaffungsprozessoren umwandeln, indem man die Teilestruktursätze durch Teilebeschaffungssätze ersetzt (vgl. Abb. 137). Die dabei entstehende Verkettungsstruktur läßt sich aus der Abbildung 138 ablesen. Es ist leicht einzusehen, daß man bei dieser Speicherungsform für den Einkäufer zwei wichtige Auswertungen erstellen kann:

PROGRAMMSTRUKTUR DES BESCHAFFUNGSPROZESSORS

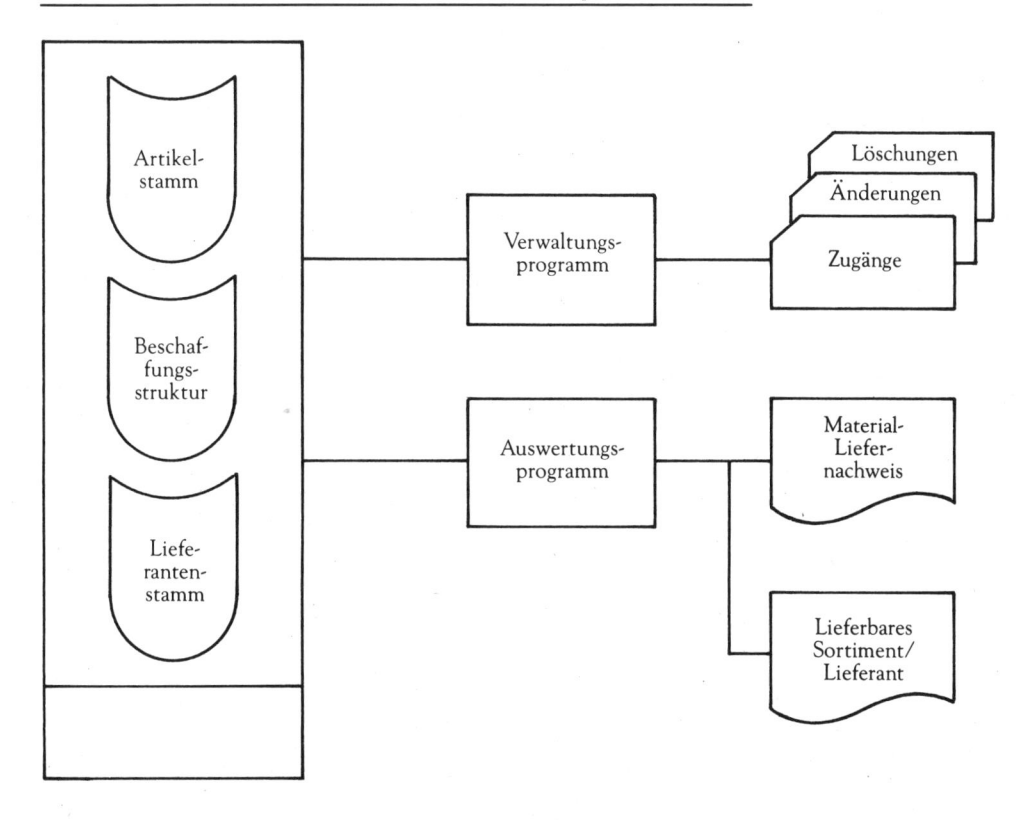

Abb. 137

1. In Analogie zur Stückliste erhält man einen Materialliefernachweis. In dieser Auswertung werden pro Artikel alle potentiellen Lieferanten mit ihren gespeicherten Konditionen angedruckt.

2. In Analogie zum Teileverwendungsnachweis wird das pro Lieferant lieferbare Artikelsortiment angelistet.

C 3.4

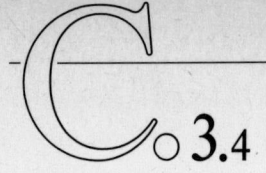

VERKETTUNGSPRINZIP
DES BESCHAFFUNGSPROZESSORS

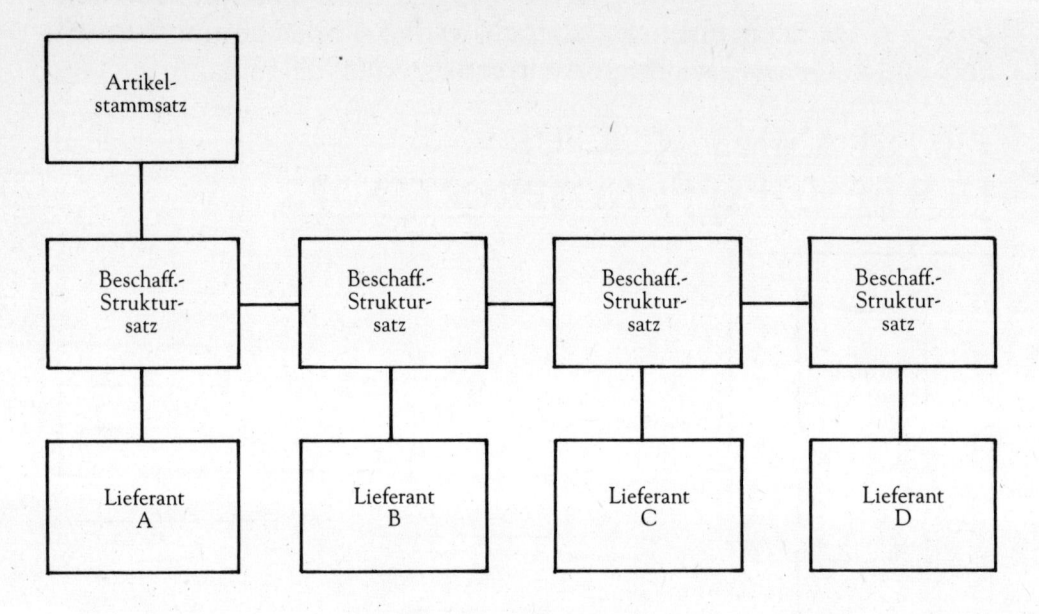

```
                    ┌──────────────┐
                    │  Artikel-    │
                    │  stammsatz   │
                    └──────┬───────┘
                           │
  ┌──────────┐   ┌──────────┐   ┌──────────┐   ┌──────────┐
  │ Beschaff.│───│ Beschaff.│───│ Beschaff.│───│ Beschaff.│
  │ Struktur-│   │ Struktur-│   │ Struktur-│   │ Struktur-│
  │   satz   │   │   satz   │   │   satz   │   │   satz   │
  └────┬─────┘   └────┬─────┘   └────┬─────┘   └────┬─────┘
       │              │              │              │
  ┌────┴─────┐   ┌────┴─────┐   ┌────┴─────┐   ┌────┴─────┐
  │ Lieferant│   │ Lieferant│   │ Lieferant│   │ Lieferant│
  │    A     │   │    B     │   │    C     │   │    D     │
  └──────────┘   └──────────┘   └──────────┘   └──────────┘
```

Abb. 138

Exkurs: Nationaler Beschaffungsprozessor

Wenn man dieses Konzept eines Beschaffungsprozessors von der Unternehmensebene auf eine nationale Einkäufervereinigung überträgt, so läßt sich eine Anwendungsmöglichkeit von großem volkswirtschaftlichen Nutzen erkennen. Nehmen wir an, die nationale Einkäufervereinigung würde über eine Hardware-Ausstattung verfügen, die die Einrichtung eines überbetrieblichen Beschaffungsprozessors ermöglicht. Dann ist ein Informationssystem denkbar, wie es in Abb. 139 dargestellt ist.

Das System ist folgendermaßen organisiert: Die einzelnen Mitgliederfirmen können via On-line-Verfahren auf die nationale Beschaffungsdatenbank zugreifen und sich beliebige Informationen für ihre internen Weiterverwendungen sicherstellen. Die Änderungen der Preis- und Lieferkonditionen für die einzelnen Artikel werden von den entsprechenden Lieferfirmen selbständig durchgeführt. Dabei muß vom System abgesichert werden, daß nur aufgrund eines Berechtigungsschlüssels Daten verändert werden dürfen, um einen Mißbrauch zu vermeiden. Neben dieser On-line-Änderungsmöglichkeit muß auch noch ein Änderungsverfahren für Unternehmen gewährleistet werden, die keinen direkten Zugriff zu der nationalen Datenbank haben, deren Produkte aber in der Datenbank gespeichert sind und von ihren Kunden abgefragt werden können. Es ist hier leider nicht möglich, näher auf die durch ein solches System ermöglichten betrieblichen und volkswirtschaftlichen Rationalisierungseffekte oder auf deren Auswirkungen auf die Beschaffungsmarkttransparenz, die Preisnivellierung usw. einzugehen, weil eine solche Diskussion den Rahmen dieser Arbeit überschreiten würde. Im Hinblick auf die Einführung des Bildschirmtextes, der das hier angesprochene Serviceangebot zukünftig teilweise abdecken wird, wurden bereits entsprechend kontroverse Diskussionen geführt.

NATIONALES BESCHAFFUNGS-INFORMATIONSSYSTEM

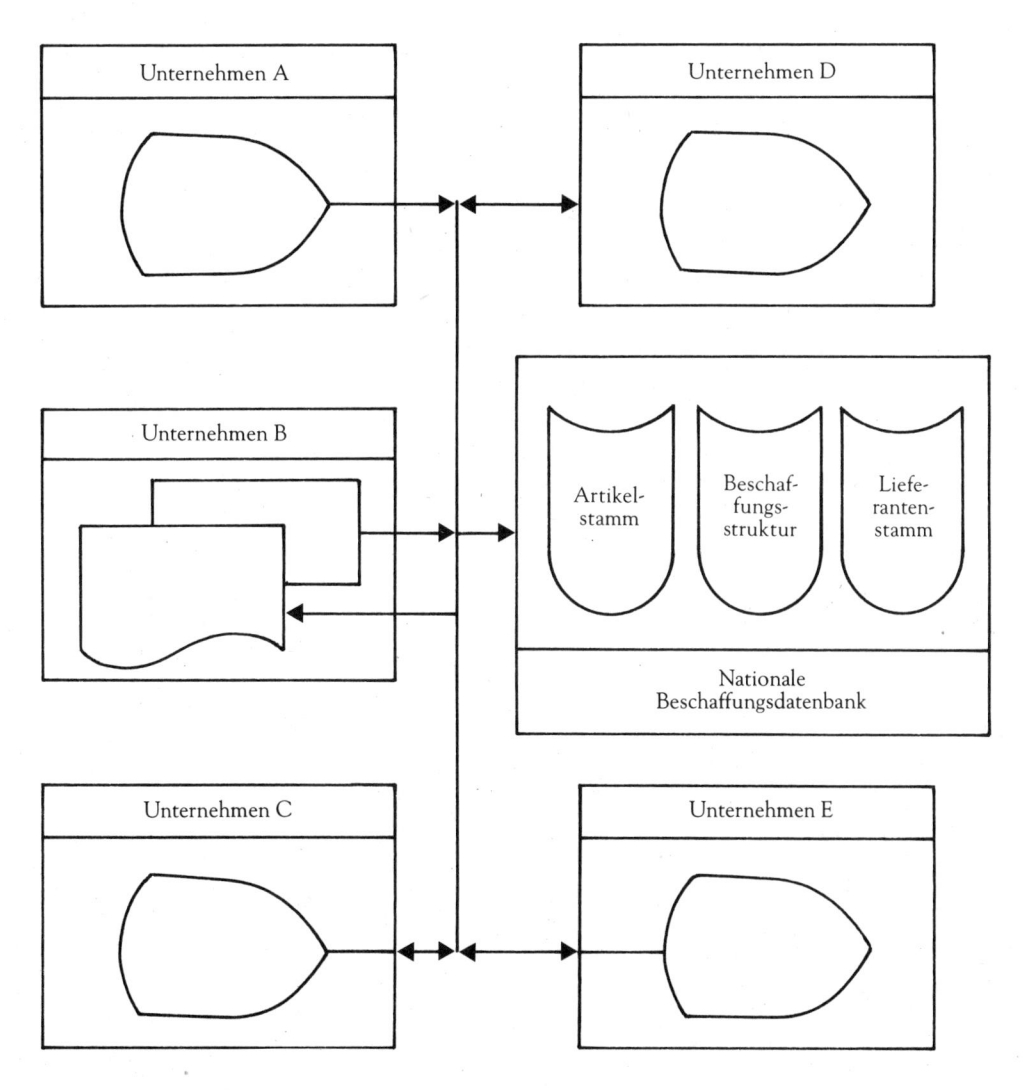

Abb. 139

C 3.4

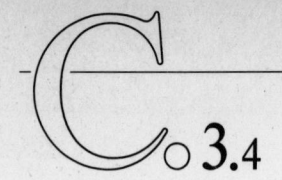

Der betriebliche Beschaffungsprozessor wird innerhalb des geschlossenen Einkaufsentscheidungs-Modells noch erweitert, indem die Bestellsätze ähnlich wie die Teilebeschaffungssätze ebenfalls mit den Artikel- und Lieferantenstammsätzen verkettet werden (vgl. Abb. 140).

GRUNDSTRUKTUR DER EINKAUFSDATENBANK

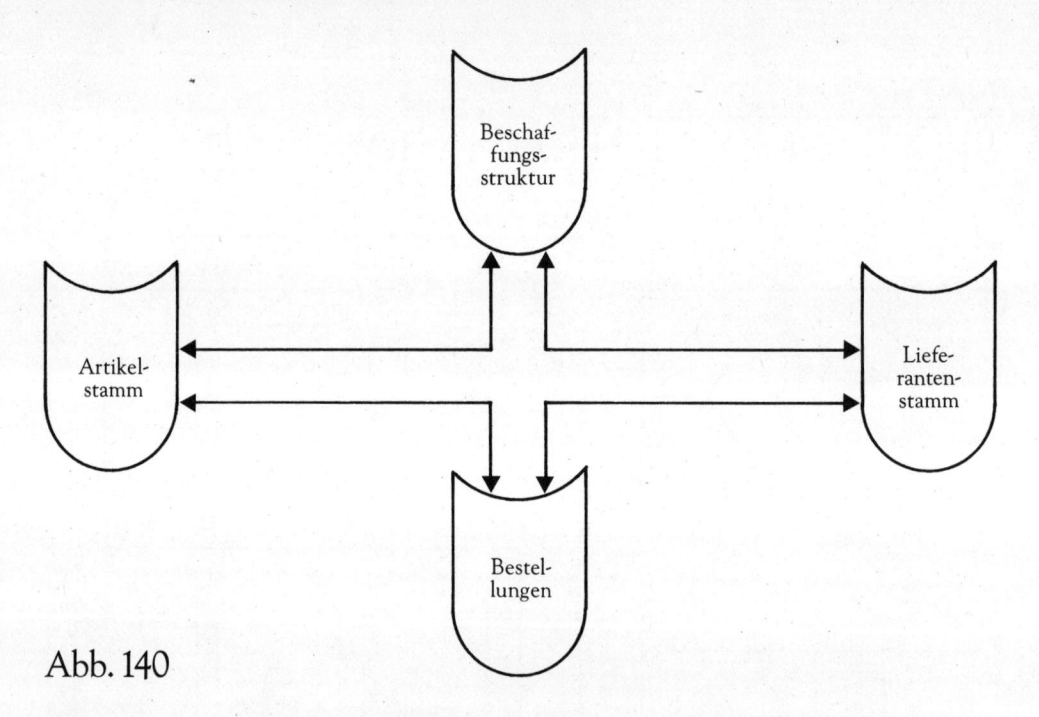

Abb. 140

Die so konzipierte Datenbank bildet dann eine Basis, um alle diejenigen Programme realisieren zu können, die zur Abdeckung der administrativen Tätigkeitsbereiche des Einkaufs notwendig sind (Abb. 141).

C.3.4.1

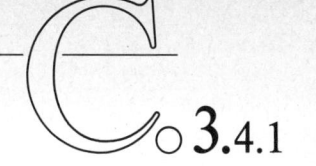

ADMINISTRATIVE TÄTIGKEITSBEREICHE DES EINKAUFS

Nach IBM

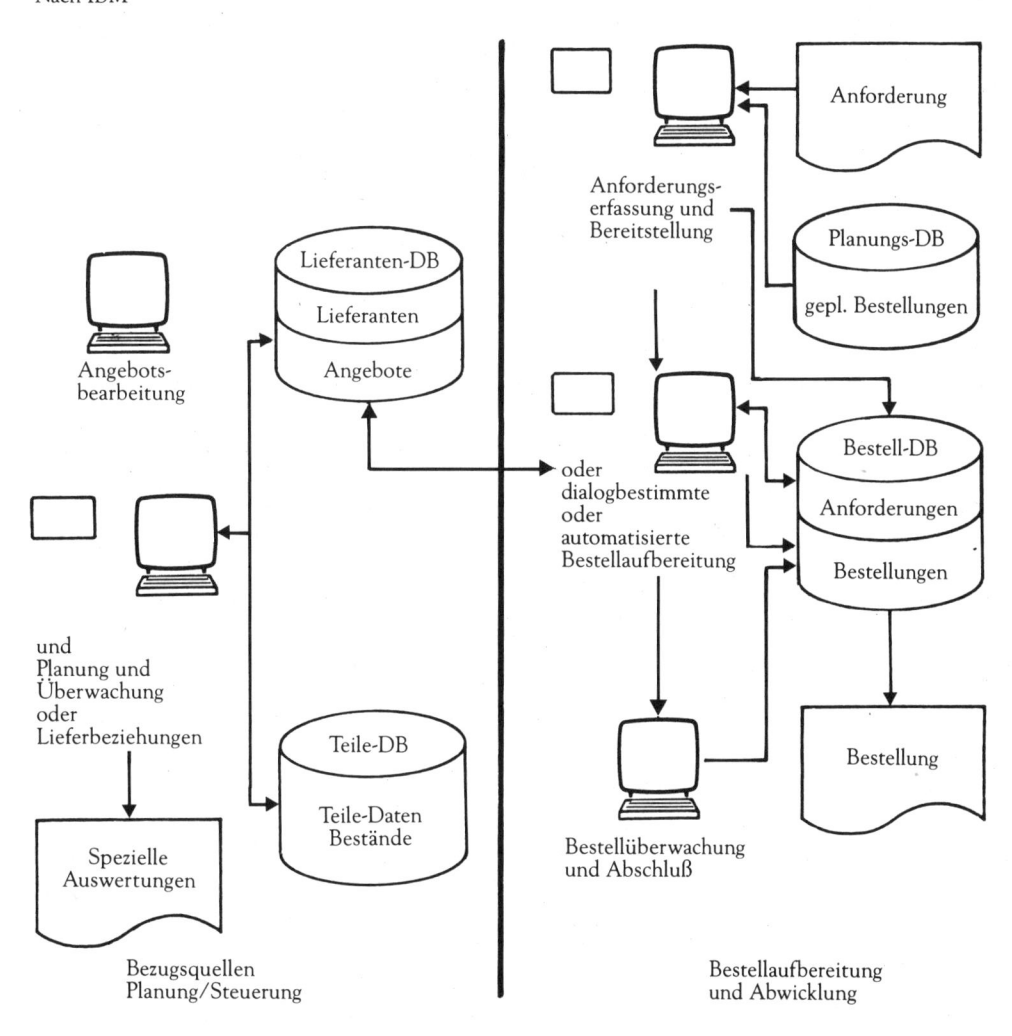

Abb. 141

C.3.4.1
COMPUTERPROGRAMME FÜR DAS OPERATIVE EINKAUFSMANAGEMENT

Ziel dieses Abschnitts soll nicht sein, irgendwelche detaillierte Beispiele von realisierten Programmen für den operativen Einkauf zu beschreiben. Vielmehr wird versucht, die bei Betriebsbefragungen in der Praxis und in der Literatur vorgefundenen Programmkreise kurz zu beschreiben und ihre Anwendungsmöglichkeiten zu diskutieren.

C 3.4.1

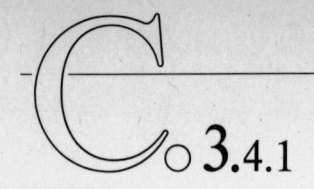

Parallel dazu wird auf der folgenden Systemübersicht eines realisierten On-line-Einkaufs (Abb. 142) auf die einzelnen Bearbeitungskreise hingewiesen, die erst die Datenbasis so aktualisieren, daß entscheidungsfähige Computerauswertungen erstellt werden können.

Angebotseinholungsprogramme

Diese Programme werden benutzt, um die routinemäßige Anfrageschreibung teilweise mit dem Computer durchzuführen. Die dazu benötigten Daten sind in der Artikel-, der Lieferanten-, der Bestellanforderungs- und der Schlagwortdatei gespeichert. In der Regel brauchen keine separaten Programme erstellt zu werden, da man die Bestellschreibung für die Angebotseinholung „mißbrauchen" kann, indem man ein Kopie des Bestellformulars mit der Überschrift LIEFERANTENANFRAGE kennzeichnet. In der Praxis findet man zur Rationalisierung der Datenerfassung auch die Lösung, daß parallel zur Erstellung des Anfrageformulars für den Einkäufer eine Verbundlochkarte gestanzt wird. Wenn das Angebot des Lieferanten eintrifft, ergänzt er diese Lochkarte mit den geänderten Daten. Nach dem Ablochen der ergänzten Daten wird die Lochkarte zur Aktualisierung der Einkaufsdatenbank benutzt.

Bestellschreibungsprogramme

Eine maschinelle Bestellschreibung wird entweder aufgrund von personellen Bestellvorschlägen mit Hilfe der Daten:

1. Artikelnummer,
2. Bestellmenge,
3. Soll-Liefertermin,
4. Lieferantennummer,
5. Preis,
6. Schlüssel für Schlagworttexte u.a.m.

oder aufgrund einer maschinellen Lieferantenauswahl angestoßen. Nicht in allen Betrieben läßt sich diese Auswertung realisieren, da die Verwendung des Computers als teure Schreibmaschine nur dann gerechtfertigt ist, wenn folgende Faktoren gegeben sind:

1. eine große Anzahl von Bestellungen und Bestellpositionen,
2. ein gleichförmiger Aufbau der Bestellungen,
3. eine möglichst aktuelle und vollständige Datenbank,
4. eine häufige Wiederverwendungsmöglichkeit von Artikel- und Lieferantendaten und
5. eine häufige Durchführung der Bestellschreibung.

C 3.4.1

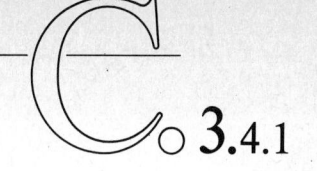

BEARBEITUNGSKREISE ON-LINE-EINKAUF

Stammdaten
- Einkauf Teiledaten
- Lieferantendaten
- Angebote
- Zusatztexte

Zentraler Informationsspeicher der Sach-, Lieferanten-, Angebots- und Zusatztextdaten des On-line-Einkaufs.

Bestellaufbereitung
- Eingabe Bestelldaten
- Bestellung aufteilen
- Angebote je Sach-Nr.
- Lieferantenangebot
- Eingabe Zusatztexte
- Bestellübersichten

Aufbereitung von Bestellungen mit einem oder mehreren Terminen, mit einer oder mehreren Sachnummern.

Dieser Bearbeitungskreis gliedert sich in die Teilbereiche
– Bestellung aufbereiten
– Angebotsvergleich
– Informationsbereich.

Für die Bestellaufbereitung werden die relevanten Sach-, Lieferanten-, Angebots- und Zusatztextdaten zur Verfügung gestellt.

Bestelländerung
- Bestellüb.-änderung
- Bestelländ. Zusatztexte
- Übersicht pro Sach-Nr.
- Übersicht pro Lief.
- Wareneing.-erfassung
- Sach-Nr. p. Lieferant

Änderung von getätigten Bestellungen,

Maske Lieferantenbezogene Informationsmaske

Maske Wareneingangserfassung Rechnungsprüfung

Bestellschreibung
- Druck...

Ausdruck von Bestellungen, Bestelländerungen, Erinnerungen und Mahnungen.

Bestellüberwachung

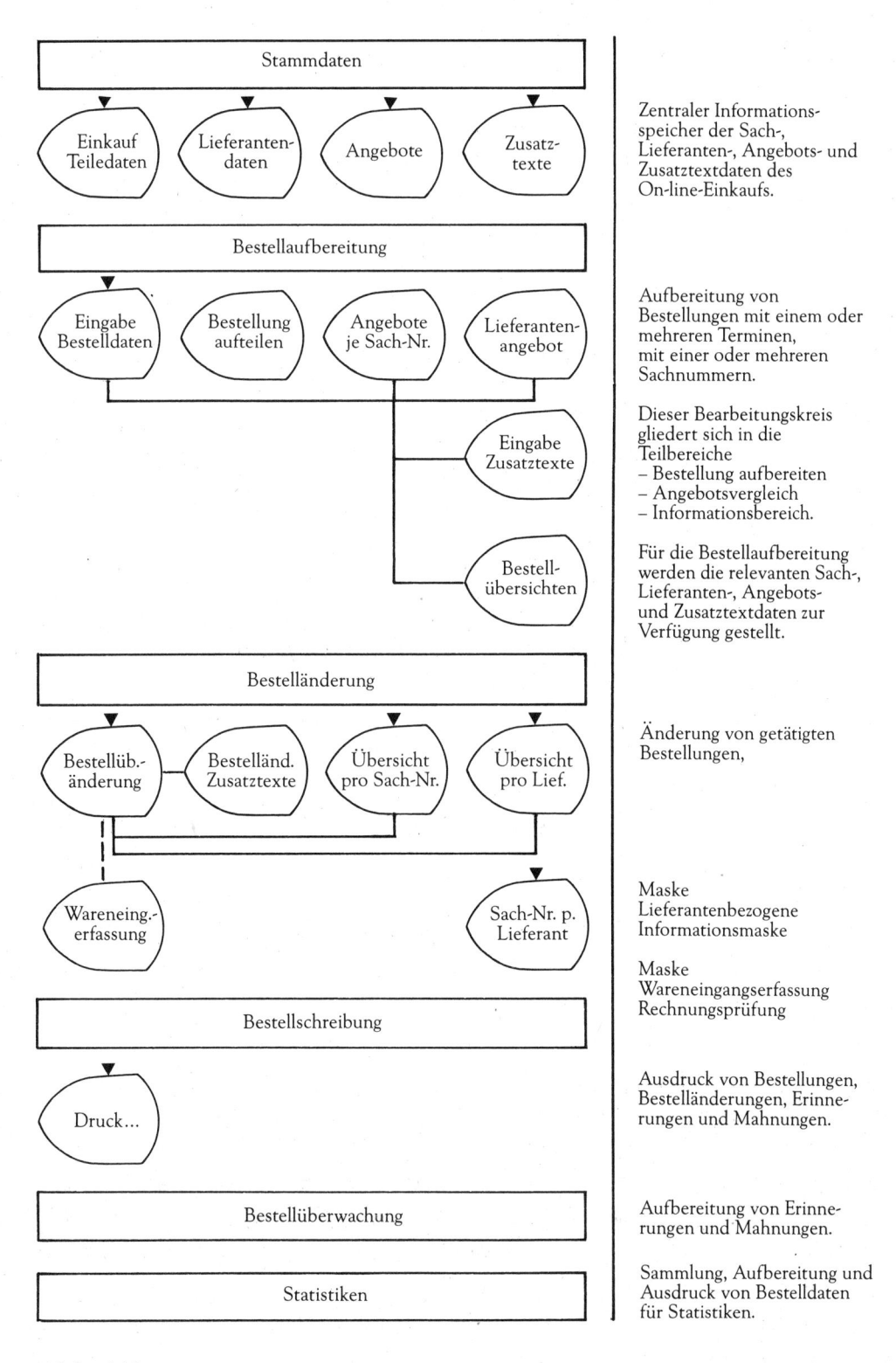

Aufbereitung von Erinnerungen und Mahnungen.

Statistiken

Sammlung, Aufbereitung und Ausdruck von Bestelldaten für Statistiken.

Abb. 142

C 3.4.1

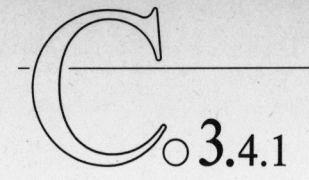

Bestellüberwachungsprogramme

Diese Programme gehören zu den wichtigsten Applikationen innerhalb computerunterstützter Einkaufssysteme. Im Sinne eines „management by exception" werden dem Einkauf Informationen über alle diejenigen Artikel angedruckt, deren Lieferung von der Planung abweicht und die den Produktionsablauf gefährden können. Durch diese Information kann sich der Einkäufer auf Artikel konzentrieren, die einer besonders sorgfältigen Überwachung bedürfen.

Eine der Hauptaufgaben innerhalb der Einkaufsfunktion liegt nämlich in der Forderung, die bestellten Materialien den Bedarfsträgern zeitgerecht zur Verfügung zu stellen. Niedrige Preise bei gleichzeitig hoher Qualität kommen nur wenig zur Geltung, wenn die bestellte Ware nicht zum rechten Zeitpunkt verfügbar ist und dadurch Stillstandszeiten der Maschinen in Kauf genommen werden müssen. Wenn eine Einkaufsabteilung auf ein dauerndes Abweichen eines Lieferanten von seinen zugesagten Lieferfristen nicht reagiert und sich mit den Lieferverspätungen abfindet, ohne den Lieferanten zu mahnen bzw. die neuen Lieferfristen innerhalb der Materialdisposition zu berücksichtigen, so wird ihre Aufgabenerfüllung von der betroffenen Produktionsabteilung sehr schnell gerügt werden. Das wird verstärkt dann der Fall sein, wenn aus diesen Lieferverzögerungen häufig Produktionsänderungen erforderlich werden. Deshalb ist es verständlich, daß sich gerade auf dem Gebiet der Bestellüberwachung die Disposition sehr stark absichern will und damit einen besonderen Wert auf die Unterstützung des Computers zur Überwachung der Termine legt.

Die vom Computer angedruckten Überwachungslisten weisen alle diejenigen Artikel auf, deren Lieferung bereits überfällig ist oder deren Liefertermine in naher Zukunft überschritten werden.

Die zuletzt genannte Kategorie von Artikeln wird dann angedruckt, wenn durch eine vorbeugende Lieferüberwachung die Anzahl der kritisch werdenden Teile möglichst reduziert werden soll. Je termintreuer sich die interne Belieferung der materialverbrauchenden Stellen durch den Einkauf abwickeln läßt, um so mehr sind diese Stellen von der guten Aufgabenerfüllung des Einkaufs überzeugt. Grundsätzlich bleiben den Kaufteiledisponenten zwei Wege, um diesen guten Eindruck zu hinterlassen:

1. Das Einkaufslager wird so großzügig disponiert, daß die eingeplanten Sicherheitsbestände für eine Vermeidung von Lieferengpässen sorgen, oder

2. die Kontrolle der Lieferzeiten wird organisatorisch so abgesichert, daß die Möglichkeit von Überraschungen durch eine vorherige sorgfältige Planung und Überwachung auf ein Minimum reduziert werden kann.

In der heutigen Zeit wird von seiten der Unternehmensleitung ein möglichst hoher Lagerumschlag gefordert, so daß für konsequent organisierte Unternehmen praktisch nur die zweite Alternative in Frage kommt. Da eine gute Bestellüberwachung jedoch sehr personalaufwendig ist, bietet sich hier eine Computerunterstützung geradezu an. So schreibt zum Beispiel Grupp: „Die Reduzierung der großen Zahl der Überwachungs- und Registraturschritte, aus denen sich der Komplex der Bestellüberwachung zusammensetzt, sollte in einem integrierten Einkaufssystem den Schwerpunkt des Computereinsatzes bilden. Wenn der Einkäufer für die qualifizierten Aufgaben der Einkaufstätigkeit freigestellt werden soll, muß er von den zeitraubenden Arbeiten der Karteiführung befreit werden, deren Hauptumfang im Bereich der Bestellverfolgung anfällt. Nur wenn es gelingt, hier den Computer sinnvoll einzusetzen, kann die Zahl der mit Hilfsaufgaben des Einkaufs beschäftigten Mitarbeiter reduziert werden."

Bestellfortschreibungsprogramme

Mit Hilfe der Bestellfortschreibungsprogramme werden die Bestellungen verwaltet. In einer Bestelldatei werden dabei alle offenen Bestellungen so lange gespeichert und bei anfallenden Änderungswünschen aktualisiert, bis sämtliche vertraglichen Verpflichtungen erfüllt sind. Erst dann werden die Bestellsätze gelöscht bzw. mit einem entsprechenden Kennzeichen versehen.

Die gespeicherten Bestelldaten können nach bestimmten Sortierkriterien, wie z.B. nach Einkäuferverantwortlichkeit, nach Einkaufsgruppenverantwortlichkeit, nach Lieferanten oder nach Artikelnummern, ausgegeben werden. Dabei werden die Daten der Bestelldatei, je nach Hardware-Ausstattung und organisatorischen Voraussetzungen, sofort, täglich, halbwöchentlich oder wöchentlich aktualisiert. Mit den größer werdenden Zeitabständen sinken zwar die Verarbeitungskosten, aber andererseits entstehen durch den Verlust aktueller Informationen entsprechende Mehrkosten, so daß der endgültige Verarbeitungsrhythmus dem jeweiligen betriebsspezifischen Optimum angepaßt werden muß.

C 3.4.1

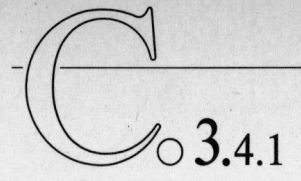

Je nach Konstellation der Hardware kann man die gespeicherten Daten der Bestellschreibung, wie z.B.

1. Bestellnummer,
2. Bestelldatum,
3. Liefertermin,
4. Lieferantenname,
5. Lieferantencode,
6. Artikelnummer,
7. Menge,
8. Besteller,
9. Wert/Artikel,
10. Bestellwert usw.,

entweder im Batch-Modus über den Drucker oder bei On-line-Organisation über ein Bildschirmgerät abrufen.

Die Fähigkeit, jeden Einkäufer gezielt mit einer Liste seiner offenen Bestellungen zu versehen, ist eine eindeutige organisatorische Leistungsverbesserung gegenüber der Zeit vor dem Computereinsatz. Die Hauptvorteile liegen in den reduzierten Zugriffszeiten zu einer Vielzahl von verschiedenen Bestelldaten und in ihrer Übersichtlichkeit. So kann sich der Disponent z.B. alle offenen Bestellungen eines Lieferanten andrucken lassen und aufgrund dieser Unterlage ein Telefongespräch führen, bei dem alle Lieferrückstände und offenen Bestellungen in einer einzigen Unterhaltung abgeklärt werden können, anstatt, wie es in der Praxis häufig der Fall ist, Bestellung nach Bestellung zu diskutieren.

Mit einer maschinellen Bestellfortschreibung lassen sich auch leichter Trends ablesen, als es bei einer manuellen Organisation der Fall ist. So können schon frühzeitig Lieferverschlechterungen in einer „Bestellstatus"-Auswertung erkannt werden, bevor eine spätere Lieferantenbewertung dieselben Ergebnisse aufweist.

In der Praxis ist es auch denkbar, daß man von Zeit zu Zeit die offenen Bestellungen pro Lieferant andruckt und die Computerauswertungen den Lieferanten zur Überprüfung ihrer Lieferverpflichtungen zusendet. Man erzielt damit den Effekt, daß sich die Lieferanten besser in die Rolle des bestellenden Kunden hineindenken können. Gleichzeitig kann man dieser „LIEFERÜBERSICHT" auch eine Auswertung über das analysierte Liefer-, Preis- und Qualitätsverhalten zufügen. Aus diesen Unterlagen kann der Lieferant seine Konditionen auf evtl. Fehlinterpretationen untersuchen, aufgrund derer er in einem schlechteren Licht erscheint, als es seiner Verkaufspolitik eigentlich entspricht.

Wareneingangskontrollprogramme

Jede Firma, die den Computer zur operativen Abwicklung des Einkaufs benutzt, wird den Wareneingang mit seiner Feedback-Funktion ebenfalls automatisieren. Unabhängig davon, ob der Wareneingang organisatorisch dem Einkauf unterstellt ist oder nicht, ist es unbedingt notwendig, daß der zuständige Einkäufer umgehend über den Lieferzugang eines Materials informiert wird.

Die Forderung nach umfassender Transparenz über das Wareneingangsgeschehen durch den Einkauf bzw. die Einkaufsdisposition ist wohlbegründet. Einmal tritt häufig der Fall ein, daß der Lieferant die geforderte Bestellung nicht hundertprozentig erfüllen kann und von seiten der Disposition eine Nachbestellung erforderlich ist. Andererseits wird der Besteller während der Lieferzeit selbst mit Bedarfsänderungen bzw. ungeplanten Bedarfen konfrontiert, die durch die ursprüngliche Bestellung nur ungenügend abgedeckt werden können. Beide Faktoren oder eine Kombination von beiden lassen deutlich die Notwendigkeit erkennen, daß der Einkaufsdisponent den aktuellsten Stand der Teil- oder Vollieferungen des bestellten Materials kennen muß. Da vom Disponenten eine Bestellüberwachung gefordert wird, würde bei Unkenntnis des Wareneingangs häufig der peinliche Fall auftreten, daß der Lieferant bereits geliefert und der interne Kunde die Ware empfangen hat, der Lieferant aber trotzdem unsinnigerweise noch einmal vom Disponenten gemahnt wird. Die Wareneingangsinformation wird außerdem vom Rechnungsprüfungssystem zur Weiterverarbeitung gefordert. In der Praxis kann der Fall auftreten, daß diese Information erst nach dem Durchlaufen der Qualitätskontrolle an die Rechnungsprüfung weitergegeben wird, wobei dann nur die als gut befundene Warenmenge als Eingang gemeldet wird.

Die meisten Firmen haben bereits Teile der Rechnungsprüfungsfunktion automatisiert, bevor der Computer für die Einkaufsautomatisierung eingesetzt wird. So erklärt sich, daß in manchen Firmen oft unabhängig von der sonstigen Automatisierung des Einkaufs diese Wareneingangs-Kontroll-Systeme mit Computerunterstützung realisiert wurden, um für das bereits computerunterstützte Rechnungsprüfungssystem einen Input in maschineller Form zu liefern. Dabei gibt es noch andere Betriebsbereiche, die von einer automatisierten Wareneingangskontrolle profitieren. So hat die Fertigungssteuerung

3.4.1

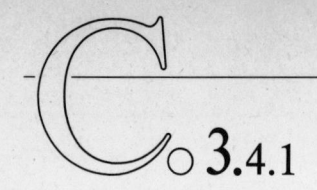

ein hohes Informationsbedürfnis bezüglich des aktuellsten Wareneingangsstandes, um durch die rechtzeitige Information über die Versorgung mit dringend benötigtem Material einen kontinuierlichen Fertigungsfluß gewährleisten zu können.

Der Leiter der Qualitätskontrolle ist ebenfalls auf aktuelle Wareneingangsinformationen angewiesen, um einmal die kommende Arbeitsbelastung besser planen und zum anderen schon frühzeitig Prioritäten für bestimmte Kontrollarbeiten festlegen zu können. Einige Firmen versehen die Wareneingänge mit einem bestimmten Code, der besagt, ab wann eine Lieferung für den weiteren Gebrauch freigegeben wird. Diese Regelung ist abhängig von den verschieden hohen Qualitätsansprüchen, die die Firmen an die gelieferten Waren stellen.

Die heute in der Industrie vorhandene häufige Automatisierung dieser Wareneingangs-Kontroll-Systeme läßt sich sowohl wegen der Vielzahl der interessierten Stellen eines Betriebes an den Wareneingangsinformationen als auch wegen der Bindungen an bereits früher automatisierte Rechnungsprüfungs-Systeme erklären.

Lieferantenbewertungsprogramme

1. Qualitätsbewertungsprogramme:

   Bei dieser Art von Programmen findet man in der Praxis eine breite Anwendungsskala bzgl. des Komplexitätsgrades der Lieferantenbewertung. Die einfacheren Bewertungsarten berechnen pro Lieferung den Prozentsatz der als gut empfundenen Waren und glätten diesen Wert mit den errechneten Prozentsätzen in der Vergangenheit. Komplexere Verfahren analysieren die durch schlechte Lieferqualität hervorgerufenen Mehrkosten, wie zum Beispiel zusätzliche Kontrollkosten, Nacharbeit in der Fabrikation usw., und errechnen daraus eine Bewertungsziffer.

2. Termintreuebewertungsprogramme:

   Diese Programme errechnen zum Zeitpunkt der Liefererfüllung, um wieviel Prozent die effektive Lieferzeit von der geforderten Wiederbeschaffungsfrist abweicht. Der jeweils errechnete Abweichungsprozentsatz wird mit den in der Vergangenheit errechneten Prozentsätzen geglättet.

3. Preisbewertungsprogramme:

Der vom Lieferanten in Rechnung gestellte Preis wird bei diesen Programmen mit dem durchschnittlichen Einstandspreis des jeweiligen Artikels verglichen und der Abweichungsprozentsatz ermittelt. Wenn der Rechnungspreis mengenabhängig ist, so wird zuerst der Preis für eine normale Bestellmenge bestimmt und dann die Berechnung des Preisindexes vorgenommen. Auch in diesem Fall wird der Preisindex der letzten Lieferung mit den vorhergehenden Werten geglättet (zum Beispiel mit exponential smoothing). Diese Methode erlaubt dem Einkäufer, vor allem den letzten Lieferungen eine besondere Bedeutung beizumessen.

Die in den Lieferantenbewertungsprogrammen errechneten Werte dienen einmal als Basis für eine maschinelle Lieferantenauswahl und werden andererseits von einigen Firmen zur „Erziehung" ihrer Lieferanten benutzt.

Lieferantenumsatzanalyse-Programme

Bei diesen Programmen wird der Umsatz in Geldeinheiten ausgewiesen, den jeder Lieferant in einem definierten Zeitraum mit dem Besteller getätigt hat. Hierbei sind Klassifizierungen der Lieferanten nach Ländern, geographischen Bereichen, Branchentypen u.a.m. üblich. Die Auswertungen des Computers können

1. nach auf- oder absteigendem Umsatzwert,
2. nach Lieferantencode oder
3. nach einer alphabetischen Sortierung der Lieferanten

erfolgen.

Tochtergesellschaften von großen Konzernen melden ihre Umsätze mit Lieferanten häufig der Muttergesellschaft, so daß hier eine Lieferantenumsatzanalyse für den gesamten Konzern durchgeführt werden kann. Durch die Größe des Konzerns ist es dann bei entsprechender Lieferantenumsatztransparenz auch der kleineren Tochtergesellschaft möglich, gewisse Vorteile bei Einkaufsverhandlungen zu erlangen, die ohne Kenntnis des gesamten Konzerneinkaufs nicht denkbar wären.

Computererstellte Lieferantenumsatzanalysen liefern für die genannten Auswertungswünsche die notwendigen Informationen. Natürlich lassen sich mit diesen Auswertungen auch selektive Kontrollen

C 3.4.1

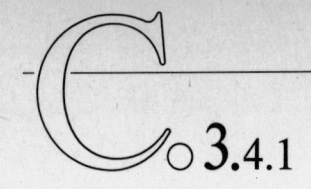

durchführen. Vor allem diejenigen Lieferanten, die aufgrund des hohen Liefervolumens einen bedeutenden Einfluß auf die erfolgreiche Tätigkeit der Kundenfirma haben, müssen des öfteren Gegenstand einer genauen Analyse sein. Dabei ist vor allem auf eine solide Finanzierung dieser Lieferanten zu achten, da der Konkurs eines solchen Unternehmens auch die Kundenfirma in starke Mitleidenschaft ziehen kann. Neben dem finanziellen Aspekt müssen die technische Kapazität, die Produktionskapazität und die Bonität des Managements einer Beurteilung unterzogen werden, bevor man einen Lieferanten mit einem Risikofaktor versehen kann.

Beschaffungsgeschichts-Programme

Der ausgewählte Lieferant, der ihm bezahlte Preis, die eingekaufte Menge und andere Infomationen früherer Beschaffungsvorgänge werden pro Artikel auf einem maschinellen Speicher sichergestellt. Diese Daten liefern die Basis für Preisanalysen und dienen als Unterlage zur Lieferantenauswahl bei Teilen, die nur selten eingekauft werden. Gleichzeitig kann dieses Datenfile auch von anderen Abteilungen, zum Beispiel für Aufgaben der Vorkalkulation, benutzt werden.

Die Datei, auf der die Beschaffungsgeschichte sichergestellt wird, ist eine konzentrierte Version der Bestelldatei und wird gewonnen, wenn eine Bestellung abgeschlossen ist. Der maschinelle Ablauf ist dabei so konzipiert, daß mit einem simultanen Verarbeitungsschritt einmal der erledigte Bestellsatz gelöscht wird und gleichzeitig die für die Beschaffungsgeschichte gewünschten Daten auf einem separaten Datenträger sichergestellt werden. Als Zugriffskriterium für diese neu geschaffene Datei wird in der Regel die Artikelnummer gewählt.

Die Auswertungen aus dieser Beschaffungsgeschichtsdatei finden vor allem dann Verwendung, wenn die Einkäufer für eine Vielzahl von Artikeln zuständig sind, deren Beschaffung einem sehr sporadischen Rhythmus unterliegt und die sich oft auf mehrere Jahre verteilt. Wenn dann wieder einmal eine solche Bestellanforderung zu erledigen ist, kann sich der Einkäufer aufgrund der Beschaffungsgeschichte schnell über potentielle Lieferanten informieren. Ohne diese Unterlagen wäre die Suchzeit nach geeigneten Lieferquellen bedeutend länger.

Die Programme für die Beschaffungsgeschichte bieten einen zusätzlichen Nutzen, wenn aus ihnen Materialstandardisierungs- und Kostenschätz-Programme abgeleitet werden.

Aufgrund der Beschaffungsgeschichte und der in ihr gespeicherten Preise lassen sich unter Zugrundelegung eines gleitenden Zeitabschnittes die durchschnittlichen Einstandskosten der Einkaufsartikel berechnen. Diese werden anschließend in der Artikelstammdatei gespeichert, wo sie zur Weiterverarbeitung in anderen Programmkreisen, wie z. B. Vorkalkulation, Materialbuchhaltung, Einkaufsbudgetierung usw., zur Verfügung stehen.

Beschaffungsvorhersage-Programme

Die Aufgabe dieser Programme liegt darin, die zu beschaffenden Materialbedarfe für die Zukunft, unabhängig von den laufenden Bestellungen, zu ermitteln. Die in der Praxis eingeführten Vorhersage-Systeme variieren von der Prognose einzelner Einkaufsartikel bis zur Vorhersage breiter Sortimentsteile. Dabei werden in der Regel die beiden folgenden Vorhersagetypen benutzt:

1. jene, die auf der Extrapolation von vergangenen Zeitreihen aufbauen, wie zum Beispiel exponentielle Glättungsverfahren oder Regressionsanalysen, und

2. jene, die auf Marktanalysen aufbauen und von Makro-Vorhersagen zu Mikro-Projektionen gelangen.

Es existieren heute noch nicht sehr viele Firmen, die computerunterstützte Vorhersagesysteme innerhalb der Beschaffungsorganisation einsetzen. Die Fähigkeit, überhaupt sinnvolle Prognosen maschinell zu erstellen, hängt von den zwei oben bereits angedeuteten Voraussetzungen ab: für das Extrapolationsverfahren müssen bereits umfangreiche historische Daten vorhanden sein, und für die 2. Vorhersageversion müssen die benötigten Daten über entsprechende Marktforschungsaktivitäten gewonnen werden.

Aus den Gesprächen mit Einkäufern geht hervor, daß alle die Notwendigkeit effektiver Vorhersagesysteme für ihre Tätigkeit bejahen. Viele verweisen aber auf die Tatsache, daß eine aussagefähige Prognose für den Einkauf erst dann erstellt werden kann, wenn von seiten der Marketingabteilung konkretere Informationen über die zukünftige Absatzentwicklung genannt werden. Diejenigen Firmen, die heute schon irgendwie Prognosesysteme, sei es manuell oder computerunterstützt, realisiert haben, möchten trotz der vorhandenen Prognoseunsicherheiten nicht mehr auf die zweifellos gestiegene Transparenz bzgl. der kommenden Beschaffungsentwicklung verzichten. So ist es in diesen Firmen üblich, daß man sich nach einer maschinellen Prognose automatisch mit dem Verkauf zusammensetzt und über die vom System ausgewiesenen Sonderentwicklungen von Beschaffungsartikeln diskutiert. Es ist klar, daß durch diese Diskussion der Beschaffungsprognose die Kommunikation zwischen Ein- und Verkäufern verbessert wird, wodurch bereits frühzeitig Beschaffungsengpässe erkannt und entsprechende Vorkehrungen getroffen werden können.

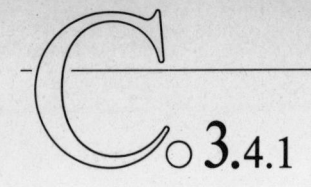

Neben den Auswertungen der Prognoseprogramme für die kurzfristige Planung kann man diese Programme auch zur maschinellen Jahreseinkaufsbudgetplanung benutzen. Dabei werden die artikelspezifischen Jahresprognosemengen mit ihren durchschnittlichen Einstandspreisen gewichtet und alle Artikelwerte zu einem Jahresbudgetwert kumuliert. Bei einem solchen Computerprogramm muß es über eine Parametersteuerung möglich sein, die durchschnittlichen Einstandspreise von gewissen Sortimentsteilen mit den für das nächste Jahr geschätzten prozentualen Preisabweichungen zu überlagern. Nur so kann man in der heutigen Zeit starker Preisänderungen zu einer einigermaßen realistischen Beschaffungsplanung kommen.

An dieser Stelle sei noch einmal auf das im vorangegangenen Abschnitt dargestellte Verkaufsplanungs-System verwiesen. Es bedarf keiner großen gedanklichen Überlegungen, zu erkennen, daß dieses System nicht nur für die Verkaufsplanung, sondern ebenso gut für die Einkaufsplanung einsetzbar ist. Die Prognose basiert dabei auf Vergangenheitswerten, die mit Hilfe der Bestandsrechnung gewonnen werden und die Abgangsmengen vom Einkaufslager in die Produktion abbilden.

Rechnungsprüfungs-Programme

Bei existierenden Abweichungen zwischen der Bestellung, der Wareneingangsmeldung und der Rechnung wird von diesen Programmen eine detaillierte Übersicht über die Abweichungen ausgedruckt.

Die Entwicklung dieser Systeme hängt grundsätzlich von den beiden folgenden Sachverhalten ab:

1. Der tägliche Geschäftsgang muß zeigen, daß die Anzahl der vorkommenden Liefer- und Konditionsabweichungen größere Dimensionen annimmt, und

2. der Computereinsatz muß im Rahmen des Rechnungswesens bereits ein anspruchsvolles Niveau erreicht haben.

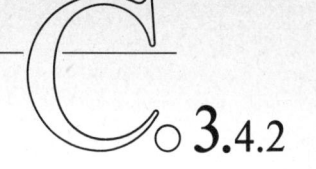

Materialpreisanalyse-Programme

Die Berechnung von Materialpreistrends und Preisindizes ist das Ziel dieser Programme, wobei alle versuchen, das vergangene Preisverhalten zu analysieren, um zu einem realistischen Preisansatz pro Artikel, vor allem für die Planung, zu gelangen. Allgemeine Preistrends für ganze Artikelklassen lassen sich kaum errechnen, da sich die Zusammensetzung der beschafften Artikel in Art und Qualität über die Zeit meist so stark verändert, daß eine gefundene Preisentwicklung nicht interpretationslos akzeptiert werden kann. Computerunterstützte Lösungen sind in diesem zuletzt genannten Anwendungsbereich daher kaum zu finden.

Abrufauftragskontroll-Programme

Der Computer wird bei diesen Programmen dazu benutzt, die laufende Inanspruchnahme von Abrufaufträgen buchhalterisch abzubilden. Einmal ist es durch diese Auswertungen möglich, den jeweiligen Stand der Abrufverpflichtungen gegenüber einem Lieferanten auszuweisen, und andererseits bedeutet das automatische Abbuchen eine große Arbeitserleichterung für den Einkäufer, zumal dann, wenn diese Art von Lieferantenbeziehung einen großen Teil des Einkaufsvolumens ausmacht. Von Bedeutung ist die Computerunterstützung für Abrufauftragskontroll-Systeme vor allem bei sehr großen Unternehmen, bei denen die Muttergesellschaft die Konditionen für langfristige Abrufaufträge aushandelt, die dann von den dezentral organisierten Einkaufsabteilungen der einzelnen Tochtergesellschaften in Anspruch genommen werden.

C.3.4.2
COMPUTERPROGRAMME FÜR DAS TAKTISCHE EINKAUFSMANAGEMENT

Während sich die im letzten Abschnitt dargestellten Programme in allen Unternehmen in der Regel sehr ähnlich sind, findet man im Bereich der maschinell erstellten Berichte für das Einkaufsmanagement die verschiedensten Varianten. Das ist nicht schwer zu verstehen, da der Führungsstil und das Informationsbedürfnis der Einkaufsleitungen bedeutend größeren Variationen unterliegen als die Grundfunktionen der Beschaffung, die die operativen Einkaufssysteme prägen.

3.4.2

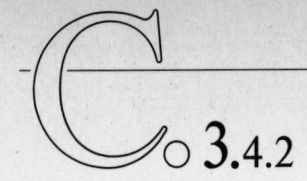

Bei dem Systemdesign der nachfolgend dargestellten Einkaufsberichte ist darauf zu achten, daß der Verdichtungsgrad der angedruckten Informationen sehr groß ist bzw. nur Informationen über die Abweichungen von der Planung und über die Entwicklungstrends angegeben werden.

Analyse-Programme für Artikelgruppen und das Gesamtsortiment

Diese Programme bauen auf den operativen Einkaufssystemen auf und extrahieren für das Management die gewünschten kumulierten Informationen. Die angedruckten Berichte erleichtern die organisatorischen Planungsaufgaben und geben wichtige Hinweise für die Einkaufssteuerung. Von Wichtigkeit sind in dieser Kategorie vor allem die ABC-Analyse-Berichte für Artikelgruppen und das Gesamtsortiment. Sinnvollerweise werden diese Auswertungen halbjährlich oder jährlich erstellt, da sich größere Änderungen im Einkaufssortiment nur selten kurzfristig einstellen. Die ABC-Analyse-Berichte sind dazu bestimmt, auf alle diejenigen Artikelgruppen hinzuweisen, denen aufgrund ihres großen Ausgabenvolumens eine besondere Aufmerksamkeit gewidmet werden muß. Aus den Auswertungen lassen sich Entscheidungen ableiten über

1. die Überprüfung der Einkaufs-Strukturorganisation,

2. die Verbreiterung der Lieferantenbasis,

3. die Vergrößerung der Beschaffungsaktivitäten auf dem internationalen Markt,

4. die Festlegung des Umfangs an Lieferantenanfragen,

5. die Bestimmung von Bestellungen und Sicherheitsabständen,

6. die Festlegung von Durchführungsbestimmungen für das Mahnwesen,

7. die Aufnahme von Wertanalyse-Aktivitäten und

8. die Überprüfung der Make/Buy-Problematik.

Analyse-Programme pro Lieferant

Ähnlich wie die oben beschriebenen Systeme handelt es sich hierbei auch um Summenberichte des operativen Einkaufs. Alle Lieferanten werden dabei nach ihrem Liefervolumen (Einkaufswert) gewichtet und in der Reihenfolge ihrer Bedeutung ausgedruckt. Auch diese Auswertung erfolgt in der Regel halbjährlich oder jährlich und versorgt das Management mit Informationen zur Planung der Lieferantenbasis und zur Analyse der Lieferanten/Kunden-Beziehung.

Lieferzeitanalyse-Programme

Die Fähigkeit des Computers, schnell und auf leichte Weise große Mengen von Daten zu verarbeiten, kommt auch bei der Kontrolle von geforderten und durch die Lieferanten realisierten Lieferzeiten bei Tausenden von Bestellungen voll zur Geltung. Das Management wird dabei nicht über einzelne Abweichungen, sondern nur über vorhandene Markttrends informiert. So muß das Management zum Beispiel mit einem steigenden Marktdruck auf den Betrieb rechnen, wenn die ursprünglich abgesprochenen Lieferzeiten von den Lieferanten laufend überschritten werden. Beim Erkennen eines solchen Trends wird man die Lagerpolitik anpassen bzw. andere Maßnahmen zur Reduktion der Lieferzeit und zur Erhöhung der Versorgungssicherheit suchen.

Zahlungsplanungs-Programme

Bei diesen Programmen handelt es sich um die Berechnung des wertmäßigen Bestell- oder Einkaufsobligos, das den Umfang der Abnahmeverpflichtungen gegenüber den Lieferanten darstellt und der Finanzdisposition ermöglicht, die zur Begleichung der Lieferantenrechnung notwendigen Geldmittel termingerecht bereitzustellen. Das Bestellobligo läßt sich monatlich aus den bewerteten Bestellbeständen und den Zahlungsgewohnheiten des entsprechenden Lieferanten gewinnen.

Auf eine weitere Anwendung dieser Programme verweist Grupp, wenn er schreibt: „Ein aktueller Obligoausweis kann beim Vorliegen eines Einkaufsbudgets eine ständige Abstimmung zwischen der Budgethöhe und den schon eingegangenen Lieferverpflichtungen erleichtern."

Bestellzeitmeß-Programme

Die verschiedenen Stadien von der Bestellanforderung bis zur Auslieferung des Bestellschreibens werden mit diesen Programmen überwacht. Dem Einkaufsmanagement werden dabei Informationen ausgedruckt, die ein Maß für die benötigte Bearbeitungszeit einzelner

3.4.2

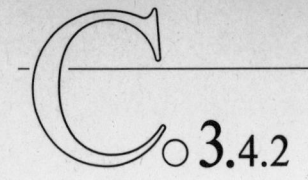

Bestellaktivitäten beinhalten. Es läßt sich dadurch zum Beispiel leichter beurteilen, ob ein Rückstand von zu bearbeitenden Bestellanforderungen ohne zusätzlichen Personaleinsatz von der Abteilung wieder aufgeholt werden kann. Wenn die Bestellanforderungen zu schnell bearbeitet werden, so erhält das Management einen Hinweis, daß vielleicht zu wenig Sorgfalt bei der Lieferantenauswahl angewendet oder mit den Lieferanten zu wenig intensiv verhandelt wird. Weiterhin bildet die Erfassung der Bestellzeit eine Möglichkeit, bei größeren Veränderungen dieser Zeit die Wiederbeschaffungszeiten entsprechend zu korrigieren, deren Aktualitätsgrad für die Güte der Einkaufsdisposition und damit für die Kapitalbindung entscheidend ist.

Sonstige Auswertungen

Die bisher genannten Berichte für die Einkaufsleitung können noch durch eine Vielzahl von Auswertungen erweitert werden, wie es etwa dem Beispiel einer großen amerikanischen Maschinenbaufirma (Abb. 143) zu entnehmen ist.

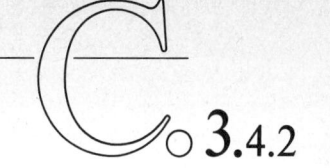

BERICHTE FÜR DAS EINKAUFSMANAGEMENT

Topic	Reporting Frequency			
	Annual	Semi-Annual	Quarterly	Monthly
Total dollar value of purchases	✔	✔	✔	✔
Dollar purchases by commodity class	✔	✔	✔	
Dollar purchases by major item	✔			
Dollar purchases by major suppliers	✔	✔		
Dollar volume of cash discounts	✔	✔	✔	
Dollar value of lost discounts	✔			
Standard cost variances	✔	✔		
Inventory turnover rate	✔	✔		
Scrap and surplus sales	✔			
Number of salesmen interviewed	✔			
Total purchasing department expense	✔	✔		
Purchasing department expense by class	✔			
Total cost savings	✔	✔	✔	✔
Cost savings by buyer	✔			
Cost savings by type	✔	✔		
Long-term contract changes	✔	✔		
Supplier performance	✔	✔		
Problem solving				✔
Current objectives	✔			

Abb. 143[1])

Ergänzend zu den hier genannten Auswertungen sei noch auf eine Zusammenstellung von B. Grupp (Buch: Elektronische Einkaufsorganisation verwiesen, die Ihnen weitere Anregungen zur Auswertung computerunterstützter Einkaufssysteme geben wird.

1) Entnommen aus Serchuk, A.: Reports to management tell the story, in: Purchasing Magazine, Januar 1972, S. 53

C 3.4.2

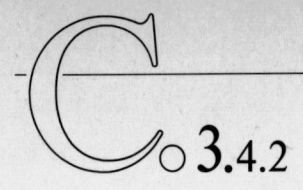

Einkaufsfunktion	Vorteile der Umstellung	Zeitraum für die Realisierung
Angebotseinholung und -dokumentation	Verminderung von Schreibarbeiten bei der Erstellung von Angeboten Überwachung laufender Anfragen Aufforderungen zur Einholung von Angeboten Überwachung der Anfragetätigkeit der Einkaufssachbearbeiter Speicherung der Angebote	M
Lieferantenauswahl	Entscheidung für einen unter mehreren möglichen Lieferanten, wenn quantifizierbare Auswahlkriterien vorliegen Quotenverteilung	L
Bestellschreibung	Auch Erstellung und Führung von Rahmen- und Abrufplänen, die umfangreiche Rechen- und Abstimmarbeiten verursachen Schreiben von Bestellungen mit fremdsprachlichem Text, wenn die fremdsprachlichen Begriffe in den Datenspeichern enthalten sind	K M
Bestellfortschreibung	Übernahme aufwendiger Karteiarbeiten auf EDV: Eintragung der Auftragsbestätigungen, Wareneingänge u. ä.: Überwachung des rechtzeitigen Eingangs dieser Dokumente im Unternehmen	K M
Bestellüberwachung und Führung der Bestellreste	Kontrolle des rechtzeitigen Wareneingangs Entscheidung, ob Bestellreste gelöscht oder angemahnt werden müssen	K
Mahnwesen	Erstellung von Erinnerungen und Mahnungen Verbuchung der Mahnungen im Artikel- und Lieferantenstammsatz	K
Fortschreibung der Werkzeugamortisation	Abwicklung dieser Karteiführungs- und Überwachungsarbeit durch die Datenverarbeitung	M
Führung der Lieferanten-, Einkaufsteile- und Bestelldatei	Übersichtliche, einheitliche Führung dieser Grunddateien Möglichkeit eines zentralisierten Stammdatenänderungsdienstes Möglichkeit des Ausdrucks einer periodischen Preiskartei	K M
Rabatt- und Bonusüberwachung	Führung der Umsätze und Feststellungen der möglichen Rabatte und Boni	M

Für die Spalte „Zeitraum für die Realisierung" gilt:

K = Realisierung üblicherweise innerhalb eines Jahres möglich,
M = Realisierung üblicherweise innerhalb von 2 Jahren möglich,
L = Realisierung üblicherweise nicht vor 3 – 5 Jahren möglich.

Einkaufsfunktion	Vorteile der Umstellung	Zeitraum für die Realisierung
Wareneingang	Möglichkeit der unverzüglichen Meldung eines Eingangs an den Einkauf Schnelle Berichtigung der Bestellbestandsdatei	K
Mitteilungen über Ergebnisse der Eingangskontrolle	Möglichkeiten einer statistischen Qualitätskontrolle Auswertungsmöglichkeiten der Kontrollergebnisse nach Teilen und Lieferanten und Mitteilungen dieser Ergebnisse an den Einkauf in der von ihm gewünschten Zusammenfassung	M
Fortschreibung des Bestellobligos	Führung des Einkaufsobligos nach Einkaufsgruppen, Artikelgruppen und Lieferanten	K
ABC-Klassifizierung der Einkaufsteile	Einsatz zur gezielten Arbeitsverteilung und Lieferüberwachung, zur Losgrößenfestlegung und zur Beurteilung des Einkaufserfolgs	K
Leistungsbeurteilung der Einkaufsgruppen	Speicherung der Preisveränderungen mit ihren Ursachen aufgrund von Preisänderungsschlüsseln Ausgabe der erzielten Einsparungen in der Aufteilung nach Materialgruppen, Einkaufsgruppen, Lieferanten u. ä. Möglichkeit der Gegenüberstellung von Soll- und Istleistung	M L
Datenspeicherung für Zwecke der Marktforschung	Hier handelt es sich um eine bisher nur selten angestrebte Zielsetzung	L
Job-Rotation durch vereinheitlichte, zentralisierte Unterlagen	Vorteile beim kurzfristigen Ausfall eines Einkäufers und bei der Einarbeitung neuer Mitarbeiter	L
Trennung qualifizierter Einkaufstätigkeiten von routinemäßigen Verwaltungsarbeiten	Als Beispiel sei hier die Bestellabwicklung angeführt, die einer weniger qualifizierten zentralisierten Arbeitsgruppe übertragen werden kann	L
Einsatz von Datenstationen für Abfragen	Fernziel mit der Absicht, den Umfang an Auflistungen drastisch einzuschränken und dem Einkäufer aktuellste Informationen an die Hand zu geben	L
Anwendung komplizierter Verfahren, die wegen des hohen Aufwands manuell nicht möglich ist	Als Beispiele hierfür seien aufgeführt: die Errechnung optimaler Bestellmengen, Vorhersageverfahren mit Hilfe des Verfahrens der exponentiellen Glättung, eine systematische Lieferantenbewertung, eine Sammeloptimierung von Bestellungen u. ä.	M
Wertanalyse von Einkaufsartikeln	Möglichkeit der Kalkulation von A-Artikeln und damit der Festlegung von Zielpreisen, auf die ein Lieferant maximal gedrückt werden kann	L
Make-or-Buy-Entscheidung	Übernahme aufwendiger Rechenarbeiten auf den Computer, womit festgestellt wird, ob es zweckmäßig ist, Artikel selbst zu fertigen oder zu beziehen	L

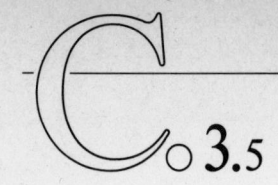

C.3.5
ZUSAMMENFASSUNG

Ein ideales computerunterstütztes Einkaufssystem erfüllt folgende Anforderungen:

1. Wirtschaftlichkeit:
   Die Einkaufsfunktion läßt sich mit möglichst geringen Gesamtkosten realisieren.

2. Management-Information:
   Das Management kann mit umfassenden Planungs-, Steuerungs- und Kontrollinformationen versorgt werden.

3. Vollständigkeit:
   Nach Möglichkeit sollten alle Einkaufsfunktionen automatisiert werden, bei denen ein Rationalisierungseffekt erzielt werden kann.

4. Flexibilität:
   Durch genügende Parametrisierung muß eine möglichst flexible Handhabung der Einkaufsprogramme gewährleistet sein.

5. Einfachheit:
   Die Einführung des Systems wird erleichtert, wenn die Auswertungen so einfach wie möglich strukturiert sind.

6. Kompatibilität:
   Das Einkaufssystem muß sich ohne Schwierigkeiten in das Gesamtsystem der Unternehmung integrieren lassen.

Die in der betrieblichen Praxis mit computerunterstützten Einkaufs-Informations-Systemen gemachten Erfahrungen sind in der Regel sehr positiv.

So werden nach der Einführung des Programmpaketes COSMIC-PIF im Einkauf der Honeywell-Betriebe in Massachusetts aufgrund der Projektnachkalkulation zum Beispiel folgende <u>Vorteile</u> genannt:

1. reduzierte Kosten bei den Einkaufsmaterialien,

2. reduzierte Einkaufskosten,

3. reduzierte Lagerhaltung der Einkaufsteile,

4. Vorteile bzgl. der Produktionssteuerung,

5. verbesserte Personalproduktivität,

6. verbesserte Lieferantenleistung,

7. verbesserte Planungs- und Kontrollmöglichkeiten des Einkaufsmanagements,

8. verbesserte Abläufe im Wareneingang,

9. reduzierte Kosten in der Rechnungsprüfung.

Trotz der hier aufgeführten Vorteile von computerunterstützten Einkaufssystemen lassen sich aber auch eine Reihe von negativen Faktoren aufzählen, die vor der Realisierung solcher Systeme sehr sorgfältig analysiert werden sollten, damit die Einkaufsleitung keine böse Überraschung erlebt.

1. Verlust an Prestige:

   Die Bedeutung der Einkaufsabteilung wird sicherlich verringert werden, wenn es ihr nicht gelingt, bei der Entwicklung und Gestaltung des computerunterstützten Einkaufssystems entscheidend mitzuwirken.

2. Widerstand der Mitarbeiter im Einkauf und der Disposition:

   Dieser Widerstand tritt häufig nur in der Einführungs- bzw. Konsolidierungsphase eines automatisierten Systems auf, kann aber dazu führen, daß die neue Organisationsform sich nur sehr schwerfällig durchsetzt. Im Extremfall kann der Einsatz eines durchaus arbeitsfähigen und kostensparenden Systems, welches mit viel Mühe und Kostenaufwand erstellt wurde, durch den Widerstand der Mitarbeiter ganz zum Scheitern verurteilt werden. Die Umstellung der Einkaufssubsysteme sollte nach einem Rahmenplan erfolgen, der eine etappenweise Einführung zuläßt und nicht zu einer einmaligen Realisierung des gesamten Einkaufssystems zwingt. Ohne zwischenzeitige Konsolidierungsphasen ist ein Gesamterfolg mit großen Risiken verbunden.

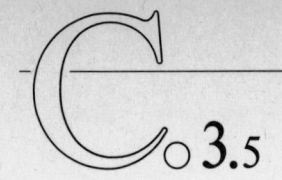

3. Zu großes Vertrauen in meßbare Faktoren:

Nach der Einführung eines computerunterstützten Einkaufssystems findet man oft die Tendenz vor, die Beschaffungsentscheidung des Computers kritiklos entgegenzunehmen. Diese Reaktion der Einkäufer unterdrückt die Möglichkeit, die im System aufgrund der mangelnden Qualifizierbarkeit nicht enthaltenen Entscheidungskriterien in die Beschaffungsentscheidung zu integrieren, um damit ein wirkliches Beschaffungsoptimum zu erreichen.

4. Mangelnde Flexibilität:

Durch den formalen Aufbau der computerunterstützten Einkaufssysteme ist es vor allem bei unzureichender Parametrisierung möglich, daß notwendige beschaffungspolitische Sondermaßnahmen als Reaktion auf spezielle Situationen von den existierenden Systemverfahren nicht abgedeckt werden. Wenn diese Spezialsituationen häufiger auftreten, so muß das bestehende System auch diese Randereignisse abdecken können. In der Praxis zeigt sich aber oft, daß nach dem Abschluß eines EDV-Projektes gegen die Entwicklung zusätzlicher Routinen (wegen der Kosten und der benötigten Zeit) meistens eine große Abneigung besteht.

5. Probleme durch auftretende Fehler:

Normalerweise wird die Fehlerhäufigkeit bei computerunterstützten Einkaufssystemen reduziert. Wenn aber wirklich einmal eine fehlerhafte Information in ein hochautomatisiertes Einkaufssystem eingegeben wird, kann das sehr ernsthafte Folgen haben, weil die integrierte Verarbeitung der Inputdaten dazu führt, daß sich dieser Fehler in den verschiedenen Teilgebieten des Systems weiter fortpflanzt. Die Schwierigkeiten der dann folgenden Fehlersuche und -bereinigung lassen sich nur durch gut durchdachte Plausibilitätsprogramme oder durch eine sorgfältige manuelle Kontrolle bei der Aufbereitung der Inputdaten auf ein gewünschtes Maß reduzieren.

6. Erhöhte Kosten der Beschaffungsabwicklung:

Die heutige Praxis zeigt, daß EDV-Applikationen in Bereichen, die erst von wenigen Firmen automatisiert wurden und in denen das Angebot an Modularprogrammen oder an Software-Knowhow noch nicht sehr groß ist, durch die zu leistende Pionierarbeit gegenüber personellen Systemen mit hohen Kostenrisiken verbunden sind. Zur Reduzierung dieser Risiken sollte man deshalb während der Planungs- und Realisierungszeit von integrierten Beschaffungssystemen auf folgende Punkte zu achten:

o Vermeidung einer kurzfristigen 1:1-Umstellung, d. h. die Übertragung des vorhandenen Ist-Zustandes auf den Computer. Ein hochautomatisiertes Einkaufssystem ist nur wirtschaftlich realisierbar, wenn es eine computergerechte Ablauf- und Arbeitsplatzorganisation als Grundlage hat.

o Zu Beginn des Projektes muß durch die Verantwortlichen eine Wirtschaftlichkeitsrechnung erstellt und während des Projektablaufs ständig überwacht werden.

7. Hohe Anforderungen an die Erfassung und Pflege der Einkaufsdaten

Von seiten des Einkaufspersonals wird oft als Argument gegen die teilweise Automatisierung ihres Bereiches erwähnt, daß die maschinelle Aktualisierung der Einkaufsdaten zu arbeits- und zeitaufwendig sei. Als typische Beispiele werden die ständigen Änderungen der Beschaffungszeiten und der Einkaufspreise genannt. Dieses Argument läßt sich aber entkräften, weil bei einer manuellen Organisation dieselben Erfassungsprobleme bewältigt werden müssen, wenn man durch die fehlende Aktualität der Marktinformationen keine schlechten Einkaufsentscheidungen fällen möchte. An die maschinelle Lösung muß aber trotzdem die Anforderung gestellt werden, die Datenerfassung so einfach wie möglich zu gestalten. Vor allem sollte man verstärkt von der Möglichkeit Gebrauch machen, via Stammdatenverwaltung generelle Datenänderungen durchzuführen, wie zum Beispiel die pauschale Änderung der Lieferzeiten und der Beschaffungskonditionen für ganze Sortimentskreise oder Lieferanten.

8. Reduktion des Aktualitätsgrades von Beschaffungsinformationen:

Eines der schwerwiegenden Argumente gegen ein computerunterstütztes Einkaufssystem bezieht sich auf die schlechten Erfahrungen, die man innerhalb einer batch-orientierten Computerorganisation bzgl. der Frequenz der maschinellen Abläufe gemacht hat. Wenn das externe Rechenzentrum oder die eigene Rechenanlage nur einen wöchentlichen Verarbeitungsrhythmus erlaubt, so

C 3.5

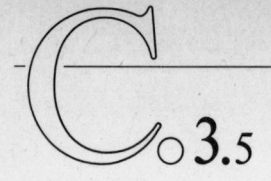

bedeutet die maschinelle Lösung für den Einkauf einen Rückschritt in seiner Arbeitsfähigkeit. Meist ist eine Einkaufsabteilung nämlich auf eine tägliche oder zweitägliche Frequenz der wesentlichen Arbeitsabläufe abgestellt, so daß auch der Computer seine Auswertungen in diesem Rhythmus durchführen muß. Viele Unternehmen stehen heute vor dem Dilemma, daß sie aus finanziellen Gründen keine On-line-Version realisieren können oder wollen, wodurch die Aktualitätsfrage der Informationen zur Zufriedenheit gelöst würde. Dagegen ist es sehr problematisch, mit einer Batch-Version innerhalb des Einkaufsbereichs die bisherigen manuellen Karteien ablösen zu wollen. Es ergeben sich dabei zwei Alternativen, die beide nicht befriedigend sind:

o Man ersetzt die Kartei durch die Computerauswertungen. Dabei besteht das Problem, den Einkäufern eine Organisationslösung verkaufen zu müssen, von der sie wissen, daß diese Lösung auf der einen Seite mehr Geld kostet und ihnen auf der anderen Seite keinen ausreichend schnelleren Zugriff zu den aktuellen Informationen des Speichers bietet. Wo die Verarbeitungshäufigkeit des Computers unter dem benötigten Informationsrhythmus liegt, führen die Einkäufer weiterhin eigene Karteien und bearbeiten nur mit Widerwillen die Erfassungsbelege, die für die maschinellen Auswertungen notwendig sind. In den meisten Fällen führt diese Einstellung zu einer vermehrten Fehlerhäufigkeit innerhalb des EDV-Systems.

o Man läßt die Kartei als Unterlage für die kurzfristige Bearbeitung und Abfragemöglichkeit bestehen und benutzt den Computer hauptsächlich für statistische Auswertungen.

Hier stellt sich ganz klar die Frage der Wirtschaftlichkeit einer solchen Lösung. Die Erstellung der Statistiken mit dem Computer ist in der Regel nämlich erst dann sinnvoll und wirtschaftlich, wenn die gespeicherten Informationen gleichzeitig für Planungs- und Kontrollzwecke benutzt werden.

Wie bereits erwähnt wurde, bieten on-line-organisierte Informationssysteme die einzige Möglichkeit, die meist personalaufwendige Karteibearbeitung unter Beibehaltung der gewünschten Datenaktualität sinnvoll abzulösen. Deshalb lassen Sie mich abschließend noch einmal die Vorteile der modernen Informationsautomatisierung zusammenfassen.

C.4
VORTEILE DER STEIGENDEN INFORMATIONSAUTOMATISIERUNG IM MATERIALWIRTSCHAFTSBEREICH

Mit dem Einsatz vermehrter computerunterstützter Abläufe erfährt der Materialwirtschaftsbereich heute eine enorme Verbesserung seiner Arbeitsfähigkeit. Diese Aussage läßt sich mit folgenden Argumenten belegen:

1. Verbesserter Informationsfluß und -aktualität:

    In konventionellen Unternehmungen tritt der Nachteil auf, daß die dezentralen Karteien häufig nicht den gleichen Informationsstand haben können, weil der Belegfluß zur Aktualisierung der einzelnen Karteien meist sehr träge ist. So wird es z. B. vorkommen, daß ein Disponent mehrmals den Einkauf zu einer Lieferantenmahnung auffordert, obwohl die Ware bereits lange eingegangen ist, der Wareneingangsbeleg aber die Dispositionsabteilung noch nicht erreicht hat.

    Bei one-line-organisierten Informationssystemen wird die Information z.B. über einen Materialeingang durch den verantwortlichen Bearbeiter im Wareneingang sofort über Bildschirm erfaßt, in der zentralen Datenbank gespeichert und damit allen Abfragestationen in der Unternehmung, in unserem erwähnten Beispiel dem Disponenten, dem Qualitätskontrolleur, dem Einkäufer, dem Rechnungsprüfer, der Zahlungsstelle, der Lagerverwaltung oder eventuell sogar der bedarfsanfordernden Fertigungsstelle, zur Verfügung gestellt. Es bedarf also keiner telefonischen Sondernachforschung durch die einzelnen Stellen, um sich ein Bild über die tatsächliche Materialsituation zu verschaffen. Durch das Prinzip der Einmalspeicherung wird erreicht, daß eine Information (z.B. der aktuelle Lagerbestand eines Artikels) in verschiedenen Materialwirtschaftsabteilungen (z.B. zur Verfügbarkeitskontrolle bei der Auftragserfassung oder zum Abgleich bei der permanenten Inventur) im gleichen Zustand abgefragt und bearbeitet werden kann. Speziell im Rahmen der Auftragserfassung tritt eine verkaufsfördernde Wirkung ein, wenn man gegenüber dem Kunden, eventuell sogar am Telefon, bereits eine klare Aussage zur Lieferfähigkeit treffen kann, ohne vorher mehrere interne Stellen befragen zu müssen.

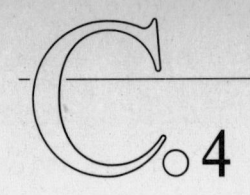

2. Vermeidung von Arbeits- und Papierredundanz:

Die gemachten Erfahrungen beim Einsatz on-line-organisierter Materialwirtschaftssysteme besagen, daß durch die integrierte Speicherung und Verarbeitung der Informationen der bisher notwendige Belegfluß und die damit verbundenen Arbeiten enorm reduziert werden. Während es sogar bei batch-organisierter EDV-Unterstützung noch notwendig ist, die einzelnen Abteilungen mit Papierstößen zu überhäufen (damit man wenigstens einmal nachschauen kann, wenn man will!), wird die Papiererstellung bei on-line-organisierter EDV-Unterstützung in der Regel nach dem Prinzip des „Management by exception" gesteuert. Der übrige Informationsbedarf wird durch die Abfragemöglichkeit in den dezentralen Abteilungen befriedigt. Um einen Mißbrauch der Datenveränderungsmöglichkeiten von Unberechtigten auszuschließen, müssen die Erfassungsprogramme so geartet sein, daß eine Fortschreibung der Daten nur durch eine vorherige Bekanntgabe eines Benutzercodes möglich ist. Die Abfrage kann dagegen ungeschützt bleiben, wenn es sich nicht um schutzbedürftige Betriebsdaten handelt. Die Abfragemöglichkeit der Informationen beschränkt sich aber nicht nur auf die Sichtbarmachung am Bildschirm, sondern kann auf Wunsch auch durch einen Drucker in einer sogenannten „hard copy" ausgegeben werden. Diese Zusatzfunktion ist sehr sinnvoll, da man auf gewisse Informationsinhalte häufig bei Kunden- und Lieferantenbesuchen oder in Sitzungen zurückgreifen muß.

3. Verbesserte Möglichkeiten zur schnellen Reaktion auf Problemsituationen:

Hier liegt wohl der Hauptvorteil der on-line-organisierten Materialwirtschaftssysteme. Durch die direkte Kommunikation zwischen Disponent und Computersystem wird sofort ersichtlich, wenn eine neu zu speichernde Information auf Schwierigkeiten bei der Erfassung (Abweisung aufgrund programminterner Plausibilitätskontrollen) oder bei der gewünschten Realisierung stößt. So wird der Disponent zu einem früheren Zeitpunkt auf Störungen aufmerksam gemacht (z.B. stock out), die er durch gezielte eigene Maßnahmen oder durch eine schnelle Information der betroffenen Stellen im Betrieb vermeiden oder zumindest abschwächen kann. Eigene Maßnahmen kann der Disponent etwa treffen, indem er bei einer fehlenden Materialverfügbarkeit bereits getroffene Reservierungen auslöst, Auftragsstrukturen verändert, Fabrikaufträge oder externe Bestellungen vorterminiert. Mit diesen Eingriffen wird die Wirtschaftlichkeit des Materialflusses und der Lagerhaltung eindeutig verbessert.

4. Verbesserung der Managementinformationen:

Die Tatsache, daß durch die on-line-organisierten Abläufe die Datenbank und die sonstigen Anwenderdateien permanent aktualisiert werden, liefert dem Management eine ideale Voraussetzung, um sich in schwierigen Entscheidungssituationen kurzfristig mit aktuellen Einzelinformationen, Statistiken oder Simulationsauswertungen zu versorgen.

5. Verbesserung des Arbeitsfeldes

Hiermit sind alle Personen angesprochen, die mit den on-line-organisierten Programmsystemen täglich arbeiten. Tatsächlich haben die On-line-Systeme zu einem steigenden Vertrauen der Mitarbeiter zum Computer geführt, welches durch die „blackbox"-Angst bei Batch-Systemen nie richtig vorhanden war. Mit dem neuen System kommt das Gefühl zurück, daß der Computer nur ein Hilfsmittel ist, welches die Zahlen der Mitarbeiter erfaßt, sie nach vorgeschriebenen und akzeptierten Regeln verarbeitet und sie bei Bedarf wieder anzeigt. Ein Teil des Computer-Mythos ist durch die On-line-Systeme begraben worden.

KAPITEL D
ERFOLGREICHE MATERIALWIRTSCHAFTS-CHECKLISTE

In der folgenden Checkliste wird eine Anzahl von Kriterien aufgezählt, die eine erfolgreiche Materialwirtschaft auszeichnen. Sie können diese Aussagen mit dem Zustand in Ihrer eigenen Unternehmung vergleichen, um daraus eine Situationsanalyse Ihrer momentanen Materialwirtschaft abzuleiten:

1. Innerhalb der mittel- und kurzfristigen Beschaffungsplanung werden in Abstimmung mit den Unternehmenszielen Projekte geplant und realistische Ziele gesetzt, um mit möglichst geringen Kosten die Lieferbereitschaft für Produktion und Verkauf zu verbessern.

2. Für die anfallenden Kosten des Materialwirtschaftsbereichs wird ein realistisches Jahresbudget erstellt; die aktuellen Ausgaben bewegen sich im Rahmen dieses Budgets.

3. Für das Personal sind Schulungen und Trainings geplant, wobei für die führenden Mitarbeiter mindestens alle 2 Jahre einmal ein auswärtiges Seminar vorgesehen ist.

4. Der Materialmanager und seine Mitarbeiter sind in Erfahrungsaustauschgruppen und Verbänden engagiert, um das dort Gehörte und Gelernte in die betriebliche Praxis umzusetzen. Oftmals dienen die negativen Erfahrungen der Gesprächspartner zur eigenen Fehlervermeidung, speziell bei der Einführung komplexer EDV-Systeme.

5. Jährlich erfolgt eine Mitarbeiterbeurteilung, die zu einer leistungsgerechten Entlohnung führt.

6. Die Mitarbeitermotivation und -moral befinden sich auf einem hohen Niveau.

7. Die Mitarbeiter in der Materialwirtschaftsorganisation haben Stellenbeschreibungen, die ihre Aufgaben, Rechte und Verantwortungen genau festlegen.

8. Arbeitsverfahren und -instruktionen sind schriftlich formuliert, überprüft und mit den Mitarbeitern durchdiskutiert und verabschiedet.

9. Die Materialbereitstellung erfolgt entsprechend den Anforderungen.

10. Einkäufe erfolgen zu den günstigst möglichen Preisen.

11. Die Kapitalbindung orientiert sich an der Budgethöhe und garantiert durch ein gut strukturiertes Lager einen möglichst hohen Servicegrad.

12. Die Auslastung der Fertigung erfolgt mit wirtschaftlichen Losgrößen und sorgt für einen hohen Beschäftigungsgrad.

13. Realistische Kostenreduktionsziele im eigenen Bereich sorgen für eine Verbesserung der Unternehmensrendite. Periodisch werden gezielte Kostenreduktionsprogramme angegangen.

14. Zur Kontrolle der einzelnen Unterfunktionen und der Kostenentwicklung werden gezielte Kennzahlen entwickelt, die einen permanenten Soll-Ist-Vergleich und damit eine enge Kontrolle ermöglichen.

15. Management-Kontrollberichte und eine „Management by exception-Berichterstattung" sind für alle Materialwirtschaftssubfunktionen eingeführt und dienen in verdichteter Form zur periodischen Information der Geschäftsführung.

16. Lieferanten und Transportgesellschaften werden sorgsam ausgewählt, fair behandelt und auf einer ethischen Basis zur Zusammenarbeit aufgefordert.

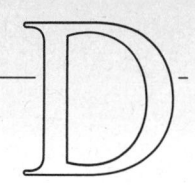

17. Der Materialmanager sorgt in Zusammenarbeit mit der EDV-Abteilung für eine ständig fortschreitende Automatisierung bzw. Rationalisierung der Planungs- und Verwaltungsabläufe im Materialwirtschaftsbereich.

18. Die Lagerpolitik orientiert sich an ABC-Gesichtspunkten, indem der Dispositionsaufwand auf A-Teile konzentriert wird.

19. Die Transportkosten werden laufend auf ihre Kostenreduzierungsmöglichkeiten hin abgeprüft.

20. Für alle Produkte ist der Dispositionszustand (Lager-, Fertigungsauftrags-, Bestellbestand) in einem aktualisierten Wert kurzfristig (zumindest taggenau) abrufbar.

21. Veraltetes Material wird periodisch verschrottet.

22. Ausschuß und Abfälle werden (mit entsprechenden Preisnachlässen) nach Möglichkeit noch zum Verkauf angeboten.

23. Für kritische Teile werden Alternativlieferanten oder Subcontracting-Partner aufgebaut.

24. Der Materialmanager sorgt dafür, daß die Zusammenarbeit zwischen der Materialwirtschaft und den Nachbarbereichen auf der Basis eines vertrauensvollen und leistungsorientierten Betriebsklimas zustande kommt.

25. Reklamationen werden auf einer rechtlichen Basis abgewickelt.

26. Rabatte werden nach den üblichen Usancen des Marktes in Anspruch genommen.

27. Ein Verantwortlicher der Qualitätskontrolle besucht, u. U. gemeinsam mit dem zuständigen Einkäufer, regelmäßig die wichtigsten Lieferanten und bespricht Qualitätssicherungsmaßnahmen.

28. Die Materialwirtschaftskarteien oder -dateien werden ständig aktualisiert und werden fehlerfrei verwaltet.

29. Ein periodisches Sitzungssystem sorgt für umfassende Querinformationen innerhalb der verschiedenen Materialwirtschaftsregelkreise.

30. Die Schnelligkeit und Exaktheit von Informationen innerhalb der Materialwirtschaftsorganisation sorgt dafür, daß der Materialmanager unmittelbar über Störungen in der Ablauforganisation informiert wird und damit seiner Informationsverpflichtung gegenüber den Nachbarfunktionen Finanzen, Produktion, Vertrieb und der Geschäftsführung kurzfristig nachkommen kann.

31. Zur periodischen Abstimmung mit den Nachbarfunktionen dient die sog. Lieferplansitzung, die nach Möglichkeit monatlich stattfinden sollte und eine Basis für wichtige Teamentscheidungen bildet.

Diese Kriterien und vielleicht noch viele andere, die durch die speziellen Gegebenheiten anderer Firmen gegeben sind, ermöglichen es dem Materialmanager und seinem Vorgesetzten, sich ein konkretes Urteil über die aktuelle Leistungsfähigkeit des Materialmanagements zu bilden.

Merke: Wo gibt es eine Firma, die bereits die meisten der vorstehenden Punkte befriedigend erfüllt? Sie hat die Zeichen der Zeit erkannt und kann der wachsenden Hektik im Absatz- und Beschaffungsmarkt mit Zuversicht entgegensehen!

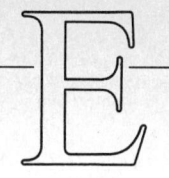

KAPITEL E
SCHLUSSBEMERKUNG

In der vorliegenden Arbeit wurde versucht, das Materialmanagement-Konzept als eine organisatorische Notwendigkeit darzustellen, um die materialwirtschaftlichen Prozesse in einem Unternehmen zu optimieren. Grundsätzlich lassen sich eine Reihe von Triebkräften erkennen, die die Bildung einer eigenständigen Materialverantwortung in materialintensiven Unternehmen beschleunigen. Dies sind:

1. der allgemeine Trend zur Erhöhung des Kaufteile-Volumens am Umsatz,

2. die steigende Anwendung der elektronischen Datenverarbeitung,

3. die zunehmende Automatisierung im Bereich Lagerung und Verteilung,

4. die Ausdehnung der internationalen Absatzmärkte und die damit steigenden Distributionskosten und -aufgaben und

5. der Trend zum systemorientierten Management.

Alle Entwicklungen sind darauf ausgerichtet, die Materialwirtschaftssubsysteme in eine integrierte Unternehmensfunktion einzuordnen, die von einer zentralen Stelle unter Zuhilfenahme computerunterstützter Informationssysteme geplant, gesteuert, kontrolliert und koordiniert wird.

Je mehr sich in den Unternehmungen die Erkenntnis durchsetzt, daß im Rahmen einer systemorientierten Unternehmensführung auch die Materialwirtschaftsfunktion als System gemanagt werden muß, wird das computerunterstützte Materialmanagement sein Ziel erreichen, durch eine Verbesserung der Aktualität und der Qualität der Materialinformationssysteme und den dadurch herbeigeführten integrierten Materialfluß einen wesentlichen Beitrag zur Steigerung der Flexibilität und zur Senkung der Kosten in der Unternehmung zu leisten.

LITERATURVERZEICHNIS

Ahrens, F.:
Datenbanksysteme für die Fertigungssteuerung, Mainz 1975

Aljian, G.W.:
Purchasing Handbook, New York 1973

Altfelder, K.:
Überbetriebliche Produktivitätskennzahlen als Orientierungshilfen, Bundesdeutsche Industrial Engineering Fachtagung, 25. und 26. Nov. 1982, Darmstadt

American Management Association, Inc. (Hrsg):
Managing the Material Function, Report No. 35, New York 1969

Ammer, D.S.:
Materials Management, Irwin 1968

Arnolds, H.; Heege, F. u. Tussing W.:
Materialwirtschaft und Einkauf, Wiesbaden 1978

Baer, R. u. Centamore, J.:
Material Management: Where it stands .... What it means...., in Purchasing Magazine, Januar 1970, S. 53–56

Bafna, K.M.:
Receiving – A Systems Approach, in: Production & Inventory Management, 1. Quartal 1973, S. 23–39

Baily, P.J.H.:
Purchasing and Supply Management, London 1973

Baily, P. u. Tavernier, G.:
Design of Purchasing Systems & Records, Westmead 1979

Ballon, R.H.:
Business Logistics Management, Englewood Cliffs, N.J., 1973

Barkel, W. und Berger, R.:
So organisiere ich mein Unternehmen, Köln 1982

Barros, O.:
Some ideas on the methodology for the logical design of information systems, in: Management Datamatics, 4 (1975) Nr. 2, S. 49–56

Bedworth, D.D.:
Industrial Systems. Planning, Analysis, Control, New York 1973

Beer, S.:
Decision and Control, New York 1967

Benz, H.:
Logistik – ein Schlagwort, in: Beschaffung aktuell 1977, Heft 7, S. 13

Berens, J.S.:
A Decision Matrix to Supplier Selection, in: Journal of Retailing, 4. Quartal 1971, S. 47–53

Berg, C.C. u.a.:
Schwachstellenanalyse der Informationsbereitstellung in der Materialwirtschaft, Manuskript o. J.

Biedermann, J.:
Eine Systemidee zum besseren Erfolg der PPS auch in der Rezession (Planung und Prognose der Primärbedarfe); Vortrag vor der SAP-Gruppe Großindustrie in Zürich, 10. Dezember 1975

Bleicher, K.:
Systemorientierte Organisationsformen, in: Bürotechnik, Januar 1973, S. 54–56

Blomeyer-Bartenstein, H.P.:
Mikroprozessoren und Mikrocomputer. Eine Einführung in die Grundlagen und Anwendungstechnik, München o.J.

Blumenthal, S.C.:
Management Informations Systems, Englewood Cliffs, N.J. 1969

BME:
Materialwirtschaftliches Symposium, Berlin 1976, Sonderdruck der Schriftenreihe des BME: Wissen und Beraten.

Bonge, J.W.:
Purchasing Managers and the Introduction of Computers, in: Journal of Purchasing, Mai 1972, S. 25–39

Booz, Allen & Hamilton:
Die Fehler der Europäer, Logistik (I) in: Wirtschaftswoche Nr. 49, 3.12.82, S. 38 ff.

Brabb, G.J. u. Grosso, D.:
Making EDP Effective and Efficient, in: Journal of Systems Management, November 1972, S. 40–43

Brady, R.H.:
Computers in Top-Level Decision Making, in: Harvard Business Review, Juli/Aug. 1967, S. 75 ff.

Bretschneider, G.:
Fortschritt als Herausforderung an uns Material-Manager und Industrie-Einkäufer, in: Einkauf/Materialwirtschaft 22, 1972, S. 9–11

Brockhoff, K.:
Gute Prognosen weisen den Weg – ihre Technik will gekonnt sein, in: Blick durch die Wirtschaft, 7.2.83

Büchel, A.:
Die Bedeutung der langfristigen Planung in ihrer Auswirkung auf die mittel- und kurzfristige Planung. Seminarunterlage des IFB St. Gallen, Luzern 21.–23. Okt. 1975

Büchel, A.:
Produktionsplanung und -steuerung, PPS-Seminar, Jan. 1972

Busch, H.F.:
Fertigungsplanung und -steuerung mit EDV, Konstanz 1972

Busch H.F.:
Systemorientiertes Materialmanagement unter Einsatz von EDV, Diss. St. Gallen 1978

Busch, H.F.:
Einführung in das Materialmanagement, Hrsg: BME, Wiesbaden 1980

Busch, H.F.:
Erfolgreiche Materialwirtschaft, in: Einkauf/Materialwirtschaft, Mai 1982, S. 13 ff

Busch, H.F.:
Materialwirtschaft und Datentechnik: Einflußmöglichkeiten und Entwicklung, 3. Materialwirtschaftliches Symposium des BME in Berlin, Nov. 1979, Seminarunterlage

Busch, H.F.:
Besser Verhandeln — besser Einkaufen, in: Einkauf/Materialwirtschaft 56 (1978), S. 25 ff

Busch, H.F.:
Systematische Lieferantenwahl, in: Marketing Journal 3 (1978), S. 241 ff.

Busch, H.F.:
Organisation und Führungsinstrumente der neuzeitlichen Materialwirtschaft. Seminarunterlage Württ. Verwaltungsakademie, 29.4.1982

Busch, H.F.:
Einkaufspolitik/Materialwirtschaft, 68. Baden-Badener Unternehmensgespräch, April 1982, Seminarunterlage

Busch, H.F.:
Organisatorische Praxis des Materialmanagements, BME/BIFOA/IDB Materialmanagerseminar 1983, Seminarunterlage

Busch, H.F.:
Horizontales Materialmanagement, in: Beschaffung aktuell, Nr. 3, 1981, S. 18 ff.

Busch, H.F.:
Materialmanagement in der Rezession, in: Beschaffung aktuell, Nr. 11, 1982, S. 19 ff.

Busch, J.G. u. Strater, F.R.:
Information Systems: Theory and Practice, Santa Barbara, Cal. 1974

Budde, R.:
Materialmanagement, Hamburg 1972

Campbell, J.H.:
Logistics: Issues for the '80s, Shaker Heights 1982

Cantor, J. u. Loda, F.:
Mechanized Purchasing Systems, in: McElhiney, P.T. und Cook, R.J. (Hrsg): The Logistics of Materials Management – Reading in Modern Purchasing, Boston 1969, S. 300–311

Chambers, J.C., Mullick, S.K. u. Smith, D.D.:
How to choose the right forecasting technique, in: Harvard Business Review, Juli/Aug. 1971, S. 45–74

Christian R.W.:
Materials Management – The Promise and the Pitfalls, in: American Production and Inventory Control Society, Inc. (Hrsg.): Production and Inventory Management, Washington 1966, S. 1–14

Chuprun, D.:
Automated Procurement: A Case Study, in: Production and Inventory Management, 2. Quartal 1966, S. 36–44

Churchill, N.C. u.a.:
Computer-Based Information System for Management: A Survey, New York 1968

Churchman, C.W.:
The Systems Approach, New York 1968

Coleman, J.R. u. Riley, M.J.:
The Organizational Impact of MIS, in Journal of Systems Management, März 1972, S. 13–19

Conant, B.:
Materials in Motion, in: New York Purchasing Review, 1962 S.16–18

Cordts, J.:
Materialwirtschaft und Logistik, in: Beschaffung aktuell, Mai 1980, S. 17–22

Cordts, J.: Einkauf und Materialwirtschaft in den 80er Jahren – Tendenzen und Ausblicke, Pressemitteilung des BME, Okt. 1982

Corey, E.R.:
Procurement Management, Strategy, Organization and Decision-Making, Boston, Mass. 1978

Daniel, N.E. und Jones, J.R.:
Business Logistics: Concepts and Viewpoints, Boston 1969

Date, C.J.:
An Introduction to Date Base Systems, Reading/Mass., 1976

Dean, N.J.:
The Computer Comes of Age, in: Harvard Business Review, XLVI, Jan./Feb. 1968, S. 88 ff.

Dearden, J.:
Can Management Information be Automated? in: Harvard Business Review, März/April 1964, S. 128–135

Dearden, J.:
MIS is a Mirage, in: Harvard Business Review, Jan./Feb. 1972, S. 90 ff.

Degen K.-H.:
Die Materialwirtschaft – Daten und Kennzahlen, in: Arbeitsvorbereitung 15, 1978, Heft 6, S. 177 ff.

Degen, K.-H.:
Größerer Lagerumschlag bringt mehr Gewinn, in: VDI-Nachrichten Nr. 52, 29. Dez. 1978, S.10

Demarchi, Ch.:
Beschaffungsmarketing – Ein revolutionäres System zur Gewinnsteigerung, Düsseldorf und Wien 1974

De Rose, L.J.:
Negotiated Purchasing – The Key to More Profitable Buying, Boston 1962

Dickson, G.W.:
An Analysis of Vendor Selection Systems and Decicions, in: Journal of Purchasing, Feb. 1966, S. 25–31

Diebold, J.:
Bad Decisions on Computer Use, in: Harvard Business Review, Jan./Feb. 1969, S. 15 ff.

Dreyer, B.:
Analyse der materialwirtschaftlichen Aufgaben in der Maschinenindustrie, Diss. HSG 1965

Ellinger, T.:
Zur Gestaltung betriebswirtschaftlich-technologischer Produktionsplanungs- und -steuerungssysteme, Sonderdruck aus der Zeitschrift Rationalisierung, Heft 12/75 und Heft 1/76

Engel, J.:
Lagergröße als Finanzierungs- und Rentabilitätsproblem, HSG-Weiterbildungskurs, Oktober 1982

England, W.B.:
The Purchasing System, Homewood, I/11. 1967

Emmert, W.:
Modularprogramme – die bessere Alternative? in: Datascope 10, 1973, S. 39 ff.

Erdlen, M.:
Zur optimalen Lösung von Lagerhaltungsproblemen durch elektronische Datenverarbeitung, IBM-Fachbibliothek, IBM FORM 78103

Ericsson, D.:
Material Administration – Logistik, Hermods 1971

Ericsson, D.:
Transportation, Warehousing and Materials Administration, in: Scand. Journal of Materials Administration, 1976, Nr. 1

Ericsson, D.:
Materials Administration (MA) – A Practical Approach, in: Scand. Journal of Materials Administration, Nov. 1975

Ericsson, D.:
Material-Management-Logistik, Gernsbach 1975

Fehr, E.:
Produktionsplanung und -steuerung mit elektronischer Datenverarbeitung, Bern und Stuttgart 1968

Fieten, R.:
Materialwirtschaft – ihre organisatorische Eingliederung in der Unternehmung, Seminar ASG Weiterbildungsstufe, Hochschule St. Gallen, 26. u. 27. Okt. 1982

Fuchs, D.:
Materialbestandsführung – richtige Bestände durch Zufall, in: FB/IE 28/1979, Heft 4, S. 233–239

Fuchs, D.:
Integrierte Materialwirtschaft – wovon alle reden und nur wenige haben, in: Beschaffung aktuell, 4/1982, S. 90–92

Futh, H.:
Software von der Stange? in: bit, Mai 1973, S. 46 u. 48

Gahse, S.:
Systeme der integrierten Datenverarbeitung – Einkauf, München 1972

Garrity, J.T.:
Top Management and Computer Profits, in: Harvard Business Review, Juli/Aug. 1963, S. 6ff.

Gemeinschaftsausschuß
„Materialwirtschaft/Einkauf" des VDI und BME: Materialwirtschaft über Konstruktion – Meinung gegen Meinung, in: Beschaffung aktuell, 8/1982, S. 22–23

Gebhardt-Seele, P.:
Rechenmodelle für wirtschaftliches Lagern und Einkaufen, München und Wien 1962

Geurts, M.D.:
The Incorparation of Atypical Sales Situations into an Exponential Forecasting Model, Diss. University of Oregon 1972

Gomez, P.:
Die kybernetische Gestaltung des Operations Management, Bern und Stuttgart 1978

Grochla, E.:
Materialwirtschaft, Wiesbaden 1958

Grochla, E.:
Integrierte Materialwirtschaft als Herausforderung an die Unternehmensführung, HSG-Weiterbildungsstufe, Hochschule St. Gallen, Seminar vom 26. u. 27. Okt.1982

Grochla, E. u. Schonbohm, P.:
Beschaffung in der Unternehmung, Stuttgart 1980

Grupp, B.:
Elektronische Einkaufsorganisation. Ein Lehr- und Handbuch, Berlin und New York 1974

Grupp, B.:
Modularprogramme für die Fertigungsindustrie, Berlin und New York 1973

Grupp, B.:
Bildschirmeinsatz im Einkauf, Stuttgart-Wiesbaden 1981

Gulas, E.J. und Partsch, M.:
Der Weg zur Integration, in: Wirtschaftswoche Nr. 50, 10.12.1982, S. 45–51

Haberfellner, R.:
Integrierte Produktionssteuerung, in: PPS-Seminarunterlage, Januar 1972

Hadley, G. u. Within, T.M.:
Analysis of Inventory Systems, Englewood Cliffs, N.J. 1963

Haldimann, H.R.:
Integrale Logistik, Zürich 1975

Harlander, N. u. PLatz, G.:
Beschaffungsmarketing und Materialwirtschaft, Grafenau und Stuttgart 1978

Hautz, E.:
Rationalisierungsmöglichkeiten durch Fertigungssteuerung und Materialwirtschaft, Sonderschrift der GF + M

Hedrick, F.D.:
Concepts of a Modern Purchasing Department, in: Management Review, Juli 1970, S. 54–57

Hennerich, K.:
Die Steuerung der Fertigung elektronischer Bauelemente, Vortrag auf der Jahrestagung der Gesellschaft für Fertigungssteuerung/Materialwirtschaft, Düsseldorf am 21.10.1977

Higginson, M.V.:
Managing with EDP: A Look at the State of the Art, in: AMA Research Study, Nr. 71, 1965, S. 42 ff.

Hitch, Ch.:
Sub-optimization in Operations Problems, in: Journal of Operations Research Society, Bd. 1, Nr. 3, Mai 1953, S. 87-99

Hodgson, R.N.:
Design Considerations in Planning and Control Systems, in: Managerial Planning, November-Dezember 1970

Höfer, H. u.a.:
PPS bei Hilti heute, Bericht über die ERFA-Tagung vom 20.3.1975,

Hofer, W.C.:
Emerging EDP Pattern, in: Harvard Business Review, März/April 1970, S. 26 ff.

Honeywell:
COSMIC – Purchase Information Function, Boston 1973

Hopeman, R.J.:
Systems Analysis and Operations Management, Columbus, Ohio 1969

House, W.C. u.a.:
Data Base Management, New York 1974

Hug, L.:
Konfrontation zwischen Management und Datenverarbeitung bei der Planung und Einführung von Informationssystemen in einer Industrieunternehmung, Vortrag im Rahmen der Weiterbildungsstufe der Hochschule St. Gallen vom 23.-25.10.1972

Hunziker, A.:
Dynamische Planung der Sicherheitsbestände in Fabrikationslagern, in: Industrielle Organisation 33 (1964) 3, S. 162-169

IBM:
Communications Oriented Production Information and Control System, Band 3, Forecasting White Plains, N.Y. 1972

IBM:
Communications Oriented Production, Information and Control System – Purchasing and Receiving, White Plains 1972

IBM:
Purchasing Program Product, August 1973, G 320-1251-1

Ihde, G.-B.:
Logistik, Stuttgart 1972

iwd:
Wirtschaft und Unterricht, Thema Industrieroboter, Jahrgang 8., Ausgabe 5, 4.11.1982

Jabbusch, M.:
PPS-Materialwirtschaft-Einführung, Telefunken Computer Schrift, Konstanz 1973

Jordan, H.J.:
Materials Management – Implimentation of a Concept, in: Production and Inventory Management, Okt. 1966, S. 27-33

Kartzke, K.:
Beschaffungspolitik am Beispiel eines Unternehmens der Automobilindustrie, in: BIFOA Seminar: Management der Materialwirtschaft, Köln, 14.u.15. Mai 81

Kirsch, W.:
Entscheidungsprozesse, Bd. 2, Informationsverarbeitungstheorie des Entscheidungsverhaltens, Wiesbaden 1971

Kirsch, W. u.a.:
Betriebliche Logistik, Wiesbaden 1973

Klatte, E.:
Material-Management heute – Zukunftsperspektiven für den Einkaufsleiter, in: Einkäufer/Materialwirtschaft, Januar 1975, S. 5-7

Klir, E. (Hrsg):
Trends in General Systems Theorie, New York 1972

Köckmann, P.:
Material-Manager – erstrebenswerter Beruf für Führungskräfte, in: Einkäufer/Materialwirtschaft, Februar 1970, S. 730-731

Köckmann, P.:
Richtig geplante Automation zur Beschaffungssteuerung der Materialwirtschaft, in: Einkäufer/Materialwirtschaft, April 1975, Heft 155, S. 74

Köckmann, P.:
Logistik in Wirtschaftsunternehmen, in: Einkäufer/Materialwirtschaft, Nr. 178, Sept./Okt. 1977, S. 75 ff.

Köckmann, P.:
Einkaufsstrategie kontra Verkaufsstrategie, Bad Wörishofen 1981

Köckmann, P.:
Rationalisieren durch Verknüpfen, in: Logistik heute, Nr. 9, Sept. 1982, S. 58 und 59

Kompenhans, K.:
Industrielle Einkaufsorganisation, Stuttgart u.a. 1977, S. 81-85

Kremeyer, H,:
Eigenfertigung und Fremdbezug unter finanzwirtschaftlichen Aspekten, Wiesbaden 1982

Kriebel, Ch.V.:
The Future MIS, in: Business Automation Juni 1972, S. 44

Krieg, W.:
Integraler Materialfluß, in: Industrielle Organisation, 44 (1975) Nr. 7, S. 345 ff.

Krulis-Randa, J.S.:
Marketing Logistik – Eine systemtheoretische Konzeption der betrieblichen Warenverteilung und Warenbeschaffung, Bern und Stuttgart 1977

Küttenbaum, V.:
Systemdenker – Schlüsselfiguren der Wirtschaft, in: Industrielle Organisation, 49 (1980) Nr. 5, S. 261–264

Kuhn, A.:
Steuerungs- und Koordinierungsinstrumente der Logistik, in: Logistics for Survival, Tijdeschrift voor Vervoerswetenschap 18 (1982) 4, S. 447–458

La Londe, B.J. u. Cronin, J.J.:
Distribution Career Patterns, in: Distribution Worldwide 78 (1979) 3, S. 67 ff.

La Londe, B.J. u. Lambert, D.M.:
A Comparative Profile of the United States and Canadian Distribution Managers, in: International Journal of Physical Distribution 7 (1977) 5, S. 268 ff.

Lancioni, R.A.:
Reorganization for Physical Distribution, in: Longer Range Planning 8 (1975) 4, S. 46 ff.

Lancioni, R.A.:
The Relationship of Line and Staff in Physical Distribution Organizations, in: International Journal of Physical Distribution 4 (1974) 3, S. 183 ff.

Lee, L. u. Dobler, D.:
Purchasing and Materials Management, New York 1971

Leenders, M.R.:
Supplier Development: New Name for a New Way to Improve Purchasing, Boston 1966

Lennings, M.:
Das größte Kapital ist der Mensch – Eine Bestandsaufnahme der deutschen Industrie, in: Blick durch die Wirtschaft, 23.3.1981

Liebmann, H.P.:
Konzeptionen, Strategien und Entwicklungen in der Warenverteilung, Arbeitsunterlage zum GDI-Seminar, 25.–27. Mai 1981, Rüschlikon

Lindgren, D.A.:
The Use of Electronic Data Processing in Industrial Purchasing Departments of Large United States Corporations, Diss. University of Wisconsin 1968, S. 140

Lippermann, L.L.:
Advanced Business Systems, New York 1968

Lippmann, H.:
Beschaffungsmarketing – Grundlagen einer einzelwirtschaftlichfunktionalen Beschaffungslehre, Bielefeld u. Köln 1980

Lohrberg, W.:
Grundprobleme der Beschaffungsmarktforschung, Bochum 1978

Männel, W.:
Eigenfertigung und/oder Fremdbezug, in: Beschaffung aktuell 11/1982, S. 33–35

Magee, J.F. u. Boodman, D.M.:
Production Planning and Inventory Control, New York 1967

Makridakis, S.:
The Design of a Cybernetik Type Inventory Control System, INSEAD, September 1971

Mann, P.:
Computers Tell Handling Systems What to Do, in: Materials Handling Engineering, Oktober 1966, S. 80 ff.

Marienthal, L.B.:
The Internal Isolation of the DP Department, in: Datamation, Jan. 1, 1971, S. 24–28

Mc Conaughy, D. (Hrsg.):
Readings in Business Logistics, Homewood, Iee, 1969

McElhiney, P.T. u. Cook, R.I. (Hrsg.):
The Logistics of Materials Management, Boston usw. 1969

McFarlan, F.W.:
Problems in Planning the Information Systems, in: Harvard Business Review, März/April 1971, S. 75 ff.

McKinsey & Company.:
Nachhaltige Senkung des Vorratsvermögens und Effizienzsteigerung im logistischen Bereich, Abplan-Seminar, Wiesbaden, 18. Mai 1983

Meyer-Piening, A.:
Gemeinkosten – Last und Leistung, in: Wirtschaftswoche Nr. 16, vom 16.4.1982

Meyer, C.W.:
Möglichkeiten wirtschaftlicher Computernutzung, Herne und Berlin 1976

Mock, A.:
Die deutsche Industrie und der Weltmarkt, in: Beschaffung aktuell 4/82, S. 47 ff.

Münzner, H.:
Materialmanagement – Herausforderung für den Einkauf der 80er Jahre, 6. Österr. Einkäufertag, 4./5. Okt. 1979 in Innsbruck

Murdick, R.G.:
Information Systems for Modern Management, Englewood Cliffs, N.J. 1975

Naddor, E.:
Lagerhaltungssysteme, Frankfurt 1971

Nellemann, D.O. u. Thiry D.L.:
Profit Improvement Through Inventory Management, in: Production & Inventory Management, 4. Quartal 1970, S. 26–39

Niemann, K.:
Stiefkind Einkauf, in: Plus, November 1973, S. 55–57

Nievergelt, E.:
Anwendung des Operations Research auf Probleme der Preisgestaltung für die Benutzung eines Großcomputersystems, in: Ökonometrie und Unternehmensforschung, Band XIV, Berlin, Heidelberg, New York 1970, S. 1–47

Olson, G.A.:
Vendor Rating System, in: Automotive Industries, Dezember 1964, S. 53, 86 und 88

Ouchi, W.:
Theory Z, Reading, Mass. 1981

O.V.:
Guide to Computer Performance Evaluation, Philadelphia 1976

O.V.:
Bestände senken durch Wiederverwendung, in: Blick durch die Wirtschaft, 8.11.82

O.V.::
Logistik in USA – Studienreise vertieft Kongreßprogramm, in: Logistik Heute 3/81, S. 35

O.V.:
Litton's Electronic Informations Machine, in: Business Week, März 1970, S. 158 ff.

Parker, G.H.C. u. Segura, E.L.:
How to Get a Better Forecast, in: Havard Business Review, März–April 1971, S. 99–109

Payne, H.L.:
Development of a Supplier Evaluation, Technique Utilizing Financial Information, in: Journal of Purchasing, Nov. 1970, S. 21–34

Pendleton, J.C.:
Integrated Information System, in: APICS Conference Proceedings, Bd. 39, 1971, S. 492–493

Persson, G. u. Hoberg, S.E.:
Materials Administration – A Concept With Important Strategy Elements, in: Scand. Journal of Materials Administration, Nov. 1976, Heft 2, S. 33 ff.

Pfohl, H.-Chr.:
Aufbauorganisation der betriebswirtschaftlichen Logistik, in: ZB 11/12/1980, S. 1201–1227

Pladerer, H.:
Die Umsetzung der Materialwirtschaft im Rahmen der Unternehmenspolitik, Seminar Hochschule St. Gallen, 26. u. 27.10.1982

Pooler, P.H.:
Purchasing Man and His Job, New York 1964

Porter, R.W. u. Trill. G.P.:
Computer in Purchasing, Part 17, in: Purchasing March 11, 1982, S. 53 ff.

Puhlmann, M. u. Seggewiß, K.H.:
Konzept und organisatorische Grundlegungen des Material-Managements, Manuskript Köln 1982

Rao, S.R.:
Industrial Procurement: Identifying Dimensions for Evaluating Potential Vendors, Diss. University of Arkansas 1973

Reismann, A.; Dean, B.V.; Salvador, M.S.; Oral, M.:
Industrial Inventory Control, New York, London, Paris 1972

Roggwiller, M.:
Die Einführung eines Materialbewirtschaftungssystems mit EDV, Referat im Rahmen der SAP-Veranstaltungen in Luzern, März 1975

Romberg, E.:
Harmonisierungsprobleme beim Einsatz computergestützter Informationssysteme in den Unternehmen, Diss. Mannheim 1975

Rupper, P. u. Scheuchzer, R.H. (Hrsg.):
Lagerlogistik, Planung, Steuerung und Kontrolle von Transport und Lagervorgängen

Sauls, E.:
An On-line-System For Accounts Payable, in: Journal of Systems Management, Mai 1973, S. 20–22

Schäfer, H.:
Organisation der Logistik, Funktion und Organisationskonzept der Logistik am Beispiel eines Unternehmens der Automobilindustrie, in: Zeitschrift für Logistik, 2. Jg. 1981, S. 8–11

Scholten, T.:
Zur Wirtschaftlichkeitsanalyse von Datenbanken, Diss. Bonn 1974

Schulten, N.:
Beeinflussung des Top-Managements durch Logistik, in: Logistics for Survival, Tijdschrift voor Vervoerswetenschap Nr. 4, 1982, S. 373–378

Schwab, H.:
Materialwirtschaft: Aufgaben und Definition, BME-Schriftenreihe „wissen und beraten", Heft 6, Frankfurt 1978

Scotese, P.G.:
What Top Management Expects of EDP – What EDP Expects of Top Management, in: Business Automation, Feb. 1, 1971, S. 49 ff.

Sell, J.:
Erfolgschancen im Materialbereich, Bad Wörishofen 1972 Serchuk, A.:
Reports to Management Tell the Story, in: Purchasing Magazine, Jan. 1972 S. 51–59

Sharlip, A.S.:
Five Keys to Effective Computer Management, in: Journal of Systems Management, Oct. 1971, S. 10 ff.

Simon, H.A.:
The New Science of Management Decisions, New York 1960

Sollenberger, H.M.:
Management Information System: A Charge to Users and Cost Control, in: Management Accounting, Nov. 1970, S. 25–28 u.40

Soom, E.:
Einführung in Operations Research – Statistische und mathematische Methoden in der Fertigung, Bern und Stuttgart 1970

Soom, E.:
Integrierte Produktionsplanung und -steuerung, in: Technische Rundschau, Nr. 13, März 1972

Soom, E. u. Hemmer, A.:
Die Bedeutung der Materialwirtschaft für die Unternehmensstrategie der 90er Jahre,
Bossard Seminar 3, Zug 1981

Stefani, A.:
Material-Management, ein neuer unternehmerischer Konflikt, in: Arbeitsvorbereitung 14 (1977) 3, S. 77–80

Steffy, W. u. Shyrock, J.:
Computer Based Evaluation Systems, in: Michigan Purchasing Management, Jan. 1971, S. 12–18

Steinbrüchel, M.:
Die Materialwirtschaft der Unternehmung, Bern und Stuttgart 1971

Stihl, H.P.:
Produktivitätsfortschritt – Voraussetzung für internationale Wettbewerbsfähigkeit, Bundesdeutsche Industrial Engineering Fachtagung, Darmstadt, 25. u. 26. Nov. 1982

Stirnemann K.E.:
Methodenausbildung, in: Industrielle Organisation 43 (1972) Nr. 12, S. 521–524

Strothmann, K.H. u.a.:
Beschaffungspolitik im Wandel, Ergebnisse einer Primärerhebung, Leinfelden 1976

Tanew, G.:
Grundlagen der Planung und Erfolgskontrolle in der Materialwirtschaft, Diss. Universität Wien 1978

Taylor, J.D. u. Dean, N.J.:
How to Manage the Computer, in: Harvard Business Review, XLIV, Sept./Okt. 1966, S. 98

Timbers, M.J.:
Status of Computer Development Activity in Purchasing, in: Journal of Purchasing, Nov. 1970, S. 45–64

Traumann, P. u. Meister, W.:
Begriff und Praxis: Systemkonzeption Logistik, in: Distribution 5, 1982, S. 17–18

Trux, W.R.:
Einkauf und Lagerdisposition mit Datenverarbeitung, München 1968

Türke, D.:
Das KANBAN-System aus Japan oder wie man fast lagerlos fertigt – Eine ausführliche Beschreibung des japanischen Dispositionssystems mit deutschsprachigen Formularen, Rustra-Verlag Nürnberg, 1983.

Türks, M.:
Check up in drei Stufen, in: Manager Magazin Febr. 1980, S. 92–98

Türks, M.:
Grundlagen und Voraussetzung zur Steuerung der Produktivität in der Logistik, Seminar GDI, 25.–27. Mai 1981 in Rüschlikon

Ufer, J.:
Steigerung der Produktivität des Einkaufs, in: IBM-Beiträge zur Datenverarbeitung, Anwendungen 5, Stuttgart 1974, S. 5–10

Ulrich, H.:
Die Unternehmung als produktives soziales System, 2. Auflage Bern 1970

Ulrich, H.:
Konzept eines systemorientierten Managementmodells, in: NZZ, Konzept eines systemorientierten Managementmodells, in: NZZ, Nr. 278, 17.6.1972, S.3

US. Department or Commerce, Bureau of the Census:
General Statistics for Industry Groups and Industries, in: 1968 Annual Survey of Manufacturers

Van de Water, J.:
Materials Management: Todays State of the Art, in: Purchasing Magazine, Jan. 1970, S. 51–52

Van de Water, J.:
Systems Management Means a New Kind of Purchasing, in: Purchasing Magazine, Jan. 1969, S. 59–62

VDMA:
Kosten- und Kapazitätsabbau bei Auftragsrückgang, Maßnahmenkatalog – Kennzahlen Kompaß Ausgabe 1976 – Statistisches Handbuch 1976, VDMA e.V., Frankfurt (Main)

Vester, F.:
Neuland des Denkens – vom technokratischen zum kybernetischen Zeitalter, Stuttgart 1980

Vigier, J:
Schwierige Daten – Methoden der kurzfristigen Prognose für die Materialdisposition, in: Beschaffung aktuell, Juni 1974, S. 32–44

Wagner, K.H.:
Lieferantenbeurteilung, in: Einkauf/Materialwirtschaft, März 1974, S. 21 und 25

Wassermann, O.:
Stellenwert der Materialwirtschaft im Rahmen der Produktivitätsentwicklung, Manuskript Bundesdeutsche Industrial Engineering Fachtagung, Darmstadt 25. u. 26. Nov. 1982

Watson, H.J. u.a.:
Computer Technology and Information System Performance, in: MSU Business Topics, Sommer 1977, S. 18–24

Wehrig, H.:
Der Weg zur wirtschaftlichen Datenverarbeitung, Düsseldorf 1975

Whitehall, B.:
Computer in Handling Systems, in: Mechanical Handling, Oktober 1968, S. 1551 ff.

Whithead, C.T.:
Uses and Limitation of Systems Analysis, Thesis MIT, 1967

Widing, J.W. u. Diamond, C.G.:
Buy by Computer, in: Harvard Business Review, März/April 1964, S. 109–120

Wildemann, H.:
Flexible Werkstattsteuerung nach japanischen KANBAN-Prinzipien, Manuskript des 1. Fertigungswirtschaftlichen Kolloquiums an der Universität Passau, 21. u. 22. April 1983

Wildmann, P.:
Überblick über die Prognoserechnung, Manuskript der ERFA-Tagung „Produktionsplanung und -steuerung mit EDV", vom 20. Feb. 1969 in Rüschlikon, S. 1–22

Willets, W.E.:
Fundamentals of Purchasing, New York 1971

Wind, Y.; Green, F. u. Robinson, P.J.:
The Determinants of Vendor Selection: The Evaluation Function Approach, in: Journal of Purchasing, August 1968, S. 29–41

Wulff, P.:
Materials Management: An Executive View, in: Purchasing Magazine, Jan. 1970, S. 58

Zeigermann, J.R.:
Elektronische Datenverarbeitung in der Materialwirtschaft, Stuttgart 1970

Zenz, G.J.:
The Economics of Materials Management, Diss. University of Wisconsin 1967

Zenz, G.J.:
Materials Management: Threat to Purchasing, in: Journal of Purchasing, Mai 1968, S. 40

Zürn, P.:
Innovation als Zukunftschance, in: Blick durch die Wirtschaft, 31.8.1982